中国比较教育研究50年

总主编　顾明远　执行主编　曲恒昌

均衡与优质

教育公平与质量

本卷主编　王璐

山东教育出版社

图书在版编目(CIP)数据

均衡与优质/王璐主编.—济南:山东教育出版社,2015
(中国比较教育研究50年/顾明远,曲恒昌主编)
ISBN 978－7－5328－9154－2

Ⅰ.①均… Ⅱ.①王… Ⅲ.①比较教育学 Ⅳ.①G40-059.3

中国版本图书馆CIP数据核字(2015)第244022号

均衡与优质

教育公平与质量

本卷主编　王璐

主　管:山东出版传媒股份有限公司
出版者:山东教育出版社
(济南市纬一路321号　邮编:250001)
电　话:(0531)82092664　**传真**:(0531)82092625
网　址:www.sjs.com.cn
发行者:山东教育出版社
印　刷:天津兴湘印务有限公司
版　次:2015年11月第1版
印　次:2019年5月第2次印刷
规　格:710mm×1000mm　16开本
印　张:36印张
字　数:539千字
书　号:ISBN 978－7－5328－9154－2
定　价:58.00元

“中国比较教育 50 年”丛书编委会

总序

我国比较教育研究始于20世纪20年代，最早的研究著作是1929年商务印书馆出版的庄泽宣所著《各国教育比较论》。当时，各师范院校开设了比较教育课程，但新中国成立以后就中断了，外国教育研究只以苏联教育为对象，作为我国教育改革的样板。直到1964年，国务院外事办公室批准在高等学校设立外国研究机构，才开始研究其他国家的教育，但仍然没有把比较教育作为一门学科来研究，只是介绍一些外国教育的制度和动向。直到改革开放以后，1980年，教育部邀请美国哥伦比亚大学比较教育学者胡昌度来北京师范大学讲学，比较教育才在我国师范院校开始恢复。

1964年高等学校建立外国研究机构时，北京师范大学外国教育研究室就在原来的基础上扩建，并接受当时中宣部的委托编辑出版《外国教育动态》杂志，供地市级领导干部参阅。该刊经认真筹备于1965年正式出版。可惜好景不长，1966年"文化大革命"开始，杂志被迫停刊，研究人员下放劳动。1972年在周恩来总理对我国外事工作的关怀下，研究室开始恢复工作，《外国教育动态》以内部资料的形式又编辑了22期。改革开放以后，我国在拨乱反正、恢复教育秩序的时候，迫切希望了解世界教育发展的动向和经验，经国务院方毅副总理批准，《外国教育动态》得以复刊并在国内外公开发行，1992年该刊更名为《比较教育研究》。从1965年创刊至今，曲折坎坷地走过了50年。

应该说，《比较教育研究》及其前身《外国教育动态》在我国比较教育学科的建设以及国家教育改革中作出了不可磨灭的贡献。

改革开放30多年来，我国比较教育研究走过了几个阶段：

第一个阶段，1978年至1985年，是描述、介绍外国教育研的阶段。这一时期主要是介绍美、英、法、西德、日、苏6个发达国家的教育制度和教育思想。介绍了在国际教育上有较大影响的四大流派，即：以皮亚杰、布鲁纳为代表的结构主义教育思想、布鲁姆的教育目标分类思想、赞可夫的发展教育思想和苏霍姆林斯基的和谐教育思想。1982年由王承绪、朱勃、顾明远主编的新中国第一本比较教育教材问世。

第二个阶段，1986年至1995年，是国别研究和专题研究阶段。进入20世纪80年代中期以后，比较教育界认识到，要借鉴外国教育的经验，必须对各个国家的教育发展进行深入系统的研究，才能把握各国教育的本质特点和发展脉络，于是开始了国别研究，对6个发达国家的教育作了较为系统的研究。除国别研究外，许多学者开始进行专题研究和专题比较，如各级各类教育比较、课程比较和各种教育思想流派的评介。

第三个阶段，1996年至本世纪初，是深入和扩展研究的时期。从上个世纪90年代中期开始，我国比较教育研究扩展到许多发展中国家，特别是我国周边国家的教育，研究内容也从教育制度发展到课程、教育思想观念、培养模式和方法、国际教育、环境教育、比较教育方法论等诸多方面。同时，比较教育关注到教育与国家发展及国家宏观教育发展战略的比较研究，以及各国民族文化传统关系的研究。如“巴西、俄罗斯、印度、中国四国教育发展与国家竞争力的比较研究”、“民族文化传统与教育现代化研究”等，重视教育与国家发展的研究；随着我国新一轮课程改革，研究介绍了各国课程改革的经验。

第四个阶段从本世纪初至今，进入全球化时代的国际比较教育研究。我国比较教育学者开展了国际问题的研究，关注国际组织有关教育的政策及其对世界教育的影响；开展了各国教育国际化的研究；更加深入地研究各国教育公平的政策和提高教育质量的改革和举措。

我国比较教育发展的这几个阶段的研究成果在《比较教育研究》刊物中均有反映。《比较教育研究》有几个特点：一是最早、最快、最新地反映国际教育改革的动向。例如，较早地介绍美国的《国防教育法》和拉开了世界教育改革序幕的1983年美国高质量教育委员会的《国家在危险中，教育改革势在必行》；最早介绍终身教育思想；最早地把文化研究引进比较教育；较早地研究国际组织的教育政策等。这些研究对我国的教育改革都起到了一定的借鉴作用。为此，借《比较教育研究》创刊50周年之际，我们选择刊物中的有价值有质量的文章编辑成册，它们是：《定位与发展：比较教育的理论、方法与范式》《博学与慎思：当代教育思想与理论》《均衡与优质：教育公平与质量》《问责与改进：高等教育评估与质量保障》《光荣与梦想：世界一流大学建设》《理念与制度：现代大学治理》《创新与创业：21世纪教育的新常态》《流动与融合：教育国际化的世界图景》《转型与提升：教师教育的改革与发展》《质量与权益：教师管理政策与实践》《传承与建构：课程与教学理论探索》《效率与公平：择校的理论、政策与实践》。

这既是一种历史的记忆，又为我国今后的教育改革保存一份有价值的遗产。我想，读者可以从中找到世界教育发展的痕迹，并得到某种启发。

是为序。

顾明远

2015年10月

目 录

教育公平理论

教育公平政策、实践与经验

基础教育均衡发展

弱势群体教育公平政策

教育质量理论与政策

教育质量评估与监测

导言

自有人类社会以来，就有追求社会公平的理想，而教育是实现社会公平的重要途径，教育在履行培养人才职能的同时，也在发挥着社会流动的功能。要通过教育促进社会公平，首先要解决教育内部的不公平问题，特别是教育质量方面的不公平。当今时代是一个大变革的时代，国际竞争的加剧、全球化进程的深入以及信息技术的快速发展，既凸显了教育在各国全球竞争中的地位，也为教育的改革与发展提供了更为宽广的空间、更为丰富的方法、技术和更为多元的思维方式。深化教育改革成为世界性的教育运动，而提高教育质量，促进教育公平则是这场教育改革运动的主旋律。

公平与质量是当代教育改革的两大主题。在处理教育公平与质量关系问题上，西方发达国家经历了曲折的认识过程和艰难的抉择。受人权运动、机会均等和高等教育大众化等理念的影响，20 世纪六七十年代西方发达国家的教育政策更加关注公平问题。但是教育质量的下降引发西方国家的反思，20 世纪 80 年代后西方国家普遍受到新自由主义的影响，追求教育的市场化、效率和自由选择，又造成对教育公平问题的忽视。20 世纪 90 年代以来，西方发达国家努力寻求一种公平与质量并重的道路，重视“有质量的教育公平”成为世界各地教育发展的共同趋势，也成为我国教育改革与发展关注的焦点。

教育公平是教育研究领域一个经久不衰的永恒主题，也是比较教育研究的一个重要领域，随着时代和教育的发展，教育不公平的现象在不同时期呈现出不同的特点，因此有关教育公平概念、理论、政策和实践的研究，在不同阶段也呈现出不同的关注焦点和样貌。作为展示比较教育学术研究成果的重要阵地和窗口,《比较教育研究》及其前身《外国教育动态》一直以来都十分关注教育公平与质量问题的研究成果,刊载了许多高质量的论文。在将近50年的漫长历程中,刊载的相关文章就达200余篇,由于篇幅有限,我们的文集只选择了50余篇作为其中的代表,其他无法收录的文章也不乏佳作。

教育公平属于社会公平的范畴,社会公平历来是人们追求的理想,公平又是一个历史概念。一般认为西方教育公平的思想可以划分为古希腊柏拉图、亚里士多德的古代平等思想,十七世纪后以霍布斯、洛克、卢梭、康德为代表的近代平等思想和20世纪60年代以来,以罗尔斯、德沃金、阿马蒂亚·森为代表的当代公平理论①。而《比较教育研究》的前身《外国教育动态》创刊于1965年,正是当代教育公平问题突显为教育领域重大关切的时候。美国的丹尼尔·E·格里非斯对1966～1975年的10年间世界教育研究的成果进行了一次总结,列出了10项最有意义的教育研究成果,其中第二项就是詹姆斯·S·科尔曼等人关于《教育机会的均等》的研究,另外第一项和第十项也都与教育机会均等有关。1977年美国卫生、教育和福利部提出的“美国国家教育研究所的6个研究领域”,教育机会均等列为第二位,就像胡森所说:“若干年以来,无论在国内还是在国际上,就教育问题进行的政策讨论中,‘平等’已变成一个关键词”②。这一时期,我国还处在“文革”的非常时期,创办此刊物的初衷主要是研究一些外国问题,为当时的政治任务服务,受到时代的局限,刊物还不可能系统和正面地介绍西方教育公平的思想,尽管如此,本刊在介绍外国教育制度的同时,对教育公平问题也有一些最初的涉猎,刊载了一些关注普及教育、农村教育和发展中国家教育问题的文章,例如1973年第三期刊登的让·法朗索瓦·奥里维埃的“初等教育的普及”和艾伦·詹金斯的“适用于农村地区的教育”,1977年第9期有一组介绍发展中国家教育情况的文章,例如莫桑比克、索马里、塞内加尔、南非、伊朗和斯里兰卡等国的教育发展情况。在当时的背景下有这样的关注,实属难得。

---

① 周洪宇,教育公平维系社会公平的基石,中国人民大学出版社,2014:16—19.

② 翁文艳,教育公平与学校选择制度,北京师范大学出版社,2003:1.

而我国真正开始重视对教育公平的研究是在20世纪改革开放的80年代后，随着义务教育的普及和高等教育的大众化，对教育公平与质量问题的比较研究不断深入，问题领域不断扩大，所涉及的国家和地区不断增加，并且与国内的热点问题相呼应。《比较教育研究》成为展示教育公平和质量问题学术研究成果的重要阵地和平台。

(一) 不断丰富的教育公平内涵和理论

在《比较教育研究》及其前身《外国教育动态》刊载的有关教育公平的文章中，涉及教育公平理论和理念的内容是十分丰富的，有专门介绍国外教育公平理论的，也有作者在对国外政策和实践研究基础上，对教育公平理念加以提炼和总结，随着时代的发展，教育公平概念在深度和广度上日益拓展。

1. 教育平等、教育公平与教育公正

在教育公平领域最常见的有三个词，教育平等或均等(educational equality)、教育公平(equity in education)和教育公正(educational justice)。教育平等在英文文献中更多地出现在20世纪六七十年代，即该问题受到普遍关注的前阶段(主要是指教育机会均等运动时期)，而教育"公平"(equity)一词更多地运用于20世纪80年代以后，即该问题研究的后阶段更多地被关注。两个概念反映出对问题的不同认识和完善，平等更多地是指机会均等，比较绝对和理想，随着现代社会教育改革的发展，教育公平被赋予了一种超越传统的教育平等的含义，即接受符合个性的教育意义上的平等，教育公平不仅仅包括教育机会均等、教育平等，还包括伦理学上的正义的含义①，"公平"超越平等的方面还体现在公平是对利益关系调整和资源配置合理性的价值判断，公平的本质是合理性②。从这个意义上，"公平"的概念源于"公正"(justice)和平等(equality)，公平就是公正、平等的对待一切人和事，既包含平等的含义，又有正义的内涵③。

在当代教育公平研究中，一般认为美国詹姆斯·S·科尔曼(James

① 翁文艳，教育公平与学校选择制度，北京师范大学出版社，2003:2.

② 周洪宇，教育公平维系社会公平的基石，中国人民大学出版社，2014:3.

③ 公平视阈下美国义务教育改革研究，西南大学博士论文，2013:47.

Coleman)等人 1966 年的《教育机会的均等》的研究报告是一个关键节点，由此引发了 20 世纪六、七十年代教育机会均等运动，王觉非的《有效教育学校在美国的兴起》(《外国教育动态》1988 年 2 期)早在 1988 年就将这一报告的主要内容和结论及其对美国教育政策和实践的影响引介到我国。文章指出了科尔曼报告所得出的一个结论，即处境不利学生即使得到额外资金援助，也不能提高学习效果。这一观点引发了学术界的强烈反响，由此产生的“有效学校”理论和实践试图对克尔曼报告的这种观点提出挑战。

正是詹姆斯・S・科尔曼等人 1966 年的《教育机会的均等》的研究报告引发了 20 世纪六七十年代学术界关于教育机会均等、教育公正的研究浪潮。美国哈佛大学教授约翰・罗尔斯(John Rawls)于 1971 年出版的巨著《正义论》在学术界产生了巨大影响，被认为是最富代表性的现代公平理论之一。在冯建军的《三种不同的教育公正观——罗尔斯、诺齐克、德沃金教育公正思想比较》(《比较教育研究》2007 年 10 期)中，比较了三种不同的教育公正观。特别是阐述了罗尔斯著名的三项原则，即每个人都应该享有平等的接受教育的自由权利和机会，保证每个人在资源分配中具有公平的份额，不平等的分配要符合最少受惠者的最大利益，也就是对后来教育公平政策走向产生巨大影响的“补偿原则”，“既然出生和天赋的不平等是不公平的，那么这种不平等就应该得到补偿，为了平等地对待所有人，为了提供真正的机会平等，社会应该更重视那些出生于地位较低的家庭而天赋又较少的人”。而诺齐克和德沃金的教育公正观更多地是一种精英主义的教育公正，即在平等地顾忌所有人基本的受教育权和教育机会后，再尊重人的自由选择，让少数精英去充分追求个人的卓越发展。

2. 教育公平与和谐社会

教育公平是促进社会公平的重要途径，不同阶层通过教育而达到改变自身命运和社会流动的目的。对于社会来说，通过教育缩小群体之间和地区之间差距，从而达到实现社会公平的目的，而社会公平又与和谐社会密切相关，由此教育公平研究的内涵和外延得到不断扩展，认为教育公平也直接关系到和谐社会的建设。教育公平与和谐社会的关系主要体现在三方面：首先教育公平是和谐社会的重要内容；第二，教育公平是和谐社会的重要基础；第三，教育公平是和谐社会的实现途径。顾明远先生的《教育公平与和谐教育》(《比较教育研究》

2008 年 4 期)，指出了教育公平对于实现和谐社会的重要意义，同时提出了一个新的概念，就是和谐教育，文章指出教育公平从大的方面是指入学机会、教育过程和教育结果的公平，但在微观层面上，一个学校、一个班级也有教育公平问题，要实现教育公平，必须有和谐的教育，文章指出了和谐教育要处理好几方面的关系，例如领导与教师之间的和谐、教师之间的和谐、师生之间的和谐和学生之间的和谐。文章还指出了和谐教育与灵活多样、尊重差异的关系，建设和谐、舒适、愉快、活泼的学校文化的关系，这种和谐教育的思想体现出对于教育公平的更加人性化的关怀。

黄志城的《教育公平——全纳教育的基本理念探析》(《比较教育研究》2010 年 9 期)，指出了全纳教育与全纳社会及和谐社会的关系。

3. 教育公平与效率

20 世纪 80 年代以来教育公平理念的变化还体现在不再满足于教育入学机会的均等，而是更加关注教育过程和结果的公平上，不仅体现在追求公平上，还体现在兼顾公平与效率上。余秀兰的《弱势群体的教育支持:发达国家的理念及其嬗变》(《比较教育研究》2009 年 1 期)从两方面论述了这一变化:

(1) 从入学机会均等到追求学业成功的变化。从一个不能少到不让一个掉队，美国从 1983 年的《国家处在危急中:教育改革势在必行》，到 1993 年的《2000 年目标:美国教育法》，再到 2002 年的《不让一个孩子掉队》，都强调一个共同的主题:提高教育质量，缩小富人和穷人、少数族裔与白人学生的学业差距，让全体儿童都有较好的发展。英国 21 世纪初的政策目标强调要为每个人创造学习和发展的机会，达到优异与平等的双重目标，为此，英国出台并实施了从学前教育到成人教育的一系列政策和措施，如学前教育的“确保开端计划”(Suer start)，小学阶段的《卓越与快乐》战略报告，中等教育对学生个性化发展的鼓励，继续教育为年轻人提供”让所有人都成功”的教育和训练机会。法国 20 世纪 80 年代至 21 世纪初，教育改革的一个重要内容是与学业失败作斗争，使每个孩子都获得学业成功，并使其个性得到充分发展。如提出保证 100%的学生能从学校教育中获得一种文凭或证书;推出多种帮助困难学生的措施，如开设支持性的教育成功的个性化课程。

(2) 从关注公平到公平、效率、自由兼顾，效率的含义进而拓展到对自由选择的兼顾。文章论述了著名瑞典教育家托尔斯顿·胡森对"教育机会均等"概念演变过程的经典概括:(1)保守主义概念。上帝使人们具有不同的能力(其中的超保守主义认为,上帝赋予每个人的能力与他因出身而归属的社会等级是一致的),教育的作用是对不同天赋能力的人进行分别培养。(2)自由主义概念。抛弃了天赋能力与社会阶级存在某种对应关系的假设,教育要帮助儿童消除外部的经济与社会障碍,使每个人的天赋与能力得到发展。(3)"教育机会均等"的新概念。仅仅有形式上的入学机会均等是不够的,还应当使不同社会出身的儿童有更多的机会变得聪明。教育机会均等的现代意义是为所有儿童提供差别对待的机会均等。在追求公平与效率的同时,自由问题也越来越受到重视,这突出地反映在建立多样化的学校,赋予学生及家长以充分的选择权,这一方面促使学校之间竞争,迫使学校在提高质量上做出努力;另一方面也加大了弱势群体的教育选择的范围。

此外效率的含义还体现在对于提高成绩绩效的指标评估上,注重教育支持的效率。马建生和孙珂的《美国教育公平的当代追求及其启示》(《比较教育研究》2011年11期)论证了新时代对于学校多样化和家长择校,对效率机制的选择成为实现高质量基础教育公平的答案,认为仅仅关注教育权利与机会的分配是不够的。

4. 全纳教育

以消除"隔离"和"排斥"为切入点的全纳教育思想,更加丰富了教育公平的理念。全纳教育的概念来源于学校教育的失败,传统学校教育从身体和/或智力能力或其缺失来隔离学生①。王璐、孙明《英国教育均衡发展政策理念探析》(《比较教育研究》2009年3期)指出"全纳"一词来自于英文的"inclusive"包容,是针对其反义词"exclusive"排斥而言的。从本义来看,全纳的含义是"接纳所有的人,不排斥任何人"。柯比尔认为,"排斥是一种制度性过程的结果,某些人被排斥是某些机构行为的结果,是权威的'圈内'人的行为或行动所造成的"。英国前首相布莱尔也指出,"与物质贫穷相比,社会排斥对自尊心的伤害更大,对整个社会的腐蚀更大,也更容易代代相传"。因此全纳教育理念强调通过制

① 秦行音,王力,公平与质量——全民教育追求的目标,北京师范大学出版社,2012:154.

度性安排和过程将那些被排斥的人接纳进来。美国的《不让一个孩子掉队》法案和英国的《每个孩子都重要》法案都体现了全纳的教育思想。

黄志城的《教育公平——全纳教育的基本理念探析》(《比较教育研究》2010年9期),指出了全纳教育思想的真谛,普通学校应接纳所有儿童入学,并通过适当的方式为他们提供所需的教育。文章指出残疾人受隔离、受排斥更甚,他们从小就被人为地隔离在特殊学校的环境里,即使有机会上学,也只能上特殊学校,长期生活在与普通人完全隔离的同类人的狭窄环境中。在入学机会上的排斥现象,同时还指出了教育过程中的排斥现象,入学机会的均等往往掩盖了入学后教育过程的不平等,文章还指出了全纳学校的特征,优质、多样化、个性化。同时还指出了全纳教育与全纳社会和和谐社会的关系。

5. 教育均衡发展思想

随着义务教育的普及,基础教育发展的焦点从确保每个儿童"有学上"转向使人人能够"上好学",教育质量公平问题突显出来。以缩小差距为切入点的义务教育均衡发展思想应运而生且更具有政策机制上的意义。苏尚锋的《基础教育均衡发展的政策视角和政策工具的比较分析》(《比较教育研究》,2010年9期)深刻指出,在当前的主流教育政策话语中,基础教育均衡发展无疑是一项受众面最广、政治意蕴最为强烈的利益格局调整的政策之一。文章高度概括了均衡发展的五个政策视角:教育问题矫正视角、教育权利保障视角、发展战略调整视角、教育公平促进视角和教育系统平衡视角,剖析了相应的政策工具。

王璐所撰写的《国际视野下的义务教育均衡发展研究:理论基础、对象层次与任务内容》(《比较教育研究》2013年2期)则试图从理论上探寻义务教育均衡发展概念和理念的政策实践来源和理论基础,文章认为义务教育均衡发展的理论分析框架在层次纬度上包括宏观层面的区域均衡发展,中观层面的学校均衡发展和微观层面的群体之间的均衡发展,在各层次上要力图达到教育投入、教育过程和教育结果各方面的均衡。文章特别强调注重合理的资源配置、追求质量均衡和尊重差异是义务教育均衡发展理念的重要特征。

(二) 各国教育公平政策与实践经验

各国在政策和实践层面以及运行机制上的创新很好地诠释了上述教育公

平的内涵和理念,更具有针对性和问题指向性。随着时代的发展和我国在国际社会上地位的提升和角色的变化,研究者改变了以往只关注西方发达国家的倾向,在国别上开始关注新型国家,例如属于金砖四国的巴西和南非,同时还有发展中国家,例如马来西亚、尼泊尔,正在崛起的金砖国家之一的印度,此外还有在国际学生测试中声名显赫的芬兰和韩国等,体现了作者们敏锐的洞察力。比较突出的经验体现在以下几方面。

1. 经费资源分配

教育资源的公平分配是教育公平政策的一个重要方面和政策切入点。不同国家采取不同的措施保障教育经费的公平分配。尹玉玲的《公共教育资金的公正分配与高效管理机制——巴西基础教育发展基金会案例研究》(《比较教育研究》,2009 年 2 期)分析了巴西为解决义务教育地区发展不公平问题而采取的教育财政管理体制措施,通过成立基础教育发展基金会促进义务教育公平。

胡淼和刘双佳的《巴黎郊区化进程中教育资源配置策略探析》(《比较教育研究》,2009 年 2 期)论述了巴黎在郊区化进程和推进城市格局改造的同时,积极调整基础教育资源配置,重新规划学校布局,保障学校布局与人口分布相适应;建立教育优先区,对教育薄弱的郊区及新城给予政策倾斜;促进区域间教师流动,保证师资均衡配置。巴黎的经验为我国正在郊区化进程中的大城市推进教育均衡提供了有益的借鉴。

杜育红和金绍梅的《追求效率兼顾公平:美国基础教育财政体制改革的新趋势》(《比较教育研究》,2003 年 1 期)介绍评析了美国基础教育财政体制的两种拨款方式:基础拨款公式法和税基法,为保证效率和公平,第一,在州政府的层面与联邦政府的层面分别建立生均经费的平衡机制以缩小各州与各学区间生均经费的差距。第二,增加学校权力增强学校经费使用的灵活性改变经费支出结构,加强经费与学校绩效的联系,提高教育经费的使用效率。文章通过案例说明学校如何通过改变支出方式来提高新增经费的使用效率。

丁秀棠《南非推动义务教育均衡发展的主要机制与措施》(《比较教育研究》,2007 年 3 期)分析了南非政府主要通过两种机制来促进教育经费方面的均衡分配,即均衡分配公式(ESF)和制定“国家学校经费规范和标准”,其相关措施如“资源目标名单”,和《公立学校资金、资源和成本评价报告》对我国都有很好的启发。

2. 缩小地区差异政策

城乡之间的教育不公平是许多国家面临的棘手问题。在研究不同国家致力于缩小城乡差距的政策与实践方面,张乐天的《发展中国家农村教育补偿政策实施状况及其比较——中国、印度、马来西亚、尼泊尔四国案例分析》(《比较教育研究》,2006 年 11 期)分析了 20 世纪 90 年代以来中国、印度、马来西亚、尼泊尔四国实施农村教育补偿政策,并对四国农村教育补偿政策进行了比较分析。

王强的《从"规模效益"到"机会均等":二战后美国推进城乡教育和谐发展的路径选择》(《比较教育研究》,2007 年 9 期),研究了美国农村"学校合并"重组学区,提升农村学校的"规模效益"、学术内涵和教育质量的改革措施。探讨了美国追求城乡各类学校学生"多元均等"的发展路径。

刘楠和肖甦的《21 世纪以来俄罗斯推动义务教育城乡均衡发展的政策述评》(《比较教育研究》,2011 年 8 期),探讨了俄罗斯改善农村学校条件、提高农村教师地位、保障儿童受教育机会三个方面的政策,特别突出注重高质量基础上的教育均衡,遵循平等的补偿原则,追求多样化的教育均衡理念。

高益民的《"义务教育标准法"与日本义务教育的均衡发展》(《比较教育研究》2011 年 10 期),阐述了日本通过制定一系列义务教育学校的统一标准,包括办学条件、教育内容、教师资格的标准化等一系列内容,缩小地区在教育经费、办学条件方面的差异,促进各地义务教育均衡发展的经验。其中最重要的有《公立义务教育诸学校的学级编制和教职员定数标准法》(简称《义务教育标准法》)和学习内容的标准——《学习指导要领》。《义务教育标准法》降低了义务教育阶段的班级规模,特别起到促进各地义务教育经费的均衡化。

3. 校际均衡发展政策——薄弱学校改造

刘宝存和何倩的《新世纪美国薄弱学校改造的政策变迁》(《比较教育研究》2011 年 8 期)指出美国对薄弱学校的鉴定主要以学生学业成绩的进步幅度为标准,将薄弱学校定为三级,并提出了改造薄弱学校的转型模式(transformation model)、变革模式(turnaround model)和重启模式(restart model)。

而英国对薄弱学校的认定标准不仅限于学业成绩，还有学校生源的社会经济背景：① 考试成绩；② 辍学率；③ 义务教育结束时的升学率；④ 符合申请学校免费午餐（为低收入家庭孩子提供）的学生比例；⑤ 犯罪学生比例；⑥ 吸毒学生比例；⑦ 学校设备；⑧ 母语为非英语的学生比例。在这 8 个方面的评估结果落后于全国平均标准的即为薄弱学校。采取的措施主要有：建立“教育行动区”以改善薄弱地区和薄弱学校的教育标准和质量；“卓越城市计划”以提高城区学校教育质量；以特色学校改进薄弱学校等，见王璐和傅坤昆的《以质量促均衡英国少数民族教育机会均等政策研究》（《比较教育研究》，2012 年 10 期）。

（三）弱势群体教育公平政策

教育公平最终要使每个人，不论家庭背景、民族、性别、身体和智力方面的原因都能获得公平的教育机会和符合其特点和需要的教育资源。这方面的文章涉及的内容也很广泛，探讨了不同国家和地区很好的经验和政策措施。

1. 少数族裔

在大多数西方国家少数族裔主要是指外来移民，由于语言、文化、经济地位的原因，在主流社会面临被歧视、学习困难、学业成绩不良的问题。作者从不同角度探讨各国的经验。张运红和冯增俊的《美国移民社会融合的教育实践模式探讨》（《比较教育研究》，2014 年 3 期）指出美国是由移民组成的社会大熔炉，在数百年发展中形成了以教育为主导的移民社会融合实践模式，不仅有效地提升了移民的政治认同经济参与，缩短了群体间的文化差距，而且较好地实现了对多元文化群体的新型社会管理，建构起独特的教育社会管理实践体系。

孙颖的《美国移民儿童的生态公平与教育诉求》（《比较教育研究》，2014 年 3 期），从生态环境的视角探讨美国非法移民儿童的生存环境，分析问题的纬度很独特，例如途径危机；社会资本获取障碍；标准危机；多元文化的主流倾向和互动危机；信息沟通的交流障碍，以及无条件政策等概念都很有启发。

王璐和傅坤昆的《以质量促均衡英国少数民族教育机会均等政策研究》（《比较教育研究》，2012 年 10 期）探讨了英国的少数民族儿童教育中存在的被歧视、制度性排斥、学业成绩不良和不能适应少数民族学生特殊需求等制度性问题，分析了近年来英国政府在改善少数民族学生的学习环境、提高少数民族学生学业成绩上和多元文化教育方面的措施。

而印度政府官方文件提到的少数民族(minority)通常是按照宗教信仰来划分的,即,除了占总人口82%左右的印度教教徒之外,信仰其他宗教的就是“少数民族”,安双宏和程懿的《印度少数民族入学机会均等政策研究》(《比较教育研究》,2012年10期),探讨了印度政府对少数民族教育所采取的积极的区别对待政策,分析了其成绩和存在的问题。

少数民族在高等教育方面的机会均等问题也是学者们比较关注的问题。万秀兰的《美国少数民族高等教育问题的表现、原因及对策》(《比较教育研究》,2002年8期)指出在美国高等教育系统不太成功或比例不足的少数民族,主要包括三大族群:非洲裔美国人、美国印第安人和讲西班牙语的某些民族。针对制约美国少数民族学生接受高等教育的若干问题(准备不足、动机不足和非传统的参与方式等),美国提出并采取了旨在扩大少数民族高教就学机会和提高其高教保持率的若干具体对策。而何倩的《美国少数民族高等教育入学机会均等政策研究》(《比较教育研究》,2012年10期)主要介绍了美国为少数民族学生提供优惠待遇的倾斜性政策和旨在提高处境不利的少数民族学生的学业成绩的补偿性政策。

2. 性别公平问题

在性别公平问题上,发展中国家更加关注贫困地区女童的入学机会均等问题,在改善女童生存机会方面给予政策干预和倾斜。吴柳、宾秀玲、黄荣、鞠敏敏和莫福升的《试析贫困地区女童教育的自然演进过程——80年代以来亚太发展中国家贫困地区女童教育基本模式例析》(《比较教育研究》,2000年2期)以孟加拉国和我国农村女童教育的案例分析了贫困地区女童教育“均等性教育—有效性教育—特殊性教育”的自然演进过程和相互交叉,从而有针对性地解决贫困地区女童教育的现实问题。张燕军的《南非9~12年纪“技术女孩计划”探析》(《比较教育研究》,2014年12期)对“技术女孩计划”进行了分析,这是一项旨在支持4 000名弱势女童的计划,通过假期攻读计划使她们在学校期间就有机会亲历工作世界,在职业参与中学得更多的知识。

而在发达国家则更加关注女性在学习上的特点和性别特征,以及在法律上保障女性地位的努力。官莉娜的《女性在法国中高等教育中的状况分析》(《比较教育研究》,2010 年 3 期)以数据分析了法国中高等教育中男女生在课业选择与学科分布存在明显差异,女性在高等教育中的比例占明显优势但在竞争性有声望的大学校中增速缓慢,介绍了法国政府为促进知识社会协调发展提升女性教育地位而采取的策略和措施,采用数据分析女性教育问题的方法值得借鉴。高杭、薛二勇的《特殊群体教育公平与补偿性政策——美国法律演进中体现的制度保障(《比较教育研究》,2010 年 9 期),则从内容演进上探讨了美国消除性别歧视、促进女性教育公平的法律保障。

3. 其他弱势群体的教育公平问题

杨柳的《美国残疾人教育改革的政策分析——从入学公平到质量提高(《比较教育研究》,2014 年 4 期)分析了 1975 年以来,美国残疾人教育改革不同阶段的政策目标及具体举措,对残疾儿童的鉴定、评估、教育安置到公立教育的提供,经费投入的加大,提升残疾学生的学业标准,加强残疾学生不良行为的管理都提供了很好的思路。高杭、薛二勇的《特殊群体教育公平与补偿性政策——美国法律演进中体现的制度保障》(《比较教育研究》,2010 年 9 期),则从教育法的角度分析了美国残障人教育公平从形式公平走向实质公平的历程。

除了残障群体的教育公平问题,其他过去较少涉及的社会边缘群体,例如流浪儿童、问题儿童的身心健康和教育问题也进入到研究者的视线中。乌云特娜的《俄罗斯社会转型时期流浪儿童成长问题探析》(《比较教育研究》,2008 年 2 期)则把目光投向了极少得到关注的流浪儿童。在转型期这些社会孤儿剧增。越轨行为和性早熟导致犯罪的人数逐年上升,社会弊病也随之而现,梅毒、艾滋病、结核病等层出不穷,儿童的身体健康陷入了危机。"文章从俄罗斯社会转型时期流浪儿童成长问题的现状、原因及其对策等几个角度对此进行探析。

王璐的《每个孩子都重要:英国全面关注处境不利儿童的健康发展》(《比较教育研究》,2005 年 10 期)探讨了英国针对贫困儿童的"确保开端"计划,针对被照顾儿童和离异家庭儿童的措施,针对逃学问题的措施,预防青少年吸毒和不良性行为计划和针对青少年犯罪的措施,体现出英国在弱势儿童认定方面的一个变化是过去更多地强调从种族歧视的单一视角进行分类,随着"全纳社会"理论研究的深入,对于处境不利儿童的认定和关怀更加细致。

(四) 提高教育质量理论与政策

1. 教育质量的含义

公平与质量是当代教育改革的两大主题。教育公平与质量紧密相关。这主要体现在两个方面，首先，在强调教育公平的同时不能忽略对质量和效率的重视，其次，在研究教育质量理论问题和政策发展时，彰显对公平问题的关照。20世纪90年代以来，重视“有质量的教育公平”和“有公平的教育质量”成为世界各地教育发展的共同趋势，也成为我国教育改革与发展关注的焦点。

程晋宽的《全球化背景下世界一流基础教育发展水平与特征的比较分析(《比较教育研究》，2012年3期)指出世界一流基础教育的基本特征之一即追求高质量与高效能的教育普及，从世界范围看，越来越把高质量和高效能作为教育普及的重要标准或指标，也就是在教育公平的普及目标中体现高质量和高效能。

学者们对于教育质量的定义五花八门，莫衷一是，联合国儿童基金会出版的定义教育质量(2000)从五个相互关联的纬度考察教育质量，有质量的学生、有质量的学习环境、有质量的内容、有质量的过程以及有质量的成就①。可以达成共识的一点是，质量并非存在于真空，而是源于被事物和进程所包围的关系纽带中，当相互契合的成分相互和谐时，质量就出现了，若是如此，那么教育质量就必须置于社会背景之下，教育越是与社会所规定的目标或者理念相一致那么其质量也就越高②。朱益明编译的《教育质量的概念分析》(《比较教育研究》，1996年5期)指出通常人们常常将教育质量理解成：学生的学业成就水平和学生在学校中所获知识、技能及态度为其离开学校以后的生活作准备的适切性(Relevance)。克莱恩索迪安著、王远达所译的《扩展我们的教育质量观重新发现教育目的》(《比较教育研究》，2012年3期)在总结他人研究的基础上指出了质量所应包含的七重维度：效益、效率、公平、反应性、相关性、反思性和可持

① Vinayagum Chinapah，有质量的全民教育：公平与质量，自秦行音，王力，公平与质量——全民教育追求的目标，北京师范大学出版社，2012：9.

② Gerhard Kutsch，教育质量：离全球共识还有多远?，自秦行音，王力，公平与质量——全民教育追求的目标，北京师范大学出版社，2012：87.

续性。该模型在这七重维度中寻求一种具有相关性的平衡。

2. 提高教育质量的政策与实践

(1) 追求高效、一流和卓越。在与提高教育质量相关的文章中,优质、卓越、素质、改进、有效、一流等是出现频率较高的关键词。各国主要从关注学习质量公平、提高教师质量、促进办学质量、改进质量评价体系等方面促进教育质量的提高,如同在教育公平政策中具有效率和优质的关照,在有关教育质量的政策中也处处彰显着对于公平问题的关切。

20世纪80年代"有效学校"运动体现了那个时代对教育质量的理解,至今学校效能仍然是学校质量的重要指标。朱益明编译的《教育质量的概念分析》(《比较教育研究》1996年5期)指出一个高效能的学校是指对学生的学业成绩起了显著的作用而不依赖于学生的文化背景及社区环境的学校,学校通过其教学实践、常规的组织和管理等而增加本校学生的读写能力、学术能力和社会技能。而王觉非的《有效教育学校在美国的兴起》(《外国教育动态》1988年2期)首次将"有效学校"这一概念引入到我国,使我们了解到"有效学校"运动的源头。"有效学校"的本意是学校在提供平等教育机会和大体相同的教育结果方面,为学生创造各种条件,使家庭社会经济地位较低的儿童,在毕业时获得与其他儿童大体相当的知识技能,这样的学校教育才是有效的。文章指出了有效学校的特征,必须有良好的学校风气、坚强的领导班子、明确的教育要求、统一的教育目标和科学的评价手段。

在孙河川、刘文钊、王小栋、郝玲玲的《英国最新教育督导评价指标述评的特点及启示》(《比较教育研究》2013年3期)对2010年4月英国教育标准署(OFSTED)颁布的最新学校督导评价指标进行了分析,新指标的特点之一是特别关注学校的整体效能,在新的时代,学校效能的含义也发生了变化,包含学生的学习效能、学校的教育效能和学校领导的管理效能,把学生发展放在了首位。

(2) 教育标准驱动。20世纪80年代之前,各国教育系统大多采用"输入驱动(input-driven)"的管理机制。该管理机制对教育系统的控制主要通过课程指南或教学大纲加学业水平测试(achievement assessment)来实现。20世纪80年代末期,一种"输出驱动(output-driven)"的教育改革运动由英国兴起,并逐渐遍布全世界。与输入驱动系统不同,输出驱动的教育系统通过规定不同年龄阶段学生的学习结果来管理和监控教育系统。外部的规范性常模标准成为主要的参照系①。

以结果为导向的教育改革最终演化为基础教育的标准化运动。程晋宽的《全球化背景下世界一流基础教育发展水平与特征的比较分析》(《比较教育研究》,2012 年 3 期)分析了教育标准的主要内容和影响。为了实现高质量高效能的教育普及,很多国家的教育发展与改革已经从对教育内容的控制与改革转向为对教育结果教育质量教育效能的关注。这种教育发展价值观的转变,导致各国政府更加明确提出对学生学习质量学习效能和学习结果的要求,更加强调学习测试和学习责任,并把这种期望转变为国家的教育目标和教育标准。通过确定国家教育标准,世界各国都试图把这种优异教育的目标告知师生,成为师生教学的框架和评判依据。有些国家确立了广泛的教育标准,并给教师以巨大的教育自由,由教师判断如何达到教育标准,以实现高效能的教育,如芬兰。另一些国家则确定了一定年龄或年级的学生在各个学业阶段都应达到掌握的标准,例如,英国在各个关键阶段结束时确定了平均学业成绩标准。韩国日本新加坡等国则要求依据明确的教育标准和教学大纲进行教育,学校的教学工作要以课程标准为依据,以保证高水平的教育质量。

而英国课程标准的最大特点是基于结果,也就是对每个学段结束时学生学习的结果提出了详细的标准,这些标准是指向学生的学习和发展,正如美国加利福尼亚大学评价研究中心(CSE,Center for the Study of Evaluation)在 2002 年的报告中指出“基于标准的教育体系的成功依赖于两个要素:强有力的标准和能衡量出标准所期望的学习结果的评价”。

刘学智、栾慧敏、乞佳的《美国政府提高基础教育质量的最新举措——PARCC 评价体系的构建与启示》(《比较教育研究》,2013 年 10 期),从核心课程共同标准的视角介绍了“为升学和就业做准备评价同盟”(PARCC)所研发的推动核心课程标准实施和改变学业评价现状的评价体系。PARCC 评价体系框架包括形成性评价和终结性评价相结合的二元结构、英语和数学等核心学科的评价模块。

① 杨向东,基础教育学业质量标准的研制,全球教育展望,2012 年第 5 期:33.

教育标准运动还影响到了学前教育。陈时见、李洁的《美国德克萨斯州早期学习标准述评》(《比较教育研究》,2012 年 5 期)特别指出了学习标准体现幼儿本位的教育理念。以儿童发展为中心是德州早期学习标准始终秉持的核心理念与价值所在,其内涵主要体现为注重幼儿的全面均衡发展,例如早期学习标准将儿童学习内容划分为社会性与情感、语言与交流、初现阅读、书写、数学、科学、社会研究、精美艺术、身体发展与科技应用十大领域,旨在促进幼儿在审美、认知、情感、语言、体能和社会性方面的全面发展,力求达成幼儿认知与情感、知识与智力、主动精神与社会责任感的和谐统一。与此同时,标准强调幼儿对这十大领域内容的学习不是独立和彼此分离的,而是在日常生活活动和游戏中不同领域间的融合。

而王琳璞、徐辉的《提高质量、夯实基础:南非祖玛政府的基础教育战略》(《比较教育研究》(2013 年 3 期)则介绍了南非在教师资格标准方面的改革,教师的资格标准将在现有通用版本的基础上增加分学科、分执教阶段的分类标准;新教师的培养将强化实习环节,除增设供见习、教学模拟的教学实验学校(TSs)外,还将圈定一批普通学校作为专业实习学校(PPSs)。

(3) 评价与绩效问责。构成标准驱动教育改革的三大核心要素包括学术标准、评价和绩效责任。程晋宽的《全球化背景下世界一流基础教育发展水平与特征的比较分析》概括了不同国家的问责特点。问责制度是各国教育发展的重要保证和监督措施,但各国在实施问责制度方面也存在着巨大的差异。美国极大地关注外部的以测试为基础的问责;亚洲国家则依据外部的考试进行问责;英国则关注学生的成就数据学校督导和增加值;而丹麦和芬兰则关注形成性评价和学校自我评价,较少依赖外部的问责机制,更加依赖建立专业能力专业自信和专业责任。

白华的《差异化绩效责任制:美国中小学均衡发展的新举措》(《比较教育研究》,2010 年 5 期)阐述了美国为配合 NCLB 法案的实行而在各州普遍实行的绩效责任制,拟定一套奖惩制度来要求学区和学校为改善学业成就承担起责任,对学生在一年一度的全州阅读与数学测验中获得的成绩做出有效评估,在实施过程中,主要是运用全国教育进步评估测试来衡量州的绩效改善状况,从实施效果来看,绩效责任制的运用对学生学业成绩改善有积极影响,但是也出现了一系列问题。统一的绩效改进模式不适合学校的实际状况,因此提出差异化绩效责任计划,初衷是通过建立一种灵活的机制,对低绩效学校进行差异化处理,明确学校各自的发展目标和方向,为最需要的学校提供有针对性的帮助,以达到学校持续改进的目的,强化学校改进的效果。这也体现了在强化统一标准的同时尊重差异,关注公平的价值。

(4) 公平与质量同步。教育质量与公平是否能够鱼和熊掌都可兼得? 皮拥军《OECD 国家推进教育公平的典范——韩国和芬兰》(《比较教育研究》,2007 年 2 期)很好地回答了这一问题。文章发现韩国和芬兰学生在国际学生学业测评中不仅成绩优异,而且成绩分布均匀,韩国学校内部差异和学校之间的差异只有经合组织成员国平均差距的一半。芬兰学校之间的差别也很小,不同学校、不同家庭背景的学生成绩非常相似。芬兰综合教育中的多元公平机制,既保证所有学生的基本标准,也考虑不同学生的需求,此外教育由地方管理但中央出资平衡等政策都很有启发。而韩国充分意识到高中教育和高等教育有明显的获利性,因而在很大程度上属于私人投资行为,由受教育者个人支付主要成本,并由市场供求来调配资源配置。而义务教育则必须由政府投入,高中教育均衡化和教师轮岗都有效地缩小了了学校间和学生间的差距。

(五) 教育质量监测与评价

1. 国际测试

克莱恩·索迪安著、王远达所译的《扩展我们的教育质量观重新发现教育目的》(《比较教育研究》,2012 年 3 期)指出教育质量问题受到了越来越广泛的关注。国际主要机构都极其关注教育质量问题,如国际教育规划研究院(IIEP)的全球监测报告(GMR)和世界银行最新发布的全民学习(Learning for All)报告都涉及了与教育质量问题相关的内容。文章在对国际教育成就评估协会(IEA)的国际数学和科学研究趋势测试(TIMMS)和国际阅读素养进展测试(PIRLS)以及其中 OECD 国际学生评价方案(PISA)进行分析后提出了一系列值得深思的问题:测试的设计方式、设计过程是否充分容纳了各方因素? 它能被世界不同国家充分接纳吗? 更具挑战性的是,即使各国接受了设计,它能够公平地代表放之四海而皆准的质量标准吗? 我们现已存在的测试可以应对全球质量的挑战吗？测试的设计具备足够的全纳性吗？

在各种国际测试中，其中OECD国际学生评价方案（PISA）影响最大，PISA不仅对OECD成员国的学生进行学业测试，而且扩展到OECD成员国以外的国家2006年，有58个国家的学生参加了PISA的测试，这58个国家占有世界经济总量的近90％，中国已经参加了试点的测试，中国学生的测试成绩名列前茅。虽然PISA的比较研究存在严重的研究设计缺陷，包括被试的选择试卷项目的编制统计与分析误差等，但作为一项大型的国际教育比较研究，其科学性和揭示性都是值得关注的。杨涛、辛涛和董奇的《法国基础教育质量测评体系探析》(《比较教育研究》，2013年4期)指出各国参与国际评估是为了获得国际比较的视野，通过国际比较来了解本国基础教育发展状况与其他国家的差异，明确本国的基础教育系统的优势与缺陷，发现问题并促进有效改进。各国还建立了相应的教育质量监测机制。文章探讨了法国基础教育质量测评体系的构成和模式，经过近40年的不断发展完善，法国形成了独特且完备的基础教育质量测评体系，主要包括：教育系统监测——描绘国家教育系统发展状况；学生学业诊断——发现学生学习过程中的优劣之处，并指导其改进；学校发展评估——帮助学校获得自我发展的全面信息，并促进其不断提升。而且，在测评的基本模式、结果使用等方面，法国也形成了自己的特色。

2. 教育督导与评估制度

教育质量监测主要通过考试内容和形式的改革监测学生学业发展水平，而教育督导和评估制度则主要从学校质量评估的层面促进教育质量的提高。在这一领域出现了许多新的举措和模式创新。

张东娇的《学校评估发展的国际趋势及其对中国的启示》(《比较教育研究》，2009年3期)依据库巴和林肯的研究，将评估发展分为四个阶段：以测验和评量为主的第一代评估，以收集资料和陈述事实为主的第二代评估，以判断和决策为主的第三代评估，以沟通和协调为主的第四代。文章指出近20年来，教育评估模式发展多元化，种类及数量倍增。早期的评估是在衡量教育目标的达成程度，而后的发展关注陈述方案的执行状况或判断方案的优点与价值，从研究者参与逐步加入消费者、管理者、参与者的影响。有四种意识形态影响了评估取向及其模式的选择：分离主义、实证主义、管理主义、相对主义意识形态。

柯森的《澳门回归以来学校教育优质化的策略评析》(《比较教育研究》2009年11期)认为澳门回归后经历的快速经济发展和社会转变,为其学校教育带来了机会和挑战,学校教育优质化成为学校教育改革与发展的关注点,为实现目标采取了政府介入与主导、整体结构优化、专项投入拉动、师资专业发展与激励以及课程改革推进和评鉴驱动等策略。2003年推出的学校综合评鉴活动涉及学校领导、校务管理和学生素质发展等方面的内容。

从田腾飞的《芬兰基础教育的质量标准及其评估机制探析》(《比较教育研究》2013年4期)可以看出,芬兰学校质量评价主要从外围质量指标和与学生有关的指标两方面对学校质量进行评价,外围指标包括管理、人员配置、办学经费和评估,与学生有关的指标包括:课程实施;教学与学习安排;学习、成长和福利支持;包容与感化;家校合作;安全的学习环境。

王黎的《荷兰教育督导制度及其督导模式最新发展》(《比较教育研究》(2013年10期),对荷兰的风险评估模式进行了研究。受"教育治理"(educational governance)理念的影响,荷兰督导制度在保持自身权威与独立性的同时,越发注重通过加强学校绩效责任与意识来提高教育质量。教育督导的重点向减轻学校负担及提高督导效率转变。教育督导局决定对于较好的学校,降低督导频率与深度;对于出现质量风险的薄弱校则采取较严格的督导与评价方式,区别对待薄弱校与优质校。其风险督导基于学校董事会的年度问责报告、学生成绩、学校质量潜在不足迹象等三大风险要素,依据教育教育督导框架中的指标对学校教育质量进行风险分析和监测。

从以上对半个世纪以来相关文章的分析可以看出,随着时代的发展,人们对教育公平与质量关系问题的认识越来越深入和完善,从最初的相互对立和矛盾,逐渐走向兼顾进而相互镶嵌,不可分割。二者的关系问题遂呈现出以下层次:1) 在探讨教育公平问题时,已经不是单纯地谈论公平问题,更多地是指质量的公平,当今时代已不满足于只有机会的公平,更多地是追求办学质量、学业成绩、师资和办学条件质量上缩小地区、学校和群体之间的差距和过程以及结果的公平。2) 在谈论教育公平时也开始避免另一种倾向,即绝对的公平,更加追求有差异的公平,既要重视对弱势群体的补偿和倾斜政策,也不能忽略对精英教育、优质教育和尖端人才的投入,对于弱势群体的补偿也要关注效果问题;

3）在研究教育质量问题和制定相关政策时，关注质量中的公平问题，例如在优质学校学习的精英人才中来自贫困地区和家庭、少数民族地区和家庭的比例问题。单纯的公平和单纯的质量已经无法满足国家、社会、家长和学生的需求，而要达到公平与质量的合理有效的平衡并非易事，其中还有许多问题需要比较教育领域的专家学者们深入探讨，为教育决策提供理论和经验支撑，发挥比较教育在理念与机制创新方面的引领作用。

王璐

2015年10月

于北京师范大学

教育公平理论

一、三种不同的教育公正观
——罗尔斯、诺齐克、德沃金教育公正思想的比较

什么是教育公正，怎么判定公正，都要受到一定哲学观的指导。不同的哲学观会产生不同的教育公正观。罗尔斯(J. Rawls)、诺齐克(R. Nozick)与德沃金(R. Dworkin)是当代西方最具代表性的公正(justice)论者，他们的公正思想对我们构建理性的教育公正观提供了有益的启示。

(一) 罗尔斯：平等即公正

罗尔斯是自由平等主义者，他认为，正义的一般观念是："所有的社会益品——自由和机会、收入和财富、自尊的基础——都必须平等地分配，除非对某一种或所有社会益品的不平等分配将有利于最少受惠者。"[1]在这一观念指导下，他提出了两个具体的正义原则。

第一原则为平等的基本自由原则：每一个人对于一个与所有人同样的自由之安排相容的、完全足够的平等的基本自由之安排都拥有相同的不可剥夺的权利。

第二原则是社会和经济的不平等应该满足两个条件：他们所从属的公职和职位应该在公平的机会平等的条件下对所有人开放(公平的机会平等原则)；它们应该有利于社会之最不利成员的最大利益(差别原则)。[2]

根据自由平等主义的正义思想，教育的公正主要表现为：

1. 每个人都应该享有平等的接受教育的自由权利和机会

罗尔斯认为："社会的每一成员具有一种基于正义或者说基于自然权利的

不可侵犯性，这种不可侵犯性甚至是任何别人的福利都不可逾越的。""在一个正义的社会里，基本的自由被看作是理所当然的。由正义保障的权利不受制于政治的交易或社会利益的权衡"。[3]受教育权利作为人的一项重要的政治权利，是任何人以任何理由都不能剥夺的。罗尔斯指出："获得文化知识和技艺的机会不应当依赖于一个人的阶级地位，所以，学校体系（无论公立还是私立学校）都应当设计成有助于填平阶级的沟壑。"[4]平等的教育还包括每个人享有平等的受教育机会。罗尔斯明确反对英才统治，而倡导社会民主。民主社会的机会应当向所有人平等地开放，不允许有任何的限制和特殊。

2. 保证每个人在资源分配中具有公平的份额

罗尔斯把自然禀赋的分配看作是一种共同的资源，一种可以共享的分配利益。他说，假定有一种自然禀赋的分配，那些自然禀赋相同或相近的人，则应该获得同样的教育资源。"那些处于才干和能力的同一水平上、有着使用它们的同样愿望的人，应该有着同样的成功前景……在社会的所有部分，对具有相似动机和禀赋的每个人来说，都应当有大致平等的教育和成就前景"。[5]对于出身和自然禀赋的不利者，都要给予补偿。"补偿原则认为，为了平等地对待所有人，提供真正平等的机会，社会必须更多地注意那些天赋较低和出生于弱势的社会地位的人们。遵照这一原则，较大的资源可能要花费在智力较差而非较高的人们身上，至少在某一阶段，比方说早期教育期间是这样"。[6]而且，罗尔斯认为，对不利者进行教育资源的补偿只能通过抵消自然禀赋占优势者的教育资源而获得。通过"损有余而补不足"，其目的在于使任何人都不会因他在自然资质分配中的偶然地位或社会中的最初地位而得益或受损，保证他们在教育资源获取上的平等。

3. 不平等资源的分配要符合最少受惠者的最大利益

公正就在于每个人得其应得。就教育而言，个人应该依据什么来获得应有的教育资源呢？有一种观点认为，应根据个人的天赋，天赋较高的人应得到丰富的教育资源。然而，罗尔斯认为，这种观点是不正确的。"没有人应得他在自然天赋的分配中所占的优势，正如没有一个人应得他在社会中的最初有利的出发点一样……认为一个人的应得能够培养他的优越个性的断言是成问题的。因为人的个性在很大程度上依赖于幸运的家庭和环境，而对这些条件，个人是没有任何选择权利的”。[7]如此说来，“一个人的天赋才能”不能成为教育资源分配的“应得”标准。

罗尔斯的公正理论建立在对社会合作的契约之上。天赋较高的人的利益也是在与那些天赋处于劣势人的合作中获得的，如果没有这些天赋不利者的合作，天赋较高者也不可能获得较大的利益。如果社会的合作要顺利进行(其条件就是要使不利者有自愿合作的愿望)，这就要使天赋不利者从天赋较高者那里取得应有的利益。如果根据天赋的高低分配教育资源，就会使天赋较高的人以不促进他人利益的方式从他所参加的合作体系中获利，这是不公正的。所以，罗尔斯强调“当且仅当境遇较好者的较高期望是作为提高较少获利者的期望计划的一部分而发挥作用时，它们是公正的”。公正“并不确立和保障那些状况较好的人获得较好前景，除非这样做适合于那些较不幸运的人的利益”。[8]公正的教育资源分配，就是要通过利用天赋较高者而改善最不利者的长远期望。

罗尔斯的理论反映了一种对最少受惠者的偏爱，一种尽力想通过某种再分配使良序社会的所有成员都处于一种平等地位的理想。罗尔斯虽然承认差别原则达到了补偿的目的，或起到了补偿的作用，但他又认为，差别原则不等于补偿，而是社会合作中每个人的“应得”。在这个意义上，罗尔斯对资源的分配确实带有平等乃至平均主义的倾向。

(二)诺齐克:按择所予即公正

诺齐克是自由至上主义者，“自由至上主义者捍卫市场自由，反对运用再分配的税收机制去贯彻自由主义的平等理论”。[9]因为自由平等主义侵犯了个人的权利，在本质上是错误的。自由至上主义高扬个人权利的优先性，建构了以权利为道德边际约束的持有正义论。其在教育公正上的思想体现为：

1. 对教育资源的自我所有权不容侵犯

罗尔斯和诺齐克都坚持个人权利优先和个人权利不容侵犯。但具体有哪些权利优先，哪些权利最重要，却存在着差异。罗尔斯只把个人权利的优先局限于政治权利方面，而没有贯彻到底，其社会资源的平等分配显然有违于个人权利的优先性。诺齐克正是看到了这一点，把个人的自我所有权不仅贯穿在政治权利方面，同样贯穿在资源分配上。诺齐克指出，我拥有自己，我就拥有自己的天赋,因而也就拥有依靠我的天赋通过我的劳动所产出的东西,即个人的财富。罗尔斯的差别原则通过再分配把天赋高者的产出转向天赋低者,这就侵犯了自我所有权。

所以,同样谈受教育权利,罗尔斯强调的只是政治上平等的受教育权和平等的受教育机会,诺齐克同样承认受教育权利作为一种基本的人权,不能被任何人以任何理由侵犯。但他和罗尔斯不同的是,不能牺牲个人在教育资源享有中的权利。按照罗尔斯的说法,公正的教育资源分配,就是要通过利用天赋较高者而改善最不利者的长远期望,较大的资源可能要花费在智力较差而非较高的人们身上。诺齐克则认为,罗尔斯的这种做法侵犯了个人自由发展天赋的受教育权利。在他看来,任何人都没有权利,即使是最不利者也没有权利对他人拥有的教育资源提出分割的要求。在本质上,他不同意罗尔斯的社会合作论,而认为每个人都是分立的,每个人都具有独立的生命体,不能被别人当手段利用,为别人的利益而牺牲自己。"由于我对自己持有自我所有权,处于自然劣势中的人就不能对我或我的天赋提出正当的要求。一切旨在对自由市场的交换实行强制性干预的措施都有违于此"。[10]

2. 按天赋获取应得的教育资源,教育向才能开放

教育资源中的自我所有权不容侵犯,这些资源属于自我应得。问题是应得的基础是什么?诺齐克认为应该以个人的天赋、能力、智识等诸类的"我性"作为分配教育资源的基础。

如何看待天赋在资源分配中的作用,是罗尔斯和诺齐克争论的一个重要问题。他们在这个问题上有直接的交锋。罗尔斯在《正义论》中批评自然的自由体系(即自由至上主义),因为它隐含着一种"向才能开放"的制度安排以及"自然的贵族制观念",所以,他在"向才能开放"的主张之前,加上了"机会和职位向所有人平等开放的原则"作为前提,而且向有才能者的开放必须以不利者的利益最大化为限定。其目的是使资源的分配不受自然资质或天赋的影响,因为这些自然资质或天赋是不应得的,是任意的。"自然的自由体系最明显的不正义之处就是它允许分配的份额受到这些从道德观点看是非常任性专横的因素的不恰当影响"。[11]诺齐克可谓针锋相对,他说:"不管人们的自然资质从道德观点上看是否是任意的,人们对其自然资质是有权利的,对来自其自然资质的东

西也是有权利的。”[12]

所以，诺齐克认为，资源的分配必须与天赋相联系，尽管天赋的差别会造成资源分配的差别，甚至是较大的差别，对天赋较低者是一种不幸，但不是不公正。相反，无视或人为缩小这种差别，就是侵犯个人的权利，在道德上是不正当的，也是不允许的。自由至上主义的教育公正以个体天赋为基础，使教育向有才能的人开放，进行精英教育，不能因为追求所谓的平等而牺牲杰出人才的发展。

3. 教育公正在于程序公正，而不在于结果

诺齐克反对即时正义，因为即时正义不仅不问正义的来路，而且致力于实现某个特定的目标或达到某一结果。他持有的正义是一种历史的、非模式化正义，这种正义注重考察持有正义的来源、发展的历史，只要来路正当，不强求达到某一结果。“诺齐克的这种分配正义原则典型地反映了程序正义论的观点，即以某些适用于一切人的普遍化的规则为前提”。[13]程序公正一般不重视分配的结果，只要竞争中遵循了同一规则，做到规则面前人人平等，竞争的结果无论怎样，都是公平的。自由至上主义的教育公正不问教育的结果，而只追求个人获得教育资源的过程是否正义，考察个人获取教育资源的途径是否正当。只要历史地考察其获取和转移权利的方式是正当的，其结果无论如何都是正当的。教育的不公正也仅仅在于某人持有的教育资源是通过不公正的途径而得来，比如说依靠政治权力、金钱、地域以及作弊等得来的，而不是因为人与人之间殊异不同的教育结果。当然，教育资源的获得也应该遵循一个道德边际约束，这就是个人对教育资源的获得不能使其他人的教育状况更加恶化。比如学校把最好的师资以及资源投放到重点班级，重点班的学生享受优质教育资源致使普通班学生享受的教育资源比以前减少，教育状况更加恶化，这样，重点班的学生对优质教育资源的亨有就是不公正的。如果是在改善普通班的教育条件下，重点班学生对教育资源的占有没有导致普通班学生教育状况的恶化，这样，重点班学生对优质资源的占有就没有违背道德边际约束，因此是公正的，而且这样的重点班还符合自由至上主义倡导的精英教育。

4. 依靠学校选择制度和教育市场化，实现教育公正

自由平等主义以平等为取向，发挥政府在再分配中的调节作用，增加公共

福利,实现结果平等。自由至上主义认为,政府在再分配中的作用越大,权力越集中,市场就被控制和奴役,个人就丧失了选择的自由。所以,自由至上主义主张一种最弱意义上的政府,政府除了给个人权利提供保护外,不能再有其它过多的功能。

按照自由至上主义的观点,所有的教育都是私人行为,根本不可能存在公共教育,因为公共教育是社会再分配制度的产物,而社会的再分配就会侵犯了个人的财产所有权。为了维护个人的自由权利,它提出"各尽所择,按择给予"。在教育上就是实行学校选择制度和教育市场化。

学校选择制度以尊重个体的教育权利为前提,强调受教育者作为主体有权自主选择符合自己天赋和个性发展的教育。选择制度使教育公正的标准多样化,在尊重个性多样化发展基础上,力图实现自我应得的教育公正。学校选择制度站在接受者的一方,赋予了受教育者及其家长更大的教育自主权,满足了他们的个性化教育需要。学校选择制度的实施,使学校以学生为上帝,一味迎合学生的需要,而不考虑学校教育在社会方面的要求。市场机制引入教育之后,固然有助于人们自由选择教育,尤其是选择优质教育,体现了"按择给予"的原则,但教育市场化损害了教育的机会平等,加剧了教育的阶层分化和人种分离。[14]人们对学校选择制度以及教育市场化的批评,用的依然是自由主义的平等理念,而这在自由至上主义看来,它本身不是问题。自由市场和自愿选择正在于维护了个人的自由教育权利,才是公正的,而不管结果是否平等。

(三)德沃金:钝于禀赋,敏于志向

人与人之间是有差异的,这种差异有自然禀赋的差异,也有社会境况的差异。自由平等主义以平等为公正的取向,因此,致力于消除或缩小人们之间在社会益品分配中的差异。因此,罗尔斯的差异原则是保证自然禀赋不会对社会基本益品的分配产生不公正影响的最好原则。对罗尔斯而言,两个人尽管自然禀赋不同,甚至有较大差异,但他们都应该拥有同样的社会益品。按照罗尔斯这一逻辑,较大的教育资源可能要花费在智力较差而非较高的人身上。这意味

着教育应该要发展的是才能较差者而不是较优者。这显然不符合教育的直觉判断。因为教育在于促进每个个体尽可能的最大化发展,并不是为了才智弱者的发展而强行限制才智强者的发展。罗尔斯教育资源的平均化倾向,也不符合得其应得的理念。教育资源分配的特殊性在于它的双重标准:不仅根据一个人的社会境况,如身份、地位、民族、阶级等,而且还必须考虑个人的自然天赋。罗尔斯显然只考虑了前者,而把后者等同化。

罗尔斯的差异原则虽然缓和了社会境况(不包括自然禀赋)对人们造成的不公正影响,但是它削弱了个人选择和个人努力的结果。德沃金认为,平等待人意味着人们应该为自己的选择付出代价和承担责任。人们的命运应该取决于自己的"志向",而不只取决于他们的自然禀赋和社会境况。一种公正的分配方案必须注意志向问题,允许发展个人的志向,即便这可能造成不平等,也要鼓励。这就是社会利益分配中的"钝于禀赋(endowment-insensitive),敏于志向(ambition-sensitive)"。

针对自然禀赋的不平等,德沃金提出补偿自然劣势的"保险方案"。针对个人的志向,他提出为自己选择承担代价的"拍卖方案"。保险方案先于拍卖方案。也就是说,在拍卖之前,先给自然禀赋的劣势者予以补偿,保证他们在拍卖中有一个平等的起点,拍卖则取决于个人的选择。"先于拍卖的补偿能够保证每个人在选择和追求有价值的生活计划时,具有相同的能力;而拍卖范围内对资源的平等分割保证每个人的选择都得到了公平的对待。因此,这种分配应该是'钝于禀赋'而'敏于志向'了"。[15]

德沃金的"钝于禀赋,敏于志向",一方面要考虑个人的自然因素,但又要适度,不能完全依靠自然天赋决定资源的分配。在保证依据天赋合理分配资源这一起点后,个人的发展及其资源的获得取决于个人的志向选择。按照德沃金的这一理论,我们既需要公共教育,又需要给人们留有选择和发展的自由。假想的"保险方案"表明,公共教育之所以必要,就在于它能保证一定阶段教育(比如义务教育阶段)的完全平等化,把教育纳入公共财政的体系中,防止教育的商品化对弱势阶层的伤害。假想的"拍卖方案"表明,允许人们有不同的教育选择,包括非义务教育阶段的择校，是对个人选择的尊重。公共教育属于社会的公共产品，它是由国家提供的公共资金资助的教育。公共教育赋予每个人完全相等的教育权利和教育资源。保证个体享受平等的公共教育是各级政府的责任，公共教育中的不平等也应该由各级政府解决。义务教育完全是公共产品，具有公益性，它应该是面向全体适龄儿童，追求其实质的公平。但非义务教育属于准公共产品，在非义务教育阶段，应该允许个人根据自己的志向进行选择，比如说可以选择就业，也可以选择升学；可以选择普通高中，可以选择职业中学；可以选择普通中学，可以选择重点中学；可以选择不同的班级。如果说义务教育要照顾弱者的话，非义务教育需要更突出个人的选择，不能为了保护弱者的利益而把天赋高者的利益转移给弱者。就像德沃金所说，虽然通过选择的拍卖会造成差异，但这种差异不能说不公正。在拍卖中，“没有人能够声称在资源分配的过程中遭遇了不平等的对待——因为，假如某人愿意拥有他的那组社会益品，他本可以通过拍卖会去购买”。[16]

德沃金“钝于禀赋，敏于志向”的理论，超越罗尔斯与诺齐克的对立，既不主张完全的公共教育，也不主张完全的精英教育，而是在确保公共教育的基础上，尊重人们的教育选择，即在平等地顾及和保障所有人基本的受教育权和教育机会后，再尊重人的自由选择，让少数精英去充分追求个人的卓越发展。

参考文献：

[1] John Rawls. A Theory of Justice [M]. Oxford University Press, 1971. 303.

[2] John Rawls. Justice as Fairness: A Restatement [M]. Harvard University Press, 2001. 43.

[3][4][5][6][7][8][11] 约翰·罗尔斯. 正义论[M]. 何怀宏等译. 北京：中国社会科学出版社，1998. 27、74、73、101、104、76、73.

[9][10][15][16] 威尔·金里卡. 当代政治哲学(上)[M]. 刘莘译. 上海：上海三联书店，2004. 187、203、145、144.

[12] 罗伯特·诺齐克.无政府、国家与乌托邦[M].何怀宏等译.北京:中国社会科学出版社,1991.228.

[13] 顾肃.自由主义基本理念[M].北京:中央编译出版社,2005.361.

[14] 翁文艳.教育公平与学校选择制度[M].北京:北京师范大学出版社,2003.96—97.

(本文发表于《比较教育研究》2007 年第 10 期。作者冯建军,时属单位为南京师范大学道德教育研究所)

二、教育公平与和谐教育

党的十七大的基本精神是:促进社会和谐,夺取全面建设小康社会的新胜利。建设和谐社会,教育是基础。胡锦涛总书记在十七大的报告中说:"教育是民族振兴的基石,教育公平是社会公平的重要基础。"当今,教育公平问题受到我国社会的极大关注,这是因为我国教育发展极不平衡,存在着东西部差距、城乡差距、学校之间的差距。这里有历史的原因:一个国家在教育资源极度贫乏的时候,只能集中资源办好一批学校,以便快出人才。这也是以前教育发展不平衡以及20世纪80年代初重点学校出现的缘由。时至今日,我国经济有了很大的增长,教育资源也比以前更加充足,国家已有财力支撑教育的平衡发展,因而教育公平问题就提上了议事日程。

促进教育公平,需要对教育公平有一个认识。教育公平有三层内容:一是入学机会公平,二是教育过程公平,三是教育结果公平。实现教育公平,不仅提供入学机会的公平,在办学条件上也要均衡配置教育资源,还应该特别支持弱势群体子女的教育,这也可以说是对他们的一种补偿。因为长期以来他们缺乏受教育的机会,因此,只有对他们特别予以照顾,教育资源向他们倾斜,才能补偿过去的不足,使他们跟上一般的水平。我国高等学校对少数民族子女降分录取,就是对弱势群体的一种政策倾斜。当前要特别关注进城农民工子女的教育和农村留守儿童的教育。许多地方很重视这个问题,这次我在成都参观了金牛区一所农民工子女学校,叫行知小学,办得很好,与城市小学没有两样。当地教育部门比较有远见,教育局长说,这些农民工子女将来大多数都会留在城市,变成我们的市民,我们现在不去教育他们,将来就会成为城市里的社会问题,因此还是应该及早让他们受教育。但是许多地方长官不这么想，他们总计算着经费问题，认为城市教育投入只包括有户籍的市民子女，不包括农民工子女，只算经济账不算社会账。其实农民工为你的城市增加财富，增加税收，为什么不能享受城市的教育？有些同志提出发教育券，由农村孩子带着教育券到城里上学。这样就减少了农村教育的经费，使农村教育更困难。同时，"农民工"的提法也不确切，他本来已经离开土地，成为城市里的工人，也就是实质上的市民，只不过没有户籍而已。既然是城市市民，他们的子女理应受到与城市市民子女同样的教育。当然，现实中也有一些困难，如农民工往往有多个子女，他们都到城市上学，城市负担有困难。但孩子是我们的未来，总要设法让他们受到教育，因此要允许社会力量参与办学，当地政府给予支持。

这是从宏观教育来讲的，国家要负起均衡发展的责任，增加教育投入，改造薄弱学校，扩大优质教育，不仅实现入学机会的公平，而且实现教育过程的公平，使每个学生都能受到良好的教育。这对促进社会的和谐发展有两重意义：一是教育公平是社会公平的基础；二是提高了全体国民的素质，更有利于社会的和谐发展。

就微观教育来讲，一个学校、一个班级也有教育公平的问题。教育公平不只是宏观条件的公平，而且要使每个孩子在一切教育活动中都受到公平的对待，这就需要学校有和谐的环境，班级有和谐的环境，要求老师公平地对待每一个学生。在当今学校中教育歧视是普遍存在的，不少教师对学生有偏爱，例如爱聪明的孩子，爱听话的孩子，不爱淘气的孩子，甚至有时还会用语言伤害这些孩子，这是不公平的。因此实现教育公平，必须有和谐的教育。和谐教育需要学校协调多方面的工作：学校领导与教师的和谐、教师之间的和谐、师生之间的和谐、学生之间的和谐。具体到学生身上，要求学生德、智、体全面和谐发展，要以德育为核心，培养学生的创新精神和实践能力。

实现教育公平、和谐发展，并不是不讲差异。我们要承认差异，重视差异，培养差异。实现教育公平，并不是平均主义，并不是人人都一样，用一个模型来塑造人才，而是为学生提供平等的机会，但是内容不同。用一种规格、一种标准来要求每一个学生，对有些学生来讲可能是拔苗助长，对另一些学生来讲可能压抑了他潜能的发展，这也是教育的不公平。

我国教育的最大弊端是统一规格、统一要求、统一模式，因而培养不出优秀人才。我们的教育讲求公平，相信人人都能成才，但是才有不同。有的学生将来可能成为科学家，有的可能成为艺术家，有的可能成为企业家，等等。当今，我国最需要培养拔尖创新人才，著名科学家钱学森院士在温家宝总理看望他时，就提到这个问题。因此，我们不能不思考如何改变这种状况，我认为，就要提倡公平而差异的原则。还要说明一点，拔尖创新人才不只是指科学技术人才，也应包括人文社会科学人才。要做到这一点，需要在很多方面下功夫。首先，要有灵活的办学机制，提倡学校办出特色。要重视培养学生的学习兴趣，没有兴趣就没有学习，这是颠扑不破的真理。

其次，学校要有灵活多样的课程，便于学生根据不同的兴趣和特长选修。课程不仅包括列入课表中的显性课程，还应包括影响学生发展的各种活动。学校应该从小培养学生对科学文化的兴趣，还是那句话，没有兴趣就没有学习。苏联教育家苏霍姆林斯基说过，一个孩子如果到十二三岁时还没有自己的爱好，老师就要为他担忧，担忧什么呢，担忧他将来成为一个对什么也不感兴趣的平平庸庸的人。我们的老师思考这个问题没有？我国的教育管理工作者思考这个问题没有？恐怕大多数人都没有思考。我们的中学生在毕业填报高考志愿时，大多数不知道填报什么专业，填报的志愿往往是爸爸妈妈的志愿，甚至是爷爷奶奶的志愿。

我最近看了一位美国华裔学生写的书稿，讲述他们在高中的时候怎样根据自己的志愿选课程，怎样准备申报大学的。他说，他有五个好朋友，性格不同，追求与梦想也不一样：大卫在高中期间就梦想成为一名导演，并且执着地追求这个梦想，他选择了新闻报告课，高中最后一年成了学校新闻制作主任兼摄影师。麦克想成为一名记者，他读了许多文学著作，特别是莎士比亚的作品，还利用假期到伦敦去参观了莎士比亚大剧院和莎士比亚墓，高中四年，他每学期都为学校办报纸，最后成了校报的主编。约翰痴迷数学难题，想当一名数学家，在语法课上也偷偷地看数学书，同学讥笑，他也不动摇。安德鲁想当一个工程师，他准备在大学学习机械工程，他对课内学习并不太用功，但在课外花很多时间制作自己感兴趣的东西，做小船、做火箭。泰勒想学商业，他很看重人际关系的锻炼技能，泰勒是一个天生会和人交往的人，他能够让你笑、让你哭、让你高兴、让你难过，知道在什么场合说什么话，他是班上最早出去打工的。你看，他们个个都有志愿和爱好。我们的中学却缺乏这种教育，学生缺乏这种个性。

第三，需要改革评价制度。没有绝对的好学生和坏学生，只有某些方面甲学生优于乙学生，某些方面乙学生则优于甲学生。前几年在美国盐湖城举行冬季奥运会期间，我国体育代表团参观一所学校，团长把从国内带去的两只熊猫娃娃送给学校，说明一只是送给学校里最优秀的男生，一只送给最优秀的女生。学校校长感到很为难，他说，我们学校的学生都是优秀的，没有最优秀的男生或女生。最后只好把两个熊猫娃娃放在学校柜窗里，一只写着“送给最优秀的男生们”，另一只写着“送给最优秀的女生们”。和谐教育就应该从多种视角、多种标准来评价学生，看到每个学生的优点，最终能达到扬长避短，促进学生的和谐发展，而不是把某个学生评下去。

第四，要建设一个和谐、舒适、愉快、活泼的学校文化。最近以来，学校文化建设受到广泛重视，学校文化的核心是学校要成为和谐的共同体，要有一个共同的愿景、共同的理想、共同的价值观，要有民主和谐的氛围。这里学校校长有重大责任，他要以人为本，协调各方面的关系，建立共同愿景，共同学习，追求学校的和谐发展。总之，教育公平是和谐教育的基础，反过来只有和谐教育才能真正地实现教育公平。

（本文发表于《比较教育研究》2008 年第 4 期。作者顾明远，时属单位为北京师范大学国际与比较教育研究所）

三、教育公平——全纳教育的基本理念探析

教育公平是当今世界各国努力追求的目标之一。关注教育公平问题，倡导教育公平，就是希望教育能够朝着教育公平的目标发展，最终达到基本的、应有的教育公平。

教育公平也是一种理想。在社会发展过程中，总会存在一些不公平现象，出现在教育领域，就会有不公平的教育现象，这是现实。现实与理想之间总是有距离的。

目前在我国，教育公平问题已引起了人们极大的关注。之所以关注，表明了我们的教育在发展过程中已经出现了明显的不公平的现象。怎样消除教育不公平，走向教育公平，正是我们需要努力探究的。

国际教育界倡导的全纳教育思想，为我们认识教育公平问题提供了一个很好的思考角度。本文试图从全纳教育的基本理念来探讨教育公平的问题。

(一) 受教育权利是教育公平的前提

全纳教育的基本理念之一是：受教育权是一种基本的人权，也是建设更加公正的社会的基础。[1]这一基本的教育理念强调的是人人具有受教育的权利，普通学校应接纳所有儿童入学，并通过适当的方式为他们提供所需的教育。[2]

早在1948年颁布的《世界人权宣言》第26条中就提出：人人都有受教育的权利。1976年联合国大会通过的作为另一重要国际人权宪章的《经济、社会及文化权利国际公约》第13条强调：教育必须为所有人提供机会，尤其是为弱势群体，不应歧视他们。世界各国也先后将人的受教育的权利，通过立法，在各自

国家中加以落实。

由此可见，人的受教育权已成为人权中重要的内容之一。作为一种国际认可的受教育权利已经得到普及，任何教育上的排斥都会受到谴责。[3]因此，保障人的受教育权已成为各国政府的义务和责任，必须使失去受教育机会的人不再遭受排斥和歧视，享有他们应有的权利。同时，更应注意的是要认识到人的受教育权是极为重要的，是不可侵犯的，因为受教育权是行使其他人权的基础，是值得优先考虑的。

全纳教育是建立在促进保障人的受教育权利为基础的思想之上的，是着重从人权的视角和观点来看待、分析教育问题的。从全纳教育的观点来看，只有保障了人的受教育权利，才能谈教育的公平问题。

在教育发展的过程中，我们可以看到，教育中确实出现了一些不公平现象，这种不公平的根源主要是有一部分人应有的教育权利没有享受到或被剥夺了。例如，城市中的外来民工子女的教育，他们的教育与城市儿童的教育差别很大。同样是一个儿童，仅仅是由于户口的问题而遭受了差别巨大的教育，这就是教育上的不公平。而这种不公平的原因也就是外来民工子女受教育的权利没有得到很好的保障。如果我们认识到每个人都有受教育的权利，在法律上作出明确规定，并具体落实在教育过程中，能让所有儿童在其所居住的社区进入他所想去的学校，那么才能说每个人的受教育权利得到基本保障，才能说在某方面达到了教育公平。

我们知道，教育是人们在社会生活中向上流动、自我发展的重要途径。如果连人的这种最起码的发展途径都给堵上了，这显然是很不公平的，那社会肯定会产生许多问题。由此，在 100 多年前许多国家就颁布了《义务教育法》来保障人的基本的受教育的权利。但是，直至 21 世纪初，世界上仍然还有 7 200 万适龄儿童失学以及 7.7 亿成人文盲(其中 64%是女性)。[4]即使在学校教育体制内，也可以看到还有不计其数的学生，由于种种原因，或显性或隐性地被排斥或被边缘化。

残疾人受隔离、受排斥更甚，他们从小就被人为地隔离在特殊的环境里，即使有机会上学，也只能上特殊学校，长期生活在与普通人完全隔离的同类人的狭窄环境中。这是世界范围出现的教育不公平。

由此可见，尽管各国都颁布了《义务教育法》，但是人的平等的受教育权利并没有得到很好的保障。这是20世纪后期国际社会和许多国家一直在努力试图解决而没有很好地解决的问题。因此，这也成为21世纪教育发展需要解决的一个主要问题。因此，要解决教育不公平问题，首先应重视受教育权问题。也就是说，在一个有人被剥夺受教育权的状况下，就没有任何的教育公平可言。

公平的前提是要保障和尊重人权以及人们在人格、地位、待遇上等方面应具有的平等。平等是指人与人之间在政治经济、文化等各方面处于同等的地位，享有同等的权利。

当然，在当今的社会中，没有绝对的平等，也不可能做到绝对的平等，相反诸多不平等的表现形式在各个层面得以体现，正是因为现实中存在着诸多不平等，才使人们及其社会地位产生差别。

我们说教育公平是一种理想，是一种结果。为了实现这种理想，取得这个结果，可以通过许多途径来实现，而人的受教育权利的保障是人与社会发展的重要基础。

(二) 保障受教育权是实现教育公平的基础

当今世界各国都在《宪法》上规定了公民具有受教育的权利，但是法律对权利的规定，不等于权利就能得到实现和保障。人的受教育权利的价值在于其实现。

随着经济与社会的发展，人们的政治参与意识、民主意识、维护自己权益的意识日益加强。但是由于种种的原因，人们争取自己应有的权利的意识还遇到很多问题：一是具体的法律规定还不够明确甚至滞后；二是某些体制和政策上的改革还没有开展；三是思想上还没有清晰地意识到并引起足够的重视。

例如，外来民工为当地做出了巨大的贡献，但他们的子女却不能与当地儿童平等享有教育，这当然是一种不公平。虽然我们的法律规定了人人都享有受教育的权利，但在具体操作层面上，还是受到体制上和政策上的限制，从而也就消解了法律意义上的受教育权利的保障，使这种权利徒有虚名。如果这部分人的受教育权利没有得到保障，那么人们寄希望于通过教育来改变自己的状况就成为一句空话，因为他从他应享有的义务教育阶段开始，就被划到了与当地儿童接受不同教育的类别中了。

再如，目前的教育体制，还存在着明显的二元性，也就是普通教育体制和特殊教育体制。这种体制将具有身心障碍的残疾人一并安置在特殊学校里，使他们从小就处在一种与普通儿童完全隔离的状况下，即使他们愿意到普通学校入学，但是普通学校也不愿意接收。尽管这种体制已经在进行改革，让更多的残疾儿童能够进入普通学校，与普通学生一起学习，但是具体的实施状况并不容乐观。因此，还是有相当部分的人在受教育权利上没有得到真正的保障。

又如，入学机会的均等往往掩盖了入学后教育过程中的不平等。义务教育的实施是保障人的受教育权利的重要途径，因而也是免费的，以使任何贫穷的儿童都可以有机会上学。入学机会上的平等是人的受教育权的重要保障之一，但是这还不够，在具体的受教育过程中，也还存在着许多教育的不公平。教育不公平的现象还反映在学校教育领域中许多方面。例如在学校的选择上，在教学的过程中，在评价的实践上，等等。

假如我们在教育改革过程中，能够从人权的角度来对教育中的不公平现象加以分析，并努力实践教育公平，那么我们的教育才能走向公平，我们的社会才能走向和谐。“人人生而平等”这种意识，应该在我们的教育体制中确立和提倡。“受教育权是一种人权”的理念，也应该在我们的教育改革过程中加以重视。这样，才能在最基础的层面打好未来实现教育公平的基础。

在 2008 年召开的主题为“全纳教育：未来之路”的第 48 届国际教育大会上，中国国务委员刘延东代表中国政府作了题为“推进全纳教育，促进和谐世界建设”的报告。她在报告中指出：“受教育权是基本人权。全纳教育的提出，体现了对所有人的尊重和对人权的保护，顺应了时代要求和未来趋势，对建设和谐世界将产生积极而重要的影响。”[5]这充分表明，中国政府在建设和谐社会的过程中，已增加了对人权的重视，增加了对人的受教育权的重视。

保障受教育权是实现教育公平的重要基础。因此，我们在为实现教育公平理想的过程中，必须具有一种人权的意识概念，因为受教育权是教育公平的基础，而要具有这种意识，在社会中倡导全纳思想、在学校中实施全纳教育是十分重要的。

（三）教育公平有赖于全纳教育的实践

在中国实施改革开放后，中国的经济飞速发展，人们在生活改善的过程中，日益追求高质量的教育。由于社会发展的不平衡，至今还只有一部分地区和一部分人因具有社会、经济、文化上的优势而享受了国家的优质教育，而另一部分地区和另一部分人却没有享受到同样的教育，出现了一些教育不公平的现象。要消除这些教育不公平的现象，全纳教育倡导的思想和实践具有极大的教育学和社会学意义。

全纳教育倡导全社会关注人的受教育的权利，反对在教育中排斥人，重视每个人的受教育权利。在学校教育中实施全纳教育，有助于人们从小就具有人权的意识，有助于全社会能认识到尊重和保障人权是人类社会进步的重要成果和现代文明社会的重要标志。一个社会的文明程度已不再仅仅取决于经济上的成就，更重要的是取决于对人的重视和尊重的程度。

全纳教育倡导民主平等的教育思想，主张关注和尊重每一个人、加强合作、促进参与、满足不同学生的不同需求。在学校教育中实施全纳教育，可以改变应试教育的状况，创导一种民主、平等、自由、团结、合作、和谐的氛围。全纳教育的这种价值取向，可以使学生从小就体验到民主法治、公平正义这一和谐社会的主导精神，有利于他们未来人生发展的价值取向。

全纳教育倡导实现一种全纳社会。全纳教育的最终目的是建立全纳社会，全纳社会也就是人人参与的民主社会。实际上，全纳社会和中国目前正在构建的和谐社会是一致的，只是表述不同而已。和谐社会的要素之一是民主法制、公平正义。建设和谐社会的关键是建立均衡有序的权利保障机制，使社会各方面的合法利益受到保障，各得其所、协调和谐。也只有在保障了人权、实现了社会公正的基础上，一个社会才可能稳定地发展，人民才能安居乐业，才能称之为和谐社会。而由众多和谐社会组成的国际社会才可能形成和谐世界。因此，和谐社会的建设为全纳教育创建了有益的环境和氛围，可以进一步促进中国全纳教育的发展。

全纳教育思想不仅向我们展示了国际教育发展的趋势，即教育必须提供优质的、多样化的和个性化的服务，而且也指明了具体策略，即要建立全纳学校来实践之。

优质(excellent)教育并非单方面追求学生个人学业成绩的优异,它更强调依靠集体的力量、依靠合作来解决个体的问题,注重每一个学生的积极参与,最大可能地发展他们的才能。“全纳教育是消除各种形式的学习障碍,促进所有容易被排斥和边缘化的学习者的参与的过程”。[6]全纳教育认为,学业问题不仅仅是个人的问题,它在许多情况下完全可以通过班级集体和合作来解决。承认问题的社会性以及依靠集体合作来解决个体问题,这是优质教育的显著特征。

多样化(diverse)教育主张,面对各种有不同需求的学生,不应实施死板划一的教育。未来的教育必须提供与每一个学生需求相适应的多样化的教育。在教育基本目标的框架中,多样化教育可以根据不同的对象设计出多种可供选择的教学方案,教师也可以运用不同的教学方法,适应学生的不同需求。是将学生之间的差异看成是一种包袱,并努力使学生来适应学校的课程、教学和生活,还是学校把学生的多样性看成是一种资源,学校做出不断的调整和改革来满足学生的多样性,这是两种不同的教育理念,是对教育功能的不同界定。

个性化(personalized)教育注重培养学生具有个性特征的能力,关注学生的学习兴趣、动机和心理发展。未来社会要求人们面对社会发展的挑战,具备观察、分析、判断的能力,自我评价、自我控制的能力,以及积极的自学能力、交往能力。个性化教育的发展可以提高人们对未来生活的信心和处理各种问题的能力,发挥个人的积极主动性和优势特征,使每一个人都能在社会相应的位置上充分发展自己的个性。[7]

全纳学校实践的基本原则是:所有儿童应该在一起学习,而不论他们有何困难或差异。全纳学校试图通过适当课程、组织安排、教学策略、资源利用以及社区合作,来满足学生不同的学习风格和学习速度,并确保每个人受到高质量的教育。这就要对普通学校进行重构。

全纳学校的实践有赖于学校文化的建设,要建立一个尊重、合作、互助的情感氛围和教学学习的氛围。在学校中,使每一个人都感到自己是受欢迎的。学校人员,不管是什么样的角色,都应该相互尊重。教师和学生之间,教师之间,学生之间,教师和管理人员之间,家长、教师和管理人员之间,学校和当地社区之间,都是一种合作、参与的关系。再者,要以全纳的价值观指导学校工作,学校教师、管理人员、学生和家长或监护人都应具有全纳的思想和理念。在学校中消除歧视性的语言和行为，教师和管理人员要对所有的学生都抱有高期望。

全纳学校的实践有赖于学校政策的制定。全纳政策应成为学校发展的一个内在部分，其基调是：

第一，学校是社区内所有人的学校，无论学生的特殊教育需求怎样，政策要保证接收社区内的所有孩子，并尽最大努力满足其需求。

第二，学校是学校内所有人的学校，政策要帮助新教师、新学生在学校里得到良好的安顿，学校安排教学小组，所有的学生都受到重视，政策的制定本身就是所有人民主参与的过程，学校的任命和提升都是公平的。

第三，针对学生的多样化需求进行辅导，保证特殊教育需求的政策是全纳政策，保证招聘和培训愿意辅导和赞成全纳的教师，教职员的培训要帮助教师能应对学生的多样性需求，所有形式的辅导都是合作的，减少排斥、压力和参与的障碍。

全纳学校的实践有赖于班级组织、课程和教学。课程和教学的框架应该包括所有的学生，但这不意味着所有的学生以同样的进度、同样的方式做同样的事情。因此，这就涉及到课程的开发和教学的计划问题。综合性的课程框架有明确的目的导向，它是一个协作的体系。具体来讲，就是建立以全纳哲学和价值观为导向的学校课程开发的过程。课程开发着眼于在一个一体化的环境下满足所有学生的需求，对每个学生的成绩和发展的过程做一系列的档案管理，其信息作为评估的依据，对课程计划做出判断，评估又作为制定新课程决策的依据。课程开发要充分考虑学校和社区的资源，对社区特点和学生家庭的背景作出合理的建设性的分析。欢迎社区人员和家长的参与，对资源进行公平分配并鼓励充分合理的流动。课堂教学的方法要多样化，课堂鼓励学生的参与，让学生积极参与到自我的学习和合作学习。课堂秩序是基于相互尊重的，课堂要促进对学生多样化的理解，所有学生都应参与课堂内外的活动。班级教师和助理辅导人员都应参与对学生的辅导。

从全纳教育的未来发展来看，这是一种国际教育发展的总趋势，因为全纳教育揭示的是：我们未来的教育应该是为所有人的教育；应该是平等的教育；应该是每一个人都参与的教育；应该是不排斥任何人的教育；应该是每一个人终身都有学习机会的教育;应该是为所有人提供能满足其需要的教育。

由此可见,无论从教育思想还是教育实践上来看,全纳教育要达到的一个基本目标就是实现教育公平,而教育公平的实践途径,全纳教育是首选。

参考文献:

[1][4] Clementina Acedo, Massimo Amadio and Renato Opertti, Defining an Inclusive Education Agenda: Reflections around the 48th session of the International Conference on Education, UNESCO: International Bureau of Education[R]. Geneva, Switzerland by SRO-Kundig,2009. 9,12.

[2] UNESCO. The Salamanca Statement on Principle, Policy and Practice in Special Needs Education, Final Reports of World Conference on Special Needs Education[R]. Paris:1994. 2.

[3] Documents Issued by the Conference, General Report of the 48th Session of the International Conference on Education, UNESCO[R]. Geneva:2008. 3.

[5] 刘延东. 推进全纳教育,促进和谐世界建设[R]. 日内瓦:联合国教科文组织第 48 届国际教育大会文件. 2008.

[6] Tony Booth, Inclusion in Education: The Participation of Disabled Learners. London[M]. Routledge,2000. 45.

[7] 黄志成主编. 国际教育新思想新理念[M]. 上海:上海教育出版社,2009. 56.

(本文发表于《比较教育研究》2010 年第 9 期。作者黄志成,时属单位为华东师范大学国际与比较教育研究所)

四、弱势群体的教育支持：发达国家的理念及其嬗变

追求教育公平，实现社会公正，是当前我国社会政策的重要目标。而要做到教育公平，必须对社会弱势群体提供教育支持。一些发达的国家（本文主要关注美、日、英、法四国），对社会弱势群体提供教育支持具有悠久的历史。梳理其教育支持理念的变化，总结其经验与教训，对我国当前教育政策的制定无疑会有诸多的启示。

（一）从宗教慈善到国家福利

西方国家早期对贫困者的教育救助常常是教会、富有者的慈善之举。宗教团体提供了包含教育在内的各种服务，如向穷人提供衣食。住所、钱币，资助穷人接受教育，开办面向穷人的学校，此外，还资助部分穷人接受大学教育。据史料记载，在欧洲中世纪大学建立之初，对贫困学生的经济资助就已经存在。[1]

随着社会的发展，政府逐渐介入对贫困群体的救助。1601年，英国《伊丽沙白济贫法》的诞生，创立了在政府层面进行管理的国民社会福利标准制度。但是，最初的政府福利多是济贫救困，无力关注弱势群体的教育方面。随着近代工业革命的发生和发展，教育在提高国家经济实力中的作用越来越显著，而资本主义的迅猛发展也为教育发展提供了足够的经济基础，这时政府才逐渐把公共教育作为社会福利的重要内容。于是，向公民提供免费的初、中级公共教育成了这些福利国家的追求，如美、英、法、日等国都于19世纪或20世纪初实施了义务教育，并为高等教育提供了巨大的财政资助。

一些学者从理论上对包含教育在内的社会福利进行了论述。如马歇尔(T. H. Marshall)认为,公民的民事权、政治权和社会权构成公民权,其中公民的社会权利主要表现在教育制度和社会服务上。[2]另一学者布里格斯(Asa Briggs)则提出了福利国家的目标和政策。他认为,福利国家的本质体现在政府活动中,这些政府活动是为了"调整市场力量的动作"而改善那些无法自力更生的市民的福祉的。福利国家有三个特定目标:经济保障、物质充裕、基本服务,其中基本服务指:不论市民地位或阶级的差别,确保人们得到社会所公认的必要的基本商品和服务,而这种基本服务中最重要的就是公共教育。[3]

与此同时,福利国家提供福利的方式经历了从以家庭和慈善功能为主要援助手段的残补模式(residual model)到国家提供广泛社会经济保障的制度模式(institutional model)的转变。在残补模式中,社会福利是当正当渠道失效时才需要的补充计划,是主要制度失效而发生的暂时的、残余的反应。在制度模式下,社会福利被理解成一种基本的社会制度,不带有任何"施舍"或"慈善"性质,而是人们实现其社会需求的主要方式:制度模式向所有个人和家庭提供社会保险、公共教育和其他计划。

就其中的教育援助来说,事实上也经历了类似的从残补模式到制度模式的转变。因为教育援助从个人或教会提供的慈善的、零星的补助,逐渐成了国家的责任,不仅政府为公民提供免费的义务教育是一种基本的社会制度安排,而且各发达国家都形成了一系列较成熟的补偿弱势群体的教育资助计划和项目,每年为此拨付大量经费。以美国根据1965年《初等和中等教育法》建立的为低收入家庭集中的地方教育机关和学校提供财政援助的"Title I"项目为例,这一项目自建立以来一直延续到今天,成了美国联邦政府对中小学阶段处境不利儿童的最重要的资助。在2006年教育财政预算中,Title I项目经费达133亿美元,比2001年增加了52%。还有资助残障儿童的IDEA项目,2006年联邦政府向各州共资助经费111亿美元,比2001年增加75%。[4]另外,从2001至2005年,每年通过助学金、贷学金、工读计划等项目,提供经费约600亿美元,帮助近1 000万学生上了大学。[5]

(二)从入学机会均等到学业成功的机会均等

教育公平是政府对弱势群体进行教育支持的最重要的政策理念,而教育机会均等又是教育公平中的核心概念，也是一个更具操作性因而更被关注的概念。著名瑞典教育家托尔斯顿·胡森对“教育机会均等”概念作了经典概括：(1) 保守主义概念。上帝使人们具有不同的能力(其中的超保守主义认为，上帝赋予每个人的能力与他因出身而归属的社会等级是一致的)，教育的作用是对不同天赋能力的人进行分别培养。(2)自由主义概念。抛弃了天赋能力与社会阶级存在某种对应关系的假设，教育要帮助儿童消除外部的经济与社会障碍，使每个人的天赋与能力得到发展。(3)“教育机会均等”的新概念。仅仅有形式上的入学机会均等是不够的，还应当使不同社会出身的儿童有更多的机会变得聪明。教育机会均等的现代意义是为所有儿童提供差别对待的机会均等。[6]

胡森的归纳较好地表达了教育机会均等理念的演变过程，也是教育实践向教育机会均等的理念不断提出要求和挑战的过程。在“一战”前，一些工业国盛行保守主义观念，它是教育“双轨制”产生的理论基础。这实际上是一种起点均等论，强调教育权利的平等，在教育改革实践上，以免费、义务教育为内容，但不同能力(实际上是不同阶级)的人进入不同性质的学校。如在英国和法国，虽然19世纪末就开始实施义务教育，但长期以来实行的是双轨教育制度。正如胡森所言，“这种基础的、义务的和公款资助的教育，并非是就本义而言的统一教育，因为它是专门为群众的子女而设置的，此外早已为上层阶级的子女建立了一个进而可以受到中等教育和进入大学的学校系统”。而就中等教育而言，“在多数场合是出于对中级劳动力的需要，才导致那种并不为大学入学准备的短期中等教育”。[7]在美国，则实行着严重的种族隔离的学校制度。

“一战”以后，自由主义的教育机会均等观念开始流行。这一观点矛头所向是不平等的双轨制，它实际上是一种过程均等论，强调教育制度要平等地对待每一个儿童。这一时期教育改革侧重于教育机构的一元化和学校课程的统一化，如法国在“一战”以后，统一学校运动和对双轨制的改造就曾是教育改革的关注焦点；英国《1944年教育法》的颁布，形成了初等教育、中等教育和继续教育相衔接的现代英国国民教育制度；美国于20世纪50年代始，也掀起了反种族隔离或种族融合的教育(如黑白合校)运动。

“二战”后，特别是20世纪七八十年代以后，逐渐出现了所谓“教育机会均等”的新概念。这实际上是一种结果均等论，强调学业成功机会的均等，并追求教育的个性化和终身化。直至今天，它仍是各国教育改革追求的目标。美国从1983年的《国家处在危急中：教育改革势在必行》，到1993年的《2000年目标：美国教育法》，再到2002年的《不让一个孩子掉队》，都强调一个共同的主题：提高教育质量，缩小富人和穷人、少数族裔与白人学生的学业差距，让全体儿童都有较好的发展。特别是《不让一个孩子掉队》，反复强调“保证不让一个孩子掉队”、“提高处境不利学生的学业成绩”、“缩小成绩差距”、“每个孩子都应该受到发挥其全部潜能的教育”。[8]英国21世纪初的政策目标强调要为每个人创造学习和发展的机会，达到优异与平等的双重目标。为此，英国出台并实施了从学前教育到成人教育的一系列政策和措施，如学前教育的“确保开端计划”(sure start)，小学阶段的《卓越与快乐》战略报告，中等教育对学生个性化发展的鼓励，继续教育为年轻人提供“让所有人都成功”的教育和训练机会。[9]法国20世纪80年代至21世纪初，教育改革的一个重要内容是与学业失败作斗争，使每个孩子都获得学业成功，并使其个性得到充分发展。如提出保证10%的学生能从学校教育中获得一种文凭或证书；推出多种帮助困难学生的措施，如开设支持性的“教育成功的个性化课程”。[10]日本20世纪80年代后开始反思以前过于单一、均等和僵化的教育制度，教育改革追求多样化和适应人的个性发展，并更加注重终身教育，为社会成员提供更多样化的教育机会。

(三) 从关注公平到公平、效率、自由兼顾

公平、效率与自由常常是一国政府在教育改革时需要考虑的三个方面。我们发现，各国对弱势群体的教育支持政策，经历了从关注公平到公平、效率与自由兼顾的过程。从19世纪末、20世纪初开始实施义务教育，到“二战”以后对各种弱势群体的教育补偿，各国政策关注更多的是公平问题。但是20世纪70年代以后，效率和自由问题逐渐受到重视，各国开始追求公平、效率与自由兼顾以及三者的良好互动。

美国自18世纪末的公立学校运动开始，就把公平作为教育改革的主要目标。20世纪五六十年代，是美国教育史上最关注弱势群体的时期。美国实施了大量旨在为贫困家庭儿童提供补偿教育，对少数民族儿童采取反种族隔离教

育的法规与政策。但是，教育上对弱势群体的大量投入并没有带来预想的结果，于是政府开始反思过去的政策，并从80年代开始关注效率。而民众也有同样的要求。特别是随着1983年《国家处在危急中：教育改革势在必行》报告的发布，民众在了解到联邦的大量拨款并未改善学生成绩低劣的事实后，纷纷要求政府在补助时须做成本收益分析。

20世纪90年代至21世纪初，美国的教育政策在注重公平的同时，仍然关注效率。如制定全国性教育标准评估学校、实施特许学校和教育券等改革，均以竞争与绩效为导向。以《不让一个孩子掉队》教育法案为例，法案明确规定要实行成绩责任制和年度学业评估，把拨款与成绩结合起来。各州必须建立一套奖罚制度来使学区和学校在提高学业成绩方面承担起责任；每个州可以选择和设计他们需要的科目进行评估；未能成功地教育处境不利学生的学校，在获得帮助后仍无起色的，将被采取适当行动，若连续3年仍未取得进展，学生可以使用政府专项基金转到一个更好的公立或私立学校。此外，联邦政府在赋予州和学区更多权利和自由的同时，也要检验其成效，如建立3～8年级年度评估制度，对各州学生成绩进行抽样年度评估；建立州责任制奖金，对在缩小成绩差距并学生平均成绩方面业绩卓著的州进行奖励；如果某州未能达到业绩标准以及未能展示学业成绩的成果，教育部长将有权减少该州从联邦政府得到的行政开支经费。[11]

此外，对美国很多支持弱势群体教育的项目实施以后，都有来自官方或民间的学者去做大量实证研究，以考察这些经费的使用情况和使用效果，帮助政府再根据实际情况和民意对政策作相应调整。如基础教育中支持弱势群体教育的最大项目 Title I，自实施以来，对其实施状况与效果进行研究的学者与论文不计其数。有研究指出，原本以改善处于贫困线以下的低收入贫困家庭教育状况的项目，由于覆盖范围太大，反而无法满足最贫困学区学生的需要；学者卡迈克尔(Paul H. Carmichael)对纽约州1992～1993学年 Title I项目实施情况的调查表明，许多不太贫困的学校，甚至州最富裕的学校也能接受项目的资助，但同时至少有208所高贫困学校（超过22%的贫困学生）未能接受项目的资助。[12]比外还有如阿尔尚博（Francis X. Archambault）和皮埃尔（Robert G. St. Pierre）1980年的研究[13]、奥登（Allan Odden）1987年的研究等也提出了类似的批评。而美国国家社会政策部的教育财政专家里德尔(Wayne Riddle)则多次发表关于 Title I 项目的报告。此外,Title I 项目每 5 年都要被国会重新授权和修订一次。

在追求公平与效率的同时,自由问题也越来越受到重视。这突出地反映在特许学校、教育券、赋予学生及家长以充分的选择权等改革上,政府为那些在持续失败或危险学校就读的学生提供择校费或教育券,以便他们选择适合自己的学校。这一方面促使学校之间竞争,迫使学校在提高质量上做出努力;另一方面也加大了弱势群体的教育选择的范围。

英国的政策也有从关注公平到公平、效率和自由兼顾的明显特征。英国 1870 年颁布"初等教育法",要求保证义务初等教育的实行;《1944 年教育法》实现了"人人受中等教育"的目标;而之后的"综合学校运动",力图使中等教育内容更加平等;高等教育中也长期实行免费加助学金制度,保障了贫困青年上大学的机会。总之,这些时期教育政策的目标是教育机会均等和社会协调,政府希望通过种种努力,以减少社会阶层之间的屏障。

英国教育改革发生转向的标志是《1988 年教育改革法》。法案规定,实施全国性统一测试,允许家长自由选择学校,学校经费与招生人数挂钩,建立国家直接拨款学校等。这些改革措施既突出了市场的力量,增加了学生、家长及学校的自由,又以提高效率为目的。高等教育也实施了学生贷款办法,改变了免费加助学金的大学生资助政策。这些改革都是政府关注效率和自由的表现,正如英国学者考恩在回顾 1944 年至 1988 年改革时所言:"在最近 10 年中,政府越来越关心教育系统的'效益'以及教育系统对英国经济增长所能做出的贡献。在这个过程中,人们对作为 70 年代早期重要主题而出现的少数民族问题、知识政治学以及教育中的性别问题不再那么重视了。[15]

(四) 对我国的启示

发达国家在支持弱势群体教育理念上的追求,对我国构建和谐社会,具有一定的启示作用。从目前看来,至少以下三方面的问题应受到关注。

1. 政府应承担起对社会弱势群体进行教育支持的主要责任

亚当·斯密在 200 多年前就曾提出,君主有三个应尽的义务:第一,保护社会,使不受其他独立社会的侵犯;第二,尽可能保护社会上各个人,使其不受社会上任何其他人的侵害或压迫;第三,建设并维持某些公共事业及某些公共设施。而米尔顿·弗里德曼又在此基础上增加了政府的第四项义务:保护那些被认为不能"负责的"社会成员。[16]可见,提供公共产品和为弱势群体提供保障,是政府的两个重要职能。上述研究也表明,发达国家已经把向公民提供教育服务看作政府福利的重要内容,把向弱势群体提供教育支持看作政府不可推卸的责任。

我国作为一个代表人民大众利益的社会主义国家,更应该明确政府在支持弱势群体教育中的主要责任。但由于经济发展的相对落后、地区发展的不平衡以及多年来实行"效率优先"的发展战略和"地方负责"的教育财政体制,使得我国不仅教育经费总体投入不足,而且地区差异大,很多经济不发达地区正常教育经费尚十分短缺,更谈不上对弱势群体的额外补助,而中央财政用于补助落后地区教育的专款也远不能满足需求。在这种情况下,政府一定要把发展公共教育、为弱势群体提供足够的教育支持,当作其最基本最重要的职能。

2. 从"一个不能少"到"不让一个掉队"

发达国家对弱势群体的支持,已不仅仅是提供均等的教育机会,还注重让每个人都变得优秀,追求"不让一个掉队"。我国作为一个发展中国家,目前政策关注的重心还是"一个不能少",即入学机会的均等。但是随着经济的发展,我们对教育公平的追求也应该提升,要关注让更多的人取得学业的成功。首先要均等地分配教育资源,让弱势群体学生不仅"有学上""有书读",还要"上好学""读好书",享有优质教育资源;其次,考虑到弱势群体现有的弱势地位,教育政策的制订还应考虑补偿原则,给他们以更多的关注和补偿,以帮助他们取得学业的成功。

3. 注重教育支持的效率

注重效率是指要考虑对弱势群体教育投入的收益和绩效问题,这是近年来世界各国教育政策的一个重要趋势;我国作为经济欠发达的发展中国家,更应注重效率问题。近年来,国家加大了对贫困地区和弱势群体的教育投入,各种经费从几亿到几十亿甚至近百亿。如此多的经费投入,一定要考虑效果。国家在进行经费投入的时候,可与地区或学校签订协议,制定经费使用的目标,实施绩效制度与奖惩制度，以督促地方的责任心和效率意识。政府还可通过指令计划、设立课题等方式督促、鼓励专家、学者或民间人士去调查研究，从经费的划拨开始，到中间的周转、最后的落实及产生的效果，进行跟踪调查，既能了解经费使用的效果与问题，又能起到监督作用。政府根据调查结果对政策进行修订、补充与再实施，如此循环往复并使之制度化，以使国家的对弱势群体的教育经费投入效用最大化。

参考文献：

[1] 张民选. 理想与抉择—大学生资助政策的国际比较[M]. 北京：人民教育出版社，1999. 21—25.

[2][3] Neil Gilbert, Paul Terrell. 社会福利政策导论[M]. 黄晨熹等译. 上海：华东理工大学出版社，2003. 54，57—59.

[4] www. whitehouse. gov/omb/budget/fy2006.

[5] www. whitehouse. gov/omb/budget/fy2005.

[6][7]（瑞典）托尔斯顿·胡森. 平等——学校和社会政策的目标[A]. 张人杰. 国外教育社会学基本文选[C]. 上海：华东师范大学出版社，1989. 206—217，205—207.

[8][11] 吕达，周满生. 当代外国教育改革著名文献·美国卷（第四册）[C]. 北京：人民教育出版社，2004. 191—209.

[9] 潘发勤. 21 世纪初的英国教育政策及其进展[J]. 世界教育信息，2004，(9)：5—10.

[10] 李丽桦. 统领未来 20 年法国基础教育改革新法出台[J]. 上海教育，2005，(12A)：38—40.

[12] Paul H. Carmichael (Winter, 1997). Who Receives Federal Title I Assistance? Examination of Program Funding by School Poverty Rate in New York State[J]. Educational Evaluation and Policy Analysis, Vol. 19, No. 4: 354—359.

[13] Francis X. Archambault, Jr. and Robert G. St. Pierre (May, 1980).

The Effect of Federal Policy on Services Delivered Through ESEA Title I[J]. Educational Evaluation and Policy Analysis, Vol. 2, No. 3: 33—46.

[14] Allan Odden (Autumn, 1987). Education Reform and Services to Poor Children: Can the Two Policies be Compatible? [J]. Educational Evaluation and Policy Analysis, Vol. 9, No. 3: 231—244.

[15] 金含芬. 教育学文集·英国教育改革[C]. 瞿葆奎主编. 北京: 人民教育出版社, 1993. 777—778.

[16] (美)米尔顿·弗里德曼, 罗斯·弗里德曼. 自由选择[M]. 胡骑等译. 北京: 商务印书馆, 1998. 32—37.

(本文发表于《比较教育研究》2009年第1期。作者余秀兰, 时属单位为南京大学教育科学与管理系)

教育公平政策、实践与经验

一、追求效率，兼顾公平
——美国基础教育财政体制改革的新趋势

从 20 世纪 90 年代开始，美国基础教育财政体制进入了一个新的变革时期。美国现行教育财政体制的基本构架是什么？存在的问题是什么？新型公立学校—特许学校的财政改革会产生什么样的后果？美国基础教育财政体制进一步改革的趋势是什么呢？本文将逐一探讨这几个问题。

（一）美国现行基础教育财政体制

美国作为一个联邦制的国家，教育主要由州政府负责，各州的教育财政体制各不相同。不过从总体上划分，大部分州对 K-12 教育的资助主要采取两种方法：一种是基础拨款公式法（foundation formula）；另一种是税基法（guaranteed tax base，GTB）。有些州也将两种方法结合起来实行。州对教育的资助一般都假设学校所在地区把本地收入中的特定数量拨付给教育。比如，采用基础拨款公式法，州政府确定生均经费基础水平，如 5 000 美元，并要求当地通过最低的财产税率，比如 10‰，提供该费用的一部分。因此，地区 A，如果平均每个学生对应了 100 000 美元的应征税财产，将在本地收入中产生 1 000 美元的生均经费；同样在地区 B，每个学生平均对应 200 000 美元的应征税财产，将产生 2 000 美元的生均经费。在基础拨款公式中，州政府要弥补地方财政拨款和 5 000 美元的基础水平的差额，拨给 A 地区每个学生 4 000 美元，B 地区每个学生 3 000 美元。

在税基制（GTB）中，州保证各地区每个学生都对应着一定的可征财产税的税基;实际财产价值低于保证线的地区也可以按照州保证的课税底线来操作。再次以A和B地区为例,如果州保证每350 000美元的税基中,地方可以征收用于教育的经费5 000美元,每个地区将征收14.3‰的财产税以获得给定水平的费用($5 000/$350 000=14.3‰)。按照这一税率,A地区在本地收入中将筹集到1 430美元,B地区将筹集到2 860美元,由州政府弥补地方筹集收入和5 000美元之间的差额。

除了州政府要求必须达到的教育拨款外,大部分州同时要求地区提供额外的拨款。如在A和B地区中,每个地区还可以筹集额外的地方收入,生均费可分别达到$5 100和$6 500。

表1展现了在1996年12月的特许学校立法时各个州的教育财政体制的关键特征。

表1　拥有特许公立学校的州中,K-12教育资助系统的关键特征[2]

州	K-12教育资助类型	是否对地方资助严格限制	地方资助占的比例(%),1995—96
阿拉斯加州	基础拨款公式	是	23.9
亚利桑那州	基础拨款公式	是	49.3
阿肯色州	基础拨款公式	是	26.1
加利福尼亚州	基础拨款公式	是	34.2
科罗拉多州	基础拨款公式	是	48.7
康涅狄格州	基础拨款公式	否	55.2
特拉华州	完全州资助+税基制	否	26.7
佛罗里达州	基础拨款公式	是	43.3
乔治亚州	基础拨款公式+税基制	否	23.9
夏威夷州	完全州资助	N/A	2.0

续表

州	K-12 教育资助类型	是否对地方资助严格限制	地方资助占的比例(%),1995—96
伊利诺斯州	基础拨款公式	是	61.3
堪萨斯州	基础拨款公式	是	33.8
路易斯安那州	基础拨款公式	是	32.5
马萨诸塞州	基础拨款公式	是	58.2
密歇根州	基础拨款公式	是	37.6
明尼苏达州	基础拨款公式+少部分税基制	否	44.9
新罕布什尔州	基础拨款公式	否	89.0
新泽西州	基础拨款公式	是	56.0
新墨西哥州	基础拨款公式	是	14.9
北卡罗莱纳州	完全州资助	否	24.9
俄勒冈州	基础拨款公式	是	36.4
罗德艾兰州	税基制	是	55.0
南卡罗莱纳州	基础拨款公式	是	44.2
德克萨斯州	基础拨款公式+税基制	是	47.7
威斯康星州	税基制	否	52.5
怀俄明州	基础拨款公式	是	44.5

(二)对美国基础教育财政体制的评价

根据上面对美国基础教育财政体制的简要介绍,结合美国基础教育经费筹集的实际情况,我们认为美国基础教育财政体制具有以下两大优点:

第一,各级政府责任明确,经费投入具有基本保障。

从上面介绍的两种基本的拨款方法看,美国基础财政体制的最大特点是州政府与地方政府责任明确。通过设定最低的投入标准,两种方法都明确划分州政府与地方政府的责任,保证了基础教育投入的稳定性。联邦政府在基础教育投入中的作用相对较小,但具有上升趋势。表 2 是 60 年代以来各级政府投入占总经费的比例。

表 2 美国基础教育经费的来源结构(各级政府)

年份	总收入来源的结构(百分比)		
	联邦政府所占比例	州政府所占比例	地方政府所占比例
1959～1960	4.4%	39.1%	56.5%
1969～1970	8.0	39.9	52.1
1979～1980	9.8	46.8	43.4
1989～1990	6.1	47.1	46.8
1990～1991	6.2	47.2	46.7
1991～1992	6.6	46.4	47.0
1992～1993	7.0	45.8	47.2
1993～1994	7.0	45.2	47.8
1994～1995	7.0	47.8	45.2
1995～1996	7.0	47.7	45.3

数据来源:国家教育统计中心,1996;全国教育协会,1996 年。

第二,政府重视,较少受经济波动影响,基础教育投入稳步增长。

由于将教育看作是政府提供的最主要的公共服务之一,美国基础教育投入较少地受经济波动的影响,生均经费稳步增长。从表 3(表中所用数据经过价格调整)可以看出,考虑到物价因素之后,从 20 世纪 60 年代至今,美国基础教育生均经费稳定增长,增长了 2.2 倍。

表 3 美国基础教育生均经费的增长情况

年份	生均经费(美元)	变化(百分比)	累积变化(百分比)
1959～1960	1 976		
1969～1970	3 343	69.0%	69%
1979～1980	4 529	35.0	129
1989～1990	6 060	34	206
1990～1991	6 076	0.3	207
1991～1992	6 071	0.0	207
1992～1993	6 063	0.0	207
1993～1994	6 104	0.7	209
1994～1995	6 159	0.9	212
1995～1996	6 213	0.9	214
1996～1997	6 315	1.6	220

数据来源:国家教育统计中心,1996。

那么,美国现行基础教育财政存在的问题是什么呢?为什么要对现行的基础教育财政体制进行改革呢?按照艾兰·欧得恩的观点,主要表现在以下两方面:

第一,教育资源配置不均衡,生均经费差距过大。虽然美国基础教育投入呈稳步增长的态势,但资源配置不均衡的问题也很突出。按照美国教育协会(National Education Association)的统计,1996 年全美平均的生均经费是6 098 美元,但许多州的生均经费超过了 8 000 美元:阿拉斯加为 10 156 美元,康涅狄格为 8 705 美元,新泽西为 9 967 美元,纽约为9 877美元。同时,许多州的生均经费却低于 4 500 美元:阿拉巴马 4 479 美元,亚里桑那为 4 332 美元,阿肯色为 4 370 美元,爱达荷为 4 449 美元,密西西比 419 美元,俄克拉荷马为 4 458 美元,犹他州为 3 908 美元。因此,即使按照购买力进行调整,最高的州也是最低州的 2.5 倍以上。

不仅如此,各州教育经费增长率也不同。1960 到 1990 年,全美生均经费增长了 206%。但各州的增长率存在着较大差距。许多州超过了 300%。新泽西为 377%,康涅狄格为 303%,缅因为 340%,北卡罗来纳为 316%,南卡罗来纳为 33 000,佛蒙特为 319%,而低于 140% 的州也有很多。亚里桑那为 133%,内华达为 121%,新墨西哥州为 125%,犹他州为 96%。可见,美国基础教育资源配置不均衡的问题也非常突出。

第二,教育经费的使用效率不高。大量的研究表明,美国的教育经费更多地是按照相对标准化的方式被分配与使用,这导致经费使用上比较僵化,经费使用效率不高,经费的增加并没有带来学生学业成就的改善。各州在经费支出结构上相差不大,但经费使用偏好上差别较大。对于增加的经费,现行体制下,学校乐于雇用更多的教师,而不是提高教师工资。乐于将经费用于特殊需要学生与特殊项目上,而不是用于常规学术学科上。这导致一方面教育投入与学生学业成就关系不密切;另一方面,学校更愿意维护现状,而不是进行变革。美国基础教育经费支出结构如表 4 所示。

表4　美国基础教育经费按功能的支出结构

经费用途	全国	加利福尼亚	佛罗里达	纽约
教学	61.2%	60.8%	58.4%	61.8%
教学辅助与学生服务	8.7	7.9	9.9	8.6
总管理费用	8.4	11.4	8.1	10.2
学区管理费用	2.6	3.2	1.2	5.7
学校管理费用	5.8	8.2	6.9	4.5
维护与修缮费用	10.3	13.4	10.7	9.3
交通	4.2	1.5	4.2	6.3
短期资本项目		0.4	0.3	1.1
饮食服务费用	4.2	4.6	5.2	2.7

数据来源:全国教育统计中心,1996年。

从表4中可以发现,尽管各地生均经费相差较大,但其经费的支出结构却惊人地相似,从一个侧面反映出美国教育经费使用的刻板与僵化。

(三)美国基础教育财政体制改革趋势

上面的分析说明,现行的美国基础教育财政体制既存在着公平问题,也存在着效率问题。为了解决上面面临的两大问题,美国基础教育财政体制改革主要体现在以下两个方面:

第一,在州政府的层面与联邦政府的层面分别建立生均经费的平衡机制,以缩小各州与各学区间生均经费的差距。

第二,增加学校权力,增强学校经费使用的灵活性,改变经费支出结构,加强经费与学校绩效的联系,提高教育经费的使用效率。

从目前来看,这两方面改革都在进行。不过相比较而言,对教育经费使用效率的追求更为迫切,这与美国教育改革的大背景密切相关。从整个教育改革的大背景看,提高效率,改善效能是美国公共部门面临的共同压力。[4]对于像学校这样,其成员都接受过良好教育的组织,他们普遍认为,只有通过加强合作,才能获得最好的绩效。许多研究都发现,改善这类组织的最有效的策略是在最高层制定清晰的目标,扁平化组织结构,放权给工作团队,吸收组织成员参与其核心的决策，在职员发展上增加投资，让团队对其工作成效负责。当然，作为这类改革的一个重要组成部分，必须向团队提供预算权力与经费使用权力。因此，第二部分改革是更为核心与重要的部分。下面通过德克萨斯的个案与特许学校的财政改革进一步说明这一趋势。

1. 德克萨斯、东奥斯汀的个案[5]

莫内与莱维(Murnane and Levy)考察了德克萨斯、东奥斯汀的实验，说明了为什么学校中现行的支出行为不能带来学生学习成绩的提高。这个实验包含 16 所小学，这些学校主要是为少数民族或低收入家庭提供服务的。在 5 年中，每所学校都在其常规预算的基础上额外得到 30 万美元。实验的目的是通过新的经费改善学校的绩效。但经过实验，在排除生源等其他因素的影响后，14 所学校没有什么改善，只有两所学校有所改善。在 14 所没有改善的学校中，新增的经费被用来雇用更多的教师，减小班级规模，以及增加特殊服务，但没有改变课堂教学活动。显然，新增经费主要用于购买标准的支出项目，而核心的课堂教学仍然与过去一样，学生成绩不能改善。

两所改善的学校首先没有将新增经费用于减小班级规模，也没有用于雇用更多专家，他们将经费用于改善课程与课堂教学，这是对于改善学生学习最为重要的项目。第二，学校召集教师、家长共同分析差生学习困难的原因。第三，学校将学区天才课程扩展到所有的学生。第四，他们将最差的学生放到普通班级。第五，他们将经费用于教师培训与发展。第六，他们设计了新激励结构，及时了解学校工作的变化。总之，他们将经费更为战略性地用于全校的改善计划，而不是分割性地使用。

东奥斯汀的实验说明，单纯增加经费并不能带来学校的根本改善，提高经费的使用效率必须改变其支出方式。为了实现上述两所出现改变的学校所表现出的变革方向，必须重新设计教育体制，实施校本财政(school-based financing)，使学校成为自治的、更具活力的、更为负责的实体。从长期看，这意味着将学校改革成学生成就的生产者，而不是教育资源的消费者或传统教育服务的提供者。因此，美国基础教育财政体制必须进行改革，以使教育资源的配置更为有效。在这方面，特许学校(chart school)的改革最具有代表性。

2. 特许学校的财政体制

美国发展和实施校本财政的政策，特许学校是最有代表性的例子。创设特许学校的目的是为了提高学校的有效性，使学生取得更高水平的成绩。对于特许学校，州政府将放弃一些规则和管制，给特许学校提供比公立学校更多的自治权，同时，学校要达到合同所规定的绩效。特许学校的建立是基于这样一种认识，即由于地方、州、联邦的规则和控制妨碍了公立学校提高学生成绩的能力，所以期望从繁重的条条框框中解放出来的特许学校能够重新建构教学过程，从而提高学生的成绩。当然，本文更为关注的是特许学校的财政问题。

美国各州在资助特许学校的方法上各不相同，就像它们在控制、管理等问题上一样。不过，其核心思想是非常相似的。在拨款数量上都主要参照过去拨款中的基础数额，这似乎表明特许学校在财政方面与过去仍然很相似。其实不然，特许学校的拨款一般是一次性拨款(lump-sum budgets)。政府将拨款按照综合定额一次性地拨付给学校，学校在经费的分配与使用上具有自主权，从而提高经费的使用效率。

可见，在公共危机的大背景下，改革政府与学校关系是当今美国基础教育管理体制改革的核心，受此影响，美国基础教育财政体制改革的核心目标也在于效率的提高。新的基础教育财政体制改革是在追求效率的过程中兼顾公平的实现。

参考文献：

［1］ Allan Odden，Carolyn Busch. Financing School for High Performance-Strategies for Improving the Use of Educational Resources［M］. Jossey-Bass Publisher 1998，P48.

［2］ Allan Odden，Carolyn Busch. Financing School for High Performance-Strategies for Improving the Use of Educational Resources［M］. Jossey—Bass Publisher 1998，P60.

［3］ William T. Hartman：Understanding Resource Allocation in High Schools.

[4] 史蒂文·科思，威廉· 埃米克. 新有效公共管理者[M]. 北京：中国人民大学出版社，2001. 1.

[5] Murnane, R. , and Levy, F. Teaching the New Basic Skill[M] . New York: Free Press. 1996.

(本文发表于《比较教育研究》2003 年第 1 期。作者杜育红、金绍梅，时属单位为北京师范大学教育管理学院)

二、从"规模效益"到"机会均等":二战后美国推进城乡教育和谐发展的路径选择

二战后,美国城乡普及教育阶段的非均衡发展问题依然突出。农村学校规模小、交通和基本建设落后等因素导致农村学校发展而临诸多制约:经费利用效率低、办学成本高;农村教师待遇差,流动性强,1954年农村教师的人均工资只相当于城市教师人均工资的75%;农村学校所获得的教育资源明显少于城市学校。[1]为了应对农村教育所而临的挑战和推进城乡教育的和谐发展,美国在全国掀起了农村"学校合并"运动(Rural School Consolidation Movement)的高潮,快速推进农村学区重组和小学校合并的步伐。随着农村"学校合并"运动的进展,人们逐步地认识到"农村小学校不可能被消除"的事实,日益关注农村小学校的价值和生存发展问题,转而追求城乡各类学校学生的教育机会均等。

(一)"规模效益"理论思潮与农村"学校合并"运动

第二次世界大战的结束,标志着美国农村教育发展进入了一个新的历史时期。1944年,美国白宫召开了第一次农村教育会议,提出通过农村"学校合并"与学区重组来复兴美国的农村教育。其目的是提高农村学校的"规模效益"、学术内涵和教育质量。基本途径是大规模合并农村学校、重组农村学区,从而掀起了"学校合并"运动的高潮,农村小学校合并以及学区重组步伐加快。1959年,科南特(James B. Conant)在就美国中学学术水平与学校规模的相关性等重大问题的研究基础之上,完成了一份具有历史性影响的报告《今日美国中学》(The American High School Today)。正如美国"全国农村教育协会"

(National Rural Education Association)2005 年在美国《农村学校合并运动报告》(Rural School Consolidation Report)中指出,科南特的"规模效益"理论典型地反映了二战后美国农村学校集中化管理改革思潮的核心思想,对美国农村"学校合并"运动与管理体制改革发挥着推波助澜的作用。[2]

在对美国村镇小型中学、城市大型中学和郊区中学等三类样本进行比较研究之后,科南特发现,许多美国中学毕业班学生人数往往少于 100 人。由于学生人数太少,学校难以向学生提供多样化的课程。这类中学的普遍存在,成为美国许多地区建设优质中学的严重障碍。在许多规模小的中学,由于专业教师人数少,高级数学、化学和物理等专业课程并没有开设或没有专任教师讲授。他认为:"这类学校难以向受教育者提供优质的教育,不论对于具有学术天赋的学生,还是具有职业倾向的学生,或学习进展缓慢的学生都是如此……同时,这类小学校使得管理者、教师和专家在时间和劳动效率方面也很不经济。"[3]而这些小学校如果要提供高质量的教育,那么就得付出高昂的成本。

科南特建议,中学应该扩大规模,毕业班学生至少应保持在 100 名以上。[4]因此,美国中学改革的"首要任务就是消除小型中学",这样不仅能够推动学校课程多样化,还可以在全国范围内缓解专业学科教师短缺的问题以及增加社区对中学发展的参与。怎样才能消除小规模的学校呢? 科南特认为,许多州的成功经验就是实施学区重组,而重组过程需要州教育委员会以州为单位启动学区重组计划,责成地方采取实际行动。科南特同时指出,一些乡村地区"由于地理原因,人口居住分散而无法将学生集中到一个中心区,因而需要保留小型中学。得克萨斯州在人口分散地区的办学取得成功经验……在远西森林区有的学生从家庭到学校汽车单程行驶需要 1.5 个小时"。[5]在边远地区,需要采取综合措施,提升学校的效率与质量。集中化管理改革的倡导者认为,合并学校对学生期望值和未来在现实社会中的成功都将产生更加积极的影响,其依据是在规模大的学校中各种教育活动、资源和环境对学生产生更加积极的影响,这种影响会超越他们在中小学所接受的教育,而影响人的一生。

在"规模效益"理论思潮和农村"学校合并"运动的双重影响下,20 世纪五六十年代美国学区数量迅速减少,从 1950 年 83 718 个学区下降到 1970 年的 17 995 个学区。尽管美国初等学校入学人数显著增长,但初等学校数量从

1950年128 000所下降到1970年66 000所。[6]农村学校合并和学区重组，已经不再被看作"纯粹的政治问题"或仅仅是社会"进步势力"所推动的改革，而逐步地成为社会广泛接受的"标准"。

(二) 农村教育的历史反思与取向修正

到20世纪60年代，美国多数农村小学校已经合并，小学区被重组。人们仍然在批评并努力解决农村学校规模小等问题。与此同时，一些农村合并学校也因为其规模大而出现教育与管理问题。随着教育机会均等思潮的兴起，人们开始对农村教育"规模效益"理论进行历史性反思，并对农村教育改革进行取向修正。

1. 对农村教育的历史反思

首先，教育工作者和决策者开始对学校规模"越大越好"的理论学说表示怀疑。[7]随着农村合并学校数量的增长，越来越多的人把"教育过度的官僚主义和集权化看作是学校系统革新失败和教育质量低下的主要原因"，[8]他们认为，农村教育"规模效益"理论可能被绝对化了，农村"学校合并"与管理体制改革可能给农村教育带来某些不利影响，降低社区或学校的责任意识，削弱管理的效率。改革者也从社会学角度分析认为，在许多农村社区，学校是惟一的，也是最大的物资消费者，学校采购方式的变革将直接影响着学校与社区成员的关系，常常导致农村社区对学校管理者的"敌视"，弱化对学校的支持。其次，对农村小学校的辨证观点逐步发展成为一种思潮。二战后，在"农村小学校既没有被消除的可能，也没有消除的必要"的呼声中，一些人士指出，农村小学校不仅为农村散居地区的儿童提供了受教育的机会，而且从教育学角度来看，它也蕴涵着一些积极的因素，体现着现代社会所积极追求的价值："公民参与"、"社区控制"和"服务于社区"等特征；不同水平的学生在同一教室里学习和生活，是一种"开放班级"；学生按照能力分组而不是按照年龄分组即"年龄交叉分组"；学生相互施教即"同伴指导"。在有关自然和农业等学习方面，农村学校有着无限的机会。20世纪70年代，教育改革者不再把学校"规模效益"作为解决农村小学校问题的惟一目标，而开始探索如何使农村小学校在学校环境和教学质量等方面与农村合并校以及城市学校具有"均等的机会"。

2.《科尔曼报告》对美国城乡及种族之间教育机会均等的研究

《科尔曼报告》是美国农村普及教育价值取向进行修正的主要标志。依据1964年美国《民权法案》(Civil Right Act),在联邦教育部的授权下,科尔曼(James S. Coleman)等人选择了美国东北地区的城市和南方农村60万不同种族和宗教信仰的儿童作为研究样本,完成了著名的《教育机会均等报告》(Equality of Educational Opportunity),又称《科尔曼报告》。无论对于教育的反种族歧视,还是消除教育的城乡差异,《科尔曼报告》都产生了深远影响。种族之间和城乡之间教育机会不均等,既是《科尔曼报告》的主要结论,也是《科尔曼报告》所要解决的核心问题。在对教育机会均等问题的研究过程中,科尔曼将研究样本1、3、6、9、12各年级的儿童分为四个基本组(南方农村白人儿童、南方农村黑人儿童、东北地区城市白人儿童、东北地区城市黑人儿童),对他们的受教育状况及其影响因素进行了研究和对比分析。

首先,从起点上看教育的城乡差距,也就是说在同一种族内进行比较,一年级白人儿童学业成绩的城乡差距很小,北方城市白人儿童的学业成绩略优于南方农村白人儿童,而一年级黑人儿童在学业成绩方面没有明显的城乡差距。因此,在学校教育的起始阶段,教育的城乡差距不明显。其次,关于学生的年级增长与其学业成绩的关系,如果以东北地区城市白人儿童的学业成绩为基本比照线,其他三组儿童的学业成绩各自表现出不同走向。一是与南方农村白人儿童的学业成绩相比,两组在一年级的起点上几乎是相同的。随着年级的上升,城乡差距也在逐步地加大,但是到了六年级以后学业的城乡差距基本上不再扩大。二是与东北地区城市黑人儿童相比较,两组在一年级的起点上就存在很大差距,随着年级的上升,差距没有显著地变化。这说明种族差距自始至终存在着,种族因素对于不同年级的影响很小。三是与南方农村黑人儿童相比较,两组在一年级起点上差距就巨大,并且随着年级的上升差距显著扩大。如果将白人儿童、城市黑人儿童、农村黑人儿童三组放在一起比较,我们发现随着年级的变化,城乡因素成为影响儿童学业成绩的主要原因。

当我们把种族因素和城乡因素两者对儿童学业成绩的影响进行比较的时候,就会发现,在起点上种族因素就造成儿童学业的显著差异,而就城乡因素而言,随着年级增长,不论是白人儿童还是黑人儿童学业成绩的城乡差距显著拉大。[9]在美国中小学教育中，存在着显著的种族不平等和城乡差距。由于农村黑人儿童受到种族和城乡双重因素的影响，因此，其受教育的状况和环境是最不利的。如何实现教育机会均等？科尔曼指出："其一，提供一定年限的免费教育；其二，为所有儿童提供相同的课程，不论其社会出身；其三，为来自不同家庭的儿童提供同样的学校。教育机会均等的核心就是实现教育平等。"[10]

3. 农村教育机会均等思潮的兴起

《科尔曼报告》所产生的影响，超越了报告本身所得出的具体结论，激发了美国社会对于教育机会均等问题的关注和探索。在教育机会均等思潮的影响下，美国的农村教育改革者倡导保证农村儿童均等的教育机会。他们赋予"均等"不同的涵义，并首先试图通过经济干预手段推动城乡普及教育的机会均等。他们对于农村教育机会均等的第一种解释是，纳税能力的平等，即纳税人应该缴相同的税赋，这被称作财税中立、权利平等、税值确定的原则。对"均等"的第二种解释是，要求向经费短缺的学区提供更多资金。对"均等"的第三种解释是，通过补助款或捐助基金保证每个儿童在教育方面的最低水准。但是，在很多经济困难学区教育资源极其短缺。对"均等"的第四种解释是，投入的均等，要求对每个学生投入相等的经费。美国有些州采取类似措施。对"均等"的第五种解释是，根据需要提供不同量的资源。这实质上反映了结果平等的理想和目标，即所有儿童都应该达到均等的教育成就，无论他们的能力和兴趣如何。经费投入模式的改革在很大程度上为农村处境不利儿童提供了更多的教育资源和机会。对于"机会均等"的解释，不仅反映了美国农村教育改革者不同的教育机会"均等观"，而且体现了他们对教育机会均等理论不同的实践模式。教育机会均等理论逐步成为美国农村普及教育的基本依据和所追求的核心价值，有效地推动了美国农村普及教育的平等。

(三)"多元均等"的发展路径

在教育机会均等理论思潮的推动下，美国农村普及教育的取向出现从"规模效益"向"机会均等"的历史性修正，主要通过多种措施使得农村合并校和小学校以及城市学校，在保持各自特色的基础上实现教育机会均等。但农村学校合并与学区重组并没有终止，仍然是美国农村教育改革的基本路径之一。农村合并学校的办学条件显著改善、标准化和专业水准明显提高。学校开始配备良好的设备,提供热午餐等服务项目。教师认证、学生学习成绩标准化测试、课程标准等制度确立,农村合并学校逐步接近城市学校的标准。因此,农村教育“多元均等”发展路径的核心是破解处于不利地位的农村小学校的发展难题,其改革措施主要体现在以下四个方面:

第一,补偿性制度。农村学区认真履行其法定义务,为所有儿童提供基本的教育机会。教育当局要求居住在边远地区的家长送孩子到最近的学校读书,学区不再为这些儿童提供交通工具,而是为他们提供多种形式的交通补贴。根据有关法规,第一类是为家长发放边远地区教育补贴。1983 年,每天接送儿童上学路程在 60 英里的家庭,每天可得到 18.60 美元的交通补贴。第二类是学生寄宿补贴。一些居住在农场的家庭必须让他们读中学的孩子在村镇寄宿制学校住宿,每月可得到 100 美元以上的边远地区补贴。[11]第三类是家长陪读补贴。常常是母亲到村镇与上学儿童一起居住,陪护儿童上学。对这类家庭的补贴每月最多不超过 200 美元。许多州的农村学校都采取类似的“机会均等”补偿政策。

第二,保障教师的工作和生活环境。为了解决农村小学校教师的教学和生活问题,吸引优秀教师到农村教学,各个州都采取了一些具有针对性的措施,弥补边远乡村的不利影响。例如,一室学校教师享有免费棚车、免费住宿、甚至免费汽油。[12]组织乡村教师每周聚餐,在各种节日举办教师和学生集会活动。

第三,通过现代信息技术打破农村学校地域上的封闭性。在美国,各个州都相继制定了发展农村学校信息技术和多媒体教学的政策,这使一些农村小学校通过现代信息技术来补偿其规模小和封闭等弱势。通过计算机,学生可以在乡村学校获得外界的各种教育信息和学习资源,增强了学生的竞争力。小村庄的学生也能够了解和适应现代社会生活。

第四,专业机构参与模式。缺乏专业和学术内涵,一直被认为是农村小学校的一个明显弱势。在教育机会均等原则的指导下,专业机构参与农村小学校的发展与改革,推动农村小学校的教师培训和专业水平的提升。肯塔基州伯利学院(College of Berea)的教师组成工作组,被分派到 38 个不同社区和学校。教师团队、社区与家长共同确定学校的发展目标。项目体现了家庭和社区的价值观，远远超越了学校本身的发展。并且教育当局还鼓励当地学区和学校自己开展革新项目，为小学校引入专业知识和信息。

（四）对于我国发展农村教育的借鉴意义

当前，我国无论从理论还是实践上都正在为构建和谐社会而努力。实现城乡教育协调发展无疑是构建和谐社会的重要内容和步骤，也是现阶段我国政府和全社会关注的热点问题。美国消除教育中的社会排斥、推进城乡教育机会均等的经验，对于我国实现城乡教育和谐发展具有借鉴意义。我国城乡教育发展不均衡问题突出，农村教育发展面临着许多制约和挑战。就农村教育中的入学机会、公平、质量、资源、效率等问题，从中央到地方都在进行积极的努力和探索。近年来，许多地区不断对农村中小学布局进行调整，增加对农村教育的投入，有效地提高了农村学校的资源利用效率，改善了农村学校的办学条件和教育质量。但是，各地必须因地制宜，科学决策，解决好农村学校发展中的一些基本问题。首先，要处理好提高农村教育质量与保障儿童入学机会的关系。在中、西部一些边远山区，保留和建设好一批农村小学校和教学点仍然是现实选择，防止农村学校布局调整导致农村儿童，特别是女童辍学。因为，保障儿童的入学机会是发展农村教育的前提条件。其次，实现教育平等的关键途径是教育机会均等。当前，我国边远农村地区还存在着大量小学校或教学点，其中很多学校仍然采用复式教学。农村小学校要从农村自然、社会和教师等多方面挖掘和发扬农村小学校所具有的教育价值和优势，扬长补短，开辟农村学校发展的新途径。再次，我国中央政府决定到2007年免除全国农村义务教育阶段学生的学杂费和农村贫困家庭学生的课本费，扫除了影响我国农村儿童入学机会的主要障碍。而各地教育管理者和教师要为落实这项重大决策做好必要的准备，认真履行自己的历史使命，保障农村儿童在教育过程和结果方面的机会均等，真正实现城乡教育的和谐发展与平等目标。

参考文献：

［1］ Harold E. Mitzel. Encyclopedia of Educational Research［M］.

NewYork：The Macmillan PublishingCo. , Inc. ,1982. 1629.

［2］ National Rural Education Association. ［R］ Rural School Consolidation Report. http://www. nrea. net/2005—4—1/2007—02—10.

［3］［5］ James B. Conant. TheAmerican High School Today. ［M］. NewYork：McGraw-HillBookCompany, Inc. ,1959,p. 77,p. 84.

［4］ Robert L. Leight. Country School Memories［M］. Westport：Greenwood Press,1999,p. 13.

［6］ Jonathan P. Sher. Education in Rural America［M］. Colorado：WestviewPress,1977,p. 39.

［7］ Diana L. Haleman. A Reflective Essay Concerning Something Better：The Experiences of Appalachian Rural Trust Schools［J］. Journal of Research in Rural Educaiton,2000,16(1):2.

［8］ 瞿葆奎. 教育学文集·美国教育改革［M］. 北京:人民教育出版社,1990. 472.

［9］［10］ James S. Coleman. The Concept of Equality of Educational Opportunity. ［M］. Cambridge：Harvard University Press,1969,p. 22,p. 13.

［11］ Andrew Gulliford. America's Countries Schools［M］. Washington：The Preservation Press,1984,p. 114.

［12］ Alice Duffy Rinehart. An Oral History of One-Room Schooling ［M］. Westport：Greenwood Press,1999,p. 15.

（本文发表于《比较教育研究》2007 年第 9 期。作者王强,时属单位为南京师范大学教育科学学院）

三、新世纪英国义务教育经费投入改革及其价值取向

(一)英国政府对义务教育经费投入改革的背景

自1979年英国撒切尔政府执政以来,英国义务教育经费投入改革主要经历了两次重大的变化。第一次重大改革是20世纪80年代,撒切尔政府及其颁布的《1988年教育改革法案》,这次改革引入了公式拨款(formula funding),十分强调教育投入的效率,强调削弱地方当局对教育的控制,将教育权力上移的同时,又将教育经费的管理和使用权下放到学校。其具有代表性的改革措施就是成立了直接拨款学校(grant-maintained schools)和实行教育经费的学校地方管理(local management of schools,LMS)。[1]第二次重大改革发生在布莱尔政府执政期间,布莱尔政府在义务教育投入上不再像撒切尔政府那样强调效率,而是希望通过教育投入的再分配促进教育公平。为了提高不利地区、学校和儿童的学业成就,布莱尔政府引入了许多具体拨款,如学校标准拨款、学校发展拨款、信息技术拨款、交通补助等。这些具体拨款虽然在一定程度上做到了专款专用,实现了政府对教育拨款的再分配,但这一系列的具体拨款增加了英国教育投入体制的复杂性。另外,地方当局在制定地方学校投入预算时,考虑的因素太多,而且不同地方当局的预算投入公式不同,从而导致不同地方之间的生均投入量存在明显的差距。

重视缩小不同学生群体之间的学业成就差距目前已经成为英国教育投入的重要目标,布莱尔政府以后更是加大了对弱势群体,尤其是具有特殊教育需

求儿童的教育投入。从总体上看,英国不同学生群体之间的学业成就差距十分明显,根据英国教育标准局按照学生群体是否具有免费学校午餐资格这一标准的统计,发现2003年具有免费学校午餐资格的学生在中等教育普通证书考试中有五门成绩达到A*-C水平的学生比例约为16%,不具有免费学校午餐资格的学生比例达到了约44%,是前者的2.75倍。另外,普通职业家庭的孩子在中等教育普通证书考试(the general certificate of secondary education examination,GCSE)中成绩达到A*-C水平的学生比例为33%,而高级职业家庭的孩子达到这一要求的学生比例却达到了76%。[2]英国政府为了提高义务教育经费投入的效率,缩小不同学生群体之间的学业成就差距,在进入21世纪以后对义务教育投入体制和拨款方式进行了大胆的改革。

(二)英国政府义务教育经费投入改革的主要举措

进入21世纪以来,英国政府对义务教育投入进行了大刀阔斧的改革,在教育投入改革过程中最引人瞩目的改革举措包括:引入学校专门拨款(dedicated schools grant,DSG),改变了中央政府对地方当局的拨款方式;引入中小学生补助金(Pupil Premium),加大对不利学生的经费投入;简化教育拨款投入程序,增强教育投入过程的透明性。

1. 引入学校专门拨款,改进教育经费拨款方式

2006～2007年度,英国工党政府引入了学校专门拨款,该项拨款是中央向地方当局下拨教育资金的重要拨款之一,它已经成为英国义务教育阶段学校教育经费的主要来源,2007～2008年度学校专门拨款总量为283亿英镑,占基础教育总经费的70%。地方当局需要将这项拨款的绝大部分资金纳入学校预算通过拨款公式下拨到学校,用于支付教师工资、课本、学校教学设备经费等,学校专门拨款不能用于支付自己的管理成本或与教育无关的领域。学校专门拨款一个重要的特点是在确定投入标准时需要基于以往投入标准确定拨款总额,例如制定2008～2009年度的教育预算,就需要参考2007～2008年度的投入水平,2008年6月制定完成2008～2009年度的拨款,2009～2010年度和2010～2011年度的拨款将在2009年1月和2010年1月知道学生数量后完成,通过这种方式确保教育投入的稳定性和持续性。[3]英国中央政府在确定该项拨款时需

要考虑以下因素:学院学校①拨款总量(Funding for academies);环境变化拨款(Exceptional Circumstances Grant);2%现金底线(2% cash floor);锡利群岛拨款(Funding for the Isles of Scilly);生均拨款增长(Basic per pupil increase);个性化和特殊教育需求(Personalisation and SEN);被剥夺程度(Pockets of Deprivation);被排斥儿童供给(Day Six Provision);学生数量(The pupils to be counted for DSG allocations)。

布莱尔政府执政后加强了政府对教育经费再分配的能力,引入了许多具体拨款,专款专用,加强对薄弱地区、学校和不利学生的教育投入,但这众多的拨款款项让义务教育拨款体制变得纷繁复杂。为此,现任英国政府引入学校专门拨款之后,对以往由布莱尔政府的部分具体拨款进行了调整,将部分具体拨款合并到学校专门拨款。以南安普敦市(Southampton)2011～2012 年度为例,该政府当局将以前的部分具体拨款归入到学校专门拨款之中,如学校标准拨款(School Standards Grant)、学校发展拨款(School Development Grant)、特色学校拨款(Special Schools)。[4]学校专门拨款的引入对英国以前的投入方式进行了大胆改革,对简化义务教育投入体制具有积极作用。

2. 引入中小学生补助金,加大对处境不利学生的投入

处境不利学生(Disadvantaged Students)主要是指来自贫困地区和贫困家庭的学生,英国政府一直致力于通过增加教育拨款来提高贫困地区的教育质量,缩小富裕家庭和贫困家庭孩子的教育成就差距。但从总体上看,英国义务教育阶段由于经济条件造成的学业成就差距十分明显。2010 年,英国政府在政党大选时,提出要为贫困家庭的孩子提供更多的教育投入,最终保守党和自由民主党达成共识,在学校预算之外为贫困学生提供一定数额的教育补助金。[5]2011 年 4 月,英国联合政府正式为处境不利的学生提供教育补助金,是否具有免费学校膳食资格成为享有中小学生补助金的重要标准,具体面向的对象包括:不利学生(Deprived children);需要照顾的儿童(Looked after children)和父母服役的儿童(Service children)。该项拨款的特点主要是:具有

① 学院学校(Academy):学院学校是英国的一种独立于地方教育当局控制之外的学校,由中央政府直接拨款,其大部分为中等学校,为 11～16 岁儿童提供教育,部分学校为 4 岁以上儿童提供教育。

较强的针对性,具有特定拨款对象,并且根据对象的实际情况拨款;校长能够清晰地掌握中小学生补助金的使用情况;为学习困难学生的家庭提供针对性拨款;严格监督和评价以保证该项拨款的效率。

自从引入中小学生补助金之后,该项拨款不仅在拨款水平上大幅提高,而且在拨款对象的标准上也有所放宽。2011～2012 年度获得的生均补助金为 488 英镑,获得该补助的学生大约占中小学学生总数的 18%;2012～2013 年度的生均补助金为 623 英镑,获得该补助的学生大约占中小学学生总数的 27%;2013～2014 年度的生均补助金增加到了 900 英镑。2011～2012 年度的补助金总额为 6.25 亿英镑,到 2012～2013 年度增长了一倍,达到了 12.5 亿英镑,到 2013～2014 年度将增加到 18.75 亿英镑。[6] 为了进一步扩大享受补助金学生的范围,缩小学生之间的学业成就差距,过去凡是具有学校免费午餐资格的学生如在未来的考试中成绩比没有获得免费午餐资格的学生低,那么就会为这些曾经获得过免费午餐资格的学生重新再提供补助金。2012～2013 年度将享受该补助金的学生范围扩大到过去 6 年任何时间获得过免费学校膳食的学生,2013～2014 年度进一步扩大享受该补助金的范围将过去父母在军队服役的学生享受该补助金,扩展到父母在无论何时在军队牺牲、获得军队补偿或战争补偿的学生都能获得该项补助金。未来,英国政府还将继续扩展该项拨款的范围,并加大对该项拨款使用的监管力度。

3. 简化教育投入程序,增强投入过程的透明性

英国政府自 1988 年出台《教育改革法案》引入"公式拨款"以来,地方当局为学校预算拨款制定了各自的拨款公式,造成地方当局教育投入的不一致。布莱尔政府上台后引入了许多具体拨款,更加剧了义务教育投入体制的复杂性。另外,地方当局在制定学校预算时没有及时向大众公布制定的标准和过程,造成许多中小学校的校长、教师不能准确理解学校预算制定的来龙去脉。为了简化地方当局的教育投入过程,增强投入过程的透明性,英国教育部于 2011 年 4 月面向社会发布了《学校投入改革咨询:基本原理与准则》(A consultation on school funding reform:Rationale and principles),向教育利益相关者咨询教育投入改革建议。紧接着英国教育部于 2012 年 3 月出台《学校经费投入改革:朝着更加公平的投入体制》(School funding reform:Next steps towards a fairer system)，旨在对英国中小学财政性教育经费投入方式进行改革。此次改革的内容既涉及到地方当局的拨款公式，也涉及到学校专门拨款的投入方式。[7]与此同时，英国政府还要求地方当局公开教育预算的制定过程，以增强投入的透明程度。

2011 年的教育投入改革在简化投入程序上的改革措施主要包括：简化地方当局的拨款；改善高需求学生的教育经费投入；公布学校预算信息方面。为了简化地方当局的拨款，英国政府规定学校专门拨款除了留下地方当局用于自己的教育主要服务外，其余资金需要全部下拨到学校。另外，要求地方当局在拨款公式上也减少不必要的考虑因素，将原来的 37 个因素减少到 10 个。将学校专门拨款划分为 3 个区，即学前教育区（Early Years Block）、中小学区（Schools Block）和高需求区（High Needs Block）。[8]在改善高需求学生①的教育经费投入方式方面，此次改革不仅对高需求学生进行了量化界定，同时还改变了原来因为年龄、学校类型而采用不同投入方式的习惯，要求建立一个持续的、相对统一的投入机制。在增强投入过程的透明性上，主要表现在要求地方当局将学校预算的制定和拨款过程，包括具体经费的去向公布，公布的方法包括向家长发放小册子、网上公布等方式。

（三）英国政府对义务教育经费投入改革的价值取向

1. 公平取向

教育公平不仅包括起点公平，还包括过程公平和结果公平，起点和过程公平是结果公平的重要前提。自布莱尔政府以来，英国政府开始重视社会公平，开启了“第三条道路”，在教育上的反映就是逐渐重视处于不利环境下学生和高需求学生的需求，通过具体拨款的方式加大对这些学生的教育投入。21 世纪初，布莱尔政府先后实施了教育行动区计划和城市卓越计划，通过这些改革措施加大对贫困地区学校的经费投入，缩小家庭困难学生与其他学生之间的学业成就差距。2010 年，英国再次针对贫困家庭的儿童引入了中小学生补助金，该

① 高需求学生(High needs pupils and students)：高需求是指在正常教学环境下不能满足学生的需求，在教育经费支出上，每年生均支出超过 10 000 英镑的学生。

项拨款专门作为家庭困难学生的额外拨款。目前，该项拨款无论在拨款标准还是在拨款规模上都有所提高。在英国，具有特殊教育需求的学生和其他学生之间的学业成就差距十分明显，英国政府也一直在寻求缩小二者学业成就差距的方法。为了缩小具有特殊教育需求儿童和普通儿童的学业成就差距，英国教育部国务大臣莎拉·提瑟(Sarah Teacher)于 2011 年 3 月组织发布绿皮书《支持与期待：针对特殊教育需求与残疾儿童的咨询提案》(Support and aspiration：A new approach to special educational needs and disability-A consultation，简称《咨询提案》[9]着手改善特殊教育投入制度，并提出让家长根据孩子的生理和智力发展水平制定个人预算的建议，希望通过这种方式提高具有特殊教育需求儿童的教育水平，缩小与其他学生之间的学业成就差距。

2. 效率取向

英国义务教育投入的效率取向也是其重要的价值取向之一，尤其在撒切尔政府时期，甚至将市场机制引入了教育领域。布莱尔政府虽然逐渐转向教育投入的公平性，但也没有忽视效率取向，在初期仍然保留了直接拨款学校，教育投入不受地方当局控制。为了进一步提高教育投入的效率，布莱尔政府于 2006 年引入了学校专门拨款，许多原来由中央政府负责投入的具体拨款被纳入该项拨款，这在一定程度上减少了义务教育投入体制的复杂性。2011 年，英国教育部为了提高教育投入的效率再次出台了教育投入的改革文件，提出要简化地方当局的教育投入程序。这次改革减少了地方当局制定拨款公式的考虑因素，尤其是减少那些与学生特征无关的拨款因素，最终将原来的 37 个因素减少到 10 个。除此之外，2011 年英国政府发起的这次教育投入改革还对高需求学生的拨款方式进行了调整，准备建立一个相对完整的投入机制，从而解决过去因学校、年龄不同采用不同投入方式和投入标准造成的投入方法复杂、投入效率低下的问题。[10]由此可见，追求效率仍然是英国义务教育投入的重要价值取向之一。

3. 充分取向

充分原则指的是为义务教育阶段提供足够的教育经费，这也是英国政府义务教育投入的重要原则之一。进入 21 世纪以后，英国在教育投入改革中延续了该价值取向，尤其是在 2001 年以后教育投入总额快速增加，在 2005～2006

年度教育经费支出约占GDP的5.4%，总体上1978年至今英国教育支出超过了GDP的5%。特别在拨款方面，布莱尔政府为了给处于不利环境下的学生提供更多充足的教育经费，引入了许多具体拨款，如学校发展拨款。2006年，英国政府引入了学校专门拨款，要求地方当局必须将该项拨款全部下拨给学校，地方当局不能扣留。2008年，英国和其他国家一样也遭受了经济危机，虽然英国也削减了教育经费支出，但是在中小学教育经费投入上英国政府却提供了特殊的保护，保证义务教育投入的充分性。[11]2010年，英国政府开始为具有免费午餐资格的学生提供补助金，补助金额由开始的生均488英镑，提高到了2013～2014年度的900英镑，未来该项拨款还可能进一步增加。

4. 透明取向

由于复杂的教育投入体制，再加上地方当局没有及时公布制定学校预算的详细过程，造成大多数人不能理解该教育投入的运行方式和具体成效。因此，进入新世纪以后，英国政府为了提高教育投入的透明程度采取了一些列改革措施，包括：第一，地方当局公布学校预算声明和结算声明；第二，赋予学校管理者对教育拨款的理解和自主管理的权利；第三，选择教师代表参与学校管理，增强教师对学校拨款的了解；第四，通过家长教师联合会（Parent Teacher Association，PTA）提高家长对学校投入的理解；第五，通过培训和提供相关投入材料帮助学校委员会的成员了解学校投入。[12]英国政府于2011年发起的教育投入改革要求出台教育部财政管理数据，地方当局出版预算报表、公布学校论坛会议记录，这些改革举措也是英国义务教育投入透明取向的重要体现。

参考文献：

[1][12] Rosalind Levacic, Peter Doenes. Formula Funding of Schools, Decentralization and Corruption: a Comparative Analysis[M]. Paris: International Institute for Educational Planning, 2004:161—162.

[2] Anne West. Redistribution and Financing Schools in England under Labour-Are Resources Going Where Needs Are Greatest? [J]. Educational Management Administration & Leadership, 2009, 37(2):158.

[3] Luke Sibieta, Haroon Chowdry, Alastair Muriel. Level playing field? The Implications of School Funding[R]. London: CFBT Education Trust, 2008:22—23.

[4] Anonymous. Standard Fund Grants to be Mainstreamed Into Dedicated Schools Grant 2011/2012[EB/OL]. http://www. southampton. gov. uk/moderngov/documents/s5089/Appendix%201. pdf. 2014—01—05.

[5] 李平,程晋宽. 英国联合政府自由、公平、责任的基础教育政策[J]. 外国中小学教育,2010,(12):13.

[6] Hannah Carpenter, Ivy Papps, Jo Bragg. Evaluation of Pupil Premium: Research Brie[R]. London: Department for Education,2013:3—5.

[7][8] Department for Education. School Funding Reform: Next Steps Towards a Fairer System[EB/OL]. https://www. education. gov. uk/consultations/downloadableDocs/School% 20fund-ing% 20reform% 20-% 20Next%20steps%20towards%20a%20fairer%20system%20Mar%202012%20FINAL. pdf. 2014—01—06.

[9] Department for Education. Support and Aspiration: A New Spproach to Special Educational Needs and Disability-A Consultation [EB/OL]. https://www. education. gov. uk/publications/eOrderingDownload/Green-Paper-SEN. pdf. 2014—01—06.

[10] Dyson Alan, Parrish Tom. Distribution of Funds for Special Needs Education[J]. The International Journal of Educational Management, 2001, 17 (5):226—230.

[11] Hannah Richardson. Budget: Education Spending Faces 25% Cu [EB/OL]. http://www. bbc. co. uk/news/10378384. 2014—01—07.

(本文发表于《比较教育研究》2014 年第 8 期。作者施祖毅、何茜,时属单位为西南大学教育学部)

四、巴黎郊区化进程中教育资源配置策略探析

城市郊区化是城市化进程中的一个必经阶段，是城市人口由高密度集中向低密度扩张的过程。随着我国城市化进程的不断推进，城市功能的重新定位，产业结构的重新布局，北京、上海、广州等大城市已不同程度地开始了郊区化进程，城市中心区人口外迁趋势尤为突出，这必然使得原有的基础教育格局不能适应人口变化趋势。调整基础教育布局以满足郊区化进程中外迁人口对优质教育的迫切需求，具有重要意义。放眼国际，巴黎作为世界级城市之一，已经基本完成了郊区化进程，其20世纪的城市规划也被公认为世界区域规划实践的成功范例。巴黎政府在城市郊区化进程中所采取的教育资源配置策略值得我国大城市参考和借鉴。

(一) 郊区化的内涵

郊区化(suburbanization)是城市郊区化或郊区城市化的简称，它是指人口、工业、商业等先后从大城市中心向郊区迁移的一种分散化过程，是整个城市化过程中的一个阶段"郊区化"中的"郊区"是中心城市行政边界以外的邻接地域，主要是城市化地区核心以外的城市边缘。[1]

郊区化是一个城市发展的集聚效应和扩散效应相互作用的结果。在城市内部，集聚和扩散效应往往同时存在，并且互相影响，互相制约。人口、制造业、零售业、公共事业，以及城市基础设施、景观等发生集聚后，会进一步产生向心力，从而使集聚的过程加快。同时，由于城市地价昂贵、空间有限、环境质量下

降,以及城市规划政策的导向等因素存在,也会出现一种相反的扩散作用。当扩散效应超过集聚效应,整个城市系统,以及与人口相关的各种城市活动开始出现向外扩散的趋势的时候,城市郊区化就发生了。郊区化的前兆是城市中心区的人口增长速度趋缓,在总人口中所占的比重下降,即所谓的“相对分散”。郊区化的典型标志是城市中心区人口出现绝对数量的下降,即所谓的“绝对分散”。[2]

从20世纪50年代以来,西方许多发达国家的大城市掀起了郊区化浪潮,这是第二次世界大战以后世界城市化进程的新现象,也是城市化高度发展的产物。[3]我国自20世纪80年代以来,北京、上海、广州、深圳等大城市也相继出现了郊区化现象。虽然我国城市的郊区化与西方郊区化的背景、机制、影响等不尽相同,[4]但郊区化进程带来的人口及城市发展问题则有相同之处,因此,借鉴西方城市郊区化的经验,对我国平稳过渡郊区化进程大有裨益。

(二) 20世纪后期以来巴黎的郊区化进程

自19世纪中期以来,巴黎市区的人口发展经历了四个阶段:第一阶段(19世纪下半叶)为上升期,巴黎市区人口从170万人左右增长到接近300万人;第二阶段(20世纪上半叶)为波动期,人口在接近300万人的规模上小范围波动;第三阶段(20世纪60～70年代)为下降期,巴黎市区人口骤然减少到220万人左右。第四阶段(20世纪80年代以后)为稳定期,巴黎市区人口逐渐稳定在210万人左右的水平上。[5]这一人口集聚与扩散的过程,符合城市化的一般发展规律。同时,这也是巴黎政府积极进行人口疏散与城市格局调整的结果。

巴黎的郊区化始于20世纪后期。1956年,巴黎政府颁布《巴黎地区国土开发计划》,控制人口向巴黎集中,并通过积极疏散中心区人口和迁移工业到郊区,在郊区完善公共服务设施、增加就业岗位等措施,限定中心城区的发展,降低市中心的人口密度,提高郊区人口密度,从而促进郊区发展。此后不久,戴高乐总统亲自主持颁布了《巴黎地区国土开发与空间组织总体计划》,继续强化这种以控制和限制中心城区集聚为主导思想的规划路线。然而,这并没有改善巴黎中心城区负荷沉重、环境持续恶化的状况。

20世纪60年代以后,尤其是70年代中期的经济危机以后,当局逐步放松了对巴黎市区的人口控制，转而引导产业活动向大区外围的地区集聚，对城市发展空间进行再组织。1964年，巴黎大区政府成立，并于1965年出台了《巴黎大区国土开发与城市规划指导纲要(1965～2000)》，这是巴黎地区城市规划的转折点，实现了从“以限制为主”到“以发展为主”的战略转变，兼顾了城市质量和规模数量双重需求，做出了人口规模从900万增长到1 400万和建成面积从1 200平方公里到2 300平方公里的大胆预测。[6]该规划改造原有的城市单中心格局，以“保护旧市区，重建副中心，发展新城，爱护自然村”为方针，提出在市区南北两边30公里沿着塞纳河两岸的轴线规划建设8座人口规模介于30万～100万之间的新城，作为重点开发的新城市化地区的中心。[7]同时，强调疏解城市中心区人口，提高城市生活质量，利用城市近郊发展多中心城市结构等，这些城市区域发展的举措被世界公认为成功的范例。

1976年，《大巴黎区域的城市发展方向性规划》明确了5个新城、9个近郊城市副中心、5个郊区自然生态平衡区和16个自然村的城镇体系。[8]巴黎市、近郊副中心、远郊新城组成了今天巴黎大区的城市体系。近郊副中心和新城建设强调发展综合性功能，吸引人口和产业活动的集聚，保证就业和居住的平衡，减轻了原有城市单一中心的压力。从此，中心城市功能合理分散，郊区新城规划合理，为巴黎保持和提升世界城市的地位提供了有利条件。

巴黎的人口疏解政策获得了显著效果。巴黎市区目前被划分成20个行政区，并以顺时针方向加以编号(见下页图1)。1962年至1990年间，巴黎市区内环1～10区的就业人口减少了1/3，外围地区增加了45%。1962年市区人口大约占大区人口的1/3，1999年则降为不足20%。5个卫星城则接待了60万左右新的城市居民。[9]后页表1选取巴黎的部分中心城区及外围城区，呈现1872～1999年间不同区域人口数量及密度的变化趋势。

(三)巴黎郊区化进程中教育资源配置的策略

1. 重新规划学校布局，保障学校布局与人口分布相适应

随着巴黎郊区化进程的深入，巴黎近郊副中心及新城接纳了大量中心城区外迁人口及周边城镇的迁入人口，从而人口实现快速增长，学龄儿童出现激增。与此同时，巴黎中心城区人口规模萎缩，学龄人口减少，这就造成原有的学校布

局及教育资源配置不适应现有的学龄人口就学需求，因此巴黎政府对整个巴黎大区的中小学布局进行了调整和规划，推动各区域教育均衡发展。

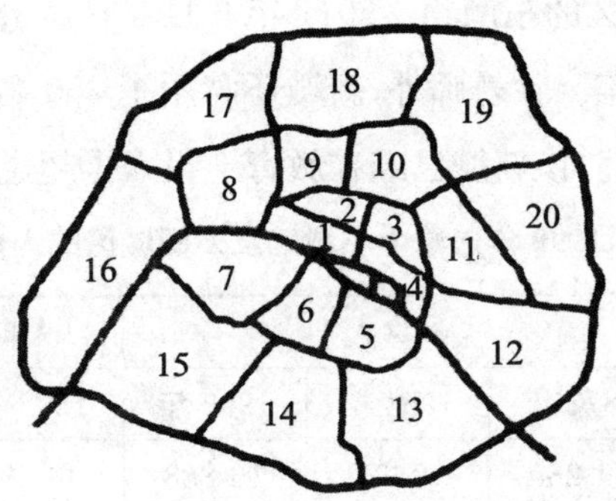

图 1　巴黎市区的行政区划

根据法国教育部 20 世纪 60 年代建立的学校布局图制度，全国分为若干招生片(secteur)，每个招生片涵盖居民 5 000～6 000 人。该制度坚持 19 世纪末确定的每所小学招生半径为 3 公里、初中招生半径为 15～20 公里的原则，以此为标准来设立学校，保证学校数量多、分布广，以方便儿童入学。针对高中阶段学校布局，规定至少 10 个招生片为一个联片(district)，涵盖 20 万以上的居民或 400～500 名适龄高中生。这个范围内应有不同类型的初中后教育，是中等教育和方向指导的“基本单位”，可包括一所或多所高中。[10]

巴黎市政府在控制中心城区人口数量、推动郊区化发展的过程中，综合考虑各区域的人口、资源、交通等诸多方面，对学校布局重新进行了科学规划。目前，在巴黎市区内，中心城区小学和中学数量明显少于外围城区，这符合巴黎市内人口分布特点。

马恩拉瓦莱(Marnela Vallee)新城是巴黎五大新城之一，位于巴黎市区东部的马恩河谷地带，最初规划人口规模为 35 万，目前已有居民 26 万，[11]是公认的巴黎新城中发展最快并且最为成功的一个新城。随着该城的快速发展，工商业不断涌入，人口迅速增加，目前有 8 万名儿童及青少年，其中 34 647 名幼儿及小学在校生、15 970 名初中在校生和 9 918 名高中在校生。为了满足各学龄段学生的就学需求，马恩拉瓦莱新城自建成以来，优先发展教育，开设各阶段学校，满足学龄儿童就近入学。到目前为止，马恩拉瓦莱新城已建成包括幼儿园、小学、初中及高中共 275 所学校，其中包含 115 所幼儿园、114 所小学、32 所初中、14 所高中。[12]

除了新建学校外,巴黎各新城大力投入资金,保证师资数量及质量。埃弗列(Evry)新城位于巴黎市区的东南角。2011 年 9 月 9 日,7 000 名儿童进入新城的 42 所小学,开始了新学年。除教师外,新城还聘用了 350 名教学辅助人员来照看 3～11 岁的儿童。到目前,该新城已经在教育上投入了超过 1 千万欧元。[13]

表 1　1872 年～1999 年巴黎中心城区及外围城区的人口数量及密度

区份	人口(人)			人口密度(人/平方公里)		
	1872 年	1954 年	1999 年	1872 年	1954 年	1999 年
第一区(皇宫区)	74 286	38 926	16 888	40 593	21 271	9 228
第二区(证券所区)	73 578	43 857	19 585	74 321	44 300	19 783
第三区(教堂区)	89 687	65 312	34 248	76 656	55 822	29 272
十八区(蒙马特区)	138 109	266 825	184 586	22 980	44 397	30 713
十九区(绍蒙区)	93 174	155 028	172 730	13 722	22 832	25 439
二十区(梅尼尔蒙东区)	92 772	200 208	182 952	15 514	33 480	30 594

资料来源:维基百科. 巴黎区份. http://zh. wikipedia. org/wiki/巴黎区份. 2012. 11. 10.

表 2　2012 年巴黎中心城区及外围城区的学校数量

区份	小学(所)	初中(所)	高中(所)	区份	小学(所)	初中(所)	高中(所)
第一区(皇宫区)	3	2	0	十八区(蒙马特区)	37	12	5
第二区(证券所区)	5	1	0	十九区(绍蒙区)	46	12	9
第三区(教堂区)	6	4	7	二十区(梅尼尔蒙东区)	40	12	5

资料来源:liste des Écoleélémentaire. http://equipements. paris. fr/? tid=41. 2012. 11. 10; liste des Collège. http://equipements. paris. fr/? tid=43. 2012. 11. 10. ; liste des lycées. http://equipements. paris. fr/? tid=44,55,56. 2012. 11. 10.

2. 建立"教育优先区",对教育薄弱的郊区及新城给予政策倾斜

为了改进薄弱幼儿园、小学和初中,缓解教育地区发展不均衡的状况,法国政府于 1981 年制定了"教育优先区"(Zone d' éducation prioritaire)的政策。教育优先区主要集中在大中城市的郊区和乡村,几乎涵盖了法国境内所有处境不利的社区。这一政策以"给最匮乏者更多,特别是更好"的思想为宗旨,[14] 对划

定为“教育优先区”的学校给予额外的教育资源以及更多的自主权，使学校有能力帮助学生克服在学业和社会上面临的处境不利的地位。目前，法国有 890 个教育优先区，包含 8 836 所小学及初中。[15]

在全国推行教育优先区的背景下，巴黎的新城及边缘郊区也陆续设立了若干教育优先区。通常，教育优先区以一个初中为核心，与本招生区的若干小学结合成一个整体。到目前为止，巴黎共有 33 所初中和 215 所小学被划分为教育优先区。

2006 年 3 月，法国针对教育优先区的划分进行了新的规定，提出设置两类“区域网”（réseaux），第一类是“成功的雄心区域网”（réseaux ambition réussite，RAR），主要针对教育最薄弱的地区，这在巴黎共有 4 处。该区域网可享受增派教师、配备教学助理和全天候护工等特殊待遇。第二类是“学业成功区域网”（reseauxde reussite scolaire，RRS），这在巴黎共有 29 处。两类网络都由初中校长、学区负责人、小学及幼儿园的校长及副校长所组成的执行委员会负责，且每个网络都由一名协调人负责监督实施委员会的决定。2011 年 9 月，“成功的雄心区域网”扩大成为“追求雄心、创新与成功的小学、初中及高中”（écoles，collèges et lycées pour l' ambition，l' innovation et la réussite，ÉCLAIR）网络。[16]图 2 是这两类教育优先网在巴黎市的分布情况，即可看出，教育优先网大多布局在外围城区，数量远远超过中心城区，这表明巴黎政府对外围城区教育的倾斜，推动了外围城区的薄弱学校更快速地提高教育质量，实现与中心城区的教育均衡。

对被确定为“教育优先区”的学校，巴黎政府采取诸多支持性政策，主要包括：增拨教育经费，改善学校的教育环境与教学设备、设施；增派教师，加强对原有教职人员的培训；提高该地区的教师待遇；缩小班级规模，减少班级人数；鼓励优先教育区的 2 岁幼儿尽早进入免费的幼儿园，接受正规的学前教育，以弥补由于经济落后而造成的早期教育不足。

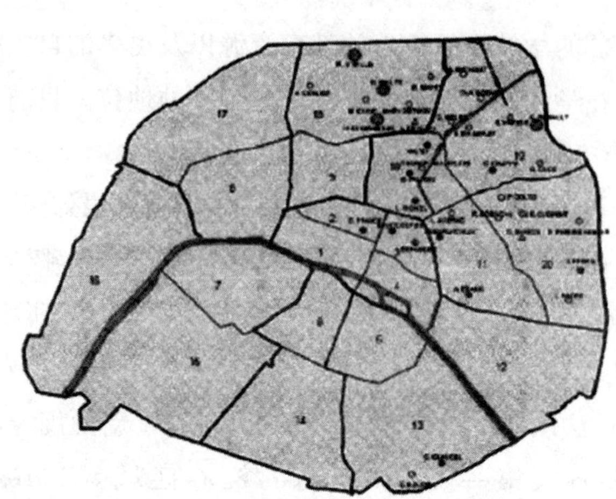

图2 巴黎市教育优先网的分布图

资料来源：Acad9mie de Paris. Carte des r9seaux. http://www. ac-paris. fr/portail/jcms/p1_399915/la-realite-parisienne? cid=p1_368998. 2012. 11. 10.

3. 促进区域间教师流动，保证师资均衡配置

法国的中小学教师属于国家公务员，由国民教育部实行严格统一的管理，所以每一位教师都必须服从工作岗位分配。目前，按照法国教师编制政策规定，国民教育部每年必须根据全国适龄儿童的人数变化和基础教育的发展情况，对全国中小学教师的需求做出预测，由此确定教师的编制数和各学区教师的分配指标，从而实现师生比例的合理化，以及不同地区、不同省份之间师资数量配备的均衡化。

郊区化进程中，巴黎市积极促进各区域间的教师流动，鼓励或强制分配中心城区的中小学教师流动到近郊副中心及远郊新城，保证师资质量的均衡。教师需要在教育部规定时间内登陆网站填写岗位志愿（最多填6个志愿），并交至学区的检察署（inspection académique），后者负责核对信息并呈递教育部统一处理，教师可以在网上随时了解个人申请的处理进度，并通过电子信箱、手机等方式获知最终结果（大约每年6月）。[17]政府对流动到郊区及新城，尤其是“教育优先区”内任职的教师提供特别津贴，计入教师工资，由国民教育部支付。从1994年起，凡初次作为义务教育教师被分配到难以招聘到师资的地区任教的教师，可享受每年12 594法郎的补贴，为期3年。[18]另外，巴黎政府要求郊区及新城，尤其是教育优先区必须配置高质量的教师队伍，并增加教师数量，以便加

强对处境不利儿童进行个别辅导。这些政策使巴黎郊区化进程中人口迁入区的基础教育师资质量得到明显改善,为教师资源的动态均衡配置创造了便利条件。

参考文献:

[1] 柴彦威.郊区化及其研究[J].经济地理,1995,15(2):48.

[2] 周一星,孟延春.中国大城市的郊区化趋势[J].城市规划汇刊,1998,(3):22.

[3] 陶希东,刘君德.国外大城市郊区化的演变及对我国的启示[J].城市问题,2003,(4):69.

[4] 杨文,魏海涛.城市郊区化研究[J].城市问题,2004,(3):12.

[5][6] 北京市西城区政府.西城区流动人口区域分布与发展趋势研究报告[EB/OL]. http//www. bjxch. gov. cn/pub/xch_zj/xch_jsw/rkyj/200908/t20090827_1144718. html. 2009—08—27/2012—11—10.

[7][8] 袁蕾.世界城市新城建设和多中心发展对北京的启示[J].科技资讯,2011,(6):233.

[9] 北京市政府研究室.国际特大城市人口调控经验[EB/OL]. http://www. bjpopss. gov. cn/bjpssweb/n33346c27. aspx 2010—12—21/2012—11—10.

[10] 邢克超,李兴业.法国教育[M].长春:吉林教育出版社,2000. 121.

[11] 赵学彬.巴黎新城规划建设及其发展历程[J].规划师,2006,(11):96.

[12] L'enseignement, Notrepriorité[EB/OL]. http//vivre. epamarnelavallee. fr/public _ fre/Une-ville-a-vivre/Vivre-grandir bouger/L enseignement-notre-priorite. 2012—11—10.

[13] Wikipedia. ? vry, Essonne[EB/OL]. http:/en. wikipedia. org/wiki/%C3%89vry,_Essonne. 2012. 11. 10.

[14] 王晓辉.教育优先区:给匮者更多—法国探求教育平等的不平之路[J].全球教育展望,2005,(1):73.

[15] Wikipedia. Zone d'é、Ducationprioritaire [EB/OL]. http://fr.wikipedia. org/wiki/Zone_d'% C3% A9ducation_prioritaire. 2012. 11. 10.

[16] Académie de Paris. Carte des Réseaux[EB/OL]. http://www. ac-paris. fr/portail/jcms/p1 _ 399915/la-realite-parisienne? cid = p1 _ 368998. 2012—11—10.

[17] 刘敏. 以教师流动促进教育均衡—法国中小学师资分配制度探析[J]. 比较教育研究,2012,(8):52.

[18] 孙启林,孔锴. 全球化视域下的基础教育均衡发展[J]. 比较教育研究,2005,(12):26.

(本文发表于《比较教育研究》2014 年第 7 期。作者胡淼,时属单位为北京师范大学国际与比较教育研究院;作者刘双佳,时属单位为北京师范大学体育与运动学院)

五、公共教育资金的公正分配与高效管理机制

——巴西基础教育发展基金会案例研究

巴西是拉丁美洲面积最大、人口最多、经济实力最强的国家，同时也是世界上贫富差距最大的国家之一“中国社科院在一份年度调查报告中指出，2006年巴西的基尼系数为0.54(中国的基尼系数为0.496)，收入分配严重不公。一个国家的教育发展必然要受到该国历史、政治、经济、社会文化等背景的制约和影响本文拟通过对巴西财政管理政策)基础教育发展基金会(FUNDEF)促进义务教育公平与发展的研究，以期对中国义务教育公平问题有所启发。

(一)巴西基础教育发展基金会的实施背景

目前巴西学制分为学前教育、初等教育(第一级教育)、中等教育(第二级教育)和高等教育(第三级教育)。其中，初等教育(7～14岁)为义务教育，包括8个年级。根据《宪法》规定，巴西的教育行政管理体制分为联邦、州和市三级。初等教育的主要管理责任由州和市政府承担，初等教育经费也主要来自于州和市政府。州和市政府对初等教育投入占到州市维持和发展教育经费的60%，而联邦政府把维持和发展教育经费的30%应用于初等教育及扫盲教育。但是，巴西贫富差距悬殊，地域经济发展极为不平衡，东北部是全国最贫困地区，东南部为全国最富裕的地区。正是由于深受其地域经济发展不平衡和基础教育投入分权制度的影响，巴西义务教育发展的不均衡成为制约当局普及义务教

育的瓶颈，主要表现为地区之间、城乡之间、校际之间教育发展存在很大差距。东北地区北部地区的教育普及程度和教育质量要远低于南部、东南部地区。究其根源，这主要是因为公共教育资源（经费投入、办学条件、师资水平）在地区之间、城乡之间、校际之间的配置存在较大差距。

义务教育阶段公立学校虽然免费，但一般质量较低，居高不下的留级率和辍学率也是巴西义务教育发展的最大障碍。据统计资料显示，巴西中小学的留级率高达20%左右，只有80%的学生没有留级或辍学而一直读到小学四年级，只有81.7%的学生能够完成小学阶段的学习。[1]另据巴西总统府公布的一份调查报告显示，五分之一的巴西城市青年没有完成八年制义务教育。尤其是在经济越落后的地区，青年的失学率越高。在巴西东北部的阿拉戈斯州，没有完成义务教育的城市青年比例高达46%。贫穷是这些青年没有受到良好教育的主要原因。[2]因此，来自不同地区、不同阶层、不同种族的受教育者，在发展水平、教育质量参差不齐的义务教育面前，其受教育机会、过程和结果都表现出极大的不公平。

面对这样一种义务教育发展形势，追求教育和社会公正成为20世纪末以来巴西政府教育政策的指导性原则。为此，巴西政府在促进教育公平方面下足力气，采取多种政策和实践措施。义务教育阶段不仅免学费，而且学生的教材和文具也由政府免费提供，很多地方学生的校服也是免费的。在农村和边远地区，政府还必须出车免费接送居住分散的学生上学。为了确保经济贫困地区和贫困家庭儿童留在学校就读，联邦政府启动了“东北地区基础教育计划”、“孩子上、学家长领钱”的“助学补助金计划”等。但是，经费是保证公平的最大基础。巴西解决义务教育地区发展不公平问题最具特色的政策是完善教育财政管理体制，改变教育的资金运行机制—成立基础教育发展基金会（以下简称基金会）。从财政分配角度来说，该基金会对促进巴西义务教育公平起到了举足轻重的作用。

（二）巴西基础教育发展基金会的政策与实践[3]

1. 基础教育发展基金会的基本情况

基础教育发展基金会全称为“基础教育维持与发展及教学促进基金会”，根据1996年9月12日《宪法修订案》第14条规定设立，通过同年12月24日424号法令6和1997年6月27日《2.264号法令》制定章程，于1998年1月1日正式成立，并开始在全国行使其职权。除了帕拉州，各州通过州立法也强制在1997年7月成立了基金会。

基金会的宗旨在于：推动基础教育的普及、维持和改善质量，提高在职专业教育工作者的水平。该机制以州、市各级政府收纳的学生数量为基础，对与教育有关的收入进行分配，在社会公正的平台上推动学生入学和提高专业教育工作者的水平。其最大的创新在于改变了全国公共基础教育的融资结构，将搜集到的资金根据在各个基础教育系统注册的学生数量进行自动分配，以促进各州政府与市级政府之间相应的责任分配。

2. *基础教育发展基金会的主要内容*

(1) 必须确保州和地方政府财政收入的15%用于基础教育(1年级～8年级)。基金会的基金主要由各州、市本身的资金构成，来自现有的财政来源。它由以下各项资金的15%构成：① 各州的投入资金(FPE)；② 各市的投入资金(FPM)；③ 商品与服务流通税(ICMS)(包括《87/96号补充法令》中涉及的出口免税的金额)；④ 工业产品出口税(IPlexp)。

(2) 该项经费必须在州及地方政府小学按照入学人数进行平均分配。这里涉及学生人口普查、资金分配系数的计算和各州每名学生每年的金额。

学生人口普查。基金会资金的分配对象是在各自的公共教育系统接收学生的各个州、市，分配的根据是前一年的学生人口普查数据(学生人数普查一年一度由国家教育研究调查所、教育文化部与各州教育厅以及市政府联合进行)。基金会资金的分配不考虑儿童教育(幼儿园或学前教育)、中级教育(以前的中学)以及继续教育的注册学生数。

资金分配系数的计算方法。各州和各市分得的金额根据各州级的基金总额和各州、市收纳的基础教育(正规或特殊)的学生数量来计算。1998年和1999年，资金分配系数是按正规基础教育的学生数量计算的。从2000年起计算标准被修订，系数计算参照以下各项：

——正规基础教育(1年级到4年级、5年级到8年级)和特殊教育模式下的学生数量；

——全国平均每名学生每年的最低金额，按1年级到4年级段、5年级到8年级段，特殊基础教育模式中各年级段分为三个不同的数值；

——每名学生每年的金额在正规基础教育5年级到8年级段，特殊基础教育模式中各年级段与正规基础教育1年级到4年级段之间的微分为5%。

在上述标准的基础上，用公式计算某一特定市或州府的系数。基金会在该行政区域中的年资金总额乘以该市的分配系数就是该市一年能分配到的金额。

各州每名学生每年的金额。该金额的计算依据是基金会的预计收入和前一年州市公共系统的基础教育（正规和特殊）学生数量。这项人均金额的计算，5年级到8年级和特殊教育学生的数值比1年级到4年级学生的数值高出5%。

(3) 联邦政府应确保最低生均经费。全国预先确定一个每名学生每年最低金额，为某些市府和州府提供保障。因为这些市府和州府所在的州，基金会的年总收益除以基础教育（州级和市级）学生总数所得的商低于这个最低数值。该数值是由1997年为基金会制定章程的同一号法令（《9.424/96号法令》）所确定的，1998年变为由联邦法令确定。从2000年起，该数值开始根据1年级到4年级、5年级到8年级和特殊教育的不同出现差异。

以州为单位，如果某个州的人均金额低于全国每名学生每年的最低值，由联邦政府来填补中间的差异，以确保各州每名学生每年平均都能得到最低金额。

(4) 该项经费的60%必须用来支付在职教师的工资。基金会的资金应该专门用于管理和发展公共基础教育，特别是用于提高教师的教学水平。每年最少60%①的资金用于支付从事公共基础教育（规范教育、特殊教育、本地教育、继续教育以及成人扫盲）的在职②教育人员的工资。③ 剩余的资金（最多占总额

① 到2001年10月为止这60%中的部分资金还可以用于非专业教师的培训。自2002年，巴西基础教育发展基金会这60%的资金不能再用于非专业教师的培训。

② 以合同的存在为特征，该合同必须是根据相关法律制定的，并且必须是因为教师事实上正在从事公共基础教育工作而签订的合同。法律中规定的暂时的离职，如休假、产假、因住院治疗而请的假，不列入正在工作的范畴内。

③ 包括教育人员所有报酬的总和（工资或津贴、年终双薪、年终分红、1/3附加周薪、日津贴、红利、加班费、离职前支付的工资、领导岗位的岗位津贴、养家费等），以及雇用者按照联邦、州、市的相关法律，根据被雇用者的工资比例，用FUNDEF基金会的资金支付给在职教育人员的社会保险（医疗保险和公积金）的总和。

的40%)将用于教育管理和发展的各项开支。此外,《9.394/96号法令》(LDB)还对不能使用这两部分资金的情况作了明确的规定。用于教师专业人员初始培训的投入资金应占基金会资源的40%。

(5) 基金经费设立专门账户,保证经费只被用于基础教育。《9.424/96号法令》规定,巴西银行是基金会资金的存储机构。基金会的资金被自动存人基金会在巴西银行的专门账号中。存人的资金必须以从各个资金来源中实际征收的税款为依据。

不管是申请基金会的资金,还是调用基金会现有的财政资源,都需要到巴西银行去办理,从而使得基金会资金的使用以及其利润的使用具有一致性。这些资金都将用于公共基础教育,其他机构不得进行截留,并且以透明的方式运作,以便于相应的基金会稽查和社会管理委员会的监督工作以及审计署的监管工作。

(6) 基金会要受到相关机构的严格稽查和社会管理。基金会最有新意的一个方面就是它对社会监察机制的规定。在《9.424/96号法令》的第4条规定成立基础教育发展的基金会稽查和社会管理委员会。不设立相关委员会的州、市皆属违规,有关负责人还将受到行政制裁、民事制裁或相应的处罚。该委员会应该成为立法机关,并且参与相关机构(教师工会或协会等)人员的任命工作,以保证其合法性和透明度。基金会稽查和社会管理委员会具有管理和稽查基金会资金的分配、调度及使用等基本职能。此外,还通过合法的纪律手段,包括协作、检查及财政机构(审计局及民政部)以及教育文化部(MEC)面向社会接收关于基础教育发展基金会基金使用中违规行为的检举。如果违反了基础教育发展基金会基金有关的法律规定,州政府、市政府相关领导及负责人将受到行政的、民事的惩罚性制裁。

3. 基础教育发展墓金会的实施效果

巴西政府在普及义务教育的过程中,不仅有坚定的政治决心,而且还设计了基础教育发展基金会这样良好的运作机制。该基金会平等地分配教育资源,使地方政府教育体系得到较大发展,极大地促进了义务教育的普及,缩小了义务教育的地域差异“2003年,巴西义务教育普及率高达97%(2005年为95%),文盲率显著下降。2000年~2004年巴西成人识字率占15岁及以上人口的

89%。[4]地区发展不均衡显著缩小。统计资料显示：1994年只有1 200万学生在地方政府学校就读，而在州立学校就读学生达1 800万，但到2002年，在州立学校就读学生减至1 400万，而在地方政府学校就读学生则升至1 800万。经济贫富差距对义务教育的影响逐步减小。在1992年，来自最贫困家庭的儿童只有75%入学就读，而同期来自最富裕家庭的儿童入学率高达95%；到2003年，来自最贫困家庭的儿童有95%入学就读，而最富裕家庭的儿童入学率为99%，贫困和富裕家庭儿童入学率差距由1992年的20%下降到2003年的4%。[5]

（三）巴西基础教育发展荔金会的工作机制

1. 设立专门账户按公式自动拨款

基础教育发展基金会的资金被自动存入基金会在巴西银行的专门账号中，并根据不断修订的计算标准设计出一整套基础教育发展基金会年度收益分配系数的计算方法，按公式自动拨款。

2. 平等对待联邦、州、地方政府三套教育体系，使基础教育经费免遭挪用

推动基础教育各投资主体共同参与，解决了教育经费投入不均和经费被挪用的问题，有力地推动了义务教育的普及。

3. 经费来源由法律规定确保稳定

法律规定联邦政府、州、地方政府用于教育的财政比例，确保了义务教育有稳定的经费来源。

4. 联邦法令确定每名学生每年最低金额，强化州、市政府保底责任

1998年联邦法令确定了全国每名学生每年的最低金额，使州范围内每名学生每年的金额有了明确的参照值，这对州、市政府的财政责任有了必须保底的要求。

5. 联邦政府为填补区域经费差异发挥补偿作用

为了促进义务教育地域发展均衡，以州为单位，如果某个州的人均金额低于全国每名学生每年的最低值，联邦政府专门拨出一笔经费填补中间的差异，用来确保各州每名学生年均经费都能达到最低标准，从而解决了最贫困的东北部地区的义务教育普及问题。

6. 基础教育发展墓金会甚金伯息公开、透明

各市基础教育发展基金会基金信息都可通过巴西银行办事处、网络、联邦政府财政管理体系等多渠道获得。

(四) 巴西基础教育发展基金会对我国的启示

巴西基础教育发展基金会保障了公共教育资金的公正分配和高效管理，是巴西义务教育财政管理的成功举措。我国义务教育经费投入仍缺乏稳定来源，并且分配机制也不明确。因此，巴西基础教育这种良好的运作机制值得我国借鉴。

1. 义务教育财政经费及资任分担比例应由国家法律明确规定

巴西基础教育发展基金会由《宪法修订案》规定成立，并通过联邦法令制定章程，体现了其强大的法律效应。而我国 2006 年新颁《义务教育法》虽然也是通过全国人大常委会讨论通过的国家法律，但就其法本身的权威性来看，也还没有上升到国家根本大法《宪法》的高度，这是其一。其二，虽然新《义务教育法》确立了义务教育经费保障机制，对国家、省(市)、县各自的法律责任进行了规定，但仅以“国务院和各级人民政府共同分担”、“农村义务教育的经费，各级地方人民政府要按照国务院的规定，分项目、按比例分担”这样具有概括性、模糊性的语句来体现，没有明确指出比例的多少，这样容易在实际操作过程中引起责任不明。

2. 拨款要体现科学性、客观性和实用性

巴西义务教育讲究科学、灵活、实用的拨款方法值得我国学习。在义务教育经费来源方面，我们要以法的形式规定其稳定的财政来源。在经费拨付方面，要进一步强化经费的科学预算。拨款的数额要根据各地区的实际情况制定出科学、合理的标准和公式，并且要充分考虑到义务教育高年级、特殊群体、义务教育低年级在经费需要上的差异性。

3. 拨款要体现底线公平原则，保证所有儿童都能享有最低的经费保障

中国虽然各地方政府每年也有生均经费的支出项目，但它主要根据各地方政府当年的财政收入情况而定，没有巴西最低金额这样保底的硬性规定。因此，从这点出发，中国的义务教育拨款要学习巴西体现底线公平的原则。

4. 中央政府的财政转移支付制度应该在保障公平方面发挥更大作用

国家财政转移支付制度为巴西义务教育的公平发展提供了一定保障。中国的中央政府虽然也有大量通过转移支付制度促进义务教育全面普及的举措，但大多是针对具体专项展开的，对各地区生均经费的拨付没有年度补偿性义务。中国政府需要继续完善教育转移支付制度，把对各地区因经济差异引起的教育发展不均衡而实行的补偿政策落到实处。

5. 重视和加强对义务教育经费进行审计和监督管理

中国政府虽然有各级人大、教育督导机构行使对义务教育经费的审计监督职能，但相比巴西“基金会社会协作及监察委员会”这样专业、重要的监督机构，中国的教育审计、督导机构还需要进一步扩大权能，发挥效力，在“有法必依，执法必严、违法必究”等方面向巴西学习。尤其是要通过建立问责制和责任追究机制，对挤占、挪用、截留义务教育经费的行为予以严肃查处。此外，建立义务教育经费拨付、管理、使用的公示制度，做到政务、校务公开，将有利于全社会的监督。

参考文献：

[1] 陈亚伟. 巴西基础教育十年进展述评(1995～2004)及启示[J]. 外国教育研究，2006，(8).

[2] 巴西五分之一城市青年未完成基础教育. http://news. xinhuanet. com/newscenter/2008—01/23/content—7475416. htm[EB/OL]. 2008—01—23.

[3] 巴西教育文化部(MEC). 巴西基础教育发展基金会-FUNDEF袖珍指南，2004—06.

[4] 世界银行. 世界发展报告2007[Z]. 清华大学出版社，2007. 290.

(本文发表于《比较教育研究》2009年第2期。作者尹玉玲，时属单位为北京教育科学研究院)

六、发展中国家农村教育补偿政策实施状况及其比较

——中国、印度、马来西亚、尼泊尔四国案例分析

20 世纪 90 年代世界全民教育大会召开之后，发展中国家政府十分重视农村教育的发展。积极实施对农村教育的补偿政策已成为众多国家共同的政策行动。本文对中国、印度、马来西亚、尼泊尔四国实施农村教育补偿政策的状况进行介绍并予以比较分析。

（一）四国实施农村教育补偿政策概况

1. 中国对农村教育的补偿政策

中国政府实施农村教育补偿政策由来已久。20 世纪 90 年代以来，国家对农村教育的补偿政策主要体现为实施“国家贫困地区义务教育工程”“东部地区学校对口支援西部贫困地区学校工程”和“大中城市学校对口支援本地贫困地区学校工程”，其中尤以“国家贫困地区义务教育工程”为重心。从 1995 年到 2000 年，中央财政在 6 年内增拨 39 亿元贫困地区义务教育专款，同时地方各级政府与中央专款配套，整个工程资金投入总量超过 100 亿元。进入新世纪以来，中国政府继续加大对农村教育发展的支持，并更有力地实施农村教育补偿政策。这主要表现在：

(1) 在中央政府财政支出中，教育经费所占比例保持每年提高 1 个百分点。地方各级政府也比照中央的做法，增加本级财政的教育经费支出。而新增教育经费则主要用于农村基础教育的发展。

(2) 继续实施“国家贫困地区义务教育工程”。进入新世纪以来,中央继续安排专项资金实施这一工程。为实施两期“国家贫困地区义务教育工程”,中央和地方财政总投入近200亿元,支持522个贫困县改建校舍,培训教师,购置图书、仪器设备、远程教育和信息技术设备。

(3) 建立和完善农村中小学教职工工资保障机制。为此,中央财政自2001年起每年安排农村教职工工资转移支付资金50亿元,用于补助贫困农村地区发放教职工工资。

(4) 实施“农村中小学危房改造工程”。2001年以来,中央和省级政府共投入100多亿元,在26个省,2万所学校,改造和新建校舍1 700万平方米。

(5) 建立和健全扶持农村家庭经济困难学生接受义务教育的助学制度,对贫困学生实施“两免一补”政策(免杂费、免书本费、补助寄宿生生活费)。为此,中央财政继续设立中小学助学金,各级政府设立专项资金,用于支持农村地区家庭经济困难学生就学。

(6) 继续实施发达地区对欠发达地区,城市对农村的对口支援制度。通过选派支教教师、进行物资和资金援助,促进发达地区和城市的教育资源流向农村学校,使贫困农村地区教育条件得到改善。

(7) 继续鼓励机关、团体、企事业单位和公民捐资助学,支持全社会加大对农村教育的捐助,鼓励海内外团体和个人,通过设立基金和其他方式,资助家庭贫困儿童接受教育。

2. 印度对农村教育的补偿政策

印度是世界上人口排列第二的国家,也是农村人口大国。据2001年统计,印度总人口为10.27亿,其中城市人口为2.85亿,农村人口为7.42亿,分别占总人口的27.8%和72.2%。至20世纪80年代,印度基础教育有了很大发展,但城乡教育发展的不平衡也明显存在。为了促进农村教育的发展,印度中央和邦政府一方面加大了对基础教育的投入,另一方面也在积极实施对农村教育的补偿政策。

(1) “黑板行动”计划(“Operation Blackboard”)。该计划于1987～1988年开始实行,这是一项旨在改善农村学校设施和教学环境的操作方案。“黑板行动”计划的基本内容是:① 为只有1位教师的学校增派1名教师,并尽可能保证其中1人是女教师；② 为每所小学提供至少两间教室；③ 为每所学校提供最基本的教学和学习材料，包括黑板、地图、图表、图书、乐器、玩具、游戏设备及劳动实习工具。“黑板行动”计划实施以来，“中央政府为该计划所拨专款累计达62亿卢比，各邦政府承担修建校舍的费用累计达98亿卢比”。[1]

(2) 全国初等教育营养资助计划。1995年印度国家独立日(8月15日)之际，印度政府提出这一计划。这一计划的中心内容是为全国小学生提供免费午餐，重点实施对象是农村地区和落后地区的小学生。其做法是为全国所有一至五年级小学生每天提供有营养价值的100克免费熟食。实行计划的当年，政府开支约44亿卢比，涉及378个县的225 000所学校的3 350万小学生，到1998年开支81.1亿卢比，使全国1.1亿初小学生受益。

(3) Sarva Shiksha Abhiyan(SSA)计划。该计划在2000年11月16日内阁会议上通过，目标是为了有效实施基础教育的普及。其主要措施如下：其一，按照1公里以内的每个居所建立教育设施的标准，在没有教育设施的居住区建立新学校；其二，每年为每位教师提供教学补助，以提高教学质量；其三，提供学校补助以加强学校基础设施建设，取代学校的陈旧设备；其四，为提高在职教师素质，向每位教师提供20天、未培训教师60天以及新招聘教师30天的免费培训。

(4) Shiksha Karmis工程(SKP)。该工程1987年开始实施，受到瑞典国际开发署的资助。工程目标是为使地处偏远且经济落后的拉贾斯坦邦农村普及初等教育并提高教育质量。其中特别关注改进农村女童教育。针对教师缺乏的现状，该工程运用革新方法培训地方知识青年，以充实教师队伍，由此探索出一条通过动员农村社区力量参与普及小学教育之路。

(5) 教育保障计划。该计划主要关注的是那些由于社会经济和文化原因而依然被排除在正规教育之外的6～14岁失学儿童，并让他们获得重新受教育的机会。它以非正规教育的方式，通过建立季节性学校，开展校外营地活动，并通过流动性教师以及对失学儿童进行再教育，帮助他们完成基础教育阶段学业。实施这一计划的经费来自中央和邦的专项补助，其中中央投入75%，联邦邦投入25%。

(6) 让残疾儿童接受完整教育计划。该计划由中央政府、邦政府和非正式组织共同实施。它为残疾儿童提供书本、文具、服装、交通津贴、护送津贴、教学设备及教师补助等等。该计划已涉及41 875所学校的133 000以上的残疾儿童。在1996～2002年间，已投入的专项支持资金为679.1万卢比(15 900 000美元)，2002～2007年将继续投入专项资金2 000万卢比(44 440 000美元)。

除此之外，印度各级政府还实施了多种其他项目与计划以支持基础教育尤其是农村基础教育的发展。

3. 马来西亚对农村教育的补偿政策

马来西亚是亚洲新兴工业化国家。2000年马来西亚全国人口总数为2 326万人，其中农村人口888万，占总人口的38.2%。马来西亚实行中央集中的教育管理体制。城乡教育经费统一由中央财政列支。为了促进农村教育的发展，马来西亚同样实施着对农村教育的补偿政策。20世纪90年代以来，马来西亚实施的补偿政策主要有：

(1) 农村贫困儿童信用基金。这项基金由中央财政单独设立，目的是为了避免农村学生因家庭贫困而辍学的事件发生。信用基金用于支持家庭收入低的学生，用于帮助学生支付杂费、购买校服或其它学习费用。以2003年和2004年为例，2003年获得这项基金资助的学生总数为731 497人，资助总金额折合人民币为8 897万元；2004年获得资助的学生为1 009 569人，资助总金额为人民币12 543万元。

(2) 为农村学校增加图书工程。2000年开始，政府每年拨款折合人民币500万专项基金用于为农村中小学购买图书，以适应培养学生良好阅读习惯和多方面扩充学生知识的需要。获得基金的学校也需要进行评估和选择，确立重点，每年资助1 000所学校。2000～2004年5年间，共有3 000所农村小学和2 000所农村中学从此工程中获益。

(3) 农村学校宿舍改造项目。政府拨出专款用于改善农村中小学学生宿舍条件。2003年，政府总共拨款折合人民币2 300万元用于1 291所农村中小学学生宿舍改造。这一项目正在继续实施。

(4) 振兴沙巴(Sabah)和砂崂越(Sarawak)农村地区教育项目。这两个地区为马来西亚相对偏远落后的地区。为了促进这两个地区农村教育的发展，教育部于新世纪初实施了一个特别的资助项目。项目的主要内容是增加在沙巴和砂崂越区农村和边远沙漠地区的教育基础设施与条件，包括中心学校的建设、饮用水、电的供给、教师住房建设等。2003 年开始，在这两类地区建立了一批新的中心学校，并为现有的 662 所中小学成功地安装了净化水系统和高动力发电系统。2004 年，在这两地区新建成教师住房 4 147 单元，并新建了 1 231 间新教室。这一项目也仍在继续中。

(5) 学校牛奶项目与附加食物项目。这一项目于 1985 年成为小学的一个国家项目，它利用教育部的专款，为父母亲年收入不到人民币 4 800 元(折合计算)的小学生提供营养补助。每年每位小学生得到的牛奶与食物资助折合人民币为 242 元。

(6) 学校教材贷款项目。这一项目自 1975 年开始，一直延续至今，它以书本的形式为中小学提供贷款。进入新世纪以来，教科书贷款额呈增加趋势。2001 年，全国中小学校教材贷款经费为 9 000 万人民币(折合计算)，2002 年达到 15 000 万，2003 年为 16 460 万，2004 年为 19 420 万。中小学儿童符合这一贷款的人数占 82%，其中农村中小学儿童是接受教材贷款项目的主体。

(7) 学习保证金制度。2002 年 9 月，财政部在议会的财政预算报告中宣布实施这一政策，其目的是为了提高农村小学教育质量。财政部为农村小学的马来语、英语、科学和数学四个科目的教学提供特别保障经费。2004 年的项目评估结果表明，这一政策实施对提高农村小学教学质量正在产生积极的影响。马来西亚对农村教育还有其他的补偿政策。据统计，自 2001 年以来，马来西亚教育专项资金总开支为 32.81 亿元，其中 2004 年总开支为 13.16 亿。2004 年教育资助经费占全国中小学教育事业费的 12.4%。[2] 马来西亚的教育资助经费主要是用于支持农村基础教育的发展。

4. 尼泊尔对农村教育的补偿政策

尼泊尔是迄今为止经济发展相对滞后的国家，2001 年人口统计资料显示，尼泊尔人口为 2 273 万，其中 84.1%的人口生活在农村地区。在致力于国家发展的过程中，尼泊尔同样重视教育的发展，重视改善农村人口的受教育状况。20 世纪 90 年代以来，尼泊尔政府制定了“人人享有教育”的国家行动计划。为了逐步达成这一目标，尼泊尔政府加大了对基础教育的投入。1991～1992 年度，尼泊尔小学和初中教育预算占全国教育预算的 61.6%，1997～1998 年度提升到72.2%,2004～2005年度提升到86.9%。[3]尼泊尔基础教育预算的明显增加实际上寓含着对农村教育投入的增加。为促进农村基础教育的发展,尼泊尔政府同样实施了种种教育补偿政策:

(1)对偏远农村地区1～5年级的全体学生实行免收学费、书本费政策。在20世纪80年代之后,尼泊尔小学教育在全国范围内对1～3年级的学生实施免学费、书本费政策,对偏远农村地区则实施整个小学阶段的免收学费、书本费政策。此外,还向贫困农村地区的女童提供校服。

(2)政府保障农村教师工资的发放。尼泊尔对基础教育教师工资实行不同学校不同的发放政策。基础教育分初级小学(5年),高级小学(3年)和初级中学(2年)三个阶段,其中初级小学1～3年级对学生免收学费。而高级小学与初级中学则按规定收取学费。教师工资政策是:初级小学工资全部由政府承担,高级小学教师工资的75%和初中教师工资的50%由政府承担,其余部分由学校学费支出。但对于经济较落后的农村地区,整个基础教育阶段的教师工资均由政府承担,并按时足额发放。

(3)对偏远农村地区教师发放额外津贴。为鼓励教师到农村学校执教,尼泊尔政府根据学校所在地区的偏僻和艰苦程度,向教师加发工资和边远地区津贴。边远农村教师加发工资和津贴标准为现行工资总额的20%,最高者可达70%。

(4)设立农村教育发展基金。通过向私立学校或其他行业征收收入税的方式设立(其中向私立学校征收其收入的1.5%),以此为贫困农村地区提供教育发展资金。

(5)利用外援资金支持农村基础教育的发展。20世纪80年代以来,尼泊尔来自本国教育外部机构,尤其是国际组织、机构的教育援助不断增加。仅以1981～1985年为例,同期教育外的财政援助相当于国家公共教育总预算的19.7%,此后这一比例还在升高。在尼泊尔,早期的类似援助主要用于高等教育,而在20世纪90年代中期以后,大量的此类援助用于小学基础教育,尤其用于农村基础教育。

(二) 四国农村教育补偿政策的比较分析

1. 补偿政策的相似性

综合四国农村教育补偿政策，可以看出，补偿政策既有相似性又有相异性。相似性主要表现在：其一，实施对农村教育的补偿政策是发展中国家推进城乡义务教育均衡发展的共同要求，已成为发展中国家政府在推进全民教育和实施义务教育中的共同政策选择；其二，各国农村教育政策实施的共同主体是中央政府和地方政府，而中央政府起着更为重要的作用；其三，各国农村教育补偿政策的实施均以特别支持项目或专项补助项目的方式运作，而项目运作均有一定的时限性；其四，迄今为止，实施农村教育补偿政策的首要目标仍然是提高贫困农村地区适龄儿童尤其是女童的入学率、巩固率和降低辍学率。与此同时，补偿政策也作用于改善农村基础教育学校的办学环境与条件以及建立农村教师的保障机制。

2. 补偿政策的相异性

首先，四国农村教育补偿政策的目标人群有一定差异。这种差异是与各国义务教育制度的差异性相联系的。20 世纪 90 年代以来，各国都在实施或宣布实施义务教育，但各国宣布的义务教育年限并不相同，义务教育实施的实际情况也大相径庭，这影响着各国对农村教育补偿政策的确立与实施。例如，印度、尼泊尔农村教育补偿政策实施的目标人群主要是农村小学学生，而中国、马来西亚农村教育补偿政策的实施范围已包含小学与初中，由此反映出农村教育补偿政策的目标人群的差异。其次，四国农村教育补偿政策的基本内容和形式有一定差异。这可以从各国补偿政策的基本状况中看出。例如，中国的教育补偿主要表现为中央政府加大对农村教育的转移支付，并努力建立农村教育的保障机制；印度和马来西亚主要通过种种专门项目与计划实施对农村教育的补偿；尼泊尔则通过优先对贫困农村学生实施免费教育和保障农村教师工资及提供额外津贴的方式支持农村基础教育的发展。补偿政策的差异与各国的基础教育管理体制相关。再其次，四国农村教育补偿经费来源渠道也存在一定差异。这种差异突出地表现在尼泊尔吸收了较多的外部资金（主要是国际援助），并将这种资源主要用于支持农村基础教育发展。印度和中国也利用了一些外部援助扶持农村教育。由于各国国情不同,在动员社会各界和国外机构、个人捐资资助农村教育方面,各国之间差距较为明显。

3. 几点比较认识

(1) 农村教育补偿政策需要继续并更有力地实施。继续实施补偿政策的必要性既从政策实施的积极影响中得到说明,又从时至今日发展中国家农村教育依然存在的艰难困境中得到说明。继续制定与实施更为多样化且能惠及更多农村人口的农村教育补偿政策不仅仍有必要性,同时仍具有紧迫性。

(2) 实施对农村教育的补偿政策需要继续以实施普及义务教育为前提。这种补偿政策应该看成是国家义务教育制度中的一个有机组成部分,是着眼于保障义务教育在农村地区尤其在贫困农村地区的真正实施。发展中国家实现城乡义务教育的均衡发展,必须加大对农村教育的补偿力度。

(3) 促进农村基础教育的发展关键在于进一步形成更为良好的教育管理体制。发展中国家农村教育的成就与问题与它的管理体制相关。思考农村教育的补偿政策,是需要同时思考如何进一步改革与完善农村教育的管理体制。如果管理体制不良,农村教育必定会问题丛生,这样即使有某种补偿政策的实施,也只能是解决问题于一时,而不能解决问题于长远。

(4) 继续确立与实施对农村教育的补偿政策需要有更高的目标指向。如果说,在上世纪末发展中国家实施农村教育补偿政策,主要是为了进一步提高农村适龄儿童入学率与改善农村学校的基本办学设施与条件,那么在新世纪初,实施对农村教育的补偿政策则需要在继续着眼于改善农村办学环境与条件、提高适龄儿童入学率、巩固率的同时,切实提高农村基础教育的质量。提高农村基础教育质量对实施农村教育的补偿政策有着更深切的呼唤与期待。

参考文献:

[1] Hrushikesh Senapaty. Study of Policies for Investment/Inputon Rural Basic Education in India[J]. International Research and Training Center for Rural Education. 2005,79.

[2] Norzain Azman, Ahmad Basri Mdyussof. Study of Policies for

Investment in Rural Basic Education：A Malaysian Case Study[M]. 2005，18.

[3] Roshan Bajrachjarya. Study of Policies for Investment/Input in Rural Basic Education：A Case of Nepal[M]. 2005，14.

（本文发表于《比较教育研究》2006 年第 11 期。作者张乐天，时属单位为南京师范大学教育科学学院）

七、美国教育公平的当代追求及其启示

(一) 美国教育公平问题的当代表现

从历史上看，为了铸就共同的美利坚意识和价值观，维系美国式民主，通过艰苦的努力，美国建立并完善了其公共教育体系，“一战”时基本普及了初等义务教育，“二战”后基本普及了中等教育，以保证人民的平等教育权。

1957年，苏联发射了人类第一颗人造卫星，震惊了美国朝野上下，引发了当时的激烈大讨论。讨论的结果是颁布了《国防教育法》，其核心就是增加教材的难度和授课的时间以提升教育质量，实施英才教育。20世纪60年代中期至70年代初，随着民权运动的发展，美国教育政策的天平又向处境不利的少数民族儿童和贫困家庭儿童倾斜，主张通过对少数民族儿童采取反种族隔离或种族融合教育，以及给贫困家庭儿童提供补偿教育和特殊教育来提高他们的学业成绩，进而提高整个基础教育的总体水平。

20世纪80年代教育问题再次激起了全美大讨论。但是，教育问题的答案则是到了90年代之后才逐步明确下来的。前总统布什和克林顿都强调建立全国教育目标，其重要目标之一就是将高中毕业率提高到90%以上，要求各学区采取行之有效的措施来降低学生的辍学率，消除少数族裔与白人学生在中学毕业率上的差距。2002年，小布什总统任内《不让一个孩子掉队法》(NCLB)的出台则更为明显地体现了这一趋势。因为，该法案的主要精神就是倡导通过不懈努力，提高所有学生的成绩，弥合处于不良状况的少数族裔学生与白人学生在学业上的差距。此外，该法案的内容中关注弱势群体的比例也是相当大的，其中包括诸如通过高标准和责任达到平等、帮助母语非英语的学生达到英语的流利程度、针对军人的后代和美国印第安人后裔进行影响性援助等内容。这些政策继续在奥巴马时代实施。

可见,美国教育的发展趋势是从最初关注平等到为了国际竞争而重视质量,又从关注高质量、优异和杰出学生转向弱势群体。进入 20 世纪 80 年代以后,美国人民和政府都意识到了新的教育公平问题,即公共教育效率不高,教育质量低下,学区之间、学校之间差距大,不能为全体学生提供同样的高质量的教育。这样,教育公平问题和教育质量问题紧密缠绕在一起,如何解决在高质量基础上的平等教育问题成为美国教育的当务之急。

(二) 美国教育公平问题的解决之道

美国政府终于认识到仅仅关注教育权利与机会的分配是不够的,如何有效地激发公立学校的活力,刺激教育的生产,全面提供高质量的教育则显得极为迫切。这时,对效率机制的选择成为实现高质量基础上教育公平的答案。这个答案概括起来就是对学区和学校实施绩效问责制、学校多样化与竞争以及强化家长择校的权利和能力。

1. 实施与完善绩效问责制

自克林顿政府以来,特别是《不让一个孩子掉队法》的颁布,美国各州开始普遍设立绩效责任制,并拟定一套奖惩制度来要求学区和学校为改善学业成就承担起责任,对学生在一年一度的全州阅读与数学测验中获得的成绩做出有效评估。在实施过程中,主要是运用全国教育进步评估测试来衡量州的绩效改善状况。从实施效果来看,绩效责任制的运用对学生学业成绩改善有积极影响,但是也出现了一系列问题,如在州级别的学业成绩测试中,一些学校的辍学率和淘汰率出现了上升趋势。

为此,2008 年 3 月,美国联邦教育部颁布了《差异化绩效责任试点计划》(Differentiated Accountability Pilot Program),尝试完善绩效问责制。差异化绩效责任计划的目标诉求是将差异化原则引入原有的绩效责任模式,对学校采取区别化处理方式,为最需要的学校提供有针对性的帮助,以达到学校持续改进的目的,强化学校改进的效果。该计划主要通过财政拨款的形式,吸引各州制定自己的差异化绩效责任计划，对表现不佳的学校进行区分，选择针对学校的干预类型和力度。为了保证州所制定的计划的质量，美国教育部要求所有申请资助的州都必须满足一些最低条件。就2007/2008学年的申请来说，最低要求包括：要有被认可的阅读/文学和数学评估系统；要在每一个学年阶段3～5年级、6～9年级和10～12年级）对全体学生进行一次科学评估（或其他类似评估），并要有相关文件证明其报告了科学评估的结果；要有被认可的高质量的教师计划；要及时进行适当年度进步（AYP）的测算；与《不让一个孩子掉队法》和《残疾人教育法》（Individuals with Disabilities Education Act，简称IDEA）的要求相一致。此外，所有在过去的监察中发现问题的学校，都要提供证据说明它们将如何在2007/2008学年解决这些问题，以具有差异化绩效责任试点计划的申请资格。[1]

为了进一步加强对表现不佳的学校的干预力度，奥巴马政府在2010年发布的《教育改革蓝图》（A Blueprint for Reform）中推出了"学校转变拨款"（School Turnaround Grants）。该拨款根据公式为各州提供资金，各州利用这些资金提高自己的学校改进能力，包括建立和利用有效的学校质量评审小组，帮助学校发现自己的需要以支持学校改进。对于剩余的资金，州将以竞争的方式拨给学区、学区合作者和非营利性组织，由它们根据当地情况选择干预模式，以推动学校在运行、治理、师资和教学等方面的变革。具体来说，现有的干预模式主要包括转型模式、转变模式、重启模式、关闭模式。[2]该拨款的持续时间为3年，如果被干预的学校表现出了进步，学区及其合作者还可以获得两年的额外拨款，以支持学校的持续改进。

2. 促进学校多样化与竞争

当前美国教育改革的策略主要是激发教育服务供给者之间的竞争，开放教育服务，增加教育服务机构的类型，从而提高教育质量，保障家长与学生的教育选择权。为此，美国政府开始将市场机制引入到教育改革中去，从教育服务的生产角度，不断鼓励各种形式的教育机构的产生和建立，允许各种资本和资源进入教育服务领域，以丰富教育服务的供给类型和差异，激发学校之间的竞争，保证充分的教育服务供给。如，在公立学校系统内外建立特许学校、磁石学校、家庭学校、私立学校，甚至鼓励营利学校和托管学校的兴办等。

(1) 公立学校系统内部的学校多样化

在公立学校系统内部,美国各州在不断探索新的公立学校的办学体制,探讨在不改变公立学校性质的情况下对其办学体制模式进行改革,即使用掌舵者和划船者分开的策略,对现有的公立中小学进行改造,学校通过与政府部门签订合同,订立招生、课程、办学质量和财务等方面的标准,来换取政府的办学经费。这样做的目的是促使中小学形成维持和提高办学质量的动力和机制。

公立学校内部出现的最具代表性的新学校形式就是特许学校(Charter Schools)。特许学校是一种由政府出资,社会组织和个人办学的特殊性质的公立学校,它通常要与教育主管部门签订特许协议,保证学生的学习成绩符合要求,以此换取更多的自治权利。特许学校自开办以来在提高学生成绩方面取得了显著成效,因此发展很快,目前在全美已有 4 000 多所。[3]鉴于特许学校在促进公立学校多样化、提高办学质量方面的巨大成就,奥巴马政府在 2010 年的《教育改革蓝图》中为州、特许学校授权者、特许学校管理者、学区和非营利组织提供竞争性拨款,鼓励它们开办或发展高质量的特许学校以及其他高质量的自治公立学校。接受这一拨款的学校要像传统的公立学校一样接受问责,同时要提高自己改善学生学业成就的绩效责任。为了保证政府投入的资金能够提升所有学生的学习结果,政府在对申请者进行评价时要考察以下几个方面:成功投资、帮助、授权、管理和运营特许学校的记录;减少对低质量特许学校的投入,或关闭低质量特许学校的记录;提高学校未来质量的努力。此外,申请者还要制定服务于特许学校全体学生(包括英语非母语学生和残疾学生)的计划,并为学生和家长提供信息,使他们能够了解和申请特许学校。教育部长还要保留一部分资金以改善特许学校的教育设施和设备。

另外一种有影响的新形式学校是磁石学校,磁石学校(Magnetic School)又称“有吸引力的学校”,是指以自身独特的设施和专门化课程吸引本学区或本学区外学生的学校。20 世纪 70 年代,美国就已出现磁石学校,其初衷是开设地方公立学校所不具备的专门课程,以吸引更多学区以内和以外的学生前来就学,而当今的磁石学校不仅要为学术尖子提供服务,而且要为各种能力水平的学生提供服务,让他们有机会参加地方学校所不具备的特别或选择性教学方案。奥巴马政府上台后继续为学区提供竞争性拨款支持磁石学校,重点支持那些在提高学生学业成绩和减少种族隔离方面有成功记录的学校，旨在增进学校类型的多样性，促进教育公平的实现。

(2) 公立学校系统外部的学校多样化

在公立学校系统之外，20世纪90年代一些控股公司介入了传统学校的教育领域，它们开办一些营利性学校(For-profit Schools)，专门为那些想让其子女得到最好教育但进不了贵族式私立学校、且又不愿意把孩子送到教会学校去的家长们提供学校教育服务。

营利性学校是一种私有的营利性公司或组织运营的教育机构。由于营利性学校的发展历史较短，因此对营利性学校的分类尚未有明确的标准，哥伦比亚大学教师教育学院全国教育私有化研究中心(National Center for The Study of Privatization in Education)将营利性学校分为以下两种类型："一种是以从教育运营过程中获利为目的，以做生意的方式进行运营的学校，这类学校直接向在册学生收取费用以维持学校运作；另一种是教育管理组织(Educational Management Organization，简称 EMO)，它们通过与学区或特许学校签订合约来管理公立学校。这两种学校最大的区别就在于 EMO 通常管理接受公众资助的学校，且大部分的营利性学校都是 EMO 管理运作的。"[4] 换言之，前者是以学校为独立市场主体，不依托于任何其他组织，学校自主管理运营的营利性机构，而后者则是以公司、企业等营利性组织为市场主体，依托于一个或多个学校进行管理运营的营利性机构。[5]

亚利桑那州立大学的国家教育政策中心(National Education Policy Center)长期致力于营利性学校的研究，自1997～1998学年到2009～2010学年已经发布了12份营利性教育管理组织概览》(Profiles of For-Profit Education Management Organizations，以下简称《概览》)。根据2009～2010年的《概览》，由营利性教育管理组织管理的学校已经从1997/1998学年的131所发展到了2009～2010学年的729所，其中有67.5%由大型教育管理组织管理。在美国的各州中，拥有教育管理组织管理的学校最多的5个州依次是密歇根州(185所)、佛罗里达州(145所)、亚利桑那州(99所)、俄亥俄州(92所)和宾夕法尼亚州(40所)。在这些由教育管理组织管理的学校中，有超过93%是特许学校，不到7%是学区公立学校。可见，由教育管理组织管理的学校在数量上增长很快，且大多数与特许学校合作，以提高学校的质量。然而，根据 2009～2010 学年的《概览》，被调查的 700 所学校中，有 53%的学校取得了适当年度进步，另有 47%的学校则没有取得。[6]由此可见，由教育管理组织管理的学校在教育质量方面是存在疑问的，但这类学校中仍有超过半数取得了良好的绩效，因此就其为学生提供多样化的选择方面还是有一定意义的。

这些以市场为本位的教育改革尽管表现形式各异，但都体现了这样的本质，即把市场机制引入教育领域，让市场作为教育资源配置的中心，最大限度地压缩政府对教育资源的配置，把反垄断的自由竞争机制、供求机制等带来高效率的理念、方法原则引入教育领域中，激活由于垄断所造成具有很大惰性的教育体制，使其重新具有活力并提高其效率。

3. 强化家长择校的权利和能力

西方教育经济学家指出，既然学校教育是一种产业，学生及其家长便是该产业所提供服务的消费者，学校与学生及其家长之间便是教育产品的生产者（提供者）和消费者的关系。因此，根据“自由”和“消费者主权”的原则，学生及其家长有权对他们所应享受的教育的数量、质量、方式、方法等进行选择，政府应当尊重并满足他们的选择要求。为此，美国政府在增加教育服务供给机构类型的同时，还采取法律和经济措施增加和保障家庭的教育选择权利。从消费者角度，美国国会、州立法机构通过了一系列的法律，以立法方式强化家长和学生的选择权利和选择能力，如建立教育券制度、抵税/收入扣除和教育储蓄账户、学区内选择、跨学区选择和自由入学、双通课程等，具体来说表现为“公立学校系统内部择校”和“公立和私立学校系统间择校”两种形式。

（1）公立学校系统内部择校

公立学校系统内部择校是将公立学校本身看作一个开放的系统，允许人们在公立学校系统内部，即不同公立学校之间进行选择，以改变长期以来学生及家长在教育方面始终处于被动接受地位的不利状况，赋予他们主动的选择权力。根据这一政策，教育被看作是一个开放的市场，家庭是这个市场的消费者，家长可以根据学校的办学质量为自己的子女选择学校就读，而不必受过去就近入学规定的限制，采取这一措施的根本目的是鼓励学校为吸引学生而互相展开竞争，优胜劣汰，以提高教育的整体水平。近年来，美国的一些州也相继采取了与此类似的允许家长在居住的学区内或跨学区学校间为其子女自由选择学校就读的措施，具体表现为学区内择校、跨学区择校和自由入学三种形式。

奥巴马政府上台后依然将公立学校择校视为推进教育公平、提高教育质量的重要手段，并继续为学区、联合学区和州提供竞争性拨款，鼓励它们帮助学生，尤其是表现不佳学校的学生，扩大高质量公立学校的教育选择，并保证学生及其家庭能够意识到不同的教育选择。拨款的获得者可以利用拨款执行一些择校计划，如发起或拓展学区内和跨学区择校计划、主题学校计划、高质量远程学习计划或学业途径计划等。拨款获得者还要采取行动为学生、家庭和社区提供信息，使他们了解如何发现、评价和获得高质量的教育机会。该拨款计划特别推崇跨学区择校计划和提高学校多样性的计划。

(2) 公立和私立学校系统间择校

另一种是更大范围的择校，既可在不同的公立学校之间，也可以在公立和私立学校之间进行选择的做法。美国一些地区在改革中采取了为学生家庭发放教育券的方式，来保证他们自由选择学校。实行这种手段的目的是促进各学校，特别是私立学校与公立学校的竞争，从而提高教育质量，尤其是鼓励公立学校提高教育质量，并惩罚其失败。它的好处是教育消费者拥有不同的供应者，因而家长享有选择最符合其需要的选择自由。

所谓教育券，是指家长可以凭借有价证券在政府批准的任何学校(包括公立学校和私立学校)中支付子女的学费或其他教育费用。教育券是一种由税款资助或民间资助给予证件或现金给付，来扩增公立学校学生选择就读其他公立学校或私立学校机会的择校形式。教育券的价值是定额的，通常在注册期间有效，通过“资金跟随孩子”的方式来实施。教育券的种类繁多。根据经费来源，教育券可分为“公共教育券”(Public Vouchers)和“私人教育券”(Private Vouchers)。根据实施方式，教育券可分为“无限制的凭证制度”和“有限制的凭证制度”。根据发放对象不同，教育券或择校奖学金可分为“一般择校奖学金”和“特殊择校奖学金”。下表中所列的是美国实施的几个主要的教育券计划。

美国主要教育券计划比较表[7]

项目名称	项目内容
2011 年亚利桑那州“授权奖学金账户”(Empowerment Scholarship Accounts)	该计划旨在资助亚利桑那州有特殊教育需要的学生进入获得认可的私立学校
2011 年科罗拉多州“择校奖学金”(Choice Scholarship)	该计划旨在为进入科罗拉多州道格拉斯县获得认可的私立学校的学生支付学杂费
2011 年印第安纳州“学校奖学金计划”(Scchool Scholarship Program)	该计划旨在帮助低收入家庭的学生进入私立学校支付学杂费。其家庭收入不得超过联邦免费低价午餐计划中规定的家庭收入的 150%。
2010 年路易斯安娜州“特殊法学生择校试点计划”(School Choice Pilot Program for Certain Students with Exceptionalities Act)	该计划使特殊牧区的学生有机会进入家长选择的能够满足学生需要的学校
2007 年佐治亚州“特殊需要奖学金”(Special Needs Scholar-ships)	任何残疾学生的家长如不满佐治亚州的公立学校可获得教育券将孩子送到私立学校
2004 年华盛顿哥伦比亚特区“机会奖学金计划”(Opportunity Scholarship Program)	奖学金的发放对象为哥伦比亚特区低收入家庭(家庭年收入低于联邦贫困线 185%)的 K-12 学生

(三) 对中国教育改革与发展的启示

其一,教育公平具有普世价值。现代国家都会在追求社会正义与公平的目标下努力实现教育公平。同时,教育公平也是实现社会公平的重要途径。资本主义的美国如此,作为社会主义的中国更应当如此。

其二,教育公平问题在一个国家的不同发展阶段表现为不同的问题,在追求教育公平理想时一定要充分考虑问题的时代性和具体性,而不要指望一蹴而就,一劳永逸。因此,中国进行教育改革必须明确当前教育公平问题的具体表现,突出重点领域,必须有针对性。如,提供更多的优质教育与普遍实施符合教育标准的学校教育中哪个是当前的优先考虑对象?

其三,教育公平与效率或质量并不是完全矛盾的。教育公平往往涉及教育权利与机会的分配，而教育效率往往涉及教育的生产过程，教育质量则指向教育结果的水平与状况。这三者既紧密相关，又可以分别考虑与解决。当然，这里的核心是公平，但是，它可以是高效率实现的，也可能是低效率达成的；它可以是高质量上的公平，也可能是低水平的平等。这些抉择都是复杂的政治和社会选择过程，时代性突出。

其四，公立学校往往缺乏自我改进的动力，因而是低效率的，也常常是低质量的，因此，它最容易成为教育改革的对象。在增强学校自我改进的动力方面，竞争机制是根本性的，它通常具有市场化的特征，具体表现则是家长对于教育的选择权和机会。因此，我国在进行教育改革时，如何合理地赋予家长对于学校的选择权，其中为了达成公平目标，如何增强处境不利家庭的选择能力，也许是十分迫切而又极为关键的，这要比禁止择校更有效率，也更公平。

其五，作为实施公共教育主体的公立学校，应该且必须有统一的学校建设与运行标准，只有满足了这样的标准之后才有可能对学校问责。因此，政府必须切实履行公共职能，必须禁止公共资源向重点学校的过度倾斜，因为这种倾斜诱发了“以钱择校”和“以权择校”，不仅破坏了公立学校的整体效率，也严重损害了教育公平，是造成包括应试教育在内的各种教育乱象的主要根源之一。

参考文献：

[1] U. S. Department of Education. Peer Review Guidance for the NCLB Differentiated Accountability Pilot Applications[R/OL]. http://www 2. ed. gov/policy/elsec/guid/daguidance. doc，2008—04—03/2011—07—20.

[2] U. S. Department of Education. A Blueprint for Reform[R/OL]. http// www. 2. ed. gov policy/elseclle blue print blue print. pdf，2010—03.

[3] (美)《教育周刊》. 奥巴马的教育蓝图[M]. 北京：教育科学出版社，2010. 67.

[4] National Center for Education Statistics，U. S. Department of Education [EB/OL]. http//www. ncspe. org/publications-files/For-Profit%20Schools-FAQ. pdf. 2006—01—20/2011—07—22.

[5] 马健生.公平与效率的抉择:美国教育市场化改革研究[M].北京:教育科学出版社,2008.217.

[6] National Education Policy Center. Profiles of For-Profit Education Management Organizations: 2009—2010 [R/OL]. http//nepc. colorado. edu/files/EMO-FP—09—10. pdf,2010—12.

[7] Foundation for Educational Choice. School Choice Programs [EB/OL]. http://www. edchoice. org/School-Choice/School-Choice-Pmgrams. aspx, 2011—07—20.

(本文发表于《比较教育研究》2011 年第 10 期。作者马健生、孙珂,时属单位为北京师范大学国际与比较教育研究院)

八、瑞典教育改革中的教育公平发展政策

根据社会民主传统,瑞典政府对各种资源重新分配,保证社会公平。瑞典实行高税收与高公共支出政策,政府财政总收入(Total Government Revenues)和总支出(Total Government Expenditure)约占国民生产总值的58.1%与58.3%,分别在经合组织成员国中位居第一与第二;人口贫困率为5.3%,在经合组织成员国中(平均贫困率为10.2%)最低;基尼系数为24.3%,是经合组织成员国中收入最为均等的国家之一。瑞典教育支出占国民生产总值的比重大约为6.5%(2003年),可能是世界上最高的国家(经合组织成员国平均比率为5.6%),教育私人支出在经合组织成员国中最低,基本上成为国际上政府教育支出最多的国家。[1]

虽然如此,瑞典教育发展仍然面临诸多问题:第一,教育支出比重较高,但在国际学生评估项目(PISA)的调查中,瑞典学生的表现并没有与其教育支出相对应,尤其数学成绩差强人意,而且上层与下层学生的成绩差距不断扩大;第二,大量的外来人口对瑞典社会和谐尤其是教育公平,造成了不小的冲击,形成了巨大的政策性挑战;第三,高就学率或许意味着教育系统的低效率,年轻人在职学习或者利用成人教育项目弥补学习缺失,使中学教育持续的时间特别长(至少10%的瑞典年轻人一生都没有完成中学教育),造成了教育支出的严重浪费。作为高福利社会,瑞典有着清晰的民主、公平与社会和谐发展目标。面对教育中出现的问题,瑞典不断地进行改革,尝试兼顾教育的效率与公平。

(一) 教育改革:行政分权与教育权责

过去 15 年内,瑞典教育改革以提高效率为目的,推行分权政策,构建教育市场(准市场)。同时,瑞典政府加强宏观调控,希望在增加教育灵活性的同时保证教育的公平性。

1. 分权化改革

20 世纪 90 年代,瑞典政府逐渐将教育权力下放到地方当局,鼓励学校创新,增加灵活性,减少公共支出,尝试通过引入竞争机制提高教育效率。中央政府保留制定教育方针、课程标准的权力;地方政府根据《教育法》(Education Act)中的指导方针、课程大纲、时间要求等,决定如何组织教育机构、分配教育资源、采取何种手段达成标准等。分权化改革中,私立①教育机构发展加快。2004 年,私立学校数约占学校总数的 11%,在学人数约占学生总数的 6%;私立义务教育学校和高中向每个人开放,开设与公立学校同样的课程,根据同样的标准得到市政当局资助。

2. 评估与监督

瑞典中央政府负责评估学校绩效,由其委托法定的独立机构进行。作为瑞典的独立机构,国家教育司(National Agency for Education)负责开发各个年级的课程大纲与标准,评价教育质量与教育结果,监管学校的教育服务与儿童保育(学前教育、家庭学校、休闲中心),是瑞典教育监测的中坚力量。此外,瑞典政府于 2003 年成立国家教育改进司(Swedish National Agency for School Improvement),旨在提高教育质量与改进学习环境,保证学生的公平教育机会;帮助遇到困难的儿童保育机构、学校以及成人教育组织;改善教育优先区的教育状况,使不同地区的学校达成国家教育标准。

3. 信息披露

国家教育司设立国家教育司网络信息系统,披露所有的评估结果,包括教育督导报告、学校测验结果、地方教育信息等。为增加教育系统的透明程度与

① 在瑞典教育中“私立”(Private)一词经常用作“独立”(Independent)的同义语,指学校的管理方式而不是学校的资助方式。

信息沟通，瑞典政府责成学校与地方当局从1997年开始递交年度质量报告，于2005年秋季将此项制度引入学前教育与学龄儿童养育机构。政府逐步加强制度建设，要求义务教育阶段的学校经常性地向家长与学生告知学习进步状况，对没有达到义务教育目标的学生进行书面评估，并提出改进建议。

(二) 教育公平发展政策:公平传统与效率改革

瑞典在教育自由化改革中，为最大程度地兼顾效率与公平，制定并实施了系统的教育公平发展政策。瑞典教育公平发展政策大体分为两类，即促进教育公平发展的政策与监控教育公平发展的政策。促进教育公平发展的政策根据不同目的分为三类，即公平机会、公平对待、公平结果。公平机会政策聚焦于教育成功的外在决定性因素，与学生的背景相关；公平对待政策应对可能产生不平等与歧视的教育内生机制(教育系统内部)，与社会或文化偏见课程、教育资源利用的法律障碍、歧视性的行为有关；公平结果政策强调在不同的社会经济地位与种族群体中公平地分配教育结果，求政府采取“积极性的歧视政策”。①

1. 促进教育公平发展的政策

(1) 公平机会政策。由于教育机会取决于与学生背景相关的多种因素，如物质财富、家庭条件、健康状况、文化氛围等，所以瑞典制定了多层面的公平机会政策。

第一，学前教育。瑞典4～5岁儿童每年可以接受525小时的免费学前教育；对于超出免费时间的学前教育(儿童保育)，根据家庭孩子数量，收费严格控制在父母年度收入的1%～3%；6岁孩子可以接受525小时的免费学前班级教育。[2]学前教育开始阶段，作为过渡步骤，母语为非瑞典语的孩子可以由家长陪同上学；有些地方政府设立“特殊语言学前教育小组”，对移民家庭孩子进行双语教育；需要特殊照顾的孩子们被分成更小的组别，对其进行个别教育。语言教师、研究教师(Research Teacher)、社会教师、教育家为孩子们提供特殊帮助，在家长的参与下，学前教育机构每年对孩子们的进步进行两次评估。

第二，整合的教育系统。成功的教育很大程度上取决于个体对物质、社会、

① 有关“积极性的歧视政策”的内容详见下页“公平结果政策”部分的论述。

文化以及人力资源的接触程度，由此瑞典政府采取宽泛的视角看待低社会经济地位人群的公平教育机会，将健康医疗、文化发展、社会技能等整合于教育系统。从学前教育开始，瑞典国家课程建设的核心指导思想便是“照料、养育、学习的系统整合体”。[3]此外，瑞典设立大量的休闲时光中心，当学校放假或者不上课时，学生可以在休闲中心学习。

针对严重的语言与文化融合问题，政府将尊重、容忍、团结、性别公平等重要的基本价值(Fundamental Values)融入教育系统。政府为小学结束前的孩子们提供课外儿童保育服务，学校青年中心为青少年提供青少年发展服务。高中教育阶段，学校通过特定中心((Fryshuset Center)整合教育资源，对多元文化城市青年人的具体需求做出创新性的响应。“全方位”(Lifewide)的思想贯穿于整个成人教育体系，成人教育类别多样，如区别于正式教育机构的市立成人教育学校(Komvux)。另外，瑞典还有大量的民众中学(Folk High Schools)、学习圈(Study Circles)等。同时，为青年人提供核心科目(英语、瑞典语、数学)的二次教育机会，也是成人教育的法定职责。[4]

(2) 公平对待政策。公平对待政策主要关注如何避免教育系统内的歧视性机制。教育歧视对待的原因可能多种多样，如个人利益、偏好、社会压力、偏见等。分层(Streaming)是教育中最根深蒂固的不公平对待学生的结构形式。瑞典平衡性地设计瑞典语课程，加上综合性的义务教育学校，对学生施加均等化的学术与职业教育，形成公平对待学生的强有力政策。

第一，法律明确规定的权利。通过法律明确规定处境不利群体公平地获得或者接触教育资源的权利是保证公平对待的有效政策。公平地获得高质量的教育(以可以承担的方式)，要求政府必须采取法律行动，以确保使用者不被排除在外或者处于不利地位。瑞典政府制定并实施了《大学生公平待遇法》(Equal Treatment of University Students'Act)，保证大学生在教育中受到公平对待。目前，政府已经任命了特别委员会，为学前教育、小学、中学与成人教育的相关立法做准备，采取更加填密的政策以减少教育过程中的歧视。[5]而且，瑞典政府积极采取政策，以消除种族主义、不宽容、排外等现象对教育过程的影响，通过拓展学校教育增强社会对反种族主义教育的理解。[6]

第二，加强学校和家庭的合作。虽然瑞典的学校没有与家庭合作的历史传统,但也存在沟通与参与的正式途径(家长晚会、学校理事会等),再加上质量项目(Quality Programme)中每6个月1次的教师、家长、学生研讨会,这些措施有效地保证学生家长平等地参与学校事务。分权化改革中,教育的责任由中央转移至地方,某种程度上有助于主人翁感的产生以及加强学校与地方利益相关者之间的联系。例如,有些学校(Sunnadals Hela Var-dans Skolan)开发出了具体的"非学校相关"(Non-school Related)服务,在学校的主要大厅中设置咖啡吧与会议中心,家庭或者社区可以在此举办活动,也可以在晚上组织成人学习圈、家长课程、跨文化交流、雇主与雇工会议等,类似活动得到市政当局的支持。

第三,教师的社会技能培训。公平对待不应仅仅表现为教育政策,更应该表现为教育者的基本态度与技能。教师必须意识到学生背景对教育的影响,从而以可能的最好办法消除不利影响。为了避免误解、不准确的沟通以及歧视性的行为,教师必须注意信息交流中潜在的社会与文化偏见。教师也必须了解什么样的方式能够或者不能够公平地对待学生。瑞典政府通过教师教育以及在职培训,养成教师公平对待学生的态度与技能。2001年的教师教育改革,将多元文化教育纳入教师培训的核心科目,招募与培训来自少数民族的男性作为未来的教师(部分专业人士认为,瑞典教师职业的极端女性化某种程度上导致了某些国外出生学生的学业成绩不佳,这些学生在其原来的国家从来没有看到那么多的女性教师)。显然,教师多样性是打破少数民族学生文化壁垒的较好办法,这不仅适用于不同民族背景的学生,也适用于不同性别的学生。

(3) 公平结果政策。仅靠公平机会与公平对待政策,还无法实现公平的教育结果。由此,瑞典教育中引入"积极歧视原则",有所偏好而不是平等地对待少数群体学生,以促进教育结果公平。"积极歧视原则"通常适用于专项教育项目,以满足残障孩子、移民孩子、社会处境不利孩子等的特殊需求。专项教育项目是开发教育新方式或者新资源的辅助,而非针对特殊群体学生的系统性政策。

实际上,瑞典国家层面的专项教育项目相当多。例如,学前教师教育项目,招募和培训更多的学前教育教师;双语教育项目,主要关注高度隔离地区及类似地区的双语教育。国家专项教育项目的共同特征是其具有暂时性:一些年后,项目将会停止,针对新的需要发起新的项目。地方层面的专项教育项目种类不一、目的不同。地方政府根据法律规定(如有关公平对待公立和私立学校的法律规章等),决定是否对特殊群体学生提供优先资助(专项教育项目);其通常对语言课程(瑞典语作为第二语言)提供优先资助,有时也对特殊的教学或者教育服务提供优先资助。

2. 监控教育公平发展的政策

20 世纪 90 年代早期,瑞典中央政府由制定各种规章控制教育系统转向通过各种目标和标准引导教育系统。20 世纪 90 年代中期,社会开始质疑:政府通过各种目标和标准引导教育系统是否有效?地方政府是否有能力承担赋予其的新职责?为此,中央和地方政府采取更多的督导政策,以保证教育质量提高和均衡发展。新的督导政策支持中央和地方政府的教育合作,强调沟通与对话的重要性,采用自我评估与自我规制的方式,在所有水平的教育中引入个人和专业的评估机制。中央政府要求地方教育职能部门和学校提交年度书面报告,以连续性地评估学校教育是否达到国家标准,帮助学校改进教育效果;引入基于互联网的结果与质量信息系统(SIRIS);以监测为目的,实施新的测验,等等。

20 世纪 90 年代晚期,国家教育司通过开发公平理念的操作模式,尝试系统化地监测教育均衡发展。[7]放弃精确化地定义"公平",国家教育司甄别出了与公平相关的 3 个关键领域:公平入学(无论性别、地区、社会与经济环境),过程均衡(课程与教学方法、可用的学习时间、教学和学校教育的质量、学生支持系统、评估),同等价值(可以比较的结果,如高中不同教育项目升入大学的比率;为工作与学习的准备;学生的态度等)。评估教育均衡发展时,把与公平相关的 3 个关键领域划分为 7 个类别:教育标准,知识水平,学习环境与参与性,教学与课外活动,督导、行政与质量体系,入学状况,教育资源。[8] 2004～2009 年,国家教育司对所有学校进行视察,以检查学前教育、义务教育、高中教育、特殊教育、成人教育以及学前教育活动、学龄儿童保育的均衡发展状况。视察报告为地方政府及学校提供具体的要求或者建议,同时也为整个教育系统的均衡发展提供详细的科学信息。

为配合课程改革瑞典在很大程度上根据形成性评估模式设计了评估系统,评估的主要目的为支持学习。根据新课程目标制定的标准参照性测验体系开始取代原有的常模参照性测验体系，测验方式的转变对教育公平发展产生积极作用，这意味着评价标准更加明确，从而能够公正地了解学生的学习状况。评估系统中还确立了检查、诊断与反馈程序。政府要求学校每学期至少一次组织教师、学生、家长（监护人）会议（个人发展会商制度），以评价学生进步情况与提供反馈。学校在8或9年级之前不对学生任何科目的学习状况评分，而是给出学生的进步报告（相关研究表明，描述性的评论比评分与分等更能有效地促进学生学习）；完成学校作业有困难的学生，有权利得到额外的补偿性教育。

（三）教育改革与教育公平：问题与趋势

教育公平发展政策的核心理念为公平，教育自由化改革的核心理念为效率。虽然瑞典已经尽力在教育改革的过程中兼顾效率与公平，但效率与公平本身固有的冲突，无法避免地表现为各种教育政策的冲突。

1. 教育公平评估建议的执行性

国家教育司提供的视察信息强调沟通、对话与改进行动，但问题是它是否有要求学校或地方政府执行的能力，“要求”的背后是相关职权与强制执行力。对于独立学校，国家教育司有权撤回其执照，但对于公立学校，国家教育司基本上没有什么强制手段。实际上，瑞典对教育的管理、评估与监督存在双重的政府与行政体系、即国家与地方，常常导致教育公平发展评估中的建议在实践中很难完全落实。由此，瑞典政府应该明确国家与地方在要求学校实施评估建议中的职责，赋予国家教育司更多的权力以执行其建议，从而更为有效地改进教育公平程度。

2. 地方承担教育职责的能力

地方政府拥有充足的资源完成国家课程与教学大纲中的规定任务，是瑞典教育分权化改革的潜在前提条件。但事实情况并非如此，瑞典各个地方的教育资源差异相当大，于是中央政府1997年通过相关法令，要求地方政府和学校提交年度报告，以连续性地评估其是否达成教育目标，甄别需要改进的地方。然而，2004年瑞典289个地区中只有228个提供了年度报告，其中也只有70%的地区达到了法令规定的要求。[9]地方政府是否拥有充足的教育资源与基础设施（时间、资金、人员、专业知识等）支撑、评估和监测教育，以达到足够高的教育标准,是瑞典教育公平发展需要注意的问题。尽管国家教育司已经采取措施加强与地方政府的对话,以促进教育在地区间的均衡发展,但学校内部、学校之间、地区之间的教育仍然有着较大差异。[10]有些差异主要与教育资源有关,而不仅仅是教育有效性的问题。瑞典中央政府需要对地方投入更多资源,以提高其促进与监测教育公平发展的能力。

3. 少数民族教育的发展

欧洲反种族主义与非容忍委员会(European Commission against Racism and Intolerance)2005年6月发布的报告认为,尽管瑞典没有明确禁止收集少数民族(种族)的资料,但瑞典却缺乏有关个体的国籍与民族起源资料。[11]由此,报告建议瑞典当局改进其信息监测体系,在尊重个人自愿身份认同的原则下,按照宗教、语言、国籍、国家与民族起源收集少数民族信息。国家教育司的视察内容也没有包括少数民族教育的内容,缺乏少数民族教育发展状况资料,显然这是瑞典教育公平发展评估中极大的缺憾。[12]由此,瑞典政府应该更加关注少数民族群体以及特定目标群体的教育状况。如果能够更为详细地了解学生的种族或者民族,将会更好地了解其社会与经济状况、财政问题、教与学等,从而有针对性地推进少数民族教育的优质均衡发展。

4. 信息公开中的教育市场

瑞典国家教育司根据公众知情权的规定,提供教育发展的结果与质量信息,但需要注意的是,并非所有质量标准都在信息中得到了反映。结果与质量信息系统除提供信息外,作为公众电子服务工具,也在公民中物化教育市场方面发挥了重要作用。[13]基于互联网的结果与质量信息系统对测验结果的使用,使教育产生了基准,从而推进了教育的市场化程度。[14]一方面,监控教育的均衡发展;另一方面,促进学生择校与市场的发展,基于互联网的结果与质量信息系统具有服务于社会民主与自由市场政策的双重功效。但信息提供不是政策也不是市场本身,信息应该导致行动,而不是合法化学校现在的教育标准。而且,由于收集信息的能力限制,各种教育信息的有效性也让人质疑。

总而言之,综合照料、养育、教养功能的学前教育,系统的、富有吸引力的综合课程,鼓励性而非威胁性的学习文化,各级水平教育的融通及补救机会,是瑞典教育公平发展的基本保障。强有力且富有成效的学前教育、小学至高中教育阶段的综合性课程、高中以上教育阶段的公平择校等，是瑞典教育公平发展的基本政策。坚定地、压倒一切地尊崇公民的平等权利，而不是仅仅为满足个别人的需要制定相关政策，是瑞典福利社会教育改革中教育公平发展政策的显著特征。普遍主义是瑞典促进社会和谐、资源公平分配的有效方式；它有助于瑞典的社会团结、政治认同，同时最小化社会批评以及社会隔离的风险。瑞典当代的“公平政策”正是传统社会民主观念“人民乐园”(Peoples' Home)的现实体现。

参考文献：

[1] OECD. Education at a Glance[R]. Paris：DECD，2004. TableB3. 1.

[2] Wikstrom，C. Grade Stability in a Criterion-Referenced Grading System：the Swedish Example[J]. Assessment in Education，2005，12 (2)：125-144.

[3][8][12] Skolverket. Attitudes to School 2003. The Attitudes of Students，Teachers，Parents of School-Age Children and the General Public to School over a Decade[M]. Stockholm：Skolverket，2004. 10，29，1621.

[4] Skolverket.. Lifelong Learning and Lifewide Learning [M]. Stockholm：Skolverket，2000. Chapter5.

[5] Hallgren C，and Weiner G. The web，Anti－racism，Education and the State：Why Here? Why Now? Revised version of the paper presented at the Conference Governing Patterns of the Child Education and the Welfare State [C]. Norsjo，Sweden，18～20 May 2001. 1～7.

[6] Gaine C，Hallgren C，and Weiner G. European Anti-Racist Curriculum Action on the web. Paper Presented at the Annual Conference of the American Educational Research Association [C]. Montreal，Canada，April，2005. 9.

[7] Wildt—Persson A. and Rosengren P. G. Equity and Equivalence in the Swdish School Syestem，in Hutmacher W.，Cochrane D. and Bottani N. In Pursuit of Equity in Education：Using International Indicators to Compare

Equity Policies [M]. Dordrecht/ Boston/ London: Kluwer Academic Publishers, 2001, 63.

[9] Soderberg, S, Wiren E, and Ramstedt K. The Role of Evaluation, Assessment and Inspection in Swedish Educational Policy [C]. Paper for the Sixth Conference of the European Evaluation Society (EES) "Governance, Democracy and Evaluation", Berlin, September 30-October 2, 2005. 15.

[10] Skolverket. Pre-school in Transition. A National Evaluation of the Swedish Pre-School [M]. Stockholm: Skolverket, 2004, 13.

[11] European Commission against Racism and Intolerance (ECRI). Third Report on Sweden [R]. June. 2005. 2.

[13] Ranerup A. Internet-Based Guidance in Quasi-Markets for Education in Sweden [J]. International Journal for Educational and Vocational Guidance, 2004, 4 (1): 43~60.

[14] Ministry of Finance, National Report on Economic Reform of the Product and Capital Markets [R]. October 2004. 11.

(本文发表于《比较教育研究》2009 年第 9 期。作者薛二勇,时属单位为清华大学公共管理学院)

九、OECD国家推进教育公平的典范
——韩国和芬兰

(一) 问题提出

在追求教育质量的同时追求教育公平是当代世界各国教育改革与发展的主题，也是我国建设社会主义和谐社会的重要议题。长期以来，我国存在着城乡东西部教育发展的巨大差异问题，重点校政策以及由此造成的择校问题，流动人口子女教育问题等等，由于这些问题涉及到千家万户的切身利益，日益受到全社会的广泛关注，并成为我国构建和谐社会的过程中必须要着力解决的问题。解决我国社会的教育不公问题需要借鉴有益的国际经验。

韩国和芬兰已成为推进教育公平的典范。OECD面向其成员国所进行的国际学生学业测评(PISA，2000、2003)结果显示，韩国和芬兰学生不仅成绩极为优异而且学生成绩的均衡度极高，这是两国重视教育均衡发展，努力促进教育公平的结果。那么，两国的教育公平状况到底如何？两国采取了什么样的政策使教育质量与公平同步发展？他们的经验对解决我国的教育公平问题有何启示？

(二) 两国教育公平上的巨大成就

有关数据表明韩国已成为世界范围内教育普及率高，质量高，均衡度高的“三高”典范。韩国在2005年基础教育各阶段的学生入学率都已达到或接近100%。[1]高等教育也已经普及化。而世界经济论坛公布的2005～2006全球竞争力报告显示，芬兰连续三年被评为全球最具竞争力的国家。作为一个北欧小国，芬兰在世界经济舞台上有如此出色的表现,很大程度上归功于其教育的发展。

我们可以从 OECD 面向其成员国所进行的国际学生学业测评的结果来了解韩国和芬兰的教育质量,虽然它并不能完全代表一个国家的教育质量,但我们可以将其视为一个重要的参照。作为 OECD 成员国,韩国和芬兰在迄今为止的两次国际学生学业测评中的成绩都令人刮目相看。在 2000 年的阅读、数学和科学的三项测试中,韩国学生科学第一,数学第二;在 2003 年的测试中,韩国学生在新增加的测试项目问题解决中获得第一,阅读第二,数学第三,仅次于中国香港和芬兰。[2]韩国学生不仅成绩优异,而且成绩分布均匀,与韩国情况相似的还有芬兰。以 2000 年的测试结果为例,韩国和芬兰学生中,只有 5%的成绩为最低档,其他所有国家都是至少 10%的学生成绩处于最低档甚至更低。韩国学校内部差异和学校之间的差异只有经合组织员国平均差距的一半。与芬兰相同,学校之间的差别很小,不同学校、不同家庭背景的学生成绩非常相似。[3]芬兰在 2000 年的国际学生学业测评中以较大优势获得阅读测验的第一,而且学生之间的成绩差别比大多数国家都要小,排名前 5%和 10%的学生成绩仅次于韩国。在数学上仅次于日本、韩国,成绩差别比任何国家都小。在科学上,仅次于韩国,差别度仍然是最小。[4]2003 年的测试结果与 2000 年极为相似,因此芬兰学生学习成绩的均衡并非偶然。OECD 教育处的官员也认为韩国和芬兰教育是高质量、高均衡的典范。[5]

(三) 符合本国国情的教育公平政策

1. 韩国的教育公平政策

(1) 教育经费投入“公私分明”,保障教育机会均等。韩国教育投入的基本原则是公共资金重点保障教育的均等,私人资金保障教育的效率与普及。政府公共资金重点保证义务教育的普及,义务教育后阶段的教育投入以私人为主,私人投入占教育投入的比例居世界第一。根据 2001 年的统计数字,韩国对教育的投入占 GDP 的 8.2%,超过 OECD 所有其他国家,但在其对教育的投入中,公共资金的投入仅占 GDP 的 4.8%,低于经合组织的平均水平,但其私人教育投入却占到 GDP 的 3.4%,高居经合组织国家之首。[6]到 2004 年,韩国私立高中的学校数和学生人数都占到 50%。这种符合国情的做法产生了良好效果。2005年，韩国高中入学率达到99.7%。[7]在25～34年龄组中，高中毕业人口居世界第一。[8]韩国用了30年时间从高中人口比例最低的国家变成了最高的国家。韩国高等教育主要依靠私人资金的投入。韩国2004就读私立大学的人数在初级学院是95.7%，大学是78.4%，[9]私人高等教育花费占总花费的比例居世界第一，在2001年私人高等教育投入占GDP的2.3%，而同年，公共资金对高等教育的投入比例占GDP的0.4%。[10]韩国高等教育规模令人震惊：联合国教科文组织的数据显示，2004年韩国89%的适龄人口可以接受中等后教育。[11]

韩国政府政策取得成功的原因在于，它充分意识到高中教育和高等教育有明显的获利性，因而在很大程度上应属于私人投资行为，所以理所当然应由受教育者个人支付主要成本，并由市场供求来调配资源配置。而义务教育则必须由政府投入。

(2)“农村包围城市”的免费义务教育，优先扶助弱势群体。韩国政府首先将有限的公共资金用于收益率最高的初等教育，然后政府根据经济发展程度在不同的地区采取了不同的资金投入政策。1954年，韩国首先从农村、渔村、岛屿等条件不利的地区实行免费教育，继而向城市逐步扩展，1965年，韩国政府开始在全国范围内实行免费的6年义务教育。随着经济发展，1985年，韩国对边远地区实施了免费的9年义务教育，而对其他经济状况较好的地区仍采用原有的初等教育制度，中学和大学的全部教育经费由受教育者家庭来承担。这种优先贫困地区政策的目的是鼓励或迫使有支付能力的家庭增加对教育的投入，在政府财力有限的情况下达到教育的普及和均等化并举的目的。2002年韩国政府开始扩大免费义务教育的范围，直至2004年，才在全国普及了免费的义务教育。这种“农村包围城市”的做法，体现了教育的公平，实现了教育均衡，弱势群体真正享受到了教育福利。[12]

(3)教育内部的均衡及教育分流。上世纪60、70年代，韩国经济的高速发展带来了教育规模的急剧扩大，教育内部出现了局部的基础设施不足，合格教师缺乏，学校之间出现了办学条件不均、升学考试竞争激烈等问题，韩国政府采取了一系列措施，包括取消中学入学考试(1968)；实施高中教育均衡化政策(1974)，对“不利学校”增加教育拨款，大力改善办学条件，建立教师轮岗制度；

实施"高校入学预备考试"等。[13]这些措施使韩国各阶段的教育得到均衡发展。另外,韩国实行高中阶段的教育分流。初中毕业生进入高中,要参加国家统一考试。并且实行初中和普通高中就近入学,职业高中的学生可通过考试选择学校的政策。[14]韩国高中阶段分流政策的目标是要为不同学习能力、学习态度和学习兴趣的学生提供适合他们的教育途径,以便挖掘潜力,使人人都能成才。

(4) 大力发展私立高等教育,贯彻机会均等原则。韩国在发展私立高等教育的过程中,始终坚持教育机会均等原则,不管学生家境贫富,政府都最大限度地确保学生的教育机会。在制定学费政策时,政府充分考虑居民收入水平和经济负担能力。因此韩国在不断提高学费的同时,也扩大学生奖学金的范围和额度。在每次提高收费标准时,政府都要求扩大奖学金的范围和额度,并对比例提出要求,以确保学生的受教育机会不因经济原因受到影响。[15]

2. 芬兰的教育公平政策[16]

(1) 保障教育公平的教育管理政策。芬兰国家政治生活的一个基本原则就是重视教育的价值以及平等而公正地发展教育。每个人都有根据他们的能力和特殊需要接受教育的权利,而不管他们的年龄、性别、语言、居住地、经济地位如何。芬兰实施免费的义务教育和高等教育,并提供各种经济补助以彻底消除公民平等接受教育的障碍,如家庭背景、经济条件、社会地位甚至健康原因。芬兰实行分权制的教育管理体制。教育由地方政府负责,但是中央政府出资平衡地方经济条件的差异,使各地的教育条件保持均衡。芬兰拒绝市场机制(如择校),而努立通过制度途径改善办学条件,从提供经费改善校舍到高质量教师的培养再到学校内部条件的改善,来帮助提高教育质量并促进教育质量的均衡化。

(2) 综合教育中的多元公平机制。在芬兰,九年一贯制的综合学校(comprehensive school)保证全国的学生受到内容和标准一致的基础教育,并且其独特的教育内部实践活动带来教育效果公平。芬兰建立了四个层次的学生帮助系统,首先是教师本人,如果有学生学习落后,教师就要一对一或把两到四个学生组织起来进行辅导,解决他们学习中的问题。其次是教师助手(teacher assistant),也叫学校助手(school assistant),他们不是全职教师,他们在专职教师的指导下,对学生提供学习帮助。然后还有特殊需要教师(special

needs teacher),他们也是在专职教师的帮助下,一对一、或是把几个学生组成小组为学生服务。第四是多学科小组(multidisciplinary team),由教师、特殊需要教师、学校咨询人员,来自校外的心理学家、社会工作者及各社会职能部门的人员组成,他们帮助学生解决广泛的家庭或社会问题。

(3) 非义务教育阶段的公平策略。在幼儿及学前教育阶段,芬兰给5到6岁的孩子提供一年免费的学前教育,每个孩子都有权利,且为自愿。同时,芬兰为1到5岁的儿童提供“日托”(daycare)(类似我国的托儿所),由芬兰社会事务和健康部提供资助,超过90%的这类幼儿教育机构都是公办的。根据2003年的统计数据,有27.5%的1岁儿童、62%的3岁儿童、73%的5岁儿童参加“日托”。芬兰的幼儿教育和学前教育质量很高,而且公平地面向所有儿童,芬兰将其视为终身学习社会的起点与基础。芬兰高等教育阶段免学费,并且政府提供健康、食宿、交通方面的补贴,学生还可以从银行获得国家担保的常规贷款。尽管由于高中教育和高等教育分流,造成了一定程度的不平等,但政府已经尽力使尽可能多的学生获得高等教育机会。

(4) 学校制度纵横贯通,为学生提供各种教育机会。芬兰的学制没有任何“死胡同”,任何年级的学生都可以继续接受教育,综合学校的学生都可以升入普通或职业高中,职业高中的学生也可报考大学和多科技术学院。多科技术学院就是为了扩大了高等教育入学机会而在20世纪90年代创立的。大学和多科技术学院的学生可以相互转学,这使芬兰教育体制内部不存在任何障碍。另外,芬兰为各学段学习困难或就业困难的学生提供了类型多样的二次选择项目(second-choice program),以帮他们渡过难关,树立信心,避免被淘汰。

(5) 重视弱势群体中的教育公平:女性教育与移民教育。芬兰高度重视女性人力资源,专门出台了保护妇女权益的平等法案。加上高等教育的大众化和社会福利的有力保障,使得芬兰妇女能够参与各阶段的教育包括高等教育。欧洲统计局统计数字表明,在欧洲国家中,芬兰妇女受教育的程度最高。在芬兰25到64岁的妇女中,接受过高等教育的比例达到36%,远高于欧盟其他国家平均21%的水平。[17]移民在芬兰人口中的比例很小,但数量呈上升趋势。芬兰高度重视移民教育。芬兰移民教育的主要政策是双语教育,这一政策既能使移民尽快融入芬兰,学习芬兰的文化与价值观,又使他们不放弃他们原有的文化与价值观，保护了文化的多样性。进入综合教育阶段的移民学生可以和其他学生一样享受公平的基础教育，同时中央政府又拨专款给各地方政府用于移民学生的额外教育。芬兰还在移民中大力开展成人教育，开设各种语言教育项目，包括芬兰社会与文化的课程和广泛的职业教育课程，以及融入了语言与风俗教育的职业培训。

（四）教育公平促进社会和谐发展

教育历来被看作是促进经济快速发展并且有效增进社会福利的手段，因为它能够提高生产效率，同时提高分配的均等程度，并成为促进社会弱势群体向上流动的工具。但事实表明，要想使教育真正产生效率和公平共存的效果，必须制定合理的教育资源的分配政策，使所有人都能平等地享受教育资源，否则教育只能变成扩大贫富差距的工具。韩国和芬兰的经验表明，教育质量与公平并非鱼和熊掌不可兼得，事实上，只有高度公平的教育才能充分发挥教育的社会功能，这才是教育质量与效率的最高体现。高度公平的教育可以成为减少社会贫富差距，促进社会和谐运转的重要驱动力，简而言之，教育公平能够有效促进社会公平。韩国伴随其经济高速发展的社会和谐发展就是很好的例子。有研究表明，从 1952 年到 1997 年亚洲金融危机之前，韩国是亚洲，也是世界经济发展最快的国家之一，其年均经济增长率在 8％以上。在经济增长的同时，韩国成功地保证了收入均等化程度的稳定和改善，其基尼系数从 1953 年的 34％减低到 1995 年的 33％。这就是说，在这 35 年间，韩国的收入不均等程度不仅没有加大，而且还略有减少。[18]韩国政府在减少贫富差距上所采取的政策是多方面的，但我们有理由相信其中教育普及和教育资源均等化政策的作用。简而言之，韩国在以高度发达的教育事业作为经济发展的驱动力的同时，努力以教育的公平发展促进社会的和谐发展。韩国已成为世界范围内同时追求教育公平与效率的榜样。相关研究表明，在芬兰也是同样的情况，即教育公平有力促进了社会公平。有人担心随着义务教育后教育的普及，社会流动会减少，因为家庭条件较好的孩子会从他们的父母那里获得优势，但芬兰的代际流动反而增加了。由于教育的作用，父母的收入水平对子女发展的影响减少了。[19]

(五) 启示

韩国与芬兰的经验对于我们建立社会主义和谐社会有重要启示。总结他们的经验,我们可以获得如下启示:

1. 把教育公平当作国家教育发展的基本原则

教育公平不仅仅是现代国家教育发展的基本价值追求,甚至已成为现代国家政治生活的基本主题和基本原则。各国都把致力于教育公平当作保障人的基本权利来对待,并通过制定法律和法规以及合理的政策来予以保障。政府的宏观决策是教育公平的关键。各个国家的国情都不尽相同,经济实力、社会发展水平也都会有所区别,实现教育公平的关键是政府明确自己的责任,把公平当作教育宏观决策的基本原则,不人为地在教育资源的分配上制造不平等,不人为地破坏公民平等受教育的权利,并努力采取措施保障社会不利人群的受教育权,就可以实现教育的相对公平。

2. 全力保证义务教育的权利公平是教育公平的首要追求

世界各国都把义务教育当作公民的基本权利,通过法律和各种政策予以保障。各国政府都把实行免费的义务教育,保障义务教育的权利公平当作首当其冲的责任。免费的义务教育可以消除地区经济发展水平、家庭经济条件、父母社会地位等因素对儿童的受教育权所造成的不利影响,从而最大限度地保障所有儿童平等的受教育权。

3. 根据国情保障教育发展的区域平衡

保障一国之内教育发展的区域平衡是政府的基本责任,各国国情不同,政策也不尽相同。北欧福利国家依托强大的福利制度,采取中央贴补地方的方式实现区域教育平衡;而韩国则在财力有限的情况下,先农村,后城市,分阶段实现全国的免费义务教育,实现了全国不同地区义务教育的均衡发展,并且大力发展私立教育,普及了中等后教育,使不同地区的学生在各阶段都有足够的入学机会。我国二元社会结构所形成的东西部、城乡之间教育发展水平的巨大差异,是我国教育发展在相当长的时期内要面对和解决的问题,虽然我国国情比芬兰、韩国要复杂得多,但他们的经验仍对我们有重要参考价值。

4. 保障弱势群体的教育权益才能实现全面的教育公平

来自经济落后地区、低收入阶层的子女、少数民族子女、移民子女和女童都是受教育者中的弱势群体，保障他们的受教育权和受教育机会才能实现真正的教育公平。实行免费义务教育以及对弱势群体采取倾斜的政策是保障弱势群体受教育权益的基本措施，韩国先在农村和经济落后地区实施免费义务教育，芬兰面向少数民族或移民子女实行双语教育，提供专项经费，给经济不利群体提供经济资助，建立完善的困难学生资助系统或补偿教育使各民族、各阶层人群都有机会获得良好教育，这些都是非常有益的经验。

参考文献：

[1][7] Korean Educational Development Institute. Brief Statistics on Korean Education[EB/OL]. http://cesi. kedi. re. kr，2006—8—10.

[2][4] OECD(2001)，Knowledge and Skills for Life：First Results from PISA2000.，OECD（2004）Learning for Tomorrow's World：First Results from PISA 2003[EB/OL]，http://www. pisa. oecd. org/pages/0，2966，en_32252351_32236159_1_1_1_1_1，00. html，2006—9—8.

[3][10][13] Shin-Bok Kim. 韩国教育模式的变革与发展[J]. 教育发展研究，2005(.10)：29—34.

[5] Barry McGaw. 经济合作与发展组织视野中的韩国教育[J]. 教育发展研究，2005(.10)：24—28.

[6][8] OECD(2004). Education at a Glance 2004[EB/OL]. http://www. oecd. org/document/7/0，2340，en_2649_201185_33712135_1_1_1_1，00. html，2006—9—10.

[9] Korean Educational Development Institute，Statistical Year-books of Education[EB/OL]. http://cesi. kedi. re. kr，2006—8—10.

[11] 联合国教科文组织网站. http://portal. unesco. org/education，2006—8—10.

[12] 毛建国. 三看韩国教育[J]. 上海教育，2005(3)：40—41.

[14] 韩国教育部网站[EB/OL]. http://english.moe.go.kr/, 2006—8—10.

[15] 杨金成.韩国私立大学的学费政策评析[J].外国教育研究,2000(6):49—54.

[16][19] OECD(2005) Equity in Education Thematic Review: Finland Country Note[EB/OL]. http://www.oecd.org/dataoecd/49/40/36376641.pdf, 2006—9—12.

[17] 芬兰妇女受教育程度高[N].中国教育报,2003—3—15.

[18] 巩真.教育均等化政策对收入差异影响的国际比较[J].陕西师范大学学报(哲学社会科学版),2006(3):117—122.

(本文发表于《比较教育研究》2007年第2期。作者皮拥军,时属单位为北京师范大学国际与比较教育研究所)

十、香港中小学教育公平的实践

中小学教育的公平一向是香港教育界和教育社会学学者的关注重点。“二战”后，香港学童的教育机会并不普及，教育公平的焦点在于中小学各阶段教育机会的普及。香港政府在《一九六五年教育白皮书》初次提出普及资助小学教育的目标，到了1971年正式开始实施6年免费而强迫的小学教育。1972年，香港政府在施政报告中建议，为12岁至14岁的儿童提供3年免费而强迫的初中教育。1978年香港正式实施9年免费而强迫的教育。在9年义务教育实施了差不多30年之后，特首曾荫权在2007年施政报告中提出要将免费义务教育扩展至高中，宣布于2008～2009年度开始实施12年的义务教育。这就是香港中小学各阶段教育机会普及的历程。

落实教育公平的理念，在香港教育界广泛地受到认同和支持。在2000年发表的《终身学习、全人发展:香港教育制度改革建议》中，教育统筹委员会批评以往的香港教育只能培养少数的优秀人才，削弱了香港的社会公平，并表明“提出的改革方案旨在形成新的竞争意念，塑造新的竞争机制，兼顾择优与公平，让教育制度成为不放弃任何一个人、促进社会公平的主要社会机制”。[1]可见，促进教育公平的理念是新世纪香港教改的一个核心价值；而按这个思路小一入学机制内原有的自行分配学位，亦由65％减至50％，增加了统一派位的比重，以减低幼儿教育揠苗助长的诱因和保证小一入学机制的公平性。

为了检视香港教育公平的实践，本文重点在于回顾香港回归后与教育公平有关的教育政策争议，从学童的性别贫穷家庭子女、特殊需要学童、少数族裔学童、新来港与跨境学童等几方面剖析中小学教育公平的实施情况，并就探讨香港的教育公平做出进一步的建议。

(一) 升中派位中性别的争议

历史上,香港教育有关教育公平的最大争议应是升中派位性别不公的问题。中学学位分配办法自1978年起一直以按性别调整分数,小六男生和女生升中的派位组别分为两个不同队伍作排列,教育署并将男女校收男女生比例固定。但这一机制于1999年接获首宗女生家长投诉。平等机会委员会展开调查后,认为这个升中分配方法含性别歧视的成分,建议"政府、教育统筹委员会及教育署署长应参考委员会的调查结果及按他们在法例下的责任,检讨该制度,革除该制度含歧视的基本组成部分,确保男生和女生在没有歧视的情况下获派中学学位"。[2]然而,教育署、一些学者和教育团体代表却认为有关做法专业上能照顾两性学生,为此,平等机会委员会诉讼于法院。经高等法庭2001年6月裁定,认为中学学位分配办法的调整方法在编定派位组别时把男女生分开处理及根据每所男女校的既定男女生学额作分配的做法,带有歧视成分。[3]其后,教育署按法院的判决,将小六男女生合为一队作升中派位,有关学生性别与派位公平的争议才告一段落。

虽然从法律角度来看,现时的中学学位分配办法象征着教育制度内性别公平,不存在对男女学童的歧视;但站在教育社会学的角度看,新的机制却为两性和谐埋下了隐忧。有评论指"2002年开始实行升中男女混合派位的新办法,中一男女比例失去平衡。男生的二成七属第一派位组别,女生却高达四成;第三组别却相反,男占四成,而女占二成六"。[4]更重要的是由于男女生在青少年期的生长速度不同,女学生的成熟速度亦较男生快,合并计算校内、外成绩,这对较迟成熟的男生来说,无疑是一种不公平及歧视。报告《平等、公平、歧视:剖析平等机会委员会中学学位分配办法正式调查报告的谬误》指出:"女生在写作及语言运用两方面的能力在四至八级显著超越男生,男生在自然科学、数学的能力则要至第八至十二级才显著超越女生。"[5]但中学学位分配办法中,小六男女生在校内和校外的评核至今仍偏重了两个语文能力,而轻视了常识科;因此剥削了男生的优势,并造成两性学生间的不公平。看来,这实需教育局进一步研究改善之法。

(二) 照顾贫穷家庭子女的学习

在教育社会学的范畴中,引致教育不公平的最主要因素是学童家庭的社会与经济背景;而在香港教育中,与学生家庭有关而又争议最多的教育公平课题应是直资计划。直资计划是由1991年起根据教统会第三号报告书建议而推行的,现时的直资计划是学校有自由度自行厘订课程,可以因应办学理念、家长意愿和学生的特点,开办各种课程照顾学生的个别需要。虽然这个直资计划并没令政府为这些学生多投放一分一毫,但却有学者认为,“政府的新直资计划却把这些属于香港社会的公众文化资本私有化,只为付得起高昂学费的家庭及其子女享用,这明显有违‘公开选拔、绩效取向’的精英主义,同时亦是对香港公立学校体系的公众文化资本的侵蚀”。[6]

为平息有关教育公平的争议,政府要求各直资学校设立助学金,让清贫学生可得到津贴而不会因交不起学费不能入读直资学校。虽然,直资学校常被批评引起教育不公平,但近年直资学校越来越多。原因之一是现时的小六升中派位会令一些学业成绩优良学生未能派至如意的学校,而直资学校的存在却给予这些学童有另类的选择。但不能不提的是,在公共资源方面,政府给直资学校与资助学校的拨款是一样的。另外,这一两年香港有关教育公平的焦点还在于对贫穷家庭子女的教育扶助。有报章评论指出,“教育是协助贫穷家庭子女脱贫的途径,当局应全面检视目前对贫穷家庭的援助政策,修正过去不合时宜的申请要求”。[7]而当前政府在照顾贫穷家庭学生的计划包括了以下各项:学校书簿津贴计划、学生车船津贴计划、综合社会保障援助计划、儿童发展基金和课后学习及支持计划等。

在这个数码年代,网上学习和资料搜寻已成为教育的一部分。为帮助来自低收入家庭的学生在课后上网学习,政府致力推出多项措施,包括:“向学校提供经常性津贴,以便它们于课后开放计算机室让学生使用;推行计算机循环再用计划,向来自综援家庭和符合资格领取学资处‘学校书簿津贴计划’资助的学生,提供循环再用计算机和一年免费互联网服务;由政府信息科技总监办公室推展‘地区数码中心试点计划’,向有需要的学生借出设有免费无线上网服务的手提电脑。”[8]这些措施可以令更多来自低收入家庭的学生能上网学习。虽然如此，一些学生仍然未有接触互联网的机会。因此，政府于2010～2011学年推行一项新的资助计划，为贫穷的家庭提供1 300港元全额上网费津贴或650港元半额上网费津贴；据估计，将有41万名学生受惠，其中有12万名是综援学生及29万名符合资格领取学资处学生资助的学生。

（三）特殊需要学童的照顾

各地教育公平的一个恒常议题是确保特殊需要学生得到公平的对待。香港政府于20世纪80年代已关注有关学生的及早识别工作，每年向公营小学派发"小一学生的学习情况量表"，供教师及早识别有学习困难的学生，然后安排加强辅导教学。2001年3月，当时的教统局又派发了《香港小学生特殊学习困难量表》，供小学教师识别有特殊需要的小学生；同时，"政府设有特殊教育资源中心为教师提供相关教学资源，包括：2000年的《教学建议：帮助有特殊学习困难的学童》和2001年的《认识及帮助有特殊教育需要的学生：教学指引》"。[9]与此同时，为了更好地照顾特殊学童的需要，消除人们对特殊需要学童的歧视，教育署于1997年推行了一项为期两年的"融合教育先导计划"；当年有7所小学和2所中学参与此计划，并录取了49名有特殊教育需要的学生在主流学校接受教育。

吸取这个"融合教育先导计划"的经验，香港政府于2000年推出"全校融合教育"的方案，当时40所学校参与计划推广融合教育，以照顾入读主流学校的特殊需要学生；政府还表示会增加相关开支，由2001～2002年的1 100万港元拨款增至2004～2005年的5 000万港元。[10]虽然政府加强推行融合教育，鼓励特殊学生入读主流学校，但这一政策却受到不少教育团体的批评和教师的反对。香港初等教育研究学会和香港特殊教育学会的研究指出，"数据显示，融合教育学校的教师大部分都没有接受任何特殊教育或融合教育的培训，只有少数的教师曾修读少于30小时的短期培训课程和不足一成的教师有修读30小时或更长时间的培训课程"。[11]为此，教育局近年已加强教师的相关培训并为各校受训教师提供了最低指标，并于2008年提出《"全校参与"照顾学生的不同学习需要——"新资助模式"运作指南》，按照三层架构的支持模式向招收特殊学生的普通中小学校提供按额计算的学习支持津贴。除在第一层提供基础资源外,“在第二层为各中小学提供每名特殊教育学生＄10 000的额外津贴;而在第三层的加强支持方面,为中小学提供基本学习支持津贴＄120 000,以照顾1～6名有严重特殊教育需要的学生,往后为每名有严重特殊教育需要的学生提供学习支持津贴＄20 000”(此处＄指港元),[12]以期透过这些增加的额外资源,舒缓中小学教师因引入融合生而带来的教学困难。

另外,由于新高中制于2009～2010学年推行,新旧学制交替期间出现混乱,年满18岁智障学童需要离校;这与过往这批学生比主流学生多1年教育服务的安排有所不同,因而引起了这批学生家长的反对,立法会教育事务委员会为此也进行了专门的讨论。经多番角力之后,政府最终容许这批智障学生在年满18岁后再留校1年,以便他们完成两年制的“延伸教育计划”,并明确“在新高中学制下,特殊学校的智障学生以12年时间完成中小学学制是常规,而提供主流课程的听障及肢体伤残儿童学校的学制则为13年”。[13]可见,保障特殊需要学童的教育公平,在香港教育界是一个敏感和常有争议的课题。

(四)少数族裔学生的学习公平

香港作为一个国际城市,虽然九成以上人口是中国籍或华裔,但却不能否定香港社会内有少数族裔;而这些少数族裔学童的教育也是关注香港教育公平的人不可忽视的课题。香港的少数族裔学童大都来自南亚国家,以印度、尼泊尔和巴基斯坦为主,有少部分则是来自斯里兰卡、印度尼西亚、泰国等国。他们的父母因种种原因而在香港作短时间或长期居留,使他们成为了香港的合法居民。2004年前,这些南亚裔学童大多就读于由教统局建议取录少数族裔的7所小学和9所中学,除了中文科外,他们的其他学科都以英文授课。“但由于南亚裔学童已属香港永久性居民,因此他们应有自由选择主流学校的权利;而因在指定的学校所接受的中文教育实在少之又少,对其融入本地社区未有帮助,故教统局于2004年改变非华语学生的入学安排”。[14]他们除可保持报读取录非华语学生的学校外,也可报读主流学校。这一政策使少数族裔学童享有与其他本地学生相等的派位安排,可让他们能更好地融入香港教育体系及社会,从而有更多的升学和就业机会。

根据立法会秘书处2009年资料,2007～2008学年,全港有5 583名非华语的小学生及3 272名非华语中学生;为促进少数族裔学童尽早融入本地教育体系,教育局承诺会在21个工作日内为有关儿童安排学位,少数族裔学童的家长可直接联络有关学校或通过教育局提出申请。[15]截至2008～2009学年,共有22所指定学校取录非华语学生。不过,这些学生仍需要面对学习中文科的困难。为了照顾这些少数族裔学童学习中文,教育局制定了《中国语文课程补充指引(非华语学生)》,方便有意考取中文科学历的非华语学生。这个较中学会考或香港中学文凭考试的中文科试卷比较简单。学生在这个试卷中考取的成绩,会和其他科目成绩一样记录在香港中学文凭考试的成绩内。这个措施照顾到了南亚裔学童学习中文的困难,某种程度上照顾了这批少数族裔的需要,也算是香港实行与教育公平有关的一个措施。

(五)新来港学童与跨境生的学习公平

香港中小学教育公平的其中一个特例,是具有居港权的学童新到港时的教育适应问题。香港政府自1983年开始批准内地人士持单程证来港定居。由1997年7月开始,每日到港人士多达150人,其中,有一些是适龄学童,他们需接受学校教育。在1997年前后,移居香港的内地适龄儿童数字不断增加,引起了教育界及社会对新来港学童的关注。有研究显示,这群学生要面对不少转变和相应而生的心理压力。随着越来越多的新来港学童进入香港的教育体系,教育署当时便展开了多项教育支持计划,以帮助新来港学童。1997年,政府开始推行"校本支持津贴计划",为取录内地新来港学童的学校提供每位2 750港元的津贴,让学校灵活安排支持服务,以照顾这些儿童在学习和适应方面的需要。而根据蔡昌等学者对新来港学童支持服务成效的检讨,教育署又于2000年起将原本拨给志愿机构开办的适应班和英语延续课程的经费注入学校,[16][17]以解决这些儿童阅读繁体字和说广东话时遇到的学习困难,并提高他们英文科的学习成绩。

与此同时,陈茂钊等学者的研究显示,"新来港学童留级、降级情况严重;只有17%学童入读本来的年级、40%降级一年、30%降级两年、约10%降级三年;虽然降级可能令来港学童于学科上有较佳的衔接,但同时造成他们与同班同学的年龄差距,较难融入学校生活"。[18]为了解决这个问题,教育署委托专门学校举办启动课程，接收刚来港而又找不到学位的学童，使这批学童不必再受留级之苦。香港的新来港学童教育适应在新世纪初虽然得到妥善解决，但其后跨境学童的增多，又引起香港社会对照顾这批学生需要的关注。袁月梅指出，“教育统筹局及教育界必须严肃的正视这群学生的教育需要，协调因文化差异而带来的种种教育不均情况”。[19]所谓跨境学童是指属香港居民但居于深圳的学童，他们每天从深圳居所来港就学，大部份选择在新界北区的幼儿园、小学及中学入学，也有少部份在大埔、元朗及屯门等区上学。据教育局“2009～2010 年的统计数字显示，新界各区学校共有 8 038 名跨境学童，较前一年的 6 768 名增加了 19％”。[20]可见跨境学童有上升的趋势，并日渐引起本地学者的关注。“由于各种客观环境因素，例如留校参与活动的时间限制、对香港整体社会及学校所在的社区缺乏归属感、家庭与学校的沟通障碍、学生在学习上难以取得家长或社区的支持，以至与本港学生在文化和地域上的分割等，这些都是影响教育成效的重大问题”。[21]怎样更好地照顾这批学童的教育需要，已成为当前香港教育公平与否的一个重要指标。

（六）结语

回顾香港在这十多年来教育公平的争议，可看到关注教育公平是香港教育发展的一个动力，不管是学生性别、家庭背景、特殊需要或种族等方面，香港的教育公平皆有所发展。但不讳言的是，因公共资源所限和教育效率的因素，香港在教育公平还有不少仍需改善之处。从教育社会角度观察，香港教育公平较独特的一个课题是新来港学童与跨境学童的教育公平，这两批学童既不涉及种族也不是传统的学生因素，但却也受到学者们和舆论的关注。另外，有些教育社会学家会将基础教育阶段的语文学习也列入教育公平讨论的范围之内。因为香港回归前后在教育系统中皆较重视英语的学习而相对轻视中文的学习，以使英语一向不强的学童长期处于弱势社群的境地。

香港教育是否公平？根据何瑞珠的分析，“在香港不同社会经济地位的学生之间的成绩差距，较其他国家的相对为小；这意味着来自不同阶层的香港学生的教育成果相当平均”。[22]这一研究分析肯定了香港教育相对其他国家在学生家庭因素方面是较公平的。但也有本地学者从另一角度去关注教育公平的问题，“因应香港社会多元文化的发展和弱势社群的需求，教师需要了解和实践多元文化及弱势社群的教育模式，并为有不同教育需要的学生提供支持和加强学校与家长及社区的联系”。[23]可见要进一步推动香港教育的公平，并不能只满足于教育政策的讨论，还要进一步关注教师的日常教学和学校的具体运作。

参考文献：

[1] 教育统筹委员会. 终身学习，全人发展：香港教育制度改革建议[Z]. 香港：教育统筹委员会，2000.

[2] 平等机会委员会. 中学学位分配办法正式调查报告[R/OL]. (1999) http://www. eoc. org. hk/eoc/graphicsfolder/inforcenter/investigation/list. aspx? itemid= 1210&investi-gationname=1. 2010—09—18.

[3] 平等机会委员会. 中学学位分配办法制度[J/OL]. 委员会通讯，2001, 19. http://www. eoc. org. hk/eoc/graphics-folder/inforcenter/newsletter/content. aspx? itemid=4941. 2010—09—18.

[4] 桂松. 香港教育纵横谈[M]. 香港：信诺设计出版文化公司，2006.

[5] [6]曾荣光. 新精英主义与新直接资助计划：对侵蚀香港特区教育资本的批判[M]. 香港：香港中文大学香港教育研究所，2002.

[7] 佚名. 支持贫穷家庭 重视教育扶贫[N]. 文汇报，2010—08—16.

[8] 教育局. 为有需要的学生提供上网费津贴及相关措施[C/OL]. 立法会讨论文件 CB(2)1233/09—10(01)号文，2010. http://www. legco. gov. hk/yr09—10/chinese/panels/ed/papers/ed0412cb2—1233—1—c. pdf. 2010—09—23.

[9] 李国章. 特殊学习困难学生[N/OL]. http://www. info. gov. hk/gia/genenal1200411/24/1124162. htm. 2010—09—23.

[10] 栾昕畅. 从“平等”的概念分析香港融合教育发展中的利与弊[J]. 中国特殊教育学报，2010，3(117)：18—22.

[11] 香港初等教育研究学会，香港特殊教育学会“融合教育在香港小学进

行的情况”研究报告[R]. 香港:香港初等教育研究学会,香港特殊教育学会,2006.

[12] 教育局. “全校参与”照顾学生的不同学习需要“新资助模式”运作指南 [R/OL]. (2002) http://www. edb. gov. hk/File Manager/TC/Content_6597/wsa_guide_c. pdf. 2010—09—23.

[13] 立法会秘书处. 智障儿童学校学生的离校安排[C/OL]. 立法会 CB(2)1741/09—10(05)号文件,2010. http://www. legco. gov. hk/yr09—10/chinese/panels/ed/papers/ed0614cb2—1741—5—c. pdf. 2010—09—23.

[14] 赖仁彪. 香港南亚裔概况[M]. 香港:明爱九龙社区中心,2006.

[15] 立法会秘书处. 为非华语学生提供教育[C/OL]. 立法会 CB(2)579/08—09 (07) 号文件,2009. http://www. legco. gov. hk/yr08—09/chinese/panels/ed/papers/ed0112cb2—579—7—c. pdf. 2010—09—23.

[16] 蔡昌,李柏年,甘志强. 教育署为大陆新来港学童提供支持服务的成效检讨[M]. 香港:香港教育学院,1999.

[17] 叶建源. 本是同根生——新来港学童的特点及其教育服务[C]//新来港学童的教与学. 香港:香港教育学院,2001,1—12.

[18] 陈茂钊,叶建源,袁文得. 深水埗区中国内地来港学童之适应研究[M]. 香港:深水埗区议会编印,1997.

[19] 袁月梅. 改善跨境教育,减少社会分化[C]//唯教·唯大. 香港:香港教育学院,2009,127—129.

[20] 教育局. 跨境学童作出的安排[C/OL]. (2009) http://www. legco. gov. hk/yr08—09/chinese/hc/sub_com/hs52/papers/hs521207cb2—386—1—c. pdf. 2010—09—24.

[21] 余惠冰. 近万人在途上——能避免跨境学童的教育失效吗? [G]//我们的言论空间:教育政策论坛文集[一]. 香港:香港教育学院,2009,70~71.

[22] 何瑞珠. 从国际视域剖析香港教育的素质与均等[M]. 香港:香港中文大学香港教育研究所,2004.

[23] 古鼎仪. 弱势社群的教育:家庭、学校与社区支持[C]//教育与课程改革 珠三角地区的适应与发展. 香港:港澳儿童教育国际协会,2004. http://www.info.gov.hk/gia/general/200411/24/1124162. htm.

（本文发表于《比较教育研究》2011年第8期。作者胡少伟,时属单位为香港教育学院终身学系）

十一、致力于更加公平的教育

——来自发达国家的经验

（一）问题提出

教育公平是世界各国实现国家发展战略的重要组成部分和基础。因此，世界各国一直高度重视教育公平问题。发达国家亦是如此。由于历史发展道路、经济发展水平、社会制度等存在差异，发达国家教育公平问题的表现形式、内容呈现和最终的实现都体现出各自的特色。当前发达国家面临哪些教育公平问题？其采取哪些相应的解决策略？本文拟从个体、学校和社会三条路径对发达国家（本文主要研究英、美、法、德、日五国）当前面临的教育公平问题展开分析，并沿着这三条路径阐述其采取的相应解决策略，以期为我国解决教育公平问题提供经验借鉴。

（二）发达国家当前面临的教育公平问题

近年来，由于教育资源分布的严重不均衡，种族歧视与种族隔离以及学生被动接受教育等原因，发达国家的教育公平问题仍然比较严峻。本文将从教育公平的个体层面、学校层面和社会层面对其进行阐述：

1. 个体层面的不公平：处境不利儿童教育不公平问题

从个体层面来看，当前发达国家面临的教育不公平主要表现为少数民族、贫困儿童、残障儿童、女童等处境不利儿童教育的不公平。对此，我们可以从入学机会不均等的“显性”不公平和教育过程、教育结果不平等的“隐性”不公平两方面加以分析。

(1) 显性不公平——入学机会不均等。从教育阶段来看,当前发达国家入学机会不均等问题主要表现为中学后教育机会,特别是高等教育机会的不均等。事实表明,发达国家中来自高社会经济阶层的学生接受高等教育的比例远远高于来自低社会经济阶层的学生。"英国在1992年以前成立的大学中,来自高社会经济阶层与低社会。经济阶层的学生的比率为75∶25,1992年以后成立的大学中二者的比率为68∶32,而同年英国高社会阶层与低社会阶层的比例大约为1∶2"。[1]在德国"近期调查显示来自低社会经济阶层的学生进入高中和大学的入学率分别是33%和8%,来自高社会经济阶层的学生则分别是84%和72%"。[2]从教育对象来看,主要是少数民族、特殊儿童、女童等弱势群体入学机会不均等。据调查,"美国1998年高中毕业生中有30%是印第安人、西班牙裔和非洲裔学生,但这三种族裔的学生当年进入高校的比例仅占16%"。[3]在培养高层次人才的研究生教育阶段,这些学生所占比例更低。"1997年秋季,美国大学研究生人数共计175.06万人,其中,黑人30.16万人,占8.4%;西班牙裔人13.17万人,占5.0%"。[4]同时,在诸多发达国家女性接受教育机会,特别是高等教育的机会明显少于男性。另外,在移民子女、贫困儿童以及残障儿童等群体的入学机会方面也存在不公平的问题。

(2) 隐性不公平——教育过程和教育结果不均等。当前,发达国家对教育平等的理解已不仅限于入学机会的平等,而且强调保证每个学生都有获得学习成功的机会。而教育过程和教育结果隐性的不公平已成为发达国家实现教育公平的症结所在。主要表现在以下方面:

其一,学习困难、学业失败等"教育荒废"问题。法国、德国学生学业失败日趋严重,据法国教育部统计,上个世纪末至今法国中小学各年级的平均留级率约为10%,高等教育阶段特别是大学第一阶段淘汰率随专业不同在30%~60%之间浮动。其二,逃学、辍学等"教育盲区"问题。近年来英国逃学和辍学的青少年在不断增加。"根据城市追求卓越计划评估的资料显示,略超过5%的学生具有累计两周的逃学纪录,1%的学生累计逃学半学期或更多"。[5]美国教育统计中心针对八年级学生所做的调查,发现黑人、西班牙裔美国人、土著美国人的子女比白人子女更可能面临着辍学的危险。其三,学校教育存在严重的性别歧视。学校教育诸多方面都不利于女生接受教育。教师对男女学生学业成就的归因和教师的课堂行为都表现出关注男生忽视女生的明显差异。此外，教材文化、标准化测验及校园同伴文化等方面的性别歧视也对女生接受教育造成严重阻碍。其四，少数民族等弱势群体边缘化问题。尽管发达国家弱势群体的入学机会和入学人数在持续增长，但在教育选择权上他们依然受到很大限制。学校的校园文化大都以主流文化为价值取向，为弱势群体提供发展的机会十分有限。来自英国、德国、法国等各方面的资料都表明：少数民族等弱势群体学生和主流社会学生在学业成绩以及学校生活的诸多方面存在显著差异，这些差异广泛存在于小学的初始阶段并贯穿于各个年级，从而造成这些学生的边缘化状况。

2. 学校层面的不公平：薄弱学校的存在

从学校层面来看，发达国家当前面临的教育公平问题表现为学校之间发展的不平衡，各国仍有一定数量的薄弱学校存在。

20 世纪 80 年代中期，美国部分州开始制订本州中小学学生成绩等方面的标准。1994 年通过的《美国教育改革法》，要求各州到 2000～2001 学年都要建立起教育内容和学生成绩标准以及与此一致的评估、奖惩机制。2001 年 1 月，布什总统签署《不让一个孩子掉队》，要求到 2004～2005 学年，美国公立中小学所有 3 到 8 年级学生都必须接受各州政府举办的阅读和数学统考，所有学校都必须在 12 年内使阅读和数学达标的学生比例达到 100%，各州均要建立针对本州教育机构和薄弱学校的扶助和改进机制等。在这场基于标准的改革中出现了很多薄弱学校，各州对薄弱学校的名称、鉴定标准以及扶助并不完全相同，但在鉴定标准方面，一般包括学生的州统考成绩以及学校的入学率、退学率、年度改进情况等指标。

英国也有大量薄弱学校存在，其共同特征是低成就的学生、令人失望的教学质量和低效的领导。这些学校既分布在农村也存在于城市中。其面临的主要障碍是："学校管理者管理策略的失误；学校人事需求的稳定期限过长；缺乏相应的课程开发知识；改变参与模式的困境；对学生获取高标准成就的低期望值；缺乏地方教育部门、管理者、培训者和父母应有的支持力度；缺乏对实践中监督评价活动的理解"。[6]

在法国，薄弱学校一般是指在经常性的标准化考试中学生分数低或者毕业率低、辍学率高的学校。这些低效能学校一般分布在教育资源有限、设备和供应不足、师资力量薄弱甚至严重短缺的不发达地区。许多薄弱学校还面临人数过多和学生的纪律问题，难以形成有组织的学习氛围和对学生的高期望。

3. 社会层面的不公平：城乡、区域、阶层教育的不均衡

从社会层面来看，发达国家当前的教育不公平问题可以归纳为城乡、区域和各社会阶层之间教育的不平等三个方面。

首先，城乡教育差异显著。美国农村地区公立学校教育质量长期处于低谷。根据美国联邦教育部调查，“在1998～1999学年，美国31％的公立学校、21％的公立学校学生、40％的教师是在农村和小城镇，但他们只得到23％的联邦教育拨款。城市和农村25岁以上成人中持有大学学位者的比例分别是28％和16％”。[7]美国城乡教育不均等由此可见一斑。法国、德国等由于产业增长迟缓、人口居住分散和政府供给不足，致使农村社区贫困严重、财税资源匮乏，教育规模偏小，教育人力短缺，教育发展严重滞后。其次，区域教育发展不均衡。德国东部和西部地区教育发展状况存在巨大差距，东部地区在师资水平、生源质量以及学校管理等方面都远远落后于西部地区。在美国，由于各中小学所在的学区经济差异，各州之间、各州内部以及学区内部的不同学校之间都存在教育资源配置的不均衡问题。最后，社会阶层所受教育的不均等。虽然各发达国家基本实现全民教育普及的目标，但从更深层次来看社会各阶层所受的教育存在明显的不均衡。日本虽号称“一亿总中流”的“大众教育社会”，然而，日本战后的教育扩大并没有消除教育机会的阶层差，而只是使其表现的形式变得更为隐蔽。依据日本的社会阶层与社会移动全国调查的数据分析，算出旧帝大、神户大学等著名大学入学者的父母上层职业的世代辈出率，结果显示特定阶层的子女占据四分之三的“独占”状态。同时，从英、美、德、法等国情况来看，原来因贫困而表现为不能上学或升学的阶层差，开始隐藏于学校内部学生的能力差别、成绩差别、教师与学生的关系等方面。

由上可见，当前发达国家面临的教育公平问题形势不容乐观。各国在入学机会均等层面的显性差异并不显著，发达国家当前的教育公平问题更多还是聚焦在教育过程和教育结果不平等的隐性层面。同时，各国也有大量的薄弱学校

存在，城乡、区域以及社会各阶层都存在教育不均衡的问题。因此，进一步实现教育入学机会均等以及追求教育过程和教育结果的平等成为各国政府努力的必然方向。

（三）发达国家追求教育公平的举措

1. 实施“预防＋补偿”教育，保证个体公平

从某种意义上说，实现教育公平和均衡发展就是关注和帮助弱势群体和落后地区。而实现教育公平是一个长期动态的综合发展过程，因此它需要国家政府、学校自身以及社会各界共同付诸努力。

（1）政府层面的策略和行动。实现教育公平需要国家的重视，国家只有实施强有力的措施才能使其得以保证。对此，针对教育过程中处境不利群体，发达国家政府主要是通过政策立法和拨款资助大力开发补偿教育计划。

首先，发达国家针对处境不利群体教育不公平的具体问题建立了相应的法律机制。针对逃学、辍学问题，美国政府要求各州、学区、社团或学校通过制定和实施补偿性服务方案、替代教育方案以及综合性中途辍学预防方案等促进学生学习，预防辍学。法国政府计划实施“胡萝卜加大棒”政策，对那些屡屡逃课或表现不良的学生家长实施一定的惩罚。针对处境不利儿童，英国政府近年来提供教育、培训和全方位服务，其中2003年颁发的绿皮书《每个孩子都重要：为了孩子的变化》和2004年颁发的“儿童法”将这些计划进一步系统化和合法化，强调每个孩子都不能被忽视，缩小处境不利儿童与其他儿童的差距。关于支持贫困儿童教育、双语教育、移民教育、印第安人教育等方面，美国国会先后通过专门法案或条款。如针对少数民族群体联邦政府启动了“肯定性行动计划”和“早期干预计划”等。2001年美国联邦教育部发表《2001～2005年战略规划》以及随后的《2002～2007战略规划》都强调缩小学生中不同民族、社会地位及残障者之间的大学入学及毕业方面的鸿沟。同样，德国、日本等国针对教育过程中的落后地区和弱势人群，也颁布了许多有针对性的教育政策。

同时，各国政府对处境不利群体进行相应的拨款资助也是推进教育公平发展的重要保证。美国在《教育巩固与提高法案》中，提出了面向处境不利学生的教育资助计划。同时，各州也提出了相应的补偿教育计划。例如针对英语能力

欠缺的学生，各州政府设置了双语教育专用资金。针对女童教育、贫困儿童以及残障儿童的边缘群体，各国政府都提供专项教育资助。例如，英国为保障残障儿童接受良好的教育而增加对于“儿童和青少年心理健康服务中心”(CAMHS)的投入水平，到2006年追加300万英镑，目标是到2006年在所有地区提供综合性的心理健康服务。

(2) 学校层面的策略和行动。“学校自身是推进教育公平的核心环节”。发达国家在颁布实施教育公平政策的同时，也注重在学校层面采取行之有效的策略。

作为学校改革者自身，他们致力于探索各种教与学的新方法，来补偿处境不利儿童赖以成长的环境及其自身能力的不足。亨利·赖文的“促进学校计划是为了丰富处境不利学生的学习内容；詹姆斯·库默的“学校发展计划”力图使学校更适合处境不利学生及其家庭的需要；“中学合作学院计划”是为缺乏工作技能的处境不利学生提供学术和职业训练等。这些方案和计划通过教学方法、内容和组织的改革，来为处境不利的学生在学校教育过程中提供更多学业成功的机会。同时，为促进学生学业保持和完成，各国学校在教师、课程内容、教学方式、课堂教学等方面采取相应措施。英国在各学校推进公平的举措中，关注向教师传播关于公平的知识和意识，并且重视加强弱势群体教师的聘任。在美国、澳大利亚和加拿大等国，注重在课程尤其是通识教育课程内容中吸纳女性研究、民族和社会阶层研究、人权和民主研究等，以期增强学生的公平意识，减少偏见。总之，通过这些措施学校要保证全体学生具备必要的知识、能力和生存态度。

(3) 社会层面的策略和行动。教育是社会的“缓冲器”和“稳定器”，教育公平是社会公平的基础。教育公平的实现需要社会各界的广泛参与和支持。在英、美等发达国家，社会各界对追求教育公平表现出极大的热情。仅以美国为例，各种为实现公众利益而捐献私人财产的团体、基金会数量就很可观。据1964年统计，美国有1.5万多个具有相当规模的基金会。到90年代，美国拥有1 000万美元以上资产的基金会已有3 000余个。如著名的卡内基改进教学基金会、福特基金会、洛克菲勒基金会等，上述基金会的资产总额当时就约为145亿美元。其中教育是基金会活动中获得最多好处的领域，而对弱势群体的教育帮助又是最主要的方面。

总之,发达国家对处境不利群体实施补偿教育是从政府、学校和社会三个层面同时进行的。其中政府的教育政策立法对学校教育的开展和社会各界的参与起着指导作用,政府在实施补偿教育过程中处于主导地位,学校层面的行动是处境不利群体实现教育公平的核心环节,社会各界参与支持是教育公平的必要保障。而且,从发达国家对处境不利群体实施的补偿教育具体策略来看,现行的补偿教育更多是集中在预防阶段。

2. 改造薄弱学校,实现校际公平

薄弱学校的存在是教育不公平问题的表征,同时也是实现教育公平发展的"瓶颈"。为此,发达国家采取各种策略对薄弱学校进行改造,以期提高教育质量,实现教育均衡发展。

(1) 美国薄弱学校改造的重构和接管模式。美国对于薄弱学校改造的典型策略大致可以归为重构和接管两大策略模式。重构(Reconstitution)模式就是州或地区撤换一所学校的部分或所有职员。一般包括下面几个要素:采用一系列州和地区规定的测量措施来鉴定学校是否显著地处于低效能状态。腾出全体职员和行政管理者的位置。任命一名新校长。聘请一部分原来的负责任的教师和另聘一部分新职员。这种重构需要大量持续不断的资源、技术、知识和领导能力的支持。接管(Takeovers)模式的主要形式有州管理、州和地区合作管理、第三当事人管理等。这些程度不同的形式一般由州一级授权,但总体来看,对所接管学校的日常管理是指派给理事会、责任人、私人公司等其它实体的。到 2002 年,美国有 24 个州允许采用接管的方式,并且有 18 个州已经采用了这种模式。

(2) 英法薄弱学校改造的社区共建模式。英国和法国在改造薄弱学校过程中积极吸纳社会各界全方位参与学校教育,其采取的基本策略是推行社区共建的"教育行动区"(the education action zone)计划。教育行动区一般设在因学生学业成绩低下而需要特别支持的城镇和乡村。政府将这些地区一批学校的管理权公开招标,由当地工商企业、学校、家长、地方教育当局和当地其他机构、部门组成一个联合体,向中央教育主管大臣提出申请,接管这批学校。教育行动区在课程、人事、资源和经费等方面享受政府制定的一系列优惠政策。"教育行动区"计划在加强薄弱学校建设、提高管理效率、推进教育改革等方面积累了丰富的经验。

同时,各国政府在改造薄弱学校过程中还结合自身实际采取灵活的综合策略。如美国教育部启动的关注弱势群体、激励学校改进质量的"新蓝带学校计划"。特许学校改革、教育券制度以及企业参与办学在一定程度上也是改造薄弱学校的途径,它们旨在通过引进市场竞争机制来促进学校教育质量的提高。另外,英国"追求卓越的城市教育"计划通过整合教育资源,提高城市薄弱学校的教育质量,实现教育均衡发展。

由上可见,发达国家改造薄弱学校的基本理念是:注重薄弱学校的特色,引入社会力量重建薄弱学校。这种改造活动一方面呈现出市场化特征,另一方面这种活动在很大程度上更是各国的政府行为。因此,发达国家对薄弱学校的改造反映出教育领域的市场调节机制的使用与国家宏观调控相结合的特征。

3. 采取综合策略,促进社会公平

发达国家在城乡教育、区域间教育以及社会各阶层所接受教育的不平等已成为教育不公平的主要表现。因此,采取有力措施消除社会层面的教育不公平现象成为各国政府当务之急。

(1) 促进城乡教育均衡发展。各国都立足农村社区的发展需求,全面统整农村社区和学校,把学校作为社区中心、终身学习中心和提供各种服务的动力源;强化农村社区的复合性,把社区纳入学生课堂学习过程;开发和运用信息技术,密切学校与社区的联系。在这方面最卓有成效的是美国政府推出的"农村教育成就项目"(REAP)。"农村教育成就项目"是联邦专项拨款项目,旨在通过对州和学区的差别性专项教育经费资助,换取州和学区对学生学业结果更强的绩效责任,帮助拨款不利的农村学区更有效地获得和使用联邦教育资金,改善农村学区的教育教学环境,保障所有学生达到所规定的学业成绩标准。项目资金主要投向不利儿童的学习成绩、培训和招聘合格的教师和校长、加强针对英语熟练度有限的儿童和移民儿童的语言教学等方面。"联邦政府自2002年开始累计拨款4.98亿美元,以资助和推进该项目的实施"。[8]

(2) 推进区域间教育公平发展。为了缩小不同区域间教育差异,英、法等国纷纷实施"教育优先区"(Education Priority Area)计划。教育优先区系指被政府列为物质或经济极为贫乏、须优先予以改善以促进教育机会均等理想实现的地区。一般是依据学校的地理位置、社会环境、学生家长的社会职业状况以及当地学前教育入学率、中小学留级率、教师流动率等教育外部与内部的具体指标而确定。对被确定为教育优先区的社区，政府将在经费、师资、设备等方面给予特别支持。一旦达到规定的标准，教育优先区即被取消。

(3) 保证社会各阶层接受均等教育。针对教育中阶层差扩大的趋势，日本提出了致力于缩小教育初期阶层差的第一原则和致力于提高青年期社会移动可能性的第二原则。第一原则的做法是，通过个别学习指导或学习水平分班等创造必要的学习环境。例如缩小班级规模、在学校内外配置教师以外的学习援助者等。第二原则是为了提高青年期的社会移动可能性，给尽可能多的青年提供再次接受专门教育和职业培训的机会，倡导一种低利息、期限长的职业培训与再教育的贷学金制度。通过这种财政援助的形式保障青年接受专门教育或职业培训。

(四) 结语

追求教育公平的价值意蕴体现在与人的发展、政治的发展、社会的发展、经济的发展以及社会环境之间。从以上对发达国家存在的教育公平问题及其解决策略的分析中，我们可以得出以下启示：

首先，实现教育公平是一种政府责任和政府行为。发达国家的经验表明，政府在追求教育平等中起着主导作用，主要体现在政府通过积极的教育立法、建立教育资源配置的平衡机制、建立弱势群体补偿的政策机制和完善公共教育财政体制等来有效推进教育平等化。教育公平的实质是政府作为控制社会运行的中枢与公共资源分配的主体，对全区域内的教育资源进行合理配置，以确保受教育群体和个体的权利平等。教育公平的实现途径是一种法律责任和政治承诺。

其次，实现教育公平是一个长期的、动态的、辩证的历史发展过程。发达国家实现教育公平是从追求入学机会的平等逐渐发展为追求教育过程和教育结果平等的过程。可见，教育公平不但是一种发展目标，更是一种教育发展过程和促进教育发展的途径。公平发展本身不是目的，其本质目标是追求一种理想、公平、高效、优质的教育状态。同时，不同时期由于社会经济发展等多方面因素的影响，教育公平问题有着不同的表现，因此教育公平作为社会进步的重要标志也是相对的、具体的和发展的。实现教育公平发展是全面、协调、可持续的科学发展过程。

再次，实现教育公平必须坚持以人为本的原则。发达国家在追求教育公平的过程中立足以人为本的发展原则，关注处境不利地区和弱势群体的特殊需求，采取相应的补偿措施，以期促进城乡、区域以及社会各阶层教育的持续健康协调发展。因此，只有坚持以受教育者全面发展为根本，从受教育者发展需要出发，努力创造相对均衡的教育机会和教育环境，不断提高各级各类教育的质量，才能使每位受教育者都能均等地获得自身发展所需的优质教育。

最后，实现教育公平必须处理好公平和效率的关系。实现教育公平和提高教育质量作为教育改革的两大主题具有内在的统一性。从发达国家的实践来看，提高教育质量是实现真正平等的前提和途径。在低水平的教育成效条件下，即使实现形式上的入学机会均等，教育的结果仍将是以牺牲部分人学业成功机会而告终，正如美国教育部所强调的："如果我们无法使所有学生都达到较高的标准，必将导致大量儿童未完全实现他们的潜能就离开学校的不幸事实"。当入学机会可以通过法律规定，而且随着义务教育普及率的提高可以实现基本的均等时，保证教育过程和教育结果的平等就成为寻求教育公平更主要、更实质的内容。而这种公平必须依靠教育质量的提高来实现。

参考文献：

［1］ Diana Woodward, Karen Ross Managing Equal OpportunitiesinHigherEducation[M]. Buckingham：SRHEandOpenUni-versityPress，2000. 122.

［2］ Malcolm Skilbeck. Access and Equity in Higher Education[EB/OL]. http://www. hea. ie/uploads/pdf/HEAACCESpdf，2000—05—08/2004—06—02.

［3］ Beverly Lindsay，Manuel J. Justiz. The Quest for Equity in Higher Education[M]. Albany：State University of New York Press，2001. 9.

［4］ National Center for Education Statistics. Educational Statistics Yearbook 1999[EB/OL]. http://nces. edu. gov/.

[5] 王璐. 每个孩子都重要:英国全面关注处境不利儿童的健康发展[J]. 比较教育研究，2005(10):23—28.

[6] Office for Standards in Education. Lessons Learned from Special Measures. AReport form the Office of Her Majesty's Chief Inspector of School [R]. 1999.

[7] 傅松涛，杨彬. 美国农村社区基础教育现状与改革方略[J]. 比较教育研究，2004(.9):47—52.

[8] Rural Education Achievement Program [EB/OL]. http://www.aasa.org/government-relations/rural/REAP_overview.htm, 2004—06—02/2005—06—20.

(本文发表于《比较教育研究》2007 年第 2 期。作者乐先莲，时属单位为北京师范大学国际与比较教育研究所)

十二、略论公平视域下美国综合高中理想与现实的悖论

通常谈及公平，主要强调公平所体现的对称性，即无论采用何种判断公平与否的价值标准，都是在追求一种对称，即"每个人都希望和别人一样好"。[1]从公平的角度出发，美国确立综合高中的主要理想旨在追求教育公平和民主，实现教育机会均等。但有学者认为教育公平是指处于同一社会的个体，在入学机会、教育过程及教育结果上的平等，任何受到区别对待或条件不均等都被视为教育机会的不均等。[2]这意味着教育公平包含教育起点、教育过程和教育结果这三个层面上的机会均等。基于这三个维度可以发现，综合高中在现实操作过程中并没有真正实现其原初理想，相反却在一定程度上在加剧着教育和社会的不公平。

(一) 综合高中的理想追求:公平与民主

随着工业化以及民主化的推进，美国教育公平的程度随之提升。总的说来，19世纪后期，公平的首要内涵是机会的平等，即在竞争中有一个公平的起点，这时美国已基本实现了普及初等教育，人们开始追求平等接受中等教育的权利。"一战"后到20世纪五六十年代，教育公平演进为教育制度要平等地对待每个儿童，让儿童可以享受同样的教育，在这一呼声下综合高中得以大力发展。20世纪七八十年代以来，教育公平又转为学业成功机会均等，更为关注教育质量，保证学生享受教育结果上的公平，因此改革的重心转为提高教育质量。

1. 综合高中确立和发展的前提背景

(1) 经济和社会发展的客观需求。19 世纪后期开始到 20 世纪初期以来，随着工业革命的不断推进，科学技术在工商业领域得到了前所未有的推广和应用。经济和社会的发展，需要更多的人接受教育，掌握生活和工作所需的必备的"基本技能"。而这一时期美国教育发展的滞后性与社会的现实需求便形成一种矛盾，因此，许多学者倡导改组美国中等教育，扩大受教育群体范围，满足工业发展需求，提高人们受教育的水平和生活素质，推动美国社会和经济的稳步发展。

(2) 政治上的诉求。在美国，长期以来教育被视为是培养真正的公民，推进社会民主的关键和根本性力量。教育有助于培养国家公民，推进社会的民主化进程。学生接受的教育越多，将来越有可能成为合格的公民，有利于国家的民主化。这种公平与民主的诉求，使得传统的双轨制模式难以适用于美国社会，国家需要更为适合于美国式民主社会要求的中等教育模式，这是综合高中制度确立所不可或缺的前提。

(3) 移民运动。19 世纪中后期以来大规模的移民运动，使美国人口分布状况发生很大变化。人口的多样化，使得将众多移民融人美国社会成为迫切需要解决的问题。公立学校无疑需要承担这个责任。克雷明(Cremin)指出，移民运动的一个重要结果就是使公立学校成为联系"移民与主流美国文化的主要纽带"。[3]而这也成为改革中等教育的一股重要力量。

2. 综合高中理想的成型

在美国，贺拉斯·曼(Horace Mann)首先主张推行普通公立学校。他认为普通教育是人类社会的"均衡器"，可以促进社会的均衡发展，并且主要是为了实现教育机会从有产阶级儿童再次分配到所有儿童身上，促进教育机会的公平分配。他认为普通公立学校，是所有人共享的学校，应由州和地方社区承办。学校对贫富阶层一视同仁，不但要免费，而且在教育质量方面也应与私立学校不相上下。从理论上来说，普通公立学校的理想基于两种公共性(commonness)的假设：一是学校招收社区内的所有青少年儿童；二是向所有学生提供共同的课程。[4]但是，贺拉斯·曼的这种理想却与美国个人主义价值观相矛盾，而且，由于种族和阶层在地方社区影响的加剧，他的关于普通公立学校的主张在实践中并没有得到有效的落实，促进教育机会再分配的理想也并未得到真正实现。但这一思想却成为综合高中重要的理念基础。

1918年，中等教育改组委员会的《中等教育基本原则报告》(the Cardinal Principles of Secondary Education report)指出，学术和职业分流可以一个恰当的方式来满足日益多样的学生群体，尤其是在具有大量移民人口的城市地区。这个报告明确了对学生进行分流的合理性。科南特((James Bryant Conant)将分流纳入学校之内，在学校内依照学生的能力进行分流。

可以说，综合高中模式是贺拉斯·曼普通公立高中的理想和中等教育基本原则"差异的公平"(fairness of difference)[5]的理念的综合体。基于上述两种思想，科南特提出综合高中的主要任务是帮助学生在不平等的劳动力市场和社会中确定其适当的地位。

3. 综合高中的两个基本假设[6]

综合高中制度主要基于以下两个基本假设：一是有关社会公平的假设。在美国社会公平主要指机会和物质资源的公平分配。这意味着，一方面相对流动的社会结构可以代际传递；另一方面不同职业和经济地位群体相互间的尊重，即重视最低程度的阶层差异。科南特视综合高中为促进社会和经济生活流动的工具，教育可以灌输一个自由和谐的民族所需的社会和政治理想，运营以私有制和利益为基础的经济体制，同时促进社会公平理想的实现。二是英才教育(meritocracy)的理念。科南特坚信社会科学能对学生的才能和能力做出真正客观的测量，从而在教育体系中确定最适合每个学生的教育内容。综合高中采用这种客观测量可以进行"公平"的分流，而这种分流过程的核心正是指向机会均等。换句话说，对儿童进行很好的分类，是实现真正的机会均等的第一步。

基于这两个假设，科南特认为随着教育机会均等理想的推进，综合高中将不断实行分流和分化，这是实现真正的教育机会均等所不可缺少的历程。

4. 综合高中的综合性：追求民主与公平的集中反映

综合高中是美国的独创是服务于现代民主社会的教育需求。[7]它打破了传统的欧洲双轨模式，所有的学生都可以进入综合高中学习。综合高中在组织上与初中衔接，其性质是综合性(comprehensiveness)的。"综合"一词主要有两层意思，一是接收不同文化和社会经济阶层的学生，二是有供学生选择的各种课程，使他们为升学或就业作好充分准备。[8]科南特认为，综合高中的综合性可以打破人为的社会分层，促进社会流动与社会公平，同时又可以培养满足国家社会、经济和军事安全需要的人才。可以说，综合高中是推进民主和生产人力资本的综合体。而平等的教育机会，意即在不同的课程中确定学生的适当位置。从这个角度出发，综合高中综合性的性质正是其追求民主与公平理想的核心体现。

20世纪"机会平等和地位平等"这两个概念是相互交织的，人们坚信接受更多的教育可以实现这两个理想。综合高中作为民主的工具，有助于推动所有美国青少年实现机会和地位上的平等，促进教育机会均等理想的实现。从现实来看，经历了经济大萧条和"二战"后，社会迫切需要一个统合民众的机构，而学校尤其是综合高中可以很好地达到这个目的。因此，总的说来，综合高中体现了美国对于教育机会均等理想的追求，从理念上来说其重要的目标与功能是促进社会的公平与民主。但事实上，综合高中本身却存在着根本性的内在矛盾：即综合高中作为美国追求教育机会均等理想的体现，同时其又通过使学生接受不同的课程和文凭对学生分层导致他们形成不平等的职业和生活选择。这一内在矛盾，也可以说是理想与现实的矛盾，本为促进教育机会均等最为理想的工具的综合高中，在实际操作过程中却演变成导致和加剧不平等的工具。而且，由于社会发展的水平无法提供所谓完全民主平等的现实环境，综合高中的理想又遭遇了现实环境的挑战，使其本身理想性的设想根本无法得以实现。

(二) 现实的洗礼:对综合高中的三维审视

1. 起点公平与不公平的矛盾

虽然综合高中主张本身存在一定的内在矛盾，但由于其很大程度上满足了当时的社会需要，因此，仍得到大力推广。综合高中主要实行就近入学原则，即某一地区居民的子女原则上只能到附近的某一所或几所学校就读，一般不允许自行择校。根据这一原则，社区内所有适龄的学生都可以进入免费的公立综合高中学习。这可以保证不同阶层、种族、性别的学生都有平等的受教育机会。从这个层面来说，综合高中为所有学生提供了受教育的机会，在一定程度上保证了学生可以有一个公平的起点。

但是,20世纪70年代以来,由于综合高中办学质量的日益低下,一些新型学校不断涌现,如“校中校”“磁石学校”“全年学校”以及90年代以来出现的“特许学校”“新型美国学校”等,都是为学生提供其他选择的选择性学校。从培养目标来看,这类学校各有侧重。它们往往作为公立学校的补充或应社会的需求而出现,所以具有鲜明的办学目标和独到的办学理念。[9]由此,学生和家长的选择权也不断增加,学校选择运动开始盛行。

择校使学生拥有了更多的权利,但通常这些学校需要支付高昂的学费或要求具备其他相关条件。在这种状况下,中上层阶级或家庭更愿意将其子女送到教育质量较高的专门学校。而综合高中却成为身处社会底层、家庭较为贫穷等弱势群体以及学习成绩较差学生的集合地,尤其是城区的学校。由此,综合高中虽然表面上促进了教育机会的均等,所有适龄的学生都可以进入免费的公立综合高中学习,但事实上,综合高中却成为加深社会及教育不平等的工具。

2. 过程不公平:能力与课程分流

科南特认为,综合高中要达到三个教育目的:向所有未来的公民提供普通教育;为准备就业的学生开设选修课程,使他们学到谋生技能;为准备升学的学生开设专门的高级文理课程。为了实现上述目的,必须对高中进行三方面的改革:首先,扩大学校规模,高中毕业班的学生不得低于100人;其次,增加高中的经费投入;再次,改革高中学校的内部管理,加强指导咨询服务,增加课程门类,进行能力分组。其中最重要的是对学生进行能力和课程分流。

(1) 能力分流:分层次、分科教学。综合高中的一大特色就是在学校内部,根据学生的能力、性格和爱好等对学生分流培养。科南特认为人与人之间是存在差异的,“只有20%左右的高中生才是‘大学的材料’”,[10]这与其英才教育思想密切相关。他坚信社会科学能够对学生的能力进行较为客观的测量,由此在教育体系中明确最适合每个学生的教育内容。根据这种客观的测量,综合高中可以对学生进行较为“公平”的分流。据统计,1999~2000学年度,有98%的学生就读综合高中,其中学术科的学生数为43%;普通科的学生数为33%;职业科的学生数为24%。[11]

但是,这种所谓的客观测量,通常与学生的社会生活经验、家庭背景、阶层地位等都有着密切的联系。一些所谓的客观测量,对于少数族群、移民、有色人种等弱势群体是十分不利的。依照这种测量结果来对学生分流，其公平性和科学性不得不令人怀疑。这种人为的分流，虽然从理念上是为了更好地推动教育公平，但现实结果却遭到很多非议。学者卢卡斯(Lucas)认为，科南特主张的学术、普通和职业分流的三轨结构，使得较低阶层家庭子女处于更为不利的地位。依照能力进行分流，使这些学生缺少了进入中等后教育的机会，而且，由于缺乏中产和上层阶级的生活经验，他们的父母也难以为其子女做出更好的选择。[12]

(2) 多层次、多门类的课程。课程是实现教育目标的重要手段，也最能体现教育的目的和宗旨。综合高中的升学教育、职业培训和公民教育三种功能，决定了美国高中课程门类的多样性。为了面向所有青少年，满足其所有的需要，美国高中的课程设置可谓纷繁复杂，除一般的基础课程(如英文、数学、自然科学、社会科学)外，综合高中又为打算升学的学生开设学术性课程；为准备毕业后工作的学生进行各类职业技术培训；为既无升学也无就业打算的学生开设满足他们兴趣和需要的课程。从课程结构上来说，美国高中课程主要由必修课和选修课构成，学生在完成了必修课程后，可以按照自己的能力、兴趣和需要选修学术科、职业科和其他课程。

这种多元化的课程结构和门类，旨在满足所有学生的需要，但同时也在一定程度上加剧了教育领域的不平等。尤其是随着高中教育和高等教育的普及，人们接受高等教育的愿望和需求不断增加，课程领域的分流使得学生接受到不同的教育内容，形成不同的毕业选择，这无形中遏制了许多期望接受高等教育的学生的升学愿望，反而加剧了学生间的不平等。

3. 结果不公平：学业成功机会方面

(1) 学者间不同的观点。① 有学者认为，学校教育没有给予所有学生新知识经济所必须的知识技能和人力资本。学者洛斯坦(Rothstein)2000 年的一份报告表明，大学学位所带来的工资收入极大提高，1999 年大学毕业生第一份工作的工资收入要高于高中毕业生 80%以上；而 1979 年，这种差距只有 35%[13] 可以说，是否接受高等教育是导致阶层分化的重要影响因素。但并不是所有学生都可以进入高等教育领域学习，这无形中导致了社会分层的发展；② 另一种观点则认为学校无需为处于低阶层的学生做准备，这主要是由于知识经济只需要一小部分的人来从事高新知识技术方面的工作。例如，学者诺维茨(Aronowitz)和发兹尤(DiFazio)批判了美国政策制定者试图通过教育和工作培训项目来提高学生的人力资本这一主张,他们认为,这些项目大多会以学生家庭的财富和地位为基础进行高度分层,在这种状况下,在教育项目上的投资并不能给他们的就业带来实质性影响。[14]

(2) 学校方面的对策与改革。20世纪90年代初,学校日益受到多方面的压力:一方面,学校要向所有学生提供更好的教育以便满足知识经济社会的需要;另一方面,学校也承受了越来越多来自中上层阶级家长的压力,他们期望学校可以使其子女能够在分层的教育、经济和社会科层结构中处于顶端。为此,学校做出了许多努力:① 面向更多的学生开设大学预备课程。1996年,克林顿总统便提出所有的美国人都要接受两年的大学教育这一主张。[15]学校也开始向低收入和弱势群体学生(这些学生传统上主要是进入高中非大学预备轨道)提供更多的接受大学预备课程和进入大学的机会。然而,虽然接受大学预备课程的学生人数有所增加,但绝大多数这种变革是将先前非大学预备轨或普通轨转为“常规的大学预备”轨道,因此,其教育质量远不如传统的大学预备轨。② 开设面向少数精英群体的具有挑战性的课程。针对只有经过选择的少数人可以获得高收入的知识产业方面工作这一主张,学校开设了更具挑战性的课程,使少数精英群体可以进入高层次的中等后教育机构。为此,许多学校对向大学预备班学生提供了先修计划(Advanced Placement program, AP),它逐渐成为进入好大学的必需环节。而AP课程也成为高中高层次大学预备轨的标志。例如,在加利福尼亚州,是否修习AP课程是学生能否进入最具竞争性大学(如伯克利大学、洛杉矶大学等)的关键。[16]但是,修习AP的学生必须达到严格入学标准。此外,AP课程只面向一个轨道的学生(虽然高中分为多轨),只有处在“正确轨道”的学生才能修习。因此可以说,修习AP课程的学生少之又少。

我们不难发现,虽然接受高等教育的学生人数有所增加,但学生间的分化和差异依然存在。综合高中扩大了受教育群体的范围,但高等级的学术性项目(如AP课程)却以为所有学生提供大学预备教育这一幌子,正在导致更大的差异和分化。事实上,这种课程上的差异正导致着学生在选择中等后教育方面的不平等。可见,综合高中使学生可以有不同的毕业选择,并没有真正缓解学生间不平等的状况,反而在一定程度上加剧了教育和社会上的不平等。

参考文献:

[1] 于发友. 公平:义务教育均衡发展的价值旨归[J]. 当代教育科学,2005,(7):23.—25.

[2] 郑淮. 略论我国的社会分层变化及其对教育公平的影响[J]. 华南师范大学学报(社会科学版),1999,(2);50—56.

[3] Wraga, William G. The Comprehensive High School and Educational Reform in the United States; Retrospect and Prospect[J]. High School Journal, 00181498, Feb/Mar98, Vol. 81, Issue 3:121-133.

[4][5]L6][10][12][13][14][15][16] Floyd M. Hammack. The Comprehensive High School Today[M]. New York: Teachers College Press, 2004. 89,90,90,15,95,94,94,95,96.

[7] Wraga, William G. Democracy's High School: the Comprehensive High School and Educational Reform in the United States[M]. Lanhan: University Press of America, 1994. Ⅷ.

[8] 吴文侃,杨汉清. 比较教育学[M]. 北京:人民教育出版社,1989. 126.

[9][11] 胡东芳. 当今美国高中教育解读(一)[J]. 北京教育,2002.(6):42—43.

(本文发表于《比较教育研究》2009 年第 10 期。作者王喜娟,时属单位为东北师范大学国际与比较教育研究院)

基础教育均衡发展

一、基础教育均衡发展的政策视角和政策工具的比较分析

在当前的主流教育政策话语中，基础教育均衡发展无疑是一项受众面最广、政治意蕴最为强烈的利益格局调整的教育政策之一。然而，毕竟它还是一种复杂的公共政策现象，是由许多层级的组织与个人参与制定的众多决策所共同组成的。它既与基础教育原有政策偏离，甚至发生矛盾，但又经常会受到原有既定政策的影响与改造，并与其他表面看来并无关联的决策(例如课程改革、教育人事制度等)密切相关。本文试图聚焦于不同地区教育行政在进行基础教育均衡发展政策制定时所可能采纳的各种视角以及由此安排和执行的政策工具，从而力求开展一些元政策(meta-policy)的思考。

(一) 五种不同的政策视角

按照国外学者的看法，一般的公共政策过程都可以划分为七个阶段：信息、建议、法令、试行、执行、终止、评估。在他的观点中，这七个阶段描述的不仅是公共政策的实际制定过程，而且也是其制定应该遵循的程序。[1]因此，政策的信息来源与加工以及政策参与者对这些信息本身的理解与实施，对于整个政策过程至关重要。对基础教育均衡发展政策信息的加工与理解目前存在着五种不同视角。

1. 教育问题矫治视角

这一视角主要以国内为主，认为基础教育均衡发展政策是20世纪90年代以来教育乱收费、学校差距不断拉大等问题的解决与纠偏的延续与发展，是针

对现实中教育供需不平衡提出的问题矫治之道。《中共中央关于构建社会主义和谐社会若干重大问题的决定》专门指出:“目前,我国社会……存在不少影响社会和谐的矛盾和问题,主要是:城乡、区域、经济社会发展很不平衡,人口资源环境压力加大;就业、社会保障、收入分配、教育、医疗、住房、安全生产、社会治安等方面关系群众切身利益的问题比较突出。”从而将“逐步缩小城乡、区域教育发展差距,推动公共教育协调发展”列为今后10年政府最主要的工作任务之一。国内学者也坚持认为:“通过基础教育的均衡发展,逐步解决区域内教育资源的失衡现象,尽可能均衡地分配教育资源,是政府制定公共教育政策的基本原则。”[2]

2. 教育权利保障视角

该视角在世界各国得到普遍认可,认为基础教育均衡发展政策涉及的主要是受教育者的教育权利保障问题,以及由教育权利为核心所构成的教育民主与教育公平问题,而基本权利的确立与扩展正是社会政策的基础。[3]从根本上讲,基础教育均衡发展就是“指通过法律法规确保给公民或未来公民以同等的受教育的权利和义务,通过政策制定与调整及资源调配而提供相对均等的教育机会和条件,以客观公正的态度和科学有效的方法实现教育效果和成功机会的相对均衡”。[4]世界上绝大多数国家认可并遵守的《国际人权宪章》就包含了涉及义务与免费的初等教育,以及教育无歧视等条款,要求人们不受政治、经济、社会地位和民族、种族、信仰及性别差异的限制,在法律上都享有同等受教育的权利。这说明“教育均衡发展是教育平等的问题,说到底还是一个人权问题。[5]

3. 发展战略调整视角

这一视角在美国有着生动的反映,美国是世界上极少数尚未认可《儿童权利公约》的国家,它的理由就是:经济、社会和文化权利的目标只能渐进地完成,而不是靠承诺可以实现的。[6]因此要客观地看待不同社会政治经济发展状态对于基础教育发展策略选择的影响。从我国的现实看,基础教育均衡发展的政策选择也可以被视为是对原来非均衡发展战略的转移,是在我国基本普及九年义务教育之后的又一次根本性的基础教育战略调整。长期以来,我国基础教育发展政策基本上都是一种典型的重点发展、带动整体的非均衡发展战略。而近30年来,改革开放的成果积累已经为全面建设小康和谐社会及其配套的教育体系奠定了一定的物质文化基础，同时，随着政府的转型，一个以公共服务为基本职能的政府必然将基础教育均衡发展作为一个重要的战略调整加以提出。

4. 教育公平促进视角

按照国外学者的说法，任何公共政策都是“运用立法和行政的手段，以争取公平为目的，清除分配过程中的各种弊害的国家政策”。[7]因此，基础教育均衡发展不仅要强调平等受教育权的保障，更是对基础教育公平价值观的强调与突显。这一视角在国内被广为宣传，相关的政策文本都强调在科学发展观与构建社会主义和谐社会的政治大背景下，对教育公平的关注与聚焦。因此，基础教育均衡发展不仅要在空间结构上实现不同地区之间、同一地区不同学校之间、同一学校不同群体之间的教育公平，而且要在时间进程上实现学生在受教育的起点、过程和结果三方面都拥有公平的成长机会。

5. 教育系统平衡视角

这是一种具有系统论和生态学倾向的政策视角，它强调基础教育是有机的整体，是个动态系统，而且是一个生态系统。政策的意义就在于调节系统内部各个因素之间的协调关系，在最大程度上满足系统内部不同利益相关者的诉求。从基础教育发展的角度讲，它的失衡问题不仅仅是一个当前必须解决的社会问题，而是在发展过程中不断出现的动态系统本身的问题。这样，失衡与差距就不是必然需要消除的现象，而应该放在一个适宜的范围内加以重新审视。基础教育均衡发展是基础教育由非均衡态向均衡态转化的过程，而实现这一均衡化进程的机制往往可以有截然不同的选择。一方面，以美国为代表的一些国家坚持新自由主义的择校政策，强调市场机制在促进教育资源配置平衡中的作用；另一方面，许多国家与地区则强调基础教育生态系统在与社会生态系统进行物质、能量、信息和价值进行交换时，只有在相对不变的“输入—输出”比的作用下才能建立“稳定态”，从而要求有特定的、充足而持续的教育资源的输入，政府应该扮演更重要的角色。

（二）不同视角的政策工具选择

政策工具指的是不同层级的政府在部署、贯彻和推行政策时所使用的途径与手段。由于对基础教育均衡发展的政策视角不同，不同国家和地区的教育行政部门在政策工具选择时往往会表现出极大的差异。当然，这也与不同区域的社会经济发展水平以及社会资源分配状况直接相关，与其所面临的教育问题或教育任务的紧要程度紧密相关，也与该区域基础教育发展的评价督导机制有着直接的关联。同时，这也可反映出基础教育均衡发展的不同视角本身具有区域现实的合理性并由不同教育发展状况的需求所决定，但政策过程中的行动主体的利益和能力还是不同政策工具选择的主要动因。一般来讲，政策工具种类繁多，其分类标准也非常多样。按照政府使用的管理资源的类别来分，可以分为信息类、权威类、资金类、组织类；按照政策的最终目的来分，可分为命令、劝导、提高能力和制度变迁；按政府干预的强度来分，可分为自愿型、混合型、强制型。[8]不同视角下的基础教育均衡发展政策工具的选择并不采用某种单一的分类标准，也无法保证不同类别政策工具的自身周延，但会呈现出明显的特征差异。

1. 问题视角的矫正性政策工具

问题矫正性政策工具往往会首先考虑动用资金资源，以提高解决特定问题的能力作为政策的最终目的。当前基础教育的最大问题是区域之间、城乡之间、学校之间的巨大差距所导致的社会心理失衡问题以及由此潜藏的社会风险。由于社会风险的防范与治理之需，基础教育政策的核心就是对一些引发社会垢病的办法进行修订，对一些质量低下的学校进行改造，从而实现基础教育的均衡化。如果从问题矫正的影响度上看，则往往会有残留性与制度性之别。残留性是指政府或其他第三部门对在教育市场竞争中处于劣势的学校采取帮助扶持的弥补性措施，它在教育产业化与新自由主义思想背景下往往是一种主要的选择；而制度性的矫正工具则会动用更多的信息与组织资源，其最终目的虽然不直接指向基础教育制度变迁，但实质上却会推动均衡发展的制度基础建设。

2. 权利视角的保障性政策工具

保障性政策工具强调基本需求的满足与最低权利保障线的设置，一方面它强调信息与权威的作用，通过立法或设定基本规范的具体办法来保证基本受教育权利的实现；另一方面它突出政府的干预强度，不仅要求直接提供平等的受教育机会，而且要求强化对不同区域、学校的办学条件监督与管制。如果从立法的层面上看，《义务教育法》等法规的行动主体就不仅是政府，往往会有国家、社会更多层面的参与；而如果从执行的层面上看，权利的保障就主要依赖政府的意志和手段，例如我国目前的《做好进城务工就业农民子女义务教育工作的意见》的"两为主"具体政策，以及一些达标式、规范化的管理办法。某种意义上，基础教育的权利保障彰显了国家与公民之间的契约，是真正意义上建立在以公民资格为基础的社会权利，是一种基本需求的政策保障。

3. 战略视角的规划型政策工具

规划型政策工具强调基础教育资源在区域空间内部和不同群体之间的重新规划与配置，一方面它与区域内部的人口迁移、经济发展等因素紧密关联，另一方面它还与基本战略发展导向有着最直接的关系。在基础教育均衡发展政策执行的过程中，规划与配置都是政府干预强度最高的一种政策工具，它不仅是由政府在直接提供公共教育系统内部的一种资源调整与安排，而且还往往是政府的直接行政作为。但是，不同区域对战略的理解与执行毕竟会有很大区别，从规划到执行的中间环节往往也会有许多各不相同的干扰因素存在。为了使稀缺资源能够从教育竞争优势转移到基础教育发展的普遍性基础上来，必须有一定程度的社会经济发展和剩余产品，区域社会经济现代化程度也意味着当地能否调动更多的资源来回应新的社会需求与技术要求，因此在发展为指向的规划型工具使用过程中，往往会有形式与实质、平衡与极化等若干矛盾的政策表现。

4. 公平正义的均等化政策工具

均等化政策工具超越社会政策的实用主义考虑，追求社会政策的价值目标，它不限于基本受教育权利的满足，而是更直接地关注于弱势群体保护和利益的再分配，因此，它的政策安排往往会有鲜明的社会公平与公正的价值取向。正是由于其鲜明的价值取向，它不仅会直接塑造基础教育发展的实践方式，而且会对政府自身形象的转变与定位产生深远的影响。这一工具特别强调政府在基本公共服务提供中的责任及能力的提升，主张政府财政性基础教育支出责任，[9]甚至打破制度性的不公正会成为均等化工具手段的首要行动，其中包括不可避免地在基础教育发展的各种不均衡之间进行"削峰填谷"的工作。一些国家，如巴西，甚至在《宪法》中用 10 个教育条款，明确规定了财政支持的最低水平。[10]我国目前以"基本公共服务的均等化"为核心内容的服务型政府建设的提出，将基础教育，尤其是义务教育视为“基本公共服务”中的基本内容，基础教育均衡发展政策是判断整个制度安排公正与否的重要“橱窗”。

5. 生态视角的平衡型政策工具

与均等化工具差别甚大，平衡型工具并不强求“削峰填谷”，而是从教育生态与系统的思维出发，强调基础教育与其内外部环境的平衡与适应。所谓平衡就是不同教育单位与其所在环境双方之间客观的价值关系(指物质、能量、信息等客观价值关系)保持稳定发展的一种状态。平衡型工具对基础教育系统中各种结构所发挥的功能较为关注，而对教育结构的变迁以及由此引起的功能变化较不重视，平衡导向的思维方式其实暗含着原有教育生态因子及其既定结构的存在合理性，同时也在更大的社会生态背景下对不同区域间、不同学校间存在的、适当的教育差别表示理解。因此，基础教育均衡发展需要强调学校改进和文化创新，强调学校的内涵发展与相互影响，从而探寻基础教育可持续发展的政策之路。从目前可见的国际常见做法上看，平衡型政策工具往往侧重学校教育内生的力量，力求通过有限的资源运作(补贴)，将不同的社会行动主体(包括自愿性组织)纳入政策框架之中，大学或其他科研机构的伙伴协作也作用其中。

不同的政策视角及其工具比较表

政策视角	核心理念	重点关注	政策工具蕴含
问题矫治	公共风险防范与治理为核心的政策观	现实教育失衡问题，如校际差距过大，择校、乱收费等	规则修订(如招生入学政策)、残留性与制度性方法
教育权利	契约论的公民权利观以及国家的责任	教育权利平等问题，如流动人口儿童教育等	立法与执法、标准化与规范化
战略调整	依靠科学规划与实用知识(useful knowledge)的国家干预	教育从非均衡发展战略向均衡发展战略的转移	布局规划、资源配置
公平促进	服务型政府与教育公平的价值追求	公共教育服务的均等化，区域之间、城乡之间、校际之间、不同群体之间的教育公平	补偿政策、利益再分配与政府财政支出责任
系统平衡	教育生态与系统思维	基础教育可持续发展，基础教育内外部结构均衡	自愿性组织、补贴、信息与劝诫

（三）双重动态性与视角的融合

由上表可知，虽然五种不同政策视角及其工具在核心理念、重点关注及政策工具蕴含三方面表现出明显差异，但五大视角之间还是存在相当部分的“共识”，它们都在直接或间接的倡导教育公平，多数视角都强调政府在基础教育均衡发展中所承担的责任，扮演干预性较强的角色。如果仅从教育公平推进的角度讲，从对不公平问题的矫治、基本权利的保障、倾向于公平的战略主张，到公平价值的张扬，再到追求一种生态学意义的过程公平、结果公平，还意味着对基础教育均衡发展意涵的不断演进与深化。当然，视角之间很难存在着线性递进的关联，在一定程度上，不同视角更多反映了基础教育均衡发展政策本身的动态特征，它还表现于不同视角之间的相互交织错落与相互叠合。这既与基础教育发展变化的动态性有关，也与教育政策过程的动态性有关，我们可以称之为基础教育均衡发展政策的双重动态性。

基础教育均衡发展政策的双重动态性，首先与区域基础教育发展的时间历程和空间特征紧密相关，不同的教育发展阶段、不同区域内的社会经济文化特征都会对基础教育均衡发展有直接影响。同时，这些客观条件的制约与影响又会通过不同群体的利益代表的行动表现于基础教育均衡发展的政策过程，通过对信息资源、组织资源、权力资源的不同影响和组合表现出富有变化的政策差异。国外有学者曾专门剖析了一个半世纪里教育机会均等观念的演变，不同时期人们对教育机会均等的认识有着极大差异。从涉及因学校行政的作用而输入的资源（设备、课程和教师），到涉及学生输入的资源，到因上述所有因素的交互作用而形成的无形特点，诸如教师的道德、期待等，再到学校对背景相同和能力相同的个体所产生的教育结果，最后到学校对不同背景和不同能力的个人产生的教育结果，均等的五种定义可以演绎出完全不同的基础教育均衡发展政策。而从教育政策过程的角度看，区域基础教育均衡发展政策则是由特定时空内的问题流、政策流、政治流三套参数在特定的路径流动中共同形成。问题流是指需要政府采取行动并通过政府努力加以解决的问题；政策流则由问题专家、问题分析人士以及解决措施构成；政治流是由诸如国民情绪的转变、管理或法制的变迁，以及利益集团的施压活动等因素组成。“不同的问题流、政策流和政治流在特定的时间会合了。解决方法和问题以及适当的政治压力会聚在一起”。[11]在某种偶然性条件的决定下，它们共同开启了某一项公共政策，并决定了这一项政策的视角及其工具。

实际上，近年来我国基础教育均衡发展主要是指逐步实现区域、城乡和校际之间的教育均衡，现存的区域、城乡之间的社会经济发展的巨大落差是教育不均衡状况的客观条件，不同区域在推进基础教育均衡发展的过程中，其可以调动的教育积累、资源总量和需求层次都有极大的差异。仅从均等化水平来观照区域之间、校际之间、群体之间的教育状况，会很自然地将所有区域、学校、群体分为强势与弱势的二元，但是我们却很难从这种二分法中了解到存在于基础教育领域中的多元化议题，也很难体认到不同区域、学校与群体在特定时间段内的复杂关系。也就是说，均等化在具有较长时段特征与区域文化性质的教育情境中是很难完全实现并被评定的，而且不问区域、学校与群体差别的完全均等的教育资源配置本身也难以适应教育因材施教、因人而异、因势利导的基本原理。同时，反过来，无视基础教育基本需求的必要配置而盲目满足于追求单一的效率则是对教育公益性原则的背离。因此，基础教育均衡发展政策需要一种视角融合的制度化框架。

第一，融合的视角旨在为促进基础教育均衡发展动员各种社会力量。五种不同政策视角并非完全相互排斥，而是可以整合起来，从而与动态的社会政治经济过程加以联合，以促进基础教育均衡发展目标的实现。制度融合就包括了新的参与方式、新的诠释、新的教育管理，通过中小学、高校、基金会与社区机构和家庭，将宏观的基础教育均衡发展的国家治理计划与微观的家庭与学校组织的积极努力联结在一起。

第二，融合的视角可以突显在基础教育均衡发展政策实践中专业人员的角色作用。教育均衡发展政策的双重动态性，既表明现实的制约力量，也强调了专业人员的导向作用。不同学生在教育文化背景上的彼此差异更需要多一些专业介入与系统支持。这就很难单纯地由强干预的政府行为来完全实现，而只能依靠学校、专业机构的专业行动来实施参与。在这方面，大学所具有的研究与专业化功能也成为复杂行政网络的一部分，而这些行政关系也正重新规划以推动教育改革大学及其附属的专家群体不仅直接参与监控体系与专案计划，而且通过直接进入教育实践情境，将专业知识有效地整合进基础教育均衡发展实践中。

第三，融合的视角强调基础教育均衡发展的空间聚焦，要求在一个明确的社会空间背景下整合所有政策视角的有效工具，并对它们进行合理的协调。在问题矫治上，强调教育资源配置均衡，使区域之间、城乡之间、学校之间、教育内部诸要素间相互协调；在权利保障上，强调使受教育者获得平等的入学机会和学业成功机会；在战略调整上，强调与和谐社会建设相适应的教育规划与发展；在公平推进上，强调受教育者在接受教育的起点、结果和就学过程中都得到同等的对待和支持；在系统平衡上，关注每个学校和学生的特殊潜能和独特性，并为之提供适宜的发展环境及条件。同时，对特定区域空间的关注还可以探索实行“积极差别待遇”(positive discrimination)或“教育优先区域”(education priority area)政策。[13]

第四，融合的视角强调均衡与发展的统一。由于均衡与发展在有限的教育资源配置情境下存在着一定的矛盾性，单一视角的基础教育均衡发展政策就很容易只偏执于一方，而融合的视角则可以一种整体的框架来看待基础教育均衡发展的水平状况。

第五，融合的视角可以创建适宜的制度性安排，实现不同政策之间的调和。不同政策视角的调和与特定社会发展阶段的利益偏好紧密相关，有人曾从政策道德的角度提出，认为只有提升教育政策的道德能力，做出新的政策安排，才能化解当前中国基础教育领域中的城乡差距。因此要坚持城乡一体化发展的价值定位，加强教育政策主体“角色德性”的建设，强化利益相关者参与的教育政策的制定。[14]其实，单纯从道德的高度来推进基础教育均衡发展政策的完善是远远不够的，制度本身才更能够调整政策行动主体的意志与行为。适宜的制度性安排可以“任命政治行动主体并使其合法化，为他们提供一致的行为准则、实际观念、评估标准、情感关系和养老金，以及为目标而行动的能力”。[15]在融合的视角下，不同政策行动主体的视角偏好与能力差别会在整合的制度框架中得到交汇融通，从而降低不同视角偏好之间的交易成本，成为基础教育均衡发展的结构单元。

参考文献：

[1][8] [加]豪利特等. 公共政策研究：政策循环与政策子系统[M]. 庞诗等译. 北京：生活·读书·新知三联书店，2006. 15，142—144.

[2] 汪明，叶之红，周满生，张力. 促进基础教育的均衡发展[J]. 人民教育. 2002，(5)：8—11.

[3] [丹]艾斯平一安德森. 福利资本主义的三个世界. 郑秉文译[M]. 北京：法律出版社，2003. 3.

[4] 于建福. 教育均衡发展：一种有待普遍确立的教育理念[J]. 教育研究，2002，(2)：10—13.

[5] 顾明远. 教育均衡发展是教育平等的问题，是人权问题[J]. 人民教育，2002，(4)：14—15.

[6] 联合国教科文组织. 性别与全民教育：跃向平等[R]. 王晓辉等译. 北京：人民教育出版社，2004. 25.

[7] 曾繁正等. 西方国家法律制度、社会政策及立法[M]. 北京：红旗出版社，1998. 165.

[9] 丁元竹. 科学把握我国现阶段的基本服务均等化[J]. 中国经贸导刊，2007，(13)：24—25.

[10] Brazil Constitution 1988[EB/OL]. http://www3ssetrecoveiy. org/kc/node/48c6b3cf-e6df-11dd-859a-ab8cblc9747f, 0ysessionid = 783BBlF30367EEEC3DA96E302B3CDCC4.

[11] John W. Kingdom. Agendas, Alternatives and Public Policies[M]. Boston : Little, Brown and Company, 1984. 21.

[12] 谭光鼎，王丽云. 教育社会学[M]. 上海：华东师范大学出版社，2009. 513.

[13] 万明钢. "积极差别待遇"与"教育优先区"的理论构想[J]. 教育研究，2002，(5)：21—25.

[14] 孙艳霞. 从政策道德性看义务教育城乡差距[J]. 教育发展研究，2006，(6)：27—30.

[15] James G. March, Johan P. Olsen. Institutional Perspectives on Political Institutions[J]. Governance, 1996, 9(3): 247—264.

（本文发表于《比较教育研究》2013年第2期。作者苏尚锋，时属单位为首都师范大学基础教育发展研究院）

二、国际视野下的义务教育均衡发展研究：理论基础、对象层次与任务内容

义务教育均衡发展这一概念是随着我国义务教育的普及而逐渐提出来的。进入新世纪以来，在我国全面实现“普九”之后，“有学上”的问题已经基本解决，如何缩小适龄儿童在获得教育机会以后所受教育的质量差异，如何在一定区域或更大范围内做到教育资源的均衡配置和教育质量的均衡发展，即“上好学”的问题，已成为我国新时期推进义务教育政策中的重中之重。发达国家义务教育已经发展到一个较高水平，在总体办学条件、资源配置和教育质量上较为均衡，差距较小。但是，各国都面临质量方面不同程度和不同表现形式的非均衡现象，因此，各国对于教育公平理念的探索从未停止过，不断提出新的改革措施，解决新的不均衡矛盾。而我国义务教育均衡发展概念正是在国外教育公平理论基础上结合我国国情发展而来的。尽管发达国家很少提到义务教育均衡发展这一概念，但它们对于教育公平的理论探索和政策实践对于我们构建义务教育均衡发展的概念分析框架具有重要意义。

（一）义务教育均衡发展的概念与内涵

那么何为义务教育均衡发展？从物理学的角度来看，当一物体受到方向相反的两个相等的外力作用时，处于静止的状态就是均衡。经济学所说的均衡是指，在包括供需在内的诸多力量驱使下，经济体系达到了由一系列配置和价格构成的理想均衡状态。而教育均衡是经济均衡的发展和移植，它是由于人类教育资源的稀缺和有限，以及现有教育资源配置不均衡、不合理而引发的。从一

定意义上讲，教育均衡是人们对于目前现实存在的教育需求与供给不均衡而提出的教育发展的美好理想。[1]

以上说明无论是客观物体、经济或教育现象，均衡包含五个特征：

第一，“均衡”是矛盾的、暂时的相对统一，要使义务教育在各项指标上达到均衡状态是不太可能的，教育发展的不均衡是绝对的。但是使发展向着均衡的方向发展是确定无疑的，通过改变主客观条件，义务教育均衡发展会出现平衡——不平衡——平衡的螺旋上升，从而在动态发展中寻求平衡。[2]

第二，义务教育均衡发展是一种发展模式，是以均衡为目标的教育发展模式，是以实现教育公平为目的的发展模式，这种发展不是一种单纯的增长、扩展或进步、改善，而是体现均衡本质、充分兼顾到了平衡、协调意蕴的发展，是更全面、健康、和谐、可持续的发展。

第三，从资源有限的现实出发，教育均衡发展是在平衡合理的配置资源的基础上的发展，“是按照科学发展观和构建社会主义和谐社会的要求，均衡配置公共教育资源，预防和治理教育不合理差距”[3]。

第四，义务教育均衡发展是追求质量均衡的发展，教育的均衡发展不仅关注机会的平等，更关注效率与质量的公平。特别是在发达国家和我国基本解决入学问题之后，义务教育均衡发展更加关注学习过程和结果的公平。

第五，义务教育均衡发展是尊重差异的发展，而不是限制高水平区域和学校的发展，既要鼓励强者再接再厉，又要帮助弱者尽快迎头赶上，通过教育的梯度发展，逐步缩小教育差距。[4]

从世界发达国家教育公平发展理念与政策措施和目前我国国情来看，我们可以从理论基础、对象层次和任务内容几方面进一步深入理解义务教育均衡发展这一概念的内涵。

(二) 义务教育均衡发展的理论基础

目前普遍认为，教育公平、公正和教育机会均等思想无疑是导致义务教育均衡发展的理论基础和指导理念。教育均衡发展与教育公平密切相关，教育均衡发展问题的提出源于教育公平理论和教育民主化思想，教育均衡发展是这两种教育思想在新时代的发展，实质上是以教育均衡发展作为促进教育公平和教育民主化的重要途径。[5]影响教育均衡发展理念的教育公平理论方面的主要代表人物和观点如下所述。

1. 罗尔斯的正义理论

20世纪70年代以来，美国哈佛大学教授约翰·罗尔斯(John Rawls)的《正义论》在学术界产生了巨大影响。罗尔斯的正义理论被认为是现代公平理论中最富代表性的理论。他的公平公正理论最重要的观点之一就是提出了平等要关注不同阶层人士的利益和教育，特别是要充分顾及社会下层人们的利益和教育。他认为，人们的不同生活前景受到政治体制和一般的经济、社会条件的限制和影响，也受到人们出生伊始所具有的不平等的社会地位和自然禀赋的深刻而持久的影响，而这种不平等是个人无法自我选择的。“既然出生和天赋的不平等是不公平的，那么这种不平等就应该得到补偿。为了平等地对待所有人，为了提供真正的机会平等，社会应该更重视那些出生于地位较低的家庭而天赋又较少的人”。[6]他提出关于公平的著名的两条原则：第一条原则是每个人都有平等的权利去拥有可以与别人类似自由权并存的、最广泛的基本自由权；第二条原则是社会的和经济的平等应该满足两个条件：他们所从属的公职和职位应该在公平的、机会平等的条件下对所有人开放(公平的、机会平等原则)；它们应该有利于社会之最不利成员的最大利益(差别原则)。[7]如果起始状况(收入和财富分配)不同，处于不利地位者的利益应用“补偿利益”的办法来保证。罗尔斯关注社会下层人们的利益和“补偿利益原则”成为实现均衡发展和教育公平的重要政策依据。对于均衡教育来说，这一原则触及到了资源配置这一核心内容，英国的积极的区别对待、法国的给匮者更多和更好，以及其他国家针对处境不利者和处境不利地区的倾斜政策都体现了对弱势群体的补偿原则。

2. 科尔曼的教育机会均等理论

20世纪中叶美国教育家科尔曼(James Coleman)主要从教育机会均等的角度阐述教育公平理论。科尔曼在《教育机会平等的概念》(The Concept of Educational Opportunity，1968)指出，教育机会均等主要包含四层含义：向人们提供达到某一规定水平的免费教育；为所有儿童，不论社会背景如何，提供普通课程；为不同社会背景的儿童提供进入同样学校的机会；由于地方税收提供了创办学校的资源，所以在同一特定地区范围内教育机会一律平等。[8]科尔曼的这些观点充分揭示了义务教育的本质，特别是政府在制定免费义务教育政策、建立公立学校体系、立法、经费保证和质量监督方面的责任。纵观世界义务教育的发展历程，从最初的普及思想到后来的全民教育和全纳教育思想都是为实现上述理想而做出的努力。

科尔曼对于教育公平理论的另一重要贡献是指出了对教育平等的认识经历了三个阶段：平等就是所有儿童在相同的学校学习相同的课程；人们意识到，由于不同的儿童将有不同的职业前景，教育应该为每一类儿童提供与他们的需要相适应的课程；人们看到，教育平等与教育不平等并存。这一划分揭示了人们对于教育公平认识的深化，认识到了教育公平的相对性和复杂性，从绝对公平到比较现实的考虑。科尔曼认为教育机会均等的内涵在历史上缺乏“稳定性”，他提出用“减少教育机会不平等”（reduction in inequality of educational opportunity）来代替教育机会均等的说法。[9]他指出，“完全的机会均等只有当全部差别性校外影响消失时才能出现”，“由于存在差别性校外影响，机会均等只能是一种接近，永远也不可能完全实现”。[10]这一观点启发我们从动态发展中寻求义务教育的均衡发展，从逐步缩小差距的视角来认识均衡发展这一概念。

3. 胡森的教育机会理论

教育公平理论的另一重要代表人物胡森（Torsten Husen）对教育机会做出了更为详尽和透彻的论述。首先他将教育机会均等划分为三个阶段：保守主义学派主张入学机会均等；自由主义学派主张的是入学机会和学业成就机会的均等；激进的新观点认为，教育机会均等也应包括学校情况与教育组织的均等。[11]这一划分既概括了世界义务教育的发展的历程，也反映了人们对于机会均等认识的深化，也就是随着入学均等问题的解决，义务教育均衡发展面临学校内部教育过程的均衡，将教育质量的均衡提到了议事日程上。

同时，胡森在分析教育面前机会均等这一概念时，认为重要的不仅是要界说“平等”还要界说“机会”。石中英认为，他的这一看法是非常有道理的，因为“平等”只是分配的原则，而“机会”是分配的对象。基于经验研究的需要，胡森给“教育机会”下了五组操作性的定义：学校外部的各种物质因素，即学生家庭经济状况、学习开支总额、学校地理位置和上学的交通工具；学校的各种物质设施，即学校建筑物总的质量、实验室、图书馆和教科书等；家庭环境中某些心理因素，其中主要包括家长对子女在学习方面的期望、家长对掌握知识所持有的总的态度，以及家庭为子女提供的独立自主的口头表述等习惯；学习环境中某些心理因素，如教师的能力、教师对学生的态度、学生的学习动机等；学习机会，如教学条件、教师实际的教学时数、教师要求学生实际完成的课外作业总量等。[12]

笔者认为“机会”与均衡的关系非常密切，因为“机会”从某种意义上来说就是资源，均衡发展的核心就是涉及到资源配置的均衡。这些“机会”因素对于教育均衡有价值之处在于它们的可操作性和可测性。此外，胡森在阐述机会时更多地考虑到了个人及家庭的因素，资源的合理均衡的配置更多地与外在的社会条件相关，如政治条件、法律条件、经济条件、文化条件相关，并受到后者的制约，或者说是由后者所产生的，这也给资源的均衡配置提出了挑战。

上述理论是教育均衡发展理念的重要基石。正是在这些理论基础上和各国义务教育发展的历程中形成了均衡发展的思维。罗尔斯的关注社会下层人们的利益和利益补偿理念成为实现教育均衡发展的重要原则和途径；科尔曼的教育机会均等理论揭示了义务教育的本质和教育公平的复杂性和相对性；胡森的理论启发我们更加全面认识均衡发展中教育资源的内涵，特别是从可测的和可操作的层面来认识资源配置。但教育公平理论还没有从区域均衡、学校均衡、群体均衡、质量均衡、动态发展、资源的均衡配置和尊重差异的纬度整体构建均衡发展的理念体系。

因此，与教育公平、公正理论所不同的是，教育公平、公正强调的是机会、结果与状态的平等。而教育的均衡发展强调的是一种发展过程，是为了达到教育公平、公正的目的，对相关政策、条件和资源的合理掌控与调配，是一个考虑到各个层面均衡和各项任务内容均衡的整体架构，教育的均衡发展具有政策、运作、机制层面上的意义。由于其动态性、整体发展性，可持续性，教育的均衡发展不仅成为世界教育发展的潮流，而且成为达到教育公平目的的重要途径，进而成为教育现代化的核心理念。

（三）义务教育均衡发展的对象层面

从对象层面来看，不同学者从不同角度阐述了义务教育均衡发展在层次方面的含义，概括起来包括以下三个层面：宏观层面的区域均衡、中观层面的学校均衡和微观层面的社会群体均衡。

1. 宏观层面的区域均衡发展包括两方面的含义

(1) 区域间的均衡发展。是指在一个国家的不同地区之间、特别是城乡之间推进义务教育均衡发展。由于各地区经济发展水平的不同，各地区在教育发展水平上的失衡是各国面临的共同问题。例如在俄罗斯这样领土面积巨大的国家，义务教育的不均衡表现之一就是地区间的差异，而地区之间差异最明显的就是城乡差距。农村学校面临着学校学生数量不足、设备和基础设施陈旧、管理人员和教师队伍水平低下、财政保证不足、现代化通讯工具和交通工具严重缺乏等问题。这些无疑都造成了农村学校的教育质量低下。为此，政府提出了促进义务教育城乡均衡政策：构建农村学校网络体系，优化资源配置；优先发展农村学校信息化，保障教育环境；启动农村学校的校车计划，提高优质教育可及性；增加农村教师福利待遇和工资。

在我国基础教育区域间的失衡主要表现在东部地区、中部地区与西部地区教育投入、办学条件和教育发展水平上的差距。在我国东部一些发达地区，办学条件已经达到或超过一些发达国家学校的水平，而同时在我国西部的一些边远贫困地区，学生还在破旧的危房里上课，这两者形成的反差何其之大是无法回避的现实。[13]

(2) 区域内的均衡发展。教育失衡现象不仅表现在不同地区之间，也表现在同一地区内部经济发达或较发达地区与经济欠发达或贫困地区教育投入和发展水平上，在同一省内或地区内的县际差距同样很大。区域内的均衡是我国现阶段义务教育均衡发展的重点，也就是在一个县内，一个城市内或一个城市的城区内，一个乡内实现均衡发展，其中在一个区域内实现城乡之间的均衡又是重中之重。区域内的均衡发展是实现区域间均衡发展的重要步骤，也是根据我国国情而采取的政策选择。

2. 中观层面的学校均衡发展也包含两方面的含义

(1) 校际之间的均衡发展。校际之间的均衡发展是保证所有儿童享受大致相同质量教育的保证与前提。新的学校均衡发展理念认为只有每所学校都成功,才能使"所有学生都成功"。20世纪90年代以来,为了促进教育质量的整体提高,发达国家非常重视缩小学校之间的差距,特别是采取各种措施改造薄弱校。英国提出了薄弱学校的认定因素:① 考试成绩;② 辍学率;③ 义务教育结束时的升学率;④ 符合申请学校免费午餐(为低收入家庭孩子提供)的学生比例;⑤ 犯罪学生的比例;⑥ 吸毒学生比例;⑦ 学校设备;⑧ 母语为非英语的学生比例。在这八个方面的评估结果落后于全国平均标准的,即为薄弱学校。[14]英国为改造薄弱学校,采取了建立"教育行动区"计划和"卓越城市计划",以特色学校改进薄弱学校等措施。

2002年,美国颁布《不让一个孩子掉队》的法令。该法案提出通过提高学业标准和强化学校问责制来缩小差距。该法规定各州自行制定"年度进步标准"(Adequate Year Progress),对本州学生的阅读和数学成绩进行评估。凡两年未达到"年度进步标准"的学校,即被列入"需要改进"的薄弱学校之列,要求联邦政府和各州应予以帮助和干预。2009年,奥巴马总统上任后要求各州将长期落后的薄弱学校即"持续最低效学校"(persistently lowest-achieving school)作为改造的重点。[15]

在我国,学校之间的非均衡主要体现在两个方面:一是从总体上来说城乡之间的学校办学条件和师资力量的配备存在着不均衡,特别是偏远地区和贫困的少数民族地区;二是在城市中,非重点学校与重点学校之间在物质资源、人力资源、生源上、社会声望和所获得的政府支持上都存在差距。为此,在我国一是采取了推进中小学标准化建设,制定城乡一体的义务教育办学标准,从而为适龄儿童提供相对均衡的受教育条件;二是大力改造薄弱学校;三是实现区域内义务教育优质资源共享。

(2) 学校结构方面的均衡发展。在不同的学校类型中,即义务教育阶段的教育和其他阶段教育之间在比例和地位上的均衡发展;不同类别、不同级别教育间实现均衡发展,包括义务教育内部各阶段之间的均衡,也包括义务教育与职业教育的均衡发展。这一问题在德国解决得比较好,普通教育和职业教育比较均衡。

3. 微观层面的群体之间的均衡发展

这主要是针对接受义务教育阶段的所有儿童，学生个体之间在受教育机会、受教育程度和可能的教育结果以及性别、自我能力、家庭经济状况和兴趣意向等因素之间的相对均衡。[16]从各国义务教育均衡发展的经验来看，对少数民族学生、女童、残疾儿童、流动儿童、留守儿童、家庭处境不利儿童、学习和行为有障碍的儿童给予特殊帮助。近年来各国都特别重视处境不利家庭儿童的早期教育补偿，保证他们教育起点的公平；在少数民族教育政策中突出双语教育、多元文化教育。

这三个对象层面是相互交织在一起的，相辅相成，可以说第三个层面是均衡发展的终极目标。但是没有第一层面和第二层面的均衡发展，第三层面的均衡发展是很难实现的，因此区域均衡和学校均衡是群体均衡的重要前提条件。李连宁认为“从国家的角度，应该从区域、学校和群体三个层面同时来促进，而不是仅就某一个层面，可以根据不同层面的要求采取不同的措施”。[17]

(四) 义务教育均衡发展的任务和内容

义务教育均衡发展的任务和内容十分丰富。第一，在教育投入方面，均衡合理地配置公共教育资源是义务教育均衡发展的核心任务和内容之一。投入方面的资源配置分为两个方面：“硬件”投入的均衡，这主要包括教育经费投入的基本均衡和办学条件的基本均衡；“软件”投入的均衡，也就是人力资源的基本均衡，主要是指教师的学历、素质、年龄结构等的大致均衡，以及生源和管理水平的均衡。在不同层次上都要努力做到这些内容的均衡。第二，在教育过程方面的均衡，包括课程、教学、教育过程、教学水平和效果的均衡。第三，在教育结果方面的均衡，也就是产出方面的均衡：通过辍学率、完成率、小学和初中升学率、学生素质、发展与学业成就等表现。

从国际经验来看，各国都十分重视这三方面的均衡配置。美国长期以来地方学区是义务教育经费的主要承担者，学区之间的贫富差距造成了义务教育资源配置的不均衡。为此，联邦和州政府采取了一系列措施，加大对各学区的财政扶持力度。20 世纪 80 年代之后，教育经费的来源从 20 世纪初的主要由学区承担，逐步向由学区和州共同分担转变。1959～1960年期间，来自联邦、州和学区的投入比例分别为4.4%、39.1%、56.5%；1997～1998年间，这个比例变为了6.8%、48.4%、44.8%。州政府通过财政转移支付制度促进教育资源在学区间分配的均衡。

教育资源配置均衡和相应的倾斜政策是实现义务教育均衡的重要条件，而教育质量的均衡是义务教育均衡发展的重要目标。20世纪80年代以来，提高标准成为各国义务教育政策中的关键词，以制定教育标准来促进教育公平的实现和教育质量的提高；以教育标准将均衡政策目标具体化；以督导和评估体系将教育目标和标准指标化。监督教育政策目标和标准的实施，已成为发达国家基础教育发展的重要趋势。

参考文献：

[1][11][13] 腾飞. 教育均衡发展大观察[M]. 长春：东北师范大学出版社，2010，38，26，81—82.

[2] 王建容、夏志强. 我国义务教育均衡发展的内涵及其指标体系构建[J]. 理论与改革，2010，(4)：70—74.

[3] 张东娇. 义务教育均衡发展的社会资本障碍及其政府治理[J]. 北京师范大学学报(社会科学版)，2008，(2)：24.

[4] 瞿瑛. 义务教育发展政策问题研究：教育公平视角[M]. 杭州：浙江大学出版社，2010年6月.

[5] 于友发. 县域义务教育均衡发展研究[D]. 2005，17.

[6][8][10] 张人杰. 国外教育社会学基本文选[M]. 上海：华东师范大学出版社 2009，218，149，158.

[7] John Rawls. Justice as Fairness: A Restatement [M]. Harvard University Press，2001，43.

[9][12] 石中英. 教育机会均等的内涵及其政策意义[J]. 2007，(10)：76，77.

[14] 孙明. 英国基础教育均衡发展策略研究[D]. 北京师范大学，2005，37.

[15] Office of Superintendent of Public Instruction. School Improvement Grants [EB/OL]. http://www. k12. wa. us/Communications/Press Releases 2010/SIP/School Improvement-Grants Overview. pdf

[16] 孙启林,孔锴. 世界主要发达国家义务教育均衡发展比较研究[M]. 长春:东北师范大学出版社,2009,88.

[17] 李连宁. 要从教育发展战略上思考和促进基础教育的均衡发展[J]. 人民教育,2002,(4).

(本文发表于《比较教育研究》2013 年第 2 期。作者王璐,时属单位为北京师范大学国际与比较教育研究院)

三、差异化绩效责任制:美国中小学均衡发展的新举措

美国中小学教育发展存在着州际、学区以及城乡之间的差异,其实际情形呈现出非均衡状况,联邦政府通过建立完善的财政体制、地方财政转移支付制度、实施择校机制以及进行补偿教育等,促进中小学教育的均衡发展。21世纪以来,美国联邦政府进一步采取措施以推动中小学教育均衡发展进入到高水平阶段。尤其是在2002年,前总统小布什签署了《不让一个孩子掉队法》(No Child Left Behind Act,简称NCLB),加强绩效责任制的应用,强调州、学区以及学校必须确保所有学生,包括处境不利学生达到高的学业标准,州必须拟定一套奖惩制度要求学区和学校为改善学生学业成就负起责任。这些举措大大增强了落后学区、落后学校的改进动力,促进了教育质量的提升以及学区或学校之间的均衡发展。

从均衡理论的探讨来看,均衡发展包括起点的均衡、过程的均衡和结果的均衡,而对教育发展均衡的追求也循着这条轨迹,由低水平的受教育权利机会的均等逐步扩展到高水平的均衡发展阶段,包括对受教育过程以及教育结果均衡的追求。极力缩小区域之间、城乡之间、学校之间以及不同受教育群体之间的差别,实现教育资源在社会和学校得到合理优化的配置,让每一个学生都能接受相对均等的教育,最大限度地发挥学生的特长和学习潜能。美国对绩效责任制的应用其重点是强调教育结果的均衡,力图让学生都能达到相对高的学业标准。但由于各州之间呈现的差异、统一绩效责任模式的束缚以及资源调配的有限性,需要引入一些差异性和灵活性因素。因此,对原有绩效责任制的改革

变得极为迫切,需要将现有的均衡发展水准提升到更高水平。

(一) 美国对绩效责任制进行改革的动因

虽然在原有绩效责任制的实施过程中,各州、学区和学校都取得了一定的成就,但是远远没有达到 NCLB 法案的要求,无论是在实施的进程,还是在最终取得的结果上,都没有实现既定目标,并且还出现了一系列的问题,这些问题迫使联邦教育部做出相应的调整,这也是差异化绩效责任制提出的动因。

1. 学校绩效的改善状况没有达到目标要求

NCLB 法案的颁布拉开了美国中小学教育改革的序幕,各州开始普遍设立绩效责任制,并拟定一套奖惩制度来要求学区和学校为改善学业成就承担起责任,对学生在一年一度的全州阅读与数学测验中获得的成绩做出有效评估。在实施过程中,主要是运用全国教育进步评估测试来衡量州的绩效改善状况。从实施效果来看,绩效责任制的运用对学生学业成绩改善有积极影响,但是也出现了一系列问题。在州一级的学业成绩测试中,一些学校的辍学率和淘汰率出现了上升趋势。从全国范围来看,学校的绩效改善状况并不理想。在州一级层面,从 2006 年学生学业成绩达到精通水平的分布情况来看,3 年级的测试中只有 5 个州达到标准,6 年级的测试中只有 9 个州达到标准,10 年级测试中只有 12 个州达到标准。总体上只有 2 个州在各年级的阅读和数学测试中达到了所订的 2014 年标准,大多数州要达到法案所规定的让所有学生在 2014 年达到精通水平的目标相去甚远,因此 NCLB 法案规定的目标并没有得到充分实现。[1]

2. 统一的绩效改进模式不适合学校的实际状况

NCLB 法案在颁布之初,就已经对绩效责任制作出了统一的规定,在学校绩效改善的处理上,采用了一刀切的模式。根据学校所获得的年度进步状况,如果学校连续 2 年不能达到适度年度进步(Adequate Yearly Progress,简称 AYP)目标,就会被鉴定为需改进学校,之后若仍达不到目标就会进入到改进阶段,同时相应采用一系列改进措施。这一进程包括:需改进学校(1 年);需改进学校(2 年);改造行动(3 年);学校重组(4 年);重组的完成(5 年)。实际上,学校之间的情况发生了很大的分化,有的学校因为学业成绩没有达到要求,需要进行微调式的改进;而有的学校存在多方面的问题,需要进行大幅度的改进,给予资源和经费支持，加强对学校进行改造的力度。而原有的绩效责任模式中，对所有学校采取的干预措施类型和力度没有进行区分，不能有效地针对学校的具体情况进行改善。因此，NCLB法案规定的统一绩效管理模式已经不适合学校实际状况的发展，迫切需要对原有的管理机制进行改革，建立一个灵活有效的绩效管理模式，有针对性地对学校进行改进。

3. 学校绩效改善的评估呈现出目标偏离

在学校绩效改善的评估方面，出现了目标价值诉求的偏离问题，与NCLB法案颁布的初衷相违背。法案最初设想为低绩效学校创造更多的动力，以促进学校和学生的不断进步，但是学校在实施过程中热衷于考试准备，在成绩评估的改善上只达到了有限的目标。以成绩为导向的绩效责任制使教师与学生的精力主要放在测试上，导致日常的教学改革在本质上成为应付考试。大多数正规考试都在某种程度上干扰了学生在具体学科领域的学习，为了测试进行的训练并不能真实地反映学生在知识与技能方面的掌握情况，获得的考试成绩也不能反映学生的真实水平。同时，低绩效学校在达成AYP目标的评估方面呈现出混乱的局面，一些低绩效学校的改进被认为是不够的，而另一些学校得到的改进很少，却被认为获得了足够的进步。因此，需要对原有的绩效责任制进行改革，持续性地推动学校改进的实施，也顺应NCLB法案的发展要求。

（二）美国差异化绩效责任计划的提出

面对上述存在的问题以及绩效责任制发展的要求，2008年3月，美国联邦教育部颁布了《差异化绩效责任试点计划》(Differentiated Accountability Pilot Program)，希望选取一定数量的州作为试点，让这些参与州建立差异化绩效责任制，强调对需改进学校进行差异化处理，明确这些学校没有得到改进的具体原因，再进行重新分类并采取针对性的干预措施。

在试点计划提出后，联邦教育部于2008年3月公布了申请的标准和资格。各州开始申请参加，总共有17个州提交了参与试点计划的申请，并且都拟定了各自的实施方案。15个州预计在2008～2009学年将计划付诸实施，其他2个州预计在2009～2010学年把计划付诸实施。[2]在各州提交申请材料后，联邦教育部在2008年6月组织了一个同行评审小组，这些获邀参加的评审人员主要来自于州和地方教育机构以及一些大学。对各州所提出的实施计划进行评审，最终选择若干个州参与试点计划。[3]在参照同行评审小组的建议后，联邦教育部于2008年7月批准6个州参与试点计划，预计在2008～2009学年将该计划付诸实施。2009年1月，根据2008～2009学年的实行情况，联邦教育部通过对其他州的同行评审以及实施状况，又批准了3个州加入到试点计划，这样总共有9个州参与2009～2010学年的实施计划。这些参与州必须分享一些相关的数据，将这些数据公之于众，这些数据主要是关于计划实施的效果以及学生学业成就的改善情况等。[4]

差异化绩效责任计划的初衷是通过建立一种灵活的机制，对低绩效学校进行差异化处理，明确学校各自的发展目标和方向，为最需要的学校提供有针对性的帮助，以达到学校持续改进的目的，强化学校改进的效果。其目标诉求是在原有的绩效责任模式上，将差异化原则付诸实施，对学校采取区别化处理方式，对原有的模式进行变革和改进。在具体实施中，州要建立与本州情况相符合的新绩效责任模式，采用差异化处理方式，对表现不佳的学校进行区分，明确哪些学校需要强烈的干预，帮助学校改善目前的状况；哪些学校已经接近改进的目标，不需要进行大规模的干预。对需要改进的学校进行区分，州可以改变对学校进行干预的类型和力度，结合一些具体的因素进行有针对性的改进。该计划可以为参与州提供有力的帮助，对那些需要进行重要干预和变革的学校，提供相应的资源和扶助。

（三）美国实施差异化绩效责任模式的内容

联邦教育部所提出的差异化绩效责任计划包括目标定位、实施原则、具体程序。另外，联邦教育部还出台了相关的政策和实施手册，以具体指导州教育部的实施，保证参与州能够顺利地建立起差异化绩效责任模式。

1. *差异化绩效责任模式的目标定位*

差异化绩效责任试点计划为参与州拟定了明确的目标，在最初的价值诉求基础上，总体基调是为各州提供更多的自主性和灵活性，对原有绩效责任模式做出一些调整和完善，同时必须加强学校进行变革的能力和力度。州政府需要采取全面性和实质性的干预措施，主要针对低绩效学校和学区，并且应用学生学业成绩的数据来决定采取差异化处理的具体方式。由此建立的差异化绩效责任模式，在实施上不会减少对所有学生在阅读、语言以及数学科目上达到精通水平的目标要求，要求确保所有的学生熟练地掌握学科内容，同时也不会减弱对所有学校进行监控的力度。该模式必须保持原有的测量 AYP 达成目标的方法，这些方法在 NCLB 法案中有具体规定。这个计划最终基于学生学业成绩测评，让所有学生在阅读、语言、数学学科方面，于 2014 年前达到精通水平，以改善学校的绩效状况。[5]这个目标也是 NCLB 法案最初提出的目标要求，在总体目标不变动的情况下，对具体实施手段进行微调式的变革，使手段的实施为目标的达成服务。

2. *差异化绩效责任模式的实施原则*

联邦教育部在颁布试点计划时已经拟定好差异化绩效责任模式的实施原则，要求参与州在建立差异化绩效责任模式方面，要紧密围绕这些原则，使得该模式的实施更加规范和有效。笔者对原有实施原则进行了归纳，可以总结出 4 条核心原则：

（1）新旧绩效模式的衔接性。联邦教育部在对原有绩效责任模式进行改善的同时，注重现有模式与原有模式之间的衔接性和一致性。当原有的绩效责任模式转换为差异化绩效责任模式后，各州必须保障所采取措施的衔接性。如在总体的目标诉求与实施规范上没有进行变革，各州需要确保所有的学生能够在 2013～2014 学年，在阅读和语言学科上达到精通水平。各州需要遵循 NCLB 法案的规定，对所有学校获得的 AYP 进行评估，评估方式需要与绩效责任工作手册的规定相一致。[6]

（2）绩效改善实施的规范性。差异化绩效责任模式在实施过程中，仍然要遵循 NCLB 法案的规定，在实施的方式以及进度安排上做到合理规范。各州需要继续对学校进行分类，将其划分为需要改进的学校、需要改造的学校、需要重组的学校等，分别采取针对性措施。对学校的改进必须拟定时间进度安排，通过干预进度表来促进学校的改进，干预的力度也将会随着时间的推移而不断加强，为学生提供公立学校的选择以及辅助教育服务。

（3）绩效状况改善的透明性。在差异化绩效责任模式的实施过程中，需要保障 AYP 评估信息以及干预措施的透明度。各州在对学校达成 AYP 目标进行评估时，需要对外公布相关的信息，尽量能够做到清晰和透明。对学校进行差异化处理以及进行干预的程序都应该有相应的数据进行支持，这些信息与数据需要对公众开放，让利益相关者都能够了解，得到公众的认可，使得绩效改进的实施具有一定的民意基础。

(4) 绩效改善措施的全面性。对学校采取差异化处理以及采取干预策略方面，需要做到全面性与有效性。各州在对学校进行差异化处理时，需要依据相关的数据分析，包括学生在阅读、语言、数学学科方面其学业成绩测量所达到的熟练掌握程度，在本州范围内做到全面性应用。对低绩效学校必须进行全面性和实质性的干预介入，调动州和地方资源及联邦政府的资源，例如 Title Ⅰ资金，对学校进行针对性与有效性改进。

3. 差异化绩效责任模式的实施程序

NCLB 法案对学校和学区的改进程序都有统一的规定，针对学校的改进包含五个阶段，分别采取对应措施：需改进学校——第 1 年(提供技术帮助)，需改进学校——第 2 年(提供补充教育服务)，改造行动——第 3 年，学校重组——第 4 年，重组的完成——第 5 年。针对学区的改进有三个阶段：地方教育机构改进——第 1 年；地方教育机构改进——第 2 年；改造行动——第 3 年。差异化绩效责任模式在这一过程中加入了一些新的元素，对原有的模式进行了一些变革，使得新模式更加富有灵活性和操作性。在对低绩效学校进行改进时，在不同的阶段加入差异化处理的方式，可以在重组阶段，也可以在学校改进阶段，甚至还可以在这些阶段都采用，即对学校需改进的类型进行区分。例如，在对学校和学区进行重组时，可以将学校分化为两种学校，即将学生学业成绩最低的学校分类为：全面型改进学校—需要进行实质性和全面性的改革，还有针对型改进学校——需要采取针对性的干预措施(见图 1、图 2)。

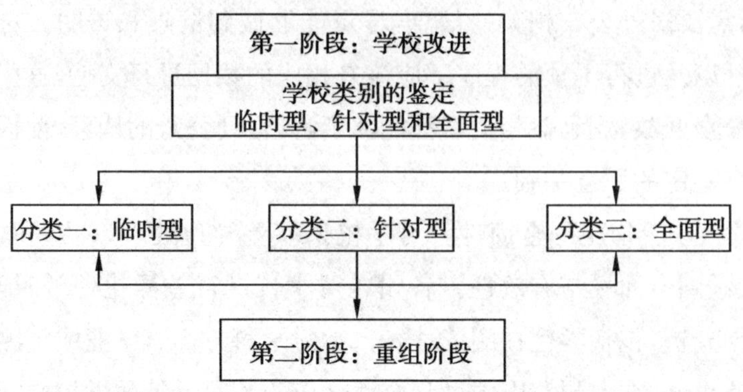

图1 学校改进阶段的差异化处理模式

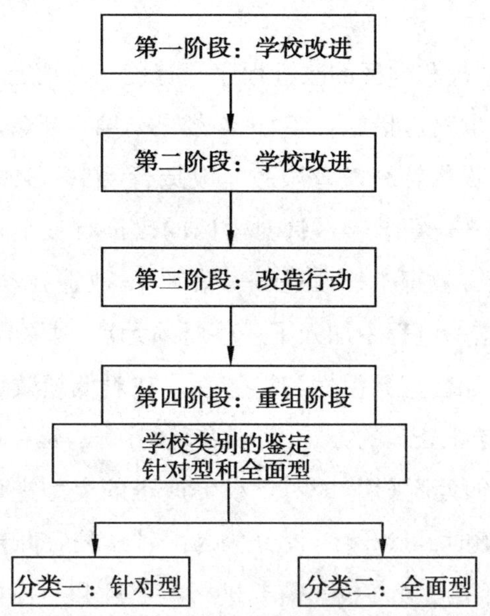

图2 学校重组阶段的差异化处理模式

(四) 结语

关于均衡发展的探讨由来已久，美国学者罗尔斯在《正义论》中提到了正义原则与差别原则，通过差异性的应用达到实际上的平等与均衡。促进中小学的均衡发展也是社会正义的需求，正如NCLB法在序言中所说的："如果我们国家不能履行其教育每一个儿童的职责，我们就可能在其他领域失败。但如果我们成功地教育了我们的青年，那么其他的成功就会在整个美国和我们生活中随之而来。”差异化绩效责任制的建立既是对原有绩效责任制的完善，也是推进均衡化发展进入高水平阶段的新举措。对学校或者学区采取差异化处理的原则，针对不同的起点与问题，调集有限的资源进行集中性改进。这种机制抛弃了统一化的改进模式要求，继续强化学业改善的标准，力图实现更高层次的均衡发展，标志着美国中小学均衡发展达到了新的高度。但是在实施的过程中，也会像以往一样，遇到若干类似的问题。例如，评价学校做出改进指标的有效性，绩效责任体制中各种主体享有权利与履行责任的对等性，学校内部与外部绩效责任制的结合性，这些问题需要各种主体相互合作和配合，才能得以有效解决。

参考文献：

［1］［5］Differentiated Accountability：A More Nuanced System to Better Target Resources［EB/OL］. http://www.ed.gov/nclb/ accountability/differentiated/factsheet. pdf. 2008—12—20.

［2］［3］［4］Department of Education. Secretary Spellings Approves 6 States' Differentiated Accountability Proposals［EB/OL］. http://www. ed. gov /admins/lead/account/differentiatedaccountability/index. html. 2008—12—20.

［6］Peer Review Guidance for the NCLB Differentiated Accountability Pilot Application［EB/OL］. http://www. ed. gov/policy/elsec/guid/daguidance. doc. 2008—12—20.

（本文发表于《比较教育研究》2010 年第 5 期。作者白华，时属单位为北京师范大学国际与比较教育研究院）

四、《义务教育标准法》与日本义务教育的均衡发展

日本的义务教育在第二次世界大战后的半个世纪内实现了全国范围内相对均衡的发展，与中央政府高度负责的行政与财政体制（如中央集权的教育行政体制和义务教育费国库负担制度）、全国统一的教育标准（如《学习指导要领》）、以都道府县（以下统称为“县”）为单位的广域管理体制（如被称为“广域人事”的全县教师统一配置体制）等很多支撑性体制都密切相关。本文所关注的，仅是1958年颁布的《公立义务教育诸学校的班级编制和教职员定数标准法》（简称为《义务教育标准法》或《义务标准法》，以下统称为《义务教育标准法》）在日本义务教育均衡发展中所起的作用。

《义务教育标准法》颁布以后，日本学界就开展了关于该法的研究。近年来，日本社会的巨大变化导致的“平等神话”的破灭、日本教育改革的深化所导致的对该法存改废的争论，又引发了日本学界对《义务教育标准法》的研究兴趣，并出现了一些新的研究成果，丰富了学界关于义务教育均衡发展保障机制的认识。本文将在日本学界相关研究的基础上，对《义务教育标准法》的制定背景、基本内容以及它在日本义务教育均衡发展中的作用加以简要的分析。

（一）《义务教育标准法》颁布的背景

日本虽然早在20世纪初就普及了6年义务教育，但地区差异一直很大。第二次世界大战结束后，日本虽然在美国的主导下将义务教育延长至9年，但地区间发展的不平衡问题却依然未能解决。

从教育经费上看,这种不平衡表现得非常明显。表1表明,1949年至1953年小学人均教育经费最高的地方与最低的地方数额差距通常为两倍,初中的差距虽然没有小学那样大,但离散度也非常高(详见表2)。造成各地教育经费巨大差异的原因首先是各地财政状况不均衡,当时教育经费约占地方财政的30%,其中80%为义务教育经费。[1]

表1　日本1949~1953年小学人均学校教育经费的离散度

年度	最高额(地名) 单位:日元	最低额(地名) 单位:日元	平均额(A) 单位:日元	标准差(B) 单位:日元	变异系数 B/Ax100
1949	7 558(福井)	3 630(埼玉)	4 912	863	17.57
1950	9 526(东京)	4 624(茨城)	6 097	986	16.22
1951	11 905(东京)	5 944(茨城)	7 766	1 317	16.96
1952	14 421(东京)	7 661(茨城)	9 932	1 500	15.10
1953	16 421(东京)	9 723(茨城)	12 248	1 663	13.58

出处:伊藤和衛『教育の機会均等——義務教育費の財政分析を中心として』、世界書院、1965年、466頁。转引自苅谷剛彦『教育と平等——大衆教育社会はいかに生成したか』中公新書、2006年、149頁。

表2　日本1949~1953年初中人均学校教育经费的离散度

年度	最高额(地名) 单位:日元	最低额(地名) 单位:日元	平均额(A) 单位:日元	标准差(B) 单位:日元	变异系数 B/Ax100
1949	12 733(静冈)	7 445(三重)	9 166	1 245	13.58
1950	14 094(东京)	8 702(栃木)	11 166	1 189	10.65
1951	17 543(鸟取)	9 932(栃木)	13 451	1 741	12.94
1952	19 010(滋贺)	11 139(栃木)	15 095	2 236	14.81
1953	20 581(鸟取)	12 302(鹿儿岛)	16 650	2 062	12.38

出处:伊藤和衛『教育の機会均等——義務教育費の財政分析を中心として』、世界書院、1965年、466頁。转引自苅谷剛彦『教育と平等——大衆教育社会はいかに生成したか』中公新書、2006年、149頁。

这种状况,必然导致义务教育的质量也存在很大差异。如根据文部省在

1953年至1954年所进行的调查，每年授课天数在131天至140天的小学占0.8%，141天至150天的小学占0.2%，151天至160天的小学占2.3%，161天至170天的小学占1.0%，171天至180天的小学占2.3%，181天至190天的小学占3.0%，191天至200天的小学占9.6%，201天至210天的小学占10.9%，211天至220天的小学占11.9%，221天至230天的小学占14.4%，231天至240天的小学占23.3%，241天至250天的小学占10.4%，251天至260天的小学占1.8%，还有8.1%的小学未回答这一问题，授课最多与最少天数的差距竟接近两倍。[2]当时各校拥有教师资格的"正教员"的比例差异更为悬殊，有的学校的"正教员"高达90%以上，而有的学校这一比例不足10%。[3]从各地班额的情况看，岛根县规定小学1年级班额在50人以下，是班额最小的，但有18个县的班额在60人以上，其中有两个县为64人。[4]在这种情况下，学生的学习成绩也表现出明显差异，文部省认为，导致教育质量差异的一个重要因素是经费不均衡，并下结论说："除了少量例外，人均教育支出越增加，则学生的学力也越高。"[5]

针对上述义务教育发展的不均衡状况，日本制定了各种法律加以应对，如1952年制定了《义务教育费国库负担法》，恢复并完善了一度中断的义务教育费国库负担制度，提升了中央财政对义务教育的支持力度；1958年制定了具有强制力的《学习指导要领》(此前仅为试行)，作为教育内容上的国家标准。前者是支持性的，保障地方享有更多的权利；后者是规范性的，促使地方履行国家所要求的义务。

(二)《义务教育标准法》的基本内容

《义务教育标准法》也是在上述背景下作为一种应对措施而在1958年出台的。从这一法律的名称——《公立义务教育诸学校的班级编制和教职员定数标准法》就可以了解，这里所说的标准，仅指班额标准和教职员编制标准。

从班额上看，日本在历史上有过为提高教育质量而下调班额的经历。在明治时期，日本曾规定寻常小学的班额为70人，但实际上容忍到100人；高等小学的班额为60人，实际上容忍到80人。1941年以后，日本将小学初等科的班额下调至60人，小学高等科的班额下调至50人。[6]第二次世界大战结束后，为了确保教育质量,《学校教育法》施行规则将小学与初中的班额统一调整为50人,但是战争导致的财政匮乏以及第一次出生潮的到来,使日本班级人数超员的情况普遍存在,社会把这种人满为患的班级形容为“捏寿司式的班级”。《义务教育标准法》的出台正有解决这一问题的意图。该法再次明确了50人班额的基本标准(复式班级的班额根据年级跨度的不同由20人至35人不等,特殊教育班级的班额为15人),但考虑到当时的现实情况,法律又允许这一目标可根据政府规定的暂定标准渐次达成。因此,实际上根据文部省颁布的关于义务教育班额与教职员编制的5年计划(后来统称为《教职员配置改善计划》),从1958年开始,小学班额由60人逐年下调,1959年为58人,1960年和1961年为56人,1962年为54人,直到1963年达到法律所规定的50人目标;而初中则从1958年的55人开始下调,1959年和1960年为54人,1961年为53人,1962年为52人,到1963年下调至50人[7]。也就是说,在5年内实现《义务教育标准法》规定的50人班额的目标。

从教职员编制看,《义务教育标准法》提供了以班级数为基础的法定算式。根据这一算式,当班级数确定后,学校所需的教职员编制就可以随之确定,各县可以据此再计算出全县的教职员编制数。根据该法的第七条规定,各县公立小学的法定教职员数为以下各项之和:(1) 班级总数乘以1所得之数;(2) 不同规模之学校数乘以相应系数所得之数(规模在6至17个班的小学,系数为2;18至30个班的小学,系数为4;31至42个班的小学,系数为5;43至54个班的小学,系数为6;55个班以上的小学,系数为7);(3) 5个班及以下的学校数乘以政令所定之系数;(4) 儿童总数乘以1/1,500所得之数(小数计为1)。第八条规定各县公立初中的教职员数为以下各项之和:(1) 班级总数乘以4/3所得之数(小数计为1);(2) 不同规模之学校数乘以相应系数所得之数(2个班以下的学校,系数为1;3至8个班的初中,系数为2;9至20个班的初中,系数为3;21个班以上的初中,系数为4);(3) 学生总数乘以1/2 000所得之数(小数计为1)。如果略作解释的话,在关于小学教职员数的规定中,(1) 是计算包班教师数。由于小学通常实行包班制,有多少班级,便有多少包班教师;(2) 是计算包班教师以外的教师、职员和校长的人数;(3) 是对小规模学校的特殊规定;(4) 是计算特殊教育教师数。在关于初中教职员数的规定中,(1) 是算定学科教师数。初中通常实行分科制，按每3个班需要4个学科教师的标准计算；(2)是计算所需辅助教师、职员、校长的人数；(3)是计算特殊教育教师的人数。可见，当时所定的这个计算标准还是很苛刻的，即使达到这个标准，教职员编制也很少。

此后，《义务教育标准法》在各个时期又被多次修改，一方面不断下调法定班额，如从1964年开始推行45人班额，从1980年开始推行40人班额；[8]另一方面，关于教职员编制的算式也在不断调整，如不同班级数量的学校的系数的规定更加细致；如对寄宿的情况加以特别规定等，算式的调整也使教职员编制数不断得到提升。

由此可以看出，《义务教育标准法》的内容相当简单，仅仅是规定了法定班额和各县教职员编制。那么，这样一部非常简单的《义务教育标准法》如何促进了义务教育均衡的发展？

(三)《义务教育标准法》促进义务教育均衡发展的机制

正是由于《义务教育标准法》的内容相当简单，因此它如何促进了义务教育均衡发展这一问题，多年来被认为并无多少讨论的空间。但近年来，日本学界逐步揭开了它的面纱。

班额的标准化是各县义务教育趋于均衡的重要手段。《义务教育标准法》把班额作为衡量教育质量的重要标准，以此制约班级人数超员。在法律颁布前的1957年，有18个县的小学班额高达60人以上，而有4个县的初中班额在60人以上，到了法律颁布的第2年(1959年)，只有2个县小学班额仍然超过58人的暂定标准(北海道为60人，长崎为59人)，只有8个县的初中班额超过54人的暂定标准(其中岛根县为56人，其余7个县为55人[9]，60人以上的超大班级从此消失。从表3可以看出，1958年以来，日本义务教育阶段的生师比持续下降，教育质量明显得到改善。除了经济发展、人口下降等其他因素，《义务教育标准法》不断下调班额的作用是不容忽视的。

表 3 日本 1958～2000 年教职员配置改善计划的效果

年度	学生数(千人)		平均班级规模(人)		生讲	F 比
	小学	初中	小学	初中	小学	初中
1958	13 492	5 209	44.34	44.53	37.07	27.80
1963	10 471	6 963	37.68	44.06	30.78	28.31
1968	9 383	5 043	33.43	37.93	26.36	21.88
1973	9 816	4 779	32.70	36.99	24.98	20.59
1978	11 146	4 048	33.27	37.34	25.00	20.38
1979	11 629	4 966	33.66	37.16	25.30	20.18
1991	9 157	5 188	29.19	34.13	20.58	18.08
1992	8 947	5 036	28.99	33.95	20.30	17.81
2000	7 366	4 103	27.11	32.40	18.07	15.93

出处：岡田典子、山崎博敏、田中春彦「戦後における小中学校の学級規模の縮小—教職員配置改善計画の政策効果分析—」、『広島大学教育学部紀要』第三部第 49 号、2000 年、47 頁。

《义务教育标准法》降低了义务教育阶段的班级规模，特别是制约了超员现象，但这似乎还不能说明这部法律与“均衡”的关系。实际上，《义务教育标准法》起到了一个出人意料的作用，那就是促进了各地义务教育经费的均衡化。

为了说明这一问题，还需提到 1952 年制定的《义务教育费国库负担法》，该法规定国家将负担义务教育学校的教职员实际工资(包括津贴)的二分之一。《义务教育标准法》的颁布，更为国库负担提供了一个可操作的标准。也就是说，中央财政对各地的拨款是基于各地教师的数量，而各地的教师数量是根据《义务教育标准法》以班级数为基础计算的。在理论上，如果各地的班级规模均能与法定班额一致，那么国家负担的生均消费性教育支出(主要是教师工资)也应该趋于接近。

但更加出乎人们意料的一个结果是，在日本各地财力普遍增长、出生潮过后学龄人口下降以及落后地区人口偏少等各种因素交织作用下，越是落后地区所获得的中央财政转移支付就越多。根据苅谷刚彦教授的研究，《义务教育标准法》颁布以后，各地财力指数与人均消费性教育支出之间的关系就开始发生变化，进入20世纪70年以后，这两者之间开始由正相关变为负相关，即财力指数越高的地方，人均消费性教育支出就越少；而财力指数越低的地方，人均消费性支出就越多。他还以2005年的数据为例，指出小学生均教育经费最多的5个县（岛根、高知、鸟取、山形、岩手）都是财力指数的弱县。[10]

出现这种情况，首先与1963年《义务教育费国库负担法》发生的重要变化有关。1963年，日本决定将拨款方式由原来的“实员实额制”改为“定员实额制”。所谓“实员实额制”是指按各地实际教师人数和实际支付工资的一半拨款；而“定员实额制”是指，如果教师实际人数超过了法定的教职员编制，那么超出部分完全由地方负担；如果地方的实际师人数低于编制人数，则按实际教师人数负担。这一重大措施的目的，一是遏制相对富裕的地区通过增加教师以获取更多的国库支持的倾向；同时则鼓励财力相对较弱、教师数量偏低的地区尽量增加教师，以获得更多的中央财政的支持。这一措施显然对于义务教育经费的均衡化分配具有有益影响但这一措施还不足以解释越是强县生均教育经费越少、越是弱县生均教育经费越多的问题。要解释这一问题，还需回到《义务教育标准法》的相关规定上来。需要注意的有两点：第一，《义务教育标准法》只规定实际班级规模不得超过法定班额，但对于低于法定班额的情况未作规定；第二，该法所规定的教师编制不是以法定班额为基础的，而是以实际的班级数为基础的。换言之，实际班级规模的大小与教师编制数关系不大。这样一来，如果班级越多，则教师越多，教师越多，则所获国家支持的人头费就越多。那么如果每班的实际学生数越是低于法定班额，则生均所获的中央财政转移支付就越大。实际上，正是相对落后的地区班级规模偏小，导致了生均教育费偏高的结果。落后地区一般人口偏少，人口密度较低，从学区制的角度看（日本规定原则上小学通学范围在4千米以内，初中通学范围原则上在6千米以内），这些地区的学校数偏多，但班级规模普遍偏小，大大低于法定班额。相反，那些经济相对发达的地区如埼玉、千叶、静冈、福冈、爱知、东京、大阪、京都等大都市圈的班级规模偏大，与法定班额较为接近。

“标准化”是日本义务教育均衡发展的重要途径，它包括办学条件的标准化、教育内容的标准化、教师资格的标准化等一系列内容，《义务教育标准法》与《义务教育费国库负担法》相联动，为中央财政拨款提供了可操作的标准，在颁布不到 20 年的时间里，日本各地生均教育经费就趋于平衡，甚至后来出现了落后地区生均教育经费偏高的局面（当然，本文的上述论据对于解释落后地区生均教育费偏高的问题还是不够的，因为除了《义务教育标准法》所规定的中央财政对教师工资的支付以外，还有《偏僻地区教育振兴法》所规定的其他措施对落后地区的倾斜等，但因篇幅所限，这些暂不作本文的考察对象），同时在经济水平发展、人口数量下降等诸多因素影响下，生师比也在不断下降，义务教育在实现均衡发展的同时，也提高了质量，实现了《义务教育标准法》第一条所提出的"以资义务教育水平的维持与提高"的目的。

参考文献：

[1] 市川昭午，林健久.『教育財政』[M]. 東京大学出版会，1972 年：328.

[2] 文部省.『わが国の教育水準』[R]. 1959 年：42—43.

[3] 文部省.『昭和 31 年全国学力調査報告書』[R]. 1957 年：270—271.

[4][6] 植竹丘.『義務教育標準法の成立と地方への影響」[J]、『東京大学大学院教育学研究科紀要』第 46 卷，2006 年：417.

[5] 文部省.『昭和 31 年全国学力調査報告書』[R]. 1957 年：255.

[7] 佐藤三樹太郎.『学級規模と教職員定数』[J]. 第一法规，1965 年：93.

[8] 岡田典子，山崎博敏，田中春彦.「戦後における小中学校の学級規模の縮小—教職員配置改善計画の政策効果分析一」[J].『広島大学教育学部紀要』第三部第 49 号，2000 年：47.

[9] 植竹丘.『義務教育標準法の成立と地方への影響」、『東京大学大学院教育学研究科紀要』第 46 卷[M]. 2006 年：417—418.

[10] 苅谷剛彦.『教育と平等』中公新書[M]. 2010 年：153—170.

（本文发表于《比较教育研究》2011 年第 10 期。作者高益民，时属单位为北京师范大学国际与比较教育研究院）

五、21世纪以来俄罗斯推动义务教育城乡均衡发展的政策述评

新世纪伊始，俄罗斯即把推进国民教育的现代化作为新时期的重要战略任务之一。鉴于义务教育阶段是国民教育体系的中坚环节，所以保证这一环节的教育公平和教育均衡发展具有尤为重要的意义。与此同时，俄罗斯转型时期的各种不稳定因素以及社会阶层的加剧分化使苏联时期平衡分配、相对公平发展的教育格局发生了巨大变化，导致教育不均衡现象频生，因此而诱发的一系列矛盾与问题进一步加深。为了保证教育质量的整体水平有序提升，消除教育发展进程中的不平等现象，尤其是影响农村地区义务教育均衡发展的不利因素，便成为21世纪以来俄罗斯教育政策制定与实施的重要内容。

（一）俄罗斯推动义务教育城乡均衡发展政策的出台背景

教育均衡发展主要包括区域之间、城乡之间和群体之间的均衡发展。而在俄罗斯，教育在城乡地区差异方面尤为严重。第一，城乡经济、社会环境差异巨大。在俄罗斯，农村的经济与社会环境相较于城市一直处于劣势，经济发展落后、人口密度低、基础设施差、交通不便等问题严重。第二，城乡学校数量与规模的差异极为悬殊。俄罗斯的农村本来就因地广人稀而学校布局分散，学生数量过少，再加上近年来俄国总人口数量急速下降，农村人口向城市的流动幅度加大，农村学生的减少更为明显。2000～2001学年，俄罗斯农村小学总数为13 067所，其中学生数量低于10人的有5 604所，100人以上的仅有79所。[1]第三，城乡学校的教学条件不均衡。据统计，2002年，城市学校1～3年级教师

中具有高等教育文凭的占总数的60.3%，而农村地区仅为41.9%；68.9%的城市学校安装了计算机设备。而仅有37.3%的农村学校安装了计算机设备。[2]

但俄罗斯的农村教育在整个国民教育体系中占有十分重要的地位。以学校数量为例，2006～2007学年，俄罗斯日课制学校总数为5.85万所，其中农村学校达3.86万，占67%；在校学生共有1 430万，其中农村地区的学生有440万，占31%。[3]而且，在农村，学校是知识和文化的发源地和现代信息的集散中心，是唯一的施教场所，在整个社会文化系统中占有重要地位。鉴于俄罗斯义务教育城乡差距过大，且农村教育作用巨大，俄罗斯联邦出台了一系列相关政策推动义务教育的城乡均衡发展。这些推动义务教育城乡均衡发展的政策以《联邦教育法》为宗旨与基础，主要包括2001年俄罗斯联邦出台的《2010年前俄罗斯教育现代化构想》，2005年普京总统提出的《国家教育优先发展方案》(ПРИОРИТЕТНЫЙ НАЦИОН АЛЬНЫЙ ПРОЕКТ“ОБРАЗОВАНИЕ”)，以及2008年梅德韦杰夫总统提出的国家教育创新计划《我们的新学校》(НАЦИОНАЛЬНАЯОБРАЗ ОВАТЕЛЬНАЯ ИНИЦИАТИВНА《НАШАНОВ АЯ ШКОЛА》)。这三个政策的宗旨是保障教育的优先发展地位，促进教育的现代化和高质量发展。政策的重要目标之一是保证儿童不分地域获得高质量普通教育的平等机会。依据以上政策，政府出台了一系列具体政策与措施，力图改善农村教育质量，缩小城乡教育差异。

(二) 俄罗斯推动义务教育城乡均衡发展的政策内容与措施

俄罗斯推动义务教育城乡均衡发展的政策包括促进城乡的校际均衡、师资均衡和学生入学机会均等三个方面。与此相对应，其政策目标主要包括改善农村学校条件、提高农村教师地位、保障儿童受教育机会三个方面。

1. 改善农村学校条件

(1) 构建农村学校网络体系，优化资源配置。2001年，俄罗斯联邦出台《2010年前俄罗斯教育现代化构想》，[4]提出了多项具体措施，实施对农村地区教育的政策倾斜，致力于保障城乡教育的均衡发展，保障优质教育的可及性及儿童获得优质教育的机会均等。针对当时农村学校存在的人口数量持续减少、学龄儿童数量不足的问题，为实施资源的优化配置、保障充足的物质资源、满足发展的教育需求，俄罗斯联邦采取的主要措施是实施农村学校的结构改革，建立农村学校系统网络。2001年12月，俄罗斯联邦政府批准并颁布《俄罗斯农村学校网络结构改革》，提出在2002年～2010年期间对农村地区的普通学校实施结构改革。在保证普通教育机构集中与合作的基础上，更有效地利用物质技术、人才、经费和资源管理，使居住在农村地区的公民同样享有高质量的普通教育。[5]其具体措施包括：建立基本的农村学校网，保证期望获得中级和高级职业教育的学生获取足够的科学文化知识；在自然条件恶劣、交通不发达的农村地区建立远程教育中心；建立将普通学校与初级和中级职业学校、与补充教育机构及农村其他社会机构相联系的学校综合体；把学生人数极少的小学改为初中和完全中学的分校。[6]

据俄罗斯高等经济学院（ГУ-ВШЭ）的评估与预测，俄罗斯联邦在实施《俄罗斯农村学校网络结构改革》计划的3～5年内将节省10%～20%的预算支出。该计划的实施能够更有效地利用学校的资源，提高农村学校的教育服务质量，使学校成为农村地区的文化中心，使农村学生也能够接受高质量的教育，提高其在继续求学和工作中的竞争力。[7]2005年，为了保障俄罗斯教育发展的优先地位、保障学生不分居住地都能获得高质量普通教育的机会，俄罗斯总统普京提出了《国民教育优先发展方案》。该方案规定，2007～2009年，联邦政府拨款4亿卢布，致力于保障普通中小学的发展，继续贯彻实施农村地区普通学校的网络化改革。

(2) 优先发展农村学校信息化，改善教育环境。2001年，俄罗斯联邦教育部启动了《发展统一的教育信息环境(2001～2005年)》联邦专项纲要，为农村学校教育信息化的优先发展提供保障。计划分三个阶段建立统一的教育信息环境，为农村中小学提供计算机设备和程序，提高农村教师使用信息技术进行教学的技能被列为第一阶段的首要任务。该纲要总计投560亿卢布开展教育信息化工作，政府采取一系列有力措施，取得了显著的效果。2000年底时只有5%的农村中小学校配有信息技术设备。许多农村缺少基本的电话设施，难以保障中小学使用最普遍和最普通的电信手段，如电子邮件。但到2004年底，俄罗斯农村中小学的计算机供应已接近全部完成，每一所农村学校均配置了4～5台计算机，还开办了65个地方计算机网络中心用于教师培训等。[8]该纲要的实施促进了农村地区教学环境的优先信息化，使其教育过程的物质技术基础得到很大改善。

2005 年，《国民教育优先发展方案》规定，2006 年～2008 年，国家联邦预算每年投入 30 亿卢布，支持教学设备完善及教学环境的信息化。2008 年，梅德韦杰夫总统提出的国民教育创新计划《我们的新学校》中指出，学校组织实施活动需要完备的基础设施，包括有吸引力的学校建筑、符合卫生标准的现代化餐厅、新的礼堂和体育馆、媒体中心和图书馆、舒适的学习环境和医疗服务、成套的高科技设备，保障全球信息网络的访问，能够获取本地和外国的文化、科学和艺术的宝贵资源，满足高质量的补充教育、自我实现和创造性发展的条件。[9]这无疑是为农村学校教育环境的优先发展所提供的物质保障方面的政策导向。

2. 提高农村教师地位

(1) 改革薪酬制度，提高农村教师收入。农村学校的教育大纲具有独特性，教师的工作具有特殊性。在农村学校，教师与家长的联系更密切，教师的课外负担更重，教师利用科学技术需付出的劳动也更多，教师的社会责任自然更大。并且，除了担任教学工作外，许多教师还担任校长、总务主任等职。但根据以前的薪酬制度，教师只能按照其课时量多少取得相应的工资。2002 年起，教师薪酬制度开始由统一的工资表制度（ETC，Единая тарифная сетка）向行业工资体系（OCOT，Отрасл евая система оплаты труда）过渡，教师工资的多少更多地取决于其学历的高低、教学和科研工作的年限以及技能的高低。改革向积极的方面推进固然值得肯定，但是这种固定的等级工资体系主要取决于教师的课时量，对于农村教师来说十分不公平。

在《国民教育优先发展方案》的框架下，2007 年 10 月 22 日，联邦政府出台了新的教师薪酬制度（HCOT，Новая система оплаты труда）以代替现行的统一工资表制度。新制度规定，教师的工资包括基础工资和激励工资两部分：基础工资由课外的教学活动构成，占总额的 60％；激励部分主要取决于劳动的质量和成果，占总额的 40％。[10]实行新的教师薪酬制度的目的是提高教师的工资水平，提高教师的社会地位，吸引年轻人才进入教育领域工作。教师劳动报酬标准的改变对于农村地区教师的意义尤为重大。因为许多农村教师是多学科教学的能手，除了教学还兼任教务、管理等工作，新的薪酬制度保证了教师所能从事的各种工作活动都劳有所得,有利于提高农村教师的工资收入。

(2) 修改教育法案,增加农村教师福利待遇。自从1992年《联邦教育法》规定给农村教师提供免费住房等条件保障开始,国家制定了许多政策为农村教师提供更多的额外保障与优惠。2004年,联邦政府对《联邦教育法》做出修改,给农村地区的教育工作者以生活条件和公共服务方面的优惠,并用资金的方式予以补贴。为改善农村教师的生活条件,俄联邦国家杜马在2010年1月14日讨论通过了《关于教育工作者社会保障措施的俄联邦法案修正案》,进一步完善了农村教师的社会保障制度。该法案明确规定:1) 在农村地区生活和工作的教师享有免费的住房及照明、取暖等社会保障措施。2) 各项措施将惠及教师的所有家庭成员,不论其劳动能力如何。3) 各项措施的经费支出由俄联邦政府保障,各联邦主体在任何情况下都不能降低为农村地区的教师所提供的福利待遇。4) 在农村地区工作不少于10年的教师将获得联邦政府发放的养老金。[11]一直以来,农村教师的社会保障措施经费由各联邦主体承担,但实施过程中却出现了推卸责任等问题,因而国家杜马开始讨论由联邦政府保障经费的议题。俄罗斯也一直根据现实情况的变化对法案不断修改,以保障教师的福利与优惠待遇。

3. 保障儿童受教育机会

(1) 启动农村学校的校车计划。俄罗斯的农村地广人稀,存在大量少于10名学生的小型学校。这种小型学校的运行成本与教学质量很不成比例,因而俄罗斯进行的农村学校结构改革合并了许多小型学校。这导致许多学生因离学校很远,往往需要花费几个小时才能"就近"到校上课。针对此种情况,为了提高全俄学生,尤其是农村地区学生优质教育的可及性,2005年普京总统在《国民教育优先发展方案》中提出俄联邦预算每年拨款10亿卢布,从2006～2008年分3年共拨款30亿卢布启动农村校车计划。随后,各联邦主体用俄联邦拨款购置了4 800多辆汽车,还用俄联邦拨款购置了5 000多辆校车,使136 000名学生受惠。[12]这也使许多偏远农村的学生能到有最先进的教学设备和强大教师队伍的中心学校去上学,从实质上提高了农村地区高质量教育的可及性。

(2) 延续并扩展免费午餐制度。俄罗斯的公立学校一直有为学生提供免费午餐的制度。这一制度对于保障农村学生接受优质教育的作用尤为重大。

为使所有儿童都公平地、高质量地获得免费午餐，2005年《国民教育优先发展方案》提出建立现代化的综合性俄罗斯学校的午餐体系。2008年和2009年联邦政府分别划拨500万卢布用于提高学校食堂运作的有效性，利用现代化的设备制作、储运食品，力求在2010年前实现100％的俄罗斯学生都能吃到符合儿童身体发展需求和卫生标准的优质营养平衡午餐的目标。[13]2010年3月，俄罗斯国家杜马一读通过了《关于私立学校有权获得学生午餐费用补贴的俄罗斯联邦教育法修正案》，法案中规定通过国家认证的私立学校有权在学生午餐费用方面获得国家财政补贴。给予私立学校补助金的范围、数量，由联邦各地方政府的最高执行机构从联邦主体预算中安排与划拨。显然，这一修正意向体现了对受教育权作为天然权利的尊重，保障了学生及家长按自身需要选择教育机构的自由。

(三) 俄罗斯推进义务教育城乡均衡发展政策的特点分析

基于独特的教育环境和社会文化环境，俄罗斯推进义务教育城乡均衡发展的政策也有其独特之处，包括力求兼顾政策的效率与公平目的，注重向农村的政策倾斜，力求多样化的教育均衡等方面。

1. 追求高质量的教育均衡

俄罗斯在教育现代化的框架下追求教育均衡，注重教育质量的提升和教育均衡发展的并举，力图兼顾效率与公平。21世纪以来，俄罗斯的教育均衡发展政策主要体现于《2010年前俄罗斯教育现代化构想》和《国民教育优先发展方案》两个大型方案中。这两个方案的主要目标都是为了促进俄罗斯教育的现代化进程，提高俄罗斯教育的整体质量。而保障每个儿童都有接受高质量教育的均等机会是其子目标之一，只有高质量的教育均衡才是真正的教育均衡，因而在提高教育质量的进程中保障教育均衡发展是明智的选择，特别是对于一直受平均主义文化传统影响的俄罗斯尤其具有重要意义。

2. 侧重教育公平的补偿原则

教育均衡发展的指导理念是教育公平，教育公平包括三个合理性原则：平等原则、差异原则和补偿原则。补偿原则就是罗尔斯提出的差别原则，即有利于社会之最不利成员的最大利益。俄罗斯推进义务教育城乡均衡发展的政策主要集中于对农村地区和弱势群体儿童的补助方面，主要体现了教育公平的补偿原则。俄罗斯教育学者付鲁明指出，教育公平可以区分为消极的教育公平与积极的教育公平。消极的教育公平即只提供同等的教育机会，不论教育结果如何；积极的教育公平是指保证每个人都享有与自身需求相适应的获得任何知识、教育和自我发展的可能性。[14]而俄罗斯的大多数城乡教育均衡政策体现了对农村地区的倾斜，给农村地区以优于城市的条件试图促进其获得与城市相同的发展，指向积极的教育公平。

3. 体现多样化的教育均衡

义务教育均衡发展至少包含三方面内涵。第一，为受教育者提供均等的受教育机会。即为每个学校提供大致相当的师资、校舍、教科书与相关资料、生均经费，以及公共的、统一的义务教育课程。第二，为受教育者提供获得学业成功机会均等的受教育条件。第三，促使每个受教育者获得最大限度的发展。[15]俄罗斯的一系列促进义务教育均衡发展的政策包括了以上三个方面，比如实施统一的免费午餐政策，保证全俄罗斯的儿童享有均等的接受教育的机会；保障农村学校的信息环境建设，缩小农村学校与城市学校的物质环境差距，从而为所有学生提供均等的受教育条件；在小型农村学校开展个性化的教学大纲，致力于使每个受教育者获得最大限度的发展。

应该说，俄罗斯发展农村义务教育、促进城乡均衡发展的政策取得了一定成效，但依然存在诸多问题。例如，小型农村学校设备不完善、师资力量弱，致使教育质量不能得到充分保证。政府实施的农村学校网络结构改革措施是将许多小型学校合并，让农村的学生尽量集中到城镇的中心学校读书，并为保障交通便利启动了农村学校校车计划。但事实上，由于路途遥远，仍有许多学生每天花数小时在路上，因而造成许多孩子们缺课甚至辍学，类似小型农村学校去留的这种矛盾还有许多。此外，由于转型时期的不稳定因素繁多，俄罗斯各个领域的政策落实都存在失衡、失范的现象，教育领域也不例外。因此，俄罗斯达到城乡义务教育均衡发展的目标依然任重而道远。

参考文献：

［1］［5］ о реструктуризации сети общеобразовательных учреждуний, расположенных в сельской местости. [DB/OL]. http://www. businesspravo. ru/Docum/DocumShow_DocumID_34237. html. 2010—05—23.

[2] статистика российского образования[DB/OL]. http//stat. edu. ru/scr/db. cgi? act=find&q=%E3%EE%F0%EE%E4+%E8+%F1%E5%EB%EE&x=26&y=10. 2010—05—22.

[3] Анатолий Бердашкевич. Государственная поддержка сельных школ: проблемы и перспективы. Народное образование,2008,(6):27.

[4] 肖甦,王义高. 俄罗斯转型时期重要教育法规文献汇编[M]. 北京:人民教育出版社,2009. 508.

[6] 肖甦,姜晓燕. 俄罗斯农村学校结构改革述评[J]. 比较教育研究,2003,(12):67.

[7] Татьяна Абанкина. персрективные модели сельныхшкол[J]. народное образование,2007,(4):72.

[8] Компьютеризация сельских школ завершена[DB/OL]. http//www. rian. ru/society/20041126/744250. html. 2004—11—28/2010—05—22.

[9] Национальная образовательная инициатива"Наша новая школа"[DB/OL]. http://mon. gov. ru/dok/akt/6591/. 2010—05—23.

[10] Ирина Абанкина. Нормирование педагогического труда в сельских школах[J]. народное образование,2008,(6):113.

[11] Перенесено обсуждение законопроекта о поддержке сельских учителей[DB/OL]. http://www. gazeta. ru/education/2010/01/14 _ n _ 3311730. shtml. 2010—01—16/2010—05—23.

[12] Закупка автобусов для общеобразовательных учреж дений, расположснных в сельской местности [DB/OL]. http://mon. gov. ru/pro/pnpo/avt/. 2007—07—13/2010—05—22.

[13] Экспериментальные проекты по совершенствовани ю организации питания в общеобразовательных учреждениях [DB/OL]. http://mon. gov. ru/pro/pnpo/pit/. 2007—11—30/2010—05—22.

[14] Фрумин И. Д. Основные подходы к проблеме равенства

образовательных возможностей[J]. Вопросы образования, 2006, (2): 22.

[15] 赵庆华. 义务教育均衡发展问题研究[D]. 东北师范大学, 2005. 12—13.

（本文发表于《比较教育研究》2011 年第 8 期。作者刘楠、肖甦，时属单位为北京师范大学国际与比较教育研究院）

六、公平与积极的反歧视:印度义务教育均衡发展策略透析

印度是一个多民族、多语言和多文化的国家。人口爆炸、种姓制度、性别歧视、家庭贫困等因素都严重制约着印度义务教育的均衡发展。面对上述种种难题,印度一直在努力追求包括教育在内的整个社会生活的平等、公平和社会正义。印度政府在促进义务教育持续均衡发展方面的探索、举措和实践对广大发展中国家不无借鉴和参考意义。

(一) 印度义务教育①均衡发展的现实挑战与政策理念

长期以来,印度中央政府和各邦政府非常重视学校教育设施的扩充和适龄儿童入学覆盖面的扩大。但是这种需求导向型的义务教育发展方式在努力满足所有儿童入学的同时,也在一定程度上忽视了地区平衡和社会平等等方面的问题。这首先表现为区域发展的不均衡。印度各邦在义务教育的发展速度、普及程度等方面存在很大的差距,而很多邦内不同县域以及城乡的差异更为显著。其次是校际发展不均衡。在印度学校体系中,处于最顶端的是隶属于中央中等教育委员会(CBSE)、印度学校证书考试委员会(CISCE)和国际文凭组织(IB)的学校,处于中间的是政府资助的隶属于各邦考试委员会的以英语为教学语言的学校,而处于底层的是缺乏有效管理的政府学校或地方学校。再次是群

① 印度学校教育系统中的初等教育阶段包括初级小学 1～5 年级(6～11 岁)和高级小学 6～8 年级(11～14 岁)。印度宪法提出的 8 年义务教育主要指的是初等教育阶段。

体发展不平衡。印度社会边缘群体主要包括表列种姓、表列部落和其他落后阶层。这些群体所处的不平等经济社会地位决定了其子女接受义务教育状况的不平衡。

独立后,印度政府在坚持推进公平和社会正义、保障所有人都能够获得和享受平等机会的同时,高度强调以补偿性和积极的反歧视作为一种基本理念,采取相应措施应对社会排斥和经济剥削问题。上述思想和理念在印度《宪法》、《1968 年教育政策》、《1986 年教育政策》及 1992 年修正案、《儿童免费义务教育权利法》等重大教育政策和相关教育法律中都得到贯彻和体现。目前,印度社会各界普遍认为,上述政策至少在形式上体现了民主和机会均等的精神。[1]

(二) 印度推进义务教育均衡发展的对策与措施

1. 义务教育区域均衡发展保障机制

(1) 县域初等教育计划(DPEP)。印度于 1994 年推出中央政府资助项目“县域初等教育计划”,其目的是促进地方能力建设,提升教育管理的水平,实现初等教育普及化的目标。其具体目标是:① 通过正规的初级小学或其他替代途径使所有儿童都接受小学教育;② 将初级小学阶段的辍学率降低到 10%以下;③ 使学生学业成就比基准水平提高 25%以上;④ 将不同性别和社会群体间的入学差异缩减到 5%以下。该计划所需经费的 85%由中央政府承担,15%由各邦政府承担。中央政府的份额主要通过国际社会的外部援助筹集。[2]

(2) 普及初等教育计划(SSA)。印度政府于 2001 年发起“普及初等教育计划”,其目标是到 2003 年使所有儿童入学;到 2007 年使所有儿童都完成 5 年初小教育;到 2010 年使所有儿童完成 8 年初等教育。[3]该计划采取的策略主要包括:通过体制改革提高教育系统的办学效能;各县按照普及初等教育计划框架制定县域初等教育规划;通过采取经济高效的新方法加强机构建设,尤其是加强国家教育规划与管理大学、国家教育研究与培训委员会、各邦教育管理与培训学院、县教育与培训学院等机构的建设;强调表列种姓、表列部落、少数民族群体、城市贫困儿童等处境不利群体,以及有特殊需求儿童的入学和就学问题。[4]该计划由中央和地方共同实施,所需经费由中央和地方共同承担,中央政府负责制定目标、规范和规划,各邦政府负责具体管理、规划以及筹集社会有关方面的资源。

2. 义务教育群体均衡发展保障机制

(1) 表列种姓和表列部落儿童义务教育举措。印度政府促进表列种姓和表列部落儿童义务教育发展的措施主要渗透在相关计划之中，主要体现为：免费提供各阶段学校教育的教科书和文具；为就读于政府批准的寄宿学校和贫民学校的学生提供免费校服；提供所有层次的免费教育；为表列种姓和表列部落学生提供宿舍和住宿设施；建立面向部落儿童的贫民学校。此外，有些邦还实施私立学校表列种姓学生奖学金、女生出勤奖学金、报销旅费、提供营养午餐等措施。除上述措施外，印度政府还在一些精英学校为表列种姓和表列部落儿童保留了相应比例的学额。例如，中央学校（KVs）按照15%和7.5%的比例为表列种姓和表列部落儿童预留入学学额，学生可以免费读到12年级。[5]

(2) 国家女童初等教育计划（NPEGEL）。2003年7月，印度政府推出为初等教育阶段处境不利的女童提供特殊支持措施—国家女童初等教育计划。其主要内容包括：在每个村落建立"模范学校"，动员社区力量监督女童的入学；编制适合女童的学习资料，向女童提供学习所需的文具、作业本、校服以及提供护送服务等。该计划主要在农村女性识字率低于全国平均水平和性别差距高于全国平均水平的教育落后乡镇，以及拥有5%以上表列部落/表列种姓人口和表列部落/表列种姓人口中女性识字率低于10%的乡镇实施。[6]

(3) 女生寄宿学校计划（KGBVS）。该计划于2004年8月启动，主要目的是在教育落后乡镇设立寄宿学校，确保高级小学阶段表列种姓、表列部落、其他落后阶级和少数民族等处境不利群体中的女生能够上学读书并接受有质量的教育。其主要内容包括：为50名以上来自表列种姓、表列部落和少数民族社区的女生集中设立寄宿学校，为寄宿学校提供基础设施；为这些学校提供必要的教学资料和援助；采取适当措施为女生提供必要的学习支持；鼓励并创造条件使女生家庭送其就读寄宿学校。该计划在实施上，根据规模将寄宿学校分为3种类型，并据此提供资助；在名额分配上，将75%的入学机会优先预留给表列种姓、表列部落和少数民族群体女生，其余25%的配额提供给贫困线以下群体中的女生。[7]

3. 义务教育资源均衡配置保障机制

(1) 操作黑板计划(Operation Blackboard Scheme)。该计划由《1986年教育政策》提出,并从20世纪80年代末开始实施,主要目的是提升初等教育质量,确保各小学配备有必需的物质设施和学习设备。后来,政府又对计划进行了调整。新计划要求:进一步向所有未辐射到的初级小学,特别是表列种姓和表列部落地区学校推进;加大计划实施力度,向有需要的初级小学提供3名教师和3间教室;向高级小学阶段延伸,向每所学校提供每个年级至少1间教室、1名教师,1间校长办公室、男女生独立的厕所,以及用于设备补充、消耗和维护的应急经费。[8]

(2) 教育保障及替代与创新教育计划(EGS/AIE)。该计划是普及初等教育计划的重要组成部分,其主要目的是使失学儿童得以接受初等教育。计划的实施策略包括:① 在1公里半径内没有正规学校的偏远居住区建立教育保障计划学校、替代学校、合同学校等不同类型的学校;② 为流动儿童提供干预措施,包括建立季节性社区宿舍,配备流动教师,在流动工人集中的地区设立学校,为流动期间未能上学的儿童提供返乡后补偿教育;③ 开设"衔接课程",为失学儿童接受相应年级的正规教育做准备;④ 为街头儿童、火车站儿童、生活在贫民窟和建筑工地的儿童以及从事餐饮、机械、家政等工作的儿童,提供衔接课程、补习教学中心、寄宿营、就学中心等具有针对性的、灵活的干预措施;⑤ 为12岁~14岁儿童提供为期12~24个月的寄宿教育,使其完成初级小学及高级小学教育;⑥ 为失学的青春期少女设立学习中心和扫盲中心,向她们提供生活导向教育及性别教育,以及有关法律救助、卫生保健、环境及女性问题的信息。[9]

(3) 营养午餐计划(MDMS)。为提高初级小学的入学率、巩固率和出勤率,为改善学生的营养状况,印度政府于1995年8月在全国范围内发起"国家初等教育营养支持计划"。2009年,印度政府对营养午餐计划进行了新的补充和完善,详细规定了伙食费用标准、厨师配备标准等。该计划覆盖的学生数从1995年32.2万所学校的3,340万人增长到目前126万多所学校的1.2亿人,成为世界最大的校餐计划。[10]

4. 义务教育师资均衡发展保障机制

(1) “代课教师”计划。20 世纪 90 年代中期开始，印度很多邦陆续实施了以低成本聘用受过专门培训的教师的“代课教师”计划，目的是以低成本的方式将学校教育推进到正规政府学校未能覆盖到的村庄，增加单一教师学校的教师数量，降低生师比。2002 年，印度代课教师的数量达到 22 万人，2004 年则达到 50 万人。[11]“代课教师”在资格要求上一般低于政府举办的初级小学的正规教师，其工资也只有正规教师的 20%～50%。“代课教师”计划由邦政府和非政府组织共同设计、组织和实施对培训人员的培训。例如，在拉贾斯坦邦的“教育工作者计划”(SKP)中，“教育工作者”通常需接受 37 天的培训，而后每年秋/寒假和暑假再分别接受 10 天和 30 天的培训。[12]

(2) 县教育和培训学院计划(DIETs)。1987 年 10 月，印度中央政府推出教师教育改革与重组计划，其中一个重要内容就是建立县教育和培训学院。县教育和培训学院的职能是开展各种层次的培训和继续教育活动，提供资源支持，开展行动研究；主要任务是为成功实现初等教育领域业已制定和实施的各项战略和计划，在基层层面上提供学术和资源支持；培训对象包括小学教师、校长、乡镇教育部门官员、县教育委员会和村教育委员会成员、社区负责人、从事教育活动青年和其他志愿者等，培训的内容包括教育学基本理论与教学法，小学阶段所涉的语文(2～4 门语言)、数学、环境研究(社会科学/自然科学)等学科。[13]

5. 义务教育教学质量均衡发展保障机制

印度保障义务教育教学质量均衡发展的主要举措是建立底线性的“最低学业标准”(MLL)。“最低学业标准”具有如下特点：可实现性，即所设定的学习目标必须是所有学生都能够达到的，应使 80%以上的学生至少掌握规定学习程度的 80%；可交流性，即最低学业标准对所有教师来说是可沟通的和有意义的，同时也要使非正规教育机构的教师以及家长和社区清楚；可评估性，即最低学业标准应有助于有效开展持续而全面的评估；学习连贯性，即最低学业标准从 1 年级开始按照递进的顺序规定每个年级所应掌握的能力；认知与非认知学习，即最低学业标准不仅规定了语文、数学和环境研究等认知领域的要求，对体育、工作实践以及音乐与艺术教育等非认知领域也做出了规定。[14]

(三) 印度义务教育均衡发展的经验与问题

1. 印度义务教育均衡发展的主要经验

(1) 注重非政府机构的参与。在印度努力实现义务教育均衡发展的进程中,非政府组织做了大量工作,其活动不仅限于草根民众的教育工作,更体现在通过发起国家教育讨论来推动教育发展。例如,非政府组织"粮食权利运动"就通过调动公众舆论以及施加社会压力,在各邦加快实施"营养午餐计划"上发挥了重要作用。此外,很多非政府组织还开展了大量小规模的教育现场试验,为检验特殊教育干预措施的成本效益提供了重要信息,也为政府的教育政策和革新举措提供了参考。非政府组织的活动还包括为辍学儿童重返学校而实施的"衔接课程"、组织女童和童工学习营,等等。

(2) 重视开展非正规教育。虽然印度在普及初等教育方面取得了很大成就,但正规学校系统仍不能满足所有需求,政府吸引儿童入学的措施也未完全奏效,因此非正规教育系统成为加速扩大入学、巩固就学的替代性措施。印度从第六个五年计划就开始重视为初等教育阶段儿童提供非正规教育,在教育落后的邦,非正规教育更是获得高度重视。非正规教育是在经济、社会条件受到限制的情况下,普及初等教育、扫除文盲和适应民主社会发展的现实需要,为学生提供了改善生活质量和发展职业能力的机会。

(3) 强化建立公私合作伙伴关系。印度政府在大力发展公立学校教育的同时,也非常重视私立学校在教育发展中的作用,特别强调通过间接提供经费资助或直接购买学额等方式建立公私合作伙伴关系,充分发挥了私立学校在扩大优质教育资源供给方面的作用。最近颁布的《儿童免费义务教育权利法》也重申要建立新型公私教育合作伙伴关系。该法提出通过"公私伙伴关系"等计划,以"教育券"的形式向私立学校提供资助,同时要求所有私立学校拿出25%的学额给处境不利家庭的学生。[15]

2. 印度义务教育均衡发展中存在的问题

(1) 发展目标的适切性问题。印度在独立之初就制定了10年内实现普及初等教育的目标。随着最后期限的日益临近,印度政府认识到实现该目标比预想难得多,不得不多次调整实现目标的时间表。正如印度官员所指出的,中央政府和邦政府在重新规划教育时要想获得成功，必须考虑到印度现存的物质条件和社会经济条件。没有理想固然不行，但理想成分过多只会造成目标与结果之间的不平衡。[16]对于印度目前所提出的时间表，联合国开发计划署官员桑托斯·迈罗塔(Santosh Mehrotra)认为，如果印度政府不投入更多的资源，提升公共支出的公平与效率，那么想实现 2007 年普及初级小学教育，2010 年普及初等教育的目标依然很渺茫。[17]

(2) 经费投入的充裕性问题。印度义务教育均衡发展经费保障方面的问题体现在经费投入总量和初等教育经费所占比例上。从教育经费投入总量来看，早在 1968 年印度政府就在教育委员会的建议下提出到 1986 年教育经费达到国民收入 6%的目标。此后，尽管印度政府反复重申这一目标但一直未能实现，实际上始终徘徊在 4%左右。印度公共教育经费在教育内部的分配也存在问题。在 1990 年以前，印度中央政府和各邦政府的教育经费有 25%～30%投向高等教育。过度强调高等教育的后果使印度背负上拥有全世界 1/3 文盲和全世界 1/3 以上失学儿童的负担。[18]有印度学者指出，如果最初 20 年对初等教育的经费投入保持稳定的话，那么印度今天存在的初等教育入学率低和大规模文盲的状况很可能会避免。[19]

(3) 教育分权的合理性问题。印度学者普遍认为，印度之所以一直未能实现普及初等教育等基本目标，主要是因为各种规划形成于较高的层级，规划制定者与执行者之间存在很大差距。印度现行的是三级教育规划管理体制。在国家和邦层面上，国家规划委员会和各邦规划委员会负责教育规划，并通过人力资源部及各邦教育部执行。但在县级层面上，印度并没有县级规划的机制，也就无从谈起规划能力。除了规划能力以外，印度县级政府自身不掌控任何资源无法独立实施任何项目。印度大部分项目都是由中央政府或邦政府资助的，县极度依赖于中央政府和邦政府的财政资源。而中央和邦政府提供的资源往往只能用于某些特定的活动。在这种制度安排下，即使县获得有关资源也无法将之用在议事日程中最为重要和紧要的问题上。

(4) 师资力量的充分性问题。师资问题是影响印度义务教育数量与质量均衡发展的另一症结所在。一方面，印度义务教育阶段师资不足的问题非常突出。很多邦学校的师生比都超过 1∶40。有些学校只有 1 名教师，师生比高达

1∶120。在一些偏远的地方，担任教师的通常是没有教师资格的当地人。[20]正如印度媒体指出的，在印度60万个村庄和不断增加的城市贫民窟中，所谓的“免费义务教育”实际上仅仅是由不具有教师资格的“临时教师”实施的基本扫盲教育。[21]

(5) 教育质量的可靠性问题。印度目前义务教育发展的重点主要放在普及与巩固上，还未真正进入并完成从数量增长到质量提升的转型，教育质量还存在很大问题。据印度国家教育研究与培训委员会进行的学生学业水平测验显示，5年级和8年级学生的整体学业状况远远不能令人满意。2005年独立的非政府组织(Pratham)在全国范围内对学生学业成果情况进行的抽样调查也表明，近35%的7岁～14岁年龄组的学生不能阅读简单的段落，约60%的学生不能阅读简单的故事，65.5%的7岁～14岁年龄组的学生不能解决简单的算术问题，47%的11岁～14岁年龄组学生不能解决2年级水平的算术题。[22]

参考文献：

[1][20][22] Vimala Ramachandran. Democratic Inequalities: The Dilemma of Elementary Education in India. In R. Cowen and A. M. Kazamias (eds.)[M]. International Handbook of Comparative Education, London and New York: Springer 2009, 670, 673, 677—678.

[2] N. V. Varghese. DPEP: Logic and Logistics[J]. Journal of Educational Planning and Administration, 1994(4): 449—455.

[3] Ranjana Singh. Rural Education in India[M]. New Delhi: Adhyayan Publishers & Distributors, 2009. 123.

[4] Ministry of Human Resource Development, Government of India. Sarva Shiksha Abhiyan: A Programme for Universal Elementary Education Framework for Implementation[EB/OL]. http//www. education. nic. in/ssa/ssa_1. asp, 2010—11—20.

[5] National Council of Educational Research and Training. National Focus Group on Problems of Scheduled Caste and Scheduled Tribe Children[EB/

OL]. http://www. ncert. nic. in/newncert/ncert/rightside/links/pdf/focus_group/position_paper_ on_sc_st. pdf8,2010—09—12.

[6] Ministry of Human Recourse Development. National Programme for Education of Girls at Elementary Education(NPEGEL)[EB/OL]. http://ssa. nic. in/girls-education/npegel/brief_NPEGEL_12Mar07. pdf/view,2010—12—06.

[7] Revised Guidelines for Implementation of Kasturba Gandhi Balika Vidyalayas(KGBVs)[EB/OL]. http://www. indg. in/primary-education/women-and-education/guidelines-for-implementation-of-kasturba-gandhi-balika-vidyalaya/,2010—12—06.

[8] J. C. Aggarwal. Education Policy in India:1992 and Review 2000 and 2005[M]. Delhi:Shipra Publications,2009. 123.

[9] Ministry of Human Resource Development, Government of India. Handbook for Education Guarantee Scheme and Alternative and Innovative Education[EB/OL]. http://www. education. nic. in/edu_guarantee. asp,2010—11—15.

[10] Ministry of Human Recourse Development. Mid Day Meal Scheme[EB/OL]. http://education. nic. in/Elementary/mdm/index. htm,2010—12—19.

[11] Geeta Gandhi Kingdon. The Progress of School Education in India [C]. Working Paper of Global Poverty Research Group of Economic and Social Research Council(ES—RC),2007. 26.

[12] Para Teachers[EB/OL]. http://www. Education for all in india. com/page154. html,2010—12—09.

[13] District Institute of Educational Training[EB/OL]. http://www. education for all in india. com/page112. html#_Functions_ of_a,2010—12—09.

[14] Jagannath Mohanty. Modern Trends in Indian Education[M]. New Delhi:Deep and Deep Publications Pvd. Ltd,2004. 405—407.

(本文发表于《比较教育研究》2011 年第 8 期。作者阚阅,时属单位为浙江大学教育学院)

七、南非推动义务教育均衡发展的主要机制与措施分析

为了切实保障“人人都有接受基础教育的权利”,[1]实现“纠正和公平”的目标,南非通过采取许多措施来推进学校教育的均衡发展。其中,采用“均衡分配公式”,制定“国家学校经费规范和标准”,确立“国家职位规定标准”,采取“免费教育行动”,以及实施“学校营养计划”等,是一些力度比较大、收效比较明显的具体机制和措施。

(一) 采用机制,努力实现教育经费的均衡分配

通过重新构建教育经费结构实现教育机会公平的目标,是种族隔离制度废除后南非所取得的一个主要成就。[2]南非在实现教育经费均衡发展方面的成绩是显著的,从1996年到2000年,对农村人口最多的省份的经费预算提高了30%。1995年,各省之间的不公平指数为34%,但到2001年,已经减少到14%。这种省际之间在经费分配方面的重要变化同样也被转移到了学校层面,学校的经费分配更加公平,最贫穷的学校受益最大。南非政府主要通过两个机制来促进教育经费方面的均衡分配,即采用均衡分配公式(ESF)和制定了“国家学校经费规范和标准”。

1. 均衡分配公式(Equitable Share Formula,ESF)

该公式根据国家收入中各省所占的份额对南非各省的收入进行分配,反映了几个省级变量,包括学龄人口规模和公立学校学生入学数量、教育和医院设施中对资金需求的分布、各省农村人口规模,以及根据贫困指标确定的社会保

障基金涉及的人口规模等。政府的均衡分配公式(ESF)通过建立在相对需要和需要解决事项的基础上在各省之间对全国收入进行分配,从而促进了各省之间的财政均衡和教育经费均衡。[3]

2. 国家学校经费规范和标准(NNSSF)

通过教育预算分配实现纠正的第二个机制是实施“国家学校经费规范和标准”。1999 年,“国家学校经费规范和标准”成为一项全国性政策,并于 2000 年开始实施。这项政策为建立在“需要”的基础上分配非人员经常性经费提供了一个框架,目的是使各省之间在学校非人员经费支出方面能够取得平等,并进行贫困纠正。[4]非人员经常性经费包括电力、学生的习题书、教科书、设备,同时也包括一些建筑物的非突发性维修等费用。各省教育厅需要制定一个“资源目标名单”,该名单根据学校的物质条件、可利用的设施、学校拥挤程度、师生比、基本服务的有效性以及学校周围社区的相关贫困程度等内容来对学校的办学资源状况进行总体排序。“资源目标名单”包括省内所有的普通公立学校,按照“需要”程度或者“贫困”程度对学校划分等级,在对学校划分等级时,“需要”因素和“贫困”因素同等重要。

第一,学校物质条件、设施和拥挤状况。通过采用“学校需要登记”的有关数据,省级教育部门能够根据一些指标创建学校索引,如学校物质设施的范围、学生与教室的比例、进行修理的整体状况与需求、基本服务的有效性等。这一因素的重要性占 50%。

第二,学校周围社区的相关贫困状况。通过采用人口普查、家庭调查或者其他一些数据,省级教育部门能够根据一些指标创建学校索引,如学校服务的社区中通电和安装了自来水管的家庭比例、学生家长的受教育水平以及其他一些类似的指标等。这一因素的重要性占 50%。

按照上面两个重要因素对学校划分等级进行排序后,省级教育部门必须把省内全部公立学校按照从最贫穷到最不贫穷的标准划分为五类,即五分位学校。根据五分位学校的分布状况,按照上面的资源目标表格来决定对学校生均经费的分配比例。因此,经费的分配将会建立在变化的生均经费基础上,以有利于人口中那些较为贫穷的群体。[5]最需要的和最大的学校将会在经费方面享受优先权。通过这种经费分配方式,公立学校中最贫困的 40%学校获得了省级学校非人员预算分配的60%，最贫穷的20%学生获得了35%的非人事资源，最富裕的20%获得了5%的资源。“国家学校经费规范和标准”的主要目标就在于把非人员经费重新分配给那些最需要的学生。

(二) 推出“公立学校资金、资源和费用评价行动计划”

通过努力，南非教育投入的不均衡状况得到了改善，但仍然存在许多问题。为了进一步确保财政资源和教育经费的均衡分配，南非教育部制定了政策草案和监控机制，并在教育投入和教育经费的筹措和管理方面，进一步进行调整。

1.《公立学校资金、资源和成本评价报告》

2003年1月，南非教育部完成了《公立学校资金、资源和成本评价报告》(简称《教育成本评审报告》)，随后议会通过了对教育成本研究的行动计划。“行动计划”决定从2003～2004财政年度开始，先从20%的贫困生入手，使3 000所学校优先受益。这两个文件将作为修订“国家学校经费规范和标准”的重要依据。修订后的规范和标准将确保40%左右的贫穷学校获得更合适的非人员经费，以便这些贫穷学校没有必要再收取学费。[6]“行动计划”的重点是要对现行的教育拨款和财务制度进行逐条审议，制定全国统一的生均公用经费拨款标准，降低学校收费标准，最终达到减少内陆省份和沿海省份的教育投入差距，将足够的教育资源配置给占学生总数40%的贫困学校。

2. 修正对学校贫困程度的测量方法

“国家学校经费规范和标准”规定，根据学校周围社区的家庭收入状况(占50%)和学校自身状况(占50%)两方面因素来确定学校的贫困程度，但根据《教育成本评审报告》及其他研究表明，将学校状况考虑在内将会造成贫困目标确定过程中的扭曲，因此，南非对这种测量学校贫困程度的方法进行改变，只考虑家庭收入因素。这种对贫困测量的变化与学校所需经费的水平相关性更大一些，从而也更有利于确保学校获得更为合适的经费分配。

3. 以国家级五分位来代替省级五分位，作为对学校经费的投入根据

按照省级五分位，Q1至Q5类学校所分配的资金占全部的比例依次为35%、25%、20%、15%和5%。这种分配方式遭到了批评，因为贫困人口的不同群体，尤其在Q1类和Q2类中，差距很大。根据2003年教育成本评审报告

的建议，南非对“国家学校经费规范与标准”进行修改，首先以国家级五分位来代替省级五分位，作为对学校经费的投入根据，确保全国范围内贫困程度相似的学生都能够获得相同的贫困倾斜投入，从而进一步缩短全国范围内的教育资源分配差距问题，而不只是省内均衡的问题。[7]根据2000年南非统计局数据，国家级五分位下各省不同类学校获得资源分配状况如表1。

表1　国家级五分位下各省不同类学校所获得的资源分配状况

	国家级五分位					
	Q1	Q2	Q3	Q4	Q5	合计
东开普省	34%	26%	18%	10%	11%	100%
自由邦	33%	20%	16%	14%	18%	100%
豪登省	7%	11%	18%	28%	35%	100%
夸祖鲁—纳塔尔	19%	22%	22%	21%	16%	100%
利普普省	27%	25%	22%	15%	10%	100%
玛普马兰加省	14%	23%	25%	21%	17%	100%
北开普省	18%	17%	21%	20%	23%	100%
西北省	20%	19%	23%	23%	15%	100%
西开普省	4%	10%	16%	29%	40%	100%
南非	20%	20%	20%	20%	20%	100%

(三)师生比均衡化是促进公平和进行纠正的关键驱动器

由于省级教育财政支出的88%左右都用来支付人事成本，人事分配尤其是教师，便成为各省教育均衡发展的一个关键驱动器。为解决师生比均衡化问题，南非制定了学校教师岗位的国家标准，对教师分配进行重新部署，加大对教师不足地区的教师分配力度。这些标准对于降低生师比例、保障那些历史上处于弱势地位的地区能够获得更多的教师岗位等具有重要作用，从而促进了不同地区、不同学校师生比的均衡化。在教师岗位规定的国家标准内，各省根据全国教师岗位规定模式的指导，来设置各省自己的教师岗位规定目标。自1994年以来，南非教育所取得的一个重要成就便是生师比由平均的47∶1下降为

2000年的34∶1。在那些从前处于弱势地位的地区,教师数量有了很大增长,从而在教师资源配置的均衡方面有了很大进展,这为促进义务教育总体的均衡发展做出重要贡献。

(四)采取行动与措施,具体推进弱势群体的义务教育

1. 对贫困学生采取免费教育行动

南非近几年注重强调采取免费教育行动,以切实保障义务教育的普及与发展。2003年,原教育部长阿斯马尔教授提出向最贫困的学生提供免费教育的提议,因为"政府有义务采取切实的措施,确保宪法赋予每位公民接受基本教育的权利不受侵犯"。

2003年6月17日,南非内阁通过了一项"行动计划",旨在不断提高所有人获得免费高质量基础教育的机会,尤其要为南非所有的穷人建设一个免费的高质量的学校教育体系。这意味着:学校的公共经费,尤其在那些学生比较贫穷的学校,必须充足以保证能够提供优质教育所需要的全部基本投入成本;任何学生,尤其是义务教育阶段的学生,都不应因经济上、身体上或者其他方面的障碍而无法就学。"行动计划"强调在接下来的3年(2004～2006)中,要确保南非最穷的40%的学生接受更高质量的学校教育;所有阻碍接受教育的机会,不论是距离问题、学费问题或者其他一些障碍,都最终要得到解决。从2004年开始,国家级1类(NQ1)和2类(NQ2)学校必须经过教育部同意后才能收取学费,收取学费的学校必须建立更为透明的学费确定过程。

2. 实行"全国学校营养计划"

南非为了同贫困作斗争,保障贫困家庭子女接受教育的机会不因饥饿而被否定,在小学开展了"全国学校营养计划"(NSNP),为那些来自贫困社区的儿童每天提供一顿午餐。该项目首先由卫生部负责,从2004年4月1日开始,NSNP的责任正式从卫生部转移到了教育部。实施全国学校营养计划,目的是提高贫困学校儿童的营养,应对营养不良问题,提高儿童积极学习的能力,并改善学校的出勤率。通过该项目,很好地保证了学校出勤率,并提高了学生的成绩。

为了进一步扩大项目的覆盖面,南非政府在2004年接下来的3年中进一

步加大拨款。2004 年,教育部的目标是要根据贫困优先的战略为 20%最贫困的学生提供营养餐。在 2004 年 4 月到 2005 年 3 月期间,该项目资金为 15 000 所学校中 500 万名学生提供营养餐。根据有关建议,2005 年有 8.38 多亿兰特用于 NSNP,2006 年有 9.12 亿兰特,2007 年将达 9.37 亿兰特。截止到 2004 年 8 月,15 000 所目标学校中有 85%已经开展了该项目。[8]

为了更好地推进学校营养计划,学校也会筹集更多的资金来支持计划的开展,同时,越来越多的学校开始在校园里种植蔬菜,以便提高学校营养餐的营养价值。这种由政府和当地社区、学校共同分担参与学校营养计划的方式被认为是克服一些组织问题的有效手段。南非政府在 2005 年的行动计划中强调会继续加大 NSNP 的实施力度,同时也呼吁广泛动员社会资源共同建立学校菜园,保障计划的顺利实施,并提高营养餐的质量。另外,南非将建立机制,使那些不在营养计划之内的学校能够申请资金为学校的贫困生提供午餐,以便达到为南非所有贫困生提供免费营养餐的目标。

3. 采取措施降低教育成本,减轻家庭负担,消除接受义务教育的障碍

对贫困家庭而言,尽管法律上有对学费进行减免的政策,但一些隐性的教育成本和一些其他必需的费用,对许多贫困家庭来说仍然是难以承受的负担。[9]为此,南非教育部采取各种措施降低教育成本,切实减轻家庭负担,确保贫困儿童接受教育的机会不被否定。

由于教科书仍然是一项主要的负担,教育部一方面通过生产过程降低制造成本,另一方面努力提高教科书的回收比例,重复利用,让贫困儿童不需要自己购买教科书。

校服作为家庭支付费用的主要项目之一,也由于其往往会增加家庭负担而引起了教育部的重视。2005 年 4 月 22 日,南非教育部在政府公报上公布了《关于学校制服的国家指导方针草案》。指导方针的目的就是"要确保校服规定的实施不会以任何方式阻碍教育机会,并且不会侵害公民的任何宪法权利"(第 2 条),指导方针规定,"所有的学校都必须为那些无法支付校服费用的家庭制定援助计划"。援助类型可以包括:学校向那些无法支付校服费用的学生直接提供校服;社区和商界人士提供校服或者捐赠校服资金;学校的学生家长一起工作为那些经济上处于弱势地位的学生提供校服;让那些将要离校的学生把校

服捐赠给将要入学的学生；或者从当地基金或捐赠财产中拨款来为那些不能负担校服费用的家庭支付校服费用等。[10]

在入学交通方面，省级教育厅自1994年便展开了各项计划，以应对上学交通问题。如开通校车、提供自行车等；同时教育部与交通部合作，希望形成可行的机制确保所有儿童不因入学交通困难问题而被否决教育机会。

（五）南非推进义务教育均衡发展的机制与措施对我国的启示

南非教育的不均衡发展是源于种族隔离制度下的教育体制所导致，在1994年新南非建立以后，南非推进义务教育均衡发展的力度非常大。应该说，12年来新南非教育改革的核心便是推动教育的均衡发展。通过对南非推动教育均衡发展的机制与各项措施进行分析，我国推进义务教育均衡发展过程中应突出以下几方面。

1. 贫困优先的策略是实现均衡发展的核心

公共教育资源的合理配置，是义务教育均衡发展的首要条件。南非的贫困优先策略在均衡配置公共教育资源方面发挥了重要作用。南非对全国的学校设置一个共同的“目标标准”，按照这个标准对所有的学校进行划分，对那些同“目标标准”有差距、有需求的学校进行倾斜投入，而且差距最大、需求最多的学校获得的倾斜投入越多，从而保障所有的学校都能够达到统一的“目标标准”，教育均衡发展的目标便会逐渐实现。

针对目前我国义务教育发展非常不均衡的状况，“贫困优先”的策略应该成为我国目前推进教育资源均衡配置的首要策略。贫困优先策略的真正体现，要从推动教育发展的各方面着手，包括教育经费的投入、师资力量的配置、课程的改革等。我国应建立义务教育阶段学校的“目标标准”，根据这一“目标标准”对现有学校的办学条件、各项资源状况等进行分析统计，根据学校与“目标标准”的差距需求对学校进行各项教育资源的分配。最需要的学校所获得的国家教育资源就要越多，而对那些目前各项条件和资源丰富、动员社会资源能力比较强的学校，则应该减少国家的投入，充分发挥学校自身动员社会资源的能力，以便让国家的投入更多地向那些落后地区、落后学校倾斜。

2. 对学校人员的均衡配置是实现均衡发展的重要机制

在推进义务教育均衡发展的各项资源中，学校人员的均衡配置是很重要的。对学校人员的均衡配置也意味着政府经费支出方向的重要转变。自1994年以来，南非在人员提供方面的公平性所取得的成绩是显著的，主要是通过制定了专门的教师岗位国家规定。岗位规定模式通过与向贫困倾斜的政策结合起来，在教学人员提供方面实现了更大的公平性。我国也应制定全国性的学校人员岗位规定基本标准，包括学校教学人员和非教学人员。在制定标准时，要注意统一性与灵活性的掌握，以利于全国标准在不同地区、不同学校的有效实施，推动不同地区、不同学校在教师资源方面的均衡发展。

3. 针对弱势群体采取具体行动和措施，是切实推进义务教育均衡发展的重要战略

采取免费教育，免除学费和杂费，只是确保我国义务教育普及的第一步，在此基础上，还应该更加注重阻碍义务教育普及的一些隐性因素和教育成本，如教科书问题、校服问题、交通问题、餐费问题等等。要根据不同学生、不同地区接受义务教育的具体阻碍因素，切实采取行动和具体措施，来消除这些阻碍因素，从而真正推动义务教育的普及发展。

参考文献：

[1] South African Schools Act，1996. 17(a).

[2][3][4] DoE. Education in South Africa：Achievements since 1994 [EB/OL]. Pretoria：Department of Education，South Africa. May 2001. 16，18，19.

[5] DoE（1998a）. National Norms and Standards for School Funding [EB/OL]. Pretoria：Department of Education，South Africa，p10.

[6] DoE. Annual Report 2003～2004[EB/OL]. Pretoria：Department of Education，South Africa，109.

[7][9] DoE. Review[EB/OL]. of the Financing，Resourcing and Costs of Education in Public Schools，March 3，2003. 64，84.

[8] South Africa Yearbook 2004/05,173.

[10] DoE. Draft National Guidelines on School Uniforms[EB/OL]. April22,2005. 4—6.

(本文发表于《比较教育研究》2007年第3期。作者丁秀棠,时属单位为北京教育科学研究院)

八、以教师流动促进教育均衡
——法国中小学师资分配制度探析

(一) 法国中小学教师入职及流动概况

在法国,资格证书是法国教师入职的必要条件。幼儿园及小学教师需要通过考试获得小学教师资格(CRPE)方能上岗。中学教师资格分为不同种类,包括中等教师资格(CAPES,持证者可以在初中或高中教授文科或理科)、技术教师资格(CAPET,持证者可以在初中或高中教授技术类课程)、中等私立学校教师资格(CAFEP,持证者可以在教育部认可的所有私立中学任教)、体育教师资格(CAPEPS)、高职1年级教师资格(CAPLP2),除此之外还有中等教师最高资格(Agrégation),取得该资格后除了可以在一般的初高中授课之外,还可以在"大学校"预备班(CPGE)或高级技术学员班(BTS)等高等教育机构任教。法国教师的身份为国家公务员,其工资、退休金及主要补贴均由政府发放。对不少法国年轻人来讲,教师这一职业相对较高的社会地位及稳定的收入具有相当的吸引力,每年都有不少人报名参加各类教师资格考试,竞争激烈。2011年,全法共有73 924人报名参加教师资格考试,37 520人出席,合格人数为7 029人,录取比例约为18.7%。[1]

法国教育属于典型的中央集权体制,其最为明显的特征之一就是教师的计划分配和流动。1963年，法国建立了义务教育的“学区制度”(Carte Scolaire)，①中小学生一律按照指定区域“就近入学”，中小学教师的分配流动也按照学区由教育部统一筹划。1984年法国教育法规定，新入职教师、借调回岗的教师、休产假等原因长期离岗又回岗的教师必须参加教师岗位流动分配，其他教师可自愿申请，所有教师的意愿都将得到受理与考察，政府有责任每年公示评分标准并保证过程本着公平、透明、合理的原则进行，师资配置的结果应保证国家教育的连续性、有效性、公平性，并向学生和家长负责。[2]因此，计划分配既指新教师的岗位分配，也包含老教师的流动调整，可以一次性实现全国的教师流动配岗。其程序首先是由教育部公布下一学年的岗位编制，然后由教师填写工作意愿并提交岗位申请表格，国家根据统一标准对教师打分，并根据分数调配师资。

这种计划分配的弊端亦显而易见，一方面，中央集权的师资调配往往过程不够透明，特别是年轻教师的意愿常常得不到重视，大部分新入职教师都被分配到了“问题学区”；其次，中央部门公布岗位编制的时间过早，许多学区不得不设立额外的临时岗位以应对学期中新出现的教学需求；另外，大部分教师都只会申请在学区内部调岗，每年大约只有30%左右的教师在第一志愿中申请调换学区，这就意味着教育部人事司每年处理十几万份岗位申请表，而这一工作的很大一部分仅涉及学区内部流动。21世纪初，法国政府开始对教师分配体制进行改革，新教师的岗位意愿得到了更好的关照，大部分教师，特别是幼小教师都被分配到原籍所在学区，因此再次申请学区调动的教师人数明显减少；同时教育部逐渐实行权力下放，将教师配岗分成两个阶段，首先是学区/省间流动(mutation interacadémique)，其次是学区/省内流动(mutation intra-académique)。教育部首先汇总各学区/省上一年的入学率、师生比等信息，然后根据教学大纲将教师岗位编制分配到各学区/省(一般情况政府会考虑适当提高贫困地区或社会问题较为严重地区的学校师生比)，此后教师就可以在规

① 法国教育行政单位有大区、省和市镇。学区的划分以省或城市为界限，全法共有35个学区(académie)，其中26个位于法国本土，9个位于海外领地。学区总部(rectorat)通常位于有关地区的最大城市，最高长官为学区区长。学区的主要职责是管理人事和国家财政预算，确保教育部的政策法规在地方的执行。中学教师的流动由学区负责，幼儿园及小学教师的流动则由省级单位负责。

定时间内登录网站建立个人档案并递交换学区/省的申请。在学区间配岗完成后,各学区区长与学监再根据本学区的教学需求和预算进行学区内的教师岗位分配。总之,教师分配、流动的宗旨是实现全国范围内合理的师资配置,同时尽可能满足教师本人的工作意愿,从而调动其积极性。

(二) 幼儿园及小学教师的分配及流动细则

法国教育法(1972 年法修订法第 4 条、1984 年法修订法第 60 条)[3]对幼儿园及小学教师的配岗做出了具体的规定。分配分为省际间流动(mutation départementale)和省内流动(mutation intra-départementale)两个阶段。省际间流动又包括一般流动(mutation)和补充流动(mutation complémentaire)。一般情况下,第 1 学期 11 月到 12 月为第一阶段,第 2 学期 3 月到 4 月为第二阶段。教师要在教育部规定时间内登陆网站填写岗位志愿(最多填 6 个志愿),打印签字后递送至所属学区的检察署(inspection académique),后者负责核对信息并呈递教育部统一处理,教师可以在网上随时了解个人申请的处理进度,并通过电子信箱、手机等方式获知最终结果(大约每年 6 月)。在省际间流动分配结果公布之后,配偶工作地点出现变动或家人出现伤残、大病等情况的教师,在出具所在省有关部门出省工作许可及其他证明文件后,可以接受一次补充流动分配。

幼儿园及小学教师的配岗打分标准主要有三项内容:首先是法定特权,包括工作地点靠近配偶①、个人身体残疾、现所在学校存在严重的社会问题或安全隐患,基于上述三种情况提出换岗申请的教师可以获得法律规定的优先特权;其次是个人职业情况,如工龄、岗龄;除此之外,孩子的住所、提出相同调动申请的次数等也被计入打分标准。下页表节选了法国教育部公布的教师换岗流动评分标准的部分内容。[4]

据法国官方统计数字,2010 年,法国幼儿园及小学教师中有 16 904 人(不含新入职教师的分配)参加了省际间流动,6 268 人的申请得到批准,其中 5 354 人申请调动的主要原因是希望与配偶的工作地点靠近(约 65.3%获准调动),

① 在法国,配偶的概念适用于结婚的人以及同居的人,对于同居的情况,当事人需要出具相关证明。

290人由于身体伤残提出申请(95.52%获准调动),1 366人由于现供职的学校存在严重的社会问题或安全隐患(27.16%获准调动)。[5]

省内教师配岗与省际间教师配岗的程序基本相同,只是其评分标准由各省参照国家标准自行制定。法国规定下列情况中,幼小教师必须参加省内教师流动:还没有被正式聘用的实习教师;离职一段时间重新回到工作岗位的教师;通过省际间流动进入本省的教师;刚刚通过某一新专业的培训和实习,并想在新专业谋取教职的教师;国家学区政策的特殊要求。

岗位确定后,法国教育部会给每位换岗的教师(包括第一次参加分配的新入职教师)提供一份无息贷款,以方便他们在新的省份安家。无息贷款的最高额度为3万欧元,除此之外,银行还会为这些教师提供其他的优惠服务。

教师换岗流动评分标准表

标准	条件及分数	条件及补充说明
靠近配偶	与配偶工作地点接近+150分; 有未满20周岁(截至每年9月1日)的孩子需要照顾+15分; 从第4个孩子开始每个孩子多+5分; 由于工作原因与配偶分开1年的教师可以+50分,2年的可以+275分,3年以上的可以+400分。	第一志愿在配偶工作所在省(不包括仍实习期内的工作); 如配偶的工作地址与家庭地址临近,教师也可选择配偶家庭住址所在的省。
工龄	截至每年8月31日工龄①段递增+7分	1、2、3工龄段均+21分。

① 法国国家规定基础教育阶段教师工龄共分为11段:工作3个月之内为第1工龄段,满3个月为第2工龄段,满9个月为第3工龄段,满1年为第4工龄段,满2年为第5工龄段,其他参看:unsen. cgt. fr/index2. php? option=com_content&do_pdf=1&id=37。

续表

标准	条件及分数	条件及补充说明
岗龄	在岗时间每1年+10分在岗时间超过4年的,每4年多+25分①	通过职称考试后岗位得到晋升的教师,即使转变学科仍可计算连续岗龄; 借调时间(包括借调到其他部委工作)可计入岗龄。
在加权岗位②供职	在提出调动申请时,已在当前学校和岗位连续供职5年以上(含5年)+300分	该评分标准只适用于省际间教师流动,省内教师流动评分标准则由各省负责人制定;另外,长期病假、参加教师培训、服兵役和休产假的时间不计入工作时间。
完成实习的教师	完成实习后第一次提出流动申请时+50分	第一次申请应在实习结束3年内提出,该加分只能使用一次。
申请到海外省③	+1 000分	
一级运动员	+50分	申请的职位与其从事的体育项目相关。

(三) 中学教师的流动分配细则

法国中学教师的流动配岗分为学区间流动和学区内流动两个阶段。具有中等教育资格的中学教师都可以提出调换学区的申请,但下属情况中,中学教师必须参加每年一次的学区间流动:

——刚刚获得教师资格证书的待分配教师;

——在高等教育机构完成实习的教师(如果在高等教育机构谋得教职则分

① 也就是说岗龄为3年的教师可以得到30分,岗龄为10年的教师可以得到10×10+25×2=150分。

② 法国政府为了鼓励教师到一些社会问题严重的学校或岗位工作,设立了有加权分的岗位。国家对教育优先区、反校园暴力特别区域和敏感区域中的部分学校与岗位列入加权的学校或岗位,在这些学校或岗位工作的教师在计算岗龄和工龄时会得到额外的加权分数。

③ 法国有4个海外省,分别是:瓜德鲁普、圭亚那、马尔蒂尼和留尼旺。

配结果可以取消）；

——被临时聘用的教师；

——在新喀里多尼亚、马约特岛、瓦利斯群岛和富图纳群岛、法属波利尼西亚供职的教师；

——在学年结束时，完成借调工作的教师；

——目前就职于私立学校或安多尔、欧洲学校等机构且想要回到法国工作的教师。

针对中学教师的流动，教育部也有专门的评分标准。标准同样涵盖法定特权和教师本人职业情况两方面内容，另外各个学区根据本学区个别学科的特殊师资需求还会有不同的加分项目。

这里还需要说明新教师的入职问题。如前所述，刚刚取得资格的新教师必须参加分配，而现实中，有些教师会被分配到问题学校。每年都有约 27％的新教师被分配到克雷泰伊和凡尔赛地区接替那些流动离岗的教师（他们一般在这些地区供职 4 年以上）。考虑到家庭的因素，没结婚的年轻人更容易被分配到那些不好的学区。2009 年，新教师中能按照第一志愿被分配的比例约为 59％，老教师则为 82％。[6]与幼小教师相比，中学教师在职业前期的岗位流动明显更为频繁（工龄不满 5 年的教师中大约有 3/4 会提出换岗申请），而随着年龄的增长，大多 40 岁左右的教师在经过 2～3 次岗位流动后都会稳定下来。另一方面，今天相当一部分年轻人表示愿意到“问题学区”工作，特别是如果政府能够给予他们某些优惠政策。2010 年，法国中学教师中共有 77 991 人提出了换岗申请（约占教师总数的 22.7％），其中 59 066 人参加了学区内流动，18 925 人参加了学区间流动。除了对新入职教师的分配之外，41％的教师完成了换岗。出现最多的申请理由是生活便利（42.38％）和靠近配偶（29％）。波尔多、雷恩、巴黎、图卢兹、蒙彼利埃、埃克斯—马赛、南特等地区是最受中学教师欢迎的学区。[7]

（四）出国任教及特殊岗位的流动

除了法国国内的岗位流动外，工作满 3 年的教师还可以申请出国任教。每年法国外交部的国际文化和科技合作项目都会提供不少教师岗位编制。另外，教师也可能被借调到某些国际组织或以国际志愿者的身份出国任教。法国外交与欧洲事务部下设专门机构——出国任教办公室(AEFE)负责这一事项。每年第1学期教育部都会对外公布海外岗位信息供满足条件的教师申请,在通过出国任教办公室的面试后,相关海外机构会向教育部提出借调请求。海外岗位的合同期限最长为6年,因此岗位对申请人的年龄有所限制(自签约起6年后不超过退休年龄),同时教师不能连续申请海外岗位,两次申请应至少间隔3年。

为保证欧洲各类机构工作人员子女受教育的问题,1953年,第一所欧洲学校在卢森堡成立,欧洲学校提供自幼儿园到中学的全程教育,目前已在荷兰、比利时、意大利等国建立了14所学校。具有教师资格证的法国教师都可以通过本学区(幼小教师向学区学监提出申请,中学教师向学区区长提出申请)提出到欧洲学校授课的申请。这类教师流动属于岗位调动而非借调,其合同期限最长为9年(试用期2年+第一次合同期限最长为3年+可以续约一次,最长4年)。另外,随着欧洲一体化进程的发展,越来越多的欧洲国家开始在幼儿园、小学和中学设立多语种、多文化的课程,教师在欧洲境内的流动亦愈加频繁。欧盟委员会在2007年建立了“夸美纽斯奖学金”,每年提供大约1 600万欧元用于促进教育机构的合作,法国中小学教师可以通过该项目到欧洲其他国家交流或参加培训。

法国的中学教师还可以申请到法国属国(法属波利尼西亚、新喀里多尼亚、马约特岛、瓦利斯群岛和富图纳群岛)工作,小学教师提出该申请则须具备附属中学和实验班授课资质(CAEAA)、师范教育资格证(CAFIMF)、特殊教育任教资格证(CAEI/CAPSAIS)或教育心理学学位。教育部每年会对外公布申请的程序和时间,一般情况下,任教合同期限为2年,且只能续约一次。

中学教师还可以参加特殊岗位的流动分配。特殊岗位主要是指“大学校”预备班(CPGE)、高中会计和管理专业(DCG)、国际班、高级技术学员班的部分专业、应用艺术专业、“戏剧表演、视听电影”等专业,其中“大学校”预备班的编制在特殊岗中占得比例最大(2009年占52%)。这些岗位的教师录用需要经过面试而不是评分。全国范围内的特殊岗位流动分配由教育部直接负责,与中学学区间教师流动的时间一致;学区内特殊岗位的流动分配则由学区区长负责,与学区内教师流动分配的时间一致。特殊岗位的申请同样需在网上完成,每名教师最多可以填写15个志愿。申请特殊岗位并不影响教师提出其他的调动申请,但一旦前者结果确定,后者就自动取消。

如前文所述,取得中等教育最高资格的教师可以申请在某些高等教育机构工作。每年高等教育机构针对中学教师的招聘时间是11月中旬到1月下旬,教师的相关资料、简历及求职信都会直接递送到相关的高等教育机构。被录用的教师每年要在高等教育机构完成384小时的指导课(TD)或实验课(TP),但其工资待遇仍参照国家规定的中学教师工资标准,如教师承担了额外的课时或行政工作,高等教育机构应做出相应补偿。

1988年法国教育法(88～654款)规定中学教师还可以申请大学助教(ATER)的岗位。助教每年需完成128小时的大课(CM)或192小时的指导课或288小时的实验课。助教编制通常为合同制,合同最长为3年,可以续签1年,每年4月到9月为岗位招聘日,申请人需自行向大学递交材料。自1999年起,中学教师可以在中学任教的同时在高等教育机构兼职,这主要是针对师范院校的某些特殊岗位或是高等教育机构在学期中间出现某些空岗的情况,兼职教师的工作量和薪金都相应减半。另外,自2000年起国家规定在高等教育机构任职的中学老师还可以申请攻读所在学校的博士学位。

此外,教师流动的方式可能是被借。比如,每年法国国防部都会对教师提供借调岗位。1995年1月,法国教育部与司法部达成协议,在每个区的劳教所中建立一所地区教育单位(UPR)以保证劳教人员受教育的权利,教师可以申请在UPR进行全职或兼职工作。每位教师在申请岗位之前都会经过面谈,相关人员会向其解释其工作的环境和对象。

(五)几点启示

教师的流动是为了实现全国范围内师资的均衡配置,促进社会公平的实现,法国中小学教师的配岗流动已形成一套较为成熟的机制,同时法国政府为了分配更为合理、透明,还积极致力于工作方式的改进。法国教师流动配岗虽具有明显的计划性,但教师本人意愿仍是分配中首要考虑的因素。每年,政府都花费大量的经费和时间用于处理每位教师的岗位申请,并扩大教师获取信息的渠道。2008年,教育部开设了专门的热线电话,并派专人负责解答教师提出的各种相关问题。

法国对于贫困地区和社会问题严重的学区也有政策倾斜。比如政府增加了“教育优先区”的教师岗位数量,增加了学生接受个性化辅导的学时,同时给在“教育优先区”工作的教师发放特殊津贴,教师在问题学区工作满一定年限提出转岗申请时还可以获得额外加分。

国际化发展是法国教师流动发展的新趋势。教育的全球化给教师提供了越来越多的海外培训、实习和工作的机会,而教师在国外的经历不仅可以使教师本人学习到国外先进的教学理念和方法、拓宽视野,而且可以促进本民族文化的传播。

当然,法国教师的流动体制绝非完美,比如新教师的学区分配仍存在不少问题,如何改革才能使国家师资实现合理流动、使其成为促进社会公平的积极因素,仍然任重道远。

参考文献:

[1] MEN. Repères et références statistiques sur les enseignements, la formation et la recherché[EB/OL]. http://media. education. gouv. fr/file/2011/01/4/DEPP-RERS—2011_190014. pdf. 2012—03—26.

[2] Code de l'éducation[EB/OL]. http://www. legifrance. gouv. fr/affichCode. do? cidTexte=LEGITEXT000006071191. 2012—03—26.

[3] MEN. Les informations clés sur la carrier d'enseignants[EB/OL]. https://guide-iprof. adc. education. fr/xmedia/L8416A60. htm. 2012—03—25.

[4] BO MEN. Mobilité des personnels enseignants du premier degree-rentrée scolaire 2010[EB/OL]. http://www. education. gouv. fr/cid49476/menh0924146n. html. 2012—03—25.

[5] MEN. SIAM[EB/OL]. http://media. education. gouv. fr/file/SIAM/45/1/. 2012—03—26.

[6] MEN. Personnels enseignants, d'éducation et d'orientation, promotion,

mutations, affections et détachements [EB/OL]. http://www. education. gouv. fr/cid22808/enseignants-infomobilite—810—111—110. html. 2012—03—26.

[7] MEN. Guide partique mutations 2011 phase interacadémique enseignants du second degree [EB/OL]. http://media. education. gouv. fr/file/SIAM/45/1/Enseignants-Guide-mutation-2nd-degre_160451. pdf. [2012—03—26.

（本文发表于《比较教育研究》2012年第8期。作者刘敏，时属单位为北京师范大学国际与比较教育研究院）

九、英国教育均衡发展政策理念探析

教育的均衡发展与公平理念密切相关,但又有所区别。与教育公平一样,教育均衡是一个相对概念。但是教育的均衡发展与教育公平又有所不同。教育公平强调的是机会、结果与状态的平等,而教育的均衡发展强调的是一种发展过程,是为了达到教育公平的目的,对相关政策、条件和资源的合理掌控与调配。因此教育的均衡发展更具有政策、运作、机制层面上的意义。在经济学上,均衡发展是指通过合理的资源配置,达到市场需求与供给的相对均衡,使经济中各种对立的、变动着的力量平衡,形成相对稳定的状态。因此均衡发展首先是一种发展类型,是在对狭隘的经济发展观批判基础上形成的一种新的发展观,是一种以人为本的发展观,充分体现民主和公平的发展观。这种发展不是一种单纯的增长与扩展,不是一般意义上的发展,而是体现均衡本质、充分兼顾到平衡、协调意蕴的发展。[1]均衡发展是在平衡合理的资源配置的基础上的发展,是全面、健康、和谐、可持续的发展状态。将这一理念运用到教育中,均衡发展就是每个学生在平等享有受教育机会、教育条件下的教育发展,即通过法律、法规确保赋予公民同等的受教育的权利和义务,通过政策制定与调整及资源调配,提供相对均等的教育机会和条件,以客观公正的态度和科学有效的方法,实现教育效果和成功机会的相对均衡。

既然是一种发展观,教育的均衡发展就十分强调与社会经济整体发展的密切联系,与国家的竞争力、社会的整体和谐、社区的包容与全纳密切相关。而教育公平则更侧重于强调其社会层面的意义,缺乏对国家整体发展的促进。由于其动态性、整体发展性、可持续性,教育的均衡发展不仅成为世界教育发展的潮流，而且成为实现教育公平的重要途径，进而成为教育现代化的核心理念。英国是目前世界上基础教育较为发达的国家之一，但是同样存在着区域之间、学校之间、社会群体之间在教育机会和质量上的不平衡问题。早在1965年，英国就针对区域之间、学校之间和不同社会群体之间在教育机会和质量方面的不均衡问题制定了“积极的区别对待”政策，在资源配置方面采取了积极有效的倾斜政策。但是这个时期的“积极的区别对待”只局限于社会公平方面的考虑。而1997年以来新工党以“第三条道路”为指导思想的教育发展观，对教育均衡发展的认识从过去单纯的社会公平的意义拓展到作为保持英国在全球化进程中的优势和社会重建与和谐社区建设的重要工具，形成了一整套区域之间、学校之间、群体之间均衡发展的政策。这些政策注重发展的整体和谐，也更加注重可持续性、发展性、动态性和可操作性。我们可以从以下理念来阐释英国1997年以来的教育均衡发展政策。

（一）全纳教育思想

“全纳”一词来自于英文的“inclusive”（包容），是针对其反义词“exclusive”（排斥）而言的。从本义来看，全纳的含义是“接纳所有的人，不排斥任何人”。“排斥”这一概念最早出现在社会政策中，被认为是改进社会政策的一个新的切入点。哈恩和马科斯威尔指出，“社会排斥将制度性过程置于贫困问题讨论的核心，排斥这一概念认为体制以及体制的运行者对于产生和强化剥夺具有至关重要的作用，进而对公共政策具有很大影响”。[2]柯比尔也认为，“排斥是一种制度性过程的结果，某些人被排斥是某些机构行为的结果，是权威的‘圈内’人的行为或行动所造成的”。[3]“排斥”触及到了不公平和不公正的核心问题，即制度性过程和行为，因此全纳教育理念首先要确定哪些人被排斥在外、哪些制度性机制和过程出了问题，强调通过制度性安排和过程将那些被排斥的人接纳进来。全纳教育理念意识到尽管有世界全民教育运动的支持，各国政府和有关机构仍然把教育重点放在容易实施的人群上，因而忽略了那些由于社会、经济、地理因素而排除在基础教育门外的人以及在教育过程中受到忽略和排斥的人。作为一种新的全民教育理念，全纳教育在西方国家官方的教育政策中得到了重视和体现，例如美国的《不让一个孩子掉队》法案。

以“第三条道路”为指导的布莱尔政府也将“排斥”和“全纳”运用到教育的均衡发展中来。布莱尔在1997年的讲话中提到，“与物质贫穷相比，社会排斥对自尊心的伤害更大，对整个社会的腐蚀大，也更容易代代相传”。[4]全纳教育思想集中体现在政府2003年颁布的绿皮书《每个孩子都重要》（Every Child Maters）以及针对弱势群体的相关政策中。在英国一系列针对社会群体的均衡教育政策中，首先要确定谁被“排斥”也就是处境不利儿童都包括哪些群体。英国在弱势儿童认定方面的一个主要变化是过去更多地强调从种族歧视和多元文化的单一视角进行分类，随着“全纳社会”理论研究的深入，对于处境不利儿童的认定更加细致，范围更加广泛，从多角度体现全纳的理念。2003年颁布的绿皮书《每个孩子都重要》对于弱势和处境不利儿童主要从家庭背景、行为、特殊需求、身体和智力状况等因素来认定，并且提出建立儿童数据库。其次是根据处境不利儿童状况制定相应政策和计划，例如，针对贫困儿童的“确保开端计划”，针对家庭状况不利所导致的儿童成长不利的计划，针对残障、智障、心理障碍、特殊需要儿童的政策与计划，针对行为问题（包括逃学、吸毒和不良性行为、青少年犯罪）的政策与计划。[5]

这些政策一个很重要的特点是注重整体性、可持续性、制度性安排和可操作性。为了缩小处境不利儿童与其他儿童的差距，这些计划都强调对儿童服务体系加以整合，对于各种资源和策略进行整合。整合的主要原因在于：首先，儿童的成长是全方位的，这就需要社会和社区各方面的合作；其次，处境不利儿童往往具有多种需求，将服务系统有效地组织起来，才能在不增加程序复杂性的情况下使服务适应具有多重需要的儿童，消除跨地区服务提供的障碍。当一个儿童具有多重需要时，专家将使其获得多重机构的支持，提高干预和预防的专业化水平。

（二）“积极的福利社会”理念

英国新工党政府对教育均衡发展的认识从过去单纯的社会公平的意义拓展到作为保持英国在全球化进程中的优势和国家在经济方面的竞争力，因此均衡发展理念下的公平不是在牺牲效率的前提下一味地谈救济、倾斜与补偿，不希望造成懒惰与依赖。新的均衡发展理念既不主张“从摇篮到坟墓”的福利政策，也不赞成完全削减福利的政策，而是要寻找权利和责任之间的平衡，人们享受的权利应该反映其承担的义务，“没有责任就没有权利”。[6]正如与布莱尔关系密切的学术顾问安东尼·吉登斯（Anthony Giddons）所指出的，“现在所需要的是以‘社会投资国家’来取代旧的福利国家，‘社会投资国家’提倡尽可能地投资于人力资本，而不是直接提供经济保障”。[7]它不赞同通过提高福利方面的开支来帮助那些市场灵活性的“牺牲品”，而是通过向工人提供教育和培训来减少失业和贫困，这样使市场的“牺牲者们”提高自己的“适应能力”。布朗和劳德（Brown and Lauder）也曾经指出，“社会公正的本质在于向所有的人提供获得教育的机会，而正是教育使他们获得寻找工作的资格”。[8]

在这种理念的指导下，新工党将提升国家在全球化经济中的竞争力和建立繁荣的全纳社会作为其努力的目标，这就要求每个人提升自己的技能，从而保持自身的就业能力和企业的国际竞争力。新工党政府认为，教育和培训是培养个人对自身负责和独立精神的最重要的途径，因此政府把资金支持的重点从“发放救济金”转移到“提供更多的学习机会”，为更多的公民学习技能创造条件，即在控制福利总体开支的前提下，把大量投资转向教育和卫生保健，优先发展教育，提高年轻人和失业者的就业能力，提高国民素质，增强人才的竞争力。新工党政府于1998年1月启动了针对年轻失业者的“从救济到工作”计划，对失业者进行培训。布莱尔政府对于处境不利者的关注，不仅体现在向他们提供社会福利救助，还要通过各种教育和培训计划，从根本上改变他们的适应能力和技能，使他们共享社会发展的成果。[9]

（三）多元文化观

教育的均衡发展不仅体现在对弱势群体的关注与包容，也体现在社区的和谐与共同参与，特别是对由于不同文化而产生的不同价值观的包容与尊重。新工党政府充分认识到英国早期试图通过消除多元文化来促进民族融合的方式，即鼓励移民以英国的文化传统和习惯来取代自己原有的文化价值观的观念，已经完全不能适应当今社会的需要，只有尊重多元文化才能促进民族融合。布莱尔政府鼓励公民通过积极参与和共同努力建立起一个繁荣和全纳的理想社会，强调每个来自不同社会阶层、种族、文化和性别的学生都能享受公平的学习机会。英国前首相布莱尔在1999年发表的讲话中提到,一个具有竞争力的国家应该是一个宽容、互相尊重和多种族的国家。布莱尔政府执政之初就实施了一些与反种族主义教育相关的革新。政府首先对1993年谋杀黑人儿童斯蒂芬·劳伦斯(Stephen Lawrence)的事件进行了重新调查,并就调查结果发表了《麦克菲尔森报告》(Macphearson Report)。该报告更多地强调了种族主义作为一种势力给黑人生活带来的负面影响,并向教育系统直接提出了三点建议:(1)呼吁对国家课程进行修订,使其能够更好地反映多元社会的需求,并通过支持多元文化和反对种族主义来实现这一目标;(2)建议学校应该积极地实施禁止和反对种族主义策略;(3)提出教育标准局应该对这些措施的实施情况进行督导。其次,英国在2000年修改了种族关系法案。《2000年种族关系法修正案》规定:要减少种族歧视,促进不同种族间的融合;各地方当局必须制定"促进种族平等计划";所有的学校必须制定种族平等政策。第三,新工党政府对公民教育比前届政府给予了更大的支持。政府希望通过公民教育培养学生对多元文化和多元价值的尊重,培养所有学生在未来跨文化社会中所需要的民族价值观、信念、知识、技能和态度,[10]使每个学生在融合到主流社会的同时,保持本民族文化的特色。在2002年9月修订后的国家课程中,公民课成为第三、四学段国家课程的基础学科(Foundation Subject)之一,成为第一、二学段"个人、社会和健康教育"中自选必修课的一部分。英国政府首次提出,要让11岁～14岁学生学习英国国家多样性以及不同地区、宗教和种族的特征,并要求学生之间相互尊重和理解;让14岁～16岁学生学习国家多样性的起源和意义,并要求学生之间理解和尊重;小学生将学习和尊重人们之间的差异,认识到诸如欺辱、种族主义这类反社会和攻击行为给个人及社会带来的恶果。[11]

(四)"所有学生、每所学校都成功"

教育的均衡发展不仅关注机会的平等,更关注效率与质量的公平。英国政府认为,只有每所学校都成功,才能为"所有学生都成功"提供有力的保障。为了避免由于学校间的不平等所造成的学生之间在教育机会上的不平等,新工党政府把表现不佳的学校和处于不利地位的地区作为教育改革的重点,提出了一系列针对地区和学校均衡发展的政策。

“教育行动区计划”:“教育行动区计划”强调优秀的学校领导在改进学校教学中的重要作用;它把社会各界的力量联合在一起共同致力于解决教育问题,体现了“第三条道路”把“社会资本”和“消除社会排斥”联系在一起的特征。工党政府在1997年颁布的白皮书《追求卓越的学校教育》(Excellence in Schools)中将致力于学生学业成绩的提高、实现教育机会均等作为政府在2002年以前的工作目标。为此,政府制定了“教育行动区计划”,即在相对贫困的区域内,将15到25所左右的学校聚合成一体,将这些地区学校的管理权公开招标,由当地工商企业、学校、家长、地方教育当局和当地其他机构、部门组成一个联合体,向中央教育主管大臣提出申请,接管学生学业表现不良的学校。[12]每个教育行动区在递交申请时,必须提交一个为期3年或5年的行动计划,并要论证提高薄弱学校的教育质量而采取的措施和策略。教育行动区一旦经过政府的认定和批准,便可获得特别的经费支持,经费由政府和工商企业共同承担,每个行动区每年大约可以获得100万英镑。除了资金上的资助,每个行动区还会得到实物资助,包括工商企业和其他合作者的时间投入、顾问咨询和物质支持。行动区内的加盟学校还享有在课程和教师聘用方面的优惠。他们可以按照自己的教育理念对国家课程中的部分内容和顺序进行修正和重组,实施有利于学生发展的措施,确保学业水平差的学生、一般能力者和天才儿童都能够得到发展。为了吸纳杰出的教育领导者担任行动区的校长和老师,教育行动区可以不受现行的全国性的教师聘任条例的限制,而以合约的方式,为教师提供优厚的待遇。

“追求卓越城市计划”:为了提高城市或大都市的内城区(inner city)薄弱学校的教育标准和质量,新工党政府于1999年3月出台了“追求卓越的城市计划”(Excellence in Cities),希望通过一系列的措施改善学校的管理,提高学生的学业成绩,以实现教育的均衡发展。首先,与“教育行动区计划”相比,“追求卓越的城市计划”的目标更加明确,即把城区的薄弱学校的改进作为首要任务。该计划的核心是着眼于大多数学生的发展,认为学生不能因为所上的学校的不同而使其接受的教育有所差异或者受到限制,也不能因为家庭的经济背景和社会地位而使其发展遭到漠视。[13]其次,“追求卓越的城市计划”注重地方教育当局、学校和社区等多方合作。这有利于地方当局对学校情况的了解和督导,加强政策的针对性和有效性，也有利于学校之间交流经验和分享教育资源。再次，“追求卓越的城市计划”把端正学生的态度和行为作为工作的又一重点。该计划支持体系中“学习辅导员计划”和“学习支持单元”就是为了对学生的态度、情感和意志进行正面的干预，从而矫正学生逃学、旷课等不良行为，为学生创造更好的学习条件而设立的。

以特色学校改进薄弱学校：20 世纪 80 年代末期，保守党政府改善教育质量的重要举措之一就是推行国家课程。国家课程的实施一方面促进了学校教育标准的统一，另一方面却忽视了学生的个体差异性。为了解决这一问题，保守党政府鼓励学校在保持综合学校原则的基础上，突出自己的特点和优势，成为“特色学校”，即具有鲜明课程特色的综合学校。但是这一时期的特色学校学生大多来自于社会上层家庭，是经过严格的筛选而进入这种学校的。很多批评者认为，特色学校计划拉大了学校之间的距离和差异，不利于薄弱学校的发展。新工党执政以后，继续实施了特色学校计划，但却赋予了它更深刻的内涵和新的使命，即把它作为提升薄弱学校教育质量和使每个学生都成功的一项重要举措。政府希望特色学校带动整个中学系统的改进，并成为优秀实践经验的传播者。每个要申请成为特色学校的中学必须达到英国教育与技能部设定的标准，其中之一就是必须承诺帮助其他学校，使其教育质量得到提高。特色学校在拟定发展计划时，要包括与其他学校合作的内容，而且要特别强调利用自己的特色领域为其他学校带来益处。在特色学校获得的额外资源中，必须拿出三分之一用来与社区合作。特色学校至少要与 5 个地方学校合作，至少要与 1 个中等学校结成伙伴关系。[14]

（五）起点公平

相关研究发现，学龄前受教育状况和其他心理、生理健康状况对于一个儿童进入学校后的成绩和发展状况具有至关重要的影响。布莱尔政府认为，为了实现教育权利的平等，首先要保证儿童在进入基础教育阶段之前和之时要有相同的起点。过去只强调入学机会的平等，教育起点的公平，起点公平理念更强调从出生开始就要缩小人与人之间的差距，认为人生起点的公平是实现受教育权平等和今后一生平等的重要保障。英国政府在 1998 年发起了“确保开端

(Sure Start)计划”,旨在确保每个儿童都有一个良好的开端,为他们的教育奠定坚实的基础,此项计划针对处境不利地区和家庭。从母亲怀孕、儿童零岁开始,将健康养护、家庭支持、儿童关怀与教育等整合起来,对处境不利家庭儿童给予全方位关怀与支持。“确保开端计划”是一项儿童早期教育均衡发展的综合策略,它的目标是为处境不利儿童和家庭提供较广泛的服务,这些服务包括医疗保健、儿童保育、早期教育以及家庭支持等,并且这些服务要以社区为依托,打破了原有的部门领域界限,形成一种跨领域的服务。政府希望从怀孕开始就向母亲提供服务,将健康、家庭支持、儿童关怀、教育整合起来,使所有的儿童在生命最初的关键时期获得最好的开端。

英国政府于2003年发布题为《每个孩子都重要》的绿皮书,2004年颁布《儿童法》(Children's Act),用法律形式保障儿童权利、卫生保健、福利及教育等工作的实施。2005年教育与技能部文件《每个孩子都重要》为18岁以下儿童的福祉确定5项指标:拥有健康身体、保持生活安全、享受成功乐趣、做出积极贡献、获得经济地位。最新的进展显示,“确保开端计划”的理念已经从最初的针对弱势群体扩展到针对所有儿童。英国政府2007年将教育与技能部改为“儿童、学校和家庭事务部”,突显了儿童发展的重要性和学校、家庭、社区共同参与的整体发展观。儿童、学校与家庭事务大臣2007年6月上任伊始,就将核心目标确立为保证每个儿童拥有一个最好的生活开端,也就是说他们是安全和健康的,保证他们获得最高标准的教育成绩,他们能够享受自己的童年,能够为社会作出积极的贡献,远离贫困的影响。

参考文献:

[1] 于发友. 县域义务教育均衡发展研究[D]. 济南:山东师范大学,2005:17.

[2] Haan, A. D. &Maxwell, S. Poverty and Social Exclusion in North and South[J]. IDS Bulletin,1998,29(1):5.

[3] Kabeer, N. Social Exclusion, Poverty and Discrimination: Towards an Analytical Framework[J]. IDS Bulletin,2000,31(4):87.

[4][11] Beck,J. ,& Earl,M. 中国教师应关注的热点问题[M]. 王璐,王向旭译. 北京:北京师范大学出版社,2007. 130,130.

[5][9] 王璐. 每个孩子都重要:英国全面关注处境不利儿童的健康发展[J]. 比较教育研究,2005,(10):23,24.

[6] 马忠虎. 第三条道路"对英国教育改革的影响[J]. 比较教育研究,2001,(7):51.

[7][8] Mike Bottery. Education, Policy and Ethics[M]. London: Continuum,2000. 30,33.

[10] 高靓. 英国少数民族教育政策的特点分析[J]. 民族教育研究,2004,(4):82.

[12] 贺武华. 英国"教育行动区"计划改造薄弱学校的实践与启示[J]. 教育科学,2006,(6):79.

[13][14] 阚阅. 促进教育均衡发展的新举措—英国"追求卓越城市计划"评析[J]. 全球教育展望,2004,(9):75.

(本文发表于《比较教育研究》2009 年第 3 期。作者王璐,时属单位为北京师范大学国际与比较教育研究院;作者孙明,时属单位为加拿大蒙特利尔大学教育科学学院)

弱势群体教育公平政策

一、特殊群体教育公平与补偿性政策
——美国法律演进中体现出的制度保障

美国教育公平的法律包括四种来源，即联邦宪法、联邦与各州的法律、行政命令与规定和法院判例。所有法律中，以联邦宪法的效力最高，1789年美国通过宪法公共福利条款(General Welfare Clause)，其依据为联邦宪法第一条第八项规定："国会有权赋课并征收直接税、间接税、输入税与国产税，用以偿付国债及增进公共福利……"因此，国会可以立法支持各种教育研究与计划，也可提供经费，补助学校办理学生午餐，为不同民族学生提供不同服务等；此项条款对少数民族学生、社会经济不利地位学生以及特殊教育学生影响甚大。1868年美国通过宪法平等法案，其成为教育公平诉讼中最常引用的宪法规定，在保障教师与学生宪法平等权利上极有影响力。美国宪法相关规定透射出制度稳定性的重要指标，即机会均等，尤其教育与培训机会均等，如果没有这些机会，社会各方就无法参与公共理性的争论，或无法为社会和经济的政策进言。[1]

部门法是根据一定标准和原则划定的调整同一类社会关系的法律规范的总称。由于社会关系复杂交错、彼此联系，因此法律部门之间往往很难截然分开。不同的部门法组成一国的法律体系，美国除《初等与中等教育法》以外，与教育公平相关的法律体系大致可以分为反性别歧视法、残障人教育公平法、教育类别平等法等。最初的种族、民族、国籍、性别与年龄歧视法主要用来消除公众生活中的障碍，而后来禁止歧视的法律细则主要是为了纠正社会非正义现象，表现出人们对公平孜孜不倦的追求。法律禁止人们考虑差异，不同群体之间的差异正如罗尔斯正义论中的"无知之幕"一样，在现实生活中必须被忽略掉。[2]

(一)女性教育公平:从消极反对歧视走向积极保护

1972年,美国参议员伯奇·巴哈(Birch Bayh)提议消除教育中的女性歧视现象,其建议促成了民权法教育条目修正案的第9条(Title IX of the Education Amendment of 1972),即"美国任何公民都不能因为性别在联邦政府资助的教育项目或者活动中,被排除参与、被拒绝享受益处或者遭受任何歧视",[3]从法律制度上正式宣告了教育歧视女性时代的结束。不过教育条目修正案的表述相当宽泛,反歧视条款只是在理论层面解决了女性教育平等的制度问题,实践中还需要太多的法律支持与政策制定,而且其没有考虑女性自身差异,仅仅笼统地认为不能有性别歧视,男性与女性的差异被抹杀了,可称之为消极的反性别歧视制度。

随着民权法教育修正案的颁布,1974年,美国颁布《女性教育公平法》(Women's Educational Equity Act),并将其作为《初等与中等教育法》的一部分,与《教育机会平等法》(Equal Education Opportunities Act)配合适用。同年,美国健康、教育与福利部(Department of Health, Education and Welfare)制定了首例反性别歧视规章。根据女性教育公平法,政府在教育办公室(Office of Education)内设立国家女性教育项目咨询委员会(National Advisory Council on Women's Education Programs),负责为性别公平事务、资金分配与拨付、项目开发评价标准提供建议。《女性教育公平法》的颁布标志着美国女性教育公平政策从消极反对歧视走向积极保护权利。1978年,美国重新修订《女性教育公平法》,并将其作为《初等与中等教育法》第三部分第9条的内容,1984年,美国再次修订《女性教育公平法》。首先,加大法律适用范围,为遭受多重歧视的女性提供公平教育;其次,特别考虑基于地理分布的申请者所提出的建议;最后,强调资助所有层次的教育,包括学前教育、初等与中等教育、高等教育以及成人教育等。

根据女性教育公平法的要求,美国教育部先后在1980年与1989年制定部门规章,设计女性教育公平的优先资助计划,对比两次规章,可以发现1980年优先资助计划比较关注女性教育公平的典型项目;而1989年则比较关注典型项目的开发与拓展,提高女性(包括受到多重歧视的女性)参与项目的机会,而且也更倾向将女性教育公平的关注点集中于更加具体的课程领域,如数学、职业教育等。[4]牲别教育公平从制度走向课程,体现出对公平本身的步步接近。大洋彼岸的英国甚至为了降低过高的少女怀孕率,改善女性教育公平状况,而颁布并实施了"性与恋爱"教育国家标准。[5]

(二)残障人教育公平:从形式公平走向实质公平

1973年,美国颁布《康复法》(Rehabilitation Act of 1973),禁止联邦政府资助的州或者地方政府的项目以及活动中的任何形式的残障人歧视。教育领域中,法案规定"任何合格的残障公民都不能因为残障在联邦政府资助的项目或者活动中,被排除参与、被拒绝享受益处或者遭受任何歧视",由教育部民权办公室具体负责实施该法案。基础教育法律实务中,当且仅当独立的基础设施、课程等对于为残障人提供平等的教育机会非常必要,而且相应的设施与服务与其他设施与服务相比基本相似时,残障学生才可以被分派入特殊学校。康复法并没有考虑到残障人独特的生理与心理条件,而主张对其在教育中一视同仁,从形式上宣告了残障学生的公平受教育权利。

《美国残障法》(Americans with Disabilities Act)是美国总统乔治·布什于1990年7月26日签署通过的一项民权法,是残障人士的"权利法案",包括就业、公共便利设施、州与地方政府服务以及电讯(如,媒体与广告中残障人的形象等)四个部分,其中第二部分为公立学校的残障学生提供保护,即"任何合格的残障公民都不能因为残障在公共机构的项目或者活动中,被排除参与、被拒绝享受益处或者遭受任何歧视"。法律实务中,学校不能因为学生残障而限制其参与项目及活动,或者拒绝其接受某种服务以及享有某种优惠。《美国残障法》与《残障人教育法》相比,适用范围更加宽泛,不仅适用于公共教育中的残障学生,而且适用于所有使用公共设施的残障人。美国残障法也拓展了《康复法》504条款的适用范围,州与地方政府的服务、项目或者活动,无论是否受到联邦资助,都适用《美国残障法》。

1975年,美国颁布《全体残疾儿童教育法》(Education for All Handicapped Children Act),并于1997年做了实质性修订,更名为《残障人教育法》(Individuals with Disabilities Education Act),是联邦政府保护残障人受教育权利的重要法案与制度依据。按照残障人教育法规定,学校为得到联邦相应资助,必须达到残障学生的最低要求。残障人教育法保证"免费、合适的公立教育",包括特殊教育以及满足残障学生独特需要的相关服务等;确保残障学生及其家长或者监护人的权利(公平对待、合理提供特殊教育与相关服务等)实现;评估与保证州或者地方政府特殊教育的有效性;利用联邦资金帮助州与地方政府为所有残障学生提供公平教育机会等。

残障人教育公平相关法律不仅提出联邦和各州政府负有责任保证所有儿童接受教育,而且为残障儿童提供课堂之外的各种服务,使特殊教育做到学校、社会、家庭一体化,同时大力推进回归主流教育、个别教育以及早期教育等,体现出教育中的零拒绝政策。残障儿童的受教育状况由于残障人教育法而获得根本改善,残障人教育由形式平等走向实质公平。

(三)教育类别中的公平:从权利平等走向差别对待

《职业教育法》颁布于1968年,后在1988年进行大幅度修订,也就是现在的《卡尔·帕金斯职业教育法》(Carl D. Perkins Vocation and Applied Technology),主要适用于中等与中等后职业教育。法案保护残障人、经济困难学生、单亲家庭学生、女性以及英语不熟练学生等特殊群体的职业教育权利。受到法案资助的职业教育机构必须为特殊群体提供平等教育机会,而且必须保证特殊群体学生能够真正地拥有并利用职业教育机会,以及在教育中不会受到任何身份歧视。除此之外,受到资助的职业教育机构应该为特殊群体制定明确的教育策略,提供可以让其进一步学习与就业的培养计划,鉴别其在职业教育中的各种障碍并找出解决办法等。州与地方政府的职业教育计划、项目设计与评估必须满足四条质量与公平准则:其一,通过连贯的课程整合职业与学术教育,学生在职业教育获得扎实的基本学术知识,例如数学、阅读、写作、科学、社会研究方面的知识等;其二,让学生理解与经历将要从事职业的所有方面,包括计划、管理、资金、生产技能、技术原理、劳动力、社区、健康与安全、环境问题等;其三,确保每个学生都能达到较高的技术与学术标准;其四,借助平等教育机会、非歧视性政策、个人化服务、公平评估等方式,保证特殊群体学生参与并在职业教育中获得成功。[6]

双语教育第一部法律颁布于 1968 年，称为《双语教育法》(Bilingual Education Act of 1968)，并成为 1965 年《初等与中等教育法》第 7 条的修正案，后在 1994 年《改进美国学校法》(Improving America's Schools Act of 1994)中加以重新认可，而且修订了部分内容。修订后的双语教育法包括双语教育、语言提高以及语言获得等内容，确保英语水平有限的学生获得公平的教育机会。初等与中等教育法第七条规定，学区与州政府教育机关应该为英语水平有限的学生提供双语教育，一方面提高其英语水平，另一方面促使其在课程学习领域取得更大进步；修订后的法案增加语言提高与语言获得的内容，强化资助项目拨款的综合方式；简化并解除项目限制以提高灵活性；加强州政府行政领导作用；改善研究与评估；强调专业发展等；语言提高部分主要关注对地方学区有特别重要意义的综合项目，修订案试图结束非系统化的双语教育，代之以任意拨款与授权来保证双语教育与正规教育的衔接，任意授权项目主要包括开发与实施授权、综合学校授权、系统实施授权等。

职业教育法与双语教育法不仅仅体现教育权利的平等，而且也表现出对处境不利地位学生、语言不利地位学生的差别对待，在差别对待的前提下，追求实质公平。此外，美国于 1975 年颁布《反年龄歧视法》(Age Discrimination Act of 1975)，禁止联邦经费资助的项目与活动中的一切形式的年龄歧视。反年龄歧视法规定，"美国任何公民都不能因为年龄在联邦政府资助的项目或者活动中，被排除参与、被拒绝享受益处或者遭受任何歧视"。法律允许联邦资助的项目与活动的例外情况，如果年龄对于项目、活动的正常行进或者法定目标的获得存在直接影响或者重大关系，联邦资金接受者可以利用"年龄歧视"或者年龄之外的其他合理原因；如果某种项目或活动对老年人或儿童特别有益，则有必要使用"年龄歧视"。为实施反年龄歧视法，联邦教育部制定了反年龄歧视部门规章，适用于一切受到联邦资助的教育项目与活动。

(四) 特殊群体教育公平政策：从普适走向补偿

反歧视法律仅仅是教育公平制度中的较小组成部分，现实中只有相当少的人受益于反歧视政策，而且受益者往往是受惠群体中地位相当高的人。部分原因在于教育不公平不只存在于受惠群体中;部分原因在于未受惠群体的大部分人根本没有维权意识,因为法律往往遵循不告不理的原则,所以法律对其而言形同虚设。不过,反歧视法律在教育公平中的制度象征意义似乎大于实际作用,其至少表明社会对相关群体教育的重视以及让他(她)们获得公平教育的尝试,从而有助于形成教育公平的社会氛围。

由于独特的社会背景,美国教育公平发展中展现出复杂的、独特的、不断演化的法律,结果越来越多的人认识到,解决教育不公平问题,需要采取系统的政策,其可能包括对社会不公正待遇的教育补偿、在教育中的特殊帮助(如反歧视行动等)、各种形式的补充性教育服务等。与教育公平相关的法律,看起来目标不同,要求也不同,有的保证公平待遇、有的积极提供帮助、还有的促进阶层融合,但每种目标与要求都折射出繁杂而矛盾的教育公平发展的现实问题,其长远目标都是为了让教育更为公平。实际上,促进教育公平的法律可以分为两类模式,一类模式可称之为随机性模式,即教育机会是许多可能性的后果;另一类模式可称之为累积性模式,即后天的机会能够弥补以往的缺憾。[7]前类模式的法律透射出预防理念,后类模式的法律透射出补偿理念。

法治社会下法律本身的权威性、执行性、稳定性,使其成为教育公平政策的出发点与归宿。无独有偶,同属普通法系的英国,解决教育公平问题的政策,首当其冲的便是数目繁多的各种法律法规。[8]美国民众对法律保有强烈的敬畏感,法律被认为是政府治理的最权威手段,公民与利益团体遭受教育不公平时,往往诉诸法院,期望司法干预政策,从而得到公平教育。

处境不利地位学生得到的补偿性教育权利不是不公正的特权,也不是不公正的歧视形式,而是对不公正造成的劣势的补救,因此符合公平。补偿与预防存在明显差别,补偿往往针对具体个人或群体,认为如果没有遭受歧视,其就会获得相应机会,取得某种成就;预防则针对普遍个人或群体,认为应该均衡地分配公共资源,[9]美国教育公平相关法律中的预防与补偿理念兼而有之。补偿性教育制度至少在两个方面为教育公平发展界定条件,其一,公平有时并不适用无差别待遇规则,相反,无差别待遇规则可能导致某些群体处于弱势,公平是对所有人使用同样规则,还是对不同群体使用不同规则,需要在特殊情况下逐例审定,而不是事先设定;其二,法律举证的义务人变更,不再仅仅由处境不利地位学生权利的维护者承担义务，证明其提议的改革不会造成不公正，相反，无差别待遇规则的维护者同样也要承担义务，证明现有制度不会造成处境不利地位学生的教育不公平。

综合分析其他国家教育公平发展中的补偿性制度，可以发现三种制度形成机制：其一，地理性补偿机制，也就是在某个特殊地区实行补偿性政策，补偿成为当地的普遍福利，只要区域确定，没有人排除在外，其取决于地理区位学生背景的同质性；其二，群体特征性补偿机制，也就是根据某种群体特征，而非审查个体特点，确定某类群体的集合，如女性、种族、民族等，针对符合要求的群体，施行补偿性政策；其三，自我报告性补偿机制，这也许是三种机制中最为精巧的机制，其将接受补偿性政策的决定权留给个体，由个体申请是否享受特别对待，从而保证补偿性教育项目的效率与效度。[10]政策实践中，补偿性教育至少应该包括两种目标，第一，应该改善教育投资与教育设施质量，这是有效教学和学习的前提条件；第二，应该在大面积施行以前开发出试验性教育模型，以使补偿性教育项目在变化动荡的社会条件下取得令人满意的效果。为达到第一个目标，首先要鉴别出不同类型学校中学生的主要需求，其次要选择合适策略匹配不同学生与学校的要求，最后培训教育领导者与教师采取上述策略；为达到第二个目标，应该实行灵活多样的教育及管理策略。[11]

补偿性教育的实质是区别待遇，其也是大部分国家教育公平发展的政策取向，如中国明确提出保障经济困难家庭、进城务工子女平等接受义务教育，加强教师队伍建设，重点提高农村教师素质。[12]现代国家总是发展与巩固涉及到公共与私人领域的制度与文化，其为人们提供如何生活的多样化选择。但是只有在全社会中普及共同文化与制度，人们正确地选择生活才成为可能。如果政府对处境不利地位学生教育采取不干涉政策，那么类似群体可能无法正常参与社会生活。所以补偿性教育制度成为教育公平发展的应有制度。

参考文献：

[1]［美］约翰·罗尔斯．政治自由主义［M］．万俊人译．南京：译林出版社，2000．46～47．

[2] Kim Golombisky. Title Ⅸ and Educational Equity: What Difference Does It Make? [C]. New York: Paper Presented at the 1998 National Communication Association Convention, November 20～24, 1998: 8.

[3] NCWGE. Title IX at 25: Report Card on Gender Equity. Washington, D. C. : National Coalition for Women and Girls in Education [J], National Women's Law Center, June 23, 1997. 1.

[4] GAO/PEMD. Women's Educational Equity Act, A Review of Program Goals and Strategies Needed, Report to Congressional Requests [M]. Washington, D. C. : General Accounting Office, Program Evaluation and Methodology Div. , Dec, 1994: 29.

[5] 薛二勇，盛群力.英国"性与恋爱"教育国家标准述评[J]. 比较教育研究，2007，(10)：75～79.

[6] Ordover, Eileen L. , Annexstein, Leslie T. Ensuring Access, Equity, and Quality for Students with Disabilities in School-to-work Systems: A Guide to Federal Law and Policies[M]. Washington, D. C. : Center for Law and Education, June, 1999: 6.

[7] Fernando Reimers. Unequal Schools, Unequal Chances: The Challenges to Equal Opportunity in the Americas[M]. Cambridge: Harvard University Press, 2000: 55.

[8] 薛二勇，盛群力. 英国公平入学政策探析[J]. 比较教育研究，2007，(9)：25～29.

[9] Femando Reimers. Unequal Schools, Unequal Chances: The Challenges to Equal Opportunity in the Americas[M]. Cambridge: Harvard University Press, 2000. 43.

[10] Grosh, Margaret. Administering Targeted Social Programs in Latin America: From Platitudes to Practice[M]. Washington, D. C. : World Bank, 1994. 33～115.

[11] Fernando Reimers. Unequal Schools, Unequal Chances: The Challenges to Equal Opportunity in the Americas[M]. Cambridge: Harvard

University Press, 2000. 370.

[12] 胡锦涛.高举中国特色社会主义伟大旗帜,为夺取全面建设小康社会新胜利而奋斗—在中国共产党第十七次全国代表大会上的报告[M].北京:人民出版社,2007.38.

(本文发表于《比较教育研究》2010 年第 09 期。作者高杭,时属单位为中国政法大学民商经济法学院;作者薛二勇,时属单位为北京师范大学教育政策研究院)

二、美国移民社会融合的教育实践模式探讨

随着全球化时代推进,国际移民已成为日益强劲的大趋势,2010年全球国际移民达2.14亿人,如果保持近20年来的速度增长,到2050年将达到4.05亿人。[1]美国是世界上最大的移民国家,史学家奥斯卡·汉德林(Oscar Handlin)认为,“外来移民史就是美国史”。[2]美国正是在推动移民社会融合中建立起一个以教育为主导的新型社会管理实践模式,缔造了这个北美流放地走向强盛美利坚的神话。

(一)美国移民社会融合中教育参与的推进

社会融合与社会管理是目的与手段的关系,社会管理是指为了维护社会秩序,对公民社会领域的社会组织、社会事务和社会活动进行规范和协调,以维护公正,化解矛盾,推动社会持续、稳定发展的实践活动。美国移民社会管理经历了三次不同的历史阶段,依据不同的社会要求实施了相应的社会融合策略,推动了美国移民社会融合的管理模式从经济主导模式走向政治主导模式,再向教育主导模式的时代转型,对建立统一高效的国家发挥了重大作用。

1. 强调经济主导的移民社会融合实践模式(1880年以前)

独立后美国的当务之急是发展经济,巩固国家根基,急于承接英国工业革命浪潮以推进国家工业化以及独立后历次战争引发的军事工业发展,导致对劳动力的刚性需求日益突出。但是,国内有限的劳动力无法满足,由此推动了一波波的移民潮。因此,经济因素就成为这一时期主导美国移民社会管理的决定性力量,即移民社会融合管理的“经济实践模式”。

首先,经济实践模式从满足工业化需要出发开放移民入美,这一时期先后接纳了数百万的移民。其次,经济实践模式从产业劳动力需求主导引入移民,就业机会成为移民社会融合的调和剂。再次,经济实践模式以劳工为移民对象,简化了各种复杂分等的甄别过程,也使移民政策变得宽松平和。但是,经济实践模式也存在潜在问题:一是掩盖了移民社会融合的复杂性,许多社会问题,特别是移民与美国社会在意识形态上的差异等被忽视了;二是抹去了移民进入美国社会的渐进性,各种文化不适应在移民中普遍存在;三是随着产业逐渐升级,原先移民技能参差不齐等潜在的问题逐渐暴露,形成新的社会问题。正是这些原因,使美国社会排斥移民现象日益严重。林肯总统极力反对那种宣誓时高唱“人人生而平等”,现实中却“黑人、外国人和天主教徒除外”的做法。[3]如为了招募华工开发美国西部,美国与清政府签订了《蒲安臣条约》(The Burlingame Treaty),明确规定“在美国的中国人与在中国的美国人在旅行和居住方面享有同样的利益、豁免权和申述权”。[4]但实际上,美国却只是把华工作为实现经济目标的工具,华工毫无人权;其次是重视依据经济法则来管理华人移民,需要时放宽政策,劳工供大于求时日渐严苛,忽视了华人移民应有的人权和社会地位及福利等;再次是移民管理投机无常,致使华人移民难以融入美国社会,甚至备受歧视。1873 年,美国经济衰退致使失业人口大增,恰逢此时中央太平洋铁路竣工,白人因害怕华人抢走工作机会而推动政府颁布了《排华法案》,限制华人移民。经济实践模式的种种局限严重阻碍了移民社会融合,造成美国社会动荡和不安。

2. 强调政治主导的移民社会融合实践模式(1880～1965 年)

19 世纪末、20 世纪初,世界经济飞速发展,美国劳动力密集型为主体的经济体系发生了重大转变,对技术水平要求越来越高,移民需求下降,限制性移民政策随之出台;同时,工人运动风起云涌,第一个社会主义国家诞生,国际力量对比发生了新变化,资本主义世界内部的矛盾转向了外部与共产主义即两种制度之间的冲突,意识形态斗争凸显提升了政治因素的主导作用,移民社会融合问题进入“政治实践模式”时期。

首先,政治实践模式使移民成为美国政治博弈中的筹码,政治利益成了主导美国移民政策的主要因素。如 1919 年制造美国“红色恐慌”的政客们认为,美国左翼政党是由俄国和德国的移民组成的，遂于次年颁布《驱逐外侨敌人与违反及阴谋违反战时法律外侨法》以钳制俄德侨民，还先后三次颁布法案和决议实施排斥亚洲移民、限制东南欧移民、偏袒西北欧移民的移民限额制度。1940年，美国接收大批被纳粹迫害的犹太人，出于同盟关系于1943年废除长达61年的排华法案，这些都以政治利益为判定标准。“二战”后，为了对付共产主义运动，服务冷战大局，先后颁布了《被迫流亡者法》(1948年)、《难民法》(1950年)、《1953年难民救济法》等，以“自由庇护者”称号实施优惠移民政策来煽动叛乱者。

其次，随着美国社会生活政治要素持续升温，美国强调政治性原则、唯意识形态的移民文化同化政策以及不断放大移民问题的政治属性，使移民的社会管理陷于政治化状态，造成不同族群文化的对立和社会关系紧张。

3. 强调教育主导的移民社会融合实践模式(1965年以后)

20世纪后半叶，特别是70年代以来，许多重大政治事件爆发，直指过时的美国移民社会管理政策。首先，黑人民权运动强烈反对移民政策中的种族歧视，反对移民社会管理中的种族隔离政策，对美国社会稳定形成巨大威胁。从战后艾森豪威尔到肯尼迪等数任总统，反复推动国会改革移民政策，顺应时代潮流，最终于1965年国会通过《移民与归化法》，在去除种族歧视的同时，开始明确把教育水平作为移民的重要条件，首开教育主导移民政策先河，使美国移民的种族结构和素质结构均发生了重大改变。

其次，新信息科技革命对人才的需求等，都给美国移民社会管理政策提出崭新的要求。为了适应新科技革命以及经济发展对高技术人才的渴求，也促使美国出台多项针对吸收留学生和高级科技人才的移民政策，为海外优秀科技类大学生提供更多的奖学金等，推动了教育对移民社会管理的主导进程。

再次，世界两大对立政治阵营逐步缓和，开始走向合作发展，国际民主运动空前高涨，以往以政治动机研判和指导移民社会融合管理工作的做法，受到激烈批评和抵制。自1965年颁布《移民和归化法》确立以教育为主导的移民社会融合工作后，先后颁布《经济机会法》、《成人教育法》等，这些教育措施，使美国移民社会管理模式逐渐演化出一种超越经济实践模式和政治实践模式的新方式，即“教育实践模式”。

美国移民社会融合的教育主导模式的重大区别在于，既重视把教育水平和科技技能作为获取移民资格的重要条件，也重视通过教育的方式促使移民积极认同美国价值观，建立效忠美利坚合众国的价值理念，融入美国社会。如果说教育是前者实施筛选的“过滤器”，那么在后者中教育是实施移民社会融合的“催化剂”。教育模式不仅满足战后新经济及科技发展对高水平人才的要求，同时也符合民主治国的人性诉求，最大限度地实现美国政治的目的。

(二) 美国移民社会融合中教育的主导作用

美国全面推进移民教育社会管理模式来整合甚至取代经济与政治模式，既是时代发展的要求，也是一项符合新移民实际和美国国家发展的重大举措，对提升国民素质，平抑多种族群纷争，推进民族熔炉的时代转型，实现移民社会融合的政治目标，发挥了巨大的作用。

1. 教育优化移民政策，增进移民政治认同

首先，教育干预推进了移民政策的时代转型，优化了美国移民质量。1965年的《移民与归化法》以及之后的《经济机会法》等多种有关移民的法规，都积极推动了这种转型。一是实现了从按种族及国家类别匹配移民数额转向按教育素质甄别，对缓解严峻的种族冲突和国际矛盾，有重大作用；二是实现了从盲目的政治性移民转向有目标的发展性移民，按需要针对性地移民既满足产业发展要求，大大改善了移民的质量，也对提升国民素质和公民社会融合提供了新的基础。

其次，教育主导移民社会融合的管理工作，实践证明非常有利于教化成俗，更好地实现政治文化认同，达到归化目的。美国多次颁布法规，设立各种移民培训机构，致力于通过教育培训，灌输美国价值观，使规章的外在硬性政治强力控制内化为个体自觉遵从。美国不仅为移民建立遍布全美各地各个层面的各种教育机构，教英语，讲授美国文化，还培训相关技术技能，更重要的是灌输美国的民主程序和价值观。同时，美国在普通学校系统中更强力渗透着强大的公民教育，如在9年级和12年级分别开设“公民”课和“美国宪法与政府”等课程，向移民传输美国价值和信念，培养其政治理想，形成新的国家身份、个体归属和效忠意识，使之进入国家共同体意识，成为合格的美国公民。埃里克·霍布斯

鲍姆在《民族与民族主义》中对此总结道："伴随着民族国家建设的需要，国家会运用日益强大的政府机器来灌输国民应有的国家意识，特别是会通过小学教育来传播民族的意向与传统，要求人民认同国家、国旗，并将一切奉献给国家、国旗……以便达成整个国家整合的目的。"[5]

2. 教育提升移民就业能力，促进移民社会参与

教育成为美国移民社会管理主导要素还在于强化移民的生产技术的培训，对移民顺利就业和获得稳定生活及进入社会有关键性作用。"二战"后，美国多次针对移民问题颁布相关法规，如1965年的《经济机会法》和1966年的《成人教育法》，强化对移民提供基础教育、职业技能培训和生活技能辅导，促进了面对移民成人教育的迅速发展。在这一时期美国几乎每项相关的法案中，尤其是教育法中都强化对移民的教育援助。同时，还成立了许多社区组织，他们依靠慈善捐款和志愿者向那些受教育程度低和最需要教育的移民群体提供服务。1966年美国颁布的《成人教育法》促进了20世纪后期美国成人教育的发展。1981～1990年约有730万移民进入美国，成人教育有效地满足了他们的就业需求。1988年出台的《成人教育法案修正》又通过特别拨款，重点资助英语读写能力培养项目和培训农业移民工人的相关项目。[6]随着经济全球化竞争的加剧，美国针对移民的成人教育开始改变以往扫盲式的低水平教育援助，着眼于培养熟练劳动技术人员，以提升他们在市场上的竞争力。这些都使移民的经济参与能力得以很大提升，为进入美国社会奠定了很好的基础。

3. 教育助力移民文化认同，加速归化社会步伐

教育在移民社会融合中的重大作用还在于助力移民认同美国主流文化，实施全方位的归化教育以成就其"文化熔炉"。在美国的"欧洲所有的种族都被熔化，重新形成！……德国人、法国人、爱尔兰人、英国人、犹太人和俄国人，你们走进熔炉吧！上帝正在铸造美国人"。[7]为了实现最佳移民归化，美国非常重视从儿童抓起，作为移民社会融合的最重要环节。

美国重视立法推动移民归化工作，联邦政府颁布了许多相关法律予以指导。最为著名的如1984年颁布《紧急移民教育法案》(EIEA)作为《美国中小学教育法》的补充，专门强化移民子女教育；1988年又将EIEA正式列入《美国中小学教育法》，专门开展对各州移民儿童、青年人提供相应财政资助，使他们能

尽快适应美国社会。2001 年小布什政府颁布了《不让一个孩子掉队法案》(NCLB),其间特别强调移民子女教育问题。

再次,美国重视公立学校实施归化教育的作用,将公立学校视为宣传美国价值观最有效的机构、实施移民子女归化教育的主阵地。一是公立学校通过设立相关课程,如公民课、唱爱国歌曲、历史及地理课等,培养美国情怀,将移民孩子转变成具有美国价值观的新人。二是学校非常注重公民知识和公民精神的教育,通过激励学生服务社区、学校、家庭的精神,激发学生的奉献精神和远大抱负。三是学校注重移民语言的转变,语言是文化的载体,通过帮助移民掌握英语,既有利于就业,也就能自然进入美国社会,接受美国式的生活方式。四是通过普及国民教育体系,将美国社会的生活理念日益根植内化于移民子女。[8]

(三) 美国移民社会融合中教育实践模式的意义

美国移民社会融合实践模式的演变是时代发展要求与社会管理形态不断耦合的产物,教育主导移民社会融合实践模式的形成是"二战"后美国社会进入知识经济发展阶段的必然结果,不仅解决或缓解了前期以经济和政治主导出现的社会问题,也为适应和推进美国社会发展积蓄了大批高素质人才,以教育独特功能,实现了国家发展和社会稳定,有重大的现实意义。

1. 适应美国高科技发展对人才的需求

教育主导移民社会管理工作适应了新科技革命时代对人才的新要求,既符合知识经济发展需要高素质人才的社会发展规律,也满足美国发展高科技、走科教兴国的发展战略方针。在这个主导模式下,美国不仅引进大批高素质人才,也通过教育的作用,不断为移民提高科技水平以适应不断变化的美国社会的发展机会,满足他们不断就业,选择更为适合的发展领域,这些都为实现良好的移民社会融合奠定了良好的基础,也是以往以经济或政治手段所不可能做到的。正是在这个意义上,美国强化教育在移民社会融合中的主导作用,是符合时代发展规律的重要创新。

2. 以文明民主的方式实现归化移民的政治目标

美国重视教育主导移民社会管理,也是一项符合现代文明社会和民主运动的制度创新。这既是顺应世界民主进程对人权的尊重,也是利用教育提升人的生产技能从而帮助移民获得更好的生活，来提高移民的社会适应性，其间也孕育着新时代社会管理权力文明运行的新模式。教育以其启智育人，开导民意，培育新民情的大众惠民性为移民所欢迎，以传递科学知识的方式渗透国家法规和民族文化的丰富内容，更易于为移民所理解和接受，更易于使移民消除对现行美国社会秩序的逆反情绪，并由认可逐渐达到自觉遵从，更易于移民对美国价值观由“异化”到“归化”。在这个意义上，教育主导的作用，让移民社会管理权力运行模式也开始由“有形的手”变为“无形的手”。美国的移民社会融合实践表明，教育实践模式尽管没有经济主导时期的功利性，也没有政治主导时期的强制性，但是却能更加更有效地实现归化移民的经济与政治目标。

3. 顺应并获益于全球化时代人口大流动趋势

人口流动是现代社会发展的客观规律，更是全球化时代的必然大趋势。任何限制人口流动的政策都是违背社会发展规律的，其结果必将适得其反。美国的实践证明，对移民不可能靠堵截强制的手段，唯顺应趋势，转变移民社会管理方式，才可能从移民潮中获得巨大利益。美国移民社会管理强化教育的作用，正是这一重大转变，顺应了从传统社会向现代社会转变的时代发展要求，使之成为推动社会发展的强大动力。以教育为标准引进高科技移民，对产业发展形成非常正面的积极推动，而发挥教育对移民社会融合作用，也使移民更易于理解和接受新的国家观念。另一方面，教育通过潜移默化的循序渐进作用，较为符合人形成一种观念的基本过程，易于收到事半功倍的效果。人口流动的基本法则是由比较经济利益决定的，中国对城乡人口流动及出国流动现象，也先后经历了“控制”“容忍”“接纳”的过程。事实证明，限制性的流动人口管理政策只会窒息社会发展的活力。寻求移民流动特征，转变新人口社会融合方式，从顺应中获得发展，才是移民社会管理之上上策。

今天，中国正积极推进国家现代化，无论是国内还是国外移民正日益增多，积极研究和借鉴美国在数百年来推进移民社会融合的实践经验，创新移民管理模式，提高移民社会融合成效，具有重要的现实意义。但我们同时也应该清醒地看到，美国移民的社会融合实践模式最终定位于教育有其独特的历史渊源，这要求我们在学习借鉴中不可盲目照搬照抄。其次，美国移民社会融合的主导性因素聚焦于教育的同时，经济与政治因素的影响依然存在。再次，教育并非是解决美国移民社会融合的万能钥匙，例如对于非法移民的社会融合教育往往也无能为力。最后，美国移民社会融合正面临着一些新情况的考验，如“9·11”恐怖袭击事件后国家安全成为美国移民政策的重中之重，一定程度上影响了教育实践模式的作用。

参考文献：

[1] 国家人口和计划生育委员会流动人口服务管理司. 中国流动人口发展报告 2011[M]. 北京：中国人口出版社，2011. 242.

[2] 奥斯卡·汉德林. 拔根者：构成美利坚民族的巨大移民群的史话[M]. 波士顿：大象月刊出版社，1971. 前言，3.

[3] Charlotte Erickson. American Industry and the European Immigration, 1860～1865, Cambridge, MA. , 1957. 33.

[4] Robert Green. Ingersoll, Chinese Exclusion[J]. North American Review, 1898. 7.

[5] 苏守波. 美国现代化进程中的公民教育[M]. 济南：山东人民出版社，2011. 298.

[6] 孙立新. 21 世纪前美国成人移民扫盲教育发展概况简析[J]. 河北大学成人教育学院学报，2011，(3)：50—52.

[7] Israel Zangwiil. “America is a Great Melting Pot”, in Teresa O’Neill (ed.), Immigration: Opposing Viewpoints[M]. San Diego: Green haven Press, Inc, 1992, 46.

[8] 张运红，冯增俊. 教育在社会融合中的作用研究[J]. 经济体制改革，2012，(6)：39—42.

（本文发表于《比较教育研究》2014 年第 03 期。作者张运红，时属单位为华南农业大学教学研究与评估中心；作者冯增俊，时属单位为中山大学教育学院）

三、美国残疾人教育改革的政策分析
——从入学公平到质量提高

残疾人教育一直是教育公平的一个重要议题。与欧洲相比，美国的残疾人教育起步较晚，但是20世纪70年代以来却表现出异常迅猛的发展势头。从1975年的《所有残障儿童教育法》(Education for All Handicapped Children Act)到2004年的《残疾人教育促进法》，从当初残疾儿童的入学问题到如今的质量提高，美国的残疾人教育获得了极大的发展，并取得了积极的成就。本文分析了1975年至今美国残疾人教育改革不同阶段的政策目标及具体举措，探讨了美国残疾人教育所取得的成就与当前所面临的问题。

(一) 1975年～20世纪80年代中期的美国残疾人教育改革

1. 政策目标—入学公平

美国是世界上制定义务教育法最早的国家之一。第一个义务教育法早在1840年由罗得岛颁布；随后，马萨诸塞州于1852年通过了第二个义务教育法；1918年，美国所有的州都已开始实行义务教育法。[1]尽管美国各州的义务教育法明确规定，凡是达到义务教育入学年龄的儿童必须强制性入学。但是，许多公立学校还是寻求各种理由拒绝接纳残疾儿童，致使残疾儿童丧失了受教育的机会，这种状况一直持续到20世纪中期。

20世纪60年代开始，美国国内掀起了规模浩大的公民权利运动，要求不同种族、群体都能平等地参与社会生活的呼声此起彼伏。如何保障残疾人的受教育权利，使其能够作为平等的社会成员参与社会生活，引起了美国政府和社会的广泛关注。为了能够有效地促进残疾人教育的发展，1974 年美国残疾人教育局(Bureau of Education for the Handicapped)对残疾人教育状况进行了调查，结果令人堪忧。全美 0～21 岁的残疾儿童与青少年有 800 多万，其中大约 390 万名残疾儿童可得到合适的教育，另有 250 万残疾儿童得不到适合于自身的教育，还有 175 万的儿童没有得到任何教育。而且，由于缺乏教师和同伴的接纳以及支持系统，进入普通班级的残疾儿童也未能获得充分的学习。[2] 为了让每一个残疾儿童都能获得入学的机会，联邦政府于 1975 年颁布了《所有残障儿童教育法》。该法案强调，不能剥夺残疾人参与社会生活并为社会作出贡献的权利。为此，《所有残障儿童教育法》明确规定，无论残疾儿童和青少年的残疾类型和严重程度如何，都要为所有 3～21 岁的残疾儿童和青少年提供免费与合适的公立教育。免费与合适的公立教育的具体内容包括：特殊教育和相关服务由公立教育机构提供经费，接受公众的监督和指导，不向家长收费；必须提供符合州教育机构标准的学前教育、小学教育和中等教育；为每一个残疾儿童制定符合其身心发展特点的个别化教育计划。[3] 20 世纪 70 年代，联邦政府通过这一立法介入残疾人教育，其目的就是为了解决残疾儿童的入学问题(access)，确保每一个残疾儿童都能获得公平的入学机会。

2. 具体举措

(1) 确认残疾人教育对象。残疾人教育对象的确认是美国残疾人教育中的首要问题——什么样的儿童是残疾儿童，可以成为残疾人教育的服务对象。1975 年《所有残障儿童教育法》规定，只有符合以下三项条件的残疾儿童和青少年才能享受特殊教育和相关服务。第一，年龄在 3～21 岁之间；第二，必须具有以下残疾类别中的一种：特指学习障碍、智力障碍、听觉障碍、视觉障碍、言语或语言障碍、情绪障碍、肢体障碍、聋、聋盲、多重障碍和其他健康损害。第三，由于残疾的缘故需要特殊教育服务。这一确认标准的制定是为了让真正有特殊教育需要的残疾人享受到特殊教育和相关服务，既保障了残疾人的受教育权利，又避免了教育资源的浪费。

(2) 提供特殊教育经费。除了学校教育之外，残疾人教育还涉及到康复治疗、心理咨询、公共卫生、社会工作等内容，是一项费用高昂的系统工程。[4] 由于对残疾人教育的教育成效存在质疑，许多州就以教育经费紧张为由拒绝为残疾人提供教育服务,如新墨西哥州。1975年,联邦政府规定,如果各州为所有居住在本州的3~21岁的残疾学生(包括被停学或者开除学籍的残疾学生)提供免费与合适的公立教育,那么联邦政府将对各州的特殊教育开支提供财政支持,资助特殊教育所需额外费用40%的开支。[5]但凡是接受联邦财政资助的州都要提交残疾人教育计划,由残疾人教育局进行审核,只有在州的残疾人教育政策和实施细则与《所有残障儿童教育法》中的规定相一致的前提下,才能获得联邦政府对残疾人教育的拨款。

(3) 实行正当程序保护。尽管美国宪法的第五条和第十四条修正案保障每一个美国公民都能受到法律的平等保护,但教育实践中残疾人的受教育权利被恣意侵犯的事件还是时有发生。为此,联邦政府明确表示,残疾人教育必须实施正当程序保护原则,并规定了细致的程序性保护措施,力图通过程序实现残疾人享有的平等的受教育权利。从对残疾儿童的鉴定、评估、教育安置到公立教育的提供,残疾儿童的家长都享有知情和决策的权利。当公立机构决定要对残疾儿童提供或拒绝提供鉴定、评估、教育安置以及公立教育等事项时,必须事先书面通知家长。如果无法找到家长,则必须指定一人担当残疾儿童的监护人,代理家长的职责。家长有权利同意或者拒绝接受关于残疾儿童的鉴定、评估结果、教育安置方式和公立教育措施。对残疾儿童的任何一项教育决定,都必须遵守正当程序,注重对残疾儿童的程序性保护。

1975年《所有残障儿童教育法》的颁布和实施,对于确保残疾儿童获得均等的受教育机会效果显著,以前被排斥于公立学校之外的残疾儿童纷纷入学,获得了与同龄人平等的受教育机会,在一定程度上保障了残疾儿童的受教育权利。1976年,全美3~21岁的学生总数为72 782 000人,其中获得教育服务的3~21岁残疾学生为3 691 833人,占学生总数的5.07%。[6]与此同时,残疾儿童的教育投入也获得了持续的增长。1977年,联邦政府拨款2.51亿美元;1978年联邦政府加倍投入残疾人教育费用,拨款5.66亿美元。[7]

(二) 20世纪80年代中期至今的美国残疾人教育改革

1. 政策目标——质量提高

虽然《所有残障儿童教育法》的颁布和实施,确保了残疾儿童的入学权利,但是,仅仅为残疾儿童提供入学机会是不够的,满足每一个残疾儿童的特殊教育需要,为其日后能够作为社会的正式成员更好地融入社会生活做好准备,才是残疾人教育的出发点和归宿。于是,从20世纪80年代中期开始,美国加快了残疾人教育的改革步伐,提高特殊教育质量的呼声也日益高涨。20世纪90年代初期,一些代表残疾学生利益的支持者从人权的角度对残疾人教育的质量问题提出了强烈的抨击。霍布斯(Hobbs)和阿伦(Allen)指出,大部分有特殊需求的学生即使已经受过特殊教育服务,但在离校后的独立生活和社会适应中仍然遭遇严重的困难,以至被迫留滞在家,或者只能在隔离工厂中就业。[8]教育场所对于多数残疾儿童与青少年而言,似乎只是一个从幼童过渡到成人角色的"收容所"。美国学者艾尔(Eyer)也指出,应对残疾人教育拥有更大的期待,残疾人教育法不能仅仅停留于提供入学机会,而要致力于残疾人教育质量的持续提高,满足残疾儿童的教育需要。[9]改革支持者们认为,随着社会的多元化发展,残疾学生的教育需求也日益呈现出多样化的特点。应对时代发展提出的严峻挑战,学校要通过课程改革、管理创新、科学研究、资源拓展及与所在社区的合作,来确保残疾人教育质量。可见,在残疾学生的入学问题得到解决之后,美国残疾人教育面对的是如何更好地满足所有残疾学生的教育需求的问题,残疾人教育政策的目标也因此产生了转变,由保障入学公平转为确保质量提高。从20世纪90年代开始,联邦政府对残疾人教育进行了大刀阔斧的改革,希望残疾人教育发生根本性的变革。2004年,联邦政府颁布了《残疾人教育促进法》(Individuals with Disabilities Education Improvement Act),明确表示为每一位残疾学生提供高质量的教育将成为新法案的首要目标。

2. 具体举措

(1) 加大残疾学生的教育经费投入。20世纪90年代以来,联邦政府一直持续不断地大幅度增加残疾人教育经费,1996年拨款23亿美元,2002年拨款75亿美元。[10]尽管残疾人教育经费增长迅速,但是并不能满足联邦政府要求各州为残疾人提供的特殊教育和相关服务。以2002年财政年度为例,联邦政府仅仅支付了教育残疾儿童所需额外费用的16.5%。[11]为了缓解州和学区对每一个残疾儿童提供免费与合适的教育而承受的经济压力,2004年颁布的《残疾人教育促进法》明确表示,联邦政府将大幅度增加残疾人教育拨款。2005年联邦政府拨款总额为106亿美元。在1977年至2005年接近30年的时间内，美国残疾学生的联邦拨款数额增加了近43倍。为了真正实现承担残疾人教育所需的额外费用40%的目标，联邦政府还批准了2007年～2011年《残疾人教育促进法》B部分拨款计划，计划2007年拨款169.4亿美元，2008年拨款192.3亿美元，2009年拨款215.2亿美元，2010年拨款238.1亿美元，2011年拨款达到261亿美元。在近5年内，美国的残疾人教育经费增长了54%。[12]

(2) 提升残疾学生的学业标准。为了让每一位中学生达到更高水平的学业标准，为日后的学习和工作做好准备，1997年美国教育部在《1998～2002年教育发展战略》中明确提出，中学教育必须"让所有学生都达到富有一定挑战性的学业标准，为他们将来成为有责任感的公民、继续学习和富有产出性的就业做好准备"。[13]可是，由于对残疾学生身体和心理缺陷存在刻板认识，使得教师和家长对残疾学生的期望值普遍偏低，无形之中降低了残疾学生的学业标准，致使残疾学生的学业成就较为低下，特别是在学术性学科方面。为了提高残疾学生的学业标准，解决残疾学生学业水平低的问题，联邦政府早在1997年就明确规定，残疾学生必须参加全州或学区的测验，并用残疾学生在测验中取得的成绩作为衡量州或学区残疾人教育质量的重要指标。具体规定如下：[14]第一，州教育厅必须将残疾学生纳入到州和学区范围的综合测验计划中(general state and district-wide assessment programs)，针对个别学生的具体情况，可以对测验计划进行适当的调整。第二，当残疾学生不能参加州和学区范围的测验计划时，州教育厅或地方教育局必须为其设计替代性的测验计划(alternate assessment programs)，并且详细说明制定替代性测验计划的指导原则。第三，州教育厅必须提交残疾学生参加测验计划的结果报告，报告内容包括分别参加综合测验和替代性测验的残疾学生的人数以及残疾学生在综合测验和替代性测验中的学业成绩。

(3) 加强残疾学生不良行为的管理。《所有残障儿童教育法》规定，美国残疾人教育实行"零拒绝"原则(zero reject)，即指各州和地方教育当局不能以任何理由、任何形式拒绝残疾学生入学。尽管这一规定保证残疾学生不再因为"残疾"的因素而被剥夺入学的机会。可是，教育实践中以残疾学生的不良行为为借口，强行将残疾学生驱赶出校门的事件屡屡发生，严重侵犯了残疾学生的受教育权利。为了平衡确保学校成为有利于学习的安全和有序的环境和保障残疾学生享有免费与合适的教育两者之间的矛盾，联邦政府明确规定，在对残疾学生的不良行为进行教育惩戒时必须进行“诊断认定”(manifestation determination)，以此探明残疾与不良行为之间的关系。[15]首先，收集信息。个别化教育小组要观察残疾学生的日常行为，收集与不良行为相关的所有信息，核实个别化教育计划和教育安置措施。其次，作出判断。判断主要包括两个方面：一个方面是判断残疾学生的个别化教育计划是否妥当，教育安置是否适宜；第二个方面是判断残疾学生控制不良行为的能力。如果残疾学生的个别化教育计划和教育安置是适宜的，残疾并没有影响残疾学生控制不良行为的能力，就可以判定残疾学生的残疾与不良行为之间没有任何关联，那么学校便可以采用与普通学生相同的惩戒标准与方式。但是，遭受惩戒的残疾学生必须在学校提供的临时替代性教育环境(alternative educational settings)中接受教育。相反，如果残疾学生的个别化教育计划和教育安置是不适宜的，或者残疾削弱了残疾学生控制不良行为的能力，那么就可以判断残疾学生的残疾与不良行为之间存在关联，学校就不可以采取超过10个教学日的停学或者开除的惩戒方式。诊断认定的主要目的在于避免学校和教师凭借残疾学生的不良行为，不经过正当法律程序就任意将残疾学生驱逐出学校，从而剥夺其受教育的权利。

(4) 提高特殊教育教师的素质。教育改革的目标无论多么宏大，只有通过教师才能够得以实现。“学生要克服的障碍—贫穷、困难的社会环境、身体残疾—愈是繁重，对教师的要求就愈多”。[16]通过提高特殊教育教师的素质来确保残疾人教育质量，也就成为20世纪90年代以来美国残疾人教育改革的重要举措。1995年，美国特殊儿童委员会(American Council for Exceptional Children)提出了《每个特殊教师须知—有关特殊教育教师培养和资格证书的国际标准》(What Every Special Educator Must Know: The International Standards For the Preparation and Certification of Special Education Teachers，以下简称《标准》。随即，美国全国教师教育鉴定委员会(National Teacher Education Appraisal Committee)采用这一标准作为美国特殊教育教师的任职资格标准。《标准》规定，要成为特殊教育教师必须具备以下条件：至少获得学士学位；必须修满师范教育鉴定合格的教师课程，取得大学院系必要的学分和评价;获得教师资格证书;至少担任1年的辅导教师;具备特殊儿童委员会规定的特殊教育教师应掌握的共同核心性知识和技能;具备特殊儿童委员会规定的在特定领域或年龄组从事特殊教学工作应掌握的专门性知识和技能;每年至少参加25小时的专业领域的继续教育,以对知识进行周期性的更新。[17]2003年,应对时代发展的需要,美国特殊儿童委员会又发表了《标准》的修订版,新的《标准》对所有准备成为特殊教育教师的人提出了共同核心性知识与技能的要求,另外分别对从事不同障碍领域的教师提出了专门性知识与技能的要求。[18]2004年,为了响应《不让一个孩子掉队法》对高素质教师的规定,《残疾人教育促进法》第一次对"高素质"特殊教育教师提出了明确的要求。要成为"高素质"的特殊教育教师必须持有美国特教教师全国认证书(包括通过替代性途径获得的认证书),另外还要通过美国国家特教教师执照考试,并持执照在美国国内任职特教教师。[19]

(三)美国残疾人教育改革的成就及问题

面向新世纪的美国残疾人教育改革的核心目标是提高残疾人教育质量,为残疾人日后的学习和社会参与做好准备,改革的重心从对入学公平的关注发展为对教育质量的关注,符合美国20世纪80年代以来注重教育质量的教育改革趋势。总的来看,美国残疾人教育在提高教育质量方面取得了一定的成效。

1. 取得的成效

(1) 推动了残疾儿童与青少年受教育人数的持续增长。得益于《残疾人教育促进法》的强制性保护,获得教育服务的美国残疾儿童与青少年的人数持续增长,有力维护了残疾儿童与青少年的受教育权利。1976年,全美3～21岁的学生总数为72 782 000人,获得教育服务的3～21岁残疾学生为3 691 833人,占学生总数的5.07%。2005年,全美3～21岁的学生总数为77 802 362人,获得教育服务的3～21岁残疾学生为6 720 400人,占学生总数的8.64%。相比1976年,2005年美国3～21岁学生人数仅增长了6.9%,但是获得特殊教育和相关服务的3～21岁残疾儿童与青少年人数的增幅高达82%。[20]

(2) 促进了残疾儿童与青少年教育环境的显著改变。从1975年颁布《所有残障儿童教育法》开始,联邦政府就要求各州,在最大适当的程度范围内必须让残疾儿童尽可能地在普通班级与普通儿童一起接受教育。只有在残疾儿童得到额外的辅助设备和支持服务后依然不能在普通班级获得充分的学习时，才能将残疾儿童从普通班级中抽离出来，安置到较为隔离的教育环境中。经过多年的努力，残疾儿童的受教育环境有了明显的改善。2011 年，在各种教育环境中接受教育的 6～21 岁残疾学生为 5 785 203 人，一天中 80％及其以上时间在普通班级(Inside regular class 80％ or More of day)的为 3 533 843 人(占 61％)，一天中 40％～79％时间在普通班级(Inside regular class 40％ to 79％ of day)的为 1 145 031 人(占 20％)，一天中不到 40％的时间在普通班级(Inside regular class less than 40％ of day)的为812 525人(占 14％)，在隔离学校(separate school)的为 170 975 人(占 3％)，在寄宿机构(residential facility)的为 19 783 人(占 0.3％)，居家或者医院(homebound/hospital)的为 24 343 人(占 0.4％)，在收容机构(correctional facility)的为17 312人(占 0.3％)，父母安置到私立学校(parentally placed in private schools)的为 61 391 人(占 1％)。[21]

(3) 提高了残疾学生的学业成就。通过让残疾学生参加全州或学区的测验，并用残疾学生在测验中取得的成绩作为衡量州或学区残疾人教育质量的重要指标，对于提高残疾学生的学业成就和缩小与普通学生的学业差异效果显著。以全美教育进步评估为例(National Assessment of Educational Progress)，2000 年，8 年级残疾学生的数学平均成绩为 230 分，8 年级普通学生的平均成绩为 276 分。2009 年，8 年级残疾学生的数学平均成绩为 249 分，8 年级普通学生的为 287 分。2002 年，8 年级残疾学生的阅读平均成绩为 228 分，8 年级普通学生的为 268 分。2009 年，8 年级残疾学生的阅读平均成绩为 230 分，8 年级普通学生的为 267 分。[22]

2. *存在的问题*

在取得极大发展的同时，美国残疾人教育改革的一些举措也遭受质疑，这也反映出目前美国残疾人教育发展所面临的问题。首先，提高残疾学生的学业标准可能会使教师过分关注残疾学生在学术性学科方面的学术训练，而忽视残疾学生的缺陷补偿和潜能开发，使学校将教育重心倾斜于参加学区的综合测验，极大地窄化了残疾人教育的目标。如何更全面、更科学地确定适合残疾人发展的教育目标可能是美国残疾人教育未来发展所要考虑的一个议题。

其次,残疾学生的教育惩戒实行诊断认定,确定残疾与不良行为之间的关联绝非易事。况且,各州制定的关联标准不尽相同。有的州规定,残疾与不良行为之间是一种实质性的关联,这样的关联是直接的,存在因果关系的。有的州则规定,残疾与不良行为是一种间接的关联,两者之间不一定存在因果关系。还有的州认为,残疾与不良行为之间可以不存在直接的、实质性的因果关系,但是又要具备一种比间接关联更为直接一些的关联。[23]标准的异质性增加了残疾学生教育惩戒的难度和复杂性。

再有,对特殊教育教师素质的高标准和严要求,使得特殊教育教师的职业压力过大,导致特殊教育教师流失现象严重,特殊教育教师严重短缺。据统计,1993～1994 学年,为 6～21 岁残疾学生服务的特殊教育教师的短缺率为 7.4%,但是到了 2002～2003 学年这一比例却达到了 13.4%。2003 年,全美短缺 54 200 名特殊教育教师,[24]并且,短缺现象极为普遍,几乎所有的州、所有的残疾类别都存在特殊教育教师短缺的问题。[25]

总之,美国残疾人教育的发展依然面临严峻的挑战,如何更充分地调动各方资源,获得家长的合作、社区的支持和公众的理解以及相关部门的配合,建立学校、家庭、社区三位一体的支持体系,将是美国残疾人教育发展持续努力的方向。

参考文献:

[1] Ysseldyke, J. E, Algozzine, B. Introduction to Special Education[M]. Boston: Houghton Mifflin, 1984. 35.

[2] Audrey Mccray Sorrells, Herbert J. Rieth, Paul T. Sindelar. Critical Issues in Special Education: Access, Diversity, and Accountability [M]. Boston: Pearson Education, Inc, 2004. 17.

[3] Allan G. Osborne, Jr, Charles J. Russo. Special Education and the Law: A Guide for Practitioners[M]. California: Corwin Press, Inc, 2003. 20.

[4] Thomas B. Parrish, Jay G. Chambers, Cassandra M. Guarino.

Funding Special Education[M]. California:Corwin Press,Inc,1999. 12.

[5] Mitchell L. Yell. The Law and Special Education[M]. New Jersey: Pearson Education,Inc,2006,111.

[6][20][21] Data Accountability Center: Individuals with Disabilities Education Act Data[EB/OL]. http://tadnet. public. tadnet. org/pages/712, 2013—12—01.

[7] Edwin w. Martin,Read Martin,Donna L. Terman. The Legislative and Litigation History of Special Education[J]. Future Child,1996,vol. 6,No. 1:25—39.

[8] 陈丽如. 特殊教育论题与趋势[M]. 台北:心理出版社,2004. 164.

[9] Eyer T. L. Greater Expectations: How the 1997 IDEA Amendments Raise the Basic Floor of Opportunity for Children with Disabilities[J]. Education Law Report,1998,vol. 126,No. 1:1—19.

[10][11] Nancy Lee Jones, Richard N. Apling, David P. Smole. Individuals with Disability Education Act: Background and Issues[M]. New York: Nova Science Publishers,Inc,2004. 92,37.

[12] 余强. 美国残疾儿童学前教育先行发展政策述评[J]. 中国特殊教育,2007,(11):88—92.

[13] 刘宝存,罗媛. 面向21世纪的美国高中教育改革探析[J]. 比较教育研究,2010,(6):53—57.

[14] 冬雪. 美国《残疾人教育法》研究[D]. 北京:北京师范大学,2006:38.

[15] Nikki L. Murdick, Barbara C. Gartin, Terry Crabtree. Spe-cial Education Law[M]. New Jersey: Merrill Prentice Hall,2002. 197—198.

[16] 联合国教科文组织教育丛书. 教育—财富蕴藏其中[M]. 北京:教育科学出版社,1996. 139.

[17] 顾定倩. 特殊教育教师资格制度的比较研究[J]. 比较教育研究,2005,(9):53—58.

[18] 周楠. 美国特殊教育教师的任职资格变迁及其对我国的启示[J]. 中国特殊教育,2010,(3):48—53.

[19] [美]William L. Heward. 特殊需要儿童教育导论[M]. 肖非等译. 北京：中国轻工业出版社，2004. 24.

[22] National Council on Disability. National Disability Policy: A Progress Report-October 2011[EB/OL]. http://www. ncd. gov/progress_reports/Oct312011，2013—11—12.

[23] Antonis Katsiyannis，John W Maag. Manifestation Determination as a Golden Fleece[J]. Exceptional Children，2001，Vol. 68，No. 1：85—96.

[24] Erling E Boe. Long-Term Trends in the National Demands，Supply and Shortage of Special Education Teachers[J]. The Journal of Special Education，2006，Vol. 40，No. 3：138—150.

[25] McLeskey James，Billingsley，Bonnie S. How Does the Quality and Stability of the Teaching Force Influence the Research-to-Practice Gap? A Perspective on the Teacher Shortage in Special Education [J]. Remedial and Special Education，2008，vol. 29，No. 5：293—305.

（本文发表于《比较教育研究》2014年第04期。作者杨柳，时属单位为西南大学教育学部）

四、美国流动儿童教育管理和教育财政问题及应对措施

(一) 美国流动儿童教育所面临的困难

1. 频繁的家庭迁移对流动儿童学业的影响

在美国,流动学龄人口是一个规模庞大的人口群体。每年大约有16%的美国人会选择搬家。[1]大量研究表明,家庭迁移与学生的社会成就和学业成就之间存在负相关关系。[2]美国审计总署(United States General Accounting Office)1994年的一份报告指出,频繁转学的三年级学生中有41%的学生阅读成绩低于该年级平均水平,31%的学生数学成绩低于该年级平均水平。家庭的频繁迁移使得流动儿童的课业中断,因此许多学生会出现留级甚至辍学的情况。在宾夕法尼亚州的匹兹堡,研究者将家庭流动对学习成绩的影响转化为缺课天数的影响,发现在第一年中转学一次相当于在第二年中缺课32天,在第三年缺课14天。[3]该研究的结果表明,家庭流动会使流动儿童接受的教育教学量少于普通儿童。频繁转学最为严重的后果是使流动儿童无法顺利完成学业、获得文凭、进入下一阶段学习。流动儿童成年后的教育水平也普遍偏低,使得他们无法面对日益激烈的竞争,也因此无法改善他们以及他们下一代的生活状况和社会地位,陷入恶性循环。

2. 频繁的学生流动给学校带来的行政和教学管理上的问题

在微观学校层面上,流动儿童的特殊性给学校的行政和教学管理带来了巨大挑战。在管理方面,学生入学时通常要走一系列的行政程序,如入学时要编

制入学信息表，进行入学资格认定，重新为其安排课程时间和课程组合等。尽管一些研究发现，学生的流动常常发生在大城市的同一个学区内，但这仍然给学校造成了学籍管理和记录上的困难。为克服这些困难，学校需要投入更多的人力及物力，这会导致行政管理成本的上升，进而导致生均教育经费和硬件建设投资的减少。[4]另外，经常性的学生流动还会对教学造成影响。为了照顾插班生，班级甚至学校的正常教学进度需要减慢。[5]这些问题不论在城市学区还是农村学区都普遍存在。由于学生常常是在大城市的同一个学区内流动，[6]这些教学以及管理上的问题可以通过学区内的均衡课程设置、统一的课程表、课程节奏合理的安排和学区集中管理学籍(record-keeping)等手段来解决。但是，学区内部的一致性也有可能导致学区与学区之间的不相容性，使得流动儿童转入另一个学区的学校时不容易融入新的学区。这种情况在小学区或农村地区的学区更为明显。在农村地区的学区，一般只有一所学校完整地拥有每一个年级。因此，儿童一旦离开原来的学校可能意味着必须进入一个新的学区，学习与以往大不相同的课程，甚至会被安排到完全不符合其水平的年级上课。这打断了学生学习过程的连续性，使得学生无法系统学习知识，这也是为什么流动儿童学业表现往往较差的原因。

3. 频繁的学生流动给学区和学校带来的财政压力

美国的流动儿童教育中面临的最大困难和压力来自于财政方面。美国各级政府的教育经费拨款一般会采用一系列公式，如定额补助公式(flat grants)、基准补助公式(foundation formulas)、百分比均等化补助公式(Percentage Equalization)等来计算。这些公式中最重要的一个变量就是在读人数，它被定义为平均每天在校的学生人数(Average Daily Membership，ADM)。这一数字直接决定各学区和学校所能得到的教育经费，因此在读人数的统计是否准确直接影响到每个学区和学校能否得到充足的教育经费。

在这样的财政体系下，接收大量的流动学生会给学校和学区带来很大的财政压力，特别是对于经济不发达的地区尤其如此。由于学校得到的教育经费是根据在校学生人数确定的，在这样的体系下，流动儿童教育经费首先由其接收学校和学区负担，然后再由州政府和联邦政府补偿。但是这样做存在着一些问题。

首先,流动儿童的加入使得平均每天在校的学生人数统计的准确性受到了影响。大部分学区每学期只统计一次在读人数,因此,当统计不频繁时,如果有学生在上一次统计之后入学,又在第二次统计之前转学离开,该学生的就业情况就不会反映在平均每天在校的学生人数的变化上,学校和学区就有可能无法获得其为该流动学生所提供服务的补偿。[7]

其次,一般的州财政资助公式并未考虑到学生入学和转学所额外带来的行政成本,因而按照平均每天在校学生人数计算出来的教育经费,并不能全部偿还学区由于儿童转学和入学而产生的开支。

再次,联邦政府是流动儿童教育经费的一个主要来源。但是很多时候联邦的经费会由于各种原因而不能到位,①使得承担了流动儿童教育的学校和学区得不到补助,造成资源紧缺,进而影响到整个学校乃至学区的教学情况和学生学习表现,甚至也会对该地区内的非流动儿童造成不良影响。

4. 频繁学生流动对教育问责制考核结果的影响

另一个由流动学生带来的重要问题是,学生流动常常使得美国为提升教育系统内部,特别是学校表现的努力面临困难。计算流动学生人数是考察和评价学校管理和学校表现中最重要的一步。不恰当的教育问责制会迫使学校管理者在考核报告中刻意避免提及流动学生,而那些被排除在报告之外的学生往往都是学业成绩较低的。另外,如果学校和学区认为流动儿童可能会在学期末计算平均每天在校的学生人数之前转校离开,他们就可能不会对这些儿童投入太多注意力。

目前,美国教育问责制面临的核心问题是学生流动使得测量出学校的真实表现变得很难。美国教育部门对学校的评分和评级一般采用两种方法:第一种用每年学校排名的变化水平来衡量;第二种用该校学生的总体表现来衡量。奥芬伯格(Offenberg. P. S.)调查了费城学校的排名和学生流动之间的关系,发现学校的排名在包括或不包括流动儿童时差别显著。[8]弗格里奥(Figlio. D.)也指出加州学区学校问责制的特征,如果在评估学校办学水平时不考虑流动频繁儿童的考试成绩,则可能会高估其所在学校的整体水平,这不利于政策制定

① 如经济危机时,很多原本应该拨付给教育的经费被占用。

者做出正确的判断。[8]

(二) 美国政府为解决流动儿童教育问题所采取的措施

美国教育总署①在初等、中等教育办公室专门设立了流动人口教育办公室(Office of Migrant Education,OME)来协调管理各州的流动儿童教育工作,并提供技术支持和资金保障。同时,该部门还对流动儿童教育项目的实施结果进行评估考核和教育问责。

1. *流动儿童教育管理措施*

在流动人口教育办公室的领导下,美国在全国范围内推出了一系列改善流动儿童教育状况的项目。

(1) 推行流动人口教育计划(Migrant Education Program,MEP)。在解决流动儿童的教育和健康等问题中,最著名和影响最大的是1965年《初等及中等教育法案》中提出的“流动人口教育计划”(Migrant Educa-tion Program,MEP)。该计划的主要目的是为5岁～17岁的流动工人子女提供补偿教育和服务支持。[9]该计划通过公式拨款为州教育机构(State Educational Agencies,SEAs)提供资金支持,帮助州和地方教育机构减少流动儿童在入学注册和学校学习上的障碍,以确保流动工人的孩子能够获得与其他儿童相同的免费公立教育,包括公立的学前教育。除此之外,该项目也致力于帮助流动儿童获得更好的教育,保障他们的家庭居住条件。法律规定,学校管理者必须确保流动儿童能够获得教育服务,并且学校的资金能够支持教师积极地帮助流动儿童入学。[10]

(2) 加强州与州之间和州内流动儿童教育信息的交换。为了解决流动儿童因转学而造成的学籍保留上的困难,避免流动儿童在州与州之间流动时丢失个人基本教育和健康状况的信息,联邦教育总署于1965年的《初等及中等教育法案》中首次提出了流动学生记录交换提案(Migrant Students Records Exchange Initiative)。2001年的《不让一个孩子掉队法案》(No Child Left Behind Act of 2001)进一步对开发有效的学生信息交换系统及各州流动儿童

① 美国联邦政府主管教育的机构1979年以前称教育总署,之后升格为教育部。

人数的统计做出了规定。之前的流动学生信息系统记录了各州内流动儿童的教育和健康情况,而新的流动儿童信息交换系统整合了各州的信息,一旦有学生转学,其原居住地所在州可以通过该信息交换系统通知其所迁往的州。这一全国性的系统使州与州之间实现了流动儿童信息共享,为流动儿童提供了更大范围的教育服务,并且在全国范围内保障了流动儿童所修的课程学分会自然累计,使得接收流动学生的学区和学校可以有针对性地帮助流动儿童入学,并安排其在合适的年级就读。这一系统的推出提高了流动学生的入学率,优化了针对流动学生的课程设置,提高了流动学生的学习成绩。此外,因为这一系统还记录了流动儿童的健康信息,所以也减少了流动儿童重复接种免疫疫苗等事件的发生。

(3) 设立流动者教育协调支持中心(Migrant Education Coordination Support Center)。为了进一步促进州与州之间在改善流动儿童教育上的合作,美国联邦教育部成立了流动者教育协调支持中心(MECSC),帮助流动儿童解决在不同州之间流动时所面临的难以克服的困难,并提供了补助金和项目配套资金,资金总额在 2008 年为 1 000 万美元。这些资金的用途非常广泛,包括:资助符合要求的流动儿童,协助学校筹备流动儿童教育项目;提高流动儿童的阅读和数学水平,降低流动儿童辍学率,提高流动儿童中学毕业率;支持流动儿童父母参与到儿童的教育中;帮助失学流动儿童入学;为流动儿童开发点对点网络,以帮助其更好地掌握知识和技能;帮助州和地方政府建立网络图书馆,并为流动儿童教育提供可分享的电子图书资料等。此外,该中心还采取了一系列监管和考察措施,以确保这些资金的使用效率。

(4) 为流动儿童教育提供咨询,满足流动儿童的教育需求。为了解决流动家庭到了一个新地区后由于信息和资源匮乏而无法为子女提供合适教育的问题,美国政府开设了流动人口教育全国热线(Migrant Educational National Hotline,ESCORT)。在美国的任何地方,流动家庭都可以免费拨打该热线,咨询关于就业、社会保障、子女教育等方面的信息。热线服务专员为他们提供每天 24 小时的服务,帮助流动家庭为他们的孩子找到合适的学校,并为其提供其他教育服务信息。[11]

此外,为了满足流动儿童的教育需求,流动人口教育办公室(OME)于 2002

年推出了流动人口教育综合需求评估(Migrant Education Comprehensive Needs Assessment)项目。该项目首先要求州教育机构调查流动儿童的具体教育需求,即确定需求评估的重点和范围,并确定主要利益相关者(州教育机构、学区、学校)在评估中所应承担的义务(包括根据评估结果计划和实施后续项目)。其次,该项目帮助州教育机构搜集评估所需的数据,并对数据进行分析。最后,该项目帮助州教育机构将评估中得到的结果用于流动儿童教育决策中。

(5) 针对高中及高等教育阶段推出针对性项目。2001年,流动人口教育办公室提出了一个针对高中阶段的流动学生议案,即《流动学生中等教育提案》。该提案的主要目标是挽留处于辍学边缘的流动学生,提高他们的高中毕业率。根据美国的义务教育法规定,年满16周岁或17周岁的学生可以主动离开学校,①不再受法规的限制,因此很多学习基础较差的学生未完成高中学业便选择了辍学。在这些学生中,流动儿童占了相当大的部分。《流动学生中等教育提案》的目的就是把他们留在学校,帮助他们完成高中学业。

此外,流动儿童办公室在高等教育机构中设置了"中学同等文凭教育项目"(High School Equivalency Program, HEP),以帮助季节性农业工人和他们的子女(大约16周岁)获得普通教育发展证书(GED)或高中同等文凭。该项目每年为超过7 000名学生提供奖助学金(financial aid stipend)、住宿、文化娱乐以及医疗保健等服务,并为获得学历的学生提供就业咨询和工作推荐,帮助他们找到合适的工作。

对于想进一步深造的流动学生,流动人口教育办公室也大力支持,并推出了"流动者大学资助项目"(College Assistance Migrant Program, CAMP)。该项目每年为超过2 000名流动学生提供助学金、课程辅导、住宿及医疗等服务,帮助他们成功完成大学本科第一年的学习,表现优秀的流动学生还有可能获得后续的资金支持。此外,流动者大学资助项目还对参与该项目的高校和非营利性机构提供长达5年的资金支持,以帮助它们为流动学生提供更好的大学教育。

(6) 推出针对学龄前儿童及其父母的"流动教育起步项目"(Migrant Education Even Start, MEES)。为了打破低收入流动家庭因流动而得不到良

---

① 各州对于义务教育阶段的年龄规定有所不同。

好的教育，从而找不到稳定工作的不良循环，流动人口教育办公室推出了“流动者教育起步项目”。该项目把学龄前儿童教育、成人扫盲教育以及家教方式培训等整合在一起，目的在于提高流动家庭的整体文化水平。承担这一项目的机构多种多样，有政府机构、高等教育机构、公立学校，以及其他公立和私立的社区服务中心。该项目有时还会提供托儿、交通等支持性服务，以保证流动者家庭可以参加核心的教学活动。

2. *流动儿童教育财政措施*

鉴于流动儿童给州和学区的教育财政带来了额外的负担，而普通的州财政资助公式又不能灵活地将这部分额外教育经费支出涵盖在拨款的额度中，美国教育部出台了一系列的财政措施，来缓解流动儿童教育经费不足的状况。

(1) 流动者教育基本州公式补助金(MEBSFG)。流动者教育基本州公式补助金(MEBSFG)政策是流动儿童教育中最主要的财政政策，其目的在于用资金支持流动儿童接受高质量的教育，确保流动儿童在转学时不会由于各州在课程设置、教学内容、成绩标准及毕业要求等方面差异而受到不利影响。除了为流动儿童提供合适的教育服务(包括一些支持服务)以满足他们特殊的教育需求外，该政策还致力于帮助这些学生达到与非流动儿童同样的学业水平。在这一政策中，联邦政府对州教育机构的资助额度主要根据各州生均教育成本和居住在该州 3 岁～21 岁的流动学生人数来计算，另外还会拨出一部分资金来支持各州在夏季学期和假期时所提供的服务。2009 年，通过这项政策支出的总金额大约有 4 亿美元。[12]

(2) 流动者教育联合激励补助金(MECIG)。流动者教育联合激励补助金(MECIG)在 1965 年即被列入《初等及中等教育法案》，并在 2001 年的《不让一个孩子掉队法案》中得到了补充和完善。联邦教育部为参与到该项目的州教育机构提供每年高达 300 万美元的政府奖助金，用于改善处于不利教育境况的流动儿童的教育状况，[13]有效地激励了州内和州与州之间在流动人口教育计划(MEP)实施过程中的高质量合作。

(3) 流动者教育技术补助金(METG)。为了进一步确保流动儿童在不同学区学习知识内容的连续性，并帮助他们获得较高的教育质量，1997 年 6 月，美国联邦教育部给 6 个流动儿童教育组织发放了流动人口教育技术补助金，用来奖励新教育技术在改善流动儿童教育中的运用,以期能用新的教学方法促进流动学生学业成绩的提高。仅在1998财年,美国教育部就在该项目上支出了近600万美元。各地方教育机构及非政府组织亦可向联邦教育部申请该补助金,教育部将根据其所提出的流动儿童教育计划的预期效果决定是否给予补助。

(三)启示

美国政府为解决特殊群体教育公平采取了系统的政策,政策的取向逐渐以为处境不利的学生提供补偿教育①为主。美国政府认为,如果流动儿童能够获得充足的教育经费,并接受一定的补偿教育,就有可能得到更多的教育和工作机会,使其未来的生活得到保障。正是在此原则下,美国政府针对流动儿童教育所面临的管理和财政上的种种问题,采取了积极的应对措施。虽然美国在解决流动儿童的教育问题上还有很长的路要走,其采取的教育政策也未必完全适用于我国,但是却对我国实现弱势群体的教育公平有重要的启示。

首先,我们应加大流动儿童教育经费的投入力度,可以设立流动儿童专项拨款或中央与地方的配套拨款,建立以流入地的省、市政府为主、中央政府与地方政府共同分摊的流动儿童教育经费制度,保障流动儿童能和其他非流动儿童一样接受免费的义务教育。同时,需要建立流动儿童资助筛选甄别体系,需要特别关注流动儿童中处于辍学边缘的儿童的教育需求,派专人为这些儿童接受教育和提高学业水平提供帮助,进一步完善流动儿童的教育资助政策;完善流动儿童教育相关立法,加强流动儿童教育法规的可操作性,细化具体的操作步骤,加强教育问责,保障这些法律法规能够得到有效落实。

其次,地方政府和学校应加强对流动儿童的学籍管理,促进各地流动儿童教育信息的共享。可以建立专门的组织机构负责中央和地方、地区间和地区内部在流动儿童教育问题上的协调与配合,同时建立流动儿童教育信息数据库。政府应该为流动人口家庭提供包括就业、社会保障和子女教育等方面的咨询。

---

① 补偿教育的实质是区别待遇,政府对处境不利地位学生的教育采取干预政策,使其能够正常地参与学习和社会生活。补偿性教育制度已成为教育公平发展的应有制度。

同时，为了缓解地区教育差异和流动儿童语言环境缺乏所产生的学业困难，学校应该有针对性地对其提供包括学前教育在内的一些学业上的辅导。

再次，为了解决流动儿童“升学难”问题，需要保障进城务工人员的就业权益，提高其生活质量，为流动儿童接受教育提供良好的家庭环境，帮助其提高学习能力和学习水平，提高其中考成功率。同时也需要逐步消除由于户籍而产生的流动儿童升学障碍，确保其可以在流入地参加中考。此外，还需要努力增加流动儿童初中后教育机会的供给，使得达到录取标准的流动儿童能够进入流入地高中就读。

参考文献：

［1］ Schachter, J. Geographic Mobility March 1999 to March 2000. Current Population Reports[R]. Washington, DC; U. S. Government Printing Office. 2001.

［2］ Hartman, C. High Classroom Turnover: How Children Get Left Behind. In D. M. Piche, W. L. Taylor, & R. A. Reed(Eds.), Rights at Risks: Equality in an Age of Terrorism[M]. Washington DC: Citizen'Commission on Civil Rights. 2002. 227—244.

［3］ Dunn, M., Kadane, J. B.. &Garrow, J. R. Comparing Harm Done by Mobility and Class Absence: Missing Students and Missing Data[J]. Journal of Educational and Behavioral Statistics, 28. 269—288.

［4］ Kieran M. Killeen & Kai A. Schafft. The Organizational and Fiscal Implications of Transient Student Populations. Handbook of Research in Education Finance and Policy. Edited by Helen F. Ladd Edward B. Fiske[M]. 2008. 631—647.

［5］［6］ Kerbow, D. Pattern of Urban Student Mobility and Local School Reform[J]. Journal of Education for Students Placed at Risk. 1(2), 1996. 147—169.

［7］ Hartman, C. High Classroom Turnover: How Children Get left

Behind. In D. M. Piche, W. L. Taylor, & R. A. Reed(Eds.), Right at Risk: Equality in An Age of Terrorism [M]. Washington DC: Citizens'Commission on Civil Rights. 2004. 227—244.

[8] Offenberg, R. M. Inferring Adequate Yearly Progress of Schools from Student Achievement in Highly Mobile Communities [J]. Journal of Education for Students Placed at Risk. 9(4). 2004. 337—355.

[9] Figlio. D. Measuring School Performance: Promises and pitfalls. In L. Stiefel, A. E. Schwartz, R. Rubenstein, &J. Zabel (Eds.) Measuring School Performance and Efficiency: Implications for Practice and Research. Larchmont: Eye on Education[M]. 2005. 119—136.

[10] 张青.美国乡村流动儿童的教育及其经验借鉴[J].外国教育研究,2007,(4),44—52.

[11] 石人炳.美国关于流动儿童教育问题的研究与实践[J].比较教育研究,2005,(10):29—33.

[12] Green, P. E. The Undocumented: Educating the Children of Migrant Workers in American [J]. Bilingual Research Journal, 2003. 27. 51—71.

[13] United States Department of Education. Migrant Education-Basic State Formula Grants[EB/OL]. http://www2. ed. gov/programs/mep/index. html. 2010—11—30.

(本文发表于《比较教育研究》2011年第08期。作者张绘,时属单位为北京师范大学经济与工商管理学院;作者郭菲,时属单位为哥伦比亚大学教育学院)

五、以质量促均衡：英国少数民族教育机会均等政策研究

（一）英国少数民族简况

英国是一个多民族国家，在其 6 000 万人口中，白人占 94.5%，少数民族占 5.5%。2004 年～2008 年数据显示，在 16 岁以下儿童中，有 20%来自少数族群，3%来自混血族群；大约 9%的儿童生活在混合种族血统或多种族血统家庭中。同时，由于多数族群（即英国白人）的老龄化，少数族群相对更加年轻化，这在混合血统族群中尤为突出，大多数混合血统儿童在 16 岁以下。[1]以上数据表明，未来少数族群占英国总人口的比例将会上升，这就意味着如果该趋势持续下去，则混合种族或多种族人口将会增加。因此当前的民族教育是否适当，在一定程度上决定着英国种族关系和社会稳定的状况。

英国少数民族的形成主要是移民引起的，英国历史上曾经出现过多次移民潮，使得英国逐渐成为一个多元文化社会。大规模的外国移民早在 20 世纪 60 年代以前就已出现，只是移民多来自欧洲大陆，文化风俗及语言与本土民族的相似性并未带来严重的教育问题。随着 20 世纪 60 年代英联邦国家移民的增加，移民子女教育问题日益突显出来。

（二）少数民族入学机会方面存在的主要问题

20 世纪 60 年代，英联邦国家移民的增加给英国社会带来了不同的文化、宗教信仰、语言、生活习惯，少数民族与主流民族之间的矛盾一直都以不同的形

式存在着。非白人少数民族在经济、教育、就业、健康和社会保障等各方面与白人相比有相当大的差距。尽管16岁以下儿童中少数民族占英国儿童总数的12%，但非洲裔黑人、巴基斯坦裔和孟加拉裔儿童的贫困率却分别高达56%、60%和72%，远远高于白人儿童的25%。过去20年中，英国平均就业率为75%，而非白人少数民族的平均就业率只有60%，其中孟加拉裔、巴基斯坦裔和非洲裔黑人的就业率分别只有44%、45%和57%。[2]

少数民族在这些社会公平指标上的差距与教育上的问题有密不可分的关系。外来少数民族儿童只要合法进入英国一般都能进入当地的公立学校，2000年的种族关系法(修正案)明确要求学校积极促进民族平等，1976年种族关系(修正案)以及2003年条例中甚至对间接的种族歧视也作出了规定，意识到种族歧视可以在人们不知不觉中发生。尽管如此，少数民族教育中的不平等现象仍然存在，主要存在以下问题。

1. 城市中心学校质量低下

从地区分布来看，外来移民人口主要集中在英格兰的大都市。虽然英国各地都有少数民族人口居住，但分布却不平衡，少数民族居住的首选之地是大都市。城市中心是英国工人阶级和社会底层聚居的地方，城市中心的学校往往质量低下，条件较差。长期以来，英国的私立学校大多位于环境优美、恬静淡雅的郊外或乡村，收取高额的学费，学生多来自于中上层家庭，并拥有丰富的教育资源和优质的教育质量，而相当一部分公立学校处于工人、平民等下层阶级以及少数民族聚居的城市中心，师资、教学以及学生的学业成绩等方面都存在严重问题。

2. 学业成绩不良

如在英格兰，黑人学生以及源自巴基斯坦和孟加拉国的学生在义务教育结束时进行的普通中等教育证书考试(GCSE)中的成绩持续低于全国平均成绩。[3]黑人学生在这些考试中往往进入低端试卷(lower papers)，这就意味着即使他们在这些试卷中取得尽可能高的分数，他们也不能获得及格以上的A*-C成绩，而只有取得5个以上这样的成绩才可能被大学所录取。[4]因此这一教育体制使参加低端试卷考试的学生没有机会进入大学。黑人小学生的各项教育评价指标均低于白人，如阅读方面要低两倍甚至三倍。

根据2002年第一次少数民族学生学业成就调查数据表明，除中国和印度学生外，大部分少数民族群体，尤其是黑人和巴基斯坦学生在不同关键学年和普通中等教育证书考试(GCSE)中，成绩都远远落后，学业成绩差距显著。[5]

尽管从2002年开始，各少数民族学生之间的学业成绩差距逐渐缩小，但某些少数民族学生的成绩仍然令人担忧。在英格兰，16岁学生普通中等教育证书考试(GCSE)成绩中种族因素带来的差别逐渐缩小。在2009年考试中，72%的中国学生和67%的印度学生取得5门以上“优秀”，孟加拉、非洲黑人和英国白人学生的这一指标均接近51%，但是，加勒比黑人和巴基斯坦学生的这一比例分别仅为39%和43%，而令人担忧的是吉普赛和爱尔兰旅客学生，能达到这一水平的比例只有9%。[6]

3. 永久性开除比例高

由于各种各样的原因，例如行为、学习、逃学等问题，少数民族学生被永久性开除的比例过高也同样引起了社会各界的关注。在2004～2005学年，黑人学生和混血学生的被永久开除率高出白人学生两倍。[7]平等与人权委员会(Equality and Human Rights Commission，Equality，Human Rights and Good Relations in 2010)于2010年10月发布了《英国有多公平》(How Fair is Britain)的报告。报告从8个方面调查了英国教育领域的平等情况，分别为：① 5岁时的发展水平；② 永久性开除；③ 在学校里受到的恐吓、尊重与支持；④ 16岁时学业成绩；⑤ 高等教育参与情况；⑥ 成人技能与资格；⑦ 成人学习状况；⑧ 英特网使用状况。

调查结果显示：第一，不同种族5岁儿童在发展水平上是不同的，爱尔兰、印度、英国白人、亚洲语白人混合血统的儿童表现出了比平均水平高的发展水平，而黑人和巴基斯坦儿童则在平均水平之下。第二，2008～2009学年的数据显示，英格兰77%被开除的学生为白人，而如果考察永久性开除比例则会发现，每一万名非英国白人学生的被开除比例要高于英国白人学生。调查还表明，不同少数种族群体学生在这项指标中差异甚大，亚裔学生永久性被开除比例最低，英国白人、非洲黑人、爱尔兰人、非洲黑人与白人混合血统学生这一指标接近平均值，加勒比黑人与白人混合血统学生则2.5倍于平均值，而最高比例为加勒比黑人学生、爱尔兰旅客学生和吉普赛/罗马学生，保守计算后为均值的3～4倍。[8]

(三)英国民族教育机会均等政策

影响英国少数民族学生学业不良的因素是多方面的。但是20世纪60和70年代大规模移民进入英国的时候,英国政府并没有很好地从教育制度上进行反思,根据少数民族学生的特殊需要来采取相应的政策。20世纪60和70年代所颁发的《移民教育》(The education of Immigrants)和《英联邦移民法案》(Commonwealth Immigrants Act)标志着英国政府关注移民子女教育政策的真正开始,但是却将移民儿童学业不良的原因主要归结于移民子女及其家庭环境。在英国人看来,移民家庭不仅婚姻意识淡漠,单亲家庭居多,而且由于父母工作压力而很少顾及孩子的教育和健康问题,尤其以西印度群岛的移民家庭为甚。亚洲移民子女教育问题尽管少一些,但由于文化差异,他们很少与外界接触,致使其孩子有或多或少的孤独倾向,与同学交往不多。由这些现象出发,英国政府的推论是:少数民族教育问题均是因为其家庭及家庭相关问题所造成的。因此《移民教育》不仅没有思考英国教育制度本身所存在的问题,相反却在大英格兰民族思想的影响下形成了根深蒂固的民族不平等观念。[9]

由于这一阶段英国政府将移民教育问题归结为移民自身,一些改革尚未触动教育体制;基于这一观念,这一时期针对少数民族教育主要采取了同化的政策。这种同化教育政策主要有:重视英语教学,极其强调以英语为第二语言的教学;对移民儿童进行分散教育,每个学校的移民儿童人数不得超过33%;忽视移民学生的文化差异等特点。[10]

20世纪80年代早期,伦敦城区发生了更大区域的少数民族骚乱,迫使英国政府必须改变传统的做法,将少数民族问题的解决提高到政治议题层面上。20世纪80年代,涉及少数民族教育政策最重要的报告是《为所有人的教育》(Education For All)。该报告指出,民族教育问题应该从教育内外部因素两方面出发。在探究少数民族子女教育问题的起因时,该报告提出了学校和孩子本身,而不仅仅是学生所处的环境,也是导致少数民族儿童学业不良的原因。例如,在探讨西印度群岛的儿童时,该报告称:“比起同伴来说,成绩更差,非一种因素所为,既有教师和教育制度对不同儿童所持的不同态度和期望,也有儿童个人的学习障碍及难以发挥自己潜力所存在的具体障碍。”尽管人们对移民儿童的学习质量仍然存在着一定的偏见，但也有一定的转变，即移民儿童的学业不良与英国教育制度本身所存在的问题也有关联。[11]

20 世纪 90 年代以来，为促进教育平等，改善少数民族学生的教育环境和质量，英国采取了如下政策措施。

1. 提倡多元文化教育，消除种族歧视

1996 年，国家教育委员会特别强调：伦敦内城区的学校可在落实国家课程的同时引入种族多元化的课程。这可以看作是英国解决少数民族儿童问题的重要措施。在强调课程民族特色的基础上，还要将种族平等意识渗透到学校教育教学的各个方面。学校要创设必要的氛围，对少数民族给予更多的接纳、理解和合作，以防止对少数民族的冷淡，减少少数民族学生心理上的恐惧。

新工党政府充分认识到英国早期试图通过消除多元文化的方式来促进民族之间的融合，即鼓励移民以英国的文化传统和习惯来取代自己原有的文化价值观的观念已经完全不能适应当今社会的需要，只有通过多元才能促进融合。布莱尔政府强调每个来自不同社会阶层、种族、文化和性别的学生都能享受公平的学习机会。英国前首相布莱尔在 1999 年发表的讲话中提到，一个具有竞争力的国家应该是一个宽容、互相尊重和多种族的社会。

布莱尔政府执政之初就开始了一些与多元文化的反种族主义教育相关的改革。首先，政府对 1993 年谋杀黑人儿童斯蒂芬·劳伦斯（Stephen Lawrence）的事件进行了重新调查，并就调查结果发表了《麦克菲尔森报告》（Macphearson Report）。该报告强调了种族主义作为一种势力给黑人的生活带来的负面影响，并向教育系统直接提出了三点建议：(1) 呼吁对国家课程进行修订，使它能够更好地反映多元社会的需求，并通过支持多元文化和反对种族主义来实现这一目标；(2) 建议学校应该积极地实施禁止和反对种族主义策略；(3) 提出教育局应该对这些措施的实施情况进行督导。其次，英国在 2000 年修订了种族关系法案，《2000 年种族关系法修正案》规定：要减少种族歧视，促进不同种族间关系的融合；各地方当局必须制定“促进种族平等计划”；所有的学校必须制定种族平等政策。再次，新工党政府对公民教育比前届政府给予了更大的支持，希望通过公民教育培养学生对多元文化和多元价值的尊重，培养所有学生在未来跨文化社会中所需要的民族价值观、信念、知识、技能和态度;[12]使每个学生在融合到主流社会的同时,保持自己民族文化的特色。在2002年9月修订后的国家课程中,公民课成为第三、四阶段国家课程的基础学科(Foundation Subject)之一,成为第一、二阶段"个人、社会和健康教育"中自选必修课的一部分。英国政府首次提出,要让11～14岁的学生了解英国国家多样性以及不同地区、宗教和种族的特征,并要求学生之间相互尊重和理解;让14～16岁的学生学习国家多样性的起源和意义,并要求学生之间理解和尊重;小学生将学习和尊重人们之间的异同,认识到诸如欺辱、种族主义这类反社会和攻击行为给个人及社会带来的恶果。[13]

进入21世纪以来,英国政府更加致力于为少数民族学生营造平等的学习环境。《2010年平等法案》对教育各环节的平等问题做了详细阐释,按照教育机构划分,分为中小学校、继续与高等教育机构和普通资格机构(general qualifications bodies),每一类机构促进平等的责任范围都比之前扩大了。该法案将已经存在的种族、残疾状况和性别三方面平等问题扩大为七类,增加了年龄、宗教或信仰、性别身份(gender identity)和性取向四个方面。关于种族平等方面的规定,以中小学校类为例,该法案规定,"所有机构要承担消除种族歧视、提升机会平等、提升不同种族群体与个体间良好关系的责任。各机构必须制定种族平等政策,并对如何执行写下书面陈述。所有机构还要承担评估与监控其各项政策对不同种族群体师生带来的影响,特别在学生入学和发展方面以及教学人员招聘和职业发展方面。以上所有步骤都应是合理可行的,并发布年度监控报告"。[14]

2. 提高城市中心薄弱学校质量

为了能够解决保守党政府教育政策所忽视的教育公平问题,工党很多方面的政策都关注于社会弱势群体,在1997年刚上台执政不久,工党就在内阁中成立了社会排斥署(Social Exclusion Unit),这一机构的成立在倡导有关针对弱势群体政策方面起到了关键作用。同时英国政府提出了只有每所学校都成功,才能为"所有学生都成功"提供有力保障的观念,目标就是改造内城区少数民族学生比较集中的薄弱学校。薄弱学校的认定有几方面的标准:考试成绩;辍学率;义务教育结束时的升学率;符合申请学校免费午餐(为低收入家庭孩子提供)的学生比例;犯罪学生比例;吸毒学生比例;学校设备;母语为非英语的学生比例。在这8个方面的评估结果落后于全国平均标准的,即为薄弱学校。[15]采取的措施主要有:建立"教育行动区"以改善薄弱地区和薄弱学校的教育标准和质量;"卓越城市计划"以提高城区学校教育质量;以特色学校改进薄弱学校等。这些计划的理念是学校与家长、企业以及其他社区团体共同合作来提高学校质量,改善少数民族学生的学习条件和教育质量。

3. 提高少数民族学生学业成绩

为提高处于不利地位的少数民族学生的学业成绩,英国政府1998年提出了"少数民族学生学业成绩拨款计划"(Ethnic Minority Achievement Grant,简称EMAG)。EMAG针对学校中5～16岁低成绩少数民族学生和双语学习者,支持学校和地方教育局采取有效策略缩小少数民族群体学生的成就差距,满足双语学习者的特殊需要。EMAG的主要目的在于:使学校和地方教育局的管理重点转向带领整个学校缩小学业差距和确保结果的平等;为满足双语学习者和低成就学生的特殊需要提供经费支持。

EMAG由中央级教育行政部门以标准拨款的形式拨给地方教育局,并由其分配给学校,每个地方教育局根据中央的拨款公式来确定得到的EMAG经费。从2004年起,EMAG将实行以教育需求为导向的新的分配公式,它以英语不是母语的学生数和全国低成就的少数民族学生数为基础,再结合当地享受免费午餐计划的学生所占全国的比例,最后得出每个地方教育局应得的EMAG经费数额。在这个公式下,每个地方教育局每年分配到的EMAG经费都不少于35 000英镑。若低于这一数字,则要提升到这一水平,以保证地方教育局经费的稳定性。

EMAG的基本理念是中央政府、地方教育局和学校共同努力,但学校必须发挥领导作用。中央教育部门、地方教育局和学校为少数民族群体学生和双语学习者提供全方位的支持。

参考文献:

[1] Equality and Human Rights Commission. Ethnicity and Family

Relationships within and between Ethnic Groups: An Analysis Using the Labour Force Survey[EB/OL]. http://www. equalityhumanrights. com.

[2] 张若璞,金春子,杜宇. 英国如何协调民族关系[J]. 环球视窗,2008,(2).

[3][7] DfES(March2006)[EB/OL]. http://www. dfes. gov. uk.

[4] Gillborn, D. (2006) Rethinking White Supremacy: Who Counts in 'WhiteWorld'[M]. Ethnicities, 6(3), 318—340.

[5] Department of Education and Skills. Aiming High: Raising the Achievement of Minority Ethnic Pupils[EB/OL]. http://www. standards. dfes. gov. uk/ethnicminorities/links_and_ publications, 2009—03—20.

[6][8] How Fair is Britain? Equality and Human Rights Commission [EB/OL]. http://www. equalityhumanrights. com/key-projects/triennial-review/, 2010—10—10.

[9][11] 洪成文. 英国少数民族教育政策的变化轨迹[J]. 中国民族教育,2004,(2).

[10] 滕星. 多元文化教育:全球多元文化的政策与实践[M]. 北京:民族出版社,2009. 155—165.

[12] 高靓. 英国少数民族教育政策的特点分析[J]. 民族教育研究,2004,(4):82.

[13] Beck, J., & Earl, M. 中国教师应关注的热点问题[M]. 王璐,王向旭译,北京:北京师范大学出版社,2007. 130.

[14] http//www. equalityhumanrights. com/advice-and-guid-ance/equality-act-guidance-for-education-providers-schools/public-sector-equality-duties/.

[15] 孙明. 英国基础教育均衡发展策略研究[D]. 北京:北京师范大学,2005:37.

(本文发表于《比较教育研究》2012年第10期。作者王璐,时属单位为北京师范大学国际与比较教育研究院;作者傅坤昆,时属单位为北京市石景山区八角北路幼儿园)

六、女性在法国中、高等教育中的状况分析

法国经济社会委员会 2007 年题为《决策领域中的女性地位—以促进男女平衡为目标》的报告中指出，制约女性成为领导者的因素包括 3 个方面。首先，教育因素及社会文化潜在地影响女性参与职业活动的地位及角色；其次，实际的组织状况不利于女性，无论是在公共、私营或政治及社会组织中（即便存在一些特殊性），组织结构对女性发展具有内在的制约倾向；此外，女性自身的行动及职业规划同样会阻碍她们到达职业巅峰。从根源上分析，社会文化中的女性刻板印象与职业方向选择所起的作用较大，这也是解释我们观察到的在高级管理层存在的男女不均衡、女性地位提升缓慢以及“玻璃天花板”形成的根本原因。事实上，法国男性管理者的成长经验十分相似，他们的教育和培训关联着职业生涯（如提名、任命等），这些经历往往不是女性所拥有的。可以说，步入职场前的中、高等教育和培训决定着他们各自职业发展的路向和轨迹，是造成男女不平等的根源性因素之一。

（一）女生在中等教育中的课业选择与定位

法国中等教育阶段女生总体上优于男生，如 2004 年中学毕业生女生占了 54%，普通中学女生比例高达 59%，但是男女生的学科选择存在较大差异。[1]造成这一现象的原因有以下几个方面：

1. 根深蒂固的社会刻板印象

法国教育部门周期性教学评价，使学校包括中小学教师产生一种看法，女孩在数学、科学方面逊色于男生，在语言、写作方面则优于男生，即使这种差异

并不是客观存在，但这种看法可能被女生接受并内化为自我评价和自我认知，继而产生"外溢效果"。这种对学科优势的"期待"仿佛成为自动实现的预言，产生"皮格马利翁"心理效应，即预期导致某种行为的出现，而行为似乎又印证了预期，大大降低了女生在数学、科技等方面的信心，而男生则过高地估计自己在这方面的才能。长此以往形成了社会刻板印象，在教育过程中产生的心理暗示作用不可小觑。

2. 过早的分科选择

法国高中是多样化的学习阶段，追求升学和就业并重，目标是保证任何学生在走出校门时具备某种被证明的资格。法国的高中大体分为普通和技术教育高中以及职业高中两类，前者传统上导向高等教育，直到20世纪80年代后期，法国才设立了职业高中相关的各类职业考试。普通和技术教育高中又区分为普通教育和技术教育两大轨道(lesvoiesd'enseignement)，各个轨道又分为若干个专业系列(lesseries)。在法国，许多父母根据子女的性别提供将来就业的意见，学校咨询委员会和教师也往往依据两性差别来提供分科建议。1998～1999学年和2004～2005学年普通中学第二阶段(高中)分科情况来看，女生在文学系列大体持平，分别为81.6%、81.5%；社会经济系列分别为61.4%、63.5%；科学类不足一半。中等教育阶段学科分布不均衡的影响延伸到高等教育的相关领域及培训系列。(如表1所示)

表1　高中毕业班女生在不同专业分布状况(%)

高三	1998～1999学年	2004～2005学年
理科(S)	42.5	45.3
文科(L)	81.6	81.5
社会经济(ES)	61.4	63.5
科学与工业技术(STI)	7.4	8.2
科学与第三产业技术(STT)	63.9	60.4
科学与试验室技术(STL)	52.8	57.0
社会医学(SMS)	95.3	95.8
其他技术系列	42.8	45.4
技师文凭	39.0	45.3
总计	54.8	55.5

资料来源：Repères et références statistiques sur les enseigne-ments, la formation et la recherche. Ministère de l'Education nationale, de la recherche et de la technologie et mission INSEE du Conseil économique et social.

(二) 女生在高等教育中的学科选择和定位

法国有世界上独一无二的“双轨制”高等教育体系：大学(Universités)和大学校(Grandes Ecoles)，前者是以传统的综合大学为主体的方向指导体系，学生在获得高中毕业证书后，只要申请就可以入学，容纳了约70%的学生，是法国高等教育的主体以及高等教育民主化的标志，开放性是其显著特点；后者则是以大学校(在我国也翻译为“专门院校”或“专业学院”)为主体的择优录取体系，招生极为严格，需要在预科班学习并参加特殊的入学考试，对候选人近乎苛刻的筛选机制是其培养高质量人才的有效保证，属于典型的“精英教育”。两者在投资经费、学习条件、人才培养和管理模式、学位文凭、就业前景等方面有很大差别。此外，法国还有大学技术学院和高级技术员班等短期教育形式，构成了极为复杂的高等教育体系。

1. 女生在大学中数量上占绝对优势

根据法国高等教育与研究部的统计，女大学生在各类高等教育机构中的人数和比例逐年上升(见下页表2)。2004～2005学年大学中女生比例为56.5%，获得学士学位的女生占57%，硕士学位56%，博士学位46%。理科院系中女生占少数，生命科学是例外(女生占57%)。女生似乎更加倾向于以热情和兴趣为导向来选择那些更具社会人文色彩的专业，如文学、语言、艺术等学科，女生选择基础与应用科学、体育运动科技等专业的比例最低(具体学科专业分布见下页表3)。根据调查，女生比男生更早地明确自己的职业计划，男生倾向于选择科技系列专业，更多考虑赢利性、就业市场等因素，期望获得有丰厚薪酬回报的工作。

2. 女生在竞争性、有声望的大学校中增速缓慢(见下页图)

(1) 大学校预科班(les classes préparatoires aux grandes écoles，CPGE)

准备参加大学校入学考试的优秀高中毕业生要进入预科班学习，学制一般为2年。从1984年至2002年，大学校预科班中女生人数增长了一倍，男生仅增加了35%，其中1990年女生占总数的35%，2005年这一比例增至41.5%，文理分布极不平衡，女生在文科、经济、科学类分别占77%、55%和28%。[2]

(2) 女生在大学校中的地位

有声望的大学校决定了未来的职业发展，根据2005年2月由GEF(Grandesécoles au féminin)发起的关于“大学校毕业女性职业抱负”的调查显示，81%选择大学校的女性，62%取得了职业成功，即短期内获得关键职位。2005年，商业院校48%是女生，高级商业研究学院(HEC)自20世纪80年代至今，女性占1/3。其他大学校，女性化运动显得缓慢且(或)无规律，以工程师院校为例，1990年女生比例为19.9%，到2005年达到24.2%；在通科大学校中，如著名的巴黎理工、中央矿业等，女生约占15%，预科班中约占20%。法国行政学院(L'ENA)2006年2月的入学考试中(评委团由一名女性主持)，女生占录取人数的44%，是自2000年以来最高的入学录取比例，在此之前女生仅占22%，近10年一直在30%左右浮动。

表2 法国各类高等教育机构总人数及女生所占比例变化

	总人数			女生所占比例(%)		
学年	1990～1991	2003～2004	2004～2005	1990～1991	2003～2004	2004～2005
大学及同等机构	1 159 937	1 425 665	1 424 536	54.3	56.4	56.5
其中技术学院(IUT)	74 328	113 722	112 395	36.9	39.6	39.3
大学校及同等机构	275 597	479 306	494 270	23.7	24.9	25.7
高级技师学院及同等机构	199 333	234 195	230 275	50.5	50.4	49.9
大学校预科班(CPGE)	64 427	72 053	73 147	35.0	41.7	41.5
其他专业院校	17 766	45 078	46 195	48.3	52.6	53.6
总计	1 717 060	2 256 297	2 268 423	53.2	55.6	55.6

(统计范围包括法国本土及海外省)

资料来源：Ministère de l' Education nationale, de l'enseignement supérieur et de la recherche, Dep.

表3　2004～2005学年女生在大学不同学科的分布比例(%)

法律—政治学(Droit-sciences politiques)	64.8
经济管理学(Sciences économique-gestion)	50.6
经济与社会管理(Administration économique et sociale)	59.8
文学—修辞—艺术(Lettres-sciences du langage-arts)	73.1
语言(Langues)	75.4
人文社会科学(Sciences humaines et sociales)	67.4
多元文学—语言—人文科学(Pluri-lettres-langues-sciences humaines)	78.6
基础与应用科学(Sciences fondamentales et applications)	27.2
自然与生命科学(Sciences de la nature et de la vie)	57.4
体育运动科技(Sciences et techniques des activités physiques et sportives)	31.2
多元科学(Pluri-sciences)	39.3
齿科医学 (Médecine odontologie)	58.8
药学 (Pharmacie)	67.1
技术学院(Instituts universitaires de technologie)	39.3
总计	56.5

资料来源:Repères et références statistiques sur les enseignements, la formation et la recherche, ministère de l'Education na-tionale, de l'enseignement supérieur et de la recherche, Edition 2006.

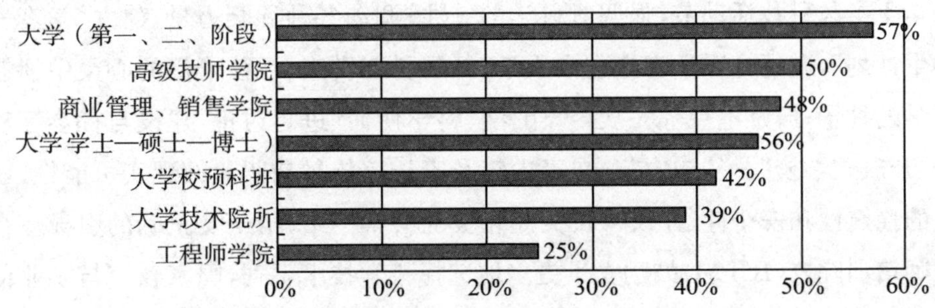

2004～2005　学年法国高等教育机构中女生所占比例图

资料来源:MENESR DEP B2.（统计范围包括法国本土及海外省）

(三) 提升女性受教育水平,构建两性平衡发展的知识社会

为消除两性在中、高等教育和社会地位方面的差异,法国政府和社会各界采取了一系列积极的策略和步骤,具体包括以下几个方面:

1. 采取措施,逐步消除社会刻板印象

法国是一个有着悠久人文历史传统的国家,国民对文学艺术的追求和热爱可谓到了极致,相对而言,科学技术对青少年的吸引力并不太高。在某些领域,如数学、物理、信息与通讯科技等更是少人问津,为提高科技的魅力,政府、教育机构和社会团体不遗余力地采取多种积极介入手段。例如,在学校宣传手册中,避免采用科学职业类型化的象征,鼓励用女性形象作为研究人员代表,对教学道具的选用,也注意避免性别类型化。根据2002年5月3日的法令,录取评委会女性成员应不少于1/3,以克服对女性可能存在的偏见。一些认为从事脑力劳动是男性专利的陈腐观念正逐渐被抛弃,这种深层次的变化对社会各界以及国家教育各阶层都产生了深刻而持久的影响。

2. 积极应对,平衡文理科两性分布差异

为提高科学对女性的吸引力,法国政府可谓“从娃娃抓起”,不仅中央部门完善立法,促进男女在教育体系中的平等,而且大学区的负责人、地方督学以及教师都负有相应的责任去提升科学对青少年的吸引力,规定教师在教学活动中必须提供平等的机会。从小学阶段倡导学生动手能力的培养,重视发现活动和经验积累,强调团体合作;组织学生到科技文化中心、科学实验室、企业参观,鼓励学生参与科技活动节,强调对科学的关注;调动各种社会力量,建立“学者—学生计划”,邀请专家学者走进中小学,开展科普讲座,在孩子们的心灵中播撒科学的种子;鼓励电视等大众传媒围绕“科学使命”进行讨论,建设与社会互动的“开放式学校”。从初中起,向青少年及家长宣传科技职业的现实可能性、职业的稳定性和安全性,建议家长关注相关的科学网站,给子女正确的引导。在教师培训院校(IUFM)鼓励女生更多地选择科学技术系列,国家教育与职业信息办公室(ONISEP)重点了解大学校预科班、工程师院校中的女性状况,鼓励女生多元化选择、促进各学科平等均衡发展;为女生提供住房、贷款和专业介绍等各项服务信息。社会积极树立成功女性榜样,充分展示职场与家庭“双赢”女性的范例;政府和社会团体设立各种女性成就奖项,如“伊伦·约里奥—居里奖”,对杰出女性进行嘉奖和表彰。

3. 消除入行门槛,畅通女性职场道路

在法国,女生约占高校总人数的57%,47%的高等教育文凭由女性获得,由于女性在教育中所占份额的增加，她们进入劳动力市场和在公共部门就业的条件更受关注，法国政府和社会组织正在采取措施，畅通女性职场道路。如何消除公私部门的显性或隐性性别障碍和歧视，给女性一个公平的起点，是她们获得职业成功的前提。政府倡导高等研究机构在招募新人时，应推崇多样性，公布男女平等的具体目标；要求专业人士不断推出职业研究报告，利用网络及传统媒体，鼓励女性从事科学研究。从法国人口统计特点分析，人口结构的变化是一个有利的外部推动因素，起到加速器的作用。数据显示，1990 年至 2000 年间，企业平均每年替换 55 000 名雇员，2004 年退休人员约为 78 000 人，2007 年扩大到 89 000 人，到 2010 年约为 85 000 人。[3]近年来法国社会面临的问题是尽量减少“婴儿潮”给劳动力市场带来的冲击和影响，男女职业平等将成为战略性关键，公司应加强对女性的吸引力，因为企业的责任不仅是关注业绩增长，更应注重其对环境和社会的影响，即加强组织影响、发挥组织工具性价值，推动经济社会平衡发展。

参考文献：

［1］“La place des femmes dans les lieux de décision: Promouvoir la mixité”[EB/OL]. Conseil Économique et Social? Année 2007-No6.

［2］“la recherche scientifique francaise: les enseignants-chercheurs et les chercheurs des EPST”[EB/OL]. Ministre délégué *à* l' Enseignement supérieur et *à* la recherche, 2005.

［3］“l'égalité professionnelle entre les femmes et les hommes dans l'enseignement supérieur et la recherche”[EB/OL]. Ministre délégué *à* l'Enseignement supérieur et *à* la recherche, 2006.

（本文发表于《比较教育研究》2010 年第 03 期。作者上官莉娜，时属单位为武汉大学政治与公共管理学院）

七、俄罗斯社会转型时期流浪儿童成长问题探析

苏联解体后，1992 年俄罗斯开始了以市场化经济和所有制关系的私有化为特征的经济转轨过程，随之整个政治经济体制、社会环境发生了剧烈的变化。社会的转型必然引起社会价值观念的变化，在此影响下，20 世纪 90 年代以来，俄罗斯流浪儿童急剧上升，与此同时，作为苏共体制下特有的政治性组织、全面负责儿童社会工作的组织—共青团，也随着苏联社会体制的崩溃而瓦解。这些变化使得解决流浪儿童健康成长的问题，面临更大的压力。但随着近年来俄罗斯政治、经济社会格局逐步趋于稳定，俄罗斯政府开始加强对流浪儿童的物质援助、政策扶持和法律保障，全面关怀流浪儿童的健康成长。本文以俄罗斯社会转型时期流浪儿童成长问题为视角，就其现状、原因及其对策等几个问题进行全面的分析。

（一）俄罗斯社会转型时期流浪儿童成长问题的现状分析

俄联邦保健部部长莎波瓦罗娃在 2003 年 2 月 2 日举行的国家杜马会议上，针对处境不利儿童的境遇表现出很大的担忧，她指出："俄罗斯儿童状况十分严峻，需求毒品和刺激性药品的人数成倍增长。家庭暴力时有发生，流浪儿童剧增。越轨行为和性早熟导致犯罪的人数逐年上升，社会弊病也随之而现，梅毒、艾滋病、结核病等层出不穷，儿童的身体健康陷入了危机。"如何预防流浪儿童增长，如何预防青少年犯罪，如何让青少年远离毒品，尤其是预防高危青少年群体的犯罪等问题不容忽视。在俄罗斯有一道凄凉的"风景线"—俄罗斯大

量的流浪儿童，这些流浪儿童中 90%都是“社会孤儿”。所谓“社会孤儿”是指父母都还健在的流浪儿童。流浪儿童无人监管，有的染上了毒瘾，有的走上了犯罪的道路。据统计数字显示，1994 年，俄罗斯流浪儿童共有 50 万人，2001 年达到 68.5 万人，2004 年达到 70 万人，这一数字超过了第二次世界大战结束时的流浪儿童数量。[1]

2004 年由俄联邦教育科学部协调委员会主持的国家重点项目《流浪儿童成长问题的研究》，以切布尔内赫教授为首在全国进行了调研，于 2005 年 2 月撰写了《流浪儿童成长状况的调研报告》。此报告是《俄联邦儿童成长问题教育部报告汇编》当中的一篇报告。本文的数据就是从调研报告中借鉴而来。(以下简称《成长状况调研报告》)。[2]

《成长状况调研报告》表明，俄罗斯街头流浪儿童的平均年龄为 12～13 岁，2/3 的流浪儿为男性，1/3 为女性，女性少于男性。流浪儿童中平均年龄男性为 12.5 岁，女性为 12.6 岁。流浪儿童中有一半是移民。在他们调查的流浪儿童中近 53.4%的儿童生活在调查的城市里，而 46.4%的人来自其他地区，13.9%的来自其他州，20.8%的来自各区中心，11.9%的来自农村和乡镇。来自其他各地区的流浪儿童年龄偏高：例如，7 岁移民占到 27.3%，16 岁的则达到了 62.3%。移民流浪儿童不仅在莫斯科占多数(86.5%)，而且在其他城市也居高不下，例如：弗拉基米尔(75.0%)，图拉(52.5%)，梁赞(63.3%)，沃洛涅日(73.5%)，费拉基高加索(63.3%)，奥木斯克(62.5%)，哈巴罗夫斯克(69.4%)。

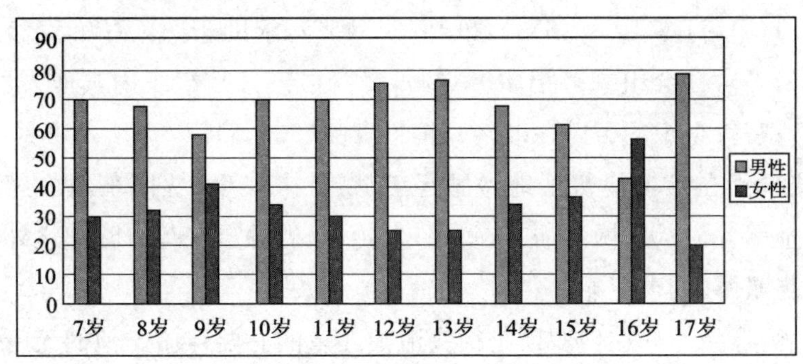

图 1　流浪儿童不同年龄性别比例

资料来源：Нудысъ. ВШ. Государственныи доклад О полоЖении детей в Российской Федераций. М. 2005. С. 65.

莫斯科的流浪儿童主要是来自中央区、西北区和北方地区，还有独联体，特别是乌克兰、塔吉克斯坦、摩尔多瓦。另有一些流浪儿童来自西伯利亚和远东地区。北高加索也不得不“接收”来自车臣、格鲁吉亚的流浪儿。他们的年龄段70%是11～15岁，20%是7～15岁，10%是16～17岁。

在俄罗斯家庭生活条件优越的孩子当中，有将近58.7%的儿童多次离家出走，或者是多次离开宿舍而出走(有的儿童多达16次)。可见，儿童为了摆脱管教太严的父母和教师才选择了流浪生活。

流浪儿童流浪时间的长短是一个城市社会服务工作效率的最佳验证。那么俄罗斯流浪儿童与谁为伴？如何流浪？《成长状况调研报告》表明，他们通常是10岁开始流浪。流浪儿童流浪街头的时间为4到4个半月，只有17%的流浪儿童持续了半年，随着年龄的增长这个指数迅速上升。

在俄罗斯90%的流浪儿童是成群流浪，通常是6～7人一组。男性组合是女性组合的5倍，是男女混合组合的2.5倍。近1/3的组合里有自己的头目(有时是几个头目)，充当头目的多数是年龄较大的。可见，头目具有较大的号召力，很容易导致流浪儿童整个组织的犯罪。

通常情况下，俄罗斯流浪儿童白天在火车站(35.6%)，街头(34.2%)，商厦、市场(28%)，通道(24.9%)，公园(15.3%)里度过，晚上露宿于阁楼、地下室(42.9%)，车库、车厢里(18.6%)，朋友、熟人处(15.8%)，地下停车场、树林里(13.5%)。没有头目的组合通常是在窑窟里过夜。

流浪儿童靠什么生活呢？被调查的流浪儿童说，他们用不同的方法谋生：乞讨(52.1%)，打零工(38.6%)，抢劫(34.4%)，求助于熟人(20.2%)，求助于亲人(12.2%)，社会组织募捐(10.1%)，卖身(7.9%)，组织内其他人员的帮助(10.4%)，宗教组织的帮助(4.1%)，销售毒品(3.0%)。

一些少年在市场建筑工地做搬运工、杂工来谋生，洗修车，收集倒卖塑料瓶、有色金属，捡拉圾，做清洁工，卖报，发传单，做钟点工等。除此之外，他们还销脏、参与赌博、刑事犯罪。

烟、酒、毒品——在俄罗斯是街头流浪儿童的必要伴旅。他们无所适从，模仿成人，吸烟、喝酒、吸毒急剧增加。调查表明：7岁儿童吸烟的占到1/4，满15～17岁之间有烟瘾的近90%。8岁儿童喝酒的占了1/3，15岁以下喝酒的流浪儿童占到了80%。12岁的流浪儿童将近25%尝试过毒品，而16～17岁之间的吸毒流浪儿童急剧上升。14岁开始性生活的占40%,16岁的达到70%以上,多数人开始从事卖淫、拍摄黄色影片。

不良的生活方式必将导致流浪儿童健康状况下降,我们可以看出俄罗斯流浪儿童大多为亚健康儿童。30.4%的儿童承认自己常生病。俄罗斯流浪儿童的教育也存在着很大的问题,1/3的流浪儿童不识字,有6.9%的孩子从来没学习过,不能读写的占7.9%,46.9%的人会写字,45.2%的孩子是半文盲,在15~17岁之间的孩子中甚至还有文盲存在。

为了解流浪儿童对基本知识掌握的状况,研究人员设计了关于阅读课、文学欣赏、民族常识等学科的基本知识进行测试。7~10岁的流浪儿童能够计算出3×4的只有33.5%,不能说出自己所生活的国家的儿童占到18.5%(7~10岁),30%的流浪儿童甚至不知道一个故事,也不认识一个字。

同年龄段的儿童都能够获得学习的机会,而这些处境不利儿童人群却无法得到受教育的保障,连最基本的知识都无法学到。《成长状况调研报告》的结果表明,无论年龄大小,78%的流浪儿童还是想重返学业。13.1%的仍不爱学习,6.8%认为学习已来不及,因为他们已经严重超龄,只有1.5%想工作。当然,对这些流浪儿童来说,最主要是能够获得受教育的机会。流浪儿童以喝酒、吸烟、尝鲜为"教育目标",这毕竟还是少数的。

(二)俄罗斯社会转型时期流浪儿童选择流浪生活的原因分析

20世纪90年代俄罗斯持续不断的政治和经济危机加重了流浪儿童的问题,不少发生家庭危机的儿童也被迫走上街头,加入了流浪儿童大军。

根据《成长状况调研报告》的研究结果,导致俄罗斯流浪儿童流浪街头的因素有如下几点:家庭生活条件极差,最基本的温饱问题未能解决;与父母、兄弟姐妹及亲人们的矛盾激化,被逐出家门;继父、继母的性暴力及父母离异的家庭,18.2%的7岁儿童都是被父亲所放弃;当然也有相当一部分家庭生活条件优越的孩子选择了流浪生活,他们抱怨父母对他们管教太严,为获取自由,他们放弃了父母和家庭。可见,俄罗斯流浪儿童流浪街头的一种原因是由于不堪忍受家庭的贫困、家庭暴力、家庭的不良环境、流浪儿童在受教育权方面的破坏,监护和照管机构没有完全解决好流浪儿童学习和生活安置的问题。这样的孩子由于没有基本的生活资料,错过了教育机会,或者由于学校的学习压力繁重等原因导致离家出走。另一种是由于受外面世界的诱惑或伙伴们的支持而自愿离家出走的。但是缺乏家庭温暖、父母关心不够、父母酗酒，还有单亲家庭和父亲的单方家庭暴力，是流浪儿童选择流浪生活的最主要原因。

流浪儿童选择流浪生活大部分是来自单亲、离异家庭。根据《成长状况调研报告》结果表明：36.2%的被调查者生活在完整家庭；52.6%的生活在不完整家庭；42.4%只有母亲；10.2%只有父亲；1.9%没有任何亲人；9.3%和亲人生活在一起。

流浪儿童选择流浪生活大部分是由于家庭父母素养及家庭精神生活环境极差。72.3%的家庭中父母其中的某一方，有人入狱或是重病；18.1%的家庭父母剥夺了儿童的自由；63.3%的流浪儿童无论年龄大小都遇到了家庭暴力，其中有42.1%的儿童认为是来自母亲的暴力。（见图2）

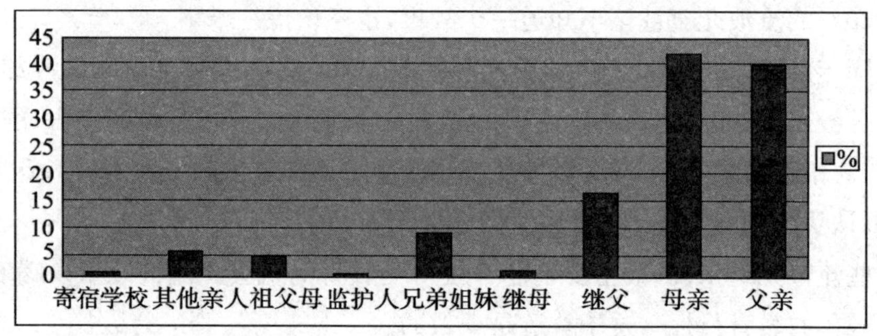

图2 流浪儿童遭受父母等亲人暴力的比例(%)

资料来源：НУдысь. ВШ. ГОСУдарсТВеННый дОКлад О положении детей В Российской Федерапии. М. 2005. С. 70.

可见，由于社会政治经济变革、社会文化变迁、各种突发事件而导致了短期或长期的家庭系统紊乱或家庭环境不良，从而出现了与之相应的各种流浪儿童。对于这些流浪儿童来说，各种不利或弱势因素很可能会交织在一起发生交互作用或多重影响。比如，家庭贫困容易引发家庭矛盾和父母冲突，也容易引发父母粗暴对待儿童和对儿童发展的忽视；父母离异也容易导致单亲家庭失去经济支柱而穷困，也容易引发单身父亲或母亲对孩子的虐待和忽视。家庭是儿童的第一所学校，俄罗斯许多家庭逐渐失去了自己的社会教育职能，特别是有孩子的家庭，很难保证每个儿童的潜力都能充分发挥出来。

达到入学年龄而未入学的儿童也是沦为流浪儿童的潜在原因之一。1998年俄罗斯教育部颁布的《俄罗斯教育政策走向》的报告中指出：在目前俄罗斯非法的移民和难民中,未接受义务教育的达到了90万人。俄罗斯教育部和俄罗斯统计委员会专家、及其他机构对未接受义务教育的儿童工做了一个统计,数据显示,1999年达到了10万人,2002年初,这一数字已达到了36.8万人。[3]同时,俄罗斯还出现了大量的难民和被迫移民,他们的实际数量和当地居民(包括学龄儿童)的数量,迄今为止没有准确的统计。但在两次车臣战争中,成千上万的俄罗斯和车臣的儿童失去了父母,他们命运悲惨,一部分到了儿童寄宿学校和车臣地区的孤儿院,大部分人都沦落街头成为流浪儿童。

(三)俄罗斯社会转型时期就流浪儿童成长问题的对策分析

流浪儿童问题,不能一刀切式地从街头将其一网打尽,必须需要家庭、社会和学校齐抓共管。俄罗斯流浪儿童成长的问题,历来注重政府与学校的合作,近年来尤其加强了与学校和家庭的合作。俄罗斯流浪儿童健康成长的工作秉持了2002年《俄罗斯儿童纲要》中提出的"家庭是根本、学校是主干、社会是支柱"的社会发展目标。这一价值目标在预防流浪儿童急剧增长的工作中体现得尤为明显。

第一,普京政府采取措施让流浪儿童重返家庭,并给他们的父母提供就业和医疗保障;或者把他们送往儿童收容院,或者送往免费的寄宿学校,让他们享受正常家庭儿童能够享受到的平等权利,尤其是接受教育的权利,预防流浪儿童的增长。例如,俄联邦教育部成立的"预防家庭暴力的教育中心"是联邦层面专门收集家庭暴力信息、预防家庭暴力发生、防止流浪儿童再生的机构。它不但在实践中积极预防流浪儿童再生,同时开展全国范围的工作总结和理论研究,收集各方面的材料。在2004年的一份名为《暴力对流浪儿童精神健康的影响》的研究报告,揭示了俄罗斯家庭暴力的情况及其对流浪儿童精神健康的影响,为今后的研究以及建立预防家庭暴力公共健康体系指引了方向。[4]

第二,俄罗斯国家机关、社会机构、教育机构、社会和宗教组织,非常重视与关注流浪儿童的健康成长。无论是议会还是政府,都有专门的负责儿童事务的机构,并且对其各自职权都有明确界定,同时恢复了原苏联时期的未成年人事务和未成年人权利保护委员会,建立了补充教育机构等,形成了政府、非政府性质的社会组织、社区共同管理和参与流浪儿童事务的立体结构。在我们看来,比较合理的是建立一个对这一工作统一规划的机构,能够预防流浪儿童的增长。

第三，俄罗斯当局近10年来颁布了很多有关保护流浪儿童的纲领。从1993年《俄罗斯流浪儿童预防性原则纲领》，到1999年《预防流浪儿童和未成年人犯罪法》，其内容涉及流浪儿童的精神、道德、物质、教育这些宏观层面，也涉及生活上的照顾等微观层面。在具体操作层面上，2002年10月俄罗斯联邦政府规定了2003～2006年间《俄罗斯儿童》整体纲要。下设的纲要之一就是《预防流浪儿童的违法》。此纲要的目的如下：巩固预防流浪儿童的系统；创造有效的、全方位实施此规定的条件。《预防流浪儿童的违法》包括的措施如下：(1) 汇总流浪儿童的信息；(2) 建立流浪儿童的电子信息系统并计算出需要实施帮助的人数；(3) 支持俄罗斯联邦关于建立统一的救助制度和家庭的措施(2006年之前)；(4) 巩固300多家预防流浪儿童违法机构的物质基础；(5) 将接受救助的儿童的数量提高三分之一；(6) 扩大和提高为流浪儿童服务的质量。纲要促进了社会救助流浪儿童措施的完善，社会教育的最高目标便是预防流浪儿童的违法。[5]

第四，建立家庭问题模式。该模式的焦点主要集中在家庭环境上，社会教育工作者开展家长教育的活动，进行相关知识的培训。鼓励家长们和"社会家长们"建立良好的家庭环境氛围，树立"众人养一孩"关怀理念。而补充教育机构的教育工作者则担负着与家长们的沟通和交流职责，力求通过双方的努力共同解决流浪儿童选择流浪生活的问题。

第五，重视与其他国家交流流浪儿童的成长问题。作为后来者，先行者们的很多经验都是可以用来借鉴的，俄罗斯政府和社会工作者显然意识到了这一点。一方面，俄罗斯加强建立国际交流的长效机制，成为国际流浪儿童工作协会组织的一员，与美国签订了合作协议备忘录；另一方面，不定期地邀请专家参与流浪儿童健康发展的研讨会，如2005年7月组织了"流浪儿童的心理预防保障"研讨会。

不难发现，俄罗斯社会关注流浪儿童成长过程中也存在着一些不足。社会教育者的薪水过低制约了流浪儿童成长问题的解决；从事社会工作的服务机构不完善；监护教育方面的法律也不健全。社会转型阶段是俄罗斯社会问题最多、最复杂的阶段，这一特殊阶段需要俄罗斯政府加大物质援助、政策扶持和法律保障，提升流浪儿童生存和发展的质量，为俄罗斯实现社会公平与良好的社会秩序目标提供保障。

参考文献:

[1] Чарков. Г. Х. Состояние и проблемы профирактикипеспризорности ибезнадзорностинсовершеннолетних[M]. Москва. 2002. С. 67.

[2][4][5] Нудысь. ВШ. ГосударственныйдокладО поло-жении детей вРоссийской Федерации[M]. 2004. С. 14. 17. 20.

[3] Пыиеч. КД. Вестникобразованияроссии[M]. 2005. август. С.

(本文发表于《比较教育研究》2008 年第 02 期。作者乌云特娜,时属单位为内蒙古师范大学教育科学学院)

八、印度少数民族入学机会均等政策研究

(一)印度“少数民族教育”的界定

1. 印度的民族问题极其复杂

众所周知,印度是一个多民族的国家。但是,印度的民族划分问题与政治和社会因素纠缠在一起,一直难有定论。[1]印度的民族数量和部族数量众多,居住相对集中而固定,然而,历史、地理、语言、生产、生活方式等方面的原因致使印度民族融合、民族同化的程度较低,不同民族在人口数量方面虽然差异较大,却并没有形成在人口数量、发展程度上占明显优势的主体民族。

印度政府官方文件提到的少数民族(minority)通常是按照宗教信仰来划分的,即,除了占总人口82%左右的印度教教徒之外,信仰其他宗教的就是“少数民族”,其中,信奉伊斯兰教、基督教、锡克教、佛教和拜火教(琐罗亚斯德教)这5个宗教的人被印度政府确定为“少数民族”。

2. “表列部族教育”可以被看作印度的“少数民族教育”

印度有很多生活在偏远地区的部落民族处于游牧、半游牧或刀耕火种的状态,他们经济条件很差,文化教育很不发达,与其他社会集团差距很大。政府将一些部落民族列了一个优待表,称为“表列部族”。

虽然印度中央政府规定的宗教少数民族是5个,但是,有的不在中央政府规定范围内的宗教在一些中央管辖下的一级行政区域(邦和中央直辖区)也被确定为少数民族,如耆那教在9个邦被确定为少数民族。这样一来,按照宗教划分的少数民族的教育在国家层面和一级行政区层面并不相同。而且,当前印

度中央政府关于宗教少数民族的教育主要指的是伊斯兰教的教育，基本不涉及其他宗教，看不到关于其他宗教教育情况的统计资料。另外，印度语言上的少数民族的教育情况全国也难以一致起来。因此，在研究包括教育在内的印度少数民族问题时，我国学者普遍把印度的“表列部族”作为少数民族看待。[2]

在印度，表列种姓（Scheduled Castes，SCs）、表列部族（Scheduled Tribes，STs）和其他落后阶级（Other Backward Classes，OBC）等社会弱势群体被统称为“落后阶级（Backward Classes）”，穆斯林、佛教徒和一部分基督教徒、锡克教徒也被划入落后阶级，是表列种姓和表列部族之外的“其他落后阶级”的重要组成部分。印度政府根据原住民的特点、聚居地区、文化以及落后程度等方面的因素，确定一些群体为“表列部族”，这种做法与我国以及其他多民族国家的民族识别、民族划分工作有着共同点和相似性。因此，在当前的情况下，笔者认同“印度的表列部族即为少数民族”这一观点，这样，印度的少数民族教育即指表列部族教育。

（二）印度保障少数民族入学机会均等的政策措施

1. 实施积极的区别对待的保留政策

印度的保留政策（Reservation Policy）是指根据宪法和法律的有关规定，中央政府和各邦政府根据表列种姓和表列部族在总人口中的比例，在政府部门和公共机构以及所有由政府资助的公立或者私立的教育机构，为表列种姓、表列部族和其他落后阶级等社会弱势群体在升学和就业方面保留一定比例名额的特殊优惠政策，其目的在于改变这些人员在社会经济、政治和教育上所处的劣势地位。这种特别优待或补偿性的、积极的区别对待就是人们熟知的保留政策。中国学者对这项政策已经有了比较全面的介绍，但是对这个词汇有不同的翻译方式。[3]

经过不断调整，当前给表列种姓的保留额度是 15%，表列部族是 7.5%。此外，在经过几十年的争论和拖延之后，1992 年，印度最高法院判决印度联邦政府可以实施针对其他落后阶级的保留政策；2005 年通过的印度宪法第 93 修正案规定，为其他落后阶级保留 27%的名额。

2. 设立专门机构保障少数民族的权利

(1) 全国表列部族委员会。根据宪法的有关规定，为了保护表列种姓和表列部族的利益，1950 年，印度政府设立了"表列种姓和表列部族专员(Commissioner for Scheduled Castes and Scheduled Tribes)"，1978 年，在印度内政部设立了"表列种姓和表列部族委员会(Commission for Scheduled Castes and Scheduled Tribes)"。为了区别两个机构的职责，1987 年，印度政府把"表列种姓和表列部族委员会"升格为国家级咨询机构"全国表列种姓和表列部族委员会(National Commission for Scheduled Castes and Scheduled Tribes)"，设在福利部内，并对表列种姓和表列部族专员的办事机构予以加强。1992 年，在经过长期的争论之后，根据新的宪法修正案，印度政府将两个机构进行合并，新的"全国表列种姓和表列部族委员会"升格为正部级机构，委员会主席与内阁部长同级。2004 年，全国表列种姓和表列部族委员会被分为两个新的机构，即"全国表列种姓委员会"和"全国表列部族委员会"，前者设在社会公正与赋权部，后者设在部族事务部。虽然全国表列部族委员会主要是咨询机构，但是它也被赋予了广泛的参与权和监督权，在涉及表列部族的事务时，具有与民事法庭同等的权力。

(2) 部族事务部。1999 年，印度中央政府设立了部族事务部。"它的目标是，通过协调和规划，对印度被剥夺了社会基本权利最严重的阶层即表列部族的总体社会—经济发展情况予以特别的关注"。[4]

部族事务部在涉及表列部族发展的所有政策、规划和协调方面发挥核心作用，它行使职权的范围依据的是 1961 年《印度政府(关于职责划分的)条例》(Government of India(Allocation of Business)Rules，1961)，职权范围很广泛。

3.《国家教育政策》的有关规定

印度 1986 年《国家教育政策》(1992 年修订)对表列部族的教育做出了明确而详细的规定，指出："要迫切采取以下措施以使表列部族和其他人同等：① 在部族区域中要为开办小学提供优先权。要根据正规教育基金以及贾瓦哈拉尔就业计划和部族福利计划等，在这些区域中优先建造校舍。② 表列部族的社会文化背景有其自身的特征，其中包括在许多情况下运用他们自己的口语。这就强调有必要在初始阶段用部族的语言编制课程和设计教学材料，然后通过一定安排转变成地区语言。③ 要鼓励和训练受过教育并有培养前途的表列部族的年轻人，在部族区域内从事教学工作。④ 要大规模地建立寄宿学校，包括建立阿什拉姆学校(Ashram Schools)。⑤ 要为表列部族制定鼓励性计划，考虑他们的特殊需求和生活方式。高等教育的奖学金应着重放在技术、专业和专业辅助课程上。要提供消除社会心理障碍的专门补习课程和其他计划，以提高他们在各类课程中的成绩。⑥ 要在表列部族主要居住的地区优先开办学前教育机构、非正规教育和成人教育中心。⑦ 要设计好教育各阶段的课程以使部族人民意识到他们丰富的文化特性，如同意识到他们巨大的创造能力一样。”[5]

4. 表列部族在官方几乎所有的教育计划中都受到优待

除了前面提到的影响深远的保留政策和《国家教育政策》的特别规定之外，独立以后，印度政府制定的几乎所有的教育计划中都会强调对表列部族的教育要给予优先考虑。例如，在 20 世纪 80 年代以来具有全国性影响的“操作黑板计划(Operation Blackboard Scheme)”、“县初等教育计划(District Primary Education Programme)”、“免费午餐计划(Mid-Day Meal Scheme，该计划的正式名称叫全国初等教育营养支持计划)”、“初等教育普及计划(Sarva Shiksha Abhiyan)”，等等，都有优先支持表列部族教育发展的要求和措施。

在印度《免费初等义务教育法》于 2010 年 4 月份生效之前的 10 多年，印度政府就呼吁所有的公立初等学校免收表列部族学生的学费，并尽量免收教材费、文具费、校服费等。实际上，一些邦已经把针对表列部族学生免费的范围扩大到了高中阶段。[6]

在中小学阶段，现行的对表列部族的优待措施主要有：对在部族地区建立学校的标准尽量放宽(有 10～15 名适龄儿童就可以建学校)；为由于各种原因而搬迁的儿童、失学的儿童、超过在学年龄的儿童和从未上过学的儿童开办非正规的教育机构；免收小学(1～8 年级)的教材费；为每个经过认定的部族县提供一定数额的经费，用于支持学生开展创新活动，提高教育质量；开办补习班，提高学生的学习成绩；录用当地部族的人为教师；在地方各级教育管理部门中使表列部族人员有足够的代表。[7]

在高等教育阶段，现行的对表列部族的优待措施主要有：印度大学拨款委员会不时发布准则和命令，要求各高校执行针对表列部族的保留政策；放宽了对表列部族考生升入高等院校的最低分数要求；对表列部族学生开展的推广活动予以资助；为表列部族毕业生中合格的人选建立国家级数据库，并推荐他们到高等院校任职；几所中央大学为包括表列部族学生在内的落后阶级学生开办补习班以便他们跟上正常的学习进度或者提高学习成绩，许多大学还专门为参加全国教师资格考试和公务员考试的落后阶级学生开办补习班；为一定数量的攻读硕士学位的表列部族学生提供高额奖学金；从1983年开始，大学拨款委员会鼓励各大学成立表列种姓和表列部族办公室，截至2010年3月31日，已经有128所大学成立了这类办公室；大学拨款委员会已经决定要在所有的大学建立“公平机会办公室(Equal Opportunity Cell)”，2008～2009年度，给符合条件的167所大学每校拨付30万卢布的经费。[8]此外，印度还有一些官方的或者民间的面向表列部族大学生的特殊奖学金项目。

(三) 印度保障少数民族入学机会均等政策措施的落实情况

1. 成绩值得肯定

印度官方的统计数据表明，从1980～1981年度至2008～2009年度，表列部族中小学生的入学人数在初级小学阶段、高级小学阶段和中学阶段分别提高了3.3倍、6.8倍和8.2倍。与此相对应的是，表列部族人口的识字率有了极大的提高。2001年的印度人口普查数据表明，全国人口的识字率由1991年的52.2%提高到64.8%，而表列部族的识字率由29.6%提高到47.1%。

印度独立以后的50年中，表列部族大学生的占比长期偏低，1997～1998年度，表列部族学生在校大学生的比例仅为3.2%，远远低于7.5%的保留额度。[9]2007～2008年度，印度在校大学生约为1 704万人，其中，表列部族大学生约为95万人，占比达到约5%。10年间，表列部族大学生的占比提高了近2个百分点，这应该是很大的进步了。[10]

印度宪法规定，实施保留政策的有效期是10年。尽管反对的声音一浪高过一浪，但是保留政策的有效期不仅一次又一次地获得延长，额度有所提高，而且其适用范围也在不断扩大，基本上扩大到了法律允许的最高限度。印度最高法院裁定，保留额度不能超过50%，现在已经达到49.5%。尽管人们对保留政策褒贬不一，但是，这项政策对促进印度弱势群体教育发展方面的积极意义还是毋庸置疑的。

2. 问题令人沮丧

首先，表列部族学生在中小学阶段的辍学率居高不下。据印度人力资源开发部最新公布的2010～2011年度工作报告显示，2008～2009年度，印度全国初级小学（1～5年级）的辍学率是24.93%，小学（1～8年级）是42.25%，小学至初中（1～10年级）是55.88%，而表列部族学生的辍学率分别是31.26%、58.26%和76.18%，远远高于全国的平均水平。[11]

遗憾的是，印度没有高中学生辍学率的统计数据。按照合理的推测，至少表列部族高中学生的辍学率也不会低。

其次，优质高等教育资源难以真正惠及落后阶级。虽然说表列部族大学生的占比达到约5%是很大的进步，但是，考虑到表列部族人口的占比已经超过8%，5%的占比仍然是太低了，而由于一些中央教育机构抵制保留政策，这些教育质量较高的机构中的表列部族学生占比更低。例如，统计数字显示，1982～1983年度，在著名的印度理工学院中，表列部族学生仅占0.8%。虽然这个比例数在个别年份有小幅增长，但总体来说，这个比例数还是呈下降趋势。[12]

2006年，印度颁布"中央教育机构（在招生中保留名额的）法案[Central Education Institutions(Reservations in Admission) Act]"重申，除了中央政府认定的"卓越机构（Institutions of Excellence）"和经过中央政府特别批准的个别院校之外，其余的中央教育机构必须从2007～2008年度严格执行保留政策。在印度，由中央政府创办，全额拨款或者部分资助的高等院校都属于中央教育机构，包括42所中央大学、33所国家重点学院、79所由中央资助的进行科学技术教育的专门院校（与国家重点学院有部分重合）以及130所"相当于大学的机构（Institutions Deemed to be Universities）"中的38所。中央教育机构的总数没有精确的统计，应该在170所左右。根据印度人资部的材料，这些中央教育机构中，只有21所较好地执行了保留政策，因为只有这些院校向人资部上报了执行保留政策的数据，其他院校的情况并不清楚。这21所院校提供的数据有的是2009年的，有的是2010年的。[13]

3. 障碍不易克服

第一,许多发展目标长期停留在口号上。印度独立运动的主要领导人对于在印度实现“社会公正”和“国家财富公平分配”并进而建设一个繁荣富强的印度怀有美好的愿望。早在20世纪30年代初,后来担任印度共和国第一任总理的贾瓦哈拉尔·尼赫鲁就深受费边社会主义思想的影响。关于印度的国体,印度官方的表述是“社会主义民主共和国”。经过一段时间的探索,印度第二个五年计划对“社会主义类型社会”的概念做了比较清楚的解释:“社会主义类型社会的最根本的意思就是,决定一条发展路线的基本标准,是要有利于社会,而不是利于私人。发展的模式和社会经济关系结构的设计,不仅为了最终国民收入和就业的显著增长,而且也要使收入和财富的占有更加公平。”60多年的实践证明,在资本主义制度下,印度很难实现这些目标。

第二,社会经济发展水平低下严重制约教育发展。印度社会中的种姓问题、宗教问题、女性地位低下问题、人口增长失控问题等,都严重影响了教育的发展,而经济发展中的问题对教育的制约更为明显。

印度1991年开始的改革是经济改革而不是全面改革,改革的背景是印度经济发展早已经处于内外交困的严重境地。尽管印度的经济近年来实现了高增长,但是,发展不均衡的现象并没有自动消除,触目惊心的贫富反差现象仍然比较普遍。学者们的研究指出,印度仍处于低收入国家之列,也是世界上拥有最大量绝对贫困人口的国家。

由于经济发展水平较低,印度的教育经费捉襟见肘。印度在20世纪60年代就提出要使教育经费占国民收入的4%,这一目标在20世纪80年代实现后,印度又提出了教育投入达到国民收入6%的目标,2007年,这一目标也实现了。但是,由于经济总量仅为中国的三分之一强,印度的生均教育经费与中国处在同一水平。而且,由于印度教育经费以中央和邦政府投入为主,教育浪费和效率低下的情况十分严重,所以,印度各级各类教育经费紧缺的情况特别突出。

参考文献:

[1] 贾海涛. 印度民族政策初探[J]. 世界民族,2005,(6):37—44;贾娅玲.

印度少数民族政策及其对我国的启示[J].湖北民族学院学报(哲社版),2007,(2):27—32.

[2] 杨洪.印度少数民族教育研究[J].民族教育研究,2009,(5):114—118;贾娅玲.印度少数民族政策及其对我国的启示[J].湖北民族学院学报(哲社版),2007,(2):27—32;朱昌利.印度少数民族社会经济发展问题[J].南亚研究,1988,(2):27—33.

[3] 安双宏.印度落后阶级受高等教育的机会[J].比较教育研究,2002,(8):31—33;施晓光.印度教育"保留政策"问题探析[J].比较教育研究,2008,(10):46—49;张学强,许可峰."优惠政策"与"预留政策"—民族公平视域下的中印高等教育招生政策比较[J].比较教育研究,2010,(2):49—53;贺永红.印度的"落后阶层"保留制度[J].中国人大,2010,(8):49—51.

[4] About the Ministry[EB/OL]. http://www. tribal. nic. in/. 2011—11—10.

[5] Department of Education, Ministry of Human Resource Development, Government of India. National Policy on Education (As modified in 1992) [M]. New Delhi, 1988: 9—10.

[6] Education for Scheduled Castes and Scheduled Tribes, India. [EB/OL]. http://www. publishyourarticles. org/eng/articles/education-for-scheduled-castes-and-scheduled-tribes-india. html. 2011—11—08.

[7][8][10][11][13] Ministry of Human Resource Development, Government of India. Annual Report 2010～2011. 196, 199～201, 198, 198, 204—205[R/OL]. http://www. education. nic. in/. 2011—08—10.

[9] Department of Education, Ministry of Human Resource Development, Government of India. Annual Report 1998-99 [M]. New Delhi: Publication Dvision, NCERT, 1999: 140.

[12] S. J. A. Pinto. Dalits in Higher Education: Need for Establishing a Counter Culture[J]. Journal of Higher Education, 1998, (3): 404, 409.

(本文发表于《比较教育研究》2012 年第 10 期。作者安双宏、程懿,时属单位为浙江师范大学教育科学研究院)

九、南非9～12年级“技术女孩计划”探析

近年来，南非过半中学毕业生在数学和科学上不能达到熟练水平，女孩尤为突出。有鉴于此，2009年开始，南非“妇女、儿童和残障人士保障部”(The Department for Women, Children and People with Disabilities, DWCPD)联合“基础教育部”(The Department of Basic Education, DBE)，以及“联合国儿童基金会”(United Nations International Children's Emergency, UNICEF)、尤韦索咨询公司(Uweso Consulting)①等部门，以林波波省(Limpopo)、东开普省(EasternCape)和夸祖鲁—纳塔尔省(Kwazulu-Natal province)为基地，创造性地实施了“技术女孩计划”(Techno Girl Programme)。[1]该计划旨在帮助女孩从事STEM(Science, Technology, Engineering, Mathematics, STEM)职业，进而促进经济社会的发展。面对“大学生过剩”与“技工严重缺乏”的双重挑战，中国教育部最近明确了改革方向：将600多所高等院校转向职业教育。[2]基础教育应为这一转型奠定基础。南非被誉为“发展中国家的发达国家”，其在基础教育阶段实施的“技术女孩计划”富有成效，其经验为中国提供了有益的参考。

(一) 南非“技术女孩计划”背景

世界贫困人口中大部分是妇女，只有得到更好的文化教育和技能培训，她们的生活水平才能大幅度提高。然而，在南非，性别不平等、技能短缺和女孩技

① 尤韦索咨询公司成立于2002年9月，是南非一家黑人控股的私营公司，该公司凭借丰富的经验，为公、私立组织(机构)实施计划(工程)提供经营、管理、评价和发展方面的咨询服务。

能教育与男孩差距较大等问题不仅不利于她们的生活，还在严重阻碍着南非经济社会的发展。

1. 全民教育呼唤性别教育平等

21世纪，在联合国教科文组织（UNESCO）的领导下，全民教育（Education for All，EFA）运动正在全世界范围内深入开展，这标志着教育新时代的到来。这一全球性运动深刻影响了世界各国的教育体制。在联合国第37届大会上，南非作为会员国承诺：在公平、质量和终身学习基础上，将全民教育作为优先目标。通过教育推进性别平等（gender equality）是全民教育运动的第三大目标，这一目标尤为强调教育在提高妇女地位中的重要角色。南非承诺优先推进全民教育，也意味着将通过教育推进性别平等提上了重要议事日程。

2. 性别不平等、技能短缺正阻碍着南非经济的发展

相关研究表明，性别不平等问题已经成为南非经济发展的一大障碍。2008年到2009年，南非职业女性数量减少，且大都普遍认为自己从事非管理工作且收入在下降。同期研究还表明，南非在性别平等方面的得分已由90.6分降为85.7分（分数低于100分越多，说明女性受歧视越大）。性别歧视减少了南非和撒哈拉以南非洲0.3%的经济发展。[3]为女性提供更多选择，创造更公平的机会，已经成为南非经济社会持续发展必不可少的重要组成部分。阻碍南非经济发展的另一个因素是拥有技能的人力资源短缺。到2014年2月为止，仅私营企业就有47万个技能岗位空缺。[4]南非36%的工商企业主（business owners）认为，从业者缺乏足够技能限制了他们企业的发展。[5]"致同国际会计师事务所"（Grant Thornton）也提出，从业者缺乏足够的技能已经跟服务滞后、犯罪率飙升一样，并列成为拖累南非经济发展和社会稳定的三大障碍。[6]

3. 在技能教育上，南非女孩与男孩存在较大差距

传统上，南非的科学、技术和工程领域由男性占主导优势。政府和社会不鼓励女孩学习这些学科或从事相关职业。由于就业机会少，赚钱潜力（earning potential）小，女孩在这些领域往往表现较差。[7]2010年南非"全国高中毕业证考试结果报告"（Report on the National Senior Certificate Examinations Results 2010）显示，虽然学习数学和物理的女孩多于男孩，但在数学科目上，男孩达标率为52%，而女孩却仅有44%；在自然科学方面，半数男孩达标，而女孩

通过率却仅有46%。[8]这使得女孩在完成中学学业时，甚至在大学毕业后，仍然不具备从事科学、工程和数学职业的技能。这大大降低了她们从事STEM职业的可能性。就整个非洲而言，近年STEM从业者中仅有不到10%是妇女。[9]

(二) 南非"技术女孩计划"举措

在上述背景下，南非政府为应对挑战，完成减少贫困和降低失业率的任务，在基础教育领域实施了目标明确、措施翔实的"技术女孩计划"。

1. 目的和目标

南非政府实施"技术女孩计划"，意在支持4 000名弱势在校女孩获得假期工作机会，以便她们未来有能力进行职业选择。[10]为达到上述目的，南非政府在"技术女孩计划"中规定了6个具体目标：通过"工读计划"，使女孩在校期间便有机会亲历工作世界；使女孩在职业参与中学得更多知识；使女孩认识到，科目选择对于未来职业意向有重要意义；使女孩在车间接受具体的职业指导；使女孩在车间从事具体职业的实践工作；增进女孩择业知识，提高他们规划择业的能力。在南非"技术女孩计划"中，目标因目的而产生，服务于目的；目的的达成，依赖目标的实现。

2. 内容和举措

(1) 明确分工，多方筹资。根据技术女孩计划相关规定，计划参与省份的省教育厅、服务提供方和公司(企业)签订三方协议。协议规定，省教育厅负责全面指导和整体规划，指导、管理学区和学校参与计划，协调对女孩的选拔和培训，促进参与者相互沟通，并采取措施确保计划质量；服务提供方(以尤韦索咨询公司为代表)除提供咨询服务外，还负责筹集资金，寻找合作方，设计和管理有关女孩、公司的数据库，制定和实施相关管理、测评制度，向参与公司分配女孩交通和午餐补贴；公司(企业)承诺给予女孩实践机会，负责具体指导和管理，每年承担协议约定的经费，分发给女孩日常交通和伙食补贴。政府通过税收减免等方式吸引公司参与。[11]

(2) 制定标准，遴选受益人。为确保能遴选到合适的受益人，并使技术女孩计划产生最大的社会效益，南非政府规定，参与计划的女孩必须同时满足以下要求:所有参与该计划的受益者必须是处境不利社区公立学校 9 年级到 12 年级女孩(15 岁到 18 岁女孩);在学习上满足所规定的最低成绩要求;至少在数学水平 4 上达到中等水平;良好的行为和纪律记录;忠于所在的学校并热爱学习。这一标准为弱势女孩接受 STEM 教育大开方便之门,有利于她们中学毕业后继续深造或从事相关职业。

(3) 实施周期计划,提升女孩能力。技术女孩计划以一年为一阶段性周期,女孩 9 年级进入计划,读完 12 年级时结束。在连续 4 年的时间里,女孩每年利用假期时间在公司、车间里学习。[12]在第 1 年的秋季假期,计划实施方为女孩和参与企业召开专门的"定位会议"(orientation session),解释计划的目的、目标、行为准则等。随后,让女孩进入公司或企业实习 1 周。在接下来的冬季假期,女孩到车间实习 1 周。春季假期,女孩再到车间工作 1 周,同时,还会得到专业人员的职业指导(见下图)。在计划实施的 4 年时间里,这一周期性活动不断重复。表面看来,这只是一个简单重复的计划,实际上,这对女孩是一个"螺旋式"提升的过程。随着年龄的增长,女孩的理论知识和实践经验日益丰富,这为女孩提高 STEM 能力奠定了坚实的基础。在学校教师和企业专业人员的共同指导下,女孩在相似的车间工作经历中会不断提高将 STEM 知识运用于实践的能力。

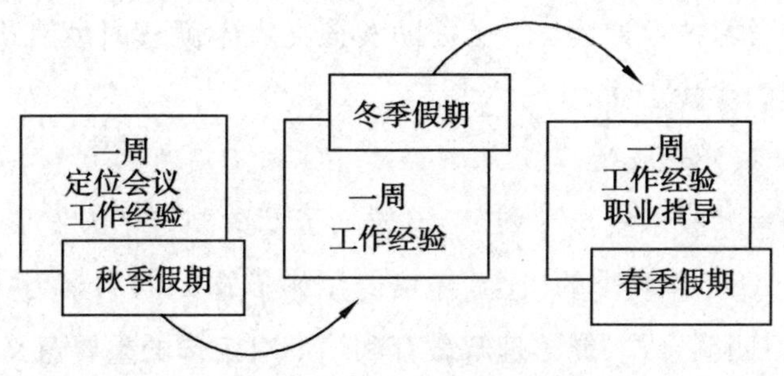

技术女孩每年假期车间实习图

资料来源:Unicef:Techno Girl Concept Document. http://uwe-so. co. za/downloads/TECHNO_GIRL_CONCEPT_DOC_2011. pdf.

(4) 测评指导女孩过程。南非高中课程既强调学习过程,又注重学习结果,《10～12 年级国家课程声明》(National Curriculum Statement Erades10～12)规定,高中课程有 7 条关键性学习结果(Critical Outcomes)和 4 条发展性学习结果(Developmental Outcomes)。[13]以此为重要目标,“技术女孩计划”规定了相应的测评制度。在测评分工上,咨询公司制定和实施测评制度,并最终提交年度测评报告,学区负责组织测评过程,省教育厅、学校、公司(企业)共同参与;在测评重点上,同时注重指导女孩的过程和成效;在测评内容上,关注对女孩产生影响的重要活动和支持性条件,评估这些活动及相关条件是否足够、恰当,是否符合标准要求。为达成目标,技术女孩计划的测评环节重在回答这样一些问题。计划实际覆盖了哪些内容?是否将原定服务给了意向受益者?相关资源是否充足,是否得到了充分利用?计划是否使目标受益人受益?计划利益相关者是否有意识地参与了计划?运用技术手段和专业知识测评技术女孩计划,有利于充分利用资源,适时调整实施策略,高效率地实现计划目标。

(5) 持续实施延展计划。为持续资助“技术女孩计划”受益人在中学毕业后或能学有所用,或能顺利完成第三级教育,南非“妇女、儿童和残疾人权益保障部”于2013年8月联合国家信息技术局(State Information Technology Agency,SITA)、联合国儿童基金会等部门启动了“技术女孩计划”的延展计划—“技术女孩毕业生计划”(Techno Girl Alumni Program)。[14]该计划的基本做法是,提高STEM从业妇女的职业认识;跟踪调查“技术女孩计划”的中长期影响;创建“榜样档案库”,以鼓励未来的计划参与者;支持和鼓励计划受益人继续在高等院校学习技术课程。[15]受资助女孩在大学就读时就有机会在其所学习的专业范围内寻找工作。

3. 技术女孩计划成效

对女孩而言,“技术女孩计划”不仅鼓励了女孩制订个人发展计划,提供了女孩理解STEM工作利弊的机会,还培养了她们深刻的洞察力。这使得女孩能够观察、学习团队合作,能够理解教育和培训对工作的重要意义。“技术女孩计划”将教育与市场技能需求紧密结合在一起,使大量弱势女孩在中学时就能根据社会环境和自身情况进行职业生涯规划,这增强了她们的自信。2010年的一项对“技术女孩”参与者的调查表明,94%的参与女孩能够较好地理解工作世界,以及从事各种职业所需要的技能。以兆萨布中学(M. H Joosub School)为例,该中学虽在南非豪登省(Gauteng Province)莱纳西亚镇(Lenasia)所有中学中成绩倒数,但“技术女孩计划”实施到2010年,该中学的学生达标率为全镇最优—93%。[16]虽然学校的成功并不能归因于单一计划，但毫无疑问，“技术女孩计划”至少部分地推动了学校教育的发展。

到2011年2月，技术女孩计划已成功资助了4 500多名女孩学习数学和科学，并帮她们在南非豪登省、林波波省、东开普省和夸祖鲁—纳塔尔省从事了科技领域的职业。其中，20名参与女孩大学毕业，并获得了与采矿业相关的科技工程学位。得益于工读计划的积极影响，这些学生在大学就读期间均得到了采矿业资助的奖学金。鉴于该计划成效显著，南非“妇女、儿童和残障人士保障部”部长露露·邢瓦纳(Lulu Xingwana)宣称，南非将扩增参与的女孩人数，并把这一项目推向全国。南非实施的“技术女孩计划”还得到了国际社会的认可。在联合国第55届大会上，联合国儿童基金会资深教育顾问芭芭拉·雷诺兹(Barbara Reynolds)博士对南非实施的“技术女孩计划”大加赞扬。

(三) 对中国改善女孩技能的思考

南非技术女孩计划为我国具体实施类似计划提供了借鉴。无论从国际、国内形势看，还是从教育发展看，中国有必要、有可能实施类似的技术女孩计划。

1. 必要性：中国亟需实施类似的技术女孩计划

不论是在南非，还是在中国，随着“学历社会”向“能力社会”的加速转型，制约社会进一步走向民主、繁荣的关键，已经从弱势群体能否享有机会的问题，变成了是否拥有把握机会的技能的问题。妇女普遍技能短缺，不仅阻碍了政府兑现公平承诺，也制约了经济的持续发展。有鉴于此，世界各国均在致力于推进妇女的技能教育，我国目前所推进的教育均衡发展也将性别均衡作为重要内容。同时，解决男性主宰科技、管理领域问题，革除“劳力过剩”和“技能短缺”同时并存等弊病，也要求对基础教育进行相应调整。因而，我国政府可以尝试将在中学实施类似的“技术女孩计划”作为突破口。

2. 可行性：中国改善弱势女孩技能具备思想、经济和制度基础

在高等教育大众化的背景下，中国却仍然深受“技工荒”的困扰。在此形势下，中国正由学历社会向“英雄不问出处”的能力社会发展，用人单位正逐渐淡化学历，重视能力。人们也更加注重学有所长，学有所用。同时，几十年的独生子女政策正改变着人们对女孩的传统看法，女孩的家庭和社会地位逐渐提升。

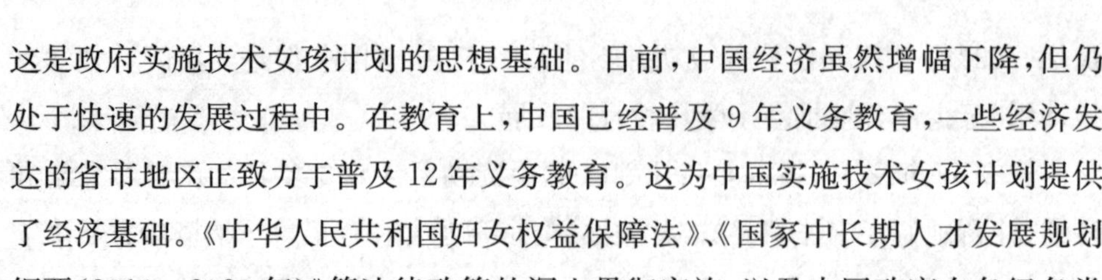

这是政府实施技术女孩计划的思想基础。目前，中国经济虽然增幅下降，但仍处于快速的发展过程中。在教育上，中国已经普及9年义务教育，一些经济发达的省市地区正致力于普及12年义务教育。这为中国实施技术女孩计划提供了经济基础。《中华人民共和国妇女权益保障法》、《国家中长期人才发展规划纲要(2010～2020年)》等法律政策的深入贯彻实施，以及中国政府在各级各类学校展开的教育改革，为技术女孩计划的实施提供了良好的制度基础。

3. 操作性：关注弱势，实施学分制，鉴定协议，并培训师资

为成功实施“技术女孩计划”，南非政府不仅明确界定了计划的目的、目标和成果要求，规定计划必须与参与机构的文化价值追求相契合，还要求在学习者和参与机构之间建立合作互惠的伙伴关系。这为我国具体实施类似计划提供了借鉴。

(1) 关注弱势—面向贫困地区10～12年级女生。南非技术女孩计划，主要面向弱势社区，有限额地吸纳“能学”和“乐学”的9～12年级的女孩参与。鉴于我国大部分地区高中为10年级到12年级。因而，政府可首先面向部分贫困地区10～12年级限额试行技术女孩计划。

(2) 实施学分制度—衔接好高中和高校。为充分兼顾各方利益，调动各方面的积极性，可考虑学分制。也就是说，女孩在10～12年级(每年寒假、暑假各2～3周时间)集中参与技术女孩计划，可算1～3个学分。在政府的协调下，参与计划的高级中学、企事业单位联合某些高校对技术女孩计划进行评估。女孩如能升入认可这一评估结果的大学深造，其在高中修得的学分仍能得到认可。这为技术女孩继续到高等院校深造打下制度基础。

(3) 签订协议—协调好学校和企业。南非政府深知，仅靠单一计划也无法一劳永逸地解决女孩中学毕业后的就业问题，因而，还在技术女孩计划后跟进实施了“技术女孩毕业生计划”。我国政府为使类似技术女孩计划发挥效力，在试行类似计划时，应该协调学校和企业单位签订互利互惠的跟进协议，有效推进女孩在中学毕业后能够继续深造或从事相关职业。

(4) 培训师资—为培养女孩技能打好基础。实施类似的“技术女孩计划”，既需要高中教师有技能实践经验，又需要企业技师有丰富的技能理论知识。学校可以作为技术女孩的技能知识学习基地、校企合作的理论研讨基地，企业可

以作为培训女孩技能的实践基地、校企技能问题研讨的工作场。校企双方应该互惠合作共同培养、培训师资，这是改善女孩技能的师资基础。

总之，南非为促进性别公平和解决技能短缺实施的技术女孩计划可操作性强，且富有成效。该计划为我国立足国情推动女孩技能发展提供了有益借鉴。

参考文献：

[1] National Nuclear Regulator. Techno Girl Programme[EB/OL]. http://www.nnr.co.za/techno-girl-programme-2-jul-2012-until-6-jul-2012/. /2014—04—17.

[2] 侯艳，刘玉蕾. 600 所本科院校转型职业教育，高等教育变革前路未卜[N]. 新华网 http://news.xinhuanet.com/edu/2014—05/11/c_126485698.htm. 2014—05—11/2014—08—05.

[3][10][12] Unicef. Techno Girl[EB/OL]. http://uweso.co.za/? q=node/7. /2014—07—17.

[4] Business Tech. South Africa'sCritical skills Shortage[EB/OL]. http://businesstech.co.za/news/general/52918/south-africas-critical-skills-shortage/. 2014—02—10/2014—06—30.

[5][6] Fu Peng. Crime, Skill Shortage Hamper S. Africa Economic Growth: Report[EB/OL]. http://news.xinhuanet.com/english/africa/2014—03/05/c_133162642. htm. 2014—03—05/2014—06—18.

[7][16] Greg Marinovich and Marisol Gutierrez. Techno Girl Programme Teaches Essential Skills to Young South African Females[EB/OL]. http://www.unicef.org/infobycountry/southafrica_60527. html. 2011—11—15/2014—07—07.

[8] Uweso Consulting. Techno Girl[EB/OL]. http://uweso.co.za/? q=node/2. /2014—05—18.

[9] Sandton Convention Centre. African Women in STEM: Cel-Ebrating Africa's Female Pioneers[EB/OL]. http://wom-eninstem.wordpress.com/.

2014—05—08/2014—08—02.

[11] Uweso Consulting. Memorandum of Agreement[EB/OL]. http :// uweso. co. za/? q = node/7http://womeninstem. word-press. com/. / 2014—08—02.

[13] 刘剑虹,张军. 南非以结果为本位的教育改革[J]. 比较教育研究, 2008,(6):45—49.

[14] SA Department of Women,Children and People with Disabilities. Minister Lulu Xingwana to officially launch the Techno-Girl Alumni Programme[EB/OL]. http://www. gov. za/events/view. php? sid=39046 2013—08—22/2014—04—18.

[15] Gabi Khumalo. Techno-Girl Alumni to Ensure More Girls Finish Varsity [EB/OL]. SAnews. gov. za. http://www. sanews. gov. za/south-africa/techno-girl-alumni-ensure-more-girls-finish-varsity. 2013—08—23/ 2014—08—02.

(本文发表于《比较教育研究》2014年第12期。作者张燕军,时属单位为浙江师范大学国际与比较教育研究院)

十、试析贫困地区女童教育的自然演进过程
——20世纪80年代以来亚太发展中国家贫困地区女童教育基本模式例析

(一)女童教育自然演进过程的阶段标志及主要教育模式

《世界全民教育宣言》指出,“每一个人——儿童、青年和成人——都应获得旨在满足其基本学习需要的受教育机会。基本学习需要包括基本的学习手段和基本的学习内容。这些内容和手段是人们为能生存下去、充分发挥自己的能力、有尊严地生活和工作、充分参与发展、改善自己的生活质量、做出有见识的决策并能继续学习所需要的。基本学习需要的范围及其满足的方法因各个国家和各种文化的不同而不同,而且不可避免地会随着时代的变化而变化。”这里至少包括三层意思。第一,每一个人都有权通过教育获得能够生存下去的基本知识和能力,即教育的均等性;第二,除了生存教育以外,教育还应使人们能更充分地在各个领域发展自己,即在更高层次上发挥教育的有效性,使人们通过教育获取更多的东西;第三,教育目标会随着地域、时间的变化而变化。本文认为,这一段话高度概括了80年代以来,包括中国在内的亚太发展中国家贫困地区女童教育自然演进过程的阶段性特征。

1. 第一阶段,以追求女童教育的均等性为主要目标

贫困地区女童教育自然演进过程第一阶段以追求女童教育的均等性为主要目标。处于这一阶段的女童教育一般以生产力水平低下、女童入学率较低为教育背景,各种社会力量以慈善资助的形式救助处境不利的女童入学,使之能够接受最基本的生存教育,以实现女童教育的均等性,均等性教育特别关注女

童受教育的各项均等性措施及数据。对于发展中国家来说，这一阶段是漫长而艰难的。

典型个案之一：孟加拉国的BRAC项目

孟加拉国是世界上最贫困的国家之一，1980年人均国民生产总值仅为208美元（中国为246美元）女童入学问题比较严重，1980年女童入学率仅达28.8%（同年中国为65.2%）。针对这种情况，孟加拉国的非政府组织”农村发展委员会”，依赖国外援助而实施了女童初等教育BRAC项目。其主要特点如下：

第一，着眼于帮助处境不利的女童入学　BRAC的宗旨是扫除大众文盲，为儿童、尤其是最贫困家庭的儿童提供基本教育；协助政府普及初等教育；提高女童的受教育率。具有代表性的BRAC教室通常建在村庄里的一间小茅草屋，女童免费就近入学，按照农时灵活变动上课时间，每天3节课，重视课外活动，以生动有趣的课堂活动保持儿童较高的到课率。

第二，使女童获得最基本的生存能力　BRAC以政府的统编教材为基础，开发自己的教材，教材重视基本生存方面的知识和能力的教育，例如生理卫生、手工等。

为保证生存教育的正常实施，项目督导专家每周到学校视察两次以上，同时由督导专家对教师开展制度化的培训。

第三，救助性生存教育能够大面积提高女童入学率　BRAC以救助女童个人为重要的干预手段，以极低的投入大面积地提高处境不利女童的入学率，使之通过教育获得最基本的生存能力，是一种救助性生存教育形式。BRAC生均经费不到18美元（我国为28.5美元），该项目1979年开办第一所简易小学，1994年已达3万所小学，在校学习儿童已达近100万人。

这种以救助性为特点，以大幅度提高女童入学率为目标的生存教育，在巴基斯坦、马拉维、马里等亚太发展中国家十分普遍，属于比较典型的均等性教育。1989年，在我国由中华全国妇女联合会少儿基金会发起的“春蕾计划”，基本属于救助性生存教育。

综上所述，以救助性生存教育为特征的均等性教育主要致力于救助处境不利的女童，使之获得享受最基本的生存教育的均等性权利。由于这种形式把救助重点直接放在处境不利的女童身上，使救助效果直观化；同时，救助性生存教育旨在帮助女童通过教育获得最基本的生存能力，办学层次较低，花费少，见效快，因此容易吸引国内外资助。其次，救助性生存教育注意通过各种措施吸引女童、方便女童入学，因此，一般都能在短时间内较大幅度地提高女童入学率，这对于力图在短时间内大面积提高国民基本文化素质的发展中国家来说，无疑是一副祛病良方。

但是，救助性生存教育重在通过直接救助女童个体来提高女童入学率，因此办学档次一般较低。例如，孟加拉 BRAC 项目的竹屋或泥墙屋教室，常常只有三十余平方米，学员席地而坐，条件十分简陋。我国的春蕾计划也重在直接资助女童个人，而较少作用于女童受教育的环境，这样的项目虽然见效快，但项目功能的持久性较差。

典型个案之二：中国西部四省区女童教育研究

80 年代末，正当其它的亚太国家女童教育大踏步前进的时候，我国的女童教育研究总体上还处于沉寂之中。当时全国女童入学率为 96.31%，华东为 96.66%，而经济贫困的宁夏、甘肃、青海、贵州四省的女童入学率仅为84.16%。为解决贫困地区女童入学难的问题，国家“八五”哲学社会科学规划把“中国西部四省区女童教育研究”列为重点课题，于是开始了 1990～1995 年中国女童教育空前规模的具有开创性的研究。

第一，以产出政策为主要目的　“中国西部四省区女童教育研究”课题主要目标是“解决民族贫困地区女童就学难的问题”，立足于发现和克服阻碍均等性实现的困难，并通过行动研究法直接将科研成果转化为行政决策。

第二，以解决问题为主要内容　该课题大规模运用行动研究法，从现实教育情境中女童入学难的问题出发，主动采取措施干预教育实践，主要措施有“建立机构，行政干预；多方协作，优化环境；改善学校管理，加强教师培训；改革课程内容，加强劳技教育；开展非正规教育，灵活办学形式；创办示范学校，全程评估监控”等等，这些措施都非常有效地发挥了解决问题的作用。

第三，以经验推广为主要绩效　西部四省区女童教育以其宏大的研究规模、富于开创性的工作把中国的女童教育引向了一个高潮。四省区在女童教育的均等性方面取得了非常明显的进步，入学率（1991 年 71%，1994 年提高到

93%)、巩固率(1991年82%,1994年提高到98.5%)的变化是惊人的。更重要的是,它在行动研究中所采取的几乎所有的具体措施,都被迅速推广到其它贫困地区,取得了全国性的绩效,这从其后的“甘肃省改善女童及处境不利儿童初等教育的实践与研究”、“宁甘青三省女童教育革新案例研究”、“401西南5省女童教育”的主要措施中可以清楚地看到。

2. 第二阶段,以追求女童教育的有效性为主要目标

贫困地区女童教育自然演进过程第二阶段以追求女童教育的有效性为主要目标。一般来说,处于这一阶段的女童教育大多以女童入学率相对提高;女童教育观念已在表面层次上为家长接受;女童教育已有大量的先行经验为教育背景。一些技术性机构在资助得到保证的前提下,将女童教育的各种先行经验与先进地区的典范经验结合起来,创造性地移植到贫困地区的女童教育试验点上,并以其为项目示范,为贫困地区低层次的女童教育树立榜样,从而推动大面积地提高女童教育质量。有效性模式在进行女童教育研究时既注意借鉴过去的女童教育经验,更注重现实教育与未来教育的衔接性,显示出较强的前瞻性特征。

典型个案:401项目中国广西贫困地区女童教育实验研究

在中国西部四省女童教育研究、春蕾计划、希望工程等一系列着眼于实现女童教育均等性的项目带动下,借助《中华人民共和国义务教育法》的实施,我国女童教育在80年代末、90年代初取得长足进步,女童教育的观念日益深入人心,女童入学率明显提高。例如,广西的女童入学率已由1989年的72.6%,提高到1996年的98.43%;项目县三江1995年女童入学率为95.93%;隆安1995年女童入学率为97.1%。但贫困地区女童教育办学层次低,教学质量差仍是严重的现实问题。在这样的背景下,广西等省区接受了401项目贫困地区女童教育实验研究的任务。

第一,以追求教育的有效性为项目设计的主要目标

401项目整体预期效果是项目县普九取得可测量的进展。更重要的是,这些学校的教学质量要得到提高,要“提供合格教师、开发教材、建立示范学校”。相应地,广西401项目目标是,改善广西项目县学生特别是女童入学率、辍学率、合格率,促进基础教育向素质教育转轨,为项目的后续发展提供可借鉴的模

式。显而易见，在进行项目设计时，项目整体和广西的实验目标不仅注重女童教育的均等性及有效性，更着眼于能够提高女童教育的质量、较长远地发挥项目效益的内容；一定程度上跳出了生存教育的局限，强调产出可资贫困地区实施素质教育借鉴的模式，显示出较强的前瞻性特点。

第二，以高品位的示范校带动女童教育的整体提高

广西实施401项目在两个县设立了4所实验学校，并主要以三江县林溪小学为素质教育模式的示范校。该校立项三年来，校容校貌焕然一新，办学方式、教学质量都发生了根本的变化。该校素质教育模式主要包括以下内容：教师管理民主化，校园管理制度化，学生管理科学化；教师培训高质量、大面积，多层次(基本功训练——课堂教学方法——教学科研能力)；课程改革在形式上将必修课、选修课、活动课相结合，内容上注重实用性与时代性、知识性与趣味性结合，既具有符合当时、当地生产生活方式的适用性劳技内容，如编织、种养、缝纫等选修课和活动课，又具有体现素质教育特点的女童心理课，小记者、书法、美术等活动课，体现信息时代特点的计算机课，还开设了符合民族女童特点的刺绣、侗族歌舞、芦笙等活动课。目前已有区内外250多位小学校长和教师前往该校参观学习，项目效益已得到提前扩散。

林溪校在三年之内迅速地将全国先进地区的素质教育模式与八五西部女童教育的研究成果综合为一，创造性地移植到了贫困地区，为贫困地区树立了一个具有相当前瞻性特点的示范校，力图推动贫困地区的女童教育在总体层次上上一个台阶。示范校成功主要得力于以下几个方面：① 高质量、大面积的师资培训。林溪小学共有教职工29人，1997～1998年，外出学习达195人次，其中大部分是参加自治区级以上的培训，平均每人每年参加培训约3.3次。② 示范校的立意具有极强的前瞻性。林溪模式的前瞻性主要由于引进各方先进经验。如校园建设和管理引入了中等师范校园标准化建设的经验；课程建设引入了素质教育的课程模式；教师管理、学生管理引入了江浙先进学校的管理经验等。示范校的前瞻性使榜样起点高，对于贫困地区女童教育走出随意性的低谷有较长久的导向、示范作用。③ 多方资金汇总。三江县作为广西重点实验县目前是多方资金的交汇点，一是401实验县，二是普九重点工程县，三是“全区中小学教师继续教育”的实验县，而林溪小学又是三江县的重点实验小

学，因此，在政策上倾斜度较大，硬件上得快，领导、教师基本素质好，这些都是前瞻性实验所必备的条件，应该说，这是广西区教委在决策上的特别英明之处。只有人力、物力、财力都有充分保证，才能在短时间内建设出一所可资未来办学借鉴的示范学校。④ 教师培训、教改设计、教学督导一体化。由广西小教培训中心作为小学教育改革的项目支撑点，使教师培训、教改设计、教学督导一体化。中师的小教专家在工作中贴近小学教育教学，同时，在理论上立足点又较高，这种通过中等师范的小教专家指导教改的思路在今后的小学教育课题中应该推广。

3. 第三阶段，以追求女子教育的特殊性为主要目标

这一阶段一般都以女童教育均等性、有效性问题已基本解决，生产力发展水平比较高为前提。一些实力雄厚的女子学校借助各种技术性机构的支持，通过教育科研和教学实践而实现女子学校的办学特色。在女童教育的前两个阶段，女童教育特殊性问题一般都体现为追求谋生和传统意义上的男女平等这种较低层次的目标，而特殊性模式则立足于真正意义上的“因性施教”，使女子能充分发挥自己巨大的潜在能力，充分展示出女性作为一种人性的各种最和谐最优秀的因素。

科学研究证明，女性本身的生理心理特征在一些方面有别于男性，例如，女性在语言能力、形象思维能力等方面强于男性，在空间能力、逻辑思维能力等方面弱于男性，真正的因性施教将能充分发挥女性之所长，补救其所短。如前文所及，无论均等性教育还是有效性教育，其中所涉及的因性施教的内容，大多定位为适合本地特点的传统的女性谋生能力，其实质与中国传统的所谓“女红”没有本质区别，都把女性的能力局限在一个低层次上，框定在谋生的范围内，这种低水准的女子教育是生产力水平低下的突出表现。

我国目前的北京华夏女中，上海女子三中等都在进行特殊性模式的探索。西方发达国家也已经有这一类学校的雏形存在，如美国的韦利斯利女子学院、伯纳德女子学院、布林莫尔女子学院、霍利奥克山女子学院、史密斯女子学院就通过“因性施教”，培养了大批成功的女性。据统计，进入美国 1 000 家最大企业的董事会的女性至少有三分之一毕业于女子学院，获得博士学位的女数学家和女工程师约有 50%毕业于以上五所女子学院。这种旨在真正发挥女性潜在

优势的女子教育是我们处于女童教育均等性、有效性阶段时应努力思考并力争实践的课题，当然也是难题。前文所述的林溪示范校，已在设计思想上透露出这方面的信息，但止于设计较多，落于实际较少。

(二) 女童教育自然演进过程的相融性和递进性

女童教育自然演进过程的每一个阶段都有自己明显的特征，过程各阶段之间又彼此交融，相互交叉，显示出强烈的继承性和高度的统一性。例如。从1989年开始的春蕾女童教育，历时十年，至今仍在我国贫困地区女童教育中起着支撑的作用。因此阶段之间的相融性和总体过程的递进性是女童教育自然演进过程最突出的特点。

1. 目标的一致性和侧重性

探索并实施女童教育的均等性、有效性、特殊性是女童教育的共同使命，这一使命作为目标贯穿在女童教育整体过程的各个阶段。但由于各个阶段的教育背景不同，因此，女童教育处在不同的过程时目标有不同的侧重，并体现出过程的递进特点。如，孟加拉国的BARC以使每一个女童都能接受最基本的生存教育为目标，同时也注意教育的基本质量、注意女童的生理、心理特点。又如，八五西部四省的女童实验主要探索解决女童入学难的办法，同时也以示范校的形式，在女童教育的有效性方面做出了努力，通过开设女子实用劳技课帮助女童更好地服务于社会。再如，401广西女童教育研究则更多地注意提高女童教育的质量，通过具有相当的前瞻性特征的示范校带动贫困山区女童教育走向正规化、实现高质量，同时，关注女童的入学、辍学问题，积极开设心理教育课，探索女童教育的特殊规律。

2. 措施的相似性和差异性

由于目标的共同性和教育背景的相似性，女童教育在探索者、实施者、项目名称、阶段性等方面也各有不同，但采取的大部分措施是相同或相似的。例如，广西林溪模式的主要内容——注重教师培训；课程注意劳技教育、女童特点、地域特点；建立示范学校等措施，在八五课题中大多不同程度地出现过，这些措施有力地推动了女童教育的发展。

由于地域性、阶段性差异，女童教育的措施也体现出一定的差异性。例如，亚太其它发展中国家，较多地依靠非政府组织来实施女童教育的项目，而中国却主要依靠政府；在均等性阶段，女童教育更注重资助女童个体，并采取各种非正规化教育形式方便女童入学，传授各种简单的劳动技术使女童获得谋生本领，用各种有趣的活动吸引女童上课；而有效性阶段却更注重集中资金，建立高质量、正规化的示范校。例如，广西401项目示范校数量少，资金和力量集中于建立高档次示范校，给贫困闭塞的山乡女童教育提供看得见摸得着的榜样，提供女童专用教材和课程设置方案，通过大面积高质量的培训传播教改信息，提高教师的教学水平，从而实现提高女童教育质量的总体目标。特殊性阶段则注重通过严格的教育实验探索女子教育的特殊规律，因性施教等。

3. 产出的共性和个性

由于均等性、有效性、特殊性是贯穿女童教育始终的总目标，因此，不同阶段的女童教育在提高女童入学率、改善女童教育的质量、注意女童教育的特殊性方面都会有所进步。

但不同的目标侧重又使女童教育不同阶段的产出有一定的差异性。在均等性教育阶段可实现女童入学率的大幅度提高，例如，八五中国西部四省在女童教育女童入学率提高幅度都非常大；而在有效性阶段，女童入学率提高的幅度就不够明显，例如，广西三江县林溪校作为401项目示范校应该说是比较成功的，三江县作为项目实验县项目意识强、工作力度大，但是该县1998年女童入学等方面的对比性数据进步的幅度却不大。原因可能有：① 三江县1996年项目开始实施时女童的入学率即达95%，1998年只达96.17%，这说明女童入学率达到某一个高度以后再前进难度就十分大了，因为涉及到弱智儿童、残疾儿童的入学等难题。② 女童教育有效性阶段的主要目标产出是高质量的示范校，着重在教育质量上起带动作用，而并不对实验县整体可测性指标起决定性作用。

（三）中国现阶段贫困地区女童教育可行性对策研究

《中国教育改革和发展纲要》提出了“基本普及九年义务教育，基本扫除青壮年文盲”的任务，这一任务是我国21世纪初教育发展的重点。要完成这一任务，改善女童教育是关键。本文拟对中国现阶段贫困地区女童教育提出如下对策：

1. 女童教育法制化，女童救助规范化

(1) 女童教育必须法制化。女童入学率达到一定水平以后，单靠宣传或项目带动起的作用不够明显。而《义务教育法》自1986年实施以来，我国女童入学率就得到了大面积的提高，例如，广西贫困县融水县的女童入学率由1986年的75%，提高到1998年94%。本文认为，《义务教育法》的实施力度应和计划生育制度一样，层层包干，责任到人。从八五到九五，所有女童教育实施得好的地区最成功的经验，就是坚持女童教育的法制化。

(2) 女童救助应该规范化。可通过村民公议的办法确定困难女童名单，汇总输入计算机互联网，以吸引国内外的资助；还应关注残疾女童和弱智女童，使她们也能得到读书的机会。这一项工作可通过争取国际组织的大型援助项目来完成。

2. 项目目标的针对性

女童教育在立项时要充分考虑项目地区女童教育的背景和阶段特点，根据不同的阶段确定不同的项目目标，已经解决了的问题不应再按常规列为目标，要充分注意目标的阶段性特点。从女童教育总体过程来看，我国目前不少贫困地区已经进入有效性教育阶段，主要目标应更侧重于全面提高女童教育质量。有效性阶段承上启下的作用不应轻视，这一阶段既不能忽视女童教育均等性目标，也不能忽视女童教育特殊性的措施，更要用主要力气，集中人力物力财力办好示范校，培训好教师，为全面提高女童教育质量，提供高质量的榜样和合格的教师。

3. 教师培训制度化

教师培训是女童教育贯彻始终的重要措施。广西401项目县的培训告诉我们，高质量的培训对形成教师的教改意识、提高教学质量收效很大。孟加拉国BARC项目“12+2+1+4”的教师培训制度(12天基础培训，2天开学前培训，每月1天培训，期末4天培训)，不仅告诉我们教师培训要注意质量，更给我们提示了教师培训制度化的途径。这些经验都应成为我们进一步提高贫困山区女童教育质量的重要借鉴。

4. 培训、指导、督导专家化和一体化

孟加拉国BARC非常成功的经验是培训、督导、管理一体化、专家化；广西401女童教育对示范校的建设则是培训、指导、督导专家化、一体化，这些经验对于建设示范校启示非常大。目前，政府及国内外各种非政府组织都在花大力气于中国贫困地区的小学教育，而把握资金投入效益的关键，就在于充分利用师范学校的专业性培训机构，使培训、指导、督导一体化。我们预言，培训、指导、督导一体化将会极大地帮助贫困地区女童教育走出困境。

5. 课程改革要实事求是，稳步前进

课程改革是女童教育中非常活跃的一项内容，本文认为，课程改革应采取慎重的态度，要实事求是，稳步前进。

(1) 关于小学开设适用性劳技课的思考。80年代以来，包括中国在内的亚太发展中国家几乎所有的女童教育研究都注重课程改革，尤其重视能帮助女子谋生的一些乡土性劳技训练。但根据我们对广西林溪、百林女童班的问卷调查来看，目前女童对工作和学历的期望值都较高，这说明适用性劳技课可能与小学生主观需求有一定距离，若大部分学生都准备继续读初中、高中、甚至大学，能否把谋生性的劳技训练放到初中阶段，以减轻小学生的学习负担，使之把注意力更多地放在基本素质养成上？

(2) 关于课程改革与师生接受程度、承受力问题。在女童教育中引入心理教育要充分考虑教师的培养问题。没有开设心理课的广西巴马百林女童班学生遇到伤心事大多找母亲倾诉，而开设了心理课的广西三江县林溪女童实验班的学生遇到伤心事大多找教师倾诉，这说明女童心理教育是必须的也是有效的。但林溪实验班的学生在选择最喜欢的课程，却无一人选择本应十分生动的心理课，这提醒我们对新开课程一定要重视教师培训的力度。

另外，课程改革还要注意学生的承受力。林溪班的女孩子在多项问卷中反映出心理焦虑和学习压力，这提醒我们课程改革要有"度"的限制。

(3) 关于自编乡土教材问题。女童教育均等性阶段以非正规化办学为重要措施，所以，提倡自编教材，提倡使用乡土教材。但是，女童教育进入有效性阶段以后，就不应再把仓促编写的乡土性教材作为必修课教材，要使贫困地区的女童和先进地区的女童一样，接受尽可能好的正规化教育，使用尽可能是最好的教材，只有这样，才能谈得上女童教育的高质量。

6. 尽可能地吸引国内外资助，通过各种形式兴办女童教育

无论哪个阶段的女童教育都需要大量资金的注入，因此，谋求国内外的资助将是女童教育工作者的最艰难的任务。我们建议，对来自国内外的女童教育资助，最好由政府出面，公开招标，使项目尽可能做到低消耗、高效率、高质量。

综上所述，目前我国贫困地区的女童教育正处在承上启下的重要阶段，认真分析各方面的经验将会使我们头脑清醒，既不盲目因袭，也不急功近利，而是脚踏实地地探索和努力。“路漫漫其修远兮，吾将上下而求索”，让我们与全世界有志于女童教育的仁人志士携起手来，用富有成效的工作来回答渴盼救助的女孩子们发自内心的呼唤：我们要读书！我们要接受良好的教育！

参考文献：

[1] 赵中健. 教育的使命[M]. 北京：教育科学出版社，1996.

[2] 宁夏. 亚太地区六国女童教育综述[J]. 比较教育研究，1992，3.

[3] 鲍东明. 华夏女中面面观[N]. 中国教育报，1999-4.

[4] 实验地区和学校的数据源于实验单位的论文和工作报告.

[5] 西部四省“农村女童教育现状、问题及对策研究”总课题组及各课题组的实验报告.

[6] 世界教育报告. 联合国教科文组织，1991.

[7] 教科文，儿基会，人口基金会. Analysis and synthesis. 1993. 12.

[8] 中国教育统计年鉴(1990 年).

[9] 1990 年第四次人口普查资料.

[10] 国家教委 1995 年教育统计资料.

[11] 中国统计年鉴(1991 年).

[12] 广西年鉴(1993 年).

（本文发表于《比较教育研究》2000 年第 02 期。作者吴柳、宾秀玲、黄荣、鞠敏敏、莫福升，时属单位为桂林小教中心 401 女童教育情报研究小组）

十一、每个孩子都重要:英国全面关注处境不利儿童的健康发展

(一)政策背景

英国是一个等级分明的国家,但同时福利社会、民主公平的观念根深蒂固,教育与社会平等的关系问题、对于弱势群体和处境不利人群的关注从来都是历次教育改革的重要内容。早在1870年,当时的枢密院副院长兼教育署署长福斯特就在制订"初等教育法"的演说中指出,"我们在这一法案的目的是什么?简要地说就是使初等教育置于每个英国家庭所能到达的范围之内,而且要置于那些无家可归孩子所能到达的范围之内"。[1]由此可以看出国家干预教育的初衷即是致力于向劳动阶层人民普及初等义务教育。二次大战后,英国教育重建的首要任务就是将全民义务教育扩展到中等教育阶段。到60年代,教育平等的思想更加鲜明地体现在将"失败"贴上标签并予以排斥的选择性教育制度让位于面向所有学生的综合教育。在高等教育领域,《罗宾斯报告》提出了"所有具备入学能力和资格并希望接受高等教育的青年都应该获得接受高等教育的机会",高等教育的扩展打开了过去只限于精英的机会。1980年以来,国家设立各种助学金、贷学金计划为来自低收入家庭子女接受高等教育创造条件,所有这些努力都体现了通过教育提高公民广泛参与社会民主的责任意识和能力素质、为经济发展提供高技能劳动力、实现公平公正社会的发展目标和理想。

自从1997年工党重新执政以来,布莱尔政府提出了不同于"新自由主义"完全依赖于市场的"第三条道路",在"第三条道路"理论框架下,既强调市场对

于经济发展的主要推动作用以及市场机制在提高成本效率方面的优势，同时又注意到在市场竞争中适应性较差、处境不利人群在增加，社会道德和公民责任感失衡、公立部门调节作用下降的弊端，在提出以高技能、高收入优势与低技能、低成本人力经济相抗衡策略的同时，[2]提出了以“全纳教育”（inclusive edueation）促进“全纳社会”（inclusive society）发展的理念。这一理念认为要促进和维持高技能、高收入的经济和生活水准，就必须让每一个人提高适应能力，在就业市场中立于不败之地，从而成为市场经济发展中的受益者而不是被淘汰者。

为此，布莱尔在执政伊始就将教育放在了首要位置，宣称“教育是工党政府的激情所在”，反复强调他所领导的政府的工作重点是“教育、教育、教育”。在教育政策中，除了延续“新自由主义”提高质量、扩大家长选择的改革之外，明确教育追求的目标是把所有人而不是少数人培养成才，与扬弃福利国家的理念相联系，倡导不承担责任就没有权利的积极福利政策。通过“全纳教育”实现“全纳社会”的意义即在于此。它不同于以往单纯向处境不利者直接提供社会福利救助，而是通过各种教育和培训计划从根本上改善他们的适应能力和技能，使他们共享社会发展的成果。近年来英国政府提出了若干项针对处境不利地区和处境不利儿童的教育、培训和全方位服务计划，其中 2003 年颁发的绿皮书“每个孩子都重要：为了孩子的变化”（Every Child Matters：Change for Children）[3]和 2014 颁发的“儿童法”（Children's Act 2004）[4]，将这些计划进一步系统化和合法化，并且集中体现了“全纳教育”的思想，强调每个孩子都不能被忽视，缩小处境不利儿童与其他儿童的差距。

（二）政策目标

依照联合国的界定，英国将所有 18 岁以下的人口都称为儿童，这一界定决定了儿童发展对象和内容的广泛性。在“每个孩子都重要：为了孩子的变化”绿皮书中，英国政府提出了儿童健康发展（well-being）的五项指标（请见表 1）：

表1 儿童健康发展结果指标

五项指标	具体内容
1. 健康 (being healthy)	身体健康;心理和情绪健康;性健康;不吸食违禁药品; 家长、看护者及家庭成员促进的选择
2. 安全地生活 (staying safe)	不受到不良对待、轻视、暴力、性剥削的伤害;避免事故性致伤和致死;不受到欺负和歧视的伤害;避免校内外的犯罪和反社会行为;安全、稳定并得到照顾; 家长、看护者和家庭成员提供安全稳定的家庭环境
3. 快乐或愉悦与取得成绩 (enjoying and achieving)	为上学作好准备;不缺课和喜欢学校;达到小学阶段国家教育标准;取得个人和社会性方面的发展并且喜好业余生活;达到中学阶段国家标准; 家长、看护者和家庭成员支持学习
4. 作出积极贡献 (achieving a positive contribution)	投入到决策和对社区、环境的支持中;在校内外致力于守法和正面的行为;发展积极的人际关系;不欺负和歧视他人;发展自信、成功应对生活中的重大变化和挑战;发展进取行为; 家长、看护者和家庭成员促进积极的行为
5. 获得良好的经济状况 (achieving economic well-being)	离开学校后致力于继续教育、就业和培训;为就业作好准备;在体面的家庭和社区中生活;能够获得交通便利的物质货物;在脱离了低收入的家庭中生活; 家长、看护者和家庭成员支持经济上的积极性

这五项指标的主要特点是:第一,不同于自由主义只强调机会平等的平等观念,“全纳教育”的理念更加注重结果的平等。自由主义平等观的积极意义在于,它承认个人能力和努力程度的差异,鼓励竞争、努力并发挥自己的才能,这的确是社会进步的动力所在,但是它却忽视了人们的能力、努力程度和抱负水平与其家庭背景呈现明显相关,因此,自由主义的平等观可能使已经处于优势社会地位的人们可以在已有的基础上获取更多的优势,而处于劣势社会地位的人们日益陷入劣势。[5]“全纳教育”的平等观,试图弥补这一缺陷,强调每个孩子都不能被忽视,这五方面的结果在每个儿童身上都能得到体现和实现,缩小处

境不利儿童与其他儿童在这五项结果方面的差距。

第二，把儿童的身心健康和安全放在首位，这体现了英国政府充分意识到了处境不利儿童常常面临的主要问题(包括家庭和环境给儿童造成的心理和情绪问题—例如父母离异、家庭暴力导致被忽视、缺乏照顾和关爱；处境不利儿童更容易陷人各种行为问题，例如吸食违禁药品、不良性行为等)把健康和安全作为其他方面的基础。

第三，在教育方面特别突出对于学校生活的喜爱和愉悦，不仅仅包括学业上的进步，同时包括快乐地成长。近年来英国各地中小学的逃学现象严重，厌烦学校，对学校失去兴趣的学生增加，因此将出勤和喜欢学校作为重要的结果指标。

第四，对于儿童发展的理解不是单方面的，不仅包括近期的发展，同时包括以经济能力为标志的未来成人生活的质量保证，不仅包括自身的幸福，同时强调公民的责任，为社会和社区作出积极贡献，鼓励以正面教育为主。

(三) 处境不利儿童状况与采取的相应措施

英国在弱势儿童认定方面的一个主要变化是过去更多地强调从种族歧视和多元文化的单一视角进行分类，随着“全纳社会”理论研究的深入，对于处境不利儿童的认定更加细致，范围更加广泛，从多角度体现全纳的理念。2003 年颁发的绿皮书“每个孩子都重要:为了孩子的变化”对于弱势和处境不利儿童主要从家庭背景、行为、特殊需求、身体和智力状况等因素来认定，并且提出建立儿童数据库。以下是根据处境不利儿童状况所制定的相应计划：

1. 针对贫困儿童的“确保开端”计划

由于近年来英国经济持续稳定，失业率降低，生活在绝对贫困、相对贫困和失业家庭的儿童在减少。相关研究发现，学龄前受教育状况和其他心理生理健康状况对于一个儿童进入学校后的成绩和发展状况具有至关重要的影响，因此这项计划着眼于从零岁开始对处境不利儿童给予关怀：1）政府希望从怀孕开始就向母亲提供服务，将健康、家庭支持、儿童关怀、教育整合起来，使所有的儿童在生命最初的关键时期获得最好的开端。2）在被剥夺的社区建立儿童中心，为四岁以下生活在贫困中的 41 万儿童提供服务，根据调查英国有 39%的四岁以下儿童生活在20%被剥夺程度最为严重的地区，另外29%的贫困儿童分布于英国各地。政府计划到2008年，所有生活在20%被剥夺程度最为严重地区的孩子和家长可以进入到儿童中心，全国将要建立2 500个“确保开端”中心，在全国处境不利社区形成一个儿童中心网。在儿童中心，儿童可以在母亲的协助下与其他孩子进行交流，接受早期教育，目的是使家长在政府的资助下获得能够负担得起的、高质量的早期教育和一系列儿童关怀服务，这些儿童中心可以由公、私立机构以及自愿者团体开办。3）在2000年11月，发起成立一个儿童基金会，以帮助那些处境不利的儿童和青年。这项计划的目的是对那些处于社会排斥危险的儿童和青年作出早期确认，保证他们获得实现他们潜能所需要的帮助和支持。

2. 针对被照顾儿童和离异家庭儿童的措施

家庭环境不利于孩子成长的案例相当可观。资料显示，英国的离婚率在欧洲是最高的，在1 200万儿童中大约有300万儿童经历过家长离异，父母离异往往对孩子的伤害是深远的。到2004年3月31日为止，英国共有6.1万名由于各种原因无法在正常家庭中生活而被社会福利机构照顾的儿童，这样的儿童比他的同伴更有可能在学习成绩上处于较差的位置，例如，在2003年第十一年级被照顾儿童中，53%通过了至少一门普通中等教育证书考试或国家职业资格证书考试，而其他儿童则有95%达到了这一标准。到2004年3月1日为止，共有2.63万名儿童注册为受保护儿童（Child Protection Registers），比2003年减少了1%，比1994年减少了25%。在2003年2月普查周中，大约22.67万名儿童获得了社会服务机构的帮助。

对于那些由于各种原因无法在正常家庭中生活而被社会福利机构照顾的儿童，政府希望通过改善支持水平来提高抚养照顾者的质量和数量；向这些孩子的收养、抚养和照顾者提供最低限度的津贴。需要改进的工作包括：对于收养、照顾者所提供的相应的支持和服务；对于被照顾儿童所提供的家庭以外的服务；对于达到年龄、脱离照顾的青少年所提供的连续性的支持；提高被照顾儿童的教育成绩。政府希望对于需求中的儿童在教育、健康和社会照顾方面有一个协调的、连续性的机制，以便适应和研究儿童和青年的需求开展各种确定、评估、计划和干预工作。对于离异家庭儿童，政府于2004年7月颁布《家长离异：

孩子的需求和家长的责任》绿皮书，把焦点放在鼓励和支持离异家长在处理与其子女联系和居住等多方面的合作，使离异家长更好地履行对子女的责任和义务。

在英国各种各样的残障儿童至少有40～70万人，其中心理、行为和情绪方面失调的比例较高。2000年的数字显示，在5～15岁儿童中，10%具有心理方面的问题，行为失调儿童的比例为5.3%，略高于情绪失调儿童4.3%的比例。到2004年1月，17%的学生具有特殊需要，比2001年的19%有所下降。

"每个孩子都重要"有关特殊需求儿童的内容主要包括两个方面：1）增加对于"儿童和青少年心理健康服务中心（CAMHS）"的投入水平，到2006年追加300万英镑，目标是到2006年在所有地区提供综合性的心理健康服务。2）促进服务的整合和问责，保证所有儿童和青年能够获得他们需要的支持和服务，使每个具有特殊需求的儿童实现自己的潜能并且在学校和社区生活中充分发挥自己的作用。

3. 针对逃学问题的措施

逃学和无所事事的青少年在增加。根据城市追求卓越计划评估的资料显示，略超过5%的学生具有累计两周的逃学记录，1%的学生累计逃学半学期或更多。在16～18岁儿童中，大约10%既没有读书，也没有就业和接受任何培训。青少年对于学校和教育的厌烦已经成为近年来关注的焦点。

政府充分意识到学生的出勤率与成绩水平密切相关。近年来由于政府的出面，逃学问题的解决取得了一定的进展，学校的出勤情况有了很大的改进，与1996～1997年相比，每天到校的学生多了4万，这相当于在学校的天数多了8天。但是仍然有大约2%的学生可以被称之为系列性逃学者或顽固性逃学者。政府将继续与学校、地方政府和家长共同努力使这些学生重返校园，同时也要对那些拒绝承担自己责任的家长采取一定的处罚措施。

4. 预防青少年吸毒和不良性行为计划

近年来吸食毒品和具有不良性行为的青少年呈上升趋势。2002年，在10～17岁儿童中，3.3%因吸食违禁药物而受到戒毒治疗、被最后警告或被定为有罪。2003年，在11～15岁儿童中，21%在过去一年内吸过毒，比2001年和2002年的20%略有提高。在2003年，有12%的学生在过去三个月吸过毒，与

2001年和2002年持平。在2002年，英格兰地区15～17岁女性青少年怀孕率比1998年降低了8.6%，但是在英格兰、威尔士和北爱尔兰地区，16～19岁女性青少年中，新的性传播疾病案例自从1995年以来却呈稳步上升，2003年这样的案例为女性3.2万件，男性1.3万件，而在1995年分别为1.5万件和5 000件。

对于吸毒青少年，政府计划的核心是继续扩大和改进以教育为主的工作，但同时意识到吸毒问题的发生不是孤立的，它与其他问题有密切关系，例如酗酒和吸烟、青少年违法行为、逃学问题、学校的排斥、家庭问题以及生活在犯罪率高和被剥夺社区，因此预防计划的目标是尽早发现和帮助那些最弱势青少年，使他们的问题在得到升级以前予以预防和遏止。

针对青少年不良性行为方面的措施主要包括：加强国家、区域和地方行动以及媒体的合作，通过媒体积极宣传和造势，增强来自社会舆论和13～17岁同伴的压力，形成对这一问题的道德约束，目标是到2010年将18岁怀孕者减半；同时改进学校中的性教育以及向青少年家长所提供的支持，在服务的可及性方面增加额外的投入，使性健康服务现代化。教育部门与卫生部门联合行动，将青少年作为公共健康运动的焦点，减少青少年中的性传播疾病。

5. 针对青少年犯罪的措施

英国政府认为尽早应对青少年犯罪问题以及在这方面的经费投入是十分重要的，因为从长远角度来说，将节省大量日后用于管教、司法和监管方面的费用。应对青少年犯罪的重要举措包括制定和实施“确保开端”和“社区重建”计划，以积极的手段使易于采取极端行为青少年的生活和社区环境得到改善，使他们感受到没有被政府和社会所忽略，同时进行司法方面的改革，保证量刑方面更加严厉。

（四）全社会儿童服务体系的整合

“每个孩子都重要”是一项新的向从出生到19岁儿童和青年给予整体关怀的计划，该计划关心每个孩子，不论何种背景和境遇，给予他们在健康、安全、愉快地学习并通过学习取得成绩、为社会作出积极的贡献、获得良好的经济状况所需要的帮助。为了实现这五方面的结果目标，此项计划提出了对整个儿童服务体系加以整合的改革，其主要原因在于：首先，儿童的成长是全方位的，这就需要社会和社区各方面的合作；其次，处境不利儿童往往具有多种需求，将服务系统有效地组织起来，才能在不增加程序复杂性的情况下使服务适应具有多重需要的儿童，消除跨地区间服务提供的障碍，当一个儿童具有多重需要时，专家将使其获得多重机构的支持，提高干预和预防的专业化水平。服务的整合包括以下三方面的内容：

一线服务的整合。更加一体化、易于获得和个性化的服务意味着服务将根据儿童的需求加以组织而不是根据专业划分的界限来组织；重点放在预防和保护上；服务地点的合作例如儿童中心和学校的延伸服务；人员方面的改革，确保足够数量的、经过培训的工作人员，所有工作人员都应具有核心知识和对于儿童需求的了解，具有专业互信精神；发展跨学科队伍和专业带头人。

过程的整合。为了减少重复和改进工作分配的合理性，初始阶段的评定要统一；改进专业人员之间信息资源的共享；地方过程和程序的制订有利于围绕儿童需求而进行的整合。

策略的整合。在合作进行地方需求的评定中，纳入儿童、青年和家长的参与；所有儿童服务机构共同承担的单项计划要反映国家和地方的改进五项结果的重点；在共同委托服务项目时，对预算进行统筹；建立合作性地区评价计划，对地方儿童服务进行督导。

对整个儿童服务体系加以整合意味着涉及向儿童提供服务的组织，从医院、学校、警署到自愿性团体要以新的方式形成团队，获得同样的信息协同工作，保护儿童和青年免受伤害，帮助他们获得他们想要的生活。“每个孩子都重要”特别强调以下方面的作用与合作：

地方政府。在整个计划的发展和实施中，中央政府责成教育与技能部制定全面的指导性框架和目标，督导机构对于目标和指标的实现程度实行监督，提供地方性的需求分析，而具体的计划和实施则由地方政府负责。地方政府在整个合作伙伴关系中发挥领导和协调作用。每一个地方政府都要建立一个儿童托管委员会，使每一个与儿童有关的机构能够一同工作，这个托管委员会的伙伴包括学校、地方政府、警方、健康机构、自愿和社区部门以及儿童和家长。每一个地方政府要制定出儿童和青年计划，表明在该地区如何实施“每个儿童都重要”的计划。每一个地方政府要任命一个儿童机构主任，组织一个地方性的儿童数据库，使各机构可以共享与儿童福利有关的信息。

家长。“每个孩子都重要：为了孩子的变化”在强调家长和看护者责任的同时，注重向他们提供更好的信息和支持，这些支持包括为母亲在平衡工作与家庭生活方面提供更多的选择，包括将带薪产假延长到9个月，这一权利可以部分地由父亲使用，每个家庭都可以通过儿童中心获得包括信息、健康、家庭支持、儿童看护等综合性服务，这些服务是易于获得的、高质量的和能够负担得起的。

学校。“每个孩子都重要”强调学生的学业进步与健康发展密切相关，如果学生感到不安全和不健康，他们就不能很好地学习，而在教育中取得好的成绩是青年摆脱贫困和不满境遇的最有效途径。此项计划的一个重要原则是提供个性化的服务和支持，在这一原则下鼓励学校提供一系列延伸服务，帮助学生与家长和社区建立有效的联系，学校要成为地方政府和儿童托管会的有力的合作者，在本地方政府和儿童托管会计划中发挥重要的影响作用，并且成为某项计划的实施者。学校教师要与其他合作伙伴诸如社会工作者、护士、教育心理学工作者保持良好的关系，并且鼓励其他合作伙伴对学校的行动予以支持。具体来说，学校主要从以下方面为五项结果目标作出贡献：帮助学生达到尽可能高的教育水准；应对欺负、歧视问题，保证孩子们的安全；成为健康学校，通过个性、社会和健康教育促进学生健康的生活方式；保证学生的出勤，鼓励他们对自己的行为负责，让他们在学校生活中具有发言权，鼓励他们自愿地给予他人帮助；帮助社区认识教育的价值，增强通过教育脱贫的意识；鼓励和帮助家长积极地支持其子女的学习和发展。

社区和政府其他部门。与“每个儿童都重要”计划有关的社区组织还包括：社会福利机构、健康机构、司法机构和社区自愿性组织。社会福利机构在改善最弱势人群的结果方面具有核心的作用，其中保证成功的一个关键措施是通过弥合最弱势人群与其他大多数人群在结果方面的差距。健康机构对于弱势儿童和青年的工作重点有以下几方面：增加学校的护士人数；加强助产士和护士的公共健康作用；儿童中心工作人员的整合和合作；加强护士在儿童一般事务中的作用；加强儿童专家的权威性。司法部门的工作重点在预防违法，这包括向青少年及家长、看护人提供有关信息和教育，特别是帮助那些处于反社会行为和违法行为边缘的青少年;在应对那些具有严重的、连续性违法行为青少年方面采取迅速有效的措施,在对儿童的侵犯和伤害诉讼中发挥重要作用,保护儿童的权益和生活质量。

自愿者组织。改进弱势儿童和青年的结果意味着让所有对他们的生活产生影响的组织和个人参与进来,自愿性和社区组织具有关键的作用,他们不仅是对于儿童、青年、母亲服务的提供者,同时在发展策略和计划方面能够提供专业上的帮助。

儿童和青年。儿童和青年对于影响他们的问题应该具有更大的发言权,让他们介入到相关程序和过程中来,当督学对地方的工作进行评估时,他们要特别倾听儿童和青年的意见。为了使儿童和青年的声音在政府和公共生活中得到体现,政府将任命一个儿童专员。这一专员的任务是,作为儿童的代言人,关注、收集和传达社会中最弱势儿童和青年的意见,并促进他们介入到那些影响他们的决策和行动中来。

参考文献:

[1] J. Stuart Maclure,Educational Documents England and Wales 1816 to the present day [M]. Chapman&Hall Ltd. London, 1979, Fourth edition. 104.

[2] Mike Bottery. Education,Policy and Ethics[M]. London:Contunum, 32(2000).

[3] Department for Education and Skill(2004) Every Child Matters: Change for Children[EB/OL]. http//www. dfes. gov. uk,2005—3—15.

[4] Department for Education and Skills(2004)Children's Act 2004[EB/OL]. http//www. dfes. gov. uk,2005—3—15.

[5] 许庆豫.教育发展论:理论评介与个案分析[M].福州:福建教育出版社,2001.188.

(本文发表于《比较教育研究》2005 年第 10 期。作者王璐,时属单位为北京师范大学国际与比较教育研究所)

十二、美国少数民族高等教育问题的表现、原因及对策

世界各国在促进本国公民的入学机会平等和教育结果平等方面都做了大量工作，但仍然存在许多问题。美国少数民族高等教育的不平等是美国教育不平等的一个重要表现。对此进行研究，一方面是我们在人权领域与美国斗争的需要，另一方面又可以为我们解决我国教育不平等问题提供某些借鉴。

美国大多数少数民族在教育参与和教育水平上都基本达到了美国的平均程度。其中亚裔大学生占美国高校学生总数的比例甚至超过了亚裔人口在美国人口中所占比例，而且他们在高校的成功率高于其他民族。美国少数民族在高等教育系统不太成功或比例不足的，主要包括三大族群：非洲裔美国人、美国印第安人和讲西班牙语的某些民族(Hispanics)。这里所谓“讲西班牙语的少数民族”(下文通称西班牙语民族)指的是西半球说西班牙语的人。在美国，讲西班牙语的主要有两大族群教育水平严重不足，一是波多黎各人，二是美国西南部和与墨西哥接壤地带讲西班牙语的族群。由于美国少数民族人口的比例越来越大，少数民族教育问题将显得越来越严峻。本文主要从美国少数民族高等教育的历史和现状、高等教育不平等的原因以及美国学者提出的对策等方面进行论述。

(一) 现状

美国高等教育领域同美国其它领域一样素有民族不平等甚至民族歧视的传统。第一次世界大战后，一些顶尖的私立大学在申请入学的学生不断上升

时，为了维护自己的精英身份，为了成为“全国性”而不是“地方性”大学，不惜侵害民族平等原则，制定一些歧视性限制政策。周围有较多移民人口的大学对学生的社会成分及其对大学形象的影响非常敏感。哥伦比亚大学率先制定了一项限制犹太学生比例的选择性入学政策。不久这一歧视性的政策被普林斯顿大学、耶鲁大学、哈佛大学和其它大学所采用。[1]

1947 年，总统高等教育委员会报告《为美国民主服务的高等教育》指出，黑人所受的学校教育在各个阶段，从小学一年级直到大学，都明显地少于白人。高等教育阶段差别最明显。1940 年，11％的 20 岁以上白人至少接受过一年高等教育，近 5％完成了四年高等教育。20 岁以上非白人（其中黑人占 95％以上）中接受过一年以上高等教育的只占 3％强，完成四年高等教育的不足 1.5％。该报告还发现，在 17 个州和哥伦比亚特区，法律规定在教育上可以隔离黑人。黑人学校校舍破旧，教师素质差，图书馆很糟甚至根本没有。[2]

1960 年的《加州高等教育总体规划》使高等教育三级结构（大学、州立四年制学院、社区学院）制度化，实际上建立了与学生社会出身密切相联的公立高等教育的分轨制度。在加州，黑人和拉美裔学生进入大学系统的可能性最小。1967 年加州高中学生中黑人和拉美裔学生分别占 7.0％和 11.6％，但在加利福尼亚大学（不包括伯克莱分校）他们分别只占 0.8％和 0.7％。相反，白人学生在高中只占 78.6％，在大学却占到 93.7％。[3]

1940 年以来，美国试图通过各种各样的方案、政策和拨款计划来增加少数民族的高等教育入学机会，但只取得有限的成功。为广大的美国人口提供教育机会的战略计划没有能够成功地使这些少数民族在高校入学或毕业方面达到美国平均水平。美国印第安人在校大学生数在 1978～1988 年增长 19％，但他们占美国大学生总数 0.7％的比例仍然低于印第安人口占总人口 1％的比例；而非洲裔美国人在校大学生数只增长 7％。[4] 1992～1994 年，年龄在 18～24 岁之间的青年人的高校入学率，白人比黑人高 9％，比西班牙语民族高 8％。1981～1994 年间，这个年龄段白人高校入学率获得稳定而充分的增长，而黑人和西班牙语学生的增长率却起伏不定而且增幅不大。[5] 1998 年，美国海军服役人员中有 20％是黑人，但美国海军学院中只有 6.5％的学员是黑人（海军军官中只有 6％是黑人）。[6]

少数民族大学生不是均匀地分布于高教系统的各类院校。他们更多地进入公立院校而不是私立院校,更多地就学于两年制院校而不是四年制院校。1992年各族群高中高年级学生希望完成四年或四年以上高等教育的比例分别是:亚裔和太平洋岛民后裔77%,白人69%,黑人72%,西班牙语民族62%;这些族群希望完成低于四年的高等教育的学生比例依次是19%,25%,24%,31%。[7]1994年,高中毕业生进入四年制院校的人数与进入社区学院人数的比例,白人是2∶1,而黑人是1.5∶1,西班牙语民族学生是1∶1。[8]社区学院学生获得学士学位的机会较少,所以较多地集中在这类院校对少数民族学生的成功会产生负面影响。而且,进入四年制院校的少数民族学生大多集中在选择性不强的院校。这类学校在资源、声望、学位的潜在价值方面都略逊一筹。此外,美国黑人大学生和西班牙语学生在工程、计算机科学等领域尤其稀少。

少数民族学生与其他学生的差异还表现在他们完成学业的时间较长而且辍学率较高。1993年获得学士学位用了6年以上时间的少数民族学生,亚裔有17%,白人有25%,黑人有32%,西班牙语民族有35%,美国印第安人和阿拉斯加土著人有43%。[9]少数民族学生用较长时间完成学业,部分是由于他们要用较多的时间去工作或担负其它责任。此外,少数民族大学生的结业率(Completion Rates)较低。1990届高中毕业进入某社区学院的学生,到1994年春在该学院获得学士学位和职业证书者,白人分别为18%和5%,黑人分别为11%和8%,西班牙语民族分别为16%和1%。[10]1990~1995年间,25~29岁成年人获得学士学位的,白人平均为31%,黑人和西班牙语民族均为15%。[11]因为少数民族大学生毕业率如此低下,所以他们进入研究生院的就更少。1988年美国全部研究生中少数民族只占12%,全部高级专业性学院学生中少数民族只占13%。

(二)观点

如何解释少数民族学生这种不利状况呢?一些研究常常把焦点集中在学生的背景特点上。文化剥夺理论流行于30和40年代,直到60年代还在继续影响教育政策。这些理论责怪少数民族的孩子社会化过早,没有为正规教育做好适当的准备。80年代有人从文化差异的观点来解释少数民族学生的不利状况。他们批评学校没有适当地调整他们的环境来适应少数民族儿童的文化准则。这种观点揭露了美国学校的许多不足,认为学校的设备、资金、课程和教师修养常常不适合少数民族。80 年代末以来学者的研究更重视少数民族教育所处的更广泛的背景和联系,他们认识到了既影响少数民族学生也影响公立学校系统的社会上的结构性歧视。[12]

校园环境常常对少数民族学生怀有敌意。70 年代以来,关于种族事件的报道有所增加。对于大量少数民族学生来说,歧视是辍学的主要原因。对校园的社会环境和情感环境的不满,也常常关系到少数民族学生的辍学和成绩不佳。这些非认知的因素影响了少数民族学生,无论他们的社会阶级背景或学术能力如何。

一种偏见认为,少数民族无知或无能。这种偏见影响了教师和学生的相互作用。不过,最严重的问题发生在教师评分活动中对少数民族学生期望值过低。媒体时常报道教师对少数民族学生的成绩预期过低的问题。非洲裔美国男性学生较少受到重视和表扬,但却较多地受到惩戒、除名或勒令退学。期望过低的结果是:教师较少注意他们不抱什么期望的学生,较少与他们交流,对他们的学业予以较低的要求。相应地,学生产生了较低的自我期望,学习成绩也因此受到消极影响。对学生期望过低的环境,不利于院校提高学生毕业率。事实上,院校建立的支持战略以及学生用来适应大学环境的一些战略,进一步恶化了原有的歧视环境,并产生了社交和其它方面的隔离。一些研究表明,非洲裔美国人在白人为主的高校中宁愿要某种程度的隔离;而另一些研究表明,他们对这种相互隔离的过程持矛盾态度,没有坚决地反对。

由于准备、动力和学习方式的差异,少数民族学生更可能学习一些专门为非传统学生(即成人学生、贫穷学生和准备不足的学生)提供的辅助课程。这些课程虽然不是明确地专为少数民族学生而设,但它们常常被描述为身份低下的"少数民族"的课程。此外,有差别的入学要求和学生的偏好使得某些学科领域被少数民族学生所占据,这些领域主要是商业、教育和社会科学。这样,少数民族常常成为高校边缘性计划和服务的对象,而这些活动并不是院校组织的中心工作。如何促进少数民族成功?研究者和决策者常常把焦点放在改变学生的特点上。他们所围绕的问题是学生准备、学习动机和参加高等教育的非传统方式。[13]

第一,准备不足——一些研究者把少数民族成绩不佳的原因归于准备不足。加强基础教育质量一直是美国教育改革的重点。1983 年,美国教育卓越委员会在《国家在危急中》建议,开设名为“新基础”的核心课程(包括英语 4 年和科学、社会研究、数学各 3 年以及计算机科学半年)。到 1994 年,各民族学生学习这些课程的情况大有好转,但民族群体间的差异仍然较大。高中毕业生中完成这些核心课程学习的,白人有 53.6%,亚裔有 56.6%,但黑人只有44.7%,西班牙语民族只有 43.8%,美国印第安人和阿拉斯加土著人只有 43.6%。[14]有人认为,从学生的观点来看,学业准备涉及认知和社交等方面综合的学院经验。少数民族学生常常对与学院教育有关的课程内容、必须的学术技能以及比较普通的认知发展基础等缺乏准确的预期认识。他们在社交和其它方面都要挣扎着适应学院的环境,这种环境对他们来说可能是令人恐怖、令人困惑和没有人性的。研究者论述了以下几个影响学生为学院学习做准备的因素:第一,家庭教育经历。家庭里已有接受高等教育传统的那些学生对学院生活和要求有最准确和最详细的预期认识。然而少数民族学生更可能是家族中第一代大学生。第二,中小学校、社区和工作场所中那些高校在读生和高校过去的学生。学生通过这些机构和人员以及一些介绍高校的专门课程,了解如何适应复杂的学院环境。第三,高中课程的类型和质量关系到学生升入学院的比率和学院学习的成绩。许多以少数民族为主的学校教学质量差,教学的课程有限,严重地妨碍了学生未来可能达到的教育成就。少数民族中只有极少数能进入研究生院学习,这部分学生在中学学习的大多是学术方向性强的课程。然而,少数民族学生,特别是讲西班牙语的学生,他们在高中不大可能学习学术性课程。

第二,动力不足——据研究,无论少数民族学生的准备是否充分,许多少数民族学生对高等教育带来的机会心存几分怀疑。同 1972 年相比,1992 年高中高年级西班牙语民族计划接受四年制学院教育的人数从 11%提高到 20%,只提高了 9%,而白人学生却从 34%提高到 54%,提高了 20%。[15]在某些少数民族社区,获得高等教育的学位对于获得受尊重的成人职位也许不是一个重要因素。关于少数民族在雇佣中被歧视的报告和关于他们在广大社区中得到提升的报告,使得少数民族公民不能确定学院教育能否克服少数民族身份的负面影响。在与美国主流社会的关系之中，美国黑人、印第安人和讲西班牙语某些民族的社会身份被历史地、有时合法地置于底层。一代又一代地，这些少数民族的成员所发展起来的动机和行为，同对他们开放的机会一样是有限的。民族和种族的差异没有转变成简单的社会经济等级的差异。虽然具有相似社会经济背景的少数民族和主体民族具有共同的经历，但种族和民族背景这一条仍然产生持续的影响。一些研究发现，少数民族人口内部不同阶级之间对教育和教育成就的态度存在差异，同时，少数民族身份的影响又贯穿着社会经济的区别。

第三，非传统的参与方式——由于非洲裔美国人、讲西班牙语的人和美国印第安人比主流民族更倾向于以非传统方式接受高等教育，少数民族学生常常是走读的部分时间制学生，随时可能中断学业。他们不大参与学生活动，很少利用为学生提供的服务。其原因有两个：第一，对许多少数民族的高中学生而言，进入学院学习不是第一志愿，立即就业或参军常常更具吸引力。1990～1994 年，高中毕业接着上大学的学生中，白人在 63～65％之间；黑人在 47～55％之间；西班牙语民族在 45～62％之间。[16]许多少数民族学生高中毕业后过相当长的一段时间才接受高等教育。作为肩负许多责任的成人学生，他们要求采用灵活性的、非传统的学习方式。第二，少数民族学生主要集中在社区学院和只提供非传统的学院学习形式的城市大学。建立这些"效益高"的院校是为了扩大高等教育入学机会，它们缺乏传统学习方式所要求的学生宿舍和其它设施，只提供有限的学术课程。

因此，在保证在扩大高教入学机会的同时必须采取适当战略来保持教育质量，用传统的策略来提高这些非传统学生的质量是行不通的。

（三）方案

美国许多地方特别是加州正经历着一场社会和人口的极其重要的转变。人们估计，在世纪之交时，14 040 万美国劳动人口中将有 2 180 万是有色人种。[17]根据推算，美国少数民族人口至 2025 年将占美国总人口的 40％，少数民族高教适龄人口将占全美高教适龄人口的 45％。少数民族进入高校的障碍将导致国家将近一半的人口成为受教育不足的人。21 世纪初，加州将是美国大陆第一个有色人种占人口大多数的州：据估计，加州劳动人口到 2020 年将有大约60%是有色人种。[18]

因此,许多美国学者意识到,为了国家的长远利益,美国必须改善少数民族学生的教育不足问题。美国社区学院未来委员会在《建设社区——对一个新世纪的展望》中明确提出,"社区学院不仅要多招少数民族学生,而且更要保证他们能成功完成所学课程必须继续对所有学生敞开校门,并且重申使少数民族学生通过教育增长才干的诺言。失去了这一机会,美国就将成为一个社会和经济分裂的国家,社区精神将会消失"。该报告说,如果不制止中途辍学问题,美国"公民中将有越来越多的人面临失败的社会、经济前景,社区也将失去活力。社会分化制约教育质量并导致公民健康状况下降,消除这种社会分化将是美国的一种特殊挑战"。[19]在此,少数民族高等教育问题被提高到决定美国社会和经济的繁荣和稳定的高度。

一些学者认为,少数民族学生在高等教育方面的不足反映了美国高教系统在少数民族问题上的失败。这种失败的部分根源在于,院校期望少数民族学生改变自己来适应院校的主流文化,而不是院校和少数民族学生一道进行自身的调整,提倡相互适应。他们指出,学生当然必须在某些方面进行调整,以便更好地适应院校的环境;但与此同时,院校也要调整自己,减少困难,让学生容易克服。他们认为,院校的调整主要在于两个领域或两个方面:让学生进得去(入学机会);让学生留得住(保持率)。[20]

第一,入学机会——人们认为,让学生对学院感兴趣最好从学生早期年龄阶段开始,以便培养学生接受高等教育的愿望和抱负。这些抱负能够引起学生和他们的家庭为进入高校做好学术上和财政上的准备。K-12系统(幼儿园、小学、初中和高中)、社区学院和其它中等后教育机构之间的合作活动,包括在学院为初中和高中学生提供辅导和咨询,包括根据衔接协议提供入学前的准备性课程,以便帮助学生更快地在学术和社交方面适应学院教育。除了同学生和家长的共同活动外,与职业界、社区各群体以及慈善机构的联合工作也有助于建立起便于学生通往高校的桥梁。

少数民族学生接受高等教育问题日益受到重视,院校在招生方面的努力也进一步深入。传统招生方法有学院洽谈会(CollegeFairs)和校园参观(CampusVisits)等,其影响范围已扩及更广泛的潜在学生。实践证明,请高等学校在校少数民族学生帮助招收少数民族学生，也是增加少数民族学生的成功战略。由于高中毕业生的减少以及学费的增加，学院在招生工作上付出了越来越多努力。为了吸引更多的学生，一些院校主办集会，或为周末招生者支付旅费、游览费等开支，或向被认为有可能成为一年级学生的人邮寄关于院校的专门录像带。

学生被录取到大学宣告招生和合作活动结束。由于人口的变化，大学不得不录取许多少数民族学生和学术准备不足以完成学院学业的学生，并提倡与其它院校签订交叉注册协议。虽然许多学术准备充足的少数民族学生是通过正常招生程序被录取的，但一项对 10 个州的公立学院和大学进行的调查显示，在大多数院校中，少数民族学生比白人学生通过特殊录取计划被录取的比例高得多。另外还有一些对策被用来提高少数民族入学人数，例如，给少数民族学生寄送专门邮件、通过电话进行联系、发送院校茶话会个人邀请、实施高能少数民族学生奖学金计划、为少数民族高中生及其指导者举办讨论会等。

第二，保持率——高校学生保持率的变化牵涉到许多方面，包括学生服务、教学大纲和教职人员等。其中学生服务包括范围广泛的协助性活动（Support Activities），涉及学生定向、个别辅导、补习、学生组织和财政资助。

定向过程，从夏季定向和学术帮助到专门活动，为学校提供了展现自身特点的机会。少数民族学生参与定向活动可以加强他们对学校的情感，增加他们继续学习的机会。研究显示，当学生更加积极地参与学生组织时，他们就会较少地感受到与院校的疏离和格格不入。学生组织为学生提供机会，使他们更好地了解院校，使他们能够同由于这种机会而认识的教师员工一起工作。向特定民族集团的学生开放的组织更能促进该集团的文化发展，使学生得以培养自己的若干技巧和领导才能，有助于校园的多样化。

财政资助是为来自较低的社会经济阶层的少数民族学生服务的一个最重要的方面。影响少数民族学生高等教育保持率的主要因素是经济问题。夏威夷土著人社区学院咨询委员会的一项研究揭示了阻碍这些土著人进入高校或阻碍他们毕业的七大因素。其中第一个障碍是经济问题，而这个问题又根源于他们缺乏有关财政资助的信息、不愿暴露收入资料以及填写财政资助申请的困难。因此，关键是决策者要减少申请过程的障碍，帮助少数民族学生获得适当的财政资助。

导致少数民族学生保持率低的另一个重要因素是课程问题。一些研究指出，美国学院必须调整课程计划，拓宽以西欧文化为中心的传统课程，使课程更多地包括其它文化。如果要使学生积极参与师生的双向活动，那么教师在学生指导和课堂教学中，必须对其它文化敏于理解并表示重视。改变教师的行为也许要求重审高教中的奖励制度。这在四年制院校比较突出，因为在那里，教师在教学上得到的回报少于在科研和著作上得到的回报，而只有在教学领域下更大的功夫，才能有助于留住学生。

参考文献：

[1] V. L. Meek, L. Goedegebuure, O. Kivinen and R. Rinne. The Mockers and Mocked: Comparative Perspectives on Differentiation, Convergence and Diversity in Higher Education[M]. Pergamon Press, 1996. 194.

[2] 王英杰. 美国高等教育的发展与改革[M]. 北京：人民教育出版社，1993. 217.

[3] Brint and Karabel. The Diverted Dream: Community Colleges and the Promise of Educational Opportunity in America, 1900-1985 [M]. Oxford: Oxford University Press, 1989. 88.

[4] [12] [13] [20] E. Fisk-Skinner & T. Gaither. Nontraditional Students: Ethnic Minorities [A]. B. R. Clark and Guy Neave (ed.). The Encyclopedia of Higher Education[C]. Pergamon Press, 1992. 1658—1666.

[5][7][8][9][10][11][14][15][16] Thomas M. Smith. Minorities in Higher Education[A]. NCES. Findings from The Condition Of Education 1996[C]. Office of Educational Research and Improvement of U. S. Department of Education, January, 1997. 13—15, 4, 12—13, 23, 19, 24, 5—6, 2, 12.

[6] James D. Tschechtelin. A white President of a Predominantly Black College Speaks Out about Race[J]. Community College Journal. DEC 1998/JAN 1999. 7—10.

[17] Arthur Levine. Higher Learning in America, 1980—2000[M]. The Johns Hopkins University Press, 1983. 309.

[18] Joint Committee for Review of the Master Plan in Higher Education. California Faces... California's Future: Education for Citizenship in a Multicultural Democracy[Z]. 2—3.

[19] 国家教育发展研究中心. 发达国家教育改革的动向和趋势(第五集)[Z]. 北京:人民教育出版社,1994. 225—229.

(本文发表于《比较教育研究》2002 年第 08 期。作者万秀兰,时属单位为浙江师范大学教育科学与技术学院)

十三、美国少数民族高等教育入学机会均等政策研究

(一) 少数民族高等教育入学中存在的主要问题

1. 高等教育入学率偏低

从应届毕业生上大学的人数比例来看，自1985年至今，应届高中毕业生中黑人和拉美裔直接升入大学的学生人数比例几乎都低于白人。如2008年黑人和拉美裔学生中只有56%和64%应届毕业生直接升入大学，而白人这一比例却高达72%。[1]从大学在校生人数来看，虽然近些年来白人学生的增长速度趋缓，但在校大学生中的白人仍占大多数。到2008年，在校大学生中白人已达到1 034万人，占在校学生总人数中的63%；而黑人和拉美裔学生则分别只有227万和210万，分别只占在校学生总人数的14%和13%。[2]

2. 所就读的高校层次较低

在美国高等教育系统中，不同民族学生所就读高校的层次也呈现很大差异。在研究型公立大学，2008年亚裔和白人学生中分别有24%和22%就读于这类院校，而拉美裔、黑人和印第安人中仅有13%～17%的学生就读于这类院校。但是，在层次较低的2年制公立院校中白人学生比例却远低于少数民族学生，2008年有近49%和42%的拉美裔和印第安学生就读于这类院校，而白人学生中这一比例是33%。[3]

3. 准备不充分

以2008年SAT的阅读科目考试成绩为例，全国平均分为502分。其中，

白人和亚裔学生的平均成绩远远领先于其他民族的学生，分别为 528 分和 513 分；而印第安人和拉美裔学生的平均成绩分别只有 485 分和 455 分；黑人学生的平均成绩最低，仅为 430 分。同时，拉美裔和黑人学生的阅读成绩还呈下降的趋势：在 1998 年～2008 年间，拉美裔学生的阅读平均成绩由 461 分下降到 455 分，而黑人则从 434 分下降到 430 分。由此可以看出，仍有许多黑人、拉美裔和印第安人等少数民族学生还未为升学做好充分准备。在 ACT 考试中也出现同样的问题，如 2008 年全美参加 ACT 考试的学生中四门科目都达到大学入学最低标准(college readiness benchmark)的学生有 22%，其中亚裔和白人学生中分别有 33%和 27%的四门科目都达到最低标准，而拉美裔和印第安人学生中分别只有 10%和 11%达标，黑人学生中仅有 3%达标。[4]

(二) 少数民族高等教育入学政策的具体内容

为了增加少数民族学生的高等教育入学机会，联邦政府以财政拨款为杠杆，通过制定相关政策来引导和鼓励各州政府、各级教育部门以及相关组织共同来提高少数民族高等教育水平，拓宽少数民族学生接受高等教育的渠道。

1. 优惠性倾斜政策

在民权运动的推动下，美国林登·约翰逊总统于 1965 年签署了第 11246 号行政命令，正式提出了肯定性行动计划政策，决定对少数民族在入学、就业等方面给予优先权，实施肯定性行动计划。在 1972 年颁布的《11246 号行政命令高等教育实施条例》中，还对该计划在高等教育领域的具体措施进行了规定。根据要求，参与该计划的高等教育机构需在招生过程中对少数民族学生(主要是黑人)实行特别招生计划，给予他们优惠待遇，并为他们保留一定比例的入学名额。具体的名额比例因院校和专业不同而有所差异。联邦政府为了鼓励高校参与该计划，对实施肯定性行动计划的高校予以实质性的拨款资助。与此同时，联邦政府还对参与该计划高校的经费使用情况进行核查。如有发现将该计划的资金挪做他用的高校，联邦政府则立即停止资助并将全部资助撤回。由于资助金额较大，许多大学都不愿失去这笔资金，于是纷纷制定了针对少数民族学生的倾斜性招生政策，尽管其中有些对该计划并不持认同的大学。但不可否认，该计划为扩大少数民族学生接受高等教育的机会发挥了重要作用，尤其是黑人学生。到20世纪90年代中期,黑人学生的高等教育入学人数已由1970年的42万人增加至1996年的150万人。[5]

然而,到20世纪末随着白人与少数民族学生的差距逐渐缩小,全国要求取消"肯定性行动计划"的呼声日渐高涨。虽然肯定性行动计划先后在1978年贝克法案和2003年的格鲁特诉博林杰(Grutter v. Bollinger)和格拉茨诉博林杰(Gratz v. Bollinger)两案中都经受住了法律的挑战,最高联邦法院最终判决都认为这种旨在促进学生主体多样化,将民族因素作为选拔标准的大学入学政策并没有违反宪法,并指出只要大学不机械地把民族因素作为唯一的选拔标准就支持该政策。但是,仅仅在法律上的胜利并不意味着最终胜利。20世纪90年代,美国一些州先后取消了该计划,并寻找其他替代性方案,其中最有影响的是"百分比计划",即州内高中学生按一定的比例升入本州大学。如:1996年加州采取投票表决的方式通过了209提案(Proposition 209),其规定取消本州的肯定性行动计划,并规定凡在高中毕业班中排名前4%的学生可直接升入加州大学各分校。同年第五巡回上诉法院(Fifth Circuit's Court)在"维普伍德诉德州大学"(Hopwood v. Texas)一案中做出判决,指出德州公立大学将民族作为入学考虑因素是违宪的。1997年,德州也取消了肯定性行动计划,代之以"百分之十计划",即本州公立和私立高中毕业班中排名前10%的优秀毕业生可以直接升入州立大学。1998年,华盛顿州全民公投通过了200提案(Initiative 200),取消肯定性行动计划。1999年,佛罗里达州布什(Jeb Bush)州长颁布了"一个佛州"的行政法令,禁止在大学入学、就业等中将民族作为特殊考虑因素,并随后决定凡在公立高中毕业班中排名前20%的学生可进入州立大学。这意味着肯定性行动计划在佛州亦被取消。自此,美国最大的4个州中已有3个州取消了该计划,并纷纷转向百分比计划,而新的替代计划并没有把高中学校质量作为考虑因素,规定不论是位于郊区以白人为主的优等学校还是位于农村贫困地区、城市中心以少数族群学生为主的学校,都可以让一定比例的学生升入大学,从而保证了少数族群的入学率。但由于该计划是基于美国现有的教育民族隔离基础之上,更有民族配额制的嫌疑,而且还会让一些不合格的学生升入大学,因此其公平性遭到质疑。

而这一政策的转变对各州少数民族学生产生了不同的影响。加州取消肯定性行动计划后少数民族学生的入学率明显下降。在209提案颁布之前，1995年加州高中毕业生中少数民族学生占38%，而同年直接进入加州大学的少数民族学生占新生人数的21%。到2004年加州少数民族学生高中毕业率虽然已增至45%，但同年直接进入加州大学的少数民族学生却仅占新生人数的18%。[6]如伯克利分校(UCB)和洛杉矶分校(UCLA)中两个校区招生总人数虽然从1995年的7 100名增加到2004年的7 350人，但其中黑人学生人数由469人下降到218人。尤其是黑人男生，2004年仅招收了83名黑人男生。拉美裔学生也面临着同样处境。从1997年到2006年间加州大学新生中印第安人的比例也下降了38%。[7]然而在德州和佛州，黑人学生的数量虽然也曾出现了下滑，但总体来说影响不大。1995年，德州大学新生中黑人学生的比例也从4.9%下滑到2002年3.4%，但随着"百分之十计划"的实施，这种下滑的趋势逐渐得到扭转，到2005年这一比例上升至5.1%。而且新生中拉美裔的人数比例也由1995年的14.5%上升到2005年的18.2%。[8]佛州也出现了类似现象。虽然不同州通过百分比计划在有限范围内扩大了处境不利群体的入学机会，但值得注意的是，这些取消肯定性行动计划的大学学生群体多样化水平并没有达到以前的程度。

2. 补偿性教育政策

为了帮助处境不利的少数民族学生接受高等教育，自20世纪60年代以来联邦政府已通过一系列的相关政策来鼓励各州政府、各级教育机构以及社会组织共同为这些学生群体提供补偿性服务。虽然当前这些补偿性教育政策是以贫困家庭的学生为主要对象，并非专门针对少数民族学生，但美国的贫困学生群体中大多来自各少数民族。据2007年国家教育统计中心统计的数据显示：白人中仅有约10%的学生(18岁以下)来自贫困家庭，而黑人、拉美裔和印第安人学生中分别约有34%、27%和33%来自贫困家庭，亚裔和夏威夷岛民中也约有11%和20%的贫困学生。[9]由此可见，这些政策实质上也是美国联邦政府增加贫困少数民族学生高等教育入学机会，缩小白人与少数民族教育差距的重要举措。其中最重要且得到普遍认可的就是联邦政府的三重奏计划(TRIO)和"大学生早期预备计划"(Gaining Early Awareness & Readiness for Undergraduate Programs,GEARUP)。

(1) TRIO计划。TRIO计划最初是由“向上跃进”(Upward Bound,UB)项目发展起来的。1964年,约翰逊总统签署的《经济机会法案》(Economic Opportunity Act)中制定了一些专门针对处境不利学生的计划,其中就包括“向上跃进”项目。在1965年颁布的《高等教育法》中又在TRIO计划中增加了第二个项目“发现天才”(Talent Search,TS)。随后,为了帮助更多面临经济和教育困难的学生,TRIO计划又进行了扩充和改善,如今该计划已增至8个项目,①并依次通过了高等教育法修正案的授权。2006～2007学年TRIO计划共为近87万来自贫困家庭的学生提供了支持性服务,[10]其中白人学生占37%,其余皆为少数民族学生,如黑人和拉美裔学生分别占35%和19%,印第安人和亚裔学生各为4%。[11]其中UB和TS这两个项目主要是针对从中学向大学过渡中处境不利的中学生,帮助他们为升入大学做好准备。前者针对9～12年级的学生,旨在为这个阶段的学生提供阅读、作文、数学和科学等学科方面的教学辅导;后者则是为6～12年级学生提供与大学相关的信息,增强学生接受高等教育的意识。

① UB项目。UB项目主要针对那些来自低收入家庭且是家庭中第一个上大学(first-generation college)但并未为大学做好充分准备的9～12年级学生。申请该项目的学生必须至少已完成8年的基础教育。该项目是基于这样一个理念:让那些长期处境不利的学生体验大学生活,可以帮助他们提高学业成绩,增强上大学动机,从而会为竞争上大学做好准备。因此,该项目是以大学校园作为主要活动场所,主要通过为学生提供暑期补偿性辅导来提高他们的学习技能和学业水平,从而增加他们上大学的可能性。UB项目每4年申请一次,根据规定,该项目须将至少2/3的名额留给那些来自贫困家庭,并且是家庭中第一个上大学的学生。其具体的项目内容包括:指导有关阅读、写作、技能学习等升学所需的课程;提供学业和资助方面的咨询和交流机会;让学生了解大学的课程计划和文化活动;提供辅导;制定导师指导计划;提供高等教育方面的信息;协助学生完成大学入学和助学金申请;协助学生准备大学入学考试;提供

① 还包括“向上跃进—数学/科学”、教育机会中心、本科后教育(Ronald E. McNair Postbaccalaureate)、宣传合作(TRIO Dissemination Partnership)、计划人员培训五个项目。

半工半读机会，让学生了解获得学位后的职业生活等。

该项目是联邦政府为帮助 9～12 年级高中生升入大学而设立的最大规模项目。经过 40 多年的发展，UB 项目已从 20 世纪 80 年代之前活动组织松散的计划，发展成为如今活动目标、服务和评估方式统一、组织紧密的计划项目。2000～2001 学年约有 7 万名学生参加了 UB 项目，其中黑人和拉美裔学生约占 45%和 19%，白人学生约占 25%，其中顺利升入大学的高中生约有 1.2 万人。[12]随着 UB 项目规模的扩大，到 2007 年该项目数量已增至约 774 个，参与该项目的高中毕业生中顺利进入大学的学生人数达 1.7 万，占该项目高中毕业生人数的 77%。[13]参加该项目并获得本科学位的学生人数是处境不利却没有参与该项目学生人数的 4 倍。[14]

② TS 项目。TS 项目主要是针对低收入家庭和具有第一代大学生背景且具有潜力成功完成高等教育的 11～27 岁学生。该项目通过为这些学生提供有关大学入学机会、助学金、奖学金以及入学程序等方面的咨询服务，为他们进一步升入大学做好准备。具体来说，包括以下服务：提供有关学业、资助、职业或个人问题的咨询，包括为学生进入或重新进入中学和大学提供建议和帮助；提供职业探索（career exploration）和能力评估的机会；提供辅导；提供高等教育方面的信息；了解大学校园；提供大学生资助方面的信息；协助学生完成大学入学和助学金申请；协助学生准备大学入学考试；提供导师指导计划；为 6～8 年级的学生安排特别活动；为学生的家长提供交流机会等。根据规定，参与该项目的学生必须已经完成最少 5 年的基础教育，而且参与该项目的总人数中也必须至少有 2/3 的学生是来自于贫困家庭并且将成为家庭中第一个上大学的人。此外，该项目还鼓励那些已辍学的高中生重新接受教育，完成他们的学业。在 2002 年～2008 年间参与 TS 项目学生的升学率每年都在 77%以上。到 2008 年，全国有 37 万名学生参加该项目，其中黑人占 34%，拉美裔占 22%，亚裔和印第安人分别约占 4%，白人学生占 31%。其中高中毕业生中 86.8%的学生向大学递交了申请，而学生的升学率也达到了 78.7%。其中 85.1%的学生还获得了助学金。[15]

近些年来联邦政府不断增加对 TRIO 计划拨款经费，从 1997 年的 4.96 亿美元增至 2007 年的 8.73 亿美元，从而为更多的少数民族学生提供支持。已有研究还表明:该计划所提供项目活动不仅提高了处境不利少数民族学生的高等教育入学率,而且还提高了他们的学业成绩。还有研究表明:如果学生参加该项目的时间越长,他们顺利升学的几率也会越大。

(2) GEARUP计划。1998年,克林顿政府在《高等教育法》修正案中又增加了一项新计划——“大学生早期启动计划”,旨在通过为高等教育机构、地方教育局、州教育局拨款的形式来鼓励他们合作,共同帮助那些来自贫困家庭的学生做好升入大学的准备,并通过大学外展计划、早期干预措施以及奖学金等方式来提高他们接受高等教育的意识和可能性。与TRIO计划不同的是,该计划要求通过学校、高等教育机构和社会组织等共同合作来提高这些弱势群体学生的成绩。而这种合作是基于一个重要的理念:即为学生提供综合性经验(integrated experience),不仅增强他们上大学的意识和期望,还帮助他们了解大学生资助信息。

联邦政府通过为参与该计划的州和合作机构提供为期6年的拨款,来鼓励州政府和合作机构①为少数民族学生开展大学外展计划和采取早期干预措施。这意味着该计划可以持续地帮助弱势群体学生,直到他们高中毕业。该计划主要针对7～12年级来自低收入家庭的学生,其具体目的主要包括以下三个方面:确保低收入家庭的学生在上大学中获得财政资助;为有辍学危险的学生提供学业帮助和辅助课程;让学生和家长了解接受高等教育的益处和有关高等教育财政资助方面的信息。

获得拨款的合作机构必须为低收入家庭的学生提供早期干预活动。根据规定,这些合作机构必须为学校7～12年级中至少一个年级的学生群(student cohort)提供服务,而且只有那些有资格享受“免费或打折午餐”的学生占一半以上的学校才能申请拨款。目前大部分合作机构主要以开设一些支持性计划为主,并未提供奖学金项目。而获得拨款的州政府不仅必须开展早期干预活动,而且还必须提供奖学金。根据规定,州政府至少需将25%的拨款经费用于实施大学早期干预活动,同时将至少50%的拨款经费作为奖学金。如果州政

---

① 合作机构必须包括以下三个部分:一个以上至少拥有一所中小学的学区;一所以上的高等教育机构;至少两个其它的社区机构,如社区组织、企业、慈善组织、专业协会或其他公立或私立的社区单位等。

府已通过其他方式为这些学生群体提供了奖学金，则可以将更多的拨款经费用于其他早期干预活动。与合作机构不同的是，州政府不仅可以像合作机构那样为某个年级的学生群提供服务，还可以为其中处境不利的“优先考虑学生”(priority students)①提供支持。

到 2010 年，全国共有 42 个州和 167 个合作机构参与该计划，共同帮助了近 75 万名学生，[16]其中大部分是来自少数民族的学生，如拉美裔和黑人学生分别占 30%和 22%。[17]该计划作为一项综合性的计划，不仅关注学生本身，还关注学校的改善和发展；不仅为弱势群体学生提供支持，还为教师和学校管理者提供职业发展的机会。该计划成功地推动了学校、地方教育局、高等教育机构、州教育部门和企业及当地组织之间的合作，如今该计划已被公认为是提高来自贫困家庭和家庭中第一个上大学等处境不利学生的学业成绩、中学毕业率以及大学入学率的有效途径。

（三）特点

1. 政策的价值取向由“民族倾斜”向“民族弱化”转变

为了让处境不利的少数民族学生能够享有平等的入学机会，美国联邦政府引导并鼓励州政府和各级教育部门在高等教育入学政策中向少数民族学生倾斜，从而在增加少数民族入学机会的同时，提高学生群体的多样化水平。但自 20 世纪 70 年代以后，随着一系列司法诉讼案件的发生，这种以单一的民族因素作为倾斜性政策标准的合理性受到质疑。虽然联邦最高法院在多次判决中承认把民族作为大学入学选拔标准中一个参考因素是合法的，但这并不能扭转肯定性行动计划走向衰落的趋势。到 20 世纪 90 年代以后，一些州政府纷纷取消了肯定性行动计划，并寻求新的替代性政策。他们不再以单一的民族因素作为入学倾斜性政策标准，而是弱化民族这一因素在大学入学政策中的作用，通过采用多元化的标准，根据学生的社会背景、生活经历、生源地等因素来为家庭贫困等弱势学生群体提供优惠性政策。

---

① 主要指从学前教育到初中教育（12 年级）中的三种学生：根据《初等与中等教育法》中资助的 Title I 学生；《全国学校午餐法》中享受免费午餐或折扣午餐的学生；根据《临时资助贫困家庭》中可以获得资助的学生。

2. 坚持兼顾公平与质量的政策理念，重视发展补偿性教育

从20世纪60年代开始，为了实现教育公平，缩小白人与少数民族学生在高等教育阶段的差距，美国联邦政府不仅提供了专门针对少数民族学生的倾斜性优惠政策，而且为处境不利的少数民族学生制定了一系列的补偿性教育政策。如今尽管一些州已经取消了肯定性行动计划，但联邦政府仍在大力发展针对处境不利学生群体的补偿性教育和服务。联邦政府通过为学生提供财政支持、拓宽信息渠道、开展早期干预活动等服务和项目，来增强这些学生入学动机，提高学生自身的学习技能和学业成绩，让学生真正为继续接受高等教育做好充分准备。这不仅有利于在保证教育质量的前提下，缩小教育差距、实现教育公平，也是增加少数民族学生接受高等教育可能性、实现高等教育入学机会均等目标的重要途径。

3. 决策主体进一步扩大，权力进一步分散

从政策决策者来看，长期以来美国联邦政府在推进少数民族教育平等的进程中发挥着指挥棒的作用，尤其是联邦最高法院的案例判决，几乎成为少数民族教育政策的方向标，对美国少数民族教育政策的发展具有强大的法律约束力。但到20世纪末，由于民族倾斜性政策不断遭到社会保守势力的批评，于是以加州为代表，美国先后有几个州纷纷采用了直接民主(direct democracy)的方式——全民公投来做出决策。如今，美国已有24个州允许在教育决策中采取全民公投的方式。[18]从政策执行者来看，随着教育补偿性政策的不断完善，联邦政府越来越强调教育机构、地方教育局、州教育局、企业和社会组织以及家长等在实现少数民族教育平等中的作用。政府利用拨款手段来引导和鼓励多方合作，并通过集中各种资源共同来为处境不利学生提供更系统的服务，增加这类学生群体的高等教育入学机会。

参考文献：

[1] U. S Department of Education. The Condition of Education in 2010 [R]. National Centre for Educational Statistics. 2010:70.

[2][3][4][9] U. S Department of Education. Status and Trends in the

Education of Racial and Ethnic Groups[R]. National Centre for Educational Statistics. 2010. :20—21. 112. 118. 43.

[5] Cross, Theodore and Slater, Robert B.. Only the Onset of Affirmative Action Explains the Explosive Growth in Black Enrollments in Higher Education[J]. The Journal of Blacks in Higher Education. 1999. Spring. No. 23:110.

[6] Atkinson, R., and Pelfrey, A. Opportunity in a Democratic Society: A National Agenda[C]. the Third Annual Nancy Cantor Distinguished Lecture on Intellectual Diversity. 2005—05—18:8.

[7] University of California. "Table 2. Distribution of Statement of Intent to Register (SIRs) for Admitted Freshmen, Fall 1997 Through 2006". [EB/OL]. May 31, 2006. http://www. ucop. edu/news/factsheets/2006/froshsirs_table2. pdf.

[8] Colburn, R., Young, E. & Yellen, M.. Admissions and Public Higher Education in California, Texas, and Florida. InterActions: UCLA[J]. Journal of Education and Information Studies. 2008, Vol. 4, Issue 1, Article 2.

[10] Office of Postsecondary Education Federal TRIO Programs. A Profile of the Federal TRIO Programs and Child Care Access Means Parents in School Program[R]. U. S. Department of Education. 2008:3～4.

[11] Pitre, C. Chrisse., Pitre, Paul. Increasing Underrepresented High School Students' College Transitions and Achievements: TRIO Educational Opportunity Programs[R]. NASSP Bulletin. 2009. :37.

[12] U. S. Department of Education Office of Postsecondary Education Federal TRIO Programs. A Profile of the Upward Bound Program: 2000—2001[M]. Washington, DC. 2004:17—47.

[13] UB and UBMS Postsecondary Enrollment Rates of 2006—07 Expected High School Graduates[EB/OL]. http://www2. ed. gov/programs/trioupbound/grantee-level. html.

[14] Fields, D. Can TRIO and GEAR UP continue to co-exist? [J].

Black Issues in Higher Education. 2001. v8(21),26—31.

[15] U. S. Department of Education. A Report on the Talent Search Program 2007—08,With Select Comparative Data,2002—07[R]. Washington,D. C. ,2009:2—7.

[16] Washington Opportunity Pathways Annual Report on State Financial Aid Programs. Keeping College Affordable: Annual Report on State Financial Aid Programs[R]. WHECB. 2011. :6.

[17] NCCEP. What is GEAR UP? An Overview of the GEARUP Initiative [EB/OL]. http://www. edpartnerships. org/Content/NavigationMenu/Resource _Center/Grant_Writing_Handouts/CBW11_grant_feb7—1. pdf:35.

[18] Moses,Michele and Farley,Amy. Are Ballot Initiatives a Good Way to Make Education Policy? The Case of Affirmative Action[J]. American Educational Studies Association. 47:262.

(本文发表于《比较教育研究》2012年第10期。作者何倩,时属单位为北京师范大学国际与比较教育研究院)

十四、印度落后阶级受高等教育的机会

在印度，等级制度仍然较为森严。尽管衡量人的社会地位的标准有很多种，但以其中几种主要标准划分的社会阶层仍然是极为分明的。在一个资源紧缺的社会中，上层阶级占有、享用包括教育机会尤其是高等教育机会在内的大部分社会资源，广大下层民众处于极为不利的被剥削、被剥夺的地位。尽管印度政府力图通过一些政策措施保障下层阶级的受教育权利并取得一定成效，但数千年形成的社会顽疾，仍然有很大的惯性作用。

（一）落后阶级的构成

作为一个多元文化并存的人口大国，印度社会中人群分类的尺度多种多样，通常是按种姓、宗教、阶级、地域和性别进行划分。种姓是印度社会中最普遍的划分尺度，尤其是在占总人口 82%的印度教信徒中，种姓制度使印度社会至今仍维持着较为森严的等级性。其它非印度教人群也有类似种姓制度的一些特征。

种姓制度的基本特征是等级森严、职业世袭、内部通婚、各有独特的习俗。每个印度教徒生下来就属于其父母所属的种姓，终生不变。种姓制度起源于原始社会末期，至今已有 3 000 多年的历史，原为婆罗门教的等级制度。婆罗门教改称印度教后，这种制度也被沿用下来。它把人从高到低分成四个等级，即婆罗门、刹帝利、吠舍和首陀罗。婆罗门主要掌管文化教育和祭祀，刹帝利掌握军政大权，吠舍主要经营商业贸易，首陀罗主要从事农业和手工业劳动。在四大种姓之外，还有一部分人被称为“不可接触者”或“贱民”，他们也有一些种姓称号，通常从事被认为是最下等、最不洁的职业如排污、屠宰、清扫和制革业等。他们的社会地位极其低下，最受歧视，经济状况恶劣，受教育机会极少。为了改善包括“贱民”在内的“被压迫阶级”的不利处境，1935 年，英印政府通过立法，规定为“被压迫阶级”提供一些优待措施。1936 年，受优待的“贱民种姓”被列了一个名单，用“表列种姓”(Scheduled Castes)一词取代了“被压迫阶级”(Oppressed Classes)的说法。

除了表列种姓之外，印度还有很多生活在偏远地区的部落民族处于游牧、半游牧或刀耕火种的状态，他们经济条件很差，文化教育很不发达，与其他社会集团差距很大。这部分人的境况在 19 世纪末期和 20 世纪初期开始受到关注。印度于 1947 年独立后，政府将一些部落民族也列了一个优待表，称为“表列部族”(Scheduled Tribes)。

在印度教之外，印度还有伊斯兰教、基督教、锡克教、佛教和拜火教等宗教。由于历史的和现实社会政治的原因，在印度教徒占压倒性多数的情况下，一些宗教上的少数民族在政治、经济、文化教育上也处于不利地位，其中，穆斯林、佛教徒和一部分基督教徒、锡克教徒也属于落后阶级。1980 年，印度中央政府的“落后阶级委员会”发表的统计数字显示，印度落后阶级的人口占总人口的 52.4%。[1]据印度一些著名经济学家的调查和推算，到 90 年代初期，生活在贫困线之下的印度人口仍占总人口的 40%以上。[2]

由于表列种姓和表列部族在落后阶级中有代表性，这里主要介绍这两个群体受高等教育的情况。

(二)为表列种姓和表列部族提供的“保留权”

为表列种姓提供“保留权”始于 1943 年。当时，英印政府的一项命令规定，8.33%的政府工作职位专门为表列种姓的人保留。1946 年，这一比例提高到表列种姓在总人口中的比例数，即 12.5%。

独立后，印度共和国宪法在社会平等与公正方面做出了明确规定，宪法第 14 条保证少数民族的平等权利；第 15 条禁止因宗教信仰、种族、种姓、性别和出生地等原因对某些人予以歧视，而第 16 条保证各类群体在公共事业中具有平等的就业机会；第 29 条保证少数民族有保留自己的语言、文字和文化的权利，而第 30 条赋予他们根据自己的语言和宗教信仰建立并管理本民族教育机构的权利。宪法规定小学教育阶段的教学用语应该是学生的母语(但接受国家资助的教育机构不能进行宗教教育)。

印度共和国宪法确认了“表列种姓”、“表列部族”和“其它落后阶级”(Other Backward Classes)的提法，并保证对他们予以保护和特殊的支持。宪法第 17 条规定取消贱民制度(不可接触制度)。第 46 条指出，国家将特别注意落后阶级人民的教育与经济利益，尤其是表列种姓和表列部族的教育与经济利益，并保护他们免受社会歧视及各种形式的剥削。第 29 条第 2 款禁止在政府资助的教育机构中存在歧视现象。第 15 条第 4 款指出，尽管有了第 15 条和第 29 条第 2 款的规定，国家还应该做出特别的努力，以促进表列种姓和表列部族的进步。以宪法的这项规定为基础，印度中央政府和各邦政府根据表列种姓和表列部族在总人口中的比例，在所有由中央政府和邦政府运营的教育机构和各类组织中，为他们保留相应比例的名额(表列种姓 15%，表列部族 7.5%)。这种特别优待或补偿性的、积极的区别对待就是人们熟知的保留权政策。

宪法还规定，要分别为少数民族和表列种姓、表列部族各设置 1 位政府特派员(Commissioner)，并要求他们定期提交报告。据此，中央政府成立了“表列种姓、表列部族特派员公署”。“少数民族事务委员会”于 1978 年才成立，随后又于 1982 年成立了处理少数民族事务的“最高工作小组”。此外，印度政府于 1953 年任命了一个“落后阶级委员会”，该委员会负责调查全国处境不利的人群的情况，接受中央政府有关落后阶级问题的政策咨询并提出相应的建议。

(三) 高等教育中的表列种姓和表列部族

1986～1987 年度，“表列种姓、表列部族特派员”的第 28 次报告指出：“最显著的成就还是在教育方面。尽管在同一时期表列种姓和表列部族的识字率与其他各阶层识字率的差距仍在扩大，但在 1971～1981 年的 10 年间，他们的识字率分别提高了 45.7%和 32.2%。各教育阶段的表列种姓和表列部族儿童的入学率一直在提高，他们在初级小学阶段(1～5 年级)的入学率与其人口比例基本一致，但到高级小学阶段(6～8 年级)便急剧下降，尤其是表列种姓儿童入学率下降较大，在此后的阶段中便稳定下来了。1986～1987 年度，通过中学毕业考试的表列种姓和表列部族的学生有100多万。"[3]该报告特别指出，高级小学教育阶段入学率的下降对表列种姓和表列部族学生的高等教育入学率有明显的影响。1988～1989年度，表列种姓和表列部族学生在大学生中的比例分别为7.3%和1.8%，而按法律规定的保留数额度，这一比例应该分别是15%和7.5%。印度独立50年之后，1997～1998年度，印度政府公布的相应数据是：表列种姓适龄儿童的小学1～5年级的在学率为92.56%，6～8年级的在学率为56.17%；表列部族适龄儿童的小学1～5年级的在学率为90.73%，6～8年级的在学率为43.24%；表列种姓学生占在校大学生总数的比例约为11.5%，表列部族学生占在校大学生总数的比例约为3.2%。[4]

尽管表列种姓和表列部族大学生的人数总地来说是增加了，但他们所占的比例与其在总人口中的比例还有较大差距，尤其是，增加的人数多是学习普通专业的，而他们在一些"好专业"（就业前景好、收入高的专业）中所占的份额是极小的、微不足道的。他们主要集中在文科、理科和商科专业中，学习医科、工程技术等专业的学生很少。教育的层次和水平越高，表列种姓和表列部族学生所占的比例就越低。1988～1989年度，在博士生中，表列种姓学生的比例为2.91%，而表列部族学生仅为0.6%。在印度，社会评价最高、地位独特的国家重点学院系统中，表列种姓和表列部族学生所占的比例也是微乎其微的。现有统计数字显示，1982～1983年度，表列种姓学生在印度理工学院学生中的比例为4.3%，而表列部族学生仅为0.8%。虽然这个比例数在个别年份有小幅增长，但总体来说，这个比例数还是呈下降趋势。

表列种姓学生在高等教育中的比例(1995～1996)

专业(课程)	人数	所占比例	专业(课程)	人数	所占比例
文学士	273 568	11.23%	教育学士	12 535	10.26%
理学士	70 285	7.19%	文学硕士	36 302	13.47%
商学士	60 084	5.35%	理学硕士	7 066	7.13%
工学士	21 084	6.64%	商学硕士	5 987	7.57%
医学与外科学学士	9 961	9.01%	哲学博士	1 514	3.66%

资料来源：S. J. A. 宾脱. 高等教育中的表列种姓——需要建立一种反主流文化[J]. 高等教育杂志，1998，(3)：409.

(四) 落后阶级教育机会评析

在印度,中小学教育阶段极高的辍学率直接制约着广大落后阶级子女接受高等教育的机会。印度官方公布的 1997～1998 年度中小学 1～10 年级的辍学率接近 70%,而一般认为,印度中等收入以上人口在总人口中的比例为 35%左右,由此不难想见,落后阶级子女完成中等教育的比例也是极低的。因此,尽管政府为表列种姓和表列部族学生在高等教育阶段保留了法定的名额,而且,表列种姓和表列部族的大学生基本都能享受到奖学金,但是,他们当中却只有少数人获益,多数人都得不到这一好处。也就是说,表列种姓和表列部族中只有家境好的人能够接受高等教育。这样,通过促进表列种姓和表列部族中的上层群体的社会迁移(Social Mobility)并不断通过教育来复制这一社会迁移模式,保留权制度强化了现存的社会制度。

随着时间的推移,保留权制度已经成为一些政治领袖手中的工具,被用来为各自的集团获取更多的特权。结果,在有些邦,保留权的额度超过了高校招生总数的三分之二。例如,马德亚邦是 78%,安德拉邦是 71%,卡纳特卡邦和泰米尔纳德邦都是 68%。[5] 在北方各邦,保留权的比例没有这么高,那里也没有发生像南方各邦那样强大的落后阶级运动。1990 年,当时的印度政府总理宣布要把政府工作岗位与公立教育机构中 49%的名额保留给落后群体,引起高种姓和中上阶级的不满,导致了全国范围的骚乱。[6]

如前所述,尽管政府为表列种姓和表列部族的学生保留了相应比例的接受高等教育的名额并提供了相应的优待条件,但表列种姓和表列部族学生的入学率并没有突破性的提高。另外值得注意的是,印度至今没有关于表列种姓和表列部族学生在高等教育阶段辍学率的统计数据,这给人们一种印象,即政府部门似乎有意隐瞒事实真相。统计数据很可能会使政府因为在这方面夸下的海口远未兑现而窘迫不堪。实际上,从中小学教育阶段的辍学率中,人们不难推断出高等教育阶段的辍学率。[7] 而保留权政策没有取得成功,落后阶级没有获得应有的受教育机会,根本原因在于,“印度各级学校中的文化是上等种姓和上层阶级的文化,是反对表列种姓和表列部族的文化”。[8]

穷人家子女的生活氛围是“劳作”、“实践”和“生存”,而富家子弟的生活氛围是“学习”、“研究”和“记诵”。各级学校中盛行的是后者,这使穷人子弟在其中感觉孤独、不适应,难以融入进去。在这样的环境中,他们又怎能取得优异的成绩?由于他们处于不利的竞争地位,在各种考试中成绩不好,因而招致老师和同学的蔑视;由于身体条件较差,许多学生每年的学习日缺课25～30%。[9]

因此,正像有的印度学者尖锐指出的那样,印度的整个教育制度是歧视表列种姓、表列部族和其他落后阶级的。该制度显示出对英才的偏爱和对上等种姓、上层阶级的偏向。出身上等种姓、上层阶级的学生不仅有更多的上大学机会,也有更多的被提升机会。这在辍学率、留级率和学业成功率的统计数字中显而易见。印度的现行教育制度不适合落后阶级,它只是复制着现行的社会关系。“在该制度中存在着教学内容与生活实际的鸿沟,存在着该制度所宣称的价值观与现实社会目标之间的鸿沟,这个制度是不公正的。”[10]

参考文献:

[1] 印度政府.1980年落后阶级委员会报告[R].转引自高鲲、张敏秋主编.南亚政治经济发展研究[M].北京大学出版社,1995.

[2] (印)鲁达尔·达特,K. P. M. 桑达拉姆.印度经济[M].四川大学出版社,1994.640.

[3] Government of India. Twenty-eighth Report of the Commissioner for Scheduled Castes and Scheduled Tribes[M]. 1986—1987. 33—34.

[4] Department of Education. Annual Report[R]. 1998—99. 138—141.

[5][6] S. Chitnis & P. G. Altbach ed. Higher Education Reform in India: Experience and Perspectives[M]. Sage Publications, New Delhi, 1993. 147.

[7][8][9][10] S. J. A. Pinto. Dalits in Higher Education: Need for Establishing a Counter Culture[J]. Journal of Higher Education, 1998, (3): 404.

(本文发表于《比较教育研究》2002年第08期。作者安双宏,时属单位为哈尔滨师范大学教育系)

教育质量理论与政策

一、有效教育学校在美国的兴起

有效教育学校(Effective School)是美国自六十年代末、七十年代初兴起的一种教育运动。它以教育科学研究为基础,探索如何提高家庭社会经济地位较低的儿童的学习成绩、提高经济落后地区的教育质量,对美国八十年代的教育改革影响很大。本文将简要介绍这一运动产生的背景、主要理论及其应用效果。

(一) 缘起

有效教育学校运动发端于一篇有争议的报告,即在1966年发表的“科尔曼报告”。由于美国社会贫富悬殊,贫困儿童的教育是一个难以解决的问题。这些儿童的家庭收入低,父母的教育水平不高,文化上也往往处于不利的境地,被称为社会经济地位低下的家庭。这种家庭的儿童在教育上常常面临着许多问题。第一是家庭并不期望他们在学术方面有所造就,第二是学校并不指望他们学得与其他儿童一样好,第三是学校往往采用种种方法使他们不能进入学术性较强的教育计划。美国教育地方分权的制度,不但无助于这些问题的解决,反面使之愈演愈烈。究其原因,在于各个社区根据自己的税收状况决定本社区的教育经费,社会经济地位低下家庭集中居住的地区,例如大城市的内城地区和农村地区,征税所得较少,教育经费拮据,学校无法雇用好教师、增添新设备、开设新课程。结果,虽然这些地区的儿童可以像其他儿童一样入学接受教育,但因学校质量上的差异,教育的结果却相去甚远。

60年代初期,美国民权运动高涨,提出了各个种族、各种肤色、各种年龄的男女，在教育、就业等社会生活的各个方面，享有平等权利的要求。美国国会授权当时的联邦政府教育总署，组织一次有关的调查，以证实学校教育在提高家庭社会经济地位低下儿童的学习成绩等方面，可以发挥较大作用。詹姆斯·科尔曼等人受命进行这项调查。调查涉及全国各个种族的90多万儿童，调查内容包括学校环境、学生家庭背景与学生学习成绩和学习态度等的关系。1966年，调查结果以报告的形式发表，题目为《教育机会的平等》，又称"科尔曼报告"。报告根据调查数据，得出了与原来的假设完全相反的结论。报告认为，学校教育在提高家庭社会经济地位低下儿童的学习成绩、改变他们的学习态度方面，不能发挥作用。换句话说，由于父母教育水平较低、家庭收入较少、学校中其他学生的学习愿望不强烈，家庭社会经济地位低下的学生很难借助学校教育达到中产阶级儿童的教育水平。

"科尔曼报告"在美国政界和学术界引起了强烈反响。这项报告研究的范围广、权威性高，被许多学者看作经典性著作，在教育政策和社会政策的制定过程中，也被广泛引用。美国学者理查德·范斯科德等人认为，"科尔曼报告"得出的结论虽然语不惊人，但它"比我国教育史上任何一句断言对教育政策都更有影响"。另外一些人则反对报告得出的结论。因为按照这个结论，家庭社会经济地位低下的儿童，例如来自少数民族家庭和经济上处境不利家庭的儿童，即使获得了与中产阶级儿童同等的教育机会，也不可能获得相同的教育结果，这无疑为歧视这些学生、减少对他们的资助提供于理论依据。

为了证实科尔曼等人的结论是带有偏见的，一些美国教育家做了大量的研究工作，以表明社会经济地位低下的儿童可以像其他儿童一样获得较好的学习成绩，学校教育在这一过程中可以起决定性作用。这些教育家的研究工作包括两个方面：第一，重新分析"科尔曼报告"中提供的各种数据；第二，开展大规模的调查，综合运用定性分析和定量分析两种科研方法，用大量数据和资料证实"科尔曼报告"的局限性和片面性。调查研究发现，学校教育在提高家庭社会经济地位低下儿童的学习成绩、改变他们的学习态度方面，完全可以发挥决定性作用，其关键在于学校要办得有效果。在总结成功学校的经验的基础上，罗纳德·艾德蒙、韦尔伯·布鲁克欧沃和劳伦斯·洛扎特等人提出了"有效教育学校的理论"。

(二) 措施

这种理论明确了有效教育学校的概念,总结了这类学校的特点,为大批中小学提高教育效果提出了行之有效的具体措施。根据艾德蒙和洛扎特为有效教育学校所下的定义,这种学校有两个特点:

第一,在有效教育学校中,为社会经济地位不同的儿童提供的教育机会是均等的。美国适龄儿童虽然都有机会进入中小学学习,但学校中的分科和分组一般采用阶级偏见很深的智商测验数据作为标准,家庭社会经济地位低下的儿童往往被分到非学术科或某一学科的 C 组(即慢班),而多数家庭社会经济地位较高的儿童则被分到学术科或某一学科的 A 组或 B 组(即教学进度较快的班)。有效教育学校必须为改变这种状况作出努力,为学生提供真正平等的教育机会。

第二,定义明确了有效教育学校的一个标准,即在掌握课程最低限度要求方面,家庭社会经济地位较低的儿童要与家庭社会经济地位较高的儿童大体上相当。美国儿童虽然都有机会入学接受教育,但是由于家庭社会阶层不同,他们学习的内容、教师对他们施教的方法、他们在学校享有的自由,都可能相去甚远。在学习内容方面的差异,本文上段已经谈及。在教师施教的方法和学生享有的自由方面,一般来讲,学术科采用讨论式或启发式较多,学习的气氛比较轻松,学习的方式比较灵活,教师也允许学生享有比较多的活动自由。在非学术科,特别是在普通科的慢班,情况则往往不是这样。有些美国教育社会学家认为,美国公立学校学术科实施的是教育,而在普通科慢班实施的是控制。这样,虽然人人都在学校学习,看起来教育似乎是平等的,但在实际上,教育的结果却是不平等的。而不平等的教育结果使公立学校成了造就未来新的不平等的社会阶层的专门机构。有效教育学校必须在提供平等教育机会和大体相同的教育结果方面,为学生创造各种条件,使家庭社会经济地位较低的儿童,在毕业时获得与其他儿童大体相当的知识技能。这样的学校教育才是有效的。

那么,哪些学校可以称为有效教育学校呢?这种学校的标准是什么?一所学校要在哪些方面进行努力,才能有效地教育家庭社会经济地位不同的儿童?一些学者总结了有效教育学校的经验,系统地提出了有效教育学校的理论。这种理论认为，有效教育学校必须有良好的学校风气、坚强的领导班子、明确的教育要求、统一的教育目标和科学的评诊手段。

1. 良好的学校风气

这是指学校向教师和学生提供一个安全的、有秩序的环境，以利于开展教学活动。美国公立学校、特别是经济条件较差地区的学校，纪律问题较多，严重者甚至发生暴力事件，教师和学生没有安全感，学校秩序混乱。因此，威尔伯·罗斯福和劳伦斯·洛扎特认为，学校要形成良好的学校风气，建立起能够加强学生的学习活动、并且能在教学中反映出来的规范、信仰和态度。形成良好的学校风气，要从四个方面着手：① 要使学生养成对自己学习能力的积极态度，提高学生的自信心，并且要使学生感觉到，教师对学生在学业上的成功充满了信心。学生的自信和教师对学生的信心一旦建立起来，学生的学习成绩就可以提高。② 全体教师随时随地对各个年级的全体学生高度负责，会对形成良好的学校风气产生积极的影响。罗纳德·艾德蒙曾经指出："我们都见过在学校走过却对一切视若无睹的教师。他们这样做，是因为他们不想对自己课堂以外的活动负责。有效教育学校里总是平静和谐的，原因之一是无论何时何地，全体教师都对全体学生负责"，并注意发展师生之间相互尊重的感情。③ 要建立一套师生可共同接受的行为标准。这些标准一旦形成，就要持之以恒。订立这些标准的方式是由行政人员、教师、家长和学生共同拟定行为守则。行为守则中的规定要求要严格，并且要使校内人人皆知。④ 要保证损坏的教学仪器设备和校舍内的设施能够尽快修复。艾德蒙指出，"必须避免在管理学校方面漫不经心的状况。窗户破了并不是什么大事，重要的是窗户破了以后多长时间才能修复。"此外，爱护校舍和校园、培养学生对学校的荣誉感和尊重感，也有重要的意义。

2. 坚强的领导班子

正确而有效的领导，是一切机构取得成功的关键。有效教育学校的关键在于校长，而工作效果显著的校长关键在于积极参与校内各项活动，特别是要承担起教学的领导责任。这就要求校长深切了解教学情况，并且积极向教师提供解决问题的多种方法。从这一点上来讲，校长不仅仅是学校的行政首脑，他应当对课堂教学负责，作教学的带头人。工作效果显著的校长很少把自己关在屋子里。他应当经常到课堂上听课、观察和检查，与教师共同研究改进工作的措施。校长应当与教师保持和睦而亲密的关系，以便及时发现和了解教材与教学中的问题，提出解决问题的措施。在不能提出积极的建议和具体的改进措施的时候，校长绝对不应对教师的教学质量提出批评。为了做到这一点，校长与教师之间应当建立起高效率的协商对话渠道。协商与对话要求校长做好两方面的工作。第一是掌握校内的教学状况，并且随时作好与教师研讨问题的准备、如果校长对校内最有效的教学手段了如指掌，他与教师之间往往用三言两语就可解决一些疑难问题。第二是掌握校外教育界的动态，持续不断地向教师提供最佳教育信息，使教育科研的最新成果及其实践经验，能够不断地引入本校，促进本校的教学工作。

3. 明确的教育要求

教师在教学中应当坚信，所有学生在学习某一科目时，起码可以达到最低限度的教学要求。教师如果对学生抱有这样的期望，并且要求他们这样做，就将保证学生获得较好的学习成绩。为了使教学获得最大的成功，教师应对课堂教学施行有效的管理，这包括在培养学生积极参与教学和养成合作习惯的活动中，进行监督和辅导，以及把课堂变成便于学生进行创造性活动的场所。

如果教师能够有效地管理课堂教学，学生就会积极地参加到教学活动中来，特别是教师组织和引导的学术性活动。学生领会了教师对他们的期望，课堂气氛也会变得轻松愉快，有利于他们的学习。教师应当明确地认识到这样一个事实，即所有学生都有能力掌握教学的基本内容。研究表明，凡持有这种态度的教师，教出来的学生学习成绩较好。本杰明·布鲁姆曾经指出，在适当的条件下，所有学生都能够学习。适当的条件，一是指为学生提供足够的学习时间，二是教师对学生学习所持的积极态度。因此，教师要明确对学生的期望和要求，并且实施有效的课堂管理。认为一部分学生可以学得好而另外一些学生不可救药，认为课堂教学可以不负责任地放任自流，都是不可取的。

教师应当根据学生在学术上的不同要求，因人而异地施行教学；要制订短期与长期的教学目标。必要时，要制订出教学、测验、甚至重教一遍的具体计划二教学效果显著的教师常常采用大组教学与小组教学结合的形式开展课堂活动，随时对学生活动进行监督，并且掌握其进度，以便适应学生的需要和理解水平。对年龄较小、技能水平较低的学生，教学要有一定的结构，并且要注意讲得比较细。要保持课堂上良好的学习气氛全靠教师的积极努力，如果教学不当，学生就不能认识到他们的学习潜力。从这一点上讲扩教师的行为举止对保证学校的教育效果起着指导性的作用。

4. 统一的教育目标

要使教育取得效果，首先要明确学校的办学目的。学校的校长、教师、学生以及家长对学校办学目的的理解，对学校的发展至关重要。有了共同的目的，整个学校就会具有一种内聚力，目标就会一致。共同的目的也可以使学校作为一个机构更有效地运行，使行政人员和教师在与教学过程有关的活动中采取一致步调。

教学过程的核心是课程设置。一所学校常常为自己定立许多目标，其中加强课程方面的工作应当成为一个重点目标，以便使课程设置能够大体一致，并且具有较高的学术标准。研究工作表明，由于美国学生流动性较大，课程应当力求一致，以便使学生在转学时不因课程设置相差太多而无所适从。无论学校在什么地方、教学组织形式有多大差异，统一的课程设置都可以使学生获得大体相当的知识、技能和技巧。连贯的课程内容还可以使学校能够系统地评价学生掌握教学内容的程度，并且为制定新的教学计划提供参考依据。

总而言之，要使教育取得效果，就要有一个管理人员和教职员工人人皆知的目的，而采用标准课程则可为形成共同目标奠定基础。有了标准课程和明确的教育教学目标，学校就可以成为有利于学生学习的机构。

5. 适当的评价手段

有效教育学校以学生在标准化测验中的成绩作为评价标准。评价一般以学生掌握教学内容的程度作为尺度，以便对每个学生的进展情况进行个别分析。学生之间不进行成绩比较，但每个学生的成绩都要与为全体学生制定的标准进行比较。从评价中获得的资料和数据，可以用来比较家庭收入较高、收入中等和收入较低的儿童在学习成绩上的差异。有效教育学校的目标之一，就是使达到掌握程度的贫困儿童比例逐年上升。学校能做到这一点，教育效果就是显著的。

评价的方法一般可分为五种：① 地方性评价，主要用于考查学生对教学内容的掌握程度;② 全国性评价,主要用于平衡一所学校与其它学校确定的掌握标准,使这些标准具有一定的相同性;③ 课程内容的评价,用于考察学生掌握所学内容的情况;④ 标准评价,这种方法用于保证每一次测验中对每个学生进行评价的精确性;⑤ 标准化评价,用于减少教师在阅卷过程中可能发生的主观性错误,尽量提高测验的客观性。为此,校长和教师应当提高考试的管理水平,明确考试的方法与内容,并且充分利用考试结果所提供的数据,测定各种家庭背景的学生在学习中的进展。

(三) 效果

上述五个方面是衡量一所学校是否办得有效果、效果是否显著的依据和尺度。根据文献记载和本文作者在美国的考察,美国有大量地方学区正在应用有效教育学校的理论,全面改进学校工作,力求在改善家庭社会经济地位低下儿童的教育方面有所建树,而在比较贫穷的社区和许多农村地区,这种理论更是受到了广泛的欢迎。美国国会曾就有效教育学校举行听证,在听证会上发言的人一致认为,有效教育学校是提高美国中小学教育质量的一个重要途径,应当大力提倡,并给予积极支持。有效教育学校所以受到欢迎,有几个方面的原因:

首先,这种运动寻求的不是对教育进行革命性的变革,而是实行进化性的变革,即在不破坏现存制度的前提下,探索提高教育质量的途径。这一点对美国社会中的改革运动十分重要。由于美国社会最近一、二十年在政治上趋于保守,激进的教育改革措施很难赢得人们的拥护。而有效教育学校运动并不采用大刀阔斧的形式改革学校教育,它主张用和风细雨来改变学校的状况。一所学校在不撤换校长、不更换教师、不改变学校的组织结构的情况下,完全可以建成教育效果显著的学校。这自然是公众乐于接受的改革形式。

第二,按照有效教育学校的理论提高教育质量,可以避免其它改革中常常发生的投资很高、收效甚微的状况。如果按照这种理论所涉及的五个方面改进学校工作,几乎可以不必新建校舍、更换设备、添置仪器。根据美国学者巴德·麦尔斯在国会听证会上的发言,有效教育学校的投资不是在硬件上,而是在软件上,即对校长和教师进行在职培训、提高他们的素质、改变他们对家庭社会经济地位较低的儿童的态度等方面。即使在这些方面的投资,数量也是极为有限的。因此，这种少花钱、多办事的形式，当然受到贫困社区和收入较低的农村地区的欢迎。

第三，有效教育学校运动抓住了美国提高中小学教育质量的一个关键问题。就美国各类地区的中小学而言，贫穷地区和农村地区的教育质量远不及富裕地区和城市郊区；就一所学校内部而言，家庭社会经济地位低下的儿童，学习成绩住住不如家庭社会经济地位较高的儿童。有效教育学校运动从提高家庭社会经济地位低下儿童的学习成绩着手，促进贫困地区和农村地区的教育发展，进而推动全国中小学教育质量的提高，因而受到了许多专业教育工作者的赞赏。

第四，有效教育学校运动以保证家庭社会经济地位低下儿童享有与其他儿童平等的教育机会、获得与其他儿童相当的教育结果为目标，顺应了美国社会自60年代以来要求对各种处境不利的人实行机会均等的潮流。运动的代表人物之一劳伦斯·洛扎特在与本文作者的一次谈话中谈到，"可以把有效教育学校理解为平等学校。我们追求为贫困儿童提供均等的教育机会，我们更主张使他们获得与其他儿童均等的教育结果。这是我们与其他教育家的显著差别之一。教育结果不均等，教育机会的均等只是纸上谈兵。"这样，有效教育学校就得到美国社会主持正义、要求平等的人士的支持。

第五，有效教育学校是教育理论与教育实际相结合的产物。如前所述，这种理论的提出以范围广泛的调查研究作为基础，在理论的形成过程中，一直以来自学校的第一手资料和数据作为提出观点的依据。新的观点提出以后，又不断通过与教育实际工作者的联系和接触，验证观点的正确性，以扩大理论的适用性。这种理论提出的五个方面，涉及学校管理、教学过程、课程设置、师生关系、校长与教师的关系、评价手段等教育科学中的许多领域。在理论的形成和发展过程中，教育科学的新发现、新成果被不断吸收进来，使这种理论逐渐得到强化，为教育实际工作者解决学校中的具体问题，提供了一种有效的理论依据。

（本文发表于《外国教育动态》1988年第2期，作者王党非。）

二、教育质量的概念分析

(一) 教育质量的含义及定义

通常,人们常常将教育质量理解成学生的学业成就水平和学生在学校中所获知识、技能及态度为其离开学校以后的生活作准备的适切性(relevance);而且人们常常将在学生数量扩展同时的质量降低归因为学习条件的不理想。

在研究教育质量的文献中,教育质量涉及了许多相关的术语,如教学的内容和方法、教育过程的管理、学习者是谁和学习什么内容等。Mialaret(1985)提出教育质量的一般性定义应强调两方面:一是以一般的或具体的教育而表达的社会期望,二是教育过程的实际特征以及在学习水平上所观察到的变化。

由此可见,教育质量的一般性定义似乎是复杂的、多维的。基于本文的目的,有必要分析二个有代表性的定义。

(a) 教育质量是指教育所提供的成果或结果(即学生所获取的知识、技能和价值观)满足教育目标系统所规定标准的程度。

(b) 教育质量是指学生获取的知识、技能及价值观与人类和环境的条件及需要所相关的程度。

这两个定义的质量都局限在学生的学业成就上,而没有考虑决定质量的因素。事实上,如果希望改进质量,则必须考虑影响质量的师资、校舍、设备、课程、教材以及教与学过程的各个方面。因此,教育质量的一般性概念应包括三个内在相关的维度:为教学所提供的人与物的资源质量(投入);教学实践的质量(过程);成果的质量(产出和结果)。而且对教育质量的任何一种分析都应涉及这一问题:为谁提供质量教育质量的改进应集中关注来自不利群体的学生,还是大多数学生,还是所有受教育的学生。

(二)教育质量的标准、测量与效能

"标准"有两种含义:比较的准则;要求达到一个具体目的的优秀程度。在评论教育质量降低中产生混乱的一个原因,来自于不同的社会、不同的群体以及不同的个人对教育标准的信念有差异。Beeby(1969)认为,教育的标准必须被看作在根本上是相对的。由于大众的期望一直变化着,因而又必须以研究为基础对已确立的标准进行定期的评论。六十年代后期,一些发展中国家不考虑在资源上与工业化国家之间的差异,而盲目为大、中学生确立了在工业化国家中曾盛行了的教育目标,这在后来遭到了批评。人们强烈地感到,发展中国家不能以牺牲大多数年轻人受教育的社会需求为代价而在实践上让少数的精英分子享有特权。目前,发展中的教育标准问题则是如何保证尽可能多的入学者为了参与劳动市场竞争或从未来的培训中获得利益而获取起码的认知的、实践的和社会的技能。

对教育质量的测量,通常是按照对教学过程的投入(教师、设备、材料等)而描述,而不是学生的学习成绩,原因在于投入的测量更容易和费用少;而且,这种测量只关注正式的(formal)而不是实际的(actual)质量特性,如学校职员的动机、设备的利用等因素。同时,诸如留级率、流失率、升级率和转学率等指标也常被发展中国家的规划者用于表示测量教育质量的形式。这些指标在一个国家的地区之间或国家之间进行总体比较是有用的,但是它们对于分析学校之间或同一年级的学生之间的行为表现上的差异是无关的。此外,需指明的,在存在数据表示质量的同时,这些数据往往只是局限于认知领域,而对智力技能及行为模式等反映甚少,如合作的能力、问题解决的能力等。

质量与效能(effectiveness)之间并没有线性的关系,一个高效能的学校是指对学生的学业成绩起了显著的作用而不依赖于学生的文化背景及社区环境的学校,即学校通过其教学实践、常规的组织和管理等而增加本校学生的读写能力、学术能力和社会技能。学校的高质量并不一定来自于学校的高效能。

(三) 与教育质量有关的因素

1. 扩展

在讨论教育扩展问题时,人们似乎都认为不论是普及小学还是初中,大众教育将以降低质量为代价而实现。对此,一方面,通常难以获得数据以检查入学人数的增加是不是导致了学生所获得的知识和技能的下降。即使有相关数据,也难以在过去的学生与现在的学生之间进行比较。另一方面,通过研究所获取的证明学校教育有积极影响的"科学"证据,对于教师及公众仍几乎没有影响。在他们看来,"质量的降低"是一种"明显的"现实。分析其原因可能是人们的这样一种担忧,即随着日益增加的受教育可能性而导致个人受教育的经济利益下降。因而这种危及受过学校教育的精英的经济成就及地位的革新被贴上了"质量降低"的标签。

2. 适切性

20 世纪 60 年代新近独立的国家首要考虑的事情是教育的扩展,而不是其教育适切性的提高。到 60 年代后期、70 年代初则掀起了"质量改革"的浪潮,旨在调节教育系统适应其国家社会经济及文化的需要,增加课程的适切性。发展中国家表现出力求使课程内容现代化,以适应工业化国家中的新趋势。然而这种努力并没有取得成功,其原因在于,课程内容的变化并没有真正地意味着学校变得适应了地区环境,或者学校对环境的转变有所作用。而且学校中教与学的方法仍未发生变化。在发展中国家中还引起讨论的问题有学术性科目与实践性科目之间的平衡,初等教育应在何种水平上终结;教学的语言问题等。

不过,70 年代总体说来是大多数发展中国家真正进行课程开发的年代。它们创立了课程编制中心网络,准备和传播了学习材料。在 80 年代,这些国家减弱改革的热情,这一方面是因为过去那些模糊而又不现实的改革没有实现,且经济减弱时期并不鼓励决策者使一系列改革实现;另一方面在教育内部也存在阻碍提高适切性的障碍,如学生及家长的工具性动机、教育当局及雇主对正规学术资格的过多依赖及考试制度等。

3. 公正

公正及教育平等是二个有相对性的概念,在不同的社会背景下,或者同一文化背景的不同国家之间，它们都表现不一样。在发展中国家中，理解公正问题必须考虑民族、种族起源、职业、地区起源、血缘、性别等，必须将教育机会平等与教育结果平等联系起来加以分析。为了提高公正性，必须提出改进入学机会、受教育质量及教育平等的策略。Heyneman 认为，发展中国家提高适切性的策略必须首先基于入学机会的平等而不是结果的平等。课程的公正是教育公正的一个重要方面。课程多元化几乎成为了一段时期内的一句口号，但这种在实践上意味着某一类的儿童将受到阻止他们继续进入下一级教育水平的课程教学，并不就是课程的公正。课程的公正应意味着在初等教育上城市与农村的教育目标是同一的，专业化教育应在高教中发生，所有初等学校和大多数中等学校的课程应集中在数学、科学和语言上。

（本文发表于《比较教育研究》1996 年第 5 期。作者朱益明，时属单位为上海市智力开发研究所）

三、扩展我们的教育质量观：重新发现教育目的

(一) 前言

教育质量问题受到了越来越广泛的关注。国际主要机构都极其关注教育质量问题，如国际教育规划研究院(IIEP)的全球监测报告(GMR)和世界银行最新发布的《全民学习》(Learning for All)报告都涉及了与教育质量问题相关的内容。还有许多具有广泛影响力的组织也关注教育质量问题，如国际发展部(DFID)和美国援助署(USAID)。以上机构和组织都坚持认为对教育质量问题应给予高度重视。对提高教育质量的坚持显著体现在现有的主要基准测试中，如国际数学和科学研究趋势测试(TIMMS)和国际阅读素养进展测试(PIRLS)。这些测试是国际上衡量教育质量的重要指标。

世界各国对教育质量的广泛关注是十分重要的，它标志着一个决定性转变的开始，各国不再仅仅从教育经费的量化指标来评定教育质量的好坏。

然而"质量"究竟是什么？世界上关于"构成质量的要素有哪些?"是否有一致的约定？是否应该有这样的约定？本文提出这些问题的原因在于现有的理论假设并没有对"质量"的概念及其应用进行充分阐释。本文澄清了世界上主要的测试机构在使用"质量"这一术语时对其概念的理解，并提请人们注意到现在有一个普遍假定，即各国人民对于价值构成要素具有一致看法，于是对于质量概念也具有一致观点。但支持这一假定的论据目前看来并不十分明确，也缺乏力度。

（二）标准化测验与教育质量

目前可用来评估教育质量的主要手段当数标准化测试。大多数经合组织(OECD)国家和大量中等收入国家正通过国际数学和科学研究趋势测试(TIMMS)、国际阅读素养进展测试(PIRLS)和国际学生评估项目(PISA)来参与学生发展国际评估。随着法语国家教育部长支持下的非洲南部和东部教育质量监测联合会(SACMEQ)和教育系统分析规划(PASEC)组织的成立，区域评估也势头见长。贝纳沃特(Benavot)和唐纳(Tanner)研究称，自2006年以来，81%的经济发达国家和51%的经济发展中国家都采用了国家评估形式。[1]几乎所有经济发达的国家都参与了一种以上的国际评估。

国际数学和科学研究趋势测试(TIMMS)和国际阅读素养进展测试(PIRLS)是新一轮国际基准测试中最重要的两项测试。它们都是国际教育成就评估协会(IEA)的项目。该协会是一个独立的国际性国民教育研究机构和政府研究机构，致力于改善世界教育状况。这些测试一直受到诸如世界银行等国际机构的支持和促进，如世界银行称这些测试会鼓励各国参与国际或区域评估，如PIRLS、PISA、SACMEQ和TIMMS，可以"通过它们来建设一个全球学习成就数据库"。[2]

格林尼(Greany)和科拉甘(Kellaghan)解释称，这些测试在世界各地的日益普及反映出教育领域中的两个重大发展。首先，这些测试是以全球化方式连接世界的反映，能够体现这种相互关联性的就是以全民教育运动为代表的全球契约。其次，人们对质量问题的关注逐渐增加，并且关注点逐渐从投入转向产出，如学生通过学业获得的知识和技能的多少。他们解释称，这种转变反映出各国对人力资本在经济发展和国际竞争力中的重要性的认识正在逐渐加深。

赞同标准化测试的观点是以公众信任为前提的。学校和大学必须确保它们提供给公众的服务质量是在可以接受的水平范围之内。一方面，考试和测验为政策制定者和政治家提供了衡量他们投资收益是否符合预期的基本框架；另一方面，它们还为家长和其他利益相关群体提供了用以评估他们的孩子是否取得进步的手段。约翰·福瑞莫(John Fremer)认为，"从根本上说，测试是一种收集信息的系统方法……(这)有助于使人们做出更好的决定"。[3]对许多人而言,测试是唯一"衡量学生所具备能力和所取得进步的公平手段"。[4]测试还是提高标准最有效的方式。

(三) TIMMS 与 PIRLS 是全球质量标准吗?

标准化测验是如何解读质量的意义?标准化测验中的质量所指究竟是什么?

需要强调的是,基准测试所涉及的像 IEA 那样的主要机构很少使用"质量"这个表述。与标准化测试相关的群体常使用"成就等级"、"改善"和"成功"等话语来表达质量的概念。引人注意的是,这些机构都没有明确提到质量。然而,在这种话语中,特别是"评估国际进展"这样的话语就隐含地表达了对可接受的质量标准的理解。了解这些标准是什么十分重要,仅根据标准本身就接受它们是远远不够的。

从重要文件中我们可以推断出质量的含义,如世界银行最新出版的《全民学习:提升全民的知识和技能以促进发展》中有关标准化测验的成就或成绩的表述就隐含着质量概念。成绩或成就是指对知识和技能的"实际学习习得"。又如世界银行认为,"低水平"技能体现出"大多数发展中国家和经合组织(OECD)国家之间的知识差距"。[5]

正是在对技能和知识水平认可的基础上,评估世界各地的教育质量才成为可能。世界银行在上述文件中的表述就很明显地体现出这一点。如世界银行称,"在最近公布的 2009 年 PISA 成果中,中国的上海取得了骄人成绩"。再比如它称,"几乎每一个低收入和中等收入国家或地区的成绩都排在后半部分,其中许多国家的分数都低于 OECD 成员国分数的平均值"。这些都表明质量体现在基准测试的结果中。在文件中,世界银行将成就与质量联系起来,"质量需要成为教育投资的重点,同时将学习成果作为质量的关键衡量指标"。[6]从中可看出质量是在基准测试中测得的技能和知识。

那么国际基准测试,即标准化测试究竟是什么呢?

国际基准测试与国家评估的设计相似。其根本目的是要确定学生在学校的学习状况如何,从学生习得的知识和技能中找到他们的强项和弱项,比较人口中亚群体的学业成就,并且确定学生学业成就和学校、家庭、社会环境这一系列因素之间的关系。

TIMMS和PIRLS起源于1958年在德国汉堡举行的一次会议，当时一群国际学者在会议上探讨如何衡量世界各地学生的学习状况。维亚德罗描述会议情况称："他们认为世界就是一个巨大的教育实验室，每个国家都自然成为实验对象。研究人员推断，如果测试可以检验这些实验的效果，那么最终可能会形成一个最好地教育孩子的宝藏。"[7] TIMMS就是本次会议的杰作之一。

IEA在设计2011年TIMMS和PIRLS测试的过程中沿用了以前设计测试的模式。TIMMS的框架与PIRLS一样，都吸收了"来自世界各地的有代表性的国家提供的专业知识"。[8] TIMMS由三个子框架组成，分别是数学框架、科学框架和环境框架。TIMMS采用的课程模式由三方面组成，"预定的课程、实施的课程和完成的课程。这些分别代表社会计划让学生学习的数学和科学课程，以及教育系统应如何组织以辅助这二者的学习"。[9]发展总体框架的重要一步是TIMMS的百科全书。2007年版的百科全书提供了参与国本国的数学和科学教育信息以及对本国数学和科学课程的描述。《数学和科学报告》对其进行了补充，该报告中包含有关各国课程体系的信息和各国利用实际课程帮助学习者学习的信息。TIMMS2011年的框架就建立在2007年框架的基础上，它为参与国提供定期对框架进行审查和评论的机会。在国际研究中心的会议上进行了对该框架的正式讨论。各国都派出一名国家研究协调员（NRC）代表各国出席会议，"与国际项目工作人员一起确保该研究考虑到各国的本国利益……这些国家的研究统筹人还征询其本国专家意见，并对调查如何才能最好地更新2011年TIMMS的内容和认知领域的问卷给出了本国的看法"。[10]之后，2011年TIMMS项目审查委员会对框架进行了深入的审查，然后将其返回交由各个国家的研究协调员进行最后更新。2011年审查过程的结果中值得注意的重要不同之处是，强调"测量质量"和"增加成果对于参与国的效用性，这包括评估适合学生且对他们未来生活具有重要意义的内容"。[11] 2011年PIRLS的评估框架也通过类似的合作方式被建立起来。

很明显，在TIMMS和PIRLS的框架建立过程中，教育领域的重要部门都参与进来且认可测试的形式和内容。二者的框架中都反复指出了一点，即测试"得到了社会支持"或"满足了社会需要且为个人所珍视"。[12]可以肯定的是，测试设计过程是全纳的，各国都有机会将自己的看法融入设计过程之中。

展现在世人面前的这些测试表明，一个融合的过程已经很明显地发生了，甚至在提出质量分布问题的学者们之间也出现了融合趋势。抛开许多学者的批评意见不谈，一个围绕质量的高层次共识已开始在世界范围内蔓延开来。安德拉(Andere)认为，在这个共识背后是一种相信测试本质很好且体现出良好教育价值观的信念。[13]福瑞莫(Phelps)也称，“我认为标准化测试对我研究过的任何社会领域都做出了巨大贡献”。[14]

然而，一项对全世界基准测试经验的评估显示，在形成基准测试基本内容的各个阶段的过程中仍然存在重大问题。例如，有关测试基本原理的辩论就正在进行之中。世界银行在《全民学习》中对基本原理已进行了明确的阐述，即“以人们获得的知识和技能为基础的增长、发展和减贫”。[15]该文件表述，测试对各国而言是经济发展前景的指标。然而，支持这一表述的证据并不充足。相关研究表明，考试成绩和成人收入之间并不是紧密关联的。[16]其他研究则显示出各不相同的结果。一项基于 2003 年 TIMMS 结果的立陶宛数据表明，成绩和经济发展之间存在紧密联系。[17]一项近期研究直接探寻科学和数学考试成绩与劳动力素质之间的相关问题，它总结称，“分析表明，在对跨国经济增长研究中的典型其他变量进行适当控制后，考试成绩和跨国收入差别之间强有力的联系就消失了”。[18]笔者还有大量的问题要在这里探讨，但它们都涉及到一个不被质疑的推论，即测试中得到的好成绩不可避免地与经济发展产生紧密联系。

下面的讨论侧重于标准化测试面临的一些挑战。

(四) 全球化设计？基准测试面临的挑战

标准化测试所面临的挑战远不是分析和将研究结果与政策相联系那么简单。根本问题在于测试的设计方式。设计过程是否充分容纳了各方因素？它能被世界不同国家充分接纳吗？更具挑战性的是，即使各国接受了设计，它能够公平地代表放之四海而皆准的质量标准吗？我们现已存在的测试可以抵御全球质量的挑战吗？进一步说，测试的设计具备足够的全纳性吗？

通过对测试发展过程的分析，有足够的证据表明一体化理论存在弊病，特别是从设计的角度来看。安德拉在对PISA过程进行分析的基础上，得出世界上确实有一体化现象发生的结论。然而，安德拉指出，一体化理论仅在涉及测试的部分投入和产出时才适用，“教育政策本身就被理解为教育的过程或生产功能，因此政策没有实现一体化，也没有趋同趋势”。[19]据此，他得出的结论是，从测试中无法得出适用于所有系统的投入和产出之间的因果关系。该结论得到了学者布里拉(Bouhlila)所做分析的支持，他对TIMMS的分析框架之一“预定的课程”进行了比较，发现一些参加测试的国家未涵盖数学框架指定的39个主题和科学框架指定的46个主题中的大部分主题。如摩洛哥涵盖了数学框架的22个主题，而突尼斯仅涵盖了科学框架的14个主题。[20]有趣的是，卢特考斯基等人发现，考虑到教育系统的区域和国家性质，曾参加TIMMS三个周期测试的国家可以按照地域分类，“……对这些数学题目的回答模式遵循独特的地理、文化和语言模式”。他们将欧洲国家分成一类，东亚国家分成一类，英语国家分成一类。这表明一体化现象确实存在，但它存在于区域层面，而不是全球层面。[21]类似的质疑还有很多。[22][23][24]

(五) 质量的实质：质量包含哪些内容？

除了有关测试的设计问题，还有其他许多与质量相关的问题值得探讨。其中最关键的是要明确如何定义质量。全球监测报告(GMR)的文献中对教育质量的表述值得重视。表述如下：质量能“满足基本学习需要并丰富学习者的生命和他们的整体生活经验”(http://www. unesco. org/en/efa/e-fa-goals/)。该观点在2010年全球监测报告《关注边缘化群体》中得到了扩展，它认为教育的“核心目的”是“确保儿童获得塑造未来生活机会的技能”。[25]

全球监测报告对质量的表述虽然重要，但仍然存在究竟谁对技能和知识的定义可取的问题。查尔斯·霍维尔(Charles Howell)在1998年评论称，美国的国家标准和测试运动得到不同政治派别的支持或反对。他称：“国家标准的好处在于，它们可以提高一些州的教育水平，从而减少了各州之间的不平等。而国家标准的坏处在于它们将自己的喜好施加于各州，而不管标准是否符合各州实际情况。”[26]此类问题也适用于跨国情形。卡门斯(Kamens)和麦克尼里(McNeely)两位评论家特别提及全球监测报告和它所涉及的测试制度，并赞赏其对质量问题的应对方式。同时他们指出全球监测报告已经帮助世界各地的政策制定者“改变了将教育目的看做培训能够适应稳定经济体制和职业结构的劳动力的观点”。他们还指出报告的基调是为实现“平等”、“民主”和“世界公民”这些理想。尽管如此，他们认为问题依然存在，报告对质量的解读仅仅依据一个狭隘的经济观点而做出。这种看法对技能和知识的解释仅局限于工作准备方面，而没能给出包含公民身份的解释，比如批判性思维和处理社会差异的能力。[27]

在对上述评论持反对意见的评论家中，霍斯（Hawes）和史蒂芬斯（Stephens），以及尼克（Nikel）和罗伊（Lowe）的评论具有重要意义。他们都为制定一套超出经济观点之外的质量衡量标准而做出努力。霍斯和斯蒂芬斯及后者在其著作中试图通过效率（达到标准的手段）、关联（考虑到环境因素）和“某种特别因素”来使质量成为课堂理想。[28]尼克和罗伊在他们研究的基础上开发出一个力求稳固地解读质量包含内容的模型。为实现这一目标，他们确定了解读质量所应包含的 7 重维度：效益、效率、公平、反应性、相关性、反思性和可持续性。该模型值得注意的一点是，“它在这 7 重维度中寻求一种具有相关性的平衡。这里的‘平衡’并不简单意味着 7 重维度的均衡——即使均衡在理论上可行。不同情境下，行动的可能性和所需条件会有所不同，而且决定必须在具体情况下做出并在当时条件下可行”。[29]这种观点下的质量不是作为一种独立的最终状态，而是作为一个承诺，它对“基于情境”处于恒常张力下的现实具有敏感性。像尼克和罗伊这样的学者对待这些问题时更加自觉，并且比其他人更能看到情境的复杂性。他们认同一些决策者的评论，即技术手段对质量而言充其量是天真的手段。他们也不回避一些评论者提出的挑战，这些人认为标准化方法具有致命缺陷。也即是说他们并不完全排除标准化方法。有趣的是，他们能够识别围绕在质量周围的政治本质。他们能够区分所谓的“质量运动”及推动该运动的政治力量和“质量辩论”本身。他们认为参与“质量辩论”的团体所提出的意见应在国际舞台上被听取。在他们看来，“质量运动”很明显是一个新自由主义运动，它关注力量薄弱的国有部门无法使公共机构承担其责任的现状，以及由此而产生的开发测量投入和产出工具的必要性。问责制是质量运动的核心，它既是一种政治意识形态，又是一种提高质量的实用工具。而“质量辩论”诞生于社会、经济和政治条件的共同作用下，它比问责制的产生要复杂得多。在全民教育(EFA)进程中，人们领悟到不通过提升教育质量而实现千年发展目标实际上相当于没有任何成就，这是一种基于民主和正义的世界观。因此，尼克和罗伊成果的价值就在于它所具有的开放性和系统性。

(六) 结论

从以上论述中可知，在标准测试运动中所表现出的对质量的理解应该被更仔细地检验。尽管测试运动考虑到各国背景差异这点值得赞赏，而令人担心的是在其课程假设下面隐含的一体化趋势的模式正在各国政府间流传。虽然TIMMS和PIRLS的测试结果肯定为各国及其政府提供了进行改进的有益参考，但他们仍需了解他们所面临挑战的本质。TIMMS、PIRLS和凭借二者力量的世界银行对于质量的解读还不够有包容性，在某些方面甚至还具有排他性。

挑战存在于设计和实质两个层面。预定的课程究竟如何定义是一个非常重要的问题，它的含义对基本原理有约束力。虽然我们必须承认在测试设计过程中已经取得的成果，但我们也必须看到来自世界各地的“专家”在达成一致意见时所面临的巨大挑战，特别是那些强调青年人的认知需求分为几个关键阶段的专家更难达成一致意见。要说明的一点是，测试和预定的课程都涉及政治层面，它们对提供“好”教育所给出的承诺并不是中立和客观的。当把标准化实践和公平、公正及多样化理想同时纳入到考虑范围中时，关于学生们必须学习什么内容和如何学习这些内容仍然备受争议。即使在数学这一相对客观的领域中，以基数为基础的象征性思维几乎完全是中国、印度、中东、希腊和罗马的古代算数文化的翻版。经验丰富的数学教育家认为，从一个数学问题的成立到其解决方案的提出都受文化影响，因文化而异。[30] 在PIRLS框架中，一人提出用弗朗茨·科勒(Franz Hohler)撰写的类似于迷人的苏斯博士的故事——《一个令人难以置信的夜晚》作为对学生进行测试的范例。于是很多人不得不表达对该测试所隐含的中产阶级文化资本的担忧。因此，标准必须被理解为，而且被反复强调为暂时的规定，这样才能防止TIMMS和PIRLS利益相关者所声称的世界各国对质量所包含内容已形成一致意见的观点形成垄断。这种垄断观点的核心缺陷是认识论的缺失。世界各国对测试所涉及的知识体系外还存在哪些文化知识并没有任何概念,它们只能膜拜一下已经被赋予特权的知识。测试所隐含的中立性表现在一部分知识已经被选择出来为地球上的各个国家平等服务并使之满意,但事实并不令人满意。

参考文献:

[1][27] Kamens,D. & McNeely,C. Globalization and The Growth of International Testing and National Assessment[J]. In Comparative Education Review,54 (1),2010:5—25.

[2][5][6][15] World Bank. Learning for all: Investing in People's Knowledge and Skills to Promote Development[R]. Washington: World Bank. 2011.

[3] Phelps,R. Defending Standardized Testing [M]. Mahwah,New Jersey: Lawrence Erlbaum. 2005.

[4] Cizek,G. (2005). High Stakes Testing: Contexts,Characteristics, Critiques and Consequences, in Phelps. R. (Ed). Defending Standardized Testing[M]. New York: Lawrence Erlbaum, 2005: 23—54

[7] Viadero,D. Potential of Global Tests Seen as Unrealized: Scholars Urged to Scour TIMMS,PISA for policy Insights[J]. In Education Week,26 (13),2006:14—15.

[8][9][10][11] Mullis,I. ,Martin,M. ,Ruddock,G. ,O'Sullivan,C. & Preuschoff,C. The TIMMS 2011 Assessment Framework [M]. Boston: International Study Center,Lynch School of Education,Boston College. 2009

[12] Mullis,I. ,Martin,M. ,Kennedy,A. ,Trong,K. & Sainsbury,M. The PIRLS 2011 Assessment Framework[M]. Boston: International Study Center, Lynch School of Education,Boston College. 2009.

[13][19] Andere,E. The Lending Power of PISA: League Tables and Best Practice in International Education[R]. Hong Kong: Comparative Education

Research Centre. 2008.

[14] Robinson, J. The Effects of Test Translation on Young English Learners' Mathematics Performance[J]. In Educational Researcher, Vol. 39, No. 8, 2010.

[16] Peters, S. & Oliver, L. Achieving Quality and Equity through Inclusive Education in an Era of High～Stakes Testing[J]. In Prospects, Vol 39, No. 3, 2009:265—280.

[17] Mikk, J. Economic and Educational Correlates of TIMMS Results[C]. Paper Presented at the International Conference, 'Economics and Management', Lithuania. 2005.

[18] Chen, S. & Luoh, M. Are Mathematics and Science Test Scores Good Indicators of labour～force quality? [J]. In Social Indicators Research, 96(1), 2001: 133—143.

[20] Bouhlila, D. The Quality of Secondary Education in the Middle East and North Africa: What Can We Learn From TIMMS' results? In Compare: A Journal of Comparative and International Education, 2011:327—352.

[21] Rutkowski, L. & Rutkowski, D. Trends in TIMMS Responses Over time: Evidence of Global Forces in Education. In Educational Research and Evaluation, 15 (2), 2009, 137—152.

[22] Dempster, E. & Reddy, V. Item Readability and Science Achievement in TIMMS 2003 in South Africa[J]. In Science Education, 2007, 91(6), 2009, 906—925.

[23] Sorenson, O. GATS and Education: An 'Insider' View from Norway [J]. In International Higher Education, 2005a, 39, 7—9.

[24] Sorenson, O(. 2005b). GATS and Development[J]. In International Higher Education, 2005b, 40, 2—3.

[25] UNESCO. Reaching the Marginalized[R]. The Global Monitoring Report. Paris: IIEP. 2010.

[26] Howell, C. Liberalism, Primary Goods and National Education Standards [EB/OL]. http://www. ed. uiuc. edu/eps/PES—Year-book/1998/howell. html.

Retrieved 3 May 2010.

[28] Hawes, H. & Stephens, D. Questions of Quality: Primary Education and Development[M]. Harlow, UK: Longman. 1990

[29] Nikel, J. & Lowe, J. Talking of fabric: A Multi~Dimensional Model of Quality in Education[J]. Compare: A Journal of Comparative and International Education, 2010, 40(5), 589—605.

[30] Davis, Z. On Generating Mathematically Attuned Descriptions of the Constitution of Mathematics in Pedagogic Situations[M]. Unpublished Paper Presented at the Kenton, South Africa Conference, November 2010. 582—590.

（本文发表于《比较教育研究》2012 年第 3 期。作者克莱恩·索迪安，时属单位为南非开普敦大学教育学院；作者王远达，时属单位为教育部普通高校人文社会科学重点研究基地北京师范大学比较教育研究中心、北京师范大学国际与比较教育研究院）

四、全球化背景下世界一流基础教育发展水平与特征的比较分析

(一) 世界教育发展水平的赶超

世界教育发展的历史进程是一个比较、借鉴与超越的过程。工业革命以来,英、法、德、美等国的教育先后领先世界。20世纪初以来,美国不仅实现了基础教育的全面普及,而且率先实现了大众化的中等教育和高等教育,为美国社会发展提供了充分的、高素质的劳动力供给,拥有了其他国家不可企及的高素质人才储备。这种人力资本的储备使美国主导了世界经济的发展,并在经济全球化的过程中不断扩张其市场。因此,赶超美国教育的发展水平成为各国教育发展的重要参照。在全球化背景下,一些国家的教育发展水平已经开始超越美国。

1. *教育发展数量水平的赶超*

根据2008年"经济合作与发展组织"(OECD)的数据,美国青年人的中学毕业比例已经从世界第一的位置下降到第十的位置,这不是因为美国中学生毕业率下降了,而是因为其他国家中学生毕业率有了极大的提高。在OECD的24个成员国中,美国教育发展的总水平只位列第18名,与芬兰、德国、日本相当,而韩国则领先于美国15个百分点。[1]韩国教育发展水平的超越表明,教育的快速发展和赶超是可能的。[2]在60年前,韩国经济发展水平只相当于如今的阿富汗,教育发展水平位列OECD成员国的第24位。但如今,韩国中学生毕业率已经成为世界第一,同龄人群中有93%的人中学毕业,而美国同龄人群中

只有 77%的人中学毕业。[3]

美国中学后教育制度仍很强大，但其他国家完成大学学业的比例也开始超越美国。1995 年，美国人口中完成大学学业的比例还位居世界第二，但到 2006 年，美国在 24 个 OECD 成员国中则位居第 13，落后于澳大利亚、冰岛、新西兰、芬兰、丹麦、波兰、荷兰、意大利等国。在美国进入大学学习的人群中，只有 54%的人取得了学位，而 OECD 的平均数是 71%，日本大学生的毕业率最高，有 91%的人取得了学位。从世界教育发展水平的赶超看，美国教育发展面临的全球挑战还只是刚刚开始，到 2050 年，美国全球人才的储备将进一步萎缩，中国和印度由于拥有巨大的人口数量，随着高等教育的大众化，将快速扩张其中等和高等教育。[4]这种人力资源储备对美国政治、经济和文化的霸权地位是巨大的挑战。

2. *教育发展质量水平的赶超*

在 OECD 的教育发展指标中，一个重要的教育发展质量指标是对 15 岁学生学业水平的测试，称为“国际学生评价方案”(PISA)。PISA 不仅对 OECD 成员国的学生进行学业测试，而且扩展到 OECD 成员国以外的国家。2006 年，有 58 个国家的学生参加了 PISA 的测试，这 58 个国家占有世界经济总量的近 90%。[5]中国已经参加了试点的测试，中国学生的测试成绩名列前茅。虽然 PISA的比较研究存在严重的研究设计缺陷，包括被试的选择、试卷项目的编制、统计与分析误差等，但作为一项大型的国际教育比较研究，其科学性和揭示性都是值得关注的。这里以美国学生科学、数学、阅读成绩为参照，考量世界主要国家教育发展质量水平的基本格局。美国教育质量水平表现越来越不佳，学生的学业成绩在 OECD 的比较研究中一直是属于落后的国家，因而受到美国社会各界的批评。

从科学成绩方面看，2006 年美国 15 岁学生在 30 个 OECD 成员国中名列第 21 名，平均分为 479 分，显著低于 OECD 成员国 500 分的平均分。有 1/4 的美国学生没有达到把科学技术应用于生活情境的“基线水平”(baseline level)。虽然美国有一些高于平均成绩的优秀学生，但处于最低水平的美国学生却比其他国家拥有的比例要高，不同社会经济背景学生的科学成绩差异比其他国家要大。[6]从数学成绩方面看，美国学生处于第 25 位，平均分是 474 分，显著低于

OECD成员国498分的平均分。有1/4以上的15岁学生的数学成绩低于基线水平。在两个优秀水平层次的学生中，美国学生具有较高的比例，但在10%的最高分数的学生中，美国学生的数学不及其他OECD成员国的学生。[7]从阅读成绩方面看，美国学生位列第15名，平均分为495分，接近OECD成员国学生500分的平均分。

（二）世界一流基础教育的基本特征

1. 追求高质量与高效能的教育普及

从世界范围看，普及教育已经成为各国教育发展的共同方向，不仅学前教育和中学后教育有成为教育普及范围的趋势，而且越来越把“高质量”和“高效能”作为教育普及的重要标准或指标。研究表明，普及教育的投资以及高质量、高效能的教育普及，对于全球化时代个人生活质量的提高以及国家的社会经济发展，都具有较高的回报率和重要推动作用。

为了实现高质量、高效能的教育普及，很多国家的教育发展与改革已经从对教育内容的控制与改革转向为对“教育结果、教育质量、教育效能”的关注。这种教育发展价值观的转变，导致各国政府更加明确提出对学生学习质量、学习效能和学习结果的要求，更加强调学习测试和学习责任，并把这种期望转变为国家的教育目标和教育标准。通过确定国家教育标准，世界各国都试图提高人民参与教育的热情，推动教育优异标准的有效落实，并把这种优异教育的目标告知师生，成为师生教学的框架和评判依据，避免窄化学校的课程与教学。

然而，各国在实现高质量和高效能教育的方式上是有所不同的。有些国家确立了广泛的教育标准，并给教师以巨大的教育自由，由教师判断如何达到教育标准，以实现高效能的教育，如芬兰。另一些国家则确定了一定年龄或年级的学生在各个学业阶段都应达到“掌握”的标准，例如，英国在各个“关键阶段”结束时确定了平均学业成绩标准。韩国、日本、新加坡等国则要求依据明确的教育标准和教学大纲进行教育，学校的教学工作要以课程标准为依据，以保证高水平的教育质量。[8]

不论各国采取什么教育标准的形式，国家的或共同的教育标准都不会自动实现，也不是束之高阁的装饰。国家的教育标准都必须受到教育系统所有成员的理解和支持，包括教师、学生、家长、教师培训机构和出版界，以有效地落实在教育实践中，提高教育教学的效能。在全球化时代，普及教育不再仅仅是一个达到一定入学人数的数量指标或概念，就学率只是普及教育的基本要求；而高质量、高效能的教育过程和教育结果则成为普及教育新的判断标准，高质量、高效能的教育普及已经成为世界一流基础教育的基本特征之一。

2. 自治与问责

许多国家的教育系统不仅高度关注普遍的教育标准和结果，而且把"自治与问责"作为提高教育质量和教育发展水平的首要教育治理措施，鼓励人们对地方的教育需要作出积极的反应，自主办学，学校自治，并加强问责制度的建设。

把教育治理的权力留给学校是世界一流教育的普遍特征。事实上，在PISA测试中，那些表现优良的国家，诸如加拿大、芬兰和日本，它们的学校具有实质上的自治权，不仅具有编制和实施教育内容的自治权，而且具有分配和管理教育资源的自治权。这种学校自治权主要体现在两个方面：一是学校具有自主的财政治理权力，二是学校具有人事的自主权力。这种学校自治权对教育结果产生了巨大影响。

问责制度是各国教育发展的重要保证和监督措施，但各国在实施问责制度方面也存在着巨大的差异。美国极大地关注外部的、以测试为基础的问责；亚洲国家则依据外部的考试进行问责；英国则关注学生的成就数据、学校督导和增加值；而丹麦和芬兰则关注形成性评价和学校自我评价，较少依赖外部的问责机制，更加依赖建立专业能力、专业自信和专业责任。

自治和问责已经成为世界一流基础教育发展的共同主题和国际经验。在那些具有高水平、高质量教育的国家，自治和问责已经成为其教育管理和教育改革的基本方法和制度安排，对学生成绩和学校教育质量的任何评价和监督，目的都是要揭示什么是最佳的教育实践，加强教育自治和问责，并发现共同存在的教育问题，以便鼓励学生、教师和学校创造更加具有支持性的、有益的学习环境，促进教育更加有效地发展。

3. 强化教师专业化

教师是提高教育质量的重要保证和核心力量，越来越多的国家已把教师专业化作为教育发展的重要价值取向。那些学生学业成绩优秀的国家都认识到，教师的质量决定了教育系统的质量，不仅明确规定招募优秀的教师候选人，为他们提供优良的课程内容方面的培养，而且要为新教师提供入职指导训练，持续关注他们的专业发展。例如，芬兰和韩国就从大学毕业生最优秀的10%的群体中招募教师，并通过课堂教学实践使他们成为有效能的教师。[9]

在教师培养制度方面，教师的专业化培养已经成为世界各国教师教育发展的基本趋势之一。许多国家已经放弃了传统“工厂模式”的教师培养制度。在“工厂模式”的教师培养制度中，教师处于“生产线”的最低层，被动接受来自上层的命令，缺乏专业自主。许多国家在转向教师培养的“专业化模式”后，教师成了“知识工人”，具有了其他专业人员一样的专业地位，他们分享知识，进行教学创新，能够诊断教育、教学和管理问题，并应用可行、有效的教学实践策略，以应对信息时代学生兴趣和能力的多样性。

在教师专业发展机制方面，各国在使用高报酬以激励教师工作积极性方面存在巨大的差别。例如，日本就采用高收入以激励教师的工作，而芬兰则不采用高收入的教师激励措施。有些国家则为新教师开放培训市场，例如英国就开放了教师培训市场，教师可自主选择接受专业培训。还有一些国家，例如新加坡，则在缩小班级规模，减轻教师教学负担，为教师的专业发展提供时间和机会。[10]新加坡在教师职业和专业发展方面提供了一个成功的榜样，接受教师教育的学生来自各个中学最优秀的30%的学生，他们可获得经费的支持；在职教师每年则有100小时的专业发展时间，并且拥有三种不同的职业发展选择，一是优秀教师，二是学科专家，三是校长。[11]这些职业发展的选择机会为教师的专业发展提供了动力。

4. 个性化的学习

学习的个性化是信息时代的特征与多元社会的要求。在所有的教育制度中，学生的家庭社会经济地位及其个性特征，与其学业成绩之间总是存在关联的。詹姆斯·科尔曼(James Coleman)《教育机会均等》的报告早就指出，对学生成绩影响最大的是学生的社会经济构成和学校中其他儿童的教育背景。但就社会经济地位对学生学业成绩的影响程度和范围来说，各国教育制度存在很大的差异。在PISA测试获得高成绩的国家中，它们的学校和教师都高度关注学生社会经济构成的多样性和个性，能够根据学生的兴趣、能力和社会经济背景进行有效的个性化教学，鼓励学生解决挑战性的问题。例如，在瑞典，学校的经费要根据学校面对的挑战来划拨，国家规定为学校学生的多样化提供经费补助；在芬兰，学校则在正式课堂教学时间之外留出五分之一以上的时间用于学生的个性化学习，培养学生的特长。

虽然波兰在 PISA 测试中，学生的成绩并不很高，但自从 1999 年波兰进行学校教育制度的重大改革以来，波兰把学校教育分流推迟到 16 岁，加大了对教师的资金激励，并促进了学生的自主学习和终身学习。明显，这种个性化的学习对学校教育课程的实施提出了新要求，学校教育课程不仅要具有一定的宽度，以保证学生的基础知识和基本能力得到提高和发展；还要具有一定的特色、丰富性与多样性，以满足多样化的学生个性的要求。

有些国家的教育发展还表明，各个学校的教育成绩具有一致性，达到了学校教育的均衡发展。例如，在芬兰，该国在 PISA 测试中的成绩不仅整体最优，而且各个学校的学生成绩差异只有 5%，家长可以信赖所有的学校。学校的均衡发展也就杜绝了“择校”的困惑。

(三) 结论与思考

其一，学生学业的成绩与教育的经济投入不存在线性的关系，学生学业成绩不仅仅是一个教育经费投入的问题。对于 PISA 的学生成绩评价结果，有些国家是非常失望的，如美国，虽然其教育投资巨大，包括物力和人力的投资，但其学生成绩远远落后于其他国家。在 OECD 成员国中，生均教育经费高于美国的只有卢森堡、瑞士和挪威，而那些生均教育经费低于美国的许多国家，它们的学生却取得了较高的学业成绩。

其二，教育的改进和学生学业成绩的提高是有可能的，如亚洲的日本和韩国、欧洲的芬兰、北美州的加拿大，这些国家的学生成绩在整体上表现优异。[12] 根据 OECD 的统计数据，日本、韩国、芬兰和加拿大等国的学生表现出了整体的高水平，其学生的学业成绩处于世界一流水平。这些国家的教育质量和教育发展水平是与其对学校教育的持续改进分不开的。

其三，一些国家学生成绩优异是可以预料的教育结果，学校之间的学生成绩差异非常小,实现了学校教育的均衡发展,这样也保证了国家的整体教育水准。在国际教育的比较研究中,人们还发现,学生不利的社会经济背景并不必然导致学生学习成绩的低下,有效的学校和有效的教学是提高学生成绩的重要保证。

其四,PISA测试不只考查学生对所学内容的记忆和重现,而且考查学生把所学习的知识应用到新情境的状况,重视学生的知识建构能力。这种以能力为基础的测试重心的转变,反映了快速变化的知识经济对学校教育提出的新要求,人们越来越感到“批判性思维”和“问题解决能力”是全球化时代人们所需要的新技能的重要方面,这也是劳动力市场对人才的基本要求;而那些易于教学的认知能力,在全球化的背景下,其重要性程度越来越降低。

这些教育发展的国际比较研究的发现,引起了世界各国教育政策研究者和制定者的争论,诸如决定学生成绩优秀的因素是什么?什么才是最好的教育制度?如何改进和提高国家教育质量和教育效能?这些问题都是具有挑战性的。但教育的国际比较研究也常常会受到人们的责难。因为有些比较研究的结论似乎自相矛盾。例如,在PISA测试中,美国学生的成绩自从1983年《国家处于危险之中》的报告发表以来一直表现平庸,但美国的社会经济发展则仍处于世界领先的地位。这种教育发展与社会发展的不一致性,似乎表明教育的发展与社会经济的发展不存在直接的联系。这就掩盖了教育发展的经济功能。实际上,教育发展与经济发展时常是不同步的,国家的人力资源储备与经济产出之间存在着时间滞后。如果一个国家的教育发展水平在全球化的“扁平”世界中处于劣势,这将最终会影响其经济的发展水平。

美国社会经济的世界领先地位主要取决于它在20世纪初以来的基础教育发展优势和长期的人才储备,以及它得天独厚的经济环境,包括具有活力的法律环境、金融环境、文化环境、教育制度以及企业制度。这些因素掩盖或弥补了其中小学教育的不足。[13]虽然美国经济仍是世界领先的,总体上处于优势,但一些方面已经不可挽回地被世界其他国家所超越。这正是美国基础教育发展所面对的危机。当前,全球市场的观念已经影响到各个领域,教育领域也越来越全球化,教育已经成为跨越国家边界的事务,教育全球化不只限于高等教育,世界一流的基础教育才是国家昌盛的永久基础。

参考文献：

［1］［3］ OECD. Education at a Glance：OECD Indicators［R］. Paris：Andreas Schleicher. 2008，52—72.

［2］ Uh，S. How Did Korea Achieve the Highest Secondary Education Rate in the World? Presentation at Asia Society，New Delhi，India. 2008：2.

［4］ Asian Society. Learning in a Global Age：Knowledge and Skills for a Flat World［EB/OL］. http://asiasociety. org/files/China A Pforumreport. pdf. 2011—06—14.

［5］ OECD. PISA Frequently Asked Questions［EB/OL］. http://www. oecd. org/document/53/0，3343，en_32252351_32235731_38262 901_ 1_1_1_1，00. html. 2011—06—14.

［6］ OECD. Education at a Glance 2007：OECD Indicators［EB/OL］. www. sourceoecd. org/upload/9607051e. pdf. 2011—06—14.

［7］ Lemke，M. et. al. International outcomes of learning in Mathematics Literacy and Problem Solving：PISA 2003Results from the U. S. Perspective，Education Statistics Quarterly，6（4）［EB/OL］. http://nces. ed. gov/pubs2005/2005003. pdf. 2011—06—14.

［8］ Asia Society. Math and Science Education in a Global Age：What the U. S. can Learn from China［EB/OL］. http://www. asiastore. org/maandsceding. html. 2011—06—14.

［9］［12］ Schleicher，A. Seeing the United States Education Sys-tem through the Prism of International Comparisons［J］. Middle School Journal，2009，40（5）：12，15.

［10］ McKinsey and Company. How the World's Best Performing School Systems Come out on Top［EB/OL］. www. McKinsey. com/clientservice/socialsector/resources/pdf/World_School_Systems _Final. pdf. 2011—06—14.

［11］ Asian Society. New Skills for a Global Innovation Society：The Report of the Asia-Pacific Forum on Secondary Education［R/OL］. http://

asiasociety. org/education-learning. 2011—06—14.

[13] Hanushek,E. Education and Economic Growth:It's Not just Going to School,but Learning Something There[J]. Education Next,2008(2):62—70. Comparative Analysis on the World-class.

(本文发表于《比较教育研究》2012年第3期。作者程晋宽,时属单位为南京师范大学教育科学学院)

五、新世纪美国薄弱学校改造的政策变迁

当前薄弱学校成为美国推进基础教育均衡发展的一个重要障碍。薄弱学校是一个相对概念,虽然薄弱学校的具体衡量标准会因时因地而有所不同,但"相对落后"是其核心内涵。美国虽是分权制国家,各州享有制定各自教育政策的权力,但联邦政府的政策具有举足轻重的作用。本文将新世纪以来美国联邦政府制定的薄弱学校改造政策为研究对象,希望为改善我国校际发展的不均衡现状提供借鉴。

(一)美国对薄弱学校的鉴定

2002 年,美国总统小布什签署了《不让一个孩子掉队》(NCLB)法案,这是新世纪以来美国政府颁布的具有里程碑意义的教育改革法令。该法案凸显标准化考试和绩效责任制度的重要性。按照规定,联邦政府将根据各州每年自行制定的"年度进步目标"(adequate year progress)来对所有的学校进行评估。凡两年未达标的学校将被列入"需要改进"(need of improvement)的薄弱学校之列。联邦政府要求各州和学区要对这些薄弱学校给予帮助和干预,而对于多年改造仍无效的学校应予以惩罚,从而逐步实现到 2013～2014 学年让所有学生的数学和阅读成绩都能达到熟练水平的目标。但由于该法案缺乏适当的灵活性,经过 7 年的尝试发现,越来越多的学校已被列入了需要改进的薄弱学校之列,而联邦政府的资助却持续减少,这对于薄弱学校来说更是雪上加霜。许多薄弱学校每况愈下。

面对这一困境,2009 年奥巴马总统上任后进行了一系列教育改革,并提出

了新的教育目标——到2020年要让所有学生都能高中毕业，并为大学和就业做好准备。为了促进教育均衡发展，加强薄弱学校的建设，政府要求各州将长期落后的薄弱学校即“持续最低效学校”(persistently lowest-achieving school)作为改造的重点。“持续最低效学校”是根据在校生的统考成绩和学校改进的情况来鉴定的，包括三级(three tier)：一级——凡处于改进、矫正行动或重构阶段的，符合《初等新世纪美国薄弱学校改造的政策变迁与中等教育法》第一条(Title I)拨款学校中且在各州成绩排名最后5%的学校或成绩排名最后的、规模较大的5所学校，或者数年里(具体年数由各州决定)毕业率低于60%的高中；二级——凡有资格申请第一条拨款但未获得该项拨款，并在各州成绩排名最后5%的学校或成绩排名最后的、规模较大的5所学校，或者数年里毕业率低于60%的高中；三级——不属于“一级”学校但处于改进、矫正行动或重构阶段的第一条拨款学校。[1]

(二) 美国对薄弱学校的干预政策

一旦被鉴定为薄弱学校，联邦政府和各州将采取相应的策略对其进行不同程度的干预。为了有效指导全国各州和学区对薄弱学校进行整改，小布什政府和奥巴马政府都出台了不同的干预政策。从某种程度上说，后者是对前者的修正和完善。

1. 小布什政府时期的干预政策

根据《不让一个孩子掉队》法案的规定，各州依据薄弱学校未达到“年度进步目标”的时间，将对薄弱学校的干预分为三个阶段：改进阶段、矫正行动阶段和重构阶段。凡是连续两年未能达到“年度进步目标”的学校将会进入改进阶段(improvement)。各州和学区将为学校制订和实施改进计划提供多方位的帮助和技术支持。在制订计划过程中，还需要与家长、学校教职工、学区和外部专家进行协商，计划应在三个月内完成。[2]各学区承担薄弱学校整改的具体任务，并为薄弱学校提供非直接性的技术支持。如果学校在第三年仍未达标，将进入矫正行动阶段(corrective action)，这也意味着州和学区将会对学校的管理和决策进行更多的干预。除了要继续采取第一阶段的干预措施，还将为在校生提供补偿教育服务，为低收入家庭中的学生提供额外指导和帮助，并根据教学实践研究来制订相应的教学计划和采用适宜的教学方法，从而来提高薄弱学校学生的学业成绩。凡是连续五年都未能达标的薄弱学校，将会进入彻底变革时期——重构阶段。学区将依据各州法律对这些学校进行长期而全面的干预，彻底改造薄弱学校的运作和治理现状。[3]如果学区在重构阶段中失职，州教育厅将会介入并进行干预。

2. 奥巴马政府时期的干预政策

奥巴马总统一上任就制定了新的教育改革方案，并指出应将各州、学区和学校分为不同的类型。一种是获奖州(Reward State)、获奖学区和获奖学校。其特征是：学业成绩目标顺利实现；所有学生成绩得到显著提高；学生之间的学业成绩差距缩小；最薄弱学校的落后状况得以转变。联邦政府将为那些极其贫困的获奖学区和获奖学校提供奖励性资金，并赋予它们更多的经费使用自主权，还为教职工和学生提供财政补助。另一种是薄弱州(Challenge State)、薄弱学区和薄弱学校。其特征与获奖州、学区和学校截然相反。为了集中资源重点解决那些最需要改造的薄弱学校，政府将薄弱学校分为下述几类。

第一类薄弱学校指在州学生学业成绩、学生学业进步和毕业率等方面的排名中处于最后5%的学校。对于这类薄弱学校，要求各州和学区采取以下四种整改模式中的一种进行干预，帮助学生取得更好的成绩。

(1) 转型模式(transformation model)。要求学区采取以下措施：① 更换原任校长；② 建立严格、透明、公平的教师和校长评估机制以促进学生成长，并让教师和校长也都参与其中；③ 确认和奖励那些在实施干预模式过程中提高学生成绩和高中毕业率的教职工；确认并解聘那些给予帮助但仍未获得专业提高的教职工；④ 为教师提供持续、优质的嵌入式(job-embedded)专业发展的机会；⑤ 采用如下措施：建立财政激励机制、增加教师晋升的机会、创设更具灵活性的工作环境等策略来招聘、安置和留用满足学生需要的教职工等。

(2) 变革模式(turnaround model)：与前一模式类似，主要通过教师专业发展、学校治理、教职工聘用等几个方面来进行干预。两者最大的不同之处在于变革模式要求学区根据地方制定的能力标准来对原教职工进行审核和筛选，重新聘任不到一半的原任教职工。

(3) 重启模式(restart model)：学区将薄弱学校直接转变，或先关闭而后再重新开办一所新学校，并由经过严格审查和筛选的特许学校公司、特许学校管理组织或教育管理组织对新学校进行管理。各州必须对学区筛选新学校的管理机构进行监督。

(4) 关闭模式(school closure model)：将原有的薄弱学校关闭，并让该校的学生就读于学区内其他成绩较为优异的学校。如果获奖学区有一所薄弱学校，该学区可以自行实施其他干预模式。[4]学区可以获得三年的经费来全面实施其中的一种干预模式对薄弱学校进行整改。如果这些学校经整改后显示有进步，那么学区可获得额外两年的资助来帮助学校继续改进。此外，教育部还设有联邦学校整改经费，用于提高各州、学区和非营利性机构改进薄弱学校的能力。

第二类薄弱学校指的是除第一类学校以外，各州排名靠后5%的学校。这一类型学校将受到警告，并由所在的州和学区基于调研自行决定帮助这类学校改进的策略。

第三类薄弱学校是指未能缩小学业成绩中持续存在的、差距显著的学校。学区将根据收集的数据对这类学校进行干预，帮助那些非常落后的学生提高学业成绩。

奥巴马政府制定的干预政策中有几个重大转变。首先，由重惩罚转向重奖励。对于未达标的薄弱学校，布什政府只强调要对这些学校采取惩罚措施，减少财政拨款，加强干预；而奥巴马政府则更加注重采取奖励措施，重视对那些成绩优异或取得进步的学校予以奖励，并为其在校师生提供财政补助。其次，由"主次不分"转向"重点突出"。根据《不让一个孩子掉队》法案的评价标准，全国有许多学校都被列入"需要改进"的薄弱学校之列，这样就导致薄弱学校具有泛化倾向，而那些最需要扶持的学校却未得到应有的关注和帮助；奥巴马政府将薄弱学校分为不同类别，有针对性地采取相应措施对其进行整改，强调"最需要"(high-need)原则，重点关注和扶持那些长期以来排名最后的学校。

(三) 美国对薄弱学校的财政政策

1. 小布什政府时期的财政政策

从1965年颁布的《初等与中等教育法》开始，联邦政府为改造薄弱学校设立了专门的拨款项目，并在美国后来的教育法案中得以延续。《不让一个孩子掉队》法案中明确指出，要为《初等与中等教育法》第一条拨款惠及的大部分贫困学校，为处境不利和未达到所在州学业成绩标准的儿童提供教育服务，其中还专门设立了学校改进基金(School Improvement Grant，SIG)，为那些处于矫正行动阶段或重构阶段的薄弱学校提供额外重要的资助。法案规定，在2002～2003学年财政拨款中，各州必须将第一条拨款经费中2%的资金用作学校改进基金，从2004年到2007年需增至4%，以用于改造处于改进或矫正行动阶段的薄弱学校。[5]同时，该法案还要求各州将获得拨款的95%直接拨给学区，学区将协助各州采取有效的改进措施，为需要改进的薄弱学校提供资助。然而，由于需要改进学校的数量急剧增加，致使该项拨款所需的金额也急剧攀升。虽然到2007年度财政拨款中用于学校改进基金的资金已达到1.25亿美元，[6]但仍出现了较大的教育财政缺口，使得许多薄弱学校落后的状况仍未得到真正的改善。

2. 奥巴马政府时期的财政政策

为了改变这一状况，奥巴马政府在此基础上又重新制定了一系列新的财政政策来推动各州和学区加强薄弱学校建设。

(1) 成倍增加教育经费。从政府2009年签署的《美国振兴与再投资法》以及提交国会的财政拨款预算中都可以看出，联邦政府对于教育领域的投入已大幅度增加。《美国振兴与再投资法》将改造薄弱学校作为一个重要目标，并明确提出将大约1 400亿美元的资金用于教育领域，还规定将130亿美元作为第一条拨款经费，其中30亿美元用于第一条拨款中的学校改进基金，[7]对薄弱学校进行整改，大幅度提高在校生的学业成绩。与2008年相比，2009年用于学校改进经费总额已增加了6倍，年度财政拨款中用于学校改进基金的资金也已增至5.46亿美元。[8]政府投入如此之多的资金来改造薄弱学校，这是史无前例的。

(2) 重点扶持长期落后的薄弱学校。2009年通过的《学校改进基金最终决议》中明确提出，该项经费是为帮助“持续最低效”的学校能得到迅速提升，[9]并将各州学业成绩排名最后5%的学校作为主要扶持对象。教育部部长邓肯将改造最后5%的薄弱学校作为未来五年的目标。[10]为了“雪中送炭”，将经费用于最需要资助的学校，联邦政府还要求①所谓高需求学校，是指30%以上的学生都来自于低收入家庭的学校，这些贫困学生可以享受免费或打折的午餐补助或其他贫困扶助措施。各州将持续低效的学校分为三级，在分配学校改进基金时，学区则优先考虑一、二级的薄弱学校。为了逐步扩大受惠学校范围，《2010年综合拨款法案》(Consolidated Appropriations Act)还提出要让更多的学校获得学校改进基金，规定除了为一、二、三级薄弱学校拨款以外，还将为有资格享受第一条拨款经费但两年以上都未达到年度进步目标的学校，或在各州进行的熟练水平测试中排名最后20%的学校提供改进资金。[11]

(3) 引入竞争机制，兼顾效率与公平。为了充分利用这些巨额资金来有效地整改薄弱学校，联邦政府引入了竞争机制，让各州、学区、教师之间角逐联邦经费。2009年，联邦政府制定了旨在鼓励各州开展卓有成效教育改革的"力争上游"计划，并为其提供43.5亿美元的拨款。邓肯部长指出："'力争上游'计划……我们希望借此来推动改革，奖励先进，极大地改善美国公立学校的教育质量。"[12]这是一项具有选择性和竞争性的教育经费拨款项目，由联邦政府通过筛选将经费拨给表现突出的州教育厅。而其中的一个重要参考指标是薄弱学校的整改成效，并将全面支持和有效干预薄弱学校作为该计划的目标之一。此外，该项计划中还规定将35亿美元的第一条款学校改进基金用于帮助各州改进薄弱学校，并为薄弱学校树立整改成功的典范。虽然这些经费是按照标准拨给各州的，但各州需将至少一半的资金以竞争的形式划拨给各学区。当然，各州也可以将所有的资金都以竞争的形式进行分配。[13]各学区为了争取经费必须先确定将要改造的薄弱学校及其所采用的干预模式。[14]

(4) 采取"胡萝卜加大棒"方针，建立有效的激励机制。为了激励薄弱学校采取有效的整改措施，两届政府都制定了奖惩分明的制度，但是奥巴马政府更注重对学业成绩优异和高需求学校①中表现突出的教师和校长予以奖励，并强调对未达到质量要求的学校予以指导。此外，为了促使各州和学区采纳并推广绩效工资制度，树立先进教师模范，奖励提高学生学业成绩的教师和校长，并激

① 所谓高需求学校，是指30%以上的学生都来自于低收入家庭学校；这些贫困学生可以享受免费或打折的午餐补助或其他贫困扶助措施。

励更多的优秀教师教授来自贫困家庭、少数族裔和处境不利的学生，从事高难度学科的教学工作，2006 年，美国政府设立了教师奖励基金（Teacher Incentive Fund，TIF）。但是，小布什政府并没有为该项基金提供充足的经费，拨款经费最多的是 2008 年，约为 0.97 亿美元。奥巴马政府为了吸引高质量的师资队伍到薄弱学校任教，开始为该项基金增拨大量的经费。2009 年，教育部为教师奖励基金拨款 2.97 亿美元，其中除年度财政拨款的 0.97 亿美元以外，《美国振兴与再投资法》还为该项基金提供了 2 亿美元的经费；2010 年用于该项基金的年度财政拨款将达 4 亿美元。[15]

（四）美国薄弱学校改造政策变迁的特点

美国薄弱学校改造政策的制定和实施，是一个不断调整、变化、完善的过程，而强制性的干预手段和雄厚的经费供应是美国薄弱学校改造政策得以落实的有效保障。

1. 联邦政府在薄弱学校改造中影响逐渐增强

随着基础教育中学生成绩差距日益增大，校际间质量参差不齐，薄弱学校的问题日显突出，美国联邦政府开始将关注的焦点转向薄弱学校，将其作为基础教育改革的一个突破点，加大联邦政府对基础教育的支持和领导。为了加强整改薄弱学校的力度，《不让一个孩子掉队》法案规定各州均要建立相应的薄弱学校扶助和改进机制。这是美国联邦政府对地方管制的公立学校系统进行的有史以来最强的干预，并以立法的形式确立联邦政府对全国基础教育的领导地位。在此基础上，奥巴马上台后开始通过大幅增加教育拨款来加强干预，期望通过制定有条件的拨款法案来激励和监控各州和学区落实相关的教育政策，推进全国薄弱学校的整改进程。如今，联邦政府传统身份已经发生转变，在给予薄弱学校更多财政支持的同时，也强化了对薄弱学校整改进程的宏观调控和介入。

2. 以拨款为杠杆，将财政资助与薄弱学校整改有效结合

美国联邦政府法规政策的出台和实施通常是伴随着财政拨款和资助出现的。联邦政府借助经费拨款来引导各州和学区接受联邦政府的意志，以提供经费来换取对教育政策的贯彻和执行，从而对薄弱学校整改进行有效指导和一定

程度的控制。这实质上也是一种隐蔽性和间接性的干预手段。奥巴马政府加大了对教育的投入,尤其是在改进薄弱学校的具体政策上,有效地将拨款的公平性与竞争性相结合是奥巴马政府教育拨款方式的主要特征,从而保证了改造薄弱学校的稳定性和有效性。

3. 政策价值目标始终指向公平与效率

联邦政府在制定基础教育政策过程中始终将教育公平作为核心理念,这是由基础教育的本质属性所决定的。追求教育公平、促进基础教育均衡发展也是教育的永恒主题。而基础教育均衡发展的基础是学校的均衡发展,因此扶持薄弱学校,增加优质教育资源成为一种必然选择。联邦政府一方面为了缩小校际差距,扩大优质教育资源的总量,期望借助于教育政策和财政拨款来改善和加强薄弱学校的整改建设;另一方面,还将市场机制调节作为政府解决校际差距秉承的重要理念和借助的关键工具,通过市场手段、借助竞争机制来激励和推进薄弱学校进行有效整改。

参考文献:

[1] Office of Superintendent of Public Instruction. School Improvement Grants[EB/OL]. http://www. k12. wa. us/Communications/Press Releases 2010/SIP/School Improvement-Grants Overview. pdf,2010—04—26.

[2][3][5] U. S. Department of Education. LEA and School Improvement Non-Regulatory Guidance [EB/OL]. http://www2. ed. gov/policy/elsec/guid/schoolimprovementguid. pdf. 2006—07—21:8,24,15.

[4] U. S. Department of Education. Guidance on School Improvement Grants under Section 1003(g)of the Elementary and Secondary Education Act of 1965[R]. Office of Elementary and Secondary Education. 2009—12—18:15～28.

[6] U. S. Department of Education. School Improvement Fund[EB/OL]. http://www2. ed. gov/programs/sif/index. html,2010—04—26.

[7] The American Recovery and Reinvestment Act of 2009:Education

Jobs and Reform February 18,2009[EB/OL]. http://www2. ed. gov/policy/gen/leg/recovery/factsheet/overview. html.

[8] National Institute for School Leadership. Title 1 School Improvement Grant Program [EB/OL]. http://www. nisl. net/sig-executive-summary-dec09. pdf.

[9] Carole L. Perlman and Sam Redding. Handbook on Effective Implementation of School Improvement Grants [R]. Lincoln: Center on Innovation and Improvement. 2009:7.

[10][12][13] U. S. Department of Education. President Obama, U. S. Secretary of Education Duncan Announce National Competition to Advance School Reform[EB/OL]. http://www2. ed. gov/news/press releases/2009/07/07242009. html,2009—07—24.

[11] NASTID. School Improvement Grants Implementing the Final Requirements[EB/OL]. http://www2. ed. gov/programs/sif/nastid2. pdf, 2010—01—21:12.

[14] U. S. Department of Education. Applications Now Available for $3. 5 Billion in Title I School Improvement Grants to Turn Around Nation's Lowest Achieving Public Schools[EB/OL]. http://www2. ed. gov/news/press releases/2009/12/12032009a. html,2009—12—03.

[15] U. S. Department of Education. Teacher Incentive Fund—funding status [EB/OL]. http://www2. ed. gov/programs/teacher incentive/funding. html,2010—03—11.

(本文发表于《比较教育研究》2011年第8期。作者刘宝存、何倩,时属单位为教育部普通高校人文社会科学重点研究基地北京师范大学比较教育研究中心、北京师范大学国际与比较教育研究院)

六、公平与质量并行:实现卓越的全民教育
——芬兰的经验

芬兰在2000年的国际学生评价项目(PISA)考试中的骄人成绩吸引了全世界的注意。[1][2][3][4][5]这个消息让芬兰人最初有点尴尬。为了达到这样的成果,学校和教师一直在全力以赴,但他们并没有为任何全国性或国际性考试而教,甚至芬兰的学校到今天为止也不存在这样的测试体系。芬兰的教育是为了使学生尽可能地好好学习,使每个孩子都能发挥他们的潜力。没有证据证明PISA考试结果给芬兰的学校教学带来了任何影响。芬兰学校"为学而教"的目标和方法与获得国际声誉之前一样,没有改变。

蓄意追求学生在国际化测试中取得高分这一想法对于芬兰的教育理念来说是陌生的。同样,为了应对这个全球化、各国相互依存的世界,我们选择了一种新自由主义下蕴含一些全球教育改革运动(GERM)要素的教育政策,但剔除了其中最极端的市场化倾向,[6][7]而且我们牢记的是我们自己的价值观、愿景和对环境的理解。因此,"新自由主义"这个时尚术语自从20世纪80年代就从芬兰的教育政策文本中消失了。这毫不奇怪,尽管我们使用了该流派的不少教育方法。

(一) 过去三十年的教育改革:芬兰的模式

在政策层面,芬兰从20世纪80年代晚期至21世纪初期采纳了新自由主义理念,但是在执行层面上,"进展"并不迅速,比如引入评估和社会控制、私有化和自由择校。[8][9][10][11][12]2002年后,这些措施都未在芬兰扎根,但还是有从

政治权利到引入标准化测试等多次的尝试。[13]

新自由主义教育政策是芬兰的右翼——联合党——在1987年成为执政党后被引入芬兰的。随即，右左联盟政府启动了政治、治理、财政与经济、教育领域的新自由主义政策。启动最密集的阶段刚好是1991～1993年的经济大萧条时期，许多政策制定者、执行者、行动家和观察家得出结论，经济萧条加速了启动过程，因为新自由主义可以使那些被公共经费削减影响的领域自觉地实施预算削减。换句话说，削减经费的责任被转移到地方层面上，曾经的政策制定者和监管层变成"远距离调控"。"新自由主义政策"这个词从来都很难在政策。文件或政治演说中找到，这是芬兰的特色。芬兰社会长期以来由民主决策主导，新自由主义政策的转变只是其中一个例子。改革的实施是从革新国家补贴系统开始的，接下来是行政的地方分权化，移除了中央和地方层面的几乎所有监管结构，并通过《1995年市政法案》(the 1995 Municipal Act)赋予了自治市在社会服务方面非常宽泛的自主权。行政改革集中于两个途径：引入目标管理和引入评估。教育政策的改革集中于四个议题：灵活性和可选性，如择校、选课、创建学校，并根据1994年颁布的第一套全国课程框架开设自治市级别的课程；评估；削减预算；地方分权。相关学者在7个欧盟国家的教师对问责的态度进行研究时发现，芬兰在欧盟框架下的改革进程一直聚焦于地方分权、放松管制、私有化和市场化。[13]

芬兰的模式并没有导致严重的私有化或市场化，譬如择校在小学和初中阶段仍然是很稀有的现象，公众对公立学校充满信任。地方分权使当地政府几乎完全自治，可以自由打造他们想要的教育。但证据显示在一些社会经济基础薄弱的农村地区，公立教育主导的系统表现差强人意。在改革中，芬兰教育体系摒弃了督导体系，取而代之的是教师、学校和学生的自我评估。1999年的改革规定自治市必须要每年评估其服务职能，但是全国教育委员会在2001年和2005年进行的调查显示，教育成果仍然不均衡且不稳定。芬兰教育的不均衡体现在城市和边远地区的教育差异。芬兰抽样测试9年级学生，并建立起了全国绩效指标，但唯一的全国性测试是高中毕业生要参加的大学入学考试。在平时的教学过程中，教师会采用大量的测试来诊断学生的学习水平，并在必要的时候给予及时的支持和干涉。同样，学生自评也是学校评估过程的重要部分。[14][15]

芬兰实施质量保证和评估的方式包含四个主要特征。第一,质量保证与评估旨在提高教育质量,而非控制。第二,质量保证和评估为行政机构和学校提高教育质量服务,而非为公众或家庭提供服务。第三,几乎没有官员或政治家支持学校排名。在芬兰,有两座城市的媒体因公开学校排名的行为被诉至法院,法院禁止媒体公布各学校的考试成绩。结果是大多数中小学生都选择就读最近的学校。第四,尽管学校和教师有责任开展学生学习成果的评估,但是学校和教师不能完全对学生的学习结果负责,因为学生成绩涉及到各种复杂的因素,远远不只是教育者的责任。[16]对质量的判断还包括对大型问卷调查、统计性数据、对专业人士和政治家的访谈及他们的论述。[17][18]

芬兰社会很固执地抵抗大型评估,因为其需要动用大量的人力与物力,但能证明评估促进教育成果的证据很少。

总的来说,市场化、私有化、标准化课程和测试、学校排名、仅教师和学校为教育成果负责,这些在芬兰的教育改革中都是鲜见的。芬兰的教育体系弱化竞争,提倡高度信任和协作。对比之下,英格兰则鼓励竞争,弱化信任。结果表明,芬兰的教育更加有效和公平。[19]全球教育改革运动的原则与芬兰基础教育提倡公平与平等的价值观相悖,也不符合福利社会关爱每个人、避免任何人掉队的目标。

(二) 芬兰 PISA 成绩背后的政策因素

芬兰在四次 PISA 考试中的骄人成绩背后还有更多令人思考的东西。芬兰优于其他 PISA 参与国的地方在于,学校内部差异和校际差异均小于 OECD 的平均水平。但是 2009 年的评估显示上述两者的差距在增大,男生的阅读测试成绩远远地落后于女生,这给我们敲响了警钟。我们还需要关注这种差距的增长——例如不平等的增长——是否来自于放松管制和地方分权的政策,即把教育管理和质量保证的权力与责任下放到地方层面,却忽视了各地社会经济资源的差距。

1. 教育变革

对于 PISA 成功的政策层面的解释,第一是 20 世纪 70 年代早期,芬兰便引入了综合学校的基础教育改革。这终止了双轨制教育体系，学生不再在11岁时分流至中学或职业学校，结束了使11岁孩子就必须选择一种职业的状态，从而使他们能够拥有提高社会地位的开放性选择。早在1938年的教育委员会备忘录就提出了这项改革，但是由于“二战”和之后的经济复苏，这些改革到了20世纪70年代才得以实施。这项改革基于以下价值观：公平和平等的机会：即每个孩子无论其家庭的社会经济背景、身体状况、种族、宗教或性别如何，都有权利接受基础教育，并且与其他孩子共同学习。[20]

第二，在20世纪80年代，师范教育被纳入大学进行，硕士学位成为教师资格标准之一。[21][22][23]这一改革从根本上影响了芬兰的师资质量。如今，教师职业仍然很受欢迎，每年只有10%的申请者可以被录取，并接受师范教育。接受过良好教育的、积极工作的芬兰教师具备优秀的诊断学生需要的能力，他们及时而巧妙地采取早期干预措施，并因材施教，结果是几乎没有中小学生需要留级。另外，基础教育阶段的学生享受免费的学校午餐、教科书和其他学习材料、免费的交通、医疗和牙科保健及指导。总之，学生是在一个资源丰富的、制度化的学习环境中学习的。[24]高中生除了教科书和其他学习材料之外也享受这些免费资源。

以上改革的结果是99.9%的学生都能完成综合学校的学习，学习质量在PISA考试结果中得到充分体现，教育成本处在OECD的平均水平，生均教学时间处于OECD平均水平或低于平均水平。[25]

第三，从20世纪90年代后期以来，芬兰几乎100%的6岁儿童进入学前班(preschool)，其目标是提高儿童在7岁入学前的身体、智力、情绪、社会和认知方面的发展。2008年，77.8%的学前班由社会服务部门管理，其余由教育部门管理。[26]总的来说，芬兰允许儿童在7岁正式入学之前尽情玩乐，所有7至16岁的儿童都必须接受基础教育，无论是在学校，还是在家。在芬兰，几乎所有学生都能完成基础教育，2008年的数字显示基础教育阶段毕业率为99.1%。[27]

第四，20世纪90年代，芬兰教育管理实现地方分权，决策权下放到地方层面，同时芬兰开展了课程改革。全国教育委员会(the National Board of Education)负责颁布国家课程指南或框架，但是地方层面(自治市领导及学校的领导、教师、家长和学生)负责并有权利建立地方课程。课程模式是所谓的百科全书式，含有多个学科，不仅有人文和科学学科，还有体育、艺术与手工，从而为学生提供丰富的通识知识、多种技能，并提高学生的整体发展。

芬兰教育政策的长期目标是提高整个国民的教育水平。1980 年，63%的劳动力拥有初级教育水平，25%拥有中等教育水平，12%拥有高等教育水平。到 2005 年，85%的 25 岁至 34 岁适龄人口拥有中学或大学学历。

第五，20 世纪 90 年代教育改革的另一大根本性结构变革原则是废止了各层级教育以及普通教育和职业教育间转换的障碍或门槛。例如，在成人教育方面，如果学生不能参加日校，则可以参加夜校；如果不能在学校内学习，则可以参加学徒培训(apprenticeship training)，或是将工作与课堂通过个人学习计划联系起来，并通过参加资格考试来获得毕业证书。

2. 政府资助的非正式教育对积累社会资本和智力资本的重要性

所有对正式教育的改革都有利于学习者的家庭、社区及周边环境的社会与智力资本积累。在芬兰，除了正式教育，非正式教育也在这一点上发挥着重要作用，尽管我们常常忽略了这一点。2007 年，大概全国一半的学生——2 269 226名学生(总数可能重复计算了同一个人同时学习多个专业)——参加了非学位的学习。芬兰拥有大量的文科学校(liberal arts schools)或成人夜校、大众高中(folk high school)、成人教育中心、继续教育中心、夏季大学和公开大学，这些学校提供非学位教育，并由于受政府资助，学费很低。48%的非正式学习在文科学校进行，这种学校是在一百多年前由工人运动推动建立的，并迅速扩张到了社会的其他阶层，对整个国家和社会的所有阶层都发挥了重要作用。参加非正式学习的学生中，66%是女性。[28]在学校及社会环境中积累智力和社会资本对于发展更优的教育成果具有决定性意义。[29]

3. 可持续的教育政策

芬兰教育政策是在政治左翼和右翼人士达成的共识上所形成的，因此在芬兰不会每 4 年就发动一批重大而随意的教育变革，以迎合竞选获胜者的改革热情，选举之后也不会更替教育行政官员，芬兰的这个现象是具有典型意义的。教育需要平稳和持久的社会环境，这样才能专注于教和学。为了实现教育稳定而持续的进步，社会应该认识到所有的政治力量都应该达成共识，确保教育政策的实施，这比换届选举中的权力更替更为重要。我们必须承认教育是一切发展的根本力量，必须要避免每次权力从一个联盟转向另一个联盟时就推翻教育领域先前所有努力的做法。

(三) 芬兰 PISA 成绩背后的学习环境因素：学校、家庭、社会和非政府组织

1. 学校

简单地说，芬兰学校的特色是拥有一批高素质的、能够自我管理的教师。决策权下放到学校和自治市的层面，其结果就是学校高度自治，校内领导力(in-school leadership)体现了一种协作和参与。教师、校长、家长和社区之间存在着强烈的信任。[30]从课程与教学法的角度来说，无核心课程，无标准化测试，无排行榜，教学不以考试为导向，也没有督导体系，但是从 1994 年开始，学校必须开展自我评估。教师经常测试学生的学习能力，如果发现了偏差，就会采取早期干预。另外，学校物质条件优越。

信任是使整个教育系统运行的粘合剂。自治市层面，上级信任他们的下级，教育部和国家教育委员会信任地方层面的教育政策。操作者和实施者非常了解孩子和年轻人的需要及能力，并及时、灵活地为他们提供良好的教育。自治市的角色是负责为他们的公民提供教育服务，把省(state)和自治市的资源分配给各所学校。社会相信校长、教师和家长知道如何为学习者提供最好的教育。教育部与中央办公室的角色是配置资源以及提供信息指导。此外，教师和校长的职责也发生了巨大的改变，主要体现在学校层面上工作量的增加、工作内容的变化和挑战。[31]

如前所述，大多数国家的问责都以学业成绩、高风险测试和排名为形式，这是芬兰教师所不能认同的。在相关研究中，芬兰教师描述了在面临废除外部监管的环境下，学校可以根据 1994 年新课程框架来自行制定新的课程，教师是如何认识到拥有自我的、内部的控制力的重要性的。当教师开始自觉履行责任，并提升职业道德的时候，他们的工作责任感不但没有削减，反而增加了。内部自我评价使教师工作士气大增，同事间的共同监管也提升了士气。自评报告、半正式的规划以及合作会议使教师对彼此的工作更加了解，专业问责的文化也建立在同事间的合作和透明关系上。

2. 家庭和社会：重视正式和非正式学习

不只是正式教育影响了学、教和教师，还有其他隐性的因素，这些因素与国家的知识、社会、精神资本密切相关。[32]我把这称作“非正式学习”，无论过去和现在非正式学习在每个家庭中都存在。

非正式学习或教育在提高公民教育水平和思想水平方面起着主要的、长期的作用。芬兰国民热爱阅读，并充分使用市公共图书馆。第一批图书馆建于18世纪晚期，随着19世纪早期的国民开化及民族运动的进行，图书馆广泛在各地林立。第一批公共图书馆建立于19世纪40年代，当时芬兰开始印刷越来越多的非宗教类书籍。城镇和乡村的图书馆都开始对外开放。

3. 非政府组织

在早期，非正式教育的提供者是非政府组织。在19世纪和20世纪之交，几场运动使人们认识到提高国民文明水平对树立国家形象和提高人民生活水平的重要性。第一所文科学校（成人夜校）是工人联盟在1899年建立的。之后，工人联盟还建立了不少其他的机构或组织为工人提供教育。芬兰的其他一些政治力量也扮演着类似的角色。

芬兰是一个很善于运用各种协会与问题作斗争的国家。这里以两个历史悠久的联盟为例。1899年，“家庭文明协会”(Civilization for Homes)成立，该协会后来更名为“玛莎协会”(Martha Association)。这个组织今天仍然很有影响力，吸引了众多年轻女性加入联盟来学习营养、健康、运动、烹饪、养生和一切使家庭美满幸福的知识。1920年，曼纳海姆将军和他的姐姐苏菲曼·纳海姆成立了曼纳海姆儿童保护协会（the Mannerheim's Child Protection Association)。该协会提出了不少有关儿童和家庭幸福的议题，并引起了全国的关注。今天，这个协会有565个分支机构主持着400个家庭咖啡屋、超过300个针对家长的活动小组和820个针对孩子与青少年的俱乐部。该协会还为孩子和青少年开设了一条保密的免费电话热线，每年接听超过500 000个电话，还为家长提供电话热线和信息网络服务，并培训照顾幼儿的临时保姆，也帮助小学生在学校中保护自己。

同样，媒体在最近几十年来也发挥着启蒙和文明开化的作用。一本名为《家庭健康》(Kotiliesi)的女性杂志创设于1922年，它关注社会议题，在如何创造幸福美满的家庭、居家技能、时尚、社会时事、人文和艺术等方面提出建议。这本杂志在当今社会仍然很受欢迎，并持续履行着创办之初的职能。

所有这些非政府组织一直在为人们提供学习机会和休闲娱乐服务，扩展了人们的视野。芬兰不断地通过建立协会来推动社会发展，这种文明和休闲活动丰富了芬兰的智力、社会和精神资本，并将在未来依旧发挥作用，这对于维护成功的学习环境是至关重要的。[33]实际上，每个学习者的家庭和社区都有成员参与到这些非正式活动中来。这些因素共同建立了一个适合学习的环境，有助于人们持续地把教育看成是自我提升的机会。

(四) 结论与讨论

芬兰没有采用全球教育改革(GERM)下的竞争措施，即没有围绕核心科目、标准化、控制和基于测试的问责来进行教育改革。相反，我们依赖信任、协作、百科全书式的课程、个性化、学校自治和地方分权。我们相信我们的教师知道什么是对孩子有好处的，允许教师在一个不用恐惧外部测试或监管的自由环境中开展他们的重要工作。我们的教师不为测试而教，而为学生的学习而教。我们不把大量资源用在教育评估上，而是强调教师素养和学生的学习能力。我们坚信评估促进学习的研究结果是站不住脚的。相反，芬兰的教育资源用在了教师教育、早期干预和其他学生支持体系上，用在了增加正式和非正式学习计划，从而创造和维持有助于学习的环境上。

芬兰因有效政府管理和低腐败而著名，我们的经济、政治和社会发展创造了一个稳定的环境，因此教育能够卓越发展。长期以来，我们的政治决策者都尽力规避在民主选举和权力移交期间开展特殊的教育改革。

激进教育改革相信短期内可以提高经济效益，这有悖于人类的本质：我们是大脑、心灵和双手的结合体，成功的教育是多维度的，它能提高文明程度，促进人类个体的发展以挖掘整体的最大潜力，在此基础上才能实现经济的稳定发展。"固执"的芬兰教师坚守着这些民族价值观，这在20世纪80、90年代之交的新自由主义教育政策改革中形成了一种平衡力，并促进了教育发展和教育质量的提高。

芬兰认为教育没有捷径，也不相信有任何一种教育体系、政策或实践能被嫁接到一个全新环境中，除非是新殖民主义。不同的欧盟国家探讨出不同模式的教育改革就是一个例证。把教育改革当成是可以解决一切问题的银子弹①，必定会导致失败，对学习者的长期进步不利。

到目前为止，改进教育通常被认为通过科学管理的方法就可以实现，但忘记了改进措施的对象是人类，是不仅拥有认知，还拥有情感、信念、价值观和个人意志的人类。

我认为国际范围内，学校在组织理论和实证主义的科学管理范式中被管理，这是因为我们周围的世界已不再承认笛卡尔的客观主义和主观主义二分法了，但我们必须同时兼顾主观和客观需要。要想“知道”就要积极地去理解我们要“知道”什么，这需要技能。[34]科学管理和实证主义作为研究范式，在全球教育改革运动(GERM)的方法中得到了体现，这与过去几十年的经济新自由主义的涨落刚好吻合。这种教育改革的方法是严重依赖于标准化课程与测试、核心科目、竞争、控制和基于测试的问责。值得肯定的是，GERM的核心目标是促进学生去使用他们的知识和技能以应对实际生活中的挑战，这也反映了新课程旨在让学生学习如何运用已掌握的知识。然而，这辆马车似乎被放在了马的前面，配置的资源并没有产生预想的学习成果。

（本文发表于《比较教育研究》2012年第3期。作者李尔・库西莱赫托—阿瓦隆，时属单位为芬兰于韦斯屈莱大学(University of Jyväskylä)教育学院教育领导力研究所；作者塔皮奥・拉塔罗，时属单位为芬兰万达市(City of Vantaa)学区；作者胡淼，时属单位为教育部人文社会科学重点研究基地北京师范大学比较教育研究中心、北京师范大学国际与比较教育研究院）

① 银子弹(silver bullet)：欧美古老传说中使用银子弹可以杀死吸血鬼、狼人或怪兽；现常指代直截了当的、极其有效的解决办法。——译者注

七、提高质量、夯实基础：南非祖玛政府的基础教育战略

2009年祖玛出任南非总统。新一届政府将基础教育置于国家发展战略中最为优先的地位。祖玛在2009年6月的国情咨文讲话中承诺："教育将会是未来5年内核心的重点。我们要让我们的教师、学生和家长与政府一起将我们的学校变成卓越的中心。"[1]在2010年1月的内阁会议上，新政府确定了2010年～2014年以结果导向的国家发展战略的优先目标，"基础教育质量的提升"在12大优先目标中居首位。[2]祖玛政府试图进一步夯实教育的基础部分，而焦点是质量的提高。

（一）基础教育战略的背景

1. 基础教育是打破南非社会变革僵局的关键

南非摆脱种族隔离的政治制度以来，人为压制弱势群体发展的制度性因素已经通过结构调整基本清除。经济保持了缓慢但持续的增长，按世界银行的数据计算1995年～2008年间的年均GDP增速为3.6%。[3]但是消除贫困，减少不公的形势依然严峻。除少数黑人迅速致富外，大多数弱势族裔只是在政治上得到了解放，经济和社会地位却没有实质性的提升。制约南非社会进一步走向民主、繁荣的关键，已经从弱势群体是否能够享有机会的问题，变成了是否拥有把握机会的能力的问题了。普遍的能力欠缺，不仅阻碍了实质性公平的兑现，也制约了经济的转型升级。而教育是解决问题的关键。南非的国家规划委员会(NPC)在针对发展现状的诊断报告中指出，阻碍南非减贫和社会公正的障碍有9个方面，而核心问题是两个：黑人接受的高质量教育太少；南非的就业人口

不足。[4]而这两个问题恰恰又是彼此相连的。就业不足，固然有经济的原因，有人才培养结构的原因。但是另一个明确的现实是：普通初、中等教育没有能够为专业教育输送足够数量的合格毕业生。即便在那些成功升学的人里面，也有不少人因为基础不扎实，而无法选择就业前景好的专业或是面临留级、辍学的压力。因此，解决发展问题的关键的关键在基础教育。

2. 质量是当前南非基础教育战略的中心议题

南非以占 GDP 5%以上（1999 年～2010 年间）的公共教育投入（1999 年和 2010 年达 6%），[5]借由有利于弱势群体的公共教育经费分配政策和结构调整措施，已经基本解决了基础教育阶段的入学问题。2009 年，初等和中等教育的毛入学率分别达到了 98%和 85%，整个基础教育 1～12 年级的毛入学率为 92%。[6]

就入学机会而言，南非排在所有中等收入国家的前列，但就教育的效果而言，却在后端。[7]南非 2010 年国家高级证书考试（NSC）①的通过率仅为 67.8%。[8]当前，在所有适龄青年中，最终能够获得国家高级证书或是职业类中等教育证书的只占 40%左右。[9]2011 年 2 月在年度国家考试（ANA）制度下首次对学完 3 年级和 6 年级的学生进行了抽考（verification ANA）。在按照生源的经济条件由坏到好来区分的 1～5 类学校中，不达标率均偏高。除第 5 类学校的不达标率在 30%左右以外，其余 4 类均过半（见下表）。

表 1　首次年度国家考试抽考中的不达标率

		1 类校	2 类校	3 类校	4 类校	5 类校
3 年级	读写	60%	61%	58%	50%	30%
	算术	75%	78%	70%	62%	39%
6 年级	语言	83%	82%	74%	55%	29%
	数学	77%	77%	69%	57%	32%

数据来源：Department of Basic Education. Education Statistics in South Africa 2010. Pretoria：Department of Basic Education，2011. 28～29.

质量是南非基础教育发展的一大挑战。且在入学需求已经基本得到满足的情况下，促进教育公平的问题也就转变成普遍提高质量的问题。此外，弱势群体教育质量的提高还有助于减少因为学业问题而造成的辍学，巩固既有的普

① 相当于高中毕业证书。

及教育的成果。

(二) 基础教育战略的重点措施

在2009年《国家战略规划绿皮书》框架下，着眼2025年的长期愿景，2011年南非出台了全面的基础教育的阶段性规划，即《2014行动计划》。2025年的愿景是学生乐学、教师善教、教材丰富、设施完善、校长尽责、家长充分参与的美好景象。[10]而《2014行动计划》则用13个出口端目标，从各阶段学生对基础学科的掌握情况(语言、数学及12年级的物理)；各阶段的升级(学)率以及幼教的普及情况这3个方面；将高质量的基础教育发展的目标进行了具体化；又用14个行动目标从教师发展、学校管理、质量监控、教育资源以及社会参与的角度，提出了将要采取的措施与具体行动的目标。2010年，在政府明确地将"基础教育质量的提升"列为国家发展的12大战略优先之首以后，基础教育部牵头9省教育厅和17个部委共同签署了《基础教育行动共识》。共识是《2014行动计划》的简化与凝练，将重点任务归结为4个方面：改善教与学的质量(教学保障)；对教学过程进行经常性的评估(诊断监控)；推动幼儿教育发展(幼教发展)；建立可信、结果导向的计划和问责体系(教育管理)。[11]围绕这些重点任务，南非采取了一系列的重点措施。

1. 教育管理

为了突出基础教育的优先地位，2009年政府决定拆分教育部(DOE)，[12]成立基础教育部(DBE)，与高等教育与培训部(DHET)分立。基础教育部负责从学前班(Reception year)一直到12年级的普通学校教育和成人扫盲，①跨越学前、初等(1～7年级)和普通中等教育(8～12年级)三个阶段，或是普通教育与培训阶段(R～9年级)(低段R～3年级，中段4～6年级，高段7～9年级)和继续教育与培训阶段(10～12年级)中以升学为目的的普通中等教育部分。在基层，则围绕着学校管理能力的提高，尤其是时间管理(保证教学时间)、资源配置(压缩班级规模)、学生评价(诊断教学中的问题)和规范化管理的能力，采取

① 基础教育部负责的成人教育主要是扫盲项目(Kha Ri Gude LiteracyProject)。功能性扫盲与成人的技能教育主要由高等教育与培训部负责。

了以下几个方面的措施。第一，推动学校领导的专业发展，为校长提供高级教育证书的进修计划。第二，优化学区（districts），①明确职能定位，培训学区的课程专家，加强巡视，提高学区诊断和指导学区内学校发展的能力。第三，新建国家教育评价与发展中心（NEEDU），加强对学校和学区的巡视和整体评价。第四，向学校提供标准化的管理与评价工具，推动教育管理的信息化，使学校的管理能够融入整体的结果导向的计划与问责体系。第五，推进合作治理，鼓励家长参与学校管理委员会（SGB），并为家长领导下的这一权力机构有效开展工作提供帮助，包括对家长进行适当的培训。推动在学校管理委员会下设立“高质量教学运动（QLTC）”专门委员会，协调各界为学校教育的改善共同努力。

2. 教学保障

第一，为保障教学的质量与有效性，南非对课程进行了改革。用更加符合实际的课程与评价政策标准（CAPS），简化了原先过于复杂的国家课程标准（NCS）。并围绕新标准组织教师培训，设计新的教材。

第二，解决教师的数量与质量问题。“南非已建构起一个以成果和能力为本位的、具有民主治理特质的、一体化的、开放式的教师教育与发展体系。……但是教师教育的根本改善，还需真正发挥框架内的长效机制的作用”。[13]为此，在2009年教师发展峰会的基础上，2011年出台了《2011～2025年整合性的南非教师教育与发展战略规划框架》，[14]以此指导教师问题的解决。

2009年南非小学的生师比为30.7∶1（中低收入国家为31∶1）；中学为25∶1（低收入国家为25.8∶1）。[15]为消除师资缺口，政府承诺继续改善教师待遇，扩大范扎卢萨卡（Funza Lushaka）师范生奖学金的覆盖面，使其至少惠及新入学师范生的25%，[16]而教师教育机构则优化扩容，为学生的增多做好准备。为提高教师的质量，南非进一步整合国家教师教育与发展体系，并提高教师教育的质量标准。为统一协调职前与职后教育，南非在国家层面将设立由各方代表组成的国家教师教育与发展委员会（NTEDC），在各省将设立省教师教育委员会（PTECs）。为了规范职后教育，基础教育部将设立国家课程与专业发展

① 学区是南非教育管理体系中的最低一级，归省教育厅管理。学区的范围与地方行政区划不一定重合，当前学区调整的趋势是要使其与后者尽量统一起来。

中心(NICPD),负责教师自测工具和培训课程的开发以及相关支持网络平台的运作。各省将完善省教师发展中心(PTDIs),建设学区教师发展中心(DTDCs),为教师参加职后教育提供资助。教师利用自测工具诊断后,可针对性地在省中心或学区中心参加短期培训(项目由大学提供),报名学历提升项目,利用网络平台自学,或是参加基层的专业学习群(PLCs)活动,职前教育与学历的提升则是由大学的教师教育机构实施的。为了提高教师教育的质量标准,短期培训课程将由国家课程与专业发展中心设计,经质量认证后用于培训;教师的资格标准将在现有通用版本的基础上增加分学科、分执教阶段的分类标准;新教师的培养将强化实习环节,除增设供见习、教学模拟的教学实验学校(TSs)外,还将圈定一批普通学校作为专业实习学校(PPSs)。

第三,解决教学材料欠缺的问题。教材的选购原本是省教育厅的责任,但各省的实际情况差别较大。为此,基础教育部制定了作为最低参照标准的基本书包计划(Minimum Schoolbag),规定了各年级学生至少应该装备的学习用品的数量和种类。基础教育部为解决课本的质量和价格问题,组织专家统一筛选教材,集体议价,圈定合格的教材目录供学校选购。同时,出版基础学科的国家版练习册,免费发给全体学生使用,借此对教学活动进行引导,同时也在一定程度上弥补教材的不足。通过教材的筛选和国家版练习册的发行,基础教育部实际上加强了对教学一线基础课程质量的影响与控制。

3. 诊断监控

南非的普通学校教育原本只在12年级结束时才有国家高级证书考试。为加强过程控制,也为了明确发展的目标,检验干预的效果,建立结果导向的计划和问责体系,南非推出了年度国家考试。这是一项着眼诊断和监控,但是不涉及个人成绩评定的全国统一的外部考试度,检验1～9年级语言(母语和第二语言)和数学(或算术)的教学质量,由普考(universal ANA)①和抽考组成。按照逐步推开的计划,公立学校在2008年举行第一次普考,在2011年实施第一次抽考,有关的教师测试部分将从2014年开始,同年,普考将实现公私立学校的

① 普考涉及全国1～6年级和9年级的所有学生,由学校监考和阅卷,学区抽样复评,成绩向家长反馈,由各学区汇总发布考试结果的基本情况。

全覆盖。年度国家考试的成绩不进入学生的成绩档案，也不作为升学的依据。普考的目的既是为了帮助家长和学校及时掌握教学效果，加强家校互动，有针对性地及时介入；也是为了帮助学区诊断学区内学校存在的问题，为定向帮扶提供依据。抽考抽取的是各省部分学校3、6、9年级的部分学生，考试由国家派员驻校实施，专家阅卷，成绩不反馈，只作研究分析之用。抽考的同时还将开展两项工作：一是通过问卷向被试学校的师生、校长、家长了解学校的基本情况；二是进一步从全国抽取200所学校的部分教师，匿名进行教师测试（非每年举行）。测试涉及学科知识、教育学知识和教学法，测试卷区分教授的学科和年级差异。同时，这些学校的教师还要反馈有关教师待遇、发展需求和现有培训机会等方面问题的问卷。抽考是对普考信度的检验，同时也是基础教育部了解全国整体教育发展情况，深入一线掌握实情，诊断课程实施效果，了解教师需求与困难，并据此制定和调整政策，开发课程和教师培训课程的依据。此外，国考制度还提供了额外的学习资源。全面开放的组卷题库可供师生用作学习的工具。而普考本身为教师开展学生评价活动提供了范本。这样的范例对于不少教师，尤其是对于不少初等教育阶段的教师而言是迫切需要的。[17]

4. 幼儿教育的发展

既为了教育起点的公平，也是因为认识到了早期教育对小学教育质量的重要影响，早在2001年南非就出台了《儿童早期发展白皮书》推进幼儿教育，尤其是学前班的发展。政府对幼儿教育投入的增长速度是整个教育体系中最快的。[18]学前班的普及率已经有了很大的提高，而目标是要在2014年实现全覆盖，并且提高幼儿教育的质量。为了加强语言和算术的教学，帮助儿童更好地适应小学，减少小学低段的复读率，绝大多数的学前班都附设在小学。当前，南非政府除了进一步推广学前班外，还加大了在课程与教育资源方面以及在师资配备方面对幼儿教育的支持。政府向学前班提供新设计的教育资源包。幼儿教师的专业化步伐也在加快。若干所大学的教师教育机构将被改造成专门的幼儿师范教育机构，原先设有幼儿师范专业的7所继续教育与培训学院（FETc）将与大学合作以提高水平。幼儿师范的专业资格证书将得到更新。为学历不达标的现任教师还准备了专门的学历提升项目，目的就是既要扩大幼儿师范队伍的规模，又要提升层次和质量。

(三)特点与成效

以提高质量为核心的基础教育战略是当前南非教育战略思想的首要组成部分。祖玛政府借由推动高质量的普遍的基础教育,追求更加实质性的教育公平,以此激活占人口多数的弱势群体的潜能,为实现以技能和人力资源发展为着眼点的学校后教育战略奠定基础,从而为更加民主、公平、就业充分和经济繁荣的新南非的社会理想的实现创造条件。

南非当前的基础教育战略具有四方面的特点。第一,合作治理。围绕基础教育质量的提升,进行了广泛的社会动员,发起了“高质量教学运动”,号召官员、学校管理者、校长、教师、学生、家长和社区遵循各自的行为准则。[19]在战略的实施上,重视各相关组织机构的协同,形成全国上下齐抓共管的局面。第二,加强中央控制。南非基础教育的宏观决策权在中央,具体的执行权在省教育厅,但是各省的资源情况和管理能力差距较大。为此,基础教育部通过年度国家考试制度,强化统一的课程资源供应,建立上下一致的结果导向的计划与问责体系等途径,加强信息的掌控,强化对基层的指导与监督。第三,重心下移。南非推动基础教育发展的策略是不断夯实基础:中等教育的质量问题要靠初等教育来解决,而初等教育的质量问题,离不开学前教育的改善。因此,不论是年度国家考试的监控强度,教师培养的优先级,还是中央的支持力度,重点都在R～9年级,尤其是R～6年级。第四,强化人员素质。对教师教学能力和管理者管理能力的重视并非祖玛政府首倡,但是本届政府进一步整合资源,理顺关系,将构想变成了行动方案。

就战略实施的成效而言,近3年来祖玛政府基本完成了基础教育战略的布局,各项措施正逐步展开,但是教育质量的根本提升还须时日。第一,在政策准备方面:新的课程标准、基础教育发展的共识、战略的行动计划以及教师教育的战略框架都已经相继出台。随着年度国家考试制度的推进,结果导向的目标体系也已经基本到位。在管理机构的调整方面,基础教育部完成了重组,国家教育评价与发展中心已经建立,在管理能力上存在较大缺陷的东开普省(Eastern Cape)和林波波省(Limpopo)教育厅正被基础教育部暂时接管,规范学区职能的政策草案已经形成。但是国家课程与专业发展中心、国家教师教育与发展委员会和省教师教育委员会的建立仍在协商中。第二，在重要的措施方面：结合1～10年级教师和课程专家的培训，课程与评价政策标准已经先期在1～3年级和10年级推行。学前教育的课程标准也在制定中。2011年新招收了1 485名校长参加高级证书课程的学习。[20]国家版练习册已经向R～9年级全面铺开。10～12年级的学生则得到了国家版的补充教材。针对1～3年级和10年级的国家教材目录已经先期发布。年度国家考试完成了最初的两轮抽考。第三，在战略执行的效果方面：学校和学区的管理能力，教师教育规模的扩大，以及学前班的普及情况在近3年来都有了明显的进步。2011年国家高级证书考试的最终通过率也提高到了72.7%。[21]但是能够坚持到第12年级并参加考试的人数却并未达到预期，这也就导致了虽然通过率提高，但是通过考试的绝对人数没能达到预期的怪现象。造成这种局面的根源在于12年级之前的教育质量不过关，这就把不少的学生远远地挡在了考场之外。2011年举行的首次年度国家考试抽考的结果也表明了这一点。2012年范围扩大到了9年级的第二轮抽考已经结束，但是结果尚未知晓。尽管如此，在当前祖玛政府的决心和战略布局之下，逐步的改观应该是值得期待的。

参考文献：

[1] Zuma J. State of the Nation Address[EB/OL]. http://www. the presidency. gov. za. 2012—10—11.

[2] The presidency of Republic of South Africa. Guide to the outcomes approach[R]. Pretoria: The presidency (South Africa), 2010. 13.

[3][5][15] World Bank. World databank[EB/OL]. http://databank. worldbank. org. 2012—10—11.

[4] National Planning Commission. Diagnostic Overview[R]. Pretoria: The Presidency(South Africa), 2011. 7.

[6] Department of Basic Education. Education Statistics in South Africa 2009 [R]. Pretoria: Department of Basic Education, 2010. 8.

[7][9][10][17][18] Department of Basic Education. Action Plan to 2014:

Towards the Realisation of Schooling 2025 (full version)[R]. Pretoria:Department of Basic Education,2011. 27,87,46—47,49,80—81.

[8] Department of Basic Education. Education Statistics in South Africa 2010[R]. Pretoria:Department of Basic Education,2011,23.

[11] Department of Basic Education. Delivery Agreement for Outcome 1: Improved quality of basic education [R]. Pretoria: Department of Basic Education,2010,1—3.

[12] Department of Basic Education. Strategic Plan 2011～2014[R]. Pretoria:Department of Basic Education,2011,5.

[13] 张屹. 南非教师教育制度的重建:进展与成效[J]. 教师教育研究,2010,(04):66—70.

[14][16] Department of Basic Education, and Department of Higher Education and Training. Integrated Strategic Planning Framework for Teacher Education and Development in South Africa 2011～2025 (full version)[R]. Pretoria:Department of Basic Education and Department of Higher Education and Training,2011. 1,12.

[19] Department of Basic Education. The quality learning and teaching campaign[EB/OL]. http://www. education. gov. za. 2012—10—11.

[20][21] Department of basic education. Department of Basic Education Annual Report of 2011/12[R]. Pretoria:Department of basic education,2012. 70,22.

(本文发表于《比较教育研究》2013 年第 3 期。作者王琳璞,时属单位为浙江大学教育学院;作者徐辉,时属单位为浙江大学教育学院、浙江师范大学国际与比较教育研究院)

八、澳门回归以来学校教育优质化的策略评析

回顾回归以来澳门学校教育的改革与发展历程，可以清晰地看到其中的多种改革发展政策或举措实质上都指向一个核心目标，即促进澳门学校教育品质的提升。实际上，这种人们概称为“学校教育优质化”的努力构成了近年来澳门学校教育改革发展的主要趋向，正在改变着澳门学校教育的品质，塑造着其未来。对这些策略进行探析，可多方面了解澳门在学校教育优质化方面所做的努力，并有助于理解相关策略运用所引发变化的意义。

(一) 澳门学校教育优质化的背景及主要动因

澳门学校教育优质化的努力是在澳门学校教育的历史和现实背景下产生和展开的。

首先，回归前的澳门学校教育，即使经历了过渡期的补偿性发展，以及大幅度的教育立法和制度性建设，然而从横向比较意义上讲，其水平和质量在多个层次或方面都不如相关的地区。澳葡政府长期放任自流的教育政策，在大众教育上的缺位、资助与监管上的欠缺，造成澳门在现代学校教育制度发展上严重落后于相关的地区，在外部关系上表现出明显的依附性，在内部则缺乏整体性，出现了仿自葡国、中国大陆、中国台湾和香港的“四种学制”杂陈，办学主体多元而涣散，办学水平和质量参差不齐等突出问题。可以说，不管从何种质量分析维度来看，如从硬件配置和管理措施，或者从学生学习结果的横向比较来看，澳门学校教育长期以来都不属于强的类型。

其次，回归前后的外部环境和内部需要激发了澳门学校教育的主体意识和质量意识，发展优质教育不仅体现了澳门学校教育新的自我定位，更是澳门学校教育实现其社会功能、促进澳门经济转型和社会发展的迫切需要。作为一个以博彩和旅游为主业的特殊经济体，作为一个身处特定区域环境的袖珍型都市社会，澳门的生存和发展向来较多地受外部环境的影响。回归前夕的经济连续4年负增长，1997年受亚洲金融危机的影响，曾一度使澳门的失业率达到7%～11%，治安恶化，社会问题丛生，这使澳门社会深切地意识到在经济全球化和回归祖国的背景下，促使经济和社会转型的迫切性。而在这种转变和追求新的发展的过程中，教育被赋予了特殊的使命，即通过人才的培养和知识创新来促进一个新的经济和社会结构的构建，开创"更加美好的未来"。这样，学校教育的品质自然便成了主要的关注点。也正因为如此，当作为澳门外部参照系的主要比对者之一的香港，借鉴美国等发达国家或经济体致力于学校教育改革和优化的经验，推行"优质教育"，并为此设立优质教育基金时，[1]澳门真切地感受到了来自对比的指引和激励。澳门需要通过政府和社会对学校教育的更为积极的介入和投资，来展现一种体面而向上的形象，回应转变带来的机遇和挑战。

优质化之所以成为回归后澳门学校教育改革与发展的主要趋向和持续的行动努力，还与一些相对具体而直接的因素有关。一是发展优质教育此类诉求本身容易得到普遍的认同，其争议性和社会政治风险都很低；二是回归后澳门经济的快速恢复和2002年至2007年间的迅猛增长，使澳门人均GDP达到了36 357美元，位列亚洲第一，[2]这为政府和社会持续增加对学校教育的投入提供了实实在在的条件；此外，出生率下降，入学人数减少，以及快速富裕造成的家庭与教育问题等，都现实而具体地要求提升学校教育的品质，以解决问题和为这个在经济和社会等方面都非常特别的特别行政区的发展开辟道路。

（二）澳门学校教育优质化的主要策略

概观回归后澳门在发展优质教育、促进学校教育品质提升方面所颁布的政策法规、推出的举措和运用的手段等，可以看到澳门在学校教育优质化方面，其目标虽与相关参照区域有相同或相近之处，但由于实际情况和条件的区别，其采用的策略是较为特定而多样的。这些策略可大致归纳概括如下。

1. 政府介入与主导策略

这主要表现为澳门特别行政区政府通过行政立法和批示以及资助等手段，主动介入学校教育发展与质量优化方面的事务。这不仅从根本上改变了殖民地时期政府对学校教育放任自流的态度，而且与相关地区或城市比较，澳门特区政府这10年来在学校教育发展事务方面发挥的主导作用是非常突出的。例如，2000年12月27日颁布的《第242/2000号行政长官批示》、2002年6月5日颁布的《第134/2002号行政长官批示》、同年8月23日出台的《第20/2002号行政法规》、2005年8月19日颁布的《第16/2005号行政法规》、2006年12月18日颁布的《第20/2006号行政法规》、2007年5月28日颁布的《第170/2007号行政长官批示》，以及2008年3月20日颁布的《第73/2008号行政长官批示》等，都对免费义务教育及相关资助问题作出了明确的规定和说明。政府对学校教育发展和质量优化的主导，使这些方面的努力获得了强有力的支持。

2. 整体结构优化策略

这一策略的主要切入点在于通过政府推行免费义务教育计划，逐步把各种性质的中小幼学校纳入免费义务教育网络，从而建立起具有整体性的免费义务教育制度，使殖民地时期面向少数葡语学生的优质教育向面向全体学生的普及性优质教育转变。经历多年的努力，澳门于2007年全面推行了包括3年幼教和12年中小学教育在内的15年免费义务教育，在基本不变、更多元办学体制的情况下，通过立法和资助等途径，把各种公立和私立学校纳入到统一的免费义务教育系统的整体结构中，相当巧妙地增加了澳门学校教育内部的整体性，促进了统一学制的形成，并为政府的整体监管奠定了基础。

3. 专项投入拉动策略

诉诸于直接和持续增加的投入，拉动学校教育发展和质量提升，是澳门特区政府近年所采用的主要手法。例如，在2002年至2006年的5年间，澳门政府的非高等教育公共开支增加了约50%，由10.07亿澳门元增加到15.39亿澳门元。[3]对涉及学校教育优质化的改革发展项目，政府更是给予了专项投入和资金倾斜，如“小班教学”被视为促进学校教育优质化的重要举措，为把每班学生人数从原来的平均45人降至35人或25人（后者为幼儿园和小学每班的目标人数），澳门政府推出了“包班津贴”，凡参与免费义务教育计划的学校，每班人数达到35人或25人,就可领取额定的每班津贴,而且这种包班津贴在1999年至2008年间有了明显的增加,小学由261 000澳门元增加到480 000澳门元,初中由382 500澳门元增加至650 000澳门元,高中则达到750 000澳门元。[4]澳门2007年成立的"教育发展基金",是为"优化学校教育规划"、"改善教学环境和设备"、"促进教师的专业发展"、"确保学生的均衡发展"等具有"发展性的教育计划和活动"而设置的专项基金。目前该基金拥有的资金已达到14亿澳门元,[5]其对澳门培正中学2008~2009年度"发展性教育计划和活动"的资助总额便达到近900万澳门元。[6]

4. 师资专业发展与激励策略

在这方面,澳门近年来的主要做法反映的是一种提高对师资的专业要求与提供支持和加强激励相结合的思路。这种思路虽常见,但澳门在切入点和采取的举措上却体现出某些独到之处。其一,它把关注点主要放在对私立学校师资的专业要求和专业发展上。教育暨青年局于2007年发布了《私立学校教学人员制度框架法规》(征询意见稿),对占澳门中小幼教师大多数的私立学校教师的职业权利与义务、任职条件和晋升条件等作出了明确的规定,其中对专业资格与专业发展的要求都趋于严格;其二,把对私立学校教师的"直接津贴"转变为"专业发展津贴",并设定了专业发展津贴级差,从而激励私立学校教师不断提高专业发展水平;其三,降低师生比和教师每周上课节数,为教师参与在职培训和专业交流活动提供支持。通过"包班津贴"和"小班教学"等相关措施,澳门中小幼学校的师生比已从1999年的1∶25.7降至2007年的1∶18.8。[7]《私立学校教学任用制度框架法规》第二十三条所规定的中小幼学校教师每周授课节数为16至22节,[8]比目前的一般情况减少10%~20%;其四,重视通过外部交流合作来为教师的专业发展提供机会和条件。澳门学校系统规模小,教师专业发展资源有限,这在一定程度上促使澳门在教师专业发展上采取开放多元、内合外联、注重交流合作和激励的策略。

5. 课程改革推进策略

课程与教学对教育质量的核心作用,决定了对学校教育优质化的追求必然要通过课程改革与发展来加以落实。在1994年至1997年间,澳门政府曾相继颁布了有关幼儿教育、小学教育和中学教育课程的三个法令,并通过开发一整套的课程大纲，试图对学校课程提出统一要求。之后，“优质教育”的提出和回归后经济社会文化发展的迫切需要，促使课程改革从法令和呼吁向细化的设计和实施推进。2004年提出的《澳门特别行政区教育制度》教育法草案，从“课程编制”、“课程实施与教学”、“学生全面发展”和“对学生的评核”等方面对课程改革作出了明确而深入的阐述，从中也透露出这场推进中的课程改革的主要目标和策略，即通过政府主导制定的地区课程框架和课程标准，为“课程编制”提供基准和依据；不同阶段的“课程实施与教学”运用不同的策略，如幼教阶段强调课程实施的活动性，小学和初中阶段则重视统整性，高中阶段要突出灵活性和选择性等；通过多元智能教育和多样的教育活动来“保障学生的全面发展”；通过“对学生的评核”来加强对课程教学的领导和监管。此外，通过课程的适度本地化以提高课程教学的适切性和社会效能。显然，新课程改革的实施状况和成效，将在很大程度上决定澳门学校教育能否实现预想的优质化。

6. 评鉴驱动策略

这集中表现为教育暨青年局于2003年推出的学校综合评鉴活动。该评鉴活动涉及“学校领导”、“校务管理”和“学生素质发展”等方面的内容，以学校为单位，由相关方面对学校的办学状况、管理水平和教学质量等进行综合的评价，以促进学校管理的改进和教育教学质量的提升，并为学校规划未来提供参考。该项评鉴于2003年5月开始试行，于2006年正式推行，计划以7年为一个周期，对所有学校进行评鉴。[9]此外，教育暨青年局还推出了多种专项评鉴，如“澳门中小学品德与公民教育专项评鉴”、“澳门中小学体育课程及实施现况研究与评鉴”、“澳门中小学自然科学领域教育专项评鉴”，等等。各种相关评鉴的推行，改变了以往澳门学校缺乏政府主导的统一评估和监督的状况，相当明显地促使学校对管理工作和教育教学质量的重视。

（三）评论与结语

虽然上述策略引出的多种努力仍在进行中，其对澳门学校教育优质化的确切影响仍有待进一步观察，但从业已引发的改革的性质、变化与发展的方向，以及从策略本身的分析维度上，人们还是可以对其作出评价或推断。

从目标指向上看，这些策略具有明显的针对性或应对性，即它们往往都着眼于克服澳门学校教育存在的主要缺点或弱点，满足实际的需要，因此，它们所引发的变化是正面的和必要的。例如，“整体结构优化策略”促成的是澳门学校教育整体性的提升和统一免费义务教育制度的形成，这从整体上优化了澳门学校教育系统的结构，为发展一种面向全体学生的优质教育提供了结构性条件。

从运用的手段和凭借的条件来讲，这些策略大多利用了澳门在资金和对外交流合作上的优势，并诉诸于师资专业发展、课程改革和评鉴等专门工具的使用。因此，其适用性和可操作性是明显的。尽管许多事情都靠增加投入来操作，在金融危机和经济衰退的今天具有不确定性，然而，澳门显然只能尽自己所能去利用由于机遇或努力而获得的资源及便利。近两年澳门在学校教育改革与发展上的持续投入，在很大程度上被视为应对危机与走向未来的重要举措之一。

从这些策略的内涵来看，它们涉及对学校教育质量有直接影响的各种主要因素及其关系，而这些因素及其关系对学校教育的质量和水平是具有预示性的。政府积极介入与监管、投入的增加、硬件的改善、师生比上升、小班教学、更高专业发展水平的师资、优化的课程、多元智能教育和教育活动的多样化，以及评鉴的加强等，都预示着学校教育向改善和提升的方向发展。相关的研究表明，结构和管理方面的措施对学校教育的质量有显著影响。[10]近年来，澳门学校教育在结构和管理方面的加强和优化，预示着澳门学校教育质量正在趋向提升。换言之，澳门学校教育优质化的上述策略及所做的种种努力，其影响是可以期待的。

参考文献：

[1] 贝磊，古鼎仪. 香港和澳门的教育：从比较角度看延续与变化[M]. 北京：人民教育出版社，2006. 35.

[2] 蒋乐进. 澳门，要学会自己长大[N]. 南方周末，2009—01—15，B11.

[3][4][5][6][9] 郭华邦. 当代国际高中施行学分制研究[D]. 广州：华南师范大学，2009. 175，164，176，169，149.

[7] 郭华邦. 澳门小班教学实践探讨[J]. 比较教育研究，2009，(6)：64.

[8] 澳门特别行政区政府教育暨青年局.私立学校教学任用制度框架法规(征询意见稿)[Z].澳门.教育暨青年局,2007.

[10] Rao, N. ,et al. Predictors of Preschool Process Quality in a Chinese Context[J]. Early Childhood Research Quarterly,2003,(3):331—350.

(本文发表于《比较教育研究》2009年第11期。作者柯森,时属单位为华南师范大学教育科学学院国际与比较教育研究所)

九、美国托幼机构教育质量研究述评

目前,幼儿园教育的质量与公平问题已成为社会关注的焦点,如何管理、评价和提高幼儿园教育质量成为亟待解决的教育问题和社会问题。虽然自20世纪80年代末开始,我国许多城市和地区的教育行政部门就已展开幼儿园分级分类验收工作,一些专家学者也对我国幼儿园教育质量进行了反思与研究,但是设计严谨的实证研究仍处于起步阶段。美国的托幼机构教育质量研究自20世纪60年代开始迄今已走过40余年,其研究问题日益深入,研究方法逐渐完善。对美国托幼机构教育质量研究的梳理和分析,将有助于我国托幼机构教育质量研究与实践的深化和提高。

(一)研究动力的转换

回顾美国多年来的托幼机构教育质量研究历程,公平(equity)、效果(effects)、效率(efficacy)始终是推动其发展的三大动力,只是在不同的时期,由于所面临的社会问题不同,在研究的侧重点上有所不同。托幼机构教育质量研究为回答公平、效果、效率问题提供了依据,而对公平、效果、效率的追求又大大促进了托幼机构教育质量研究的发展。

对公平的渴望催生了美国最早研究托幼机构教育对处境不利儿童的学习与发展的影响。公平与平等是美国的立国之本,始终是美国民众坚持的社会理念。但是,只要有贫穷,就会有歧视,就会衍生出种种不平等的现象。儿童在生命早期经历贫穷,便可能在未来遭受学业、生活和工作的失败,从而复制上一代的社会经济地位,出现社会阶层的再生产和贫穷在代际之间的传递。为战胜贫穷,打破贫穷的恶性循环,实现社会的公平与正义,美国政府于20世纪五六十年代提出“战胜贫穷”的口号,推行公平施政,在教育、卫生和社会福利等领域颁布一系列保障贫困群体利益的政策,如“食品券”、残疾人法案等。“提前开始”(Head Start)和“追随到底”(FollowThrough)等面向低收入家庭和儿童早期教育的干预项目就是在这样一种背景下产生的。自20世纪六七十年代开始,不断有学者对“提前开始”和“追随到底”等早期教育干预项目进行评估,对这些项目的评估也成为美国最早的关于托幼机构教育质量的研究。目前,这类研究已经成为美国托幼机构教育质量研究的一大类型,并为美国政府制定学前教育政策提供了重要的参考依据。

对效果的关注推动美国学者着重探讨了不同质量水平的托幼机构教育对儿童和社会的作用结果。20世纪80年代,受一系列教育进步评价和国际学业成就比较结果的影响,美国开始反思自己的学校教育,指出美国教育处于危机之中,强调应当提高所有儿童的学习标准,加强评估与问责,改善所有儿童的学校,为所有儿童提供高质量的教育。在这种背景下,作为学校学习之基础的学前教育的学习标准与教育效果也受到格外关注。如《2000年目标》第一条就提出,“所有儿童在参加学校教育之前,做好学习的准备”。有关托幼机构教育质量的研究,从对面向处境不利儿童的教育干预项目的评估,转向对面向普通儿童的托幼机构教育的效果考察,从关注某项干预性项目所产生的影响,转向发生在班级中的日常教育活动及其取得的实际效果。这类研究包括早期有关课程效果的比较研究,如米勒[1]等对不同理论指导下的课程模式对儿童学习结果的影响的比较研究;以及后期有关托幼机构教育效果的比较研究,如有关班级规模、师幼比例、师幼互动等对儿童学习结果的影响的研究,等等。

对效率的追求促使有关研究重点分析了在托幼机构教育上的投入与质量之间的关系。随着政府在学前教育上公共投入的增加,政府和社会对学前教育投入资金的效益和效率的监控也在日益增强,不仅要求提供确切的数据,说明到底需要为托幼机构教育项目投入多少资金才能确保其质量,而且要求评估这些资金的实际使用效益,说明对于学前教育的投入能够获得怎样的回报。学前教育的投资效益与效率问题成为关注的重点问题。最早的学前教育投资效益和效率研究开始于20世纪六七十年代,如佩里幼儿学校研究(High/Scope

Perry Preschool study)和启蒙项目(Abecedarian Project)等进行了投资效益分析。最近的两项大型研究“费用、质量与儿童结果”(Cost，Quality，and Child Outcomes in Child Care Centers Study)和“家庭托儿服务的经济学分析”(Economics of Family Child Care Study)也描述了托幼机构和家庭提供的儿童照料项目的费用与质量的关系。虽然从教育学和心理学的角度对托幼机构教育质量的研究有很多，但是从经济学的角度审视，学前教育投入的效益与效率的研究仍处于初级阶段。

(二) 研究问题的变化

综观 40 余年的发展历程，美国有关托幼机构教育质量的研究逐渐深入具体，从一般性的“托幼机构教育是否利于儿童发展”转化到“什么样的托幼机构教育对儿童有利”和“如何提供高质量的托幼机构教育”，为人们认识托幼机构教育质量提供了翔实可靠的信息。

1. 托幼机构教育是否有利于儿童发展

最早有关托幼机构教育质量的研究，主要致力于考察托幼机构教育是有利于儿童发展还是阻碍儿童的发展。早期的教育学与心理学研究，将家庭、学校和社区看作是相互分离，甚至是对立的。所以，当时人们热衷于讨论究竟是家庭还是学校对于儿童的发展更为重要，并倾向于认为，对于年龄较小的婴幼儿来说家庭更重要。但是，随着越来越多的母亲外出工作，越来越多的婴幼儿进入各种集体教养机构由家庭之外的成人看护照顾时，人们开始不得不正视这种社会需要，探讨这种非母亲的看护和照料是否必然会对婴幼儿的发展造成损害。许多研究考察了托幼机构教育对婴幼儿发展，尤其是对婴幼儿情感和依恋的影响。[2] 20 多年的研究表明“高质量的儿童照料机构不会对儿童产生危害，事实上，低收入家庭的儿童的认知发展还会得到改善”。[3]

2. 什么样的托幼机构教育对儿童有益

在确认了高质量的托幼机构教育对于婴幼儿发展具有积极影响后，人们开始追问？到底什么样的托幼机构教育是高质量的、可能有益于婴幼儿发展的。但是，以往的研究存在两大缺陷：第一，没有区分托幼机构教育的特征，只是笼统地考察了托幼机构教育对儿童的影响；第二，仅仅用测验来说明干预效果的影响。因此，已有研究仍然无法详细说明什么样的托幼机构教育将如何影响婴幼儿的发展，不能充分解释托幼机构教育影响婴幼儿发展的机制。从20世纪70年代末80年代初，研究人员开始关注不同特征的托幼机构教育对婴幼儿发展的影响，他们进入托幼机构的班级进行观察，研究托幼机构保育和教育实践与婴幼儿发展之间的关系。

许多研究考察了结构变量（班级规模、师幼比、物质环境等）与过程变量（如师幼互动等）以及它们的相互作用对婴幼儿发展结果的影响。拉夫（J. Love）等人的实验研究比较了幼儿与教师比例在8∶1、9∶1和10∶1时的托幼机构的保教质量，发现随着幼儿—教师比例的升高，托幼机构的保教质量也随之下降。[4]麦卡特尼和克拉克·史都华的研究表明，教师的倾听、友好适宜的回应、与幼儿的情感交流等都与儿童发展呈正相关。[5]师幼互动等过程变量直接影响儿童获得的经验和他们的发展，结构变量则要通过过程变量作用于儿童发展。[6]总之，众多研究表明，较低的幼儿—教师比例、稳定的教师队伍、受教育水平较高的教师、成人更多的适宜行为与婴幼儿较好的社会性发展、语言和认知发展结果之间存在相关。

3. 如何提供高质量的托幼机构教育

为更好地改善托幼机构教育，保证托幼机构教育质量，许多研究考察了提供高质量的托幼机构教育所需的条件，其中教师条件、成本与费用是关注较多的两个方面。

全国儿童照料机构师资研究（National Child Care Staffing Study）考察了教师、工作条件与儿童照料质量之间的关系，其在1988年的调查结果表明，教师接受正规教育的年数、接受大学水平的学前教育培训、较高的工资与福利、较好的成人工作环境、较低的教师流动率能带来教师更多的敏感、适宜的照料行为。其中，教师工资是最重要的质量预测指标。其他一些研究发现，正规的学校教育与专业化的师资培训与教师的关注、敏感、友好、支持的教学行为之间存在显著相关。[7]但是，已有研究仍然无法证明是否看护者的学历越高，托幼机构的质量就越高；也无法说明为保证托幼机构质量，对看护者的最低的学历要求应该达到什么水平；也无法解释到底哪种类型、内容和强度的培训更有利于托幼机构质量的改善。

“费用、质量与儿童结果研究”考察了费用、质量与儿童发展结果之间的关系，发现成本与质量之间存在积极联系。中等质量的托幼机构在每名儿童身上每小时的成本支出要高于质量低的托幼机构，在人事方面的支出也较高。[8]这可能是由于高质量的托幼机构中，教师的受教育水平较高和幼儿与教师比例较低，从而导致了成本的上升。但是，也有研究表明，“在一些情况下，高质量的儿童保育反而成本比较低，此时低报酬的教师实际上为高质量的保育提供了经济上的补助”。[9]这可能是由于不同的研究对成本、费用的界定有所差异，评价的内容有所不同，从而导致研究结果不一致，同样也无法说明保证质量的最低成本和费用标准是多少。

综合上述分析，美国托幼机构教育质量的研究内容是在不断深化的，从笼统地探讨托幼机构教育是否有利于儿童发展的一般性问题，发展到更为具体地分析托幼机构特征与儿童发展之间的关系。但是，目前的研究仍然存在两点不足：

首先，还没有充分的数据回答哪种类型的托幼机构教育，在什么样的背景下会对哪些家庭、哪些儿童发生什么样的影响。由于家庭和儿童看护照料环境对儿童发展的影响都不是独立的，托幼机构的作用依赖于托幼机构的质量和类型、儿童在机构中的经验以及儿童的家庭背景，因此，对托幼机构教育质量的研究，必须考虑儿童及家庭特征与托幼机构特征之间的相互作用所产生的影响。正如有学者指出的，“有关学前教育项目对儿童发展是否产生影响这个一般性的问题已经探讨了很久。这个一般性问题已经不需要再进行研究。现在的研究重点是更重要的问题，即针对拥有不同机会的家庭和儿童应该提供怎样类型的干预”。[10]

其次，还不能详细地解释什么样的托幼机构教育能更有效地促进婴幼儿在特定领域的学习与发展。在学前教育领域，有关儿童在读写、数学、科学、社会性和创造性艺术等领域的学习与发展的研究资料非常丰富，但是对具体课程的有效性研究还非常有限，尤其是课程对婴幼儿在具体领域的学习与发展影响还知之甚少。因此，将来的研究有必要具体地分析儿园各课程领域教育的“适宜有效性”特征。[11]

(三) 研究方法的改进

1. 研究范式

多数托幼机构教育质量研究采用的是条件—结果模式(参见图1),即在教师、费用等因素与托幼机构教育质量之间,以及托幼机构教育质量与儿童发展之间建立直接的联系,直接考察单个因素与托幼机构教育质量或儿童发展之间的关系,似乎是只要提供接受过教育与培训的教师就有高质量的托幼机构教育,有高质量的托幼机构教育就会有较好的儿童发展结果,从而将支持因素与质量之间以及质量与儿童发展之间的关系简化为简单的线性关系,忽略了其他因素的影响。

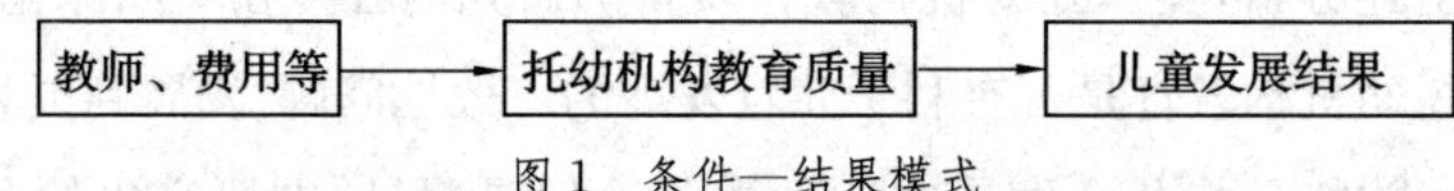

图1　条件—结果模式

影响托幼机构教育质量以及儿童发展结果的因素都不是孤立存在的,而是处于一个相互作用的多层次的关系体系之中。影响托幼机构教育质量的教师变量(如教师年龄、学历、培训、工资等)是嵌套在班级变量(班级规模、师幼比例等)之中,而班级变量又是嵌套在机构变量(收费、成本、资金来源等)之中的。在影响儿童发展结果的因素中,除了托幼机构教育之外,还有更为重要的家庭因素。因此,简单地分析单个因素与托幼机构教育质量及儿童发展结果之间的关系,并不能很好地解释哪些变量,在怎样的条件下对托幼机构教育质量或儿童发展结果产生了怎样的影响。

由此,美国最近的一些研究开始采用生态模式(参见图2),综合考察多个变量对托幼机构教育环境质量的影响,以及托幼机构特征与家庭特征的相互作用对儿童发展结果的影响。例如菲利普斯等人综合考察了教师工资、班级规模、师幼比例、教师教育与培训、收费等因素对过程质量的影响,结果发现,虽然班级规模和师幼比等因素与过程质量也存在显著正相关,但是在众多结构变量中,教师工资的贡献量最大。[12]

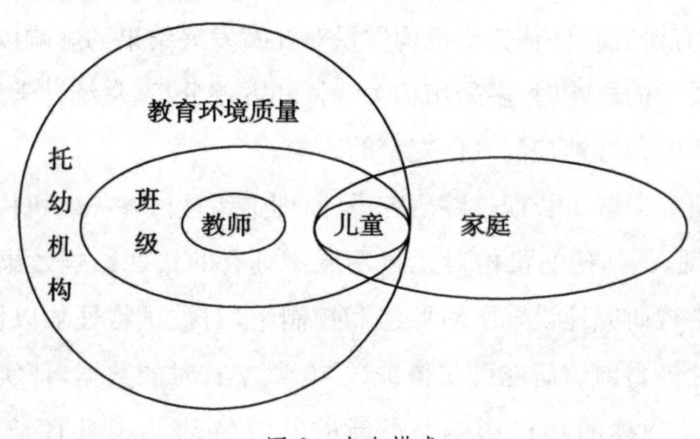

图2 生态模式

2. 研究设计

现有的研究大多直接选取现实生活中的托幼机构,通过一定的工具和方法获取托幼机构特征和儿童发展结果的数据信息,然后评估托幼机构教育质量对儿童发展结果的短期影响效果。这种研究设计势必导致样本的代表性和结果的可靠性等方面的问题。

首先,这种研究设计的评价对象是现实中既定的托幼机构和班级,托幼机构、班级、教师、儿童及其家庭等的特征是无法改变的。研究表明,家庭对于托幼机构选择本身就带有一定的倾向性,家庭社会经济地位高的儿童更可能进入教育质量高的托幼机构中,家庭社会经济地位低的儿童更可能进入教育质量低的托幼机构。儿童及其家庭特征在不同特征的托幼机构之间的分布必然出现偏态。因此,这种研究设计的样本本身可能缺乏代表性,由样本数据做出有关托幼机构教育质量的推论时,可能发生区位谬误,而且无法剥离其他变量的影响,突出托幼机构在儿童发展结果中的贡献。

其次,这种研究设计一般对儿童发展结果的变化不进行追踪研究。由于这种研究缺陷的存在,托幼机构教育所产生的效果是否具有持续性一直是一个备受争议的问题。一些研究指出早期干预项目只有短期效益。随着儿童年龄的增长,这种效益就会消逝。也有研究者认为,迄今为止关于早期干预效果的最可靠的发现是早期教育能够培养儿童的非认知技能,即社会性、情感和行为技能等,而非与儿童的"聪明"程度相关的认知能力。正是这些非认知技能为儿童在未来生活中取得成功奠定基础。[13]

第三，现有研究在评估托幼机构质量对儿童发展结果的影响以及其他因素对托幼机构质量的影响时，多采用相关分析和方差分析，从统计学意义上讲，这些统计方法不能很好地控制其他变量的影响。

有一些研究采取了长期追踪研究设计，即追踪被试在托幼机构教育结束后1～2年的表现，评估托幼机构对儿童发展所具有的长期影响效果。个别研究如佩里幼儿学校研究还设置了对照组和控制组，对被试特征加以控制，保证了样本的代表性。目前该研究已获得被试40岁左右时的数据，证实托幼机构教育对儿童具有持续的积极影响。最新的艾波特幼儿园教育长期效果研究(Abbott preschool program longitudinal effects study，APPLES)，综合使用了间断回归设计和纵向横断设计来比较参加和没有参加学前班(pre-kindergarten)项目的儿童，从而保证了样本的代表性以及长期追踪研究结果的可靠性。但是，已有的长期追踪研究大多只是比较了两个不连续的时间点上儿童发展结果之间的差异。前后不同时期的托幼机构教育对儿童发展的影响并不是割裂的、相互独立的，而是连续的、累积的。儿童在后一时期的发展结果包含了前一时期的影响。采用这种统计方法仍然不能很好地揭示托幼机构教育对儿童发展结果的累积影响效果。

综合上述分析，美国托幼机构教育质量研究已较为充分地论证了托幼机构教育质量对儿童发展乃至家庭和社会发展所具有的积极作用，以及高质量托幼机构教育的特征及其所需的条件等问题。经历40余年的发展，美国托幼机构教育质量研究的问题已日益深化，研究方法也渐进完善。但是，对于怎样的托幼机构教育在何种条件下对哪些儿童产生了怎样的影响、怎样的托幼机构教育能更有效地促进儿童特定领域的发展，以及如何突出托幼机构教育对儿童发展的累积影响效果等问题仍有待进一步深入研究。

参考文献：

[1] Miller, L. B., & Bizzell, R. P. Long-term Effects of Four Preschool Programs: Ninth and Tenth Grade Results[J]. Child Development. 1984, 55: 1570～1587.

[2] Moskowitz, D. S., Schwarz, J. C., &Corsini, D. A. Initiating Day Care at Three Years of Age: Effects on Attachment [J]. Child Development. 1977, 48(4): 1271—1276.

[3] Phillips, D. A. &Howes, C. Indicators of Quality in Child Care: Review of Research. In Deborah A. Phillips (Ed). Quality in Child Care: What does Research Tell Us [R]. National Association for the Education of Young Children. 1987. 1.

[4] Love, J. M., Ryer, P., &Faddis, B. Caring Environments: Program Quality in California's Publicly Funded Child Development Programs [M]. Portsmouth, NH: RMC Research. 1992.

[5] Clarke-Stewart. A., &Fein, G. G. Early Childhood Programs. In Haith M. & Campos J. (Eds.), Handbook of Child Psychology: Infancy and Developmental Psychobiology [M]. New York: Wiley. 1983. 917—1000.

[6] Phillipsen L. C., Burchinal M. R., Howes C., &Cryer D. The Prediction of Process Quality from Structural Features of Child Care [J]. Early Childhood Research Quartherly. 1997, 12: 281～303.

[7] Burchinal, M., Cryer, D., Clifford, R., &Howes, C. Caregiver Training and Classroom Quality in Child Care Centers [J]. Applied Developmental Science. 2002, 6(1): 2—11.

[8] Helburn, S. W. & Howes, C. Child Care Cost and Quality [J]. The Future of Children. 1996, 6(2): 78.

[9] M. H. Strober. 儿童保育的经济学[A][美]卡诺依编著. 教育经济学国际百科全书[C]. 闵维方等译. 北京:高等教育出版社, 2000. 297.

[10] Shonkoff, J. P., & Phillips, D. A. (Eds.). From Neurons to Neighborhoods: The Science of Early Childhood Development [M]. Washington, DC: National Academy Press. 2000. 379.

[11] Scarr, S. & Eisenberg, M. Child Care Research: Issues, Perspectives, and Results[R]. Annual Reviews Psychology. 2003, 44: 613～644.

[12] Phillips, D. A., Mekos, D., Scarr, S., McCartney, K., &

Abbott-Shim, M. Within and Beyond the Classroom Door: Assessing Quality in Child Care Centers[J]. Early Childhood Research Quarterly. 2000, 15: 475—496.

[13] Carneiro, P., & Heckman, J. J. Human Capital Policy. In James J. Heckman and Alan B. Krueger(eds.), Inequality in America: What Role for Human Capital Policies? [M]. Cambridge, MA: MIT Press. 2003.

（本文发表于《比较教育研究》2008年第8期。作者潘月娟、刘焱，时属单位为北京师范大学教育学院）

教育质量评估与监测

一、学校评估发展的国际趋势及其对中国的启示

学校评估是使用一组评估指标评估学校的整体表现，系统地探究学校的优点与价值。优点指将所测得的内涵与成就标准比较来做判断；价值是将所测得的内涵与学校及社会需求比较所做的判断。[1]这里的学校指基础教育阶段国内外所有中小学。

经过 20 多年的探索，美国、英国、新加坡、中国香港等国家和地区采取许多措施改善和提高学校评估能力，各自积累了丰富的成果和经验，也主导着学校评估发展的最新国际趋势。

(一) 学校评估模式的改善/绩效问责取向

1. 学校评估模式从第一二代走向第三四代

库巴和林肯(Guba and lincoln，1989)把评估发展分为四个阶段：以测验和评量为主的第一代评估，以收集资料和陈述事实为主的第二代评估，以判断和决策为主的第三代评估，以沟通和协调为主的第四代评估。[2]近 20 年来，教育评估模式发展多元化，种类及数量倍增。早期的评估是在衡量教育目标的达成程度，而后的发展关注陈述方案的执行状况或判断方案的优点与价值；从研究者参与逐步加入消费者、管理者、参与者的影响。当代学校评估模式日趋成熟，其中以 CIPP 模式和认可制度为代表的改进/绩效问责模式是当代教育和学校评估的主要模式。

2. 学校评估意识形态从管理者到消费者导向

有四种意识形态影响了评估取向及其模式的选择:分离主义、实证主义、管理主义、相对主义意识形态。[3]当代学校例古开展20多年来,评估意识形态图谱一直在变化,几种比较明显的变化趋势是:

从分离主义到整体主义。分离主义意识形态主张观察者和被观察者角色永远分离,评估者拒绝反省,容易走向假评估。整体主义把观察者和被观察者角色结合起来,评估者接受自我反省和自我评估。

从实证主义到价值主义。分离主义拒绝了评估的自我反省,实证主义主张价值中立。评估只能用以评估别人,支持目标取向评估模式。当代学校评估是自我关照、自我反省的评估,接受严格的后设评估。联合委员会按照《方案评估标准》排列了21世纪最佳的9种评估模式:决策/绩效问责模式、消费者导向模式、认可制度、实际利用为焦点模式、委托人中心模式、民主审议模式、建构主义者模式、个案研究模式、成果监控/附加价值模式。[4]

从管理者意识形态到消费者意识形态。管理者意识形态支持目标模式,强调成就或成功的评估模式。这样的关注与消费者无关。以需求为准的消费者导向的评估可以纠正这种偏差。消费者导向支持绩效问责和社会议题模式。

3. 学校评估研究范式从分裂到整合

学校评估研究范式是有关学校评估的一组规范系统,包含了对所要研究的现象的各种假设和方法论。学校评估有两种主要的研究范式。理性范式以实证主义为知识论基础,保持价值中立,认为资料会说话,不受研究者和被研究者的价值影响,主张采用纯粹实证的方法论。自然主义范式以扎根理论为知识基础,采取定性的方法,尽可能追求价值和谐,认为价值体系塑造了研究者,也决定研究对象、研究典范、研究主题、理论架构选择、收集资料方法等。[5]当代学校评估研究范式,把评估者作为收集资料的工具,将准确的定量方法和访谈、观察、文件分析等定性研究方法进行了有效的整合。

(二)学校评估标准的效能/品质取向

1. 学校评估焦点的部分—整体位移

学校评估焦点是根据社会主流价值和需求确定的评估主题。低位焦点和学校办学条件、物质环境等生存条件联系在一起，中位焦点与师资队伍、管理与领导等综合校务或规范化建设项目等专项评估联系在一起，高位焦点是把评估定位在学校质量和效能的整体判断上。近 20 年来，官方教育系统出现两个重要的转变：评估范畴从综合校务迈入学校整体；从过去关注学校设备、资源和环境转变为对学校教育结果的关切，质量和标准成为主要诉求。如英国和南非中小学评估焦点是学校效能，美国以绩效责任为核心，澳大利亚以学校本位管理为焦点。[6]中国西部学校评估常常把办学条件放在重要位置。

2. 学校评估标准的输入—输出框架

学校评估标准是专家实施并利用评估来测量学校价值或质量时共同遵守的一套衡量准则。设计评估标准最简便的方式是从教育的生产架构切入：教育输入经过教育过程的转换而产生理想的教育输出。如香港“优质学校计划”将管理与组织、学与教、校风与学生支援作为过程指标，将学生表现作为输出指标。

(三) 学校评估机制建设的专业取向

1. 评估机构专业化

各国学校评估委托人都是国家教育行政部门或独立评估部门。英格兰由独立设置的教育标准局公开招标，注册督学领导督学小组负责，每个小组必有一外行督学。[7]新加坡由教育部学校评估司负责，南非由教育部规划与监督办公室负责，香港由教统局负责。

2. 评估人员专业化

英格兰皇家督学、注册督学和督学都经过了严格的选拔、聘任和培训，新加坡建立了全面的督导人员培训制度。苏格兰形成多方位多层次学校督导评估网络，对如何制定改进计划、如何根据标准和质量撰写评估报告提出指导意见，并提出了质量指标使用指导书。

3. 评估方案专业化

评估是一门自我关照的学科，评估本身需要被评估。后设评估就是一种对评估、评估系统、评估设计的评估，它是对评估方案的有效性、可行性、适当性及精确性做出判断的过程。良好的后设评估能够为评估者提供质量保证机制。

美国“教育评估标准联合委员会”开发出后设评估的4个维度的30条标准。这4个维度是：有效性，确保评估能够为特定使用者提供所需要的信息；可行性，确保评估是实际可行的、审慎的、圆融的、节约的；适当性，确保评估的实施是合法合理的，并保障所有评估参与者和受评估影响者的利益；精确性，确保关于受评方案优缺点的特征，评估能反映出足够的有效信息。完整的学校评估方案包括评估标准、操作指南、评估工具、后设评估标准等。美国、英国注重评估方案的后设评估，亚洲国家在这方面不太强调。

4. 评估组织与实施

各国大都采用学校自我评估、学区支援服务、省组织外部评估的组织方式；时间周期为4～6年一次；现场评估环节2～4天；团队人员4～6人；各国都开发出适合自己国家和当地情况的评估工具。如香港“优质学校计划”开发出四个工具：学校表现评量、情意及社交表现评估套件（APASO）、学校增值资料系统（AVAIS）和学校持分者问卷。

（四）国际评估经验对中国学校评估的启示

我国学校评估是由教育督导机构进行的。近20年来，我国教育督导制度逐步确立并不断完善，各省、市、自治区积累了丰富的中小学评估本土经验。但是，我国学校评估中存在的问题是：没有完全确立消费者和整体主义评估意识形态，导致评估结果运用不充分；没有以质量和效能为焦点必然不关注输入一输出框架；没有输入一输出框架必然导致指标体系庞杂，缺失关键要件；没有完整的制度保证必然导致评估队伍参差不齐；没有后设评估必然导致方案质量不高；方案质量不高必然导致学校评估专业程度不高，国家教育评估能力也有限。针对存在的问题，国际学校评估的先进经验为我们提供了诸多的借鉴。

1. 选择改善/绩效问责模式

强化评估的消费者导向。我国目前的学校督导评估，管理者和分离主义意识形态占据一定地位。督导功能某些时候变成了管理手段和工具，督导评估成了以工具取向或目标导向的评估活动。这导致后设评估虚弱，评估自我关照不足，后续跟进不到位，评估结果行政用途突出。消费者和整体主义意识形态积极诉求并证明所建构的标准是正当的；可从多重资源获得发现并证明其正确性;诚实、公平、慎重地将评估结果报告给所有有知情权的人。

在学校专项评估中可使用问题/方法评估模式:如成本分析、学业成就分析等。但学校整体评估可选择改善/绩效问责取向的评估模式,其中包括 CIPP 模式、消费者模式和认可/鉴定模式。实践中可以把 CIPP 的设计框架和认可模式结合起来使用。选择认可/鉴定模式:所有基础教育阶段学校定期成为被督导评估对象;评估人员必须取得符合专业的资质条件;评估经过预备阶段、自我评估阶段、现场评估、评估报告、评估支援五个阶段。

新加坡的"卓越学校模式"[8]、美国"蓝带学校计划"和"波多里奇质量奖"[9]都运用了诱因导向的绩效问责策略。我国当代学校评估设计要兼顾两个层面的问题:根据每校必督的认证模式与诱因导向的奖励模式,分别制订两类评估标准。认可模式主要是解决国家规定最低质量和效能标准的达成问题。在全部督导评估基础上设立学校自愿申请评估的国家学校质量奖,认证督导完全达标的学校一年后可自愿申请接受评估,优秀者可获得国家学校质量奖。

2. 遵循输入—过程—输出框架

高位焦点引导。我国教育发展已实现从数量规模到质量效能的转移,教育发展的主题是均衡、优质、效能。国家应制定一个学校评估指导纲要,为各级教育行政机构、各类学校自评提供参照。评估方案确定后,每 5 年需进行一次调研和修订,及时调整评估焦点和指标。以高位评估焦点引领学校评估:评估对象是学校整体而不是局部,也不仅仅是综合校务活动。督导评估就是学校整体评估,其他专项评估根据需要开展。

评估焦点确定后,可采用两级指标体系及标准。一级指标可设为:学校领导与管理、课程与教学、师资队伍、学生发展与成就。每个指标下设质量标准,评估决定建议可采用完全达标、基本达标、部分达标、尚未达标、不能达标的五级量表形式。

在关注质量和效能焦点时,必然遵循输入—过程—输出的框架设计评估标准,体现学生第一的精神和消费者首位的价值理念。英国、美国把学生成长和成就指标放在第一位,新加坡的"卓越学校评估"设计了 5 项输出结果指标。我国目前没有统一的评估焦点,设计框架不清晰,输出部分指标重点不明确,效能指标不足或缺位。学校评估指标的设计要突出对学校增值效能的评估,并开发配套工具，确保公平对待弱势学校的进步。

3. 加强结果使用与评估支援

各国学校评估结果都以评估报告形式显现，但对评估结果使用程度却有所差异。评估结果的公开性有强有弱，透明程度有高有低。香港学校通过家长会、周年报告等渠道，让家长知晓自评的结果，并积极推行家校合作，协助学生全面发展。英格兰评估报告要分送给学校董事会、教育标准局，地方教育当局、并将主要内容在学生家长会上公布。在督导工作最终定论后的三个星期内，督导报告将会公布在教育标准局网站上。新加坡教育部官方网站对每一次的评选结果进行公布，卓越学校评价的结果会在全国进行排名。

学校改进水平和支援力度有大有小。苏格兰学校在接受教育督导团及社会各方意见的同时，要制定学校未来改进计划，政府、督导团、学校领导、师生、家长、社区等共同承担教育质量责任，不强调惩罚。香港学校根据评估结果，做出相应的调整与改进：学校在视学后要制定后续计划，并不断推行后续计划。这些经验给我们的启示是：

慎重使用评估报告。评估报告交给学校以备改进之用，交给各级教育行政部门以备了解和支援改进之用，根据具体情况可挂在网上，以备公众了解和监督之用。同时，建立评估结果反馈制度，征求社会、家长、学生对学校评估的意见，吸纳和采用有价值的、促进学校发展的合理建议，通过建立公开、开放、民主的教育督导评估结果报告、反馈制度，从一定程度上实现评估主体多元化，使学校在多方有效监督与评估中得到保障与持续发展，最终形成中国中小学学校评估信息网络。

充分使用评估结果。外部评估能给学校提供关于国家标准或标杆的信息，也能提供其他学校的信息以便于比较，从而有助于学校理解自己的信息，评估自己的质量。[10]评估结果应成为评估组织改进工作的依据，成为政府和教育行政部门教育决策、制订方针政策以及考察干部和评价学校的重要依据。学校在接到评估报告后40天之内依据评估报告制定学校改进计划。学校评估报告与改进计划在向社会公布的同时，必须送交各级教育行政主管机关和督导小组。

评估结果主要为学校改进之用，吸收英国经验，结果不作为行政处罚依据，而是作为各级政府和学校承担改进责任的依据。省或市级政府责令各地方政府为需要改进的学校提供各种人力、物力、财力的支持。对于需要改进的学校限期整改，评估小组2年后再评估，不合格者考虑关闭。没有问题的学校一年后督学要回访。

4. 逐步完善学校督导机制

重估并确立教育督导机构的地位和作用。目前学校评估委托人有三种身份和形式。一是英国独立设置的评估机构—英国教育标准局。二是国家教育部委托，南非、新加坡、香港等大多国家和地区采用这种方式。三是中介组织，美国私立中小学的认证由认证中心负责。适合中国国情的做法是第二种。提高和确立教育督导机构的地位，实行教育督导机构“牵头”、相关部门配合的体制。进一步理顺教育督导机构与教育行政部门相关业务机构之间的关系，发挥教育督导机构的“归口”作用，以解决学校各种行政检查过多的问题。

提高督学队伍的专业水平。实施督学准人制度。鼓励那些符合督学资格的优秀校长、教师报考督学，经考试和选拔确定督学资格。设立专职督学和兼职督学，内部设管理督学、学科督学等。建立督导人员培训制度。吸收英国、新加坡等国经验，定期、及时培训督学人员，不断提高督学人员的业务素质和能力。

建立后设评估环节。欧美学校评估中的指标强调学校自我评估及其评估管理能力。我国这个环节处于虚无状态，而后设评估是高质量评估方案的保证。可以参考“教育评估标准联合委员会”的四条标准，开发适合中国学校评估方案的评估标准。

参考文献：

[1][6] 曾淑惠. 教育评鉴模式[M]. 台北：心理出版社股份有限公司，2004. 215，216.

[2][3][4][5] [美]Daniel L. Stufflebeam，George F. Madaus and Thomas Kellaghan. 评估模型[M]. 苏锦丽等译. 北京：北京大学出社，2007. 73，291，94，436.

[7] OFSTED. Framework for inspection of schools in England from

September 2005[EB/OL]. www. ofsted. gov. uk.

[8] Ministry of Education. The School Excellence Model, Ministry of Education[R]. Singapore. 1999.

[9] Malcolm Baldrige National Quality Award[EB/OL]. http://www. quality. nist. gov/Powerpoint_Files/2008_Education_Criteria. ppt.

[10] Nevo, D. School evaluation: internal or external Studies In Educational Evaluation[J]. 2001,27(2):95—106.

(本文发表于《比较教育研究》2009年第3期。作者张东娇,时属单位为北京师范大学教育学院教育经济与管理系)

二、美国全国教育进展评估述评

20 世纪 90 年代以来，美国通过立法实施“全国教育进展评估”(National Assessment of Educational progress，简称 NAEP)，又称为“全国教育报告卡”(The Nation's Report Card)，其首要目标是向美国公众报告中小学学生的教育状况，促进教育质量和学生学业成绩的不断提高。

(一) 美国实施全国教育进展评估的背景及历程

从第二次世界大战后，美国的基础教育一直在公众的不满、批评中改革与发展。1963 年，针对美国缺乏有关学生学业成绩方面信息的状况，时任美国教育专员的弗兰西斯·凯普尔(Francis Keppel)呼吁建立一个全国性的学生学业成绩评估体系。20 世纪 60 年代到 70 年代，矩阵取样(matrix sampling)技术的发展与改进使全国评估体系在技术上得以推行。同时，一些州在 NAEP 技术的支持下，发展了州评估体系。

自 1983 年以来，美国发表了一系列关于公立教育的调查报告，包括著名的《国家处在危险中：教育改革势在必行》在内的至少 30 个国家级研究报告和 290 个州级研究小组报告。[1] 这些报告揭示了美国不良的教育状况，纷纷发出替告：由于美国公立学校的状况使得国家正处于危险之中。1984 年，NAEP 的评估政策委员会同意把各州和各地区的学生评估与 NAEP 的全国性评估进行比较，州立学校负责人理事会、一些州政府官员和立法官员也赞成跨州比较的计划。1988 年，《奥古斯塔斯·F. 霍金斯—罗伯特·T. 斯特福特小学和中学改进系列修正案》(Augustus F. Hawkins Robert T. Stafford Elementary and

Second School Improvements Amendments)出台,批准 NAEP 进行试行性的州评估。上述系列修正案的出台也最终促成了 NAEP 的政策制定机构—美国全国评估管理委员会(National Assessment Governing Board,NAGB)的产生。

1989 年,老布什总统和 50 个州的州长提出建立全国及州的教育质量标准和测评标准。1994 年,经国会批准,克林顿总统签署通过了《2000 美国教育目标法》(Goals 2000:Educate America Act),同时对联邦基础教育法案进行了修订。这是美国历史上首次通过立法的形式资助和鼓励各州建立自己的评价标准,用以衡量学生的学习进步情况。

1996 年,试行性的 NAEP 州评估在公立学校变为正式实施的评估。1996 年 8 月,美国全国评估管理委员会发表了《NAEP 的政策声明》,呼吁各州把它们的评估与 NAEP 紧密联系起来,并提出改进 NAEP 州评估的方法,即州评估优先考虑 4 年级、8 年级的阅读、数学、写作和科学,而各州在运用 NAEP 对其他科目以及对 12 年级进行评估方面拥有选择权。1998 年,美国 40 多个州建立了评价标准,检测学生是否达到所设置的目标。

2001 年,小布什总统上任后,把教育改革作为其任内的一个主要议题,推出《美国中小学教育法案》,即《不让一个孩子掉队》(No child left Behind)法案,并得到了国会中两党议员的高度认可。该法案确立了 NAEP 评估摸式。至此,NAEP 成为美国惟一的一个全国范围内且持续监测中小学生学业成绩的测量体系,对确保所有群体的学生都受到优质教育具有重要的作用。

2007 年,NAEP 对全国 35 万名 4 年级和 8 年级的学生进行了数学和阅读评估。下面以 2007 年全国数学和阅读评估为例,具体介绍 NAEP 评估框架、成绩等级与评估结果。

(二) NAEP 评估框架和成绩等级

1. 数学评估框架和成绩等级

为了制订 2007 年的评估框架,美国政府成立了专门指导委员会、计划委员会和技术顾问小组。评估框架的修订试图达到以下目的:一是反映最新的课程重点和目标;二是纳入决策者、学者、实践者以及感兴趣的公民认为评估应该包含的内容;三是维持 4 年级和 8 年级的短期趋势评估;四是为每个年级制定更明确和更具体的目标。最终确定了数学评估框架的两个维度，一个是数学内容(content area)，一个是数学复杂度(Mathematical Complexity of Items)。

2007年的数学评估内容包括：数字属性与运算：具体包括数字感知、数字估计、数字操作、比率和比例推理、数字属性与操作等；测量：具体包括测量物理属性和测量体系；几何：具体包括尺寸和形状、转换形状和保留性质、几何图形之间的关系、位置和方向以及数学推理；数据分析与概率：具体包括数据表达、数据集合的特征实验、样本和概率；代数：具体包括模式、关系与函数、代数表征和变量、表达式与运算。

每个评估项目都测量以上五个方面的相关内容，同时每个项目又对学生的思维提出一定的要求，这些对学生思维的要求决定这个项目的数学复杂度。数学复杂度分为低复杂度、中等复杂度和高复杂度三个等级水平。

4年级和8年级数学评估成绩等级包括：基础水平(214/262分)、精通水平(249/299分)和高级水平(282/333分)。每个水平都有相应的要求。例如，4年级的基础水平要求为：学生能够估计和使用基本事实完成全部数字的简单运算；对分数和小数有一定的了解；解决真实世界中一些简单的问题。学生能够使用四功能计算器、尺子和几何测量仪器。他们的答案很简练，而且没有支撑信息。[2]

2. 阅读评估框架和成绩等级

NEAP阅读评估通过让学生阅读文章并根据所阅读的内容回答问题来测试学生的阅读理解水平。该评估扩展了阅读的定义：包括大体理解文本、解释文本和使用文本。它将阅读视为包括读者、课文和阅读经历情境的一个互动和动态的过程。阅读评枯的框架分为两个维度：阅读目的和阅读理解。

阅读目的有三种：为文学经验而读：通过阅读小说、短篇故事、诗歌、剧本、传奇故事、传记、神话和民间故事来了解事件、人物、主题、背景、情节、行动和文学作品的语言；为信息而读：包括阅读杂志、报纸、教科书、散文和演讲来更好地认识世界；为完成一项任务而读：要求读者通过阅读材料，如公共汽车或火车时刻表、修理或游戏说明、班级规则、地图等材料，获得并应用相关的知识。4年级、8年级和12年级的阅读评估包括前两种阅读目的的评估，而最后一种阅读目的只用于8年级和12年级的阅读评估。

阅读理解有四种：形成一个综合理解，包括整体考虑文章和对文章的总体认识；解释文章，要求扩展第一印象、将文章各个部分的信息联系起来，集中在某个特定信息上；建立读者和文章之间的联系，将文章中的信息与自己的知识、经验联系起来，并将观点应用到真实世界中；分析内容和结构，理解和批判性地评价文章内容、特征或合理性。

4 年级和 8 年级阅读评估等级包括：基础水平(208/243 分)、精通水平(238/281 分)和高级水平(268/323 分)。每个水平都有相应的要求。例如，4 年级的基础水平要求为：学生应该全面理解掌握阅读材料的含义。当阅读适合的材料时，学生应该将文章和他们的经验联系起来，并通过简单推论扩展文章的观点。[3]

(三) NAEP 评估结果

1. 数学评估结果[4]

经过对 2007 年 NAEP 数学评估结果的分析，得出以下结论：

(1) 总体成绩高于以往所有评佑的成绩。4 年级成绩比 2 加 5 年提高了 2 分，而比 1990 年提高了 27 分；8 年级成绩比 2005 年高 3 分，而比 1990 年高 19 分。1990 年—2007 年期间，两个年级在 5 个数学领域都取得了进步。

(2) 多数种族群体都取得了进步。4 年级白人、黑人、西班牙裔和亚太岛民学生的平均成绩均高于以前的成绩。黑人学生在 1990 年～2007 年之间增长了 35 分，大于白人学生(28 分)和西班牙裔学生(27 分)的进步。8 年级只有白人、黑人和西班牙裔学生的成绩高于以往评估成绩。

(3) 白人与黑人差距缩小。2005 年～2007 年之间 4 年级白人与黑人学生分数差距没有显著变化。黑人学生取得较大进步，与 1990 年相比，差距缩小了。无论与 2005 年相比还是与 1990 年相比，黑人与西班牙裔学生之间的差距没有显著变化。而 8 年级白人与黑人学生差距小于 2005 年差距，但与 1990 年差距相比没有显著变化。

(4) 成绩存在性别差异。4 年级男生与女生在 2007 年评估中都取得了进步，但是男生比女生高 2 分。男生与女生在不同数学领域的成绩有所不同。8 年级男生与女生也均取得进步。2007 年，男生平均分数比女生高 2 分。

(5) 公立学校学生分数低于私立学校学生。4 年级公立学校学生的平均成绩(239 分)低于私立学校学生的平均成绩(246 分)和天主教学校的学生平均成绩(246 分)。8 年级公立学校学生的平均成绩(280 分)低于私立学校的平均成绩(293 分)和宗教学校的平均成绩(292 分)。

(6) 高收入与低收入家庭学生都取得进步。高收入家庭的学生平均成绩依然高于低收入家庭的平均成绩;4 年级获得低成本午餐的学生平均成绩比获得免费午餐学生的平均成绩高 11 分;8 年级不能获得以及获得低成本午餐的学生平均成绩高于享受免费午餐的学生,享受低成本午餐的学生的平均成绩高于享受免费午餐的学生。

(7) 各州的数学评估成绩。50 个州与两个管辖区(哥伦比亚地区和国防部校,the District of Columbia and Department of Defense Schools)参与了 2007 年评估。23 个州 4 年级的评估成绩提高了,26 个州 8 年级的评估成绩提高了。

2. 阅读评估结果[5]

经过对 2007 年 NAEP 阅读评估结果的分析,得出以下结论:

(1) 两个年级的总体阅读水平均有所提高。4 年级平均成绩为 221 分,比 2005 年高 2 分,比 1992 年高 4 分。4 年级两种阅读目的的成绩均提高了。8 年级文学经验阅读成绩和信息阅读成绩均提高了。

(2) 多数种族群体成绩均有所提高。① 各个种族评估成绩状况。4 年级 4 个种族群体学生评估成绩在 15 年中不断提高。白人、黑人、西班牙裔和亚太岛民学生的平均成绩均高于 2005 年和 1992 年。8 年级白人和黑人学生的评估成绩均高于 2005 年和 1992 年。② 白人与黑人成绩差距缩小。4 年级黑人学生成绩提高了,缩小了其与白人学生之间的差距。2007 年白人与黑人学生之间的差距是 27 分,小于以往任何一次评估差距。白人学生与西班牙裔学生之间的差距是 26 分,与 2005 年和 1992 年的差距差异不显著。8 年级白人与少数民族学生之间始终存在显著的差距。黑人与西班牙裔学生的平均成绩均高于 1992 年的成绩。

(3) 女生成绩高于男生。4 年级男生与女生的总体成绩均提高了。女生成绩高于男生。在每种阅读目的中,男生的平均成绩均低于女生的平均成绩。8 年级男生和女生的评估成绩与 2005 年相比没有显著的变化。女生平均成绩依然高于男生。

(4) 公立学校成绩低于私立学校成绩。4 年级公立学校的平均成绩(220 分)低于私立学校平均成绩(234 分)和宗教特许学校的平均成绩(232 分)。8 年级公立学校的平均成绩为 261 分,低于私立学校的平均成绩(280 分)和宗教特许学校的平均成绩(282 分)。

(5) 高收入和低收入家庭学生的成绩均提高。4 年级不享受免费午餐的学生成绩依然高于享受免费午餐或低成本午餐学生的成绩;享受低成本午餐的学生平均成绩高于享受免费午餐的学生。8 年级不享受免费或低成本午餐资格的学生成绩比 2005 年高 1 分;享受低成本或免费午餐学生的成绩与 2005 年相比,没有显著变化。

(6) 各州的阅读评估成绩。50 个州与两个管辖区(哥伦比亚地区和国防部学校)4 年级学生参与了 2007 年的阅读评估。其中 18 个州的成绩高于 2005 年的评估成绩。6 个州的白人学生、8 个州的黑人学生和 2 个州的西班牙裔学生成绩均提高了。

(四) 成绩与问题

美国实施国家教育进展评估,在提高学生学业成绩、提高教育质量等方面取得了一定成效。例如,美国在国际数学和科学研究趋势(TIMMS)中排名的总体趋势不断提高。1999 年 8 年级数学排名为第 19 名,科学排名为第 18 名;[6] 2000 年 4 年级和 8 年级数学排名分别为第 12 名和第 27 名;[7] 2003 年 4 年级和 8 年级数学排名为第 12 名和第 15 名,4 年级和 8 年级的科学排名分别为第 6 名和第 9 名。[8] 这是由于 NAEP 作为长期的中小学学生学业成绩测量体系,具有多方面的优势:

① 通过 NAEP 全国评估和州评估可以对学校教育教学质量进行监控,促进成绩差的学校和学区改进教学方式,提高学生成绩。② NAEP 的评估理念是了解不同年级学生对不同学科的掌握和应用情况,以便于最佳配置美国学生所需要的知识、技巧和能力;同时,通过考试成绩所提供的信息了解学生在知识技能掌握方面的优势和不足,可以督促教师用心教学,督促学生努力学习,从总体上提高基础教育质量。③ NAEP 全国考试和州考试内容与学校课程有密切

的关系，同时通过各种问卷对教师和学校进行背景变量的调查使得教学内容更加规范，评估的实施和评估结果报告能够直接推动学校课程的改革和教师教学行为的改进，对推行全国统一课程标准也具有积极的作用。④ NAEP 是全美惟一从全国范围、各州和不同社区内收集不同种族群体典型学生样本，涵盖 4 年级、8 年级和 12 年级多种学科领域且持续时间长达 10 多年的学生学业成绩测量体系，可以有效防止学校将多个测验的结果混合而只提供学校的平均水平以掩盖不同学生群体之间的成绩差距。⑤ 与其他评估测量体系相比，NAEP 具有高质量的独特测试工具、管理程序和评分方式。因此，NAEP 的评估信息已广泛用于相关研究，如有关家庭变化、社区和学校对学生成绩的影响的研究，有关资源差异、系统化的改革措施、不同的学习机会及教育政策对学生学业成绩影响的研究等，对美国教育产生了广泛的影响。⑥ NAEP 全国考试和州考试引起了全社会对教育的关注，政府也增加了对教育的预算与拨款。

然而，虽然美国自实施 NAEP 以来，学生学业成绩有所提高，但是与其他发达国家相比还有一定差距，如在 PISA2003 年和 2006 年评估中，其平均成绩低于 OECD 成员国的平均成绩。[9][10]这是由于 NAEP 作为一项全国范围内的重大改革还是有相当难度的，NAEP 主要存在着以下一些难题：

① 美国的教育机会不均衡问题。建立评价制度的目的是为了要大面积提高中小学的教育质量，但在现实中美国的教育机会不均衡现象还相当严重，因此让全体孩子都享受高质量教育，还有相当大的难度。② 评价工具的编制问题。如何根据新课程标准编制评价工具和教材的问题并没有完全解决。这方面有一系列技术上的难题，如仅仅依靠笔试并不能检测出学生的真实能力和创造力。③ 考试是有误差的，完全以成绩来评估教育质量难免有失公允。由于这些标准化考试的高利害性，专业考试机构与评分公司的错误与误差会导致许多学生、学校负责人及相关人士的事业和声誉受损。尽管专业考试机构与评分公司解释说，从整体来看出错的比率是非常小的，但是这种整体上的小概率对于个人而言却是 100%的损失。因此，对各大专业考试机构进行规范管理，减少测量误差是今后需要改进的。

总之，在科学技术日新月异的时代，学校必须以高标准来要求学生掌握在全球市场上竞争所需的知识与技能，这是当前非常紧迫的一件事情。尽管出现了一些反对的声音，但美国还是义无反顾地朝着全国教育标准的目标前进。

参考文献：

[1] Kadriya Salimova and Nan L. Dodde. International Handbook on History of Education[M]. Orbita-M2000. p540.

[2] Mathematics Framework for the 2007 National Assessment of Educational Progress[EB/OL]. http://nagb. org/frameworks/math07. pdf.

[3] Reading Framework for the 2007 National Assessment of Educational Progress[EB/OL]. http://nagb. org/frameworks/reading07. pdf.

[4] The National Report Card Mathematics 2007-National Assessment of Educational Progress at Grade 4 and 8[EB/OL]. http://nationsreportcard. gov/math2007.

[5] The National Report Card Reading 2007-National Assessment of Educational Progress at Grade 4 and 8[EB/OL]. http://nationsreportcard. gov/reading2007.

[6] International Mathematics Report: Findings from IEAS Repeat of the Third International Mathematics and Science Study at the Eight Grade[EB/OL]. http://isc. bc. edu/times1999i/pdf/T99i_Math_All. pdf.

[7] Dana L. Kelly, Ina V. S Mullis, Michael O. Martin. Profiles of Student Achievement in Mathematics at the TIMSS International Benchmarks: U. S. Performance and Standards' in an International Context[EB/OL]. International Study Center, Boston College. 2000, p10—12.

[8] Patrick Gonzales, Juan Carlos Guzman, Lisette Parlelow, Erin Pahlke, Leslie Jocelyn, David Kastberg&Trevor Willans (2004) Highlights from the Trends in International Mathematics and Science Study (TIMSS) [EB/OL]. Washington, DC: U. S. Government Printing Office. 2004. p4—15.

[9] Baldi, S. Jin. Y., Skeme, M., Green, P. J., &Herget, D. Highlights From PISA2006: Performance of U. S. 15-Year-old Students in Science and

Mathematics Literacy in an International Context[EB/OL]. Washington,DC: National Center for Education Statistics, Institute of Education Science, U. S. Department of Education. 2007. p6—12.

[10] Lemke,M. , Sen,A,Pahlke,E,Partelow,L,Miller, D,Williams,T, Kastberg,D. Jocelyn,L. International Outcomes of Learning in Mathematics Literacy and Problem Solving: PISA2003 Results from the U. S. Perspective [EB/OL]. Washington, DC:U. S. Department of Education, National Center for Education Statistics. 2004. p14—17.

(本文发表于《比较教育研究》比较教育研究 2009 年第 2 期。作者方晓东、李新翠,时属单位为中央教育科学研究所教育理论研究部)

三、美国政府提高基础教育质量的最新举措
——PARCC评价体系的构建与启示

美国为深化基于标准的教育改革，改变基础教育质量低下的状况，2010年6月，美国几个教育组织联合颁布了《州共同核心标准》(Common Core State Standards，简称"核心标准")。在这一背景下，2010年9月，美国教育部通过"力争上游评估项目"(Race to the Top Assessment Program)向"为升学和就业做准备评价同盟"(The Partnership for Assessment of Readiness for College and Careers，简称PARCC)组织专项拨款1.86亿美元，[1]以支持其研发PARCC评价体系。目前，参与该评价体系研发的州和地区已多达23个。[2] PPARCC评价体系的研发，显示出美国实施"核心标准"，提高基础教育质量的力度和决心。

(一) 美国政府支持开发PARCC评价体系的缘起

1. "州共同核心标准"的推动

20世纪90年代以来，美国掀起了"基于标准的教育改革浪潮"。2001年颁布的《不让一个孩子掉队法案》(No Child Left Behind Act)提出将对不能达到标准的学校实行严格的处罚措施。美国各州为了免受惩罚，纷纷降低州立标准以使学生成绩"达标"。在此背景下，2010年6月，美国全国州长协会(National Governors Association)和各州教育长官委员会(Council of Chief State School Officers)共同颁布了《州共同核心标准》，旨在统一美国K-12年级课程标准，以确保为学生升学和就业做好准备，从而提升美国教育的国际竞争力。[3]研究表

明，出台“核心标准”是美国下决心改变基础教育质量长期低下的一项关键政策；而支持 PARCC 等组织研发新的评价体系则是美国政府支持“核心标准”的实施，全面提高基础教育质量的重大举措。

2. 基于“核心标准”的学业评价实践的诉求

美国教育部长邓肯（Arne Duncan）指出：“我们从教师那里听到的最大抱怨是州的标准化考试迫使教师实施应试教学，而考试却测试不出真正重要的东西。”[4]这表明，美国现有州的评价体系存在着严重的弊端，一是州标准化考试缺乏科学性、有效性。现有的考试侧重于对基础知识的考查，缺乏对学生高级思维技能及学习能力的考查，无法检测出学生真实的知识与技能水平。二是缺乏统一的、高标准的学业评价体系。由于美国各州课程标准存在一定的差异，据此开展的州标准化考试也必然缺乏全国的可比性。例如，田纳西州 2005 年州数学统考的及格率为 87%，但在全国性的数学学业成就检测中，该州的及格率仅为 21%。[5]这表明，美国基于州标准实施的学业评价现状不容乐观，构建适应“核心标准”的评价体系成为美国学业评价实践的迫切诉求。

（二）美国政府支持构建的 PARCC 评价体系的框架性内容

PARCC 组织以建立高质量评价体系为宗旨，构建了如下评价体系框架。

1. 开发终结性与形成性相结合的二元评价体系结构

PARCC 评价体系的结构将由四部分组成，其中终结性评价、形成性评价中各包含两部分。

(1) 终结性评价部分。终结性评价的设计目标是检测学生是否在“为升学和就业做准备”，测量课程标准所要求学生掌握的所有知识与能力，并为各级教育机构及人员提供学生发展的相关数据。其内容包括以下两方面：[6]第一，基于学生行为表现的评价（Performance-Based Assessment），该项评价将尽可能在学期末的时候进行——基于表现的英语语言艺术评价将重点对学生分析文本时的实际写作能力进行评价；基于表现的数学评价将重点关注学生对技能、概念的实际应用水平以及解决深层数学问题所需的策略性思维和推理能力等。第二，学年末终结性评价（End-of-Year Assessment），将在学年大约剩 1/10 时间时进行，英语方面侧重对阅读的测验，数学方面则由一系列创新的机器可测项目组成。

(2) 形成性评价部分。形成性评价设计的主要目标是为教师进行有效的教学调整、学生学习干预以及教师的专业发展提供及时、准确的信息。主要包括以下两部分内容:[7]第一,早期评价(Early Assessment),它将为教师教学及教师的专业发展提供帮助,并使其适应学生发展的需要,促进学生知识和技能的学习。第二,学年中期的评价(Mid-Year Assessment),它将由基于学生行为表现的评价试题和任务组成,侧重对一些以往测量中难以考核的知识与技能的评价。

2. *以核心学科为重点开发评价模块*

PARCC评价体系中的核心学科,目前只有英语和数学两门课程。科学课程标准出台后,科学课程也将纳入到该评价体系中来。具体评价模块如下:

(1) 英语学科评价模块的开发。英语学科(English Language Arts/literacy 简称"ELA")评价模块共包括五部分,即侧重读写能力的评价(ELA-1和 ELA-2)、拓展性研究/写作的评价(ELA-3)、学年末终结性评价(ELA-4)以及口语和听力的评价(ELA-5)等。其中,ELA-1、ELA-2 和 ELA-3 属于"贯穿整个学年的评价"(Through-course assessment)。具体内容如下:[8]

第一,ELA-1 和 ELA-2:侧重读写能力的评价(Focused Literacy Assessment)。侧重读写能力的评价模块由 ELA-1 和 ELA-2 两部分构成。ELA-1 将在学年 1/4 时进行,ELA-2 将在学年中期时进行。在"核心标准"中,学生所要掌握的最为基本的能力是读写能力,它是学生进行深层次写作的基础。这两部分的评价将对学生的读写能力进行考核。在考核过程中,学生将阅读一些复杂文本,然后从中寻找相关信息以得出合乎逻辑的结论,最后通过书面形式进行论证分析。其中,复杂文本的难度将随年级上升而增长。

第二,ELA-3:拓展性研究/写作的评价(Extended Research/Writing Assessment)。ELA-3 将在学年 3/4 时开展。据调查,众多雇主及大学教师都认为基础教育阶段培养学生拓展性研究、写作等能力对学生就业或大学课程学习的成功具有重要作用。这项评价将提供一系列资源,要求学生对其进行分析,评价这些资源的可行性和关联性,如有必要还可构建一个主题报告。此外,学生还要对目前的争论性话题进行分析,提出自己的观点并论证。

第三，ELA-4：学年末终结性的评价（End-of-year Literacy Assessment）。ELA-4 将在学期还剩 1/10 时以考试形式进行。在具体操作上，学生需完成由计算机提供的一系列测验项目，项目的难度和数量都将随年级的上升而逐级增长。如 3～5 年级的学生需完成 45～55 个计算机测验项目，6～8 年级学生需完成 50～60 个，9～11 年级则需完成 55～65 个。在考试中，近一半的测验项目将呈现长篇文章供学生阅读、分析，另有 1/3 至 1/2 项目是短篇文章或演讲稿，剩下的则是一些词汇与语言运用方面的基本问题。最终，相关人员将根据考试结果判断学生是否达到英语标准的相应要求。

第四，ELA-5：口语和听力的评价（Speaking and Listening）。ELA-5 将在 ELA-3 项目完成之后，由教师在课堂教学中进行现场考核，结果也将在课堂中呈现。具体操作上，学生要对 ELA-3 中的文章发表自己的认识和见解，并提出论据论证自己的观点，同时还要回答其他同学的提问。这些都将以现场口试形式进行。听说能力测验的结果将为相关的教学决策提供依据。

（2）数学学科评价模块的开发。数学学科（Mathematics，简称“Math”）的评价模块共包括三个部分，即侧重于基本主题的评价（Math-1 和 Math-2）、拓展性数学评价（Math-3）、学年末终结性评价（Math-4），其中 Math-1、Math-2 和 Math-3 属于“贯穿整个学年的评价”。具体内容如下：[9]

第一，Math-1 和 Math-2：侧重于基本主题的评价（Focused Assessments of Essential Topics）。Math-1 将在学年 1/4 时进行，Math-2 将在学年中期进行。在这两部分评价中，首先要对课程标准的内容进行整合，找出重点，确定数学学科中的基本主题。每次评价将涉及 1～2 个主题，每个主题大约有两个简单的自拟答案测验和一个拓展性的自拟答案测验。

第二，Math-3：拓展性数学评价（Extended Mathematics Assessments）。Math-3 将在学年 3/4 时开展。这部分的评价将提供一个拓展性表现任务。在这个任务中，学生要运用自己对关键性数学概念的理解，寻找办法解决给定的问题。

第三，学年末终结性评价（End-of-year Mathematics Assessments）。Math-4 将在学期还剩 1/10 时进行。Math-4 中学生要完成多个由计算机进行测验的项目，项目的难度和数量都将随年级的上升而逐级增长。如 3～5 年级的学生需完成 40～45 个计算机测验项目，6～8 年级学生需完成 45～50 个，9

～11年级则需完成50～55个。

3. 系统性研发形成性评价工具(Formative Tools)

PARCC研发形成性评价工具的主要目标在于帮助教师收集课堂教学中“最佳教学时机”(teachable moments)的学生学习信息,进而改进教学。[10]形成性评价工具的开发,大致包括如下几部分内容:

(1) 开发资源共享中心(The Partnership Resource Center,简称PRC)。PRC是一个在线的电子资源库,将为教师教学与评价提供两方面的支持:一是提供课程框架模型,帮助教师进行教学设计以及新课标的深层理解;二是提供一些学生作业与任务,供教师进行形成性评价使用。为科学开发这些工具,一方面PARCC将提供一个平台,供各州合作开发课程框架模型以及教学计划范本;另一方面也将利用现有试题库进行作业与任务的开发。目前,马萨诸塞州已从其综合评估系统中拿出5,000个评价试题作为共享资源使用。[11]

(2) 开发复杂文本诊断工具(Text Complexity Diagnostic Tool)。阅读能力是美国英语教学中一贯重视的目标。为满足“核心标准”对复杂文本的需求,PARCC将开发一个计算机适应性工具。该工具将帮助确定学生最近发展区,检测学生文本阅读的现有水平并提供适应其现有水平的相关文本。该工具在学年初时将为教师提供教学指导,并在学年中帮助教师进行满足学生需求的教学调整。PARCC鼓励教师在学年初时对学生阅读复杂文本的能力进行一次形成性评价,并根据评价结果为学生制定一个详细的、切实可行的发展计划。

(3) 提供K-2年级选择性评价项目(Options for Assessment K-2)。为帮助各州根据“核心标准”要求检测学生的知识和技能,PARCC将提供K-2年级的相关行为表现任务。PARCC将根据“美国幼儿教育协会”(The National Association for the Education of Young Children)相关标准开发适应即将升入3年级学生的评价项目,来检测其为继续学习做准备的情况。这部分资源将纳入到PARCC评价体系之中,并将其单独列出。

(三) 美国政府支持PARCC等组织构建新的评价的启示

美国政府支持PARCC等组织构建新的评价体系给我们的启示在于:

1. 评价体系的构建应立足核心课程标准

显然,美国基于州标准的评价体系已经阻碍了美国推行核心课程的教育战略。PARCC评价体系作为奥巴马政府重点支持的研究项目,其宗旨就在于彻底打破基于州标准的评价模式,建立与"核心标准"相一致的新的评价体系。新课程改革以来,我国颁布了多个学科的课程标准,并以此为依据开展学生学业质量评价。但是,目前我国课程评价体系与课程标准的匹配度并不够好,尤其是基于核心课程标准的评价体系的研究十分欠缺,如数学、语文等核心课程的学业成就评价还存在偏离国家课程标准等问题,这在一定程度上制约着学生学业成绩的有效评价。借鉴美国的经验,我国应基于国家核心课程标准,研发新的评价体系,从而使我国课程评价体系不断完善。

2. 评价体系的构建应秉持"为升学与就业做准备"的理念

据研究,美国相当一部分高中毕业生,尚未具备升学与就业所需要的学业技能和非学业技能。2006年,美国一家人力资源公司对430名人力资源主管进行调查发现,72%的主管认为最近聘用的高中毕业生在基本的英语写作技能方面存在缺陷,81%的主管认为高中毕业生在使用英语写作,例如备忘录、信件和技术报告等方面的能力欠缺。[12]为改变美国基础教育难以为学生的升学和就业准备充足的知识与技能的现状,不断提升基础教育质量,美国在"核心标准"中明确提出"为升学与就业做准备"的理念。适应"核心标准"的这一要求,PARCC将建立使所有学生能"为升学及就业做准备"的通道,作为重要的组织目标。目前,我国课程标准中确定了多项学生必须掌握的知识与技能,其中绝大多数知识与技能是学生升学和就业所不可或缺的。然而,在实践中这些与学生升学和就业密切相关的知识与技能并没有得到理想的评价,这在一定程度上背离了以评价促进学生发展的方向。借鉴美国的经验,我国应该在评价体系中加大对学生升学和就业方面知识与技能的评价,推动基础教育为升学和就业做好充足的知识与技能准备,不断提升基础教育质量。

3. 评价体系的构建应体现终结性评价与形成性评价的有机结合

在基于州标准的评价体系框架下,美国各州和学校通常以终结性评价为主,且大多数学校都将终结性评价放在学期末进行。研究表明,终结性评价无法为教师提供学生学习的动态信息,因而也就无法有针对性的调整和改进教师的教学活动。为弥补终结性评价的不足，PARCC评价体系在学年末实施终结性评价的同时，通过“贯穿整个学年”的学习过程的评价，强化形成性评价，为教师全面调整教学活动及实施差异性教学提供即时、有效的学习状况信息，这在很大程度上会引导各学校实施形成性评价，关注学生形成性学习目标的实现。目前，我国由于过分重视学习结果的评价而忽视学习过程的评价，这直接导致学业评价沦为“选拔性考试”的工具。借鉴美国的经验，我国建构评价体系应在评价方式上着力进行改革，改变单纯重视学习结果的终结性评价的现状，促进终结性评价和形成性评价的有机结合。

参考文献：

[1] Joseph Conaty. PARCC Award Letter[EB/OL]. http://www2. ed-gov/programs/race to the top-assessment/Parcc-award-letter, 2010—09—28/2012—10—09.

[2][6][7] The Partnership for Assessment of Readiness for College and Careers. PARCC Overview PPT[EB/OL]. http://www. Parcc online. org/sites/parcc/files/PARCC_Overview_November2011. pptx, 2011—09—22/2012—10—10.

[3] 周琴，杨登苗. 为升学和就业做准备：美国共同核心州立标准述评[J]. 比较教育研究，2010，(12)：13～17.

[4] 李茂. 美国中小学迎来考试2.0时代[N]. 中国教师报，2010—10—13，(4).

[5] 李茂. 美国首部全国同一课程标准草案出炉—为上大学和就业作准备[N]. 中国教师报，2010—03—17，(4).

[8][9][11] The Partnership for Assessment of Readiness for College and Careers. PARCC Application for the Race to the Top Comprehensive Assessment Systems Competition[R]. 2010：46～48，51～54，56～59.

[10] Shavelson, R. J. et al. On the Impact of Curriculum-Embedded Formative Assessment on Learning: A Collaboration between Curriculum and Assessment

Developers, Applied Measurement in Education[R]. 2008: 295～310.

[12] 王晓阳. 美国高中教育现状、改革趋势及对我们的启示[J]. 基础教育参考,2008,(6):27～32.

(本文发表于《比较教育研究》2013 年第 10 期。作者刘学智、栾慧敏、乞佳,时属单位为东北师范大学国际与比较教育研究所)

四、美国国家质量奖学校质量标准对我国的启示

以学校质量评价促进教育均衡发展是教育理论界和实践领域普遍关注的话题。《国家中长期教育改革和发展规划纲要》(2010～2020年)明确指出,建立以提高教育质量为导向的管理制度和工作机制,制定教育质量国家标准,建立健全教育质量保障体系,是未来十年我国教育改革和发展的重要任务。建立学校质量标准是教育质量保障体系建设的重要环节。我国地域辽阔,东西部和城乡间差异巨大,如何建立公平、统一,又适应学校差异和体现学校个性的国家学校质量标准,以提升学校质量,促进学校改进,是当前摆在我们面前的重大理论和实践课题。20世纪80年代以来,在全面质量管理和标准化管理运动的影响下,各国教育组织相继开始探索学校质量标准的制定和认证。然而,全面质量管理和标准化质量管理都来源于工业组织,虽经改良后引入教育组织,但还是出现了"水土不服"现象。研究发现,很多认证后的学校与其他学校相比,并无实质上的提高。[1]美国是较早开展学校质量评价的国家,在学校质量管理方面已积累了丰富的经验。1999年,美国在代表美国最高质量奖的波多里奇国家质量奖中设置了专门的关于学校卓越绩效的教育标准(Education Criteria for Performance Excellence)①。此后,每年都为表现优异的学区颁发奖项,至

① 美国国家质量奖学校卓越绩效的教育标准涉及的评价内容均为学校质量,由于学校质量是教育标准的一个方面,为明确美国国家质量奖学校卓越绩效的教育标准指向的具体内容,本文将其统一命名为学校质量标准。

今已有9个学区获此殊荣。美国制定了统一的学校质量标准框架,同时允许各学区根据自身实际情况灵活制定具体的评价标准,因此该标准得到了广泛的应用,对推动学校改进发挥了重要作用。本文分析了美国国家质量奖学校质量标准的特点,并结合两所获奖学区的实践,探讨我国学校质量管理的改革方向,以期推动我国学校质量管理的改革。

(一) 美国国家质量奖学校质量标准及特点

学校质量的界定一直广受争议,多数人认为质量是基于比较的"基准"做出的有关达成度的判断。美国高等教育鉴定委员会(COPA)在《教育质量与鉴定对多样性、联贯性和创造性的呼吁》报告中提出:"一个教育过程的质量涉及:① 目标的适合度;② 目标实现过程中资源利用的有效度;③ 已达目标的水平高低。[2]可见,学校质量是基于学校目标、目标的适合度及实现过程中资源利用的有效度和目标达成度所做出的判断。学生和家长是学校教育最重要的服务对象,[3]学校质量因此可以界定为是学校教育输入、过程和结果实现目标的程度,以及学校提供教育服务满足学生、家长和相关利益者的要求并使其满意的程度。因此,学校质量评价涉及到基于学校的背景对学校目标的适合度、在目标的指引下学校所取得的质量方面的改进与各相关利益方的满意程度所进行的评价。由商业部下属的技术机构美国国家标准技术研究院(NTST)与美国质量协会(ASQ)在20世纪90年代末共同开发的学校质量标准[4]经过十几年的发展,成为各州进行学校质量评价的基础性工具,并得到了广泛的认可。究其原因,有以下四项。

1. 这一标准既关注学校质量的各个环节,又特别重视结果和领导力,重视战略规划与过程事实,体现了一种全面的质量观

该标准以满足学生、家长和相关利益者的需求为基础,评价内容涉及到影响学校质量的各环节。下表为2010/2011年波多里奇国家质量奖学校质量标准的类别、考核内容、分值和权重。[5]

2010～2011年学校质量标准的类型、考核内容、分值和权重一览表(2010年版)

<table>
<tr><th>类别</th><th>考核内容</th><th colspan="2">分值(共1 000分)</th><th>权重</th></tr>
<tr><td rowspan="2">领导力</td><td>高层领导者如何领导</td><td>70</td><td rowspan="2">120</td><td rowspan="2">12%</td></tr>
<tr><td>治理和社会责任</td><td>50</td></tr>
<tr><td rowspan="2">战略规划</td><td>如何确定战略</td><td>40</td><td rowspan="2">85</td><td rowspan="2">8.5%</td></tr>
<tr><td>如何实施战略</td><td>45</td></tr>
<tr><td rowspan="2">利益相关者以及市场中心</td><td>顾客的声音</td><td>45</td><td rowspan="2">85</td><td rowspan="2">8.5%</td></tr>
<tr><td>顾客参与</td><td>40</td></tr>
<tr><td rowspan="2">测量、分析与知识管理</td><td>组织绩效的测量、分析和改进</td><td>45</td><td rowspan="2">90</td><td rowspan="2">9%</td></tr>
<tr><td>信息、知识和信息技术的管理</td><td>45</td></tr>
<tr><td rowspan="2">老师和教职工中心</td><td>工作环境</td><td>40</td><td rowspan="2">85</td><td rowspan="2">8.5%</td></tr>
<tr><td>员工参与</td><td>45</td></tr>
<tr><td rowspan="2">过程管理</td><td>工作系统</td><td>45</td><td rowspan="2">85</td><td rowspan="2">8.5%</td></tr>
<tr><td>工作过程</td><td>40</td></tr>
<tr><td rowspan="5">结果</td><td>学生学习的结果</td><td>120</td><td rowspan="5">450</td><td rowspan="5">45%</td></tr>
<tr><td>顾客中心的结果</td><td>90</td></tr>
<tr><td>教职工中心的结果</td><td>80</td></tr>
<tr><td>领导和治理的结果</td><td>80</td></tr>
<tr><td>预算、财政和市场的结果</td><td>80</td></tr>
</table>

资料来源：2011～2012美国国家质量奖学校质量评估内容，http://www.nist.gov/baldrige/,2011—05—10.

从上表可以看出，学校质量标准内容从领导力、战略规划到信息、知识的管理、过程管理、利益相关者和市场中心、教职工中心，最后到对结果的关注构成了一个因果关系的链条。该框架设计既关注学校质量的各个环节，又特别重视结果和领导力(结果和领导力的权重最大，分别为45%、12%)，重视战略规划与过程事实，体现了顾客至上、员工参与、过程和系统持续改进的全面质量观。

2. 这一标准以学校发展目标为基准，重在促进学校自身质量的持续提高，评估框架适应广泛的学校差异

该标准是一个评价框架，其重心在于根据学校所面临的环境和背景评估学

校结果，而不在于具体步骤、过程、工具等方面。为促进学校发展，国家质量奖允许各学区在既定的评价类别中按照学校发展现状设置具体的发展目标和质量评价指标，以此促进各学区加强学校发展的纵向比较，评估的目的并不是对各学区进行横向比较。对不同性质和背景的学校施以不同的评估标准，提高了标准的普适性和公正性，表现出务实与灵活的特点。

3. 这一标准重视学生、家长、相关利益者对学校的评价，强调学校的服务性质

学校最重要的目标是满足社会，尤其是学生、家长和相关利益者的需求，所以教育服务满足相关利益者需求的程度是衡量学校质量的关键。该标准的设计充分体现了对学生、家长和利益相关者满意度的重视，对其参与度和满意度评价的权重占比高达46%（利益相关者及市场中心和教职工中心的权重加上结果的评价中学生学习的结果、顾客中心的结果和教职工中心的结果的权重）。其余的评价指标，如领导力、战略规划、过程管理等也是间接提高教育活动所服务群体满意度的手段。可见，学校质量标准充分体现了“学生、家长和相关利益者至上”的理念，体现了教育工作的服务性质。

4. 这一标准重视学校决策的事实和数据基础，强调学校决策的信息收集与管理

该标准将教育信息的管理作为一个独立的重要标准来使用，体现了对学校管理的信息化和以事实和数据为基础的学校决策的重视。科学决策是建立在事实和数据基础上的，采用科学的测量和分析工具来获取各种质量信息，通过对现有质量信息的分析而做出学校决策，这保证了决策的科学性。

（二）美国国家质量奖学校质量标准在两个学区中的应用

下面，本文以2008年获奖的爱尔德尔—斯泰茨维尔学区和2010年获奖的蒙哥马利郡学区为例，具体分析这两个学区如何以美国国家质量奖学校质量标准为指导进行学校质量管理。

首先，这两个学区面临的背景和使命不同，因此基于学校现状确定的考核指标也存在较大差异，体现出了学校质量标准框架的灵活与务实特点。具体而言，异质性是爱尔德尔—斯泰茨维尔学区最大的特点，学区将“严格要求所有学

生实现自己的学术潜力，创造有意义的、满意的生活”作为发展使命。学校将“学生学业成绩；健康、安全的校园护理；高质量的教师、行政人员；强有力的家庭和社区的支持；高效的过程管理”作为质量评价的关键方面[6]。但在具体结果指标上则强调基准性。而作为美国第16大学区的蒙哥马利郡学区，其学生的家庭经济条件普遍较好，学区将“提供高质量的、世界一流的教育，确保每个学生通过优异的教育获得成功”作为发展使命。学区通过“绩效改进系统、使命和目标的完成、不断的革新、组织的灵活性、教职工的学习、连续的计划、个人领导的技巧”等过程管理来实现组织的目标[7]。该学区的结果评价指标非常丰富。例如，在学生学习的结果方面提出了更高的要求和标准，除了与爱尔德尔—斯泰茨维尔学区共有的诸如适度年度进步、升学率、学术评价考试和各科成绩增值评价指标外，还将马里兰学校评价（MSA）、国际教育考试、学生参加高要求的高中课程项目的百分比等内容作为评价指标。在顾客中心的结果方面，除了与爱尔德尔—斯泰茨维尔学区共有的诸如学生和家长的满意度、学生辍学率、毕业率、举办家长会的次数、教师志愿工作时间、与学校保持伙伴关系的数量、暴力事件发生的次数、学生瘦身计划的结果等指标外，还评估老师、学生、家长认为学校对学生有高期望的比例、教师之间以及教师与利益相关者和学生之间的合作、从私立学校转人蒙哥马利郡公立学校的学生数、家长和社区对学校运营的满意度、学校安全氛围等指标。在教职工中心的结果方面，不同于爱尔德尔—斯泰茨维尔学区对教师获得全美教学专业标准委员会认证的比例、教师申诉事件、教师离职率、教师对学校设施的满意度等指标的重视，蒙哥马利郡学区将重点放在教师对专业发展的满意度方面，包括对学校提供的教师专业发展学校的满意度、参加教学绩效提升项目小组的教师比例、新人职教师教学适应项目的满意度、教师对从心理咨询处获得援助的满意度，以及教师从同行帮助和审查小组对不续聘、辞职或辞退教师所获得的援助等方面。在领导和治理的结果评估方面，两学区差别不大，在预算、财政和市场的结果评估方面，两学区都注重学校资金分配的效率。

其次，在学校质量评估的过程中，两个学区都非常重视事实和数据的管理与应用，多方面采集信息对学校质量进行评估。爱尔德尔—斯泰茨维尔学区使用的数据有：学区委员会评价数据；年中和年末的州评价结果以及包括北卡罗莱纳州政府报告;州政府预算与税收调查报告;北卡罗莱纳州公共部门评价委员会报告;州的问责;基本技能和地方支持计划(ABCs, Accountability, Basic Skills and Local Control Plan)的评价报告和与本学区具有可比性的其他学区的数据等电子资源。蒙哥马利郡学区使用的数据有:学生管理信息系统(OASIS);学生成就和报告系统(OARS);学生学业成绩评价报告数据;关于不同年级、科目和课程的资源和指导方面的数据;与相关利益群体交流的信息记录,教职工就业和退休服务中心(ERSC)、人力资源信息系统(HRIS)中关于教师招募、离职、退休方面的信息;教师职位空缺信息系统;财政管理系统(包括预算、交通、食品和设备的运营管理系统数据)等。

最后,虽然两个学区基于自身定位设计出不同的学校质量评价指标,但是结果均显示它们在质量管理上取得了显著成效。以爱尔德尔—斯泰茨维尔学区为例,在 2006～2007 年,该学区的适度年度进步(AYP)比同类学区高 2%;SAT 成绩均分为 1 048 分,比全美平均分高 28 分,比北加利福尼亚州标准高 42 分,比同类学区高 60 分。家长和社区参与学校管理会议的比例高达 96%,比同类学区和北加利福尼亚州标准高 2%左右。学生辍学率为 4.5%,比同类学区低 1.5%。犯罪率也明显低于同类学区和北加利福尼亚州标准。学区内 34 所学校所有教师志愿工作时间累加长达 180 000 小时。虽然生均支出尚未达到北加利福尼亚州标准,但是在 2002～2007 年显示出不断增加生均支出的趋间,2002 年为 6 000 美元,到 2007 年已达到 7 100 美元。教师流失率为 10%,低于州平均水平 2 个百分点。[8]在工作时间、授权、专业发展等教师工作条件方面都朝着有利于教师的方面不断改善。

(三) 美国中小学校质量标准对我国的启示

美国学校质量标准经过十多年的发展目前已成为各学区构建质量保障机制、监控学校绩效管理的依据。联邦政府通过每年举办国家质量奖年会积极倡导在教育领域发挥学校质量标准的导向作用,推动了学校质量标准在各州的广泛应用。我国自 20 世纪 90 年代以来,开展了持续的旨在提高学校质量的一系列改革。但遗憾的是,到目前为止,我国仍未建立起全国统一的学校质量标准框架,《教育质量法》的颁布也还未列人国家立法的议事日程,教育质量保障机构也还有待进一步建立与完善。美国国家质量奖学校质量标准的实施对我国制定学校质量标准具有重要启示。

1. 制定具有广泛适应性的国家学校质量标准框架，推进《教育质量法》的颁布

学校质量的评估需要有被国家、社会、家庭、学校、市场所认可的标准，但是我国尚无国家层面的学校质量标准。从国家层面看，国家学校质量标准有助于监控、督导学校管理的状况；从学校层面看，它能为规范各类中小学管理提供制度保证，并确保各类学校将管理的重点放在标准规定的环节上，因地制宜地确定学校质量的自我评估标准。借鉴美国学校质量标准，结合我国实际情况，国家学校质量标准可以设置：领导与决策机制；学校发展战略规划；教师中心（包括教师工作环境、教职工学习和发展系统）；学生与家长中心（包括课程设置、开发与管理；教学与考试、教科研特色；学生的成绩与进步；学校与学生、与家长社区关系、资源共享与合作等）；事实管理（学校信息和知识的管理、维护、评价和使用）；过程管理（包括学校绩效改进系统；日常事件管理和危机管理系统）等方面。

从世界各国的经验来看，建立教育质量保障体系的一个重要举措是颁布国家《教育质量法》，从法律的层面来规范教育的质量要求，建立和完善教育质量的监督与执行机构。学校质量标准是《教育质量法》的重要内容，它的制定将有助于推动我国《教育质量法》的颁布。

2. 重视学校的自我评估，将学校外部评估的重点放在考察学校的进步情况上，建立基于学校质量提高的县域教育财政拨付体系

目前，我国中小学校质量评估主要是基于各级政府的教育督导评估，评估主要依据国家颁布的《指导纲要》和教育部相关规定所制定的各省的重点校、示范校及专项督导评估标准来进行。[9]这些标准往往并未考虑学校自身发展的状况、目标及环境的差异，对所有学校的要求都完全一样，这不仅不利于发挥学校办学的自主性和积极性，而且也不利于学校的特色发展。在我国，实行全国统一的学校质量标准是不现实的，但为了教育的公平与义务教育的均衡，我们又需要制定一个全国性的学校质量标准框架，允许各个学校在这一框架下，按照各自的发展现状设置具体的发展目标和质量评价指标。在对学校进行外部评

估时要将学校质量标准和学校自我评估指标的合理性、学校质量管理的过程和结果作为评估重点，关注学校取得的“纵向”进步，而不是对处于不同环境和背景的学校进行横向比较。这种导向将使所有学校能够在同一起点竞争，保证学校质量标准的务实性、灵活性和公平性。为激发学校改进的热情，各省还应该统筹教育财政支出，将学校评估结果与县级财政投入挂钩，逐步建立基于县域内学校质量进步的教育财政拨付体系。

3. 多方面采集关于家长、学生和相关利益者满意度来进行学校质量自评，构建国家、省及县三级教育信息数据网络平台，运用信息技术提高学校使用教育信息数据的便捷性

目前，我国各省的教育质量评估大多从国家的教育要求、学校优劣评比的需要出发来制定质量标准，这一设计理念违背了教育质量应以满足学生、家长和相关利益者的要求为核心的宗旨。在学校质量评估指标设计上应遵循“自下而上”的设计理念，在质量改进过程和质量结果方面要充分体现对服务对象满意度的重视。另外，还需重视构建国家和省级教育信息数据网络平台，公开各项关于教育评估报告的内容，以提高各校数据管理、科学决策和学校质量管理的水平。

参考文献：

[1] 杨天平，吴孔宝. 学校引入 ISO900 探索与反思[J]. 教育导刊，2006(8)：44～46.

[2] 黄江丽. 高等教育评价理论探索与展望[EB/OL]. http://www. china. com,cn/Chinese/zhuanti/tqzggx658901. htm，2011—06—05.

[3] 程风春. 教育质量特性的表现形式和内容—教育质量内涵新解[J]. 教育研究，2005(2)：45～49.

[4] 张曾，李涛. 高等教育评估体系中政府行为的定位—美国国家质量奖的启示[J]. 黑龙江教育(高教研究与评估)，2007(Z2)：166～167.

[5] 2010—2011 Education Criteria for Performance Excellence[EB/OL]. http://www. nist. gov/baldrige/， 2011—05—10.

[6][8] 2008_ Iredell_ Statesville_Application_Summary[EB/OL]. http://www.baldrige.nist.gov/2008_Application_Summaries.htm，2011—05—10.

[7] 2010_ MCPS_Awards Application Summary[EB/OL]. http//www.baldrige.nist.gov/PDF_files/2010-MCPS_Award_Application-Summary.pdf，2011—05—11.

[9] 乐毅.学校评估研究[D].上海:华东师范大学,2005:139.

（本文发表于《比较教育研究》2011年第12期。作者蔡永红、毕妍，时属单位为北京师范大学教育学部）

五、美国德克萨斯州早期学习标准述评

制定早期学习标准，主要是通过文件的形式对儿童应该学习什么、学习到什么程度以及如何实现学习效果等进行界定，以达成对儿童早期学习期望的共识，帮助教师有目的地开展教育活动，改善儿童的学习效果。[1]目前，美国各州都已在联邦政府的鼓励和资助下制定了适合本州的早期学习标准。德克萨斯州早在1999年就颁布了早期学习标准，是美国最早制定早期学习标准的州之一。经过近10年不断地修订，德克萨斯州的早期学习标准日益完善，成为“细致、具体、全面”的典范。本文结合德克萨斯州早期学习标准的发展过程，主要根据2008年修订的早期学习标准进行具体分析，以期对我国早期学习标准的制定与推广提供启示与借鉴。

(一) 美国德克萨斯州早期学习标准的产生背景与发展演变

德克萨斯州早期学习标准的产生和发展无不受到美国社会政治、经济、文化、教育等诸多因素的影响。特别是20世纪90年代以来，在美国基础教育领域兴起了一场以“标准”为导向的教育改革运动，多项关于儿童早期教育重要性、质量和成效的研究报告也陆续出台。美国幼教人士也开始逐渐认识到高期望的教育要求有利于儿童最大限度地发挥自身的潜力。在这一背景下，美国各州也开始思考如何提升早期教育质量和统一早期教育标准。德克萨斯州在美国推行的这一早期学习标准化运动中走在了前列。

德州前教育局长迈克·蒙克斯(Mike Mokes)早在1999年就从全国各地召集了一批专家学者和社会人士开始了早期学习标准的研制工作，并于同年

10月份完成,要求各学区自愿采用。经过10余年的发展,有关早期学习经验重要性的研究成果层出不穷,德州教育局也出台了有关基础教育领域的《德州基本知识与技能》(Texas Essential Knowledge and Skills,即TEKS)。2007年,德州召集全国各地的研究人员以及教育专家、当地幼教工作者开始了"标准"的修订工作。2008年1月,来自全国和德州的100多个专家学者开会讨论了新近的有关幼儿发展的研究成果,组成了十大领域的研究团队。2～3月期间,儿童早期发展研究中心和教育局开设了13个区域性论坛来征求和吸收经验丰富的幼教工作者的反馈意见。截止到3月底,有超过2 500名幼教工作人员参加了网上论坛讨论,最后有260多条建议被采纳。新修订的早期学习标准最终于2008年5月正式批准,并被教育发展委员会认定为德州的早期教育指导文件。2008年的早期学习标准是对原有早期学习标准的修订和完善,一方面反映了德克萨斯州早期学习标准的一贯传统和核心内容,另一方面也反映了新时期幼儿教育的发展变化和经济社会发展对幼儿教育的新要求。

(二)美国德克萨斯州早期学习标准的内容特点

该标准是对1999年版的进一步细化和完善,旨在促进儿童全面发展的同时,改善其学习效果,为入学做好准备。它主要由"导论"、"使用指导"、"入学准备策略"和"领域内容"四大模块构成。具体而言,新订标准在体系结构、基本理念和内容选择方面呈现出如下特点。

1. 强调体系结构的系统性与连贯性

系统、连贯的体系结构是德州早期学习标准最显著的特点之一,其中以"四大模块"为主体的整体结构的贯通性是其重要体现。例如,"导论"部分明确了标准研制的背景、目的以及家长在促进儿童早期经验获得和为其入学准备方面所应担负的职责;"使用指导"部分对如何将标准更好地运用到课堂中,特别是针对班内非英语背景儿童、特殊需求儿童、良好学习环境的创设以及准确评估儿童的发展水平等进行了详细的说明;"入学准备策略"部分从"发展性的指导方法""积极的实践环节"和"有效的教师专业发展"三方面阐述了如何促进儿童做好入学准备,以加强与中小学教育的纵向衔接,使幼儿获得连续的教育体验;而"领域内容"部分作为标准的主体部分不仅对儿童学习内容进行了社会性与情感、语言与交流、初现阅读、书写、数学、科学、社会研究、精美艺术、身体发展与科技应用十大领域的划分，还对4岁左右的儿童在每一领域所应达到的知识水平和能力表现进行了界定。总之，这四部分内容的设置使得德州标准的体系结构更加完整，使用更加方便、有效。

标准领域内容由点到面、由粗到细、层层分级、细致入微是其系统性与连贯性的又一重要体现。德州标准采用"领域——子领域——标准——儿童行为指标——教师指导策略"的方式来表述儿童学习领域，使得各领域内容逻辑清晰，层层递进，全面而又系统地涵盖了儿童发展所需的各个方面。例如，在"初现阅读技能"领域，标准首先将其划分为"阅读动机""语音意识""字母表知识"以及"大声朗读文本"四个子领域。这四个子领域清晰地界定了儿童在阅读知识、技能、情感、态度和价值观方面所需学习与培养的内容。标准还将阅读领域的四个子领域分为若干条层次分明的标准。以"语音意识"子领域为例，标准要求儿童：能够将含有四个单词的句子分成单个单词；将简单词合成复合词；将复合词拆成简单词；将音节组合成单词；将单词拆分成音节；分辨出押韵词和首字母相同的词；先在图片支持下、后在无图片支持下组成以辅音开头、元音结尾的熟悉单词；在图片的支持下将两个音素组成正确的单词。这10项标准循序渐进，充分遵循了儿童认知发展的阶段性规律。另外，在各领域中对儿童行为表现指标的设置也同样体现了这一特性。如，隶属于数学领域的"几何与空间感"子领域在其下设"儿童创造新图形"标准中又设置了6项环环相扣的具体指标：将两个图形组合起来，创造现实生活中的物体或其他图形；将一个图形分解成现实生活中的物体或其他图形；将两个或更多的图形组合起来，创造新图形；用数学名词描述图形；把固体合起来或分开组成真实世界中的物体或其他固体；通过拼图玩具创造新图形。由此可见，体系结构的系统性与连贯性是德州早期学习标准的显著特色。

2. 凸显幼儿本位的教育理念

以儿童发展为中心是德州早期学习标准始终秉持的核心理念与价值所在，其内涵主要体现为注重幼儿的全面均衡发展。例如，标准将儿童学习内容划分为社会性与情感、语言与交流、初现阅读、书写、数学、科学、社会研究、精美艺术、身体发展与科技应用十大领域，旨在促进幼儿在审美、认知、情感、语言、体能和社会性方面的全面发展，力求达成幼儿认知与情感、知识与智力、主动精神与社会责任感的和谐统一。与此同时，标准强调幼儿对这十大领域内容的学习不是独立和彼此分离的，而是在日常生活、活动和游戏中不同领域间的融合。如，幼儿在戏剧表演活动中可以促进语言、读写以及数学能力的发展；通过参与读写或创造性艺术以及户外游戏活动也可以获得科学和社会研究等领域的概念。另外，标准在每一领域中设置了专门的教师指导策略，相信在丰富的支持性环境中，幼儿通过各领域的学习能获得最大的发展。

坚持幼儿本位的教育理念还体现在重视满足特殊背景儿童的教育需求上。鉴于新时期以来德州幼儿入园率的迅速提升，特别是非英语母语家庭的儿童和残疾儿童比例的显著增长，新标准更加关注这类特殊背景儿童的教育需求。例如，标准在“使用指导”部分专门针对非英语背景儿童和特殊儿童制定了详细的指导策略，并提出对其的要求可视每个儿童的发展情况而定。而标准在“语言与交流”领域的各个子领域中都设置了专门针对非英语背景儿童第二语言学习的行为发展结果和表现指标，并为教师提供了有效的指导策略。如，在“词汇技能”子领域中指出：非英语背景儿童一开始可先学习关于物体名字的词汇和常见的习语，教师可通过将儿童的母语与英语结合起来以及利用面部表情、肢体语言或表演故事等多种方式促进其对第二语言的理解。此外，“社会研究”领域也强调教师应意识到每个儿童都拥有先验的文化背景知识，他们理解周围世界的方式是独一无二的，因此，教师应尊重儿童看待和理解世界的多元性。总之，德州早期学习标准致力于每个儿童的全面健康发展，努力实现幼儿教育的全纳与公平。

3. 注重内容选择的基础性与实用性

随着人们对儿童早期学习经验重要性认识的不断深化以及为儿童升入小学做准备需要的加强，德州早期学习标准在内容选择上更加注重基础性。例如，在标准中设置了“语言与交流”“初现阅读技能”“初现书写技能”“数学”以及“科学”五大以认知为中心的领域，占领域总数的一半；而这五大领域所包含的儿童行为表现指标数量占指标总量的66%。[2]另外，在其他非认知性的领域中，标准也比较重视儿童基础知识与基本技能的掌握。如，在“身体发展”领域比较重视儿童跑、跳、爬、踏、踢、平衡、扭曲等大动作技能的培养以及通过让儿童操作、建构物体发展手眼协调能力和对小肌肉的控制能力，这也是儿童日后在学校生活中成功进行书写的基础。而在“精美艺术”领域也体现出对美术、音乐以及戏剧方面知识与技能学习的重视。该标准与整个美国和德克萨斯州目前开展的旨在提升基础学力的中小学标准化教育改革相一致，注重更好地促进儿童的入学准备。

最大限度地实现儿童自身潜力，并使其成为社会的有效成员是美国幼儿教育一直追求的目标。因此，德州早期学习标准在强调儿童各领域基本知识与技能学习的同时，也非常重视儿童所学内容与自身生活经验的联系，注重所学内容的实用性，让儿童真正成为富有个性而又全面发展的人。例如，标准将“社会性与发展”领域放在十大领域之首，将其分为“自我概念”“自我情感、行为和注意控制”“社会能力”和“社会意识”4 个子领域，并制定了 84 条儿童行为表现指标，突出反映了对儿童良好情绪情感以及社会交往和适应能力培养的重视。[3]在“语言与交流”领域的名称表述上，将“语言”和“交流”并置，体现了对语言交流功能的重视，而不仅是学习单词、结构和句法等基本的语言元素，注重语言的实用性。在“社会研究”领域通过鼓励儿童对家庭、幼儿园与社区周围的环境以及有助于身份认同的习惯、标志或节日等的学习与探究，强调增强儿童对环境和文化多样性的理解与适应力，培养儿童参与民主社会生活并成为社会有效一员的意识和能力。另外，为了适应信息化时代对人才培养的需求，该标准还设置了专门的“科技应用”领域，旨在通过让儿童经常接触计算机或与之相关的科技产品，不断扩展儿童获取信息、解决问题以及与人沟通的能力。总之，德州早期学习标准致力于让每个儿童成为终身学习者，并为其获得幸福与成功打下坚实的基础。

（二）美国德克萨斯州早期学习标准对我国的启示

在以美国为“主导”的早期教育领域标准化浪潮的推动下，近年来，联合国儿童基金会通过了“遍及全球项目”(Going Global Project)，旨在帮助发展中国家制定儿童早期学习与发展标准。[4]我国教育部也与联合国儿童基金会合作，于 2006 年组织开展了《3～6 岁儿童学习与发展指南》的制定工作。[5]目前，我国正在对该指南的制定进行完善。美国德克萨斯州早期学习标准的制定和实施，对我国儿童学习标准的研制和实施具有借鉴意义。

1. 制定早期学习标准需要一个开放和持续的过程

德克萨斯州早期学习标准是在1999年版的基础上，通过多次专家会议讨论、征求和吸收广大幼教实践工作者的建议，历时1年多，经过多方的合作研究、探讨和论证，几易其稿才最终完成的。德州早期学习标准的制定与完善是一个持续发展的过程，而不是一劳永逸的过程；是一个集思广益与多方合作的开放过程，而不是仅涉及一方利益团体的封闭过程。这一方面有助于加强标准研究者、决策者与学校、幼教工作者的联系，尽量避免专业研究和公众教育脱节的现象，从而不断提升儿童早期学习标准制定的质量和水平；另一方面也有利于提高社会各界对早期学习标准的认同程度和标准的推广与实施。

我国《3～6岁儿童学习与发展指南》的制定工作由国家教育部发起和统领，即由教育部组织各方专家、学者和幼教人员来编制标准，然后通过行政力量自上而下地推行。采用这种方式能够比较容易、有效地确立指南的权威性，并且便于指南的迅速应用和推广，但这也可能会影响指南制定过程的开放性，影响多种理念、建议与技术的相互交流和作用以及指南在不同群体中的认可度。另外，由于指南的制定工作在我国尚处于起步阶段，因而对其做持续性的研究也是十分必要的。我国在指南的制定过程中，要尽量广泛吸收社会各方的反馈意见，从而保证对标准做持续性研究和有效改进，使之能够与时俱进，不断引领和推动我国幼儿教育事业的发展。

2. 确定早期学习标准的内容体系应兼顾广度与深度

从早期学习标准内容的广度和深度两个维度可以考察标准内容的发展适宜性，即标准的有效性。[6]具体来看，从广度上，标准应覆盖所有发展领域并注意各领域的平衡；从深度上，标准的各项指标应能准确反映各领域的发展。[7]德克萨斯州早期学习标准对儿童学习内容所做的十大领域的划分在广度上几乎涵盖了儿童发展所需的身体、智力、情感和社会性的各个方面，力求儿童在各领域学习与发展的均衡。同时，标准对与儿童入学准备紧密相关的认知和语言领域的重视在文本中也得到了体现，具体细致的指标规定了儿童数学、语言发展的各个方面，既考虑了与中小学教育的衔接，也充分考虑到该年龄阶段儿童学习与发展的特点。另外，对非英语背景儿童与特殊需求儿童也提供了相应的支持性策略，充分体现了标准内容对儿童的年龄特点、个体特点与文化背景的适宜性。而从深度上来看，德州早期学习标准各领域的标准和指标逻辑清晰、层层递进、环环相扣，全面而又系统地反映了每一领域的要求和主要内涵。

鉴于此，我国《3～6岁儿童学习与发展指南》在确定具体内容时不仅要看是否涵盖了幼儿发展的各大领域，而且要着重审视各领域的平衡性和整合性，尤其是一些传统上不被我们重视的领域，如社会性与情感、社会研究以及科技应用领域；或者过于强调的领域，如语言、数学或科学领域，尽量避免我国目前幼儿教育领域中存在的严重的小学化问题。与此同时，在对每一领域进行内容选择时应充分考虑到一些容易被忽视的子领域。例如：语言领域中的语感、语音意识；初现读写领域中的早期阅读动机、早期读写动机；社会情感领域中的自我概念、自我效能感以及身体发展与健康领域中的健康、营养知识等。此外，还应认真核查领域内的各项指标是否能够准确地反映各领域的要求与内涵。

3. 推广和实施早期学习标准应注重统一性与灵活性

在美国，虽然没有国家层面的儿童早期学习标准，但被誉为“联邦标准”[8]的《开端计划儿童发展结果框架》在参考K-12全美课程标准的基础上将幼儿的学习内容做了八大领域的划分，并提出每一领域的构成要素以及3～5岁儿童应有的知识水平和能力表现。[9]各州大都以此作为参照，结合本州、本地区的实际情况对其进行具体细化，制定出符合本州幼儿需要的早期学习标准，并大都强调自愿采用，不做强制性规定。而各学区、学校和班级也可以参考本州标准，并根据本区、本园、本班幼儿的实际情况制定教学计划，甚至一个班级中不同的幼儿也允许达到不同的标准要求。德克萨斯州在制定和推广早期学习标准时，充分考虑了国家和地方的实情，兼顾了幼儿的年龄特点、个体差异以及家长、幼儿园、教师和其他幼教工作者的需求。这充分体现出美国早期学习标准在推广和运用过程中的统一性与灵活性。

我国《3～6岁儿童学习与发展指南》由教育部组织专家、学者统一制定全国性的指南，虽然指南还没有正式出台与实施，但具有强制性的特点。这种强制性的要求对于指南在全国的迅速推广和实施以及维持和提高幼儿教育的质量与水平能起到积极的作用，但这种强制性的做法也可能不利于指南的多样化与创新，不利于维护地区特色和文化的多样性。在我国，由于各地区的经济、文化和教育水平存在很大差异，因此，对于如何处理其共同性与多样性的关系，应该引起我们足够的重视。美国这种兼顾早期学习标准要求“共同性”和运用“灵活性”的做法，值得我们重视和借鉴。

参考文献：

[1] Scott-Little C, Kagan S. L, Frelow V. S.. Conceptualization of Readiness and the Content of Early Learning Standards: The Intersection of Policy and Research[J]. Early Childhood Research Quarterly, 2006, 21(3): 153～173.

[2][3] Texas Education Agency. Revised Texas Prekindergarten Guidelines [EB/OL]. http://www.tea.state.tx.us./index2.aspx? id=2147495508&menu_id=2147483718. 2010—11—24.

[4] 周欣，周晶，高黎亚，张亚杰. 早期学习与发展标准的制订：又一份国家指导性文件的诞生[J]. 学前教育研究，2008，(10)：3.

[5] 郭力平，武玮，孙慧妍. 早期学习标准在美国的发展及其对我国的启示[J]. 外国教育研究，2008，(12)：49.

[6] Scott-Little C, Kagan S. L, Frelow V. S.. Inside the Content: The Breadth and Depth of Early Learning Standards [EB/OL]. http://www.serve.org/_downloads/publications/insid econtentfr.pdf, 2011—03—15.

[7] 方均君. 早期学习标准的制定与实施——我们可以向美国学习什么[J]. 上海教育科研，2011，(5)：91.

[8] The Connecticut Framework: Preschool Curricular and Benchmarks. [EB/OL]. http://www.sde.ct.gov/sde/lib/sde/PDF/DEPS/Early/Preschool-framework.pdf. 2011—03—10.

[9] Brown C. P.. Unpacking Standards in Early Childhood Education. Teachers College Record[J]. 2007, 109(3): 635～668.

（本文发表于《比较教育研究》2012年第5期。作者陈时见、李洁，时属单位为西南大学国际与比较教育研究所）

六、法国基础教育质量测评体系探析

法国是世界上较早开展基础教育质量测评的国家之一。20 世纪 70 年代初，法国教育部开始关注学生的学业成就，[1]70 年代末 80 年代初，法国开始实施真正意义上的具有科学基础的教育评估，主要通过测量学生掌握的知识和学习的成果，评估教育系统的效率。1986 年法国在教育部成立了评估与预测司(DEP)(Evaluation and Planning Department，2006 年改为 DEPP，Performance，Evaluation and Planning Department)，[2]专门承担对国家基础教育质量整体情况进行认识、评估、预测的工作。此后，一系列教育法律的颁布及相应机构的建立使得法国基础教育的质量监测和评估体系不断改进和完善。目前，法国已经形成了独特和完备的基础教育质量监测与评估体系。

(一) 法国基础教育质量测评体系的产生与发展

法国义务教育覆盖 6 岁到 16 岁的儿童，包括 5 年的小学教育和 5 年的中学教育(4 年初级中学和 1 年高级中学)，进行共同基础教育。[3]历史上，法国教育权力高度集中于中央政府，1982 年进行的分权改革使得地方政府拥有了一定的教育权力，但是国家仍旧扮演着重要角色。国家层面上基础教育由教育部负责，法国最初的基础教育质量的监测与评估也是由教育部推动产生的。

1. *在扩张中保证教育质量——教育评估与预测的产生*

早在 20 世纪 50 年代至 70 年代，随着社会经济的恢复，对教育的需求剧增，法国基础教育发展明显表现为数量扩张、机会成倍增长，但是基础教育质量却被完全忽视。[4]针对此现象，70 年代后期，法国把提升：日益下滑的教育质量;作为教育的一大目标,开始尝试从国家层面对教育质量进行测评 1986 年,法国教育部长提出在教育部内单独设立一个评估与预测司,专门承担对法国教育质量的认识、评估和预测工作 1989 年,法国开始了针对学生学业成就的评估。[5]到了 20 世纪 90 年代,法国在继续关注基础教育质量的同时,又增加了学校的数量,学校自主权利也随之扩大。考虑到学校也是教育系统的基本要素之一,同时也为满足社会、家长对学校进行评估的期望,评估与预测司又开始对学校进行评估。

2. 欧盟教育政策与国内基础教育改革——教育监测与评估体系的发展

进入 21 世纪后,随着国际和国内基础教育改革的不断推进,法国基础教育质量监测与评估的内容、结果使用等也随之发生了一系列重要变化。

2000 年,欧盟签署了有关教育的《里斯本协议》,明确提出了学生在初中毕业时各学科应具有的能力,开始重点关注学生能力。同年,法国参与了 PISA 国际学生能力测评项目,测评的重点是学生运用知识解决实际问题的能力。这一测评理念得到法国教育界和关心教育发展的各界人士的普遍认可,从而也影响了法国国家层面的测评内容。

随后,法国国家教育督导报告结果显示法国学生能力急剧下滑,这一结果在全国引起巨大反响。2003 年,法国在全国范围开展了大讨论。经过两年多的不懈努力,2006 年法国政府出台了《共同基础法》,明确规定了小学生、初中生毕业时必须具有的基础知识及核心能力。[6][7]由此,《共同基础法》成了监测与评估的重要依据。同年,法国教育部实施新预算法,明确提出要制定目标合同,把各政府部门、行政部门的经费与绩效挂钩。这一系列举措使法国在基础教育质量测评的内容、结果使用等方面得到不断调整、变化,并根据发展需要设置新的测评,逐渐形成了自己的测评体系。

(二)法国基础教育质量测评体系的构成和模式

经过近 40 年的探索与发展,法国目前已经形成了较为完善的基础教育质量测评体系,主要包括:教育系统监测、学生学业诊断和学校发展评估。[8]其中,教育系统监测包括国家测评、国际组织测评;学生学业诊断包括教师自主选择的测试、国家统一规定的测试;学校发展评估主要是学校为主体的增值性评估。

根据教育发展的需要，有些测评又细分为不同类型。目前，法国基础教育质量测评体系的基本构成(见下图)。

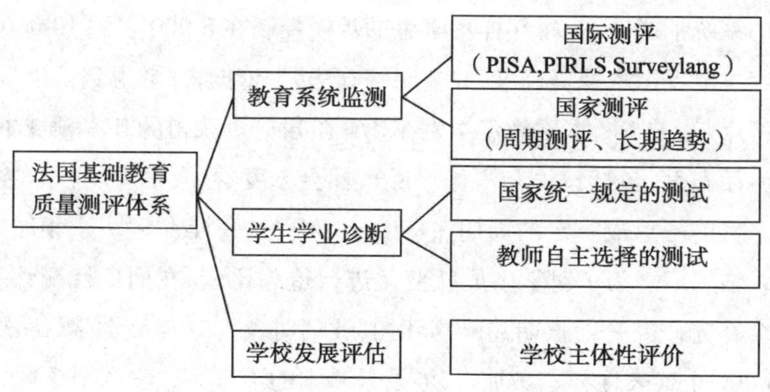

法国基础教育质量测评体系图

以上测评均由 DEPP 统筹，分别针对整个教育系统、学生个体和学校进行偏重量化的测查。每个测评具有明确的目的，其测评的组织、对象、内容和方式等各不相同，形成不同的测评模式。

1. 教育系统监测

教育系统监测的目的是为了获得国家层面的教育系统发展状况图景，获得全球性可比较指标，进而评价教育政策的效能，为各方面的教育决策服务。法国对国家层面上教育系统的监测主要通过两大途径实现，一是国家测评，二是参与国际测评。

(1) 国家测评。国家测评是法国根据国家基础教育发展目标，结合国内实情和发展需要而研发的阶段性测评，目的是了解全国学生整体学业水平的发展状况和变化趋势，比较不同群体、不同地区差异，分析学生学业状况与各相关教育政策、环境因素的关系，考察某项教育政策的效力。经过多年的调整改进，法国国家测评形成了自己独特的整体设计思路。

国家测评由 DEPP 负责组织实施，包括监测的设计、研发、具体操作和结果处理等。在实施过程中，DEPP 直接对教育部负责，也同时协调教育部其他部门密切配合，并邀请全国相关高校研究人员、中小学校优秀教师共同参与具体工作。

国家测评在两个教育阶段结束时进行,评估对象是5年级、9年级学生,即法国小学、初中阶段毕业生。每次参加测评的样本学校、样本学生都是通过全国范围的系统抽样获得,每年样本学生的规模控制在5 000名到10 000名。测评的内容主要以国家课程标准和《共同基础法》为依据,并考虑到学生学业水平变化等特点,经过不断探索确定学生在毕业阶段应该获得的基本领域中的重要技能和生活态度,包括口语和写作、外语、社会态度、社会学习、科学、数学共六大领域。目前已形成一定的周期,自2003年开始,每年测评一个领域,每6年为一个评估周期。为了对学生成就变化进行追踪比较,在周期性测评基础外,还有一个补充研究——长期趋势测评,其评估对象为5年级学生,每次在全国抽取35 000个代表性样本参加,仅涉及最基本的语言3数学两个领域,从1987年开始,每十年进行一次。

国家测评由国家层面的专家进行评分。测验工具和结果均不公开。

(2) 国际测评。参与国际评估是为了获得国际比较的视野,通过国际比较来了解本国基础教育发展状况与其他国家的差异,明确本国的基础教育系统的优势与缺陷,发现问题并促进有效改进。

法国在各种相关国际基础教育评估中的参与由DEPP全权负责。法国主要参与了世界经合组织发起的PISA(国际学生学业能力测评)、国际教育协会组织的PIRLS(学生阅读素养评价)以及欧盟组织的Survey Lang(欧洲青少年语言学习调查项目)等重要国际测评项目。所有测评均按照国际测评的统一要求具体完成抽样、施测、评分、数据处理以及对结果的解释。

2. 学生学业诊断

学生学业诊断是由教师对学生个体实施学业成就诊断的评估,目的是让教师有效甄别每个学生学习的当前水平和存在的问题,以便采取有效的改进措施,提高教学效果。经过不断的完善,目前学生学业诊断又分为两种:一是教师自主选择进行的测试,另一是国家统一规定的测试。

(1) 教师自主选择的测试。在学生学业诊断评估中,使用范围最广、频率最高的是教师根据自己的教学进度可随时进行的诊断测试。诊断评估从1989年开始。这类测试可以帮助教师直接通过具体测试题目,准确分析班级中每一个学生在所学知识和技能上的优势和不足,判断是否具备进入下一阶段学习的能力，并及时改进教学方式，给予个别指导，提高教与学的效果。

这类测试由 DEPP 统一设计，但是在各学区督学的协助和校长的组织下，完全由教师自己实施、评分、分析测试结果。尤其是何时使用测试，测试什么内容都完全由教师根据教学进展自主决定。

测试面向所有年级的学生、覆盖所有的学科和学习主题。其测试内容主要依据国家课程标准和《共同基础法》的基本要求。所有测试工具构成一个专门的测试工具库，教师获得授权后即可以通过网络随时使用。该工具库不仅给教师提供诊断评估的工具和材料，还包括对测试结果的解释、分析和教师可以采取的相应的改进教学的措施等丰富的内容。

学生学业诊断的测试工具库由 DEPP 组织全国相关领域专家研发而成。

(2) 国家统一规定的测试。为了从国家层面准确诊断义务教育初级阶段的学生是否达到《共同基础法》最基本的要求，引导教师及时、有效地帮助所有学生改进学业，提高学生，尤其是初级阶段学生在学业上的成功机率，最终减少学生的复读率，法国教育部在教师自主选择的诊断测试的基础上，又增加了国家统一规定的诊断测试。

该测试的组织方式与教师自主选择的测试基本一样，不同的是测试时间、内容都由 DEPP 统一规定，学校教师可以在 1 周以内完成所有测试。

参与测试的对象为小学阶段 2 年级(CE1)和 5 年级(CM2)的所有学生，测试领域仅为法语和数学。测试内容同样以《共同基础法》为主要依据，涉及小学阶段学生在法语和数学领域必须达到的基本技能。如，2008 年 CE1 法语考试内容包括：大声朗读指定课文，撰写 5 行到 10 行的小作文，听写一些生词或者词汇。数学考试内容：写出并口头数数，考查应用题。CM2 法语考试内容包括：记忆一篇短文中给出的明确的或隐含的信息，根据语境理解词汇，听写短文，运用词典。数学考试内容：对数字、整数和分数进行考查，包括口算和笔算在内的加减乘除计算和应用题。

3. 学校发展评估

学校发展评估是对学校整体办学力量和水平的综合评估。学校发展评估的主要目的是帮助学校获得自我发展的信息，科学合理地分析自己的优势和不足，促进其在现有基础上制定适当的政策，不断提升自我。

法国的学校发展评估具有以学校为主体和重视增值性两个重要特点。因为DEPP认为学校是教育系统的基本组成要素，评估学校是必要的，但学校必须能够进行自我评估，主动寻求发展才会真正有效；评价学校时不能仅仅考虑学生的学业成绩等指标，还要综合考虑与学生相关的影响因素，如学生原有的成绩基础、家庭社会背景等，利用“增加值”更能体现实际效果。

因此，学校发展评估是以学校自我评估为主要方式。而且，每学年末，学校委员会要召集校长、教师和家长代表，共同对机构运行状况进行评估，在考虑社会经济条件和当地环境的前提下，确定学校实现国家教学目标的具体方法、实施环节中的一些具体措施，以及根据学生需求明确具体的教学项目和课程活动等。

为了保证学校自我评估的顺利开展，DEPP在1994年和1997年分别为中学和小学学校的自我评估设计了指导指标(IPES，InPEC)。[9]如今，法国已初步建立了统一的学校评估框架和指标体系，主要包括学生特征指标、学生成绩和升学率指标、教育人财物投入指标、学校管理和环境指标等几大类型。根据学校提供的数据，这些指标可以进行不同地区层面、部门层面和国家层面的学校间的比较。

国家教育部为每所学校提供自我评价系统，学校通过计算机测评系统得到统计分析结果，并且利用计算机辅助评价系统评估学校目前的发展状况、设计学校未来的发展规划。

以上三大测评的模式虽然各不相同，但它们相互关联，相互补充，共同构成了相对完整的法国基础教育质量测评体系。随着时间的推移，三种测评模式自身也在探索过程中不断发展和改进。在教育系统监测中，法国根据监测评估的整体需要又发展出专题评估；在学生学业成绩诊断评估中，测评的工具库始终在不断地完善补充；在学校发展评估中，法国十几年来一直坚持不断地尝试和探索更加有效的评估机制。通过这些测评，法国教育部获取了有关基础教育质量发展状况的各种数据信息。

(三)法国基础教育质量测评体系的结果使用

法国教育部充分利用监测与评估结果，向教育界各层面，包括教育管理部门、教师、学校等提供全面的信息，促使管理者对教育政策及时做出评估和调整，帮助教师指导学生和有效改进教学，帮助学校寻求发展，通过各种途径直接或间接地促进学生综合素质的发展，提高整个基础教育质量。

教育系统评估（无论国际还是国家项目）的结果对整个教育制度和体系的建设具有指导意义，为国家或地区教育决策提供参考依据。如 PISA 项目结果分析发现，实行留级政策国家的学生成绩要比不实行留级政策国家的学生差，这一结果促使法国思考保留留级制度的有效性。国家项目在阅读测验中发现，法国学生在阅读中获取信息的能力比较好，但分析信息的能力较弱。依据这一结果，DEEP 为国家督学提供参考依据，帮助他们思考改善学生阅读能力的策略。

学生学业成就诊断成为教师改进教学方式的专业指导。诊断结果不仅可以指导教师对每一位学生进行针对性辅导，帮助有某种学习困难的学生改进不足之处，还可以让教师借助测试工具库中完整的教学方法分析系统，持续不断地改进自己的教学方式，提升教学效果，必要时还可获得学区或者国家督学的指导和帮助。部分诊断测试结果还会按照 5 个等级水平形成结果报告，反馈给所有的学生家长，让家长了解孩子的学业进展状况并给予必要的配合。

学校发展评估则逐渐成为学校自我提升的重要手段。法国教育部一方面要求所有学校根据评估结果制定学校自身的发展规划，在下一阶段实施，并对其进行评估；另一方面，教育部也会在必要时给予学校帮助和指导，例如，为了降低学生学业不良的比例以提供所需帮助，法国政府就开发了一个名为："理想与成功"（ambition and success network）[10] 的系统，专门针对深受该问题困扰的学校。

值得关注的是，随着教育的深入发展，法国基础教育质量测评的结果已不仅仅满足于为教育系统各个层面准确了解情况，改进政策措施等内部调整，而且也逐步与问责制的建立和实施联系起来。早在十年前，法国教育部就开始了对问责制的探索。随着对教育的投入日益增加，法国政府也开始对教育投资的收益进行评估，综合分析测评结果，以作为制定相关政策的依据。2000 年，法国政府公布了新的财政法，明确规定各部门的经费需要与评估的绩效结合。[11]

为了最大限度地利用监测信息，DEPP 设计了一个专门的数据库和出版系统,将其监测和评估的工作成果向所有基础教育利益相关者公布。

(四) 法国基础教育质量测评体系的主要特色

法国开展基础教育质量测评不仅有较长的历史,而且很重要的是其测评体系明显有别于许多国家的测评现状,有的方面代表着国际基础教育质量测评发展的趋势。

1. 在构成上,法国基础教育质量测评体系相对完整,有层次

法国测评系统既包括对教育系统的监测,也包括对学生学业成就的诊断、对学校发展的评估,不同的测评满足不同的目标。其中,教育系统是指国家层面教育的整体、综合状况,学生、学校是基本要素,不同的测评针对不同层面,显然可以更好地相互补充和完善,共同描绘法国教育的全方位图。虽然有的国家用一个测评来服务多个测评目标,但是这种做法已经受到越来越多的测评研究者和实践者的质疑。[12]现在人们更多地主张和设立不同的测评目标,采取不同的测评方式。

2. 在管理上,法国基础教育质量测评体系强调集中化、制度化

2006年,法国教育部专门成立了DEPP负责测评工作。目前,DEPP代表教育部全面负责测评体系的设计、研发和执行,其他教育管理部门只是配合DEPP推动测评体系的顺利运行;虽然,学生学业诊断、学校发展评估分别由教师、学校负责具体落实,但是其研发,包括评价指标和解释方式等都是由DEPP统一负责完成。这样,教育部能更加有效控制测评的质量。与此同时,法国教育部还充分利用规范的制度确保测评的推行。如,为了确保所有学生达到基本的知识和技能水平,法国教育部经过广泛征求意见,以《共同基础法》的形式把对学生的最基本要求明确规定下来,以法律法规的形式确保其在各个测评中得以实现。

3. 在内容上,法国基础教育质量测评体系重视标准制定,重视对核心能力的测评

法国基础教育质量测评主要依据课程标准和《共同基础法》制定统一的测评指标,无论是教育系统监测,还是学生学业诊断、学校发展评估都是以此为依据制定各自测评的指标,无论由谁来实施测评,其标准都不会改变,确保了测评

的规范、合理和科学。《共同基础法》强调测评的重点是学生必须达到的最基本的知识和技能，尤其是学生必须达到的基本能力水平，它涵盖了学生在语言、阅读、数学、科学等领域应该达到的最重要的能力范畴，以此来确保教育质量的提升。这种以能力为测评核心的做法已被世界各国和国际组织广泛认可。

4. *在结果使用上，法国基础教育质量测评体系体现出多样性、实效性*

法国基础教育质量测评的结果不仅提供给教育系统内部各管理部门，也提供给教师、学校，不仅提供给教育系统内部，还提供给教育系统外部，涵盖了各方利益相关者。值得关注的是，法国教育部在测评结果使用上开始了有意义的探索，越来越重视更有效地发挥其作用，如通过教育质量测评结果认定相关教育管理部门工作绩效，采取“问责制”的方式，促进其切实承担起责任；进一步把经费划拨与教育绩效评估结果联系起来，根据教育绩效，即教育质量测评结果，确定经费划拨的具体情况。可见，法国对测评结果的使用已经不再停留在提供数据信息、制定教育政策上，而是已开始探索如何发挥更深层次的作用，这也是目前国际和国家教育质量测评发展的趋势。

当然，法国基础教育质量测评体系从产生到现在，随着法国教育的实际发展、社会环境的变化，自身在不断地改进完善，适应不同的需要。

（五）对我国基础教育质量监测与评估体系建立的启示

随着我国基础教育的深入发展，关注基础教育质量已经成为社会各界的共识。根据教育部的要求，相关部门已经开始探索建立我国自己的基础教育质量监测与评估体系。法国有关基础教育质量监测与评估的宝贵经验，为我国正在进行的相关工作提供了许多值得学习和借鉴的地方。

1. *开展基础教育质量监测与评估是基础教育发展的必然要求*

法国的基础教育质量发展到一定程度，为了促使基础教育质量的提高，才开始了监测与评估工作，并且随着基础教育不断发展，监测与评估工作也在不断完善、改进。同法国一样，我国建立监测与评估体系也是基础教育自身发展的必然结果，其发展也将遵循同样的规律。为此，我们应该首先关注基础教育自身的发展，深入分析其规律和内在需求，在此基础上，积极建立并开展有效的、有针对性的监测与评估工作。

2. 基础教育质量监测与评估应该形成一个完备的、多样的测评体系

随着监测与评估工作的开展，特别是基础教育发展的实际需要，法国的测评模式不断补充、发展，已逐步建立起比较完善的基础教育质量监测与评估体系，形成了法国基础教育测评的有机整体。我国开展监测与评估工作也应该借鉴法国的经验，考虑针对不同的目的，满足不同的需求，设计多种评估模式，而不是单一的模式，并且使不同的测评模式之间相互补充与完善，成为一个完整的体系。

3. 基础教育质量监测与评估的内容要重点关注学生能力的发展

开展基础教育质量测评，最重要的是学生质量，而学生质量最重要的是其能力的发展，而不仅仅限于某领域知识的记忆和掌握，因为能力发展才是学生终身发展的最重要、最核心的基础，是教育质量监测与评估的核心内容。因此，我国基础教育质量监测与评估的内容也应该从一开始就密切关注学生能力的发展，把对学生能力发展的测评作为重点。

4. 充分发挥基础教育质量监测与评估的作用

法国基础教育质量监测与评估的结果对法国教育各界都产生了不同的影响，特别重要的是其结果一方面用于促进教育各层面的发展与提高，另一方面也用于评估教育投入的效益，甚至把评估的绩效与经费投入结合起来。我国开展基础教育质量测评也应该充分考虑到：评估的结果如何使用？如何更好地发挥作用？能否逐步借鉴法国的经验，把评估与行政管理有机地结合起来，以评估促发展。

参考文献：

［1］［5］［12］ European Commission Education，Audiovisual and Culture Executive Agency. National Testing of Pupils in Europe：Objectives，Organization and Use of Results［EB/OL］. http://eacea. ec. europa. eu/education/eurydice/thematic_studies_en. php. 2011—05—06.

［2］［3］［6］［9］［10］ European Commission Education，Audiovisual and Culture Executive Agency. Organization of the education system in France

2009/2010[EB/0L]. http://eacea. ec. europa. eu/education/eurydice/eurybase_en. php. 2011—05—06.

[4] 王晓辉. 法国教育评估初探[J]. 外国教育研究,2009 年第 5 期,第 36 卷总第 227 期:73~77.

[7][8][11] Bruno Trosseille. Students Assessments in France: Diagnostic and Monitoring Assessment[R/OL]. http://educevale. education. fr. 2010—11—01.

(本文发表于《比较教育研究》2013 年第 4 期。作者杨涛,时属单位为北京师范大学教育与统计测量研究所;作者辛涛,时属单位为北京师范大学发展心理研究所;作者董奇,时属单位为北京师范大学认知神经科学与学习国家重点实验室)

七、英国最新教育督导评价指标述评

英国教育督导有着悠久的历史,在建立科学的质量保障体系、教育质量国家标准、督导评价指标等方面,始终是世界各国借鉴和学习的对象。2010年4月,英国教育标准署(OFSTED)颁布了一套最新的学校督导评价指标。[1]该评价指标2009年夏季在英国试点使用后,经过反馈和修改,2010年4月正式在英国推广。基于此,本文拟对这套英国最新学校督导评价指标进行介绍,首先描绘它的整体框架和评价等级,然后重点介绍它的核心部分《普通中小学校督导评价指标》中的一、二、三级评价指标内容(由于四级指标过多,本文将其略去,不做介绍)。在此基础上分析其特点,挖掘对我国教育督导有借鉴意义的信息,以期为建立或完善我国和各省市的教育督导评价指标、评价工具和评价细则的制定提供参考。

(一)英国政府最新学校督导评价指标的整体框架和评价等级

1. 整体框架

《学校督导评价指标——英国学校督导指南和等级分类说明》(The Evaluation Schedule for Schools—Guidance and Grade Descriptors for Inspecting Schools in England,以下简称为《学校督导评价指标》以"追求卓越"、追求"高质量的教育公平"为目标。它针对英国5种不同类型学校的督导评价(普通中小学校、学前教育、大学预科、寄宿学校、特殊教育学校)分别制定了《普通中小学校督导评价指标》《学前教育督导评价指标》《大学预科督导评价指标》《寄宿学校督导评价指标》和《特殊教育学校督导评价指标》。它们之间既有共性也有各自的特性，但均以《普通中小学校督导评价指标》为蓝本，各项评价指标只是在《普通中小学校督导评价指标》的基础上有所增减而已。此外，英国教育标准署还制定了对各级各类学校进行整体督导评价时所使用的等级分类标准。这套《学校督导评价指标》对“普通中小学校”的督导评价有 3 项一级指标，19 项二级指标，39 项三级指标；对“学前教育”的督导评价有 3 项一级指标，8 项二级指标；对“大学预科”的督导评价有 3 项一级指标，12 项二级指标；对“寄宿学校”的督导评价有 1 项一级指标，2 项二级指标。在“整体评判标准”中有 2 项一级指标和 4 项二级指标。

2. 评价等级、语言表述与百分比对应指南

在英国政府最新推出的《学校督导评价指标》中，评价标准划分为“优、良、一般、不合格”四个等级，并对每个等级评判的标准进行了具体的规定。例如，1 项二级指标——“学生的安全感”规定如下所述。达到“优”的标准为：“学生对构成危险的因素有充分的了解，他们对自身与他人的安全有很深刻的理解。学生在学校总是感到安全，家长和监护人强烈认同学校会给予孩子保护，各学生群体都对学校有效的应急能力充满信心。”达到“良”的标准为：“不同的学生群体认为他们在学校很安全，家长和监护人认为学校能保证孩子的人身安全，并很少对孩子在学校期间的安全问题担心。学生大体上懂得构成危险的因素，学生对自身和他人的安全有准确的理解。学生对学校有效的应急能力有很强的信心。”达到“一般”的标准为：“学生们通常在学校感到安全。家长和监护人也同意这一观点。学生明白一些会危及到自身和他人安全的主要危险。学生知道学校会认真对付这些危险，并会采取恰当的处置方法。”“不合格”表现为：“学生或学生群体了解构成危险的因素，他们表示在学校感到不安全。学生对自身安全有担忧，并对危险认识不准确。学生对学校处理安全问题的能力没有信心。”

为了使督导语言表述具有专业评价的精准性和科学性，《学校督导评价指标》中专门列出了语言表述与百分比的对应程度指南。例如，在督导评价中，97～100％表述为“几乎所有”，80～96％表述为“绝大多数”，65～79％表述为“大多数”，51～64％表述为“多数”，35～49％表述为“少数”，20～34％表述为“很少”，4～19％表述为“极少”，0～3％表述为“几乎没有”。

（二）英国政府最新《普通中小学校督导评价指标》的内容

《学校督导评价指标》中，占篇幅最大的是《普通中小学校督导评价指标》，其他4种类型学校的督导评价都是以它为蓝本。限于篇幅，本文仅对《普通中小学校督导评价指标》的内容：评价等级表和一、二、三级评价指标进行简要介绍。

1. 英国普通中小学校督导评价等级表

英国教育督导评价一所学校主要是评价该学校的整体效能。对学校的整体效能评价主要看两个大维度：个人和学生群体的成果与学校持续改进的潜能。对这两部分评出等级，然后对学校在哪些方面需要改进给出具体建议，并对被评学校是否需要采取特殊措施或给予警示做出结论（详见表1）。

表1 英国普通中小学学校督导评价等级表

<table>
<tr><td colspan="2">英国普通中小学督导评价表
（等级：1. 优 2. 良 3. 一般 4. 合格）</td></tr>
<tr><td></td><td>评价等级</td></tr>
<tr><td>学校的整体效能</td><td></td></tr>
<tr><td>个人和学生群体的成果</td><td></td></tr>
<tr><td>学校持续改进的潜能</td><td></td></tr>
<tr><td colspan="2">学校需要在哪些方面进一步改进？建议与需要采取的行动</td></tr>
<tr><td rowspan="3">这所学校是否需要采取特殊的措施或是需要改进的警示？</td><td>不需要</td></tr>
<tr><td>需要</td></tr>
<tr><td>部分需要</td></tr>
</table>

2. 英国《普通中小学校督导评价指标》中的一、二、三级指标

《普通中小学校督导评价指标》中，共有3个一级指标，依次排序为“学生的成果”“学校教育效能”“学校领导与管理的效能”。在这3个一级指标下，相应延生出19个二级指标，39个三级指标（详见表2）。

表 2　英国最新《普通中小学校督导评价指标》中的一、二、三级指标

1. 学生的成果	评定等级
1.1 学生的成就以及乐学的程度	
1.1.1 学生成绩(学校所提供的 16 岁学生的成绩,如:测试、考试成绩及其他,也应考虑不同学生群组之间、课程、学科、发展趋势中任何重要的变量)	
1.1.2 学习质量和进步,包括特教生和残疾生	
1.1.3 成就及乐学的程度(学生学习质量、进步及成就,包括学前教育和大学预科取得的成就。不能只用一年的数据,除非是新校)	
1.2 学生的安全感程度	
1.2.1 学生在校安全感以及对安全的认识	
1.2.2 学生感到不安全时,能向学校寻求保护	
1.3 学生的行为表现程度	
1.3.1 学生的课堂表现和在校期间的表现	
1.4 学生采用健康生活方式的程度	
1.4.1 学生(特别是高危生)了解伤害他们的生理、心理健康的因素,以及他们对待这些因素的态度	
1.4.2 学生(特别是高危生),在学校通过努力,改善身心健康	
1.5 学生对学校和社区的贡献程度	
1.5.1 学生愿意为学校或社区承担一份责任并发挥作用	
1.5.2 学生参与影响他们学习和福祉问题的决策与咨询	
1.5.3 学生对社区和学校贡献所产生的影响	
1.6 学生的出勤	
1.6.1 出勤	
1.7 学生掌握适应未来工作的能力和保障经济无忧的技能程度	
1.7.1 学生的语言,识字、数字、信息、沟通能力水平与年龄相适应	
1.7.2 扩展知识和增强理解力,精通技术和提高素质,对未来的学习、培训、工作和生活有所帮助	
1.7.3 学生对他们未来的选择和愿望有所了解	
1.8 学生的精神、道德、社交和文化发展的程度	

续表

1.8.1 学生的见解和生活目的,以及他们对社会认可的主流价值观的理解	
1.8.2 学生发展生活和工作中必备的技巧和个人素质,以及他们对自身文化和其他不同国度、不同地区和不同地域文化的理解	
2. 学校教育效能	
2.1 教学的质量(包括以评促学的运用)	
2.1.1 教学促进全体学生的学习、发展和兴趣提升的程度	
2.1.2 以评价满足学生需求的程度	
2.2 通过合作课程满足学生需求的程度	
2.2.1 对于学生个体与学生群有所需求的相关课程,以及对其成果的影响	
2.3 有效的关爱、指导和支持	
2.3.1 对促进学生的学习、个人发展以及福祉的关爱和支持	
2.3.2 信息、建议、指导学生的质量	
3. 学校领导与管理的效能	
3.1 领导与管理的效能,包括对改进的志向与推动力、包括对教与学的领导与管理	
3.1.1 领导者与管理者如何有效地在交流中看到学校的未来,他们对学校怀有较高的期望,并确保能从其他方面获得支持和帮助	
3.1.2 学校如何较好的使用战略目标,以提高学生的水平,排除特殊学生群中的低效状况	
3.1.3 领导和管理者,能有效使用学生成绩中所反映出的信息,去设计、执行、监督、调整计划和政策,以加快改进速度,获得改进成果	
3.2 校董事会激励和支持学校攻克难关、履行法定职责的效能	
3.2.1 上级主管帮助学校确立方向的效能	
3.2.2 处理学校董事会和监委会面临的挑战,对领导者和管理者的支持,帮助他们克服不足,并进一步提升所有学生的学习成果	
3.2.3 学校董事会、监委会和其他相关委员会履行其法律职责的程度	
3.3 让家长和监护人积极参与学校改进的效能	
3.3.1 学校参考父母与监护人的意见去决定全校事务并做出贡献的程度	

续表

3.3.2 学校让父母和监护人对孩子的学习、福祉和发展给予支持，让他们自己做出决定的程度	
3.3.3 学校与父母和监护人沟通的质量	
3.4 促进学生学习和其福祉的合作效能	
3.4.1 在促进学生的学习和身心健康方面，学校与其他供应机构、组织机构和服务机构合作的程度及效能	
3.4.2 合作行为创造经济价值的效能	
3.5 促进公平消除歧视的效能	
3.5.1 学校如何有效地提供公平的机会，消除歧视	
3.6 实施监管的效能	
3.6.1 学校部署学生安全保障的有效性	
3.7 促进社区和谐的效能	
3.7.1 在社区、国家、全球范围内，学校对宗教、种族、社会经济形态的理解	
3.7.2 学校分析自身所处环境，设计出合理的规划和评估自身的工作	
3.7.3 学校的行为对于社区合作有着良好的影响	
3.8 获取资源和有效使用资金的效能	
3.8.1 有效地使用和管理可支配资源，满足学生的需求，获得高效的成果	

出处：孙河川根据英国 OFSTED "The evaluation schedule for schools"翻译分类而成

（三）英国政府最新《学校督导评价指标》的特点及启示

1. 关注三种效能，尤其关注学校的整体效能

关注三种效能（学生的学习效能、学校的教育效能、学校领导的管理效能），尤其是关注学校的整体效能是《学校督导评价指标》的突出特点之一。在英文原文不到两页的督导评价表中，提到"效能"（effectiveness，effective）的地方多达 19 处，并将"学校的整体效能"写在了评价表第一栏中最突出的位置，由它代表每所学校的总评等级。另外，指标中的第二项一级指标直接以"学校教育效能"命名，而不是用"学校的教育质量"命名，在第三项一级指标中，它的所有 8 个二级指标都以"……效能"命名，可见其对"效能"的重视程度。《学校督导评

价指标》更加关注学校领导在学校改进中的决心和愿望，以及所能产生的推动力；关注学校董事会的作用，能否有效地激励和支持学校攻克难关、履行法定职责，确保高质量的教与学，等等。广义上的“学校效能”研究，即“教育效能”研究是教育管理研究的重要组成部分，是近年来各国教育管理研究的前沿。

而我国大陆在“教育效能”方面的研究为数不多，国际学校效能和学校改进大会自1988年以来在世界各地已经举办了24届，在历届大会代表名单中来自中国大陆的学者却为数极少。学校效能和学校改进这一在当今国际教育界炒得很热的名词，对于国内众多教育工作者和教育政策制定者来说还很陌生。[2]从大型跨国研究的发现来看，导致高效能、高质量学校的许多因素极其相似，不管居于何种文化、社会之中。例如在班级层面，对学生的高期望值、有效的班级管理、清晰明了的授课质量、分科教学、师生互动这些因素具有普适性，是跨文化和超越国界的。

2. 关注学生成就，关注学生全方位成长，关注学生是否具备未来生存和经济无忧的技能

从表2可以看到，《学校督导评价指标》的突出特点之二是关注学生成就，关注学生全方位成长，关注学生是否具备未来生存和经济无忧的技能。这是新指标的一大亮点。除此之外，《学校督导评价指标》对学生的成就和认知方面的成绩极为关注。它规定：学校必须向督导检查提供学生的各种成绩，如，基于国家标准的统考成绩，达到特定国家基准线的学生人数百分比，不同层次的通过率和完成率，学生测试和考试成绩，所有不同学生群体的成绩、科目达标情况，学校连续三年的成绩，非强制性的标准化考试成绩、普通中等教育资格证书考试成绩、适当的作业成绩、学校对成绩达标的评估记录、包括先前预期等级的精准度和教师的评价质量，等等。除此之外，督导还评价学生获取知识的能力，在不同学科中的学习潜能；在不同的学科中通过课堂教学观察学生的兴趣、热情、投入程度，总结出他们的乐学程度；用前后增值和其他增值测量法，去测量不同学生群体之间每个学生的进步幅度，包括少数民族学生群体、入学前不同基础的学生群体、不同性别的学生群体、有天赋的学生群体、母语非英语的学生群体等。督导会观察学生之间是否存在巨大差异，确认哪些学生群体没有达标，哪些学生群体更好；与入学时相比，特教生或残疾生的进步有多大。同时还要求

督导随堂听课，包括仔细检查学生上课时的学习情况，与学生交谈，对所有学生群体的学习质量进行检查，包括特教生、残疾生、少数民族学生，爱尔兰后裔，非常规时间入学的学生，低社经地位的学生等。督导还要对照检查学校整体的前后增值数据（对学生 16 岁之后的学习成就持续跟踪）以及学校自评报告和大学预科成绩评估报告，学生的档案，不同学生群体的进步等。可见，《学校督导评价指标》把学生的成就、成长、生存、技能、就业放到了空前关注的地位。

3. 评价的价值取向和国家发展目标定位决定教育评价标准和评价内容

评价的价值取向决定评价目的、评价标准和评价内容。英国最新学校督导评价指标是对这种说法的最好诠释。自撒切尔政府上台以后，英国迅速而坚决地转入一个信奉自由市场经济思想的时代。这种思想和价值取向在 20 世纪的最后 20 年间一直处于主流地位。追求卓越的学校教育成为英国政府 1997 年教育白皮书和其后 5 年教育发展规划的主要内容。英国政府在 2002 年公布的国家教育目标是“通过教育、培训和就业，给予每个人机会，使他们的潜能得以最充分的发挥，进而建立一个包容、公平和具有强大经济竞争力的社会”。[3]就其实质而言，这一国家教育目标的核心价值取向强调英国的教育必须为提升英国国力、使英国在 20 世纪成为一个具有竞争力的经济强国服务。为此，英国政府在教育领域中采取了两个主要的战略：实行更多的中央集权；推行层层教育问责制。这包括自 1992 年以来，英国教育标准署（国家教育督学）与教育部分离，直接对议会负责，对全国的基础教育进行全面的质量监控；将对学校的督导评价报告公开发布在国家的报刊媒体上；地方教育局，像中小学一样，也必须接受国家督导的检查和评价，如果检查不合格，将和“失败学校”一样面临封校、杀校、重新“组阁”甚至被“移交”的危险。2009 年，督导的权力进一步扩大，督导的范围扩大到了高等教育层面。英国国家督导的评价在英国的学校发展和学校管理中占有极其重要的地位。英国的学校公认，尽管有各种不同的校外评价机构，但最重要的评价机构是国家督导。所有学校对国家督导的报告都极为重视，“报告中所指出的需要改进的方面都能得以最及时地纠正”。[4]国家督导人员能够促进学校制订和修订学校改进方案，并向学校提供进一步改进的重点，起到其他的校外评估机构所起不到的监督、指导、引领作用。英国伦敦大学著名教授、国际学校效能与学校改进学会前任主席 Stoll 指出，在英国，教育督导对学校和学校改进的影响大于其他任何的校外评价机构。[5]2010年4月英国政府颁布的最新《学校督导评价指标》正是英国政府这种价值取向和国家发展教育目标定位的最佳体现。

参考文献：

[1] Ofsted. The Evaluation Schedule for Schools[EB/OL]. Ofsted. http://www. Ofsted. gov. uk/2010～04.

[2] 孙河川. 教育效能与学校改进研究的引领者和推动者：国际教育效能与学校改进学会[J]. 比较教育研究，2009，(3)：81，84.

[3] Department for Education and Skills. Transforming Youth Work-resourcing Excellent Youth Services[M]. London：Auther/Connexions. 2002.

[4][5] Wileley，F，Stoll，L，Lodge，C. Effective School Improvement：the English Case Studies. In：R. de Jong.（Ed.）. Effective School Improvement Programs Description and Evaluation of ESI Programs in Eight European Countries[M]. Groningen，the Netherlands：GION. 2000(pp. 45～177).

（本文发表于《比较教育研究》2011年第3期。作者孙河川、刘文钊、王小栋、郝玲玲，时属单位为沈阳师范大学教育经济与管理研究所）

八、芬兰基础教育的质量标准及其评估机制探析

芬兰的基础教育主要指学前教育和义务教育，[1]学前教育的年限为 1 年，学生年龄在 6 岁左右。义务教育年限为 9 年，学生年龄在 7～16 岁之间。义务教育在综合学校进行，分为小学(6 年)和初中(3 年)两个学段。芬兰基础教育最让世人熟知的是在 2000 年、2003 年、2006 年和 2009 年的国际学生评价项目(PISA)的测试中均取得了骄人的成绩。[2]芬兰学生在 PISA 中成功的秘密，很大程度上归功于芬兰拥有高素质的教师队伍；充分赋予学校自主权；提供充足的学习与福利经费支持；实行跨专业、跨学校合作以及构建了完善的图书馆服务系统等。[3]同时还得益于芬兰教育部门的鼓励和引导教育质量评估。为了推进芬兰基础教育质量的持续提高，2009 年芬兰教育部①制定了基础教育质量标准(Quality criteria for basic education)。这不仅进一步规范了学校办学活动和教育评估活动，也为芬兰基础教育质量保障体系的完善做出了重要努力。

(一) 芬兰基础教育质量标准的基本内容

教育质量标准是实施教育质量保障的基本前提。质量标准是教育政策制定者了解教育效果、发现不足、规划年度预算、推动区域合作以及学校和自治市评估他们的教育活动和业务合作的一种重要工具。[4]芬兰基础教育质量标准的

① 2010 年 5 月 1 日，芬兰教育部更名为教育与文化部 fhttp://valtioneuvosto. fi/tietoa-valtioneuvostosta/valtioneuvoston-histori-aa/en. jsp，2012-10-08.

内容主要包括以下几个部分。

1. 质量标准的构成要素及其关系

芬兰制定质量标准的根本目的在于持续推进学校教育教学质量的提高。为此,在有关质量建设的指标体系的设计中,与学生有关的要素始终处于指标体系的中心位置,其他处于外围的要素都服从或服务于中心工作。其中处于外围的要素包括 4 个指标,即管理、人员、办学经费和评估。中心指标有 6 个:包括课程实施;教学与学习安排;学习、成长和福利支持;包容与感化;家校合作;安全的学习环境。具体构成情况与关系如下图。

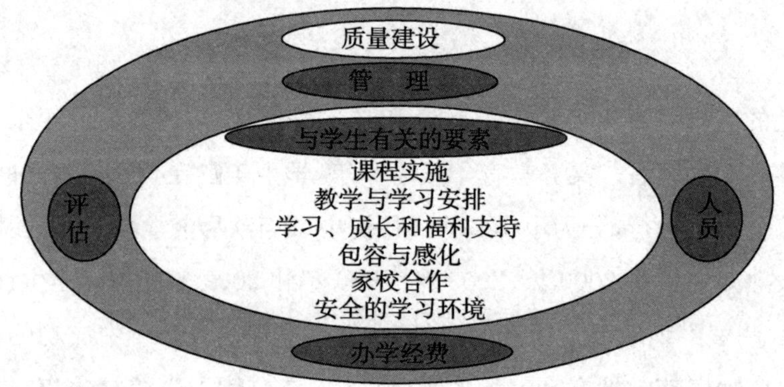

芬兰基础教育质量标准框架图

资料来源:Ministry of Education. Quality criteria for basic education. Helsinki:Ministry of Education Press,2009.27.

2. 外围质量指标体系及其内容(见表 1)

在 4 个外围指标中,每个指标的内容包括指标描述、质量标准和质量发展问题。其中质量标准从自治市和学校两个方面来阐述,质量发展问题是以问题的形式对该指标中未能涉及的其他问题进行补充。如"管理"一项指标就列举了"不同级别的领导如何收到他们的反馈信息?""管理者如何支持基本的管理任务?""自治市如何与学校的发展规划对接?"和"如何支持教学实验管理及其创新发展?"等几个问题。

表 1　外围指标体系构成情况

项目	实施主体	指标内容
管理	自治市和学校	为实现其使命与价值制定策略；协助上级教育部门与学校管理的程序和措施；有明确的教育与培训目标；为教学活动和学校发展制订计划；管理人员和教职员工执行监测制度的情况；校长和管理人员有明确的工作职责与时间安排；为教师教学、家校合作所创造的适宜条件；鼓励自力更生和自我持续发展的措施；教学领导。
人员配置	自治市和学校	教学人员的结构、数量和专业符合学校的发展；人才规划；用人方式；根据社会事务和健康部的建议，教学人员需协助学校卫生和社会服务工作；组织新进人员上岗培训，积极为教师持续发展创造机会；建立员工发展规划和追踪系统(如绩效评估)；持续监测和发展员工的福利。
办学经费	自治市和学校	为保证学校教学正常运行提供基本资金；为使教育目标最佳达成而合理分配教师培训资源；围绕教育教学中心任务合理规划财务；监控整个办学经费系统的可持续发展。
评估	自治市和学校	开发评价系统和有计划地开展教育评估；评估活动应符合评价系统的要求；评估所获取的信心用于提高教学质量，以及确保教学的正常运行和利于财务规划；对评估评价系统进行元评估；共同商讨评价原则。

资料来源：Ministry of Education. Quality criteria for basic education. Helsinki: Ministry of Education Press，2009. 28～35.

3. 与学生有关的质量指标体系及其内容(见表 2)

与学生有关的质量标准是芬兰整个基础教育质量标准设计的重点。它与外围指标体系相比有两个显著特点：一是数量上较前者多，达到 6 项；二是实施主体的权责更加明确。但其构成要素却类似于外围指标体系，也涵盖指标描述、质量标准和质量发展问题。

表 2 与学生有关的指标体系构成情况

项目	实施主体	指标内容
课程实施	自治市	制定教学大纲和开发相应的课程资源；明确课程的主要参与者和合作伙伴；课程内容应考虑特殊儿童的教育需求；确保语言课程及其有关教育资源的获取；对课程实施评估。
	学校	教师需参与课程的编制、评估和开发，并通过各种手段支持课程决策；在课程的编制、实施、评价和开发上加强区域之间的合作；家长和其他合作伙伴应参与课程的实施、评价与开发；学生应参与课程的评价与开发；为学生提供课程与教学信息；课程应基于学校的自我发展和持续发展。
教学与学习安排	自治市	教学既要实现教学大纲要求的既定目标，又要考虑不同学生的实际需求；对学校教学活动中额外资源的分配，应基于学校特殊需要的多少和不同语言和文化背景的学生人数的多少而定；决定学校是否应作特别的安全工作。
	学校	教学方法的选择和有关信息的收集应与教育目标一致；根据学生的个性和潜在知识选择教学和评估方法；学校的设施、设备和教材的水平应根据学生的需要进行有区别的配置；教学所需材料的采购、利用、保护和维护应坚持可持续发展原则；根据课程要求，对学校的教学活动和学生学习进行评价；学校教育实践不断向前发展。
学习成长和福利支持	自治市	针对特殊学生的教学，应有一个系统的、多专业的支持网络；教育部门和学校应共同规划教学和进行数据共享；为学校学生辅导和学生福利配备足够的人力资源；促进教学与社会服务，医疗保健以及福利管理工作的信息交流；联合克服儿童早期教育及其相关问题；安全工作主要由本地负责，在适当情况下加强跨区合作。
	学校	教师应准备足够的知识和技能等为有特殊需要的学生服务；开展灵活多样的教学活动以支持和满足学生的需要；让家长充分了解学生；学校采用多专业合作，实行早期干预，并评估其效力；为促进学生的成长和职业生涯的规划实施监控。

续表

项目	实施主体	指标内容
包容与感化	自治市	应出台儿童青少年包容与感化决策的措施；定期对包容与感化政策进行评估和开发。
	学校	学校文化对学生及其监护人是开放和互动的；学生活动是目标导向的、系统的和有效的；为学生辅导提供足够的资源；学校教学及其有关的活动应将学生纳入其中；支持参与式和互动式教学法。
家校合作	自治市	地方课程应明确家长与学校在家校合作中的目标、政策和内容；为学生家长发展在地方建立包容性的环境。
	学校	家长和学生一起评估家校合作的设计和开发；促进家庭和学校、学校和班级、班级和学生三个层面的合作；为学生的学习和成长在家校之间建立一个双方支持并良性互动的环境；家校合作应考虑学校教职人员的工作量，并提供足够的资源和支持；发挥信息技术在家校合作中的作用。
安全的学习环境	自治市	学校工作环境应是健康和安全的；安全检查应定期进行，并对存在的不足进行及时纠正；校舍、家具和设备应恰当，并提供灵活的使用空间；学校设施应适用于所有学生和教职员工；学校的实施应有年度维修计划；所有设施应达到有关技术标准的规定；教育与培训活动应促进当地的福祉和确保安全性；建立统一和明确的危机应对机制；学校的安全信息应定期进行更新；学校的安全计划和学校之间的合作应定期更新，并评估其表现。
	学校	兴建学校设施应考虑学生和教职员工能够较快适应；为教师和学生建立一个相互影响的场所；对教职员工和学生的安全予以考虑；师生员工应共同维护校园设施，校舍建设应按照可持续发展的原则；学校应通过职业安全与健康风险评估和风险识别；风险测评应定期更新，并采取必要的措施及时纠正；定期公开安全与福利信息；按照有关学校编制规定人数招生，并定期评估学生及其监护人；安全和福祉的问题应尽早解决。

资料来源：Ministry of Education. Quality criteria for basic education. Helsinki: Ministry of Education Press，2009.36～51.

（二）芬兰基础教育质量的评估机制

芬兰制定基础教育质量标准不仅明确了基础教育质量改进的方向和要求，同时还是对基础教育质量实施有效评估的重要手段和依据。另外，国家课程标准和相关部门所制定的政策法规也是基础教育评估的重要依据。

1. 评估机构

芬兰没有为教育质量保障设立单独的学校督察机构，但这并不意味芬兰没有针对学习、教学和评价方面的评估或支持这些活动的相关措施。[5]芬兰基础教育质量的评估采用内外结合的方式。内部评估是指自治市和学校的自我评估，涉及对象有市政府、学校领导、教师和学生等；外部评估事务主要由教育评估委员会（Education Evaluation Council，EEC）担负，EEC是一个隶属于教育部的独立专家组织。[6]其职能是：协助教育部和支持自治市的有关教育评估工作；组织外部教育评估以及评估自治市的教育活动；开发外部教育评估业务；开展国际交流与合作。其宗旨在于：为国家教育政策的制定和教育发展提供依据而搜集和分析有关信息；为地方在教育发展方面的努力和教育决策提供依据而搜集和分析有关信息；支持学生学习、教师工作和学校发展。[7]为规范EEC的评估活动，芬兰的政府法令对其管理范围、人员组成和运作机制，评估项目的内容及其准备与实施都作出了相关规定。此外，教育部和国家教育委员会（National Board of Education，NBE）以及其他相关利益者也介入了基础教育评估，比如，NBE就对国家指定科目和核心课程的学习成果进行监测评估。

2. 评估内容

根据基础教育质量标准①和评估主体的职权，各评估机构对基础教育实施评估的范围或内容各有不同。在外部评估方面，EEC的评估内容较为广泛：从区域教育有效性跟踪、补偿教学到学生福利服务，从特定水平的教育问题到如

① 在2009年芬兰国家基础教育质量标准未出台之前，各评估主体开展评估工作的依据主要时国家有关的法律法规以及政策文件。

教育信息技术运用等专题评估。评估活动主要以项目的形式推进，以 2004 年～2007 年的评估项目为例，涉及的内容有：教育制度、状态和专题评估，其中制度上包括课程改革、区域教育有效性、学生教育机会与公平、基础教育安全等，状态上包括瑞典语教育状况、瑞典语教育教师资格、补偿教学、学生福利服务等，专题上包括学习场所、文学素养、信息技术运用等；学习结果评估，包括数学、母语、文学教育等科目；支持自治市开展教育评估，包括质量保障、学校和自治市的自我评估等；评估方法，包括评估网络开发、评估者培训、指标选择和信息系统与技术等；国际合作，包括北欧国家教育合作和 PISA 合作等；有偿服务，专家与评估服务和评估项目经费；教育评估研究，即对评估有效性的元分析。[8] EEC 评估报告的内容既不涉及学校鉴定也不进行学校排名，而是由学校和自治市自己决定如何公布他们的评估结果。评估的重点在于使学校形成自己的内部评估制度。NBE 承担对国家课程进行结果评价，包括在 9 年级末对数学和母语交替进行的年度评价，有时也对其他科目和其他年级开展结果评价。近年来，还实施了对关键科目的纵向评价。[9]

在内部评估上，以综合学校为例，学校每学年末须公布学生在校期间的进步情况，内容主要涉及学生的行为、作业、知识与技能、不同学科的进步情况。在 7 年级，对学生的进步情况，公布的形式有的采用书面描述，有的用等级表示。8 年级和 9 年级，必须包括等级，而且还要进行书面评论。等级范围有从 4 到 10 几个水平，其意义分别是：4 为不合格；5 为合格；6 和 7 为满意；8 为良；9 为非常好；10 为优秀。书面评论既包括科任教师的学生评述，也包括班主任教师对学生行为表现的记录。学生成功完成综合中学的学习任务可以获得毕业证书。[10] 值得一提的是，芬兰的基础教育虽然没有国家层面的高风险评价(national high stakes assessment)，但并不意味学生不面对考试。事实上，芬兰学生给出：不喜欢学校(not liking school)的原因之一正是众多的考试。[11]

3. 评估流程

目前，芬兰的教育评估机制已形成"三位一体"和内外结合的格局，即国家评估 3 区域评估(指省级评估)和地方评估(指自治市评估)为一体，自治市和学校的自我评估与校外评估相结合。整个评估过程由政府主导，教育部负责制定教育评估的总体策略，而外部系统层面的评估则由 EEC 统筹。[12] EEC 奉行"平等、公平和真实”的价值追求，并恪守“独立评估、广泛参与、开放透明、高效经济、旨在质量、以评促发展”的原则。其实施程序主要包括：① 设计和实施评估项目，并确保必要的资源；② 借助国家和国际评估专家的力量组织评估，并构建评估网络；③ 开发评估方法和推动评估研究；④ 帮助学校和自治市开展自我评估，同时在国家评估中注重对地方评估成果的利用；⑤ 在国家、地方和学校的教育政策制定以及教育发展规划中系统利用评估结果；⑥ 宣传评估活动信息、报告评估结果和提供信息反馈；⑦ 建立信息系统以支持教育评估；⑧ 做好教育评估信息管理。[13]而在自治市和学校的内部评估程序上，芬兰还没有官方文件对其评估活动进行指导或规范，因而他们在开展自我评估时可以自由地选择模式、方法和指标。

（三）芬兰基础教育质量保障的主要特色

芬兰的基础教育质量保障经历了从20世纪70年代和80年代的行政性督导为主到如今基于质量标准的国家、省级和地方评估为一体，内部评估与外部评估相结合的格局。其间走过了相对较长的过程，也做出了许多有益的探索。

1. 质量保障理念独特，强调学生全面发展

芬兰中学生确实在PISA这样的国际化大型测试中取得了可喜的成绩，但芬兰的教育实践表明，他们在基础教育中所作的努力并不是为了学生取得高分。相反，芬兰明确反对学校排名，并采取措施抵制跨国测试和排名。正如有研究者所总结的那样，芬兰实施质量保证和评估至少有这四个方面的特点：评估是为促进教育发展服务，而非管理控制的工具；评估所获得的信息是为行政机构和学校服务，而不是为了公众或家庭；几乎没有教育官员或政治家支持学校排名，或用平均绩效指标比较学校而使其处于透明竞争；不在教育领域实行央格鲁一撒克逊（Anglo-Saxon）式的问责制①，而是倡导学校和教师为学生的学习结果负责。[14]芬兰认为成功教育的呈现形式是多样的，学校和教师的任务在于针对学生的发展需要做出诊断性结论，并及时有效地采取干预措施。换言之，芬兰所有评估项目的主要目的旨在对教育环境、运作、结果和效果提供最新

① “盎格鲁一撒克逊”式问责制，即完全放任或有限干预式问责制。

的信息，以便实现教育公平和为地方教育管理部门和学校服务工作提供支持。[15]其核心是促使每个学生都能好好地学习，并尽可能地发挥他们的潜能。

2. 监测评估体系健全，注重评价主体多元

芬兰目前已建构了以学生全面发展为中心的教育质量监测评估体系。该体系从层次上主要划分为国家、省级、地方三个级别，而在实施主体上又可分为政府和专业评估机构两种类型。政府主体涉及 NBE、省级政府、自治市（包括学校）；而专业评估机构则指 EEC。从评估属性看，如前所述，NBE、省级政府和 EEC 属于外部评估范畴，地方层面的自治市和学校属于内部评估范畴。根据 1999 年的有关改革，自治市有义务参与外部评估事务。在具体操作上，NBE 主要是对国家课程的结果进行评估，以便为学科课程的目标和（大纲）要求的修改提供具体数据。省级政府主要评估辖区内基础教育获得基本服务的情况，自治市评估市内基础教育的提供情况及其有效性，[16]学校则是针对校内教育教学情况作自我评估。作为一个专业组织，EEC 负责整个基础教育质量的外部评估。这样就形成了一个政府主导、层次分明、权责清晰、评估内容各有侧重、运行机制内外联动的完整体系。

3. 教育立法配套及时，突出引导规范作用

芬兰在基础教育质量保障中还十分重视教育立法。法律不仅对教育质量标准设计的指导思想和指标内容提出了要求，也对各级各类评估机构的权责、评估结果的发布方式以及评估系统的开发和改进等方面做出了相关规定。如《省政府法案》(22/1997)指出，省级评估应坚持合作性和连续性原则，充分利用原始统计数据和有关部门的数据库。每年应发布评估报告。[17]就法律本身而言，也会随着教育质量的发展变化情况而作出相应的修订和完善。除了在宏观上引领教育质量保障外，部分政策法规也会深入到质量保障的微观层面。如根据《基础教育法案》(628/1998)、《基础教育国家核心课程(2004)》和《教育与研究发展规划(2007～2012)》等的有关阐述，学校班级规模应限定在：1～6 年级为 20～25 个学生，7～9 年级一般为 17 个学生。而教师的基本任职学历要求则应为硕士学位。[18]

参考文献：

[1][6] Basic Education Act of 628/1998(Amendments up to 1136/2010)

[EB/OL]. http://www. finl. ex. fi/en/laki/kaannokset/1998/en19980628. pdf, 2012—09—19.

[2] Ministry of Education and Culture. Finland and PISA[EB/OL]. http://www. minedu. fi/pisa/? lang=en,2012—10—04.

[3] Ministry of Education and Culture. Background for Finnish PISA success[EB/OL]. http://www. minedu. fi/pisa/taustaa. html? lang=en, 2012—10—05.

[4][12] Ministry of Education. Quality criteria for basic education[M]. Helsinki: Ministry of Education Press, 2009. 7.

[5][10] SQA. Policy and New Products Research Report 1: The Assessment Systems of Finland and Queensland[R/OL]. http://www. sqa. org. uk/files_ccc/PNP_ResearchReport1_The Assessment SystemsFinlandQueensland. pdf, 2012—10—07.

[7] http://www. edev. fi/portal/english5/basis_for_operation, 2012—10—08.

[8][13][16][17] Educational Evaluation Council. New Directions in Educational Evaluation-Evaluation(Programme 2004～2007)[M]. Helsinki: The Finnish Education Evaluation Council Press, 2005. 49—52.

[9][11][15] Ministry of Education. The Finnish Education System and Pisa[M]. Ministry of Education Press, 2009. 21.

[14] Simola, H., Rinne, R., Varjo, J., Pitkänen, H. & Kauko, J. Quality Assurance and Evaluation (QAE) in Finnish Compulsory Schooling-a National Model or Just Unintended Effects of Radical Decentralisation[J]. Journal of Education Policy, 2009, 24(2): 163～178.

[18] http://www. ohchr. org/Documents/Issues/Education/Questionnaire Education/Finland. pdf, 2012—10—10.

（本文发表于《比较教育研究》2013年第4期。作者田腾飞，时属单位为重庆教育评估院）

九、英国现行教育督导制度的机构设置、职能范围与队伍建设

教育督导制度是现代化教育管理体系中的重要组成部分。它对教育政策的实施起到监督作用,对学校办学行为和教育质量具有问责和评价的作用,同时对教育发展的方向起到一定的导向作用。建立科学的教育督导评价体系已成为各国提升教育质量的重要途径之一。英国教育督导制度历史悠久,具有健全的教育督导制度和法律法规体系,督导组织机构完善,督导队伍和人员专业化程度较高,督导方法系统科学。[1]英国教育督导制度不仅对英国教育质量的监督、评价和问责发挥着重要作用,而且对世界其他国家教育督导与评价制度的发展具有较大影响,对我国教育督导制度的改革具有一定的参考价值。

(一)英国教育督导机构的设置

教育标准局(OFSTED,1992 年成立)是目前英国国家级教育督导机构,为准部级机构,与教育部相平行,在行使职权上保持自己的相对独立性。负责教育标准局的英国女王总督学为副部长级。教育标准局直接向教育大臣及议会负责,不对教育行政部门负责。总督学之下设立一个执行委员会,以支持总督学的工作。执行委员会由 7 名主任组成。

教育标准局的内部结构体现了英国一贯的按照教育事业阶段、专题及领域来划分的原则,这是由其职责范围所决定的,也体现了专业性、专门性的特点。负责各学段和不同领域督导的部门包括:教师教育及培训督导部;小学及学前教育督导部;中学、私立及国际学校督导部;义务教育后督导部;特殊教育督导

部等。负责横向专题的督导部门有质量督导部、学校改进督导部、地方政府督导部等。另外,还有完善的支持性部门,包括人事管理部;研究、分析及国际关系部;通讯、媒体及公共关系部;财务管理部;课程咨询及督导部;信息系统部,等等。[2]教育标准局的机构设置体现了英国教育督导制度改革新的价值取向。

1. 外向型

教育标准局设立了通讯、媒体与公共关系部,教育督导制度的新理念是向家长、社会负责,增加教育督导的公开与透明,体现问责制的专业性监督。20世纪90年代初,梅杰政府分别颁布了《家长宪章》和《公民宪章》。《家长宪章》强调,为了更有效地行使选择学校的权利,家长需要有关学校更客观、更系统、更准确的信息。很显然,教育督导制度自我封闭的状态已不能适应新形势的要求,[3]赠加督导的公开性成为英国90年代改革的一个重要内容。

2. 发展与改进成为督导的核心目的

教育标准局设立学校改进督导部是将通过督导促进学校的改进作为教育督导制度的一个重要目标,并规定学校董事会在收到督导报告40天之内要提出贯彻督学建议的具体行动计划。这一行动计划不仅要提交给教育标准局,而且还要提交给家长审阅。[4]关于此项措施的指导思想,教育标准局的主任督学特别指出,“教育标准局的根本目的是关心学校的改进。教育标准局的最终目的,甚至它存在的理由是通过督导为提高教育标准和质量做出贡献”。

(二)英国教育督导队伍的专业化建设

1. 教育督导人员的类型

教育督导队伍的建设是开展督导工作的重要保障,合理的督学数量规模与类型直接关系到督导任务正常与高质量的完成,进而会影响督导职能与作用的发挥。一个督导组织是否运行有力,除了领导和方针政策的正确之外,还取决于该组织中每个成员的素质。教育督导人员队伍的整体结构和个体素质是决定高质量教育督导工作的关键。英国教育督导制度重视教育督导队伍的建设、教育督导人员的构成、遴选程序的公开与公正、督学的培训与见习和持续性的专业化发展。

1992年以后随着教育督导制度的改革与发展,英国教育督导制度的职能与范围扩大，学校督导的频率和覆盖面扩大，从抽样督导到每校必督。督导范围包括学前教育机构、公立学校、继续教育机构、职前教师教育和独立学校，从原来主要是督导检查发展为促进学校的改进和发展以及对失败学校的认定与整改。这些改革导致了教育督导人员配备方面的一系列变化。一是规模和数量的扩大，从女王督学团时代的460多名督学增加到目前的上万名。二是从督学的结构来看，形成了专门从事管理、规划、政策制定、研发与监督督导质量的女王督学团队(二线督学)，以及专门从事实际督导工作的中介机构与督导人员(一线督学)，标志着英国的教育督导制度更加完善，体现了政府对教育督导工作领导、规划、研发与监督的重视。在教育标准局总部工作的女王督学与补充督学主要从事教育督导工作的领导及管理、相关政策与法规的制定，以及教育督导与评估框架、工具的研究与开发教育督导工作质量及督学工作的监督。他们还负责审阅督导报告，同时也根据需要进行一定的实际督导，主要针对地方教育当局、教师教育机构、独立学校进行督导，以及对需要引起关注的学校进行复查。另外，在一线督学内部，其结构也更加多样化，包括注册督学、督学小组成员和外行督学。同时，督学构成不仅包括专职督学，而且还包括大量的兼职督学。[5]

2. 教育督学的招聘程序

面对学校这样由高度专业化人员和内容所构成的组织，督学必须具备高度专业化的知识及经验才能胜任其工作。为此，英国督学的人门条件设立了较高的门槛，包括学历、教育教学和教育管理方面的经验等。具体来说，包括：1）督学应较全面地了解国家教育政策、教育理论，具有丰富的教育实践经验；2）强调督学必须是一个学段和一个教育领域或问题方面的专家。此外，英国还形成了一整套严格的招聘程序，督学的招聘实行公开、公正、公平和择优录用的原则，并形成了严格的见习和导师制度。在见习期间，有一位经验丰富的督学作为初选人员的指导教师，同时初选人员必须接受严格的培训，只有见习通过后方可正式成为督学。[6]

在教育标准局时代，对督学任职条件有所提高，如学历要求为“大学学历或硕士”，至少要有10年以上的教学经验等。这一时期，由于督学的分类更加多样化，对不同类型的督学提出了不同的要求。

(1) 女王督学。女王督学在整个英国督学结构中是级别最高的。他们不仅要承担一部分实际督导工作,更重要的是他们要承担对全国教育督导工作的领导、管理、规划、政策制定、方案开发以及督导质量的监控与保障。因此,对女王督学的要求是最高的,按一般惯例,督学候选人必须拥有大学硕士学位且具有较高的学术声望,经验丰富,思维敏捷,具有较强的解决实际问题的能力,年龄在30～49岁之间。[7]女王督学应具备丰富的教育教学经验,堪称教育教学方面的专家,有很强的管理、分析和写作能力;敢于坚持原则,秉公办事;年龄在40～50岁。[8]

(2) 注册督学。注册督学是能够领导一个小组对学校进行评估的专业人员。注册督学必须具备以下条件:具有督学资格,有5年以上参与督导评估活动的经验;有评估英语、数学、科学等主要学科的经历;有较强的分析、管理和写作能力。注册督学不是终身制,每3年要进行一次考试,合格者留任,不合格者退出。注册督学每年还要接受5天的培训。

(3) 督学。督学候选人必须具有4年以上的教学经验和学校管理经验。督学申请人要由注册督学进行培训,经过考试合格后,由教育标准局颁发证书,才能获得督学资格。督学大约30%的时间参与教育标准局组织的评估,70%的时间用于帮助指导所在地学校的工作,帮助制订改进计划。[9]

英国要求所有督学都要接受适当的培训,并根据详细的标准对其进行审核。对于满足选拔标准的候选人,首次培训需要几个月,其中包括见习。一旦督学开始了督导工作,就要求他们进行持续不断的专业发展以训练他们的督导技能,跟上教育发展的步伐。

(三) 教育督导制度的职责范围与督导类型

1. 职责范围

与女王督学团时代相比,教育标准局的督导范围在不断扩大,并且更加明确。目前,英国教育督导制度主要负责对英格兰地区教育机构教育服务质量的督导与规范,所涉及的教育与培训机构包括:早期看护、保育与学前教育——儿童保育人员和机构;家庭内保育;家庭以外的保育;儿童福利机构——收养和抚养机构(adoption and fostering agencies);所有公立中小学;一些独立学校;学生教养机构；儿童和家庭法律咨询机构；地方政府儿童和青少年服务机构；继续教育机构；职前教师教育机构；公立性质的成人技能与就业培训机构；监狱中的学习及缓刑机构。

2. 督导类型

英国督导评价的类型从内容与对象上划分可分为学校督导(督学)、地方政府教育工作督导、专项或专题督导。

(1) 督学。学校督导是对以中小学校为主体的各类学校、教育办学机构的督导。[10]长期以来英国教育督导的类型一直是以学校督导评价为基础的，学校督导在英国教育督导制度中占据核心地位。特别是在教育标准局时代，对公立中小学的督导从过去的抽样督导发展为每校必督。近年来，为了提高督导效率，英国提出了成比例督导的理念，对优质学校减少督导频率，对问题学校进行深度督导。

(2) 督政。为了保证各地区教育的相对均衡发展，工党政府要求教育标准局加大对地方教育局工作督导与评价的力度。依据 1997 年的《教育法》和 1999 年《地方政府法》的相关规定，国家教育标局开展了对地方教育局的一系列督导。2004 年，英国又制定了更加系统科学的地方督导评价计划，对地方教育局展开新一轮督导。为此，教育标准局制定了《地方教育局督导大纲》以及与之相配套的一整套评价方案与工具。1999 年之后的地方教育局督导与过去最大的不同在于，过去主要通过该地区学校督导评价来评价地方教育局的工作情况与质量，而现在的督导包括两部分：一是对地方教育局本身的督导评价，二是对其所管辖学校的督导评价。

由于地方教育局职能的转变，对地方教育局工作的督导主要是看其对学校工作的支持、本地区教育工作的规划、服务、适当干预、协调与监督。具体来说督政的主要内容包括：

① 规划、政策与策略。提供在支持学校改进方面的规划与服务；提供在支持学校管理方面的规划与服务；提供对于学校自我评价与自我管理方面的支持；提供在经费服务方面的规划与服务；提供在人力资源服务方面的规划与服务；提供在信息管理服务方面的规划与服务；提供在房地产服务方面的规划与服务。② 对学校管理与领导的支持。对学校领导与管理包括学校持续性改进

的支持;对学校董事会的支持。③ 对学校改进的支持。地方教育局在学校改进方面的策略。④ 对提高成绩和质量方面的支持。地方教育局在监督学校的标准与成效、促进学校改进方面所提供支持的效能。⑤ 经费使用。这方面督导包括:对于学校经费使用不良之处的干预;对支持学校改进、特别是对地方教育局学校视导方面经费使用的效益与合理性进行督导和评价;对支持学校管理方面经费使用的合理与效益进行督导和评价。⑥ 工作成效。这方面的督导包括:地方教育局在实施设施管理计划方面的成效;地方教育局在与学校入学工作有关方面的成效;地方教育局在保证教师的数量与质量方面的成效;地方教育局在支持14～19岁学生教育方面的成效;对于早期保育和教育方面的支持;对于儿童健康与安全、福利与保护方面的支持;对于信息技术教育的支持;对于改进学生出勤率方面的支持;对于提供学校学位方面的支持。⑦ 促进公平方面的成效。这方面的督导包括:对于特殊教育需求方面的支持;地方教育局在促进社会融合方面的战略;对于被社会服务机构监护儿童的支持;地方教育局在促进种族公平方面的成效。

督政与督学密切相关,督政离不开督学,督学是督政的基础。英国在加强对于地方教育局以及地方议会教育委员会工作本身进行督导的同时,始终将学校督导作为督政工作的重要方面将学校的成效和结果作为评价地方教育局工作效能的重要证据。也就是说,在检查相关政策、规划、责任是否到位时,也同时要看实际成效如何,即体现在学校和学生方面的变化与进步有哪些。

(3) 专题督导。专题督导一般是以一个横向的问题作为督导评价的对象进行督导,此类督导也被称为“专项督导”。此类专题督导一般分为科目调查、专题调查、学段调查、年级调查以及四者的总和。[11]

教育标准局每年都要制定专题督导的年度计划,为了使专题督导更加有针对性,更具有全国性和政策性意义,教育标准局在制定计划时要与儿童、学校与家庭事务部和创新、大学与技能部协商,了解它们所关心的教育热点和焦点问题。一般地,在对学校与其他教育和培训机构进行了几轮全面督导后,督导的次数便会大大减少。这时,教育标准局的专项督导有所增加,专项督导的主要目的包括:

① 为总督学年度报告提供证据、信息和建议,以形成全国性的关于教育发

展优缺点和发展方向方面的总体评价；② 为教育标准局通过自己的网站、研讨会、演讲和文章对其督导结果（包括好的实践和经验）的推广提供基础；③ 为帮助学校及其他教育机构做出改进，就某一专题提供详细的反馈信息；④ 对机构的自我评价提供支持。

（四）主要特点

英国教育督导制度最显著的特点体现为相对独立性、政府权威性、高度专业性和评价体系的科学性。

1. 相对独立性

现代管理科学认为，科学的管理应该包括决策、执行和监督三个方面。[12] 英国教育督导制度特别强调自身要具有相对独立性，认为这是保证监督、评价公正、公平和客观的重要因素。正如 2003 年学校督导大纲所指出的，“尽管国家教育标准局与其他部门工作联系紧密，并且在教育与技能部长的要求下承担督导工作，但它独立于英国教育与技能部。国家教育标准局的这种独立性能够，促使其公正地督导和报告教育问题”。[13]这种独立性包括几个层面的含义：

（1）在级别上，教育标准局为准部级机构，总负责人英国女王总督学为副部长级，具有直接接触国务大臣的权利。教育标准局直接向教育大臣及议会负责，并非对教育行政职能部门负责，避免了行政的干涉。

（2）督学提供的报告，任何人〈包括教育科学大臣〉都不能更改。

（3）在业务上独立于教育部，教育标准局自行决定履行其职能的工作方式以及自行作出判断，“督导为学校提供了一个关于学校教育标准和质量的独立的、外部的评价”。[14]

（4）在学校督导过程中，要求督学小组成员不得参与和被督导学校相关的工作，以保证评价和判断的公正和客观。

2. 高度专业性

英国教育督导制度强调督学的专业性，从一开始就将女王督学定义为自治的专家团体。这一传统一直延续到现在。同时，英国也很重视教育督导队伍的建设、教育督导人员的配备与构成、招聘程序的公开与公正、督学的培训与见习和持续性的专业化发展。英国督学的专业性是产生影响、保持其威望的重要基础和保障。[15]

3. 督导与评价过程及方法的科学性

英国在制定学校督导评价标准、指标体系和相关工具上成效显著，研发了一整套系统完善的督导评价方案与框架，使之成为中小学教育质量保障体系的核心部分，在提高中小学教育质量方面发挥了重要作用。

(五) 对我国的启示

虽然我国教育督导制度在机构建设、队伍配备和工作范围上有了长足的发展，在督政和督学方面也取得了很大成效，但是对于教育事业发展的导向和影响来说，还不能令人满意。其根本原因在于缺乏相对独立和高度专业化的基本制度，主要体现在：由于立法的不健全，导致教育督导相对独立性和专业性定位模糊，影响了督导的地位与权威性；由于教育督导制度的组织建设不完善，导致教育督导的结构和规模与我国教育制度的规模和教育发展与改革需要极不相称；由于对教育督导队伍的专业性认识不足，导致督导队伍无论从数量还是质量上都不能适应督导的需要，影响了教育督导队伍的质量与工作效率。英国教育督导制度在这些方面的经验值得我们借鉴。

在2010年我国颁布的《国家中长期教育改革与发展规划纲要》中，政府提出了“完善督导制度和监督问责机制。制定教育督导条例，进一步健全教育督导制度。建立相对独立的教育督导机构，独立行使督导职能。健全国家督学制度，建设专职督导队伍。坚持督政与督学并重、监督与指导并重”的战略目标。我们应该抓住这一契机，推动我国教育督导制度的建设与发展。

参考文献：

[1] 王璐. 英国教育督导如何力保权威、公正、公平？[N]. 中国教育报，2012—09—21. 第4版.

[2] 蔡雯卿. 上海市A地区与英国英格兰地区教育督导的比较分析[D]. 华东师范大学2004教育硕士论文，38. 31.

[3][4] 王璐. 九十年代初英国教育督导制度的改革——背景、思路和问题

[J]. 比较教育研究,1999,(7):10.10.

[5] 王璐. 英国教育督导与评价:制度、理念与发展[M]. 2011. 北京:高等教育出版社,83,96~98.

[6][15] 王璐. 英国督学的权威性和专业性及其对我国督导制度的思考[J]. 外国教育研究,2008,(12):70~71.

[7] 徐初. 英国现行的教育督导制度及其启示[J]. 河南职业技术师范学院学报(职业教育版),2003,(8):28.

[8] 李世恺. 江苏省教育督导代表团赴英考察报告[J]. 学校管理,2001,(6):10.

[9] 郭振有,高玉琛等. 考察英国教育督导制度的启示与建议[J]. 北京教育,1998,(8):15.

[10] 王伟. 英国的督学管理[J]. 外国中小学教育,2004,(1):15.

[11] 马丽娟. 20 世纪 90 年代以来英国教育督导制度的改革与借鉴[D]. 石家庄:河北师范大学,2004,39.

[12] 洪煜亮编. 教育督导及其教育督导评估[M]. 北京:北京师范学院出版社,1993.47.

[13][14] OFSTED Framework for Inspecting Schools[M]. 5,2.2003

(本文发表于《比较教育研究》2013 年第 10 期。作者王璐,时属单位为北京师范大学国际与比较教育研究院)

十、荷兰教育督导制度及其督导模式最新发展

1801 年,荷兰教育督导局(Education Inspectorate)成立,[1]标志着荷兰教育督导制度的诞生。荷兰教育督导制度至今已历时 200 多年,是欧洲历史最悠久的教育督导制度之一。荷兰教育督导制度具有完善的机构设置、健全的教育督导法律、法规,以及针对各级各类教育的标准化全国性教育督导框架。为了提高督导效率,减少学校的负担,荷兰从 2007 年起开始在各级各类学校实行"基于风险的督导"模式(Risk-based Inspection),[2]这一新型教育督导模式的实施对于提高教育督导效率,提高教育质量发挥了重要作用。

(一) 机构设置与职能

1. 机构设置

荷兰国家级督导机构为教育督导局(Education Inspectorate),隶属于教育文化科学部。教育文化科学部设有 10 个独立的行政机构,教育督导局是其中之一。荷兰教育督导局设在距离教科文部所在地海牙 100 公里以外的乌特勒支市,有自己独立的办公大楼,是半独立性政府部门。2002 年 9 月 1 日,荷兰正式颁布并实施了《教育督导法》(Education Inspection Act,荷兰缩写语 WOT)。《教育督导法》明确规定:督导制度应在专业和独立的基础上运行,[3]并要求政府全面负责支持教育督导机构。教育督导局的独立性还体现在对学校质量评价时,教育文化科学部不能对其进行任何干预。教育督导局有自己独立的经费预算,每年经费为 6 000 万欧元。[4]

教育督导局的领导由1名首席督学和3名总督学组成。3名总督学分别管理小学与特殊教育、中等教育与高等教育、职业与成人教育的督导工作。首席督学和总督学均由教育部长任命。督导局的经营管理则由1名常务理事负责。高等教育督导处(The Inspectorate for Higher Education)和负责督导框架发展和数据管理的中央小组等部门均设在乌特勒支市。[5]

教育督导局在全国下设5个地方办公室,每个地方办公室均由1名协调督学负责。所有地方办公室均有20～40名负责中小学和特殊学校督导的督学。除督学以外,地方办公室还有若干名辅助性员工,其中3个办公室还有若干负责成人和职业学校督导的督学。[6]

荷兰实行中央集权的教育政策与学校分权管理相结合的教育行政体制。中央一级的教育决策和监督作用十分明显,而所有学校都有一个学校董事会或管理委员会(school board),具有很大的自主权。省和市政府对教育管理的职能相对较弱,因而也就没有设立地方教育督导机构。

2. 职能范围

荷兰教育督导局的督导对象包括中小学、成人与职业学校及特殊学校。虽然高等学校是接受专门负责督导高校和决定学校认证的机构——荷兰—佛兰德认证组织(Dutch-Flemish Accreditation Organization, NVAO)的督导,但教育督导局对该认证机构也有一定的监督责任。此外,教育督导局对公立和私立学校一视同仁进行同等方式的教育督导,只要学校遵守宪法和其他法律法规,教育督导局并不会对与学校思想及理念基础相关的教育教学内容或宗教教育内容进行督导。[7]

《教育督导法》规定教育督导局的任务主要有:1) 对学校教育质量进行评估,以促进教育质量的提高;2) 检查学校是否遵守相关规则和条例;3) 进行公开的质量报告和督导报告。具体而言,《教育督导法》第三条规定教育督导局的主要职能包括:评估并促进教育质量的提高与教师的发展;评估并督促法律法规的执行;评估高等教育质量及认证体系;评估并督促财务执行;评估并促进地方政府的托儿工作;对学校的各个方面或整个教育体系的情况进行报道;执行法律规定的其他任务;执行部长命令。除此之外,教育督导局还承担一定的咨询任务,对中学及成人与职业技术学校的考试进行监督,解决家长与学校之间的争端。[8]

(二) 督学的任职与培训

荷兰共有大约500名全日制督学和工作人员,其中督学人员人数为200多名(负责初等教育的督学约100名),大概占全体员工的65%。其他工作人员中15%为分析师,20%为辅助人员。[9]督学的专业性强,需满足一系列的选拔条件。

1. 任职条件

荷兰督学的任职条件包括以下几方面:1) 学历:督学必须具备大学或同等学历,并具有教育教学尤其是管理方面的丰富经验及广博的知识;2) 技能:督学在进行学校督导和与学校的交流中所具备的权威性和专业性相当重要,这就要求督学具有较强的沟通技能、识别能力及对形势的迅速的分析能力、写作及撰写大型会议报告的能力;3) 经验:督学还要求有担任教师的经历,最好具有8～9年不同教学领域的教学经验;具有担任学校领导、顾问或培训师的经历。

督学的选拔条件如"具备丰富经验"使得许多督学的年龄一般大于35岁。但在最近十年,该情况有所改变,督学趋于年轻化。教育督导局鼓励年轻的专业人员成为初级督学,因此在从事测量工具及数据库发展、学校督导数据分析的年轻专业人员人数比以前有所增加。目前,荷兰开始采用评估程序选拔督学人员。

2. 培训

(1) 岗前培训。新任督学将接受为期4个月的培训,以适应新工作。培训内容包括有关办公室内工作的指导及跟随经验丰富的督学参观学校。在培训过程中,新督学要了解督导历史、教育督导局的任务和督导体系框架等。

(2) 在职培训。督导局规定,所有督学每年需花费10个工作日接受在职培训。教育督导局内设有一个专门团队负责新职员及原有职员的教育和培训。针对所有督学的在职培训内容还包括对新督导框架、工具及程序的介绍。

(三)"基于风险的教育督导"模式

荷兰教育督导在其发展过程中形成了多种督导类型,目前主要包括年度督导、定期质量督导、补充督导、质量改进督导(也称提质督导)、临时督导、专题督导等。近年来，荷兰实行了一种新的督导模式——“基于风险的教育督导”。

1. 风险督导模式的理念

近年来，受“教育治理”(educational governance)理念的影响，荷兰政府在保持自身权威与独立性的同时，越发注重通过加强学校绩效责任与意识来提高教育质量。[10]因此，教育督导的重点向减轻学校负担及提高督导效率转变。教育督导局决定对于较好的学校，降低督导频率与深度；对于出现质量风险的薄弱校则采取较严格的督导与评价方式，区别对待薄弱校与优质校。

“基于风险的教育督导”是荷兰教育督导局基于学校董事会的年度问责报告、学生成绩、学校教育质量潜在不足的迹象等三大风险要素，依据教育督导框架对学校教育质量进行风险分析和监测，并对存在质量风险的薄弱校加强督导，对无风险或风险较小的优质校减少督导的一种督导模式。

2. 风险督导模式的流程

(1) 风险分析与检测。“基于风险的教育督导”始于风险监测与分析；主要依据三个风险要素、督导框架与指标。第一个风险要素为学校教育质量的潜在不足的迹象，意指学校可能导致教育质量下降的信息；第二个风险要素为校董事会的年度问责报告，包括学校运营状况的文件等。第三个风险要素为学生的成绩。教育督导局每年都会向学校收集有关学生表现、考试成绩及年度问责文件的信息，得出学校风险的结论。[11]教育督导局至少每年对所有学校进行一次风险分析，基于以上三个风险因素，如查明某所学校无质量风险，督学则不会对学校采取进一步措施和调查，而对其安排“基础”督导(即最少量的督导)；存在风险的学校，则要接受督导局进一步的分析。教育督导局通过使用组织记忆和从网站等公共资源获取的学校信息，以案头调研的形式进行进一步调查。督导局每年都公布对所有学校进行风险分析的结果。[12]

(2) 学校督导。对于通过专家分析仍确定存在质量风险的学校，督学会联系学校董事会，并在学校做进一步调查和问题检测，并参照教育督导框架中的指标及质量要求进行质量督导，了解具体可能存在的问题。

2009 年，荷兰教育督导局制定颁布了《中小学督导框架》，包含了教育成果在内的 9 个质量关键点，每个质量关键点又可以具体化为多个指标(如下表所示)。[13]该督导框架为“基于风险的教育督导”过程提供督导和评估依据。

(3) 确定督导安排。对于在学校督导与检查过程中,未发现重大问题和风险的学校,督学会进行基础督导。在出现风险的学校,则要确定学校改进的期限和学校改进的方式等。在此阶段,督学会指出学校出现的问以及学校改进的意见。

(4) 干预阶段。教育督导局进行基于风险的督导,其最终目的在于提高学校的教育质量。在干预阶段,督学将对出现问题的学校采取措施,督促其改进不足之处。同时,教育督导局会对学校的改善工作进行督导。若学校未改进,教育督导局会进行额外督导或者施加制裁和压力。

荷兰中小学教育督导框架指标一览表

	一级指标	二级指标(质量关键点)
维度 1	A 教育结果	质量关键点 1:教育结果应与小学生的基本标准相符合
维度 2	B 教学和学习过程	质量关键点 2:学校所提供的课程(初等教育要求为学生下一步的学习和生活做准备) 质量关键点 3:教师给予学生足够的时间来熟练掌握课程知识 质量关键点 4:学校氛围～安全并相互尊重 质量关键点 5:教师讲解清晰,能够有效地组织教学活动并使学生充分参与到教育活动当中 质量关键点 6:教师有效调整课程、教授学科知识的学习时间以使其适应不同学生的发展
维度 3	C 特殊需要的提供和法律法规的指导	质量关键点 7:教师能够系统地跟踪学生的成长 (初等学校为质量关键点,7a 教师能够系统地跟踪学生的成长及质量关键点;7b 学校引导学生以使他们能够根据自己的能力发展。) 质量关键点 8:给需要的学生提供额外的关怀
维度 4	D 质量保证	关键质量点 9:学校拥有质量保证体系
维度 5	E 法律条例	

资料来源:根据 2009 年荷兰教育督导局颁布的 Supervision Framework for Primary And Secondary Education 整理而成

3. "基于风险的教育督导"实施效果

自从 2008 年以来,"基于风险的教育督导"使荷兰弱校与极弱校的数量均有所下降。2009 年,初等学校弱校的百分比从 7.4%下降至 5.9%。而表现良好学校的百分比则从 91.1%上升至 92.8%。中等教育领域的质量进步则更为明显,弱校的比率则由 10.9%降至 8.4%。表现良好的学校的比率由 87.2%上升至 90.5%。[14]

(四)荷兰教育督导体制的特点及对我国督导建设的启示

1. 加强教育督导部门的独立性

从机构设置上看,荷兰的教育督导局具有较高的相对独立性,该机构设置的独立性地位确保了荷兰学校教育督导的客观、公正性。我国各级教育督导部门,隶属于教育行政部门,其独立性受到很大约束。教育督导部门必须增强独立性与权威性,创造有利于教育督导实施与发展的政策环境和制度基础。

2. 注重教育督导过程中的多主体参与

在荷兰,教育督导与评估的发展适应教育治理的分权化趋势,教育督导局越来越重视各方意见和力量在教育督导过程中的体现。教育督导框架及指标体系是教育督导局与各级各类学校共同协商制定完成的,反映了全国性的共识。此外,教育督导局的督导对象包括学校、教师、学生、董事会、校长等,并且在进行督导过程中会访谈多方的利益相关者,如学生家长、社区和各方面的教育工作者等,以达到公平公开的评估结果。教育督导局的督导报告也要满足学校、政府、社区及家长等各方面的信息需求,在报告的形成过程中,也会多次征求各方意见。最后形成的督导报告会在网站上向社会公开报道。荷兰基础教育督导系统形成了一种能够实现教育系统内部纵向贯通、教育系统与其他社会子系统横向沟通的督导运行机制,从而为教育督导工作的公平公正确立坚实基础。

3. 建立可操作性、标准化的教育督导框架

荷兰各级各类学校教育(中小学、成人与职业学校)都有相应的督导评估框架及指标体系,这些质量指标更具有可操作性。督导框架的评判标准也是标准化的。此外,督学在学校访问参观期间,或课堂观察及听课时使用标准化核对表。

我国应该逐步形成一套科学的分类教育评价指标体系,以充分发挥教育评

价指挥棒的重要作用。建立科学、完整并符合实际、操作性强的评价标准和评价指标体系，对规范学校办学行为、提高学校教育教学质量，以及提升学校教育效能有重要意义。

4. 注重督导过程中内部评估与外部评估的结合

荷兰的质量监管体系是学校内部评估和外部评估的紧密结合。教育督导局进行外部评估的主要视角或职责是进行问责，监控学校绩效质量以及确保学校的确取得进步。在国家层次上，教育督导局的外部评估为决策者和公众提供有关教育系统执行国家法律法规的情况，以及各学校不同教育质量方面的信息。学校内部评估的主要责任在于确定提高质量的方法，主要作用在于发展。学校自评被视为帮助学校改善的工具。在荷兰，学校自评很好地融入督导体系中，并且督导局的许多决定都基于学校自评。[15]

荷兰教育督导体制内外部督导的结合还体现在对督导局本身的评估。在教育督导局内，质量保障由质量主管(quality manager)负责，总督学负责评估协调督学，而首席督学则对总督学进行评估。督导局的外部评估通过教育、文化科学部长任命的一个外部“咨询委员会”(Committee of Advice)负责。该委员有权获取所有文件，并能向任何人提问和讨论所有问题。咨询委员会向教育文化科学部长报告教育督导局的情况，同时还定期与首席督学、总督学讨论有关发展和内部审计问题。因此对教育督导局的内外部评估可以达到对教育督导局的监督从而保障教育督导局的督导工作做到更加公平、公正并具有科学性。

5. 遵循比例性督导原则，对优质校与薄弱校实施不同督导方式

荷兰最新“基于风险的教育督导”的基本督导原则之一为成比例督导。对于该原则应从两方面进行理解。首先，对学校进行督导的频率和形式要根据学校的质量以及质量下滑的风险而定。这意味着表现不好的学校以及教育督导局预料质量会呈下降趋势的学校比那些表现好的学校接受督导的频率更加高。其次，对学校进行督导的程度和范围要根据学校自评报告的数据而定。这意味着教育督导局不应该重新调查学校自己已经适当做出评估的教育质量方面。督导局的比例性督导既提高了督导的工作效率，减轻了督导工作给学校造成的负担，同时也通过强调学校自评的作用提高了学校本身在督导评估中的主动性

与积极性。

我国的督导部门人数较少，而督导工作任务繁重，督导评估对象十分广泛，督导的内容也异常复杂。因此，督导部门通过利用学校自评，对学校进行质量方面的风险分析，区别优质校与薄弱学校，按照比例督导原则，实施基于风险的督导模式不失为一个新尝试。

6. 宏观、微观督导方式并重

荷兰目前是在基于风险的督导体系下，多种督导方式并存的局面。既有使用全国性的统一督导框架对所有学校进行的全面督导、年度的风险分析（督导），还有服务于不同目的的督导类型，如旨在调查整个教育体系某个方面的质量情况而进行的专题督导、在学前教育使用的督导项目或课题等。多种督导方式并存的局面构成了完整的教育督导体系，为确保荷兰教育质量的发展奠定了良好基础。

我国应该注重微观与宏观并重，不仅要对学校进行综合督导，促进每一所学校的发展，而且也要及时地进行综合督导，了解综合情况进行整体分析，针对综合督导发现的共性问题适时开展专项督导评估。

参考文献：

[1][6][7][9] The Inspectorate of the Netherlands，SICI（欧洲教育督导局国际常务会议）官网[EB/OL]. http://www. sici-inspectorates. org/web/guest/home 2010-04—01. 1,8,12. 24.

[2][11][12] Jos Verkroost，Inspection in the Netherlands—Principles and Risks Based Method[C]. 2010，北京教育督导与评价国际会议论文.

[3][4] Ministry of Education Science and Culture. The Education System in the Netherlands. 2006[EB/OL]. The Hague. November，2007. 120～133.

[5] Ministry of Education Science and Culture. The Education System in the Netherlands. 2007[EB/OL]. The Hague. November，2007. 120～133.

[8] Jahan C. van Bruggen. Inspectorates of Education in Europe：some Comparative Remarks about their Tasks andWork[R]. 2010. SICI. 31.

[10][14] Inge de Wolf, Frans Janssens. School at Risk: The Use of Risk Analysis in School Inspects[C]. 荷兰鹿特丹学校效能与学校发展国际会议论文,2004,4~8.

[13] The Inspectorate of Education. Supervision Framework for Primary and Secondary Education[EB/OL]. Utrucht,2009,10~16.

[15] Frans J. G. Janssens, Gonnie H. W. C. H. van Amelsvoort. School Self-evaluations and School Inspections in Europe: An Exploratory Study. Studies in Educational Evaluation[R]. 2008,17~23.

(本文发表于《比较教育研究》2013年第10期。作者王黎,时属单位为丹麦奥尔堡大学哲学与教育学院)

十一、试析俄联邦教育督导制度新变化

俄罗斯教育督导的历史一直可以追溯到沙皇俄国时期。苏联时期的教育督导在其整个教育中起着重要的作用,并形成了一套完整的行之有效的系统。随着苏联解体、俄罗斯社会的转型,其现今的教育督导体制与先前相比有了很大的变化。2004 年 8 月新修改的俄联邦《教育法》对联邦教育行政管理体制作了大幅调整,对联邦、地区和地方上每级的管理权限和职能进行了重新分配。这样就使受教育行政管理制度密切影响的教育督导制度也呈现相应的变化。

(一) 俄国教育督导体制的沿革

从俄国历史上看,中央和地方各级教育机关对教育系统的监督、检查早有传统。1869 年沙俄就已经设置了国民学校检查机构,作为沙皇专制御用工具的国民学校检查机构实际上是执行督导职能的部门。十月革命后旧的督导制度被废除,取而代之的是新的苏维埃教育督导制度。

苏联时期,随着教育事业的发展,建立新的代表苏维埃国家利益的学校督导制度势在必行。1926 年在一些国民教育局开始设置第一批学校督导员。1945 年,俄罗斯联邦人民委员会批准颁布了《学校督导条例》,随后,苏联的教育督导不断完善。1972 年颁布的《苏联教育部系统普通教育学校督导机构条例》[1]成为随后一直指导苏联教育督导实施的依据,条例中确立了苏联时期督导机构的基本框架:第一级是中央教育部。苏联教育部内设有国民教育视导总局,负责检查各加盟和自治共和国、边疆区和州的教育行政机关对党和政府有关教育的政策、教育决议和指示的执行情况。视导总局的视导员负有重大督察职责并享有一定的权力。他们对教育教学工作和教学法工作问题所作的指示下面是必须执行的，只有教育部的领导或视导总局局长才可以撤销这些指示。第二级是各加盟共和国教育部的学校督导机构。第三级是边疆区、州的学校督导机构。第四级是市、区的学校督导机构。二、三、四级的督导机构分别负责对本管辖范围内的学校和教育机构进行监督、检查。一般来说中央和加盟共和国一级主要是对下属国民教育机构和学校进行督导，而州和市一级主要是对各类教学和教育机构的工作进行督导，其中州一级偏重于对完全中学（十年制）的督导，市区一级偏重对八年制学校和小学进行督导。

苏联时期教育督导的职能可以归纳为三个方面：第一，监督。对于各级国民教育机关和学校进行监督，其监督的内容包括对党和政府方针、政策的执行、教学计划和教学大纲，以及其它文件的执行情况。第二，检查。是指对各类学校和教育机构的教学、师资、财务、设施保障等的检查。第三，指导和帮助。对于检查中发现的问题和缺点给以指导和帮助，以便被检查机构更好地开展工作。

苏联十分重视督导机构在各级教育管理中的作用。经过多年的积累和总结，苏联教育督导形成了一套行之有效的工作程序、方法和形式。其实践证明，分级设置的督导机构和监督、检查、指导的三大职能是保证和加强各级教育行政机关对全国普通教育领导和管理的重要因素。苏联时期的督导工作在提高普通学校的教学、教育质量方面起了比较大的作用。但是随着国情的变化，以及教育行政体制的改革，现今俄罗斯的教育督导制度也发生了相应的变化。

（二）俄罗斯现行教育督导体制的变化与特点

从苏联解体至今，俄罗斯联邦层次上的教育督导机构设置发生了两次变化：第一次是在刚解体后，把苏联期间直属于教育部的国民教育视导总局改为俄联邦教育部下设的国家教育评定督导署（Государственная инспекция по аттестации）、评定委员会（А ттестационная коллегия）、高等评定委员会（Вы сш аяаттестационная комиссия）、鉴定委员会（Аккредитационнаяколлегия）等部门。认证、评估和评定司（Д еп артамент лицензирования，аккредитации и аттестации）直属于俄联邦教育部副部长。对普通教育的督导功能主要由国家教育评定督导署、评定委员会、鉴定委员会以及认证、评估和评定部门来完成。

第二次是近年随着俄联邦行政改革而发生相应的变化，现行俄联邦政府各领域权力机构由三个层次构成：第一层次——联邦部（ф едеральное министерство），负责研制国家发展战略；第二层次——联邦署（ф едеральное агентство），负责实施这些战略；第三层次——联邦局（ф едеральная служба），对各种战略实施活动进行监督和督导。它们之间是相互合作的关系，署和局同处一个等级，教育与科学部部长是署和局的直接领导。在这种改革精神导引下，俄联邦对教育行政及管理部门作了重新调整，作为教育管理部门重要组成部分的教育督导系统也进行了调整。

1. 组织机构与教育行政体制相一致，且更加细致严谨

苏联教育管理方式的突出特点是中央集权，国家对教育实行垂直统一领导。这种体制虽有很多优点，但其弊端也非常明显。在当今俄罗斯教育体制的不断改革和探索中，过去的中央集权统一管理被改为联邦、地区和地方三级的分级管理，每一级都有其明确的权限。目前俄罗斯教育督导体制依然延续苏联时期的教育督导与教育管理体制相适应这一传统：俄罗斯从联邦到地方设立了三级教育督导机构——联邦教育与科学督察署；各联邦主体（共和国、边疆区、州和联邦直辖市）教育局中的督察机构；地区和市教育行政管理局中的督察机构。

2004 年 3 月 9 日的俄罗斯联邦总统令“关于联邦执政机关的体系和结构”[2]规定，联邦教育与科学督察署是联邦执政机关，它履行教育与科学领域的检查和监督职能。在 2004 年 6 月成立了联邦教育与科学督察署（Ф едеральная служ ба по надзору в сфере образования и науки）（以下简称“督察署”），该署由五个管理局组成：[3]

认证、评估和评定管理局（Управление лицензирования, аттестации и аккредитации），下设高等和补充职业教育机构评估处、中等职业教育机构评估处、教育证书设立确认处、教育机构认证处、职业教育机构鉴定处、检查组织处；

教育质量监督局（У правление контроля качества образования），下设组织协调处、检查程序的标准教学法处、信息技术处；

行政法律管理局（А дминистративно-правовое управление），下设干部、资

金、物质、技术保证处、组织法律处；

俄联邦教育法律监督局（управление государственного надзора по соблюдению законодательства российской ф едерации в сф ере образования），下设国家督导处、教育督导组织处；

国家评估科学教育工作者管理局（управление государственной аттестации научных и научнопедагогических работников）：下设人文社会科学处、自然技术科学处、生态医学和农业科学处、国防科学技术处、鉴定证书处、教学法组织处、答辩委员会处、职称处。

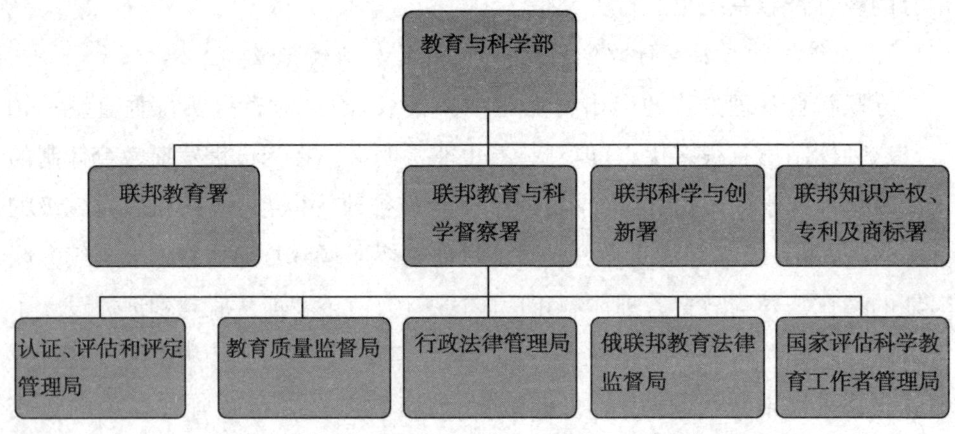

联邦级督导组织结构图

除了上述执行权力机关之外，督察署还配有五个直属研究机构：联邦教育测评研究所、联邦测验中心、国家教育评价总鉴定中心、国家教育鉴定代表处、教育组织评估信息教学法中心，这五所研究机构是督察署完成其检查和督导功能的理论研究阵地。

这一次的行政改革纠正了原先俄罗斯教育管理机关设置混乱的状态，教育管理机构不再分别设在教育与科学部部长和副部长权限之下，而是集中由教育与科学部部长统一领导。此次建立的这种督导组织结构，按照一定的职能专业分工，每个部门建立职能机构担负相关专业方面的管理和研究工作，每个部门的领导又都有职能机构作为助手，从而有利于发挥职能机构的专业管理作用。

新的教育督导体制更加强调各自的内部职责，每一个部门负责每一个部门的任务。比如许可证检查、评定和认可的检查，等等。具体明确的分工以及专业化的检查，反映了俄罗斯督导体制工作的细致与周密。

2. 职责更加广泛，权限更加明确

教育督导机构的职责权限是其实现教育督导目标、完成教育督导任务的基本工具，也是其发挥作用的基础。苏联教育督导机构建立之初，其主要的职责是监督。但随着教育事业的发展，国家教育管理体制日臻完善，以国家权力为后盾的教育监督和控制主要由教育立法、教育司法、教育行政部门进行，而教育督导机构主要转向专家式的视导，以导为主，以监为辅。那么改革后的俄罗斯新的教育督导组织的职责权限是否也发生了同样的变化呢?

联邦教育与科学督察署的主要职责在基础教育阶段主要体现在四个方面。[4]首先是检查和监督。包括的职能为俄罗斯联邦法律在教育、科学、科技活动、青年政策、科研和科教干部考核等领域中的执行情况，教育机构完成每个教育阶段的教育质量和毕业生的培养质量；第二是依据俄罗斯联邦法律并按其规定的程序为教育机构及其分校办理许可证、考评书和认证书；第三是为最高鉴定委员会提供组织上和技术上的保障；第四是组织本署人员的职业培养、再培训、业务提高和进修。

与苏联时期督导机构的职责相比，监督和检查现在仍是教育督导机构的一项重要职能，无论苏联还是俄罗斯时期都把对教育机关和学校对国家政策、方针的执行情况，以及教育教学质量等作为督导工作的一个方面。同时我们也发现，改革后的俄罗斯教育与科学督察署所涵盖的职能范围比苏联时期的督导机构更为宽泛，实施许可证、鉴定和认证程序都是督导工作的重要内容，这不但为督导工作的顺利展开提供了更广阔的空间，而且进一步增强了督导机构的权威性。

相对于苏联时期来讲，俄联邦教育与科学督察署在所规定的活动领域的权能、其拥有的权限内容方面来讲变化不是非常明显，但规定更加细致到位。新规定的督导权限为：对在规定活动领域进行检查和监督所发现的问题开展必要的调查、试验、鉴定、分析、评价和研究；向法人和自然人解释属于本署活动领域的问题；按规定程序吸引科学组织和其它组织、学者和专家参与研究属于本署规定活动领域的问题；制止在规定活动领域违反俄罗斯联邦法律的事件；依据俄罗斯联邦法律所规定的限制性、预警性、预防性采取措施，以便抵制和消除因法人和公民违反规定活动领域的要求所造成的后果；成立规定活动领域的咨议会和鉴定机构（理事会，委员会，工作小组，协议会）。

3. 督导实施程序的操作性、民主性更强

为了提高俄罗斯国民教育的质量，保证居民享受优质的教育，教育督导机构主要通过对学校颁发办学许可证、对学生培养质量进行鉴定和对学校进行国家认证三个方面来实现对学校教育质量的监控。

如果说苏联时期督导工作以其程序、方法和形式细致严谨为特点的话，改革后的俄罗斯教育与科学督察署的工作则更加体现计划性和可操作性。目前，俄罗斯教育与科学督察署以及相应教育机构对学校质量进行评估的主要途径就是进行许可证发放、学校质量鉴定和国家认证。督导委员会颁发许可证的评估，主要是对学校的基本办学条件进行控制，主要检查校舍教室、设备设施等的建筑和卫生标准、师资保障情况等。学校质量鉴定主要是对学校的毕业生培养质量进行控制，主要通过国家统考、专门测试等途径检查学生的知识、技能、技巧和整体文明素养的水平。国家认证，主要是对学校办学的综合水平进行等级评定，不仅评估内容比鉴定评估更全面，而且标准也更高。一般来说，只有获得教育活动许可证才可以进行学校质量鉴定，而学校质量鉴定又是进行国家认证的前提，各个步骤环环相扣，前一个条件达不到就无资格申请更高一级的认证。

俄罗斯教育督导并不是由教育督导机构直接下到各地区、各学校对其各方面活动进行监督和检查，而是通过督导专家组成的督导委员会（专家团体）。委员会为了圆满完成一次督导任务，须经过督导前的组织准备阶段、执行督导阶段和督导结果处理阶段。

俄罗斯教育督导活动的民主性处处可以体现，比如确定有关督导期限、委员会主席的任命、督导主题、督导方式、形成总结性文件的规定期限等文件，并由委员会主席制定督导计划任务，这些事宜在督导前 10 天内通知到教育机构或教育管理机关。除此之外，在督导前 5 天内委员会还要将它发给教育部下设机关的领导以征得同意。在督导检查活动中督导者和被督导者之间是平等的关系，这样在实施过程中形成了为提高教育质量而共同努力的气氛。

（三）对俄联邦现行教育督导体制的思考

作为教育管理一项重要职能的教育督导，从 1869 年沙俄就设置的国民学校检查机构，到苏联时期建立的国民教育视导总局，再到 2004 年新成立的教育与科学督察署，俄罗斯督导体制的各个方面都发生了很大的变化，每个时期教育督导的职能都被赋予了不同的意义，同时也呈现相应的特点。新修改的俄联邦教育督导体制除了具有原有的监督、检查和指导的特点外，其所体现的法制性、独立性的特征十分突出。

1. 督导工作法律化——对苏联传统的充分继承

纵观苏俄教育督导发展的历史，可以发现其发展运行的法律化特征是有其良好传统的。这个传统是在苏联时期形成的。当时的教育督导工作严格按照法律依据执行，颁布了很多有关法令和条例，对督导工作提供法律依据和保证，例如《苏联教育部系统学校督导机构条例》、《苏联和各加盟共和国教育立法纲要》、《普通中学章程》等都为教育督导工作顺利开展提供了法律依据。

所谓法律化是指新的教育督导组织结构、领导隶属关系、权限划分等都有相应的教育法规、政策规定可依。自苏联解体以来，俄联邦主要颁布了《学校评定和国家认定条例》(1998)、《国立和市立学校教师和领导者评定程序条例》(2000)、《联邦教育与科学督察署条例》(2004)等，这些都为督导工作顺利执行提供了明确的法律准则，而以此为依据所制定的各类具体评价、评估标准，更是教育督导实施层面的具体参照。

2. 督导机构的独立性——相对苏联时期变化

新俄联邦的教育督导体制也呈现独立性的特点。联邦的教育督导体制虽然是教育管理体制的一部分，但是它不完全属于教育行政体制，在一定意义上它与教育行政管理体制是并列的。这与苏联时期相比发生了很大的变化，苏联时期在中央教育部内设有国民教育视导总局，负责检查各加盟共和国和自治共和国、边疆区和州的教育情况，而改革后俄罗斯教育与科学督察署在教育行政中的独立性更加明显。2005 年 6 月 15 日，俄联邦教育与科学部部长安德烈·富尔先科在俄联邦杜马会议上作了题为“教育发展主要任务”的报告。部长在介绍即将出台的一系列法律法规中提到，必须“保证联邦主体教育监管部门独立于教育主管部门和学校，以履行督察的职责”。[5]同时从2004年教育督导体制改革的情况看，新成立的教育与科学督察署结束了隶属于教育行政部门的历史，具有了相对的独立性。但是，在联邦主体和市、区层次督导机构还设立在教育局内部。

我国曾经与俄国有相似的体制和时代特点，这使借鉴俄国成为非常有用的参照。俄罗斯在教育督导制度上发生的新变化，起码清楚地表明其对督导工作重视程度的提升，对教育督导的法制性、权威性和独立性的加强。我国的教育督导部门设在教育部内，同时在地方，教育督导机构挂靠在教育局内，这对督导工作顺利开展很是不利。我国关于督导专门的法律主要是1991年4月颁布的《教育督导暂行规定》。由于我国的教育督导还处于不断发展的阶段，教育督导的理论和实践中还有很多方面值得我们去探索和研究，我们十分有必要借鉴国外教育督导体制上的先进经验，结合国内教育督导体制特点，构建适合我国国情的教育督导体制，发挥教育督导在教育管理中的作用，加强教育督导体制的法制性、独立性、监督性和指导性建设。

参考文献：

[1] 顾明远主编.外国教育督导[M].人民教育出版社，1993.183—184.

[2] Нет смысла проверять знания школьной программыдважды [EB/OL]. http://www.vestnik.edu.ru/bolotov3.html，2006—7—25.

[3] Структуа Ф едеральной службы по надзору в сфере образования и науки(РОСОБРНАДЗОР)[EB/OL]. http://www.o-brnadzor.gov.ru/struktura_FS，2006—8—15.

[4] Полож ение о Ф едеральной служ бе по надзору вс ф ере образования и науки[EB/OL]. http://www.obrnadzor.gov.ru/polojenie_FS，2006—7—16.

[5] 中国驻俄罗斯大使馆.俄罗斯教育领域将出台一批新法规[J].世界教育信息，2006，(2)：15.

(本文发表于《比较教育研究》2007年第7期。作者肖甦、王健红，时属单位为北京师范大学比较教育研究中心、北京师范大学国际与比较教育研究所)

英文目录
(Contents)

Balanced Development of Basic Education

Educational Equity Policies on Disadvantaged Groups

Theories and Policies on Educational Quality

Evaluation and Monitoring of Educational Quality

后记

《比较教育研究》(Comparative Education Review)(原名《外国教育动态》)创刊于1965年,是受中央宣传部委托创办的新中国第一本教育学术专业刊物。半个世纪以来,《比较教育研究》虽历经坎坷,但不断成长。1966年,《外国教育动态》在创刊仅一年之后就被迫停刊。在党和国家领导人的关怀下,1972年,《外国教育动态》作为内部资料重新得到编辑,1980年正式复刊,并公开发行。1992年,《外国教育动态》更名为《比较教育研究》,2001年由双月刊改为月刊。《比较教育研究》现兼作中国教育学会比较教育分会会刊,多年来一直是CSSCI来源期刊、全国中文核心期刊、中国人文社会科学核心期刊、教育类核心期刊。2013年,《比较教育研究》成为国家社科基金首批资助期刊。

50年来,《比较教育研究》共发表了近5 000篇文章,它“立足中国,放眼世界”,引介国外重要的教育理论与思想,追踪世界各国的教育政策与实践,持续关注我国比较教育学科的发展,促进比较教育学领域学者的成长,助力我国教育改革。2015年,《比较教育研究》创刊50年,我们根据刊物多年关注的重点,以及当前我国教育改革的热点,选编了这套“中国比较教育研究50年”丛书。

本套丛书选编历时一年,是教育部人文社会科学重点研究基地北京师范大学国际与比较教育研究院各位同仁集体合作的成果。2014年9月至12月,《比较教育研究》编辑部成员对50年来所刊文章进行了阅读与分类,提出了丛书选题建议,又经过顾明远教授、王英杰教授、曲恒昌教授等专家反复讨论,并征求出版社意见后,编委会最终确认了现有的12本分册主题。2014年年底,确认各分册主编。2015年年初到6月,各分册主编完成选稿工作。

《比较教育研究》创刊 50 年，不同时期的稿件编辑规范不同，这给本套丛书的选编带来巨大困难。除参与选编的老师外，北京师范大学国际与比较教育研究院的众多学生也加入到这一工作中，牺牲了宝贵的寒暑假和休息时间，为此付出了艰辛的劳动。在此，特别感谢以下同学(以姓氏笔画为序)：

丁瑞常　卫晋津　马　骜　马　瑶　王玉清　王向旭　王苏雅

王希彤　王　珍　王　贺　王雪双　王琳琳　尤　铮　石　玥

冯　祥　宁海芹　吕培培　刘民建　刘晓璇　刘　琦　刘　楠

孙春梅　苏　洋　李婵娟　吴　冬　位秀娟　张晓露　张爱玲

张梦琦　张　曼　陈　柳　郑灵臆　赵博涵　荆晓丽　徐　娜

曹　蕾　蒋芝兰　韩　丰　程　媛　谢银迪　蔡　娟

在丛书即将出版之际，我们衷心感谢山东教育出版社对本套丛书的出版给予的最热忱的支持。

特别感谢国家社科基金对《比较教育研究》的资助！

本套丛书的选编难免存在一些瑕疵，敬请专家和读者批评指正！

“中国比较教育研究 50 年”丛书编委会

2015 年 10 月